BBC
구하기

GREG DYKE
INSIDE STORY

| 그렉 다이크 지음 | 김유신 옮김 |

BBC
구하기

황금부엉이

　　나는 자서전이란 터무니없는 자기변명이나 늘어놓는 것이라고 생각
했기 때문에 별로 대수롭지 않게 여겼다. 적어도 나 자신이 자서전을 직
접 쓰기 전까지는 그랬다. 다른 사람들이 자기 일생을 기록해놓은 것을
볼 때면 그 자기합리화에 웃어버리곤 했는데 나도 이 책을 쓰면서 같은
덫에 걸려든 것이나 아닌지 모르겠다. 나도 그렇다면 용서해주기 바란
다. 아버지는 허풍을 떨고 으스대는 행동은 죄악 중에서도 가장 나쁜 죄
악이라고 가르치셨다. 이 책에서 적어도 그런 죄악은 저지르지 않았으
면 하는 바람이다.

　　나는 BBC에서 해임되자 그 주말부터 이 책을 쓰기 시작했다. 내 친
구 멜빈 브래그가 전화를 걸어 책을 한 권 써보는 것이 어떻겠느냐고 제
의했기 때문이었다. 만일 내가 무엇인가 하지 않으면 친구들이나 가족
이 모두 미쳐버릴 것이라는 게 그가 말한 이유였다. 멜빈의 판단은 대체
로 옳은 편인데 이번에는 틀렸다. 이 책을 쓰는 동안 내가 가족을 미치
게 만들어버렸기 때문이다. 식구들은 허튼 경을 진절머리 나는 인물이라
고 생각하지만, 나도 그에 못지않게 지겨운 인물이라는 낙인이 찍혔다.

　　나는 우리가 무엇인가 중대한 일을 겪고 있다고 굳게 믿고 있다. 우

리는 커다란 정치 스캔들에 휘말려 있는 것이다. 만일 이 책이 스캔들을 들춰내는 데 조금이라도 도움이 될 수 있다면 나는 그것으로 만족할 것이다.

고마움을 전해야 할 사람들이 있다. 하퍼콜린스 출판사의 캐럴라인 미첼과 리처드 존슨, 이 두 사람의 열성으로 내가 집필을 계속할 수 있었다. 나의 대리인 비비언 그린(이때까지 내게는 대리인이 없었지만 그녀는 정말 훌륭한 대리인인 것 같다). 제임스 호건, 그는 이 책의 제목을 제안해주었다. 그리고 제프 라이트, 존 모리슨, 앨리스 피어먼, 트레버 이스트, 데이비드 페어베언, 클라이브 존스, 토니 코언, 수전 스핀들러, 캐럴린 페어베언, 개빈 데이비스를 비롯하여 이모저모로 나를 도와준 분들에게 모두 감사드린다. 그리고 크리스토퍼 블랜드는 원고를 읽고 몇 가지 사실을 바로 잡아주고 문법이 안 맞는 곳을 교정해주었다. 마지막으로, 멜빈 브래그는 내가 집필을 시작할 수 있다고 확신을 심어주었고 각 장마다 귀중한 조언을 해주었다(각 장의 내용에 모두 공감을 표시한 것은 아니지만).

끝으로 내가 전화를 걸어 그동안 있었던 일을 말씀드리고, 특히 책을 한 권 쓰겠다고 했을 때 해주신 멋진 말에 대해 어머니에게 감사드린다. 어머니는 잠시 생각하더니 이렇게 말씀하셨다. "얘야, 문제나 일으키지 않았으면 좋겠구나." 나도 그러길 바란다.

▲ 1969년 《힐링던 미러》를 떠날 때 송별회에서 찍은 사진이다. 이 신문사는 1970년대에 폐업했다.

▼ 1972년 노스 요크셔 초원지대에서 애견 제이크와 함께 찍은 사진이다. 당시 나는 요크대학교에서 정치학을 공부하고 있었다. 대학 재학시절에 나는 현지 석간 신문사를 상대로 명예훼손으로 인한 손해배상 소송을 제기했다.

▲ 요크 시 브릭스 가 1번지 집 앞에서 찍은 사진이다. 나는 대학에 입학할 때 이 집을 1,200파운드에 샀다. 그때는 머리와 수염을 길렀다.

▲ 1982년 LWT에서 〈여섯 시 쇼〉 제작팀과 함께 찍은 사진이다. 나는 재닛 스트리트-포터와 마이클 아스펠 뒤에 서 있다. 나는 이 직장에서 처음으로 직접 프로그램 제작을 맡았다. 그 프로그램은 여러 측면에서 획기적인 것이었다.

◀ 1983년 LWT를 떠날 때 받은 송별 카드에 있는 만화. 나는 LWT를 떠나 TV-am에 합류하여 1년 동안 별난 체험을 했다. 팀원들은 LWT의 전통에 따라 떠나는 나에게 무례한 말을 한마디씩 남겼다.

TO ALL LWT STAFF

As you may know I am Managing Director of LWT
as from today (Thursday, March 1).

I will be spending the day going round the building
in the hope of meeting as many people as I can personally.

My apologies if I miss anybody today. Over the next few months
I'll be meeting with all staff again, section by section,
to listen to what you think about our company
and to answer any questions.

If you've any questions about the company
that you'd like to ask today,
please drop them into my office by lunchtime.

Michael Aspel will put them to me on your behalf
at 3.45 this afternoon on the set of Aspel & Company.
You can watch us on Channel 6 on the internal monitors.

Lastly, if you are around at lunchtime,
do drop by the bar to say hallo.

Greg

Greg Dyke

◀ 전무이사로 부임한 첫 날 LWT 임직원에게 보낸 메시지. 나는 접근방식이 다르다는 점을 모든 임직원에게 알리고 싶었다.

◀ 나는 크리스토퍼 블랜드와 LWT와 BBC에서 손발이 잘 맞았으며, 그에게 많은 것을 배웠고, 그를 무척 좋아했다.

▲ 웸블리 경기장에서 열린
친선경기 출전 기념사진.
1987년 FA컵 결승전 직전
에 열린 경기에서 나는 데
이비드 프로스트가 이끄는
팀에 합류하여 지미 타벅이
이끄는 팀과 맞서 싸웠다.
수많은 관중 앞에서 경기를
갖는 것이 무척 두려웠다.
존 버트(뒷줄 왼쪽에서 다섯
번째)도 같은 경기에 출전해
서 골을 하나 넣었다. 나는
댈리 톰슨 옆에 서 있다.

▶ 같은 경기에서 스티브 크
램이 내 뒤에서 달려드는 장
면. 우리 팀의 댈리 톰슨이
멋진 골을 넣어서 이 시합은
1대 1 무승부로 끝났다.

◀ 런던 지역 주말 방송권을 유지하기 위해 입찰에 참가하면서 LWT에 장난삼아 붙여놓은 포스터.

▼ 방송권을 확보하는 데 성공한 날 LWT 출연 배우들과 최고경영진이 함께 찍은 기념사진. 우리는 밤새 파티를 벌였다. 앞줄 왼쪽부터 오른쪽으로 마이클 아스펠, 데니스 노든, 마이클 배리모어, 실러 블랙, 나, 제러미 비들, 브라이언 월든. 뒷줄은 왼쪽부터 오른쪽으로 브라이언 테슬러, 브라이언 무어, 마커스 플랜틴, 매튜 켈리, 멜빈 브래그, 트레버 필립스, 크리스토퍼 블랜드.

▶ 클레어 레이너와 함께 1997년 노동당의 대승리를 축하하고 있는 모습.

◀ 1997년 5월 선거일 밤에 수와 함께 찍은 사진. 우리는 노동당이 다시 승리하기를 오랫동안 기다렸다. 나는 그날 밤 무척 즐거웠으나 수는 너무 승리에 도취했다고 생각했다. 그녀의 말이 옳았다.

▶ 1997년 맨체스터 유나이티드 이사가 된 직후에 올드 트래퍼드 경기장 밖에서 찍은 사진.

◀ 1999년 알렉스 퍼거슨을 비롯한 맨체스터 유나이티드 이사들과 함께 찍은 사진. 이 해에 우리 팀은 3연승을 거두었다. 아마 영국 축구 역사상 가장 위대한 성과를 거둔 해였을 것이다.

▼ 바르셀로나에서 매혹적인 밤 경기가 벌어지기 직전에 맨체스터 유나이티드 이사들과 임원들이 함께 찍은 사진. 이 경기에서 우리 팀은 1분 남겨 놓고 두 골을 넣어 유럽 챔피언이 되었다. 나는 입장권이 없어 속임수를 써서 운동장에 들어갔다.

◀ 다이크 박사가 되던 날! 1999년 요크대학교는 나에게 명예박사학위를 수여했다. 그 대학에서 학사학위를 받은 지 25년 만에 박사학위를 받았다. 2004년 나는 그 대학교의 명예총장이 되었다.

▶ 허튼 조사위원회에 출두하던 날, 나는 도라 허드의 추도미사에서 추도사를 읽었다. 빅토리아 우드와 앨런 베넷이 멋지고 위대한 여배우에게 감동적인 찬사를 보냈다.

▼ 2003년 7월 개빈 데이비스 회장이 이끄는 BBC 경영위원회의 모습. 현행 지배 체제는 시대에 뒤떨어진 것으로서 혁신해야 할 필요가 있다. 뒷줄 왼쪽부터 오른쪽으로 부회장 라이더 경, 호그 남작부인, 페이비언 몬즈 교수, 더못 글리슨, 안젤라 사키스, 로버트 스미스 경, 아랫줄 왼쪽부터 오른쪽으로 루스 디치 준남작부인, 란짓 손디, 회장 개빈 데이비스, 머핀 존스 교수, 폴린 네빌–존스 준남작부인. 이들 가운데 일곱 명이 나를 제거하는 데 찬성했다.

▲ BBC를 떠나던 날 텔레비전 센터 밖에서 찍은 사진. 영국 전역에서 수천 명의 직원들이 거리로 뛰쳐나와 내 해임에 항의하는 시위를 벌였고, 많은 사람들이 눈물을 흘렸다. 나는 나를 지지해준 데 대하여 이들에게 영원히 감사하는 마음을 간직할 것이다.

◀ BBC를 떠나던 날 집 밖에서 고생하는 텔레비전 방송요원들에게 차를 날라주는 모습. 이 사진들이 전국 뉴스 시간에 방영되었다. 그날 내가 날라준 차를 마신 사람이 있었는지 어떤지 확실히 모르겠다.

GREG INSIDE
DYKE STORY

제 1 장

1월 말,
사흘 동안 생긴 일

BBC 구하기

2004년 1월 27일 화요일 아침에 집을 나설 때만 해도 나는 36시간 안에 BBC 사장직에서 물러나리라고는 꿈에도 생각지 못했다. 더구나 회장의 사임, 허튼 경의 악명 높은 보고서, 그리고 정부가 BBC를 상대로 보복하리라는 전망 등으로 BBC 경영위원회가 무기력한 상태에 빠져 헤드라이트 불빛에 놀란 토끼처럼 황급히 나를 해임하리라고는 전혀 상상조차 하지 못했다.

물론, 그 다음날 아침에 발표될 예정이었던 허튼 경의 보고서가 BBC를 그렇게 매도하고 정부 측의 실수나 불법행위에 대해서는 완벽한 면죄부를 주리라고 예측한 사람도 거의 없었다. BBC도 약간의 실수를 해서 비난을 면키는 어렵지만, 정부도 마땅히 그 정도의 비난을 받으리라고 생각했기 때문이다. 그로부터 48시간 이내에 BBC 회장 대행이 지독한 정부 측에게 가장 비굴한 태도로 사과함으로써 국내외적으로 BBC의 명성에 치명타를 입히리라고는 아무도 예상하지 못했다.

더구나 수천 명의 BBC 직원들이 영국 전역에서 거리로 뛰쳐나와 나를 지지하는 시위를 하리라고 감히 누가 상상이나 했겠는가? 이들이 BBC의 독립을 지키기 위해서 모금을 하고, 그 돈으로 나를 지지하고 경영위원회에 항의하는 전면 광고를 《데일리 텔레그래프》(*Daily*

Telegraph)지에 게재하리라고 그 누가 상상이나 했겠는가? 허튼 조사보고서의 조사결과가 정부 측의 속임수이자 다우닝 가 10번지가 자행한 또 하나의 정보 조작 사례라는 것이 드러나, 주말쯤이면 언론과 국민들로부터 비웃음을 사리라고 그 화요일 아침에 누가 예측할 수 있었겠는가?(다우닝 가 10번지는 총리 관저가 있는 곳으로, 흔히 영국정부를 가리키는 대명사로 쓰인다: 옮긴이)

그럼에도 불구하고 그날 아침 집을 나설 때 나는 박진감 넘치는 한 주가 되리라고 예상하고 있었다.

허튼 보고서의 발표가 임박해지자 사진기자들과 기자들이 트워커넘에 있는 우리 집 밖에 진을 치고 있어서 아무리 무심한 행인이라도 무슨 일이 곧 일어나리라는 것을 짐작할 수 있을 정도였다. 나의 반려자 수는 서퍽으로 여행을 떠나 집에 없었다. 이것만 보더라도 중대 위기에 닥치리라고는 우리가 전혀 예상하지 못했다는 것을 알 수 있다. 만일 그런 사태를 예상했더라면 그녀가 여행을 떠날 리가 없었으리라. 그날 아침, 집에는 조와 나만 있었다. 막내아들 조는 당시 열여섯 살이었고 아이들 중에서 유일하게 집에 남아 있었다. 조는 기자와 카메라 요원들이 우리 집 밖에 진을 치고 있는 광경에 익숙해져 있었다. 우리는 그날 아침에도 이들이 집 밖에서 서성거리는 광경을 보자 마주 보며 싱긋 웃었다.

우리 집 뒤로는 넓이가 약 364헥타르에 이르는 공원지대가 맞닿아 있었고, 40여 채쯤 되는 집이 공원 옆에 나란히 연이어 서 있었다. 그래서 기자나 사진사, 카메라맨의 눈을 피해 집을 드나들 수 있는 길이 여러 갈래 있었다. 내가 BBC 사장이 된 이래 우리 가족은 때때로 이들을 따돌리는 것을 숨바꼭질 놀이처럼 즐겼다. 조와 앨리스는 한없이 기다리는 기자들의 모습이 안타까워 내가 이미 떠났다고 말해주기도 했지만 기자들은 믿으려고 하지 않았다(내 딸 앨리스는 아프리카로 학교를 지으러 떠나 이즈음에는 집에 없었다). 조, 앨리스, 그리고 나는 이 놀이를 무척 즐거워했다. 반면에 수는 이 사람들이 사생활을 침해하는 것을 무척 싫어했다.

기자들이 곧 들이닥치리라고 예상한 나는 조가 친구 집에 이틀 동안 머물 수 있게 미리 주선해놓고, 그 화요일 아침에 조와 함께 뒷문으로 빠져나갔다. 조는 옷가지를 몇 벌 가방에 챙겨 자전거에 싣고 나갔다. 우리는 10a번지에 있는 이웃집 정원을 가로질러 큰 도로로 나왔다. 나는 거기서 운전기사 빌에게 전화를 했다. 그는 길모퉁이로 차를 몰고 와서 나를 태웠다. 한편, 조는 자전거를 타고 학교에 갔다. 그날 아침은 가볍게 우리가 이겼다. 그 후 조와 내가 다시 만난 것은 목요일 저녁이었다. 그때는 이미 사장을 그만둔 후였는데 조는 그날부터 내가 집을 나설 때면 내가 여전히 근무하고 있는 것처럼 나를 놀리기 시작했다.

그 화요일은 허튼 보고서가 발표되기 하루 전날이었다. 조사에 관련된 사람들에게 조사보고서 사본이 한 부씩 미리 배포되는 날이었다. 우리는 허튼이 조사결과를 발표하기 정확히 24시간 전에 보고서를 받을 예정이었다. 대략 점심시간쯤 받게 될 것 같았다. BBC 측 관련자 22명은 모두 비밀 유지 약정서에 서명하고 그날 업무 처리 일정에 대하여 의논하였다. 나는 내 방에서 혼자 보고서를 읽을 생각이었다. BBC 뉴스 본부장 리처드 샘브룩과 부본부장 마크 다마저는 내 방에 붙어 있는 회의실에서 보고서를 읽을 예정이었다. 나의 임시 비즈니스 매니저 매그너스 브루크도 그들과 함께 회의실에 있었다. 매그너스는 변호사로서 BBC 내에서의 역할이 다소 애매하였는데 내가 발탁하여 매니저 일을 맡기자 훌륭하게 수행하였다. 그는 여름에는 한때 법무부서로 돌아가 허튼 보고서를 작성하는 업무를 돕기도 했다. 나머지 사람들도 보고서를 읽으려고 이 방 저 방 흩어져 있었다. 이 사건의 핵심 인물인 앤드루 길리건 기자와 그의 변호인단도 특별히 배정된 방에 대기하고 있었다.

보고서가 대략 700페이지 가까이 된다고 알고 있던 우리는 모두 네 시간 정도 다른 일정을 미뤄두었으나, 그렇게 많은 시간이 필요치 않다는 것이 곧 드러났다. 3페이지를 반쯤 읽어내려갔을 때, 나는 우리가 곧 경에 빠졌다는 사실을 알게 되었다. 허튼 경은 그 페이지에서 조사 범위를 제한하였으며, 정부가 2002년 9월에 발표한 정보문건에서 언급한 대량살상무기의 종류가 무엇인가 하는 결정적인 문제를 완전히 무시하기로 결정했다고 설명하였다. 허튼 경은 이 불가사의한 결정 한 가지로 BBC 측 증거의 핵심 부분과 우리 주장의 중대한 근거를 완전히 죽여버렸다. 그 다음 주에 우리는 사실관계가 정말 터무니없이 조작되었다는 것을 알았다. 총리는 이른바 대량살상무기가 존재한다는 증거를 그 정보 보고서 머리말의 주제와 참전 명분으로 삼았으나, 그가 언급한 대량살상무기가 어떤 종류인지 그 자신도 알지 못했다는 사실이 그 다음 주에 밝혀진 것이다.

3페이지 맨 아래 부분은 BBC 측에게 다소나마 위안이 되었다. 허튼 경은 그 부분에서 BBC 임직원을 비롯한 조사 대상자 중 데이비드 켈리 박사가 스스로 목숨을 끊으리라고 예상한 사람은 아무도 없었다는 것이 밝혀졌다고 썼다. 켈리 박사는 BBC에게 정보를 제공한 정부 측 대량살상무기 전문가였다. 하지만 보고서 전체에서 이 부분만이 유일하게 BBC에 대하여 관대하게 표현한 부분이었다. 그 부분에서도 다우닝 가 10번지와 국방부에 대해서는 BBC 측에 비해 훨씬 더 관대한 표현을 사용했다. 켈리 박사를 끈질기게 괴롭힌 것은 다우닝 가 10번지와 국방부였지 BBC가 아니었다. 우리는 그의 신원을 비밀에 부치려고 최선을 다했다.

보고서를 자세히 읽어보자 오려 붙이기를 한 것이라는 걸 이내 알 수 있었다. 허튼 경이 말년에 마이크로소프트 워드 프로그램 사용법을 제대로 배운 게 틀림없다. 이 보고서는 주로 조사과정에 제출된 방대한 증거를 나열한 다음 허튼이 자신의 의견을 말미에 덧붙여 작성되었다. 자신이 무슨 이유로 그런 결론을 내렸는지 설명하지 않은 부분도 많았다. 전임 더 타임스 편집자 리스−모그 경도 훗날 이 보고서에 관한 글에서 그 점에 동의하였다. 그는 이 보고서가 증거에서 결론을 도출한 것이 아닌, 불완전한 문서라고 지적하였다.

내가 그 보고서를 대충 훑어보고 있을 때, 마크 다마저가 내 방 문에 고개를 들이밀면서 보고서의 핵심은 제12장 일곱 페이지에 들어 있으니 그 부분을 읽어보라고 말했다. 이 부분은 허튼 경의 결론을 요약한 것이었다. 그것을 읽은 나는 전혀 믿을 수가 없었다. 이 사람은 우리와 같은 행성에 사는 사람이 아닌가? 증언에 제대로 귀를 기울이기나 했나? 도대체 조사하는 동안 그를 보좌하는 정부 측 변호사들의 의견을 들어보지도 않았다는 말인가? 어떻게 이런 결론에 도달할 수 있단 말인가?

보고서를 읽기 시작한 지 40분 후, 나는 회의실로 갔다. 샘브룩, 다마저, 그리고 젊은 매그너스 브루크가 큰 충격에 빠져 망연자실한 표정으로 앉아 있었다. 그때 내가 이런 말을 했었다고 그들이 나중에 전해주었다.

"젠장……, 우리가 엿 먹었군. 이제 어떻게 하지?"

발표가 나기 1, 2주일 전에 우리는 허튼이 뭐라고 말할지, 그리고 우리가 어떻게 대응해야 할지, 갖가지 시나리오를 만들어보았다. 문제는 우리가 만든 시나리오가 실제 상황만큼 나쁘지 않았다는 데에 있었다. 시나리오를 구상하면서 허튼이 정보문건은 조작된 것이 아니라는 결론을 내릴 가능성도 있긴 하지만 설마 그럴 리가 없다고 판단했다. 그런데 허튼이 내린 결론이 바로 그것이었다. 정보에는 조작된 것이 없다는 것이다. 게다가 그는 하나에서 열까지 BBC에게 불리하고 정부 측을 두둔하는 결론을 내렸다.

우리 네 명은 이 보고서가 너무 일방적이라서 얼른 보면 정부 측에게 유리하게 보이지만 정부에게 그렇게 좋은 소식이 되지만은 않을 것이라고 판단했다. 지나치게 정부 측에게 유리하기 때문에 국민들이 믿기 어려울 것이다. 수십 명의 기자들이 청문회에 참석하여 증언을 모두 청취하지 않았던가? 그들은 허튼의 판단이 증언과 전혀 일치하지 않는다는 것을 분명히 알 것이 아닌가? 그러면 일반 국민들은 어떠한가? 청문회를 계속 지켜본 사람들이 많이 있으니 이들도 이 결론이 증거와 모순된다는 것을 분명히 알 것이다. 나중에 알게 된 사실이지만, 흥미롭게도 일간지 《선》(The Sun)에서도 보고서 한 부를 불법적으로 입수해서 검토하고 비슷한 반응을 보였다. 이 신문의 편집자 레베카 웨이드와 팀원들은 그 보고서가 완전히 속임수라는 평을 받게 되리라고 그 자리에서 예측했다.

그 화요일 날 우리가 직면한 문제는 이것이었다. 국민들의 반발이 일어나려면 시간이 얼마나 걸릴까? 그리고 당분간 우리가 취할 수 있는 대응책은 무엇이 있을까? 우리는 전략을 토의하고 미리 만들어두었던 계획대로 밀고나가기로 결정했다. 우리는 청문회 기간 동안 BBC에 대한 비판을 모두 받아들이고, 업무 처리 절차를 개선하기 위한 조치를 단계적으로 취해나갔다. 그리고 BBC 편집지침에 대한 변경사항을 곧 발표할 예정이었다. 우리는 한 가지를 더 추가하기로 했다. 비밀을 지켜주어야 할 정보 출처를 보도해야 옳은가 하는 중대한 문제에 관하여 허튼 경이 옳게 판단한 것인지 실로 의문스럽고, 그가 법률을 잘못 이해하였으며, 그의 결론은 영국의 자유 언론에 대한 위협이라고 덧붙이기로 했다.

오후 2시 30분 경, 우리는 BBC 회장 개빈 데이비스를 만나러 한 층 아래로 내려갔다. 그는 보고서를 사전에 읽을 자격이 있는 BBC 경영위원 두 명, 폴린 네빌-존스와 부회장 리처드 라이더 경과 함께 있었다. 두 사람은 모두 전형적인 기득권층 인물이었다. 라이더는 보수당 정부에서 수석 원내총무를 역임하였고, 네빌-존스는 외무부 관리로 근무하다가 파리 주재 대사로 임명받지 못하자 외무부를 떠나 합동정보위원회(JIC) 위원장을 역임하기도 했다.

폴린 네빌-존스를 좋아했다고 말할 수는 없지만 나는 그녀를 어느 정도 존경하였다. 그녀는 4년 전 내가 사장에 임명되는 것을 반대한 경영위원 가운데 한 사람이었는데, 당시 경영위원회에 권위 있는 사람이 없다보니 여전히 강력한 목소리를 내고 있었다. 그녀는 내가 BBC에 재직하고 있는 동안 다른 경영위원들보다 훨씬 열심히 일하고 외교관 출신답게 중재에 능숙하여 BBC와 외무부의 관계를 긴밀하게 유지시켰다. 외무부가 BBC 월드서비스 방송에 재정 지원을 하고 있었기 때문에 이러한 역할은 매우 중요했다.

하지만 나와 함께 일한 두 명의 BBC 회장, 크리스토퍼 블랜드와 개빈 데이비스, 그리고 나는 폴린을 전적으로 신뢰하지는 않았다. 라이더 경을 영입할 때 그녀도 BBC 부회장직을 지원했지만 낙선했다. 그녀는 야심이 대단히 컸지만, 내 생각에는 그녀가 바라거나 기대하는 만큼 인생에 성공하진 못했다.

반면에 나는 리처드 라이더를 좋아했다. 나는 그를 약 10년 전 보수당 전당대회에서 처음 만났다. 그때 나는 런던 위크엔드 텔레비전(London Weekend Television) 사장으로 있었다. 그는 여느 정치인과는 달리 매우 조용하고 사려 깊은 사람이었다. 1970년대 말, 그는 홍보의 대가 고든 리스와 함께 마거릿 대처의 이미지를 바꾸는 작업에 참여한 적도 있고, 오랜 세월을 정치권 주변에서 맴돌았다. 그는 BBC 부회장직을 맡고 나서도 입스위치 축구클럽 이사직을 겸임했으며, 나도 맨체스터 유나이티드 축구클럽 이사직을 맡은 적이 있어서 그와 공동 관심사가 아주 많았다. 그는 보수당과 관계를 구축하기 위해서 BBC에 영입되었으나, 그는 당시 보수당 지도층을 아주 싫어했다. 그는 1997년에 상원의원으로 승격되었으나 단 한 차례도 발언한 적이 없고, BBC를 지지하는 상원의원들과의 오찬이나 만찬을 주최하기는 고사하고 그런 자리에 참석하기도 꺼리고 있었다. BBC 홍보부서와 총무부서 직원들은 그가 부회장 역할을 제대로 하지 않는다고 늘 불평하였다.

우리가 개빈, 폴린, 리처드에게 갔을 때 이들도 충격을 받은 듯 보였다. 폴린은 보고서를 읽고 큰 충격을 받았다고 말했고, 리처드는 거의 말이 없었다. 개빈은 무엇보다도 우리가 허튼과 협력한 것이 실수였으며, 이 판사가 조사위원장에 임명을 받았을 때부터 결과는 불 보듯 훤한 일이라는 말을 절친한 친구로부터 들었다고 했다. 개빈의 친구 말에 따르면, 우리의 유일한 희망은 허튼의 조사 방법을 기회 있을 때마다 공격하는 것이었다. 그렇게 해야 정부 측에게 유리한 판정을 받아내려고 정부가 그를 임명했다는 것을 입증할 수 있었을 텐데 그런 기회를 놓쳤다는 것이다. 매우 흥미로운 견해였지만 우리가 당장 처해 있는 상황에는 별로 도움이 되지 않는 말이었다. 우리가 토의를 하는 도중에 《데일리 메일》(*Daily Mail*) 기자 타라 콘런이 개빈의 휴대전화로 전화를 걸어서 보고서 내용이 어떤 것인지 알려달라고 노골적으로 요청했다. 그가 아주 정중한 말투로 기자의 요청을 거절하자 우리는 모두 웃음을 터뜨렸다.

그날 오후 늦게 우리는 좀 더 큰 방으로 옮겨 법무팀, 언론팀과 한자리에 모였다. 우리 측 변호사 앤드루 콜더컷은 허튼이 언론기관의 권리 등 '제한적 특권'에 관한 법률을 완전히 오해했다고 열을 올리며 상세하게 자기 의견을 설명하였다. 토의가 막바지에 이르자 우리는 두 그룹으로 나눠 한 그룹은 전략을 수립하고 다른 그룹은 실질적인 대책을 의논하였다.

나는 비교적 공격적인 성명서를 준비하고, 개빈이 이 성명서를 다음 날 발표하기로 의견을 모았다. 그러고 나서 우리는 대학 등록금 인상안에 대한 의회 표결 결과를 함께 지켜보았다. 하지만 저녁 7시경에 시작된 표결 결과로 우리는 더욱 낙담하였다. 고든 브라운 재무장관이 마지막 순간에 지지자들에게 행한 연설 덕분에 정부가 근소한 표 차이로 승리하였다. 우리의 관심사는 그 문제에 관한 찬반 의견이 아니었다. 우리는 단지 정부 측이 대학 등록금 인상안으로 또 다른 위기에 직면하면 이튿날 우리가 좀 더 쉽게 대응할 수 있는 기회가 생길 것이라고 기대했었다.

그 자리에 모인 사람들이 함께 저녁식사를 했다. 누군가 샌드위치가 아닌, 다른 것을 주문하는 것을 보고 나는 내심 기뻤다. 그 당시 나는 애트킨스식 다이어트(영양학자 로버트 애트킨스가 1972년부터 출간하기 시작한 『애트킨스 박사의 새로운 다이어트 혁명』[Dr. Atkins' New Diet Revolution] 시리즈의 영향으로 큰 인기를 모은 저탄수화물 다이어트. 황제 다이어트라고도 한다: 옮긴이)를 하고 있던 중이라 두 달 동안 술을 입에 대지 않았다. 그래서 치킨 두세 조각을 우적우적 씹으면서 생수를 마시니 지조를 지키는 내 모습이 대견스러웠다.

그때 개빈이 사임하겠다는 말을 은밀하게 꺼내기 시작했다. 나는 강력하게 반대하긴 했지만 개빈이 스스로 결정할 문제라고 생각했다. 시간이 흐르면서 그렇게 하는 것이 올바르고 명예로운 처신이라는 그의 확신이 점점 더 굳어졌다. 나는 사임할 의사가 전혀 없었다. 우리는 리처드 라이더와 잠시 이야기를 나누었는데, 그는 슬그머니 사라지더니 그날 저녁에는 다시 나타나지 않았다. 폴린 네빌-존스가 파티에 참석했다가 돌아오자 우리는 그녀와 밤늦게까지 전반적인 전략에 대해서 이야기를 나누었다.

개빈, 폴린 그리고 나, 세 사람만 한 방에 따로 앉아서 선택 가능한 방안을 신중하게 검토하였다. 당시에는 몰랐지만 그 자리에서 나눈 대화는 매우 중요한 것이었다. 그 이튿날 엉뚱한 일이 벌어졌기 때문이다. 개빈은 경영위원들이 취한 조치 때문에 경영위원진이 비난을 받고 있으니 자신이 물러나는 것이 옳다고 말했다. 나는 그의 생각에 우선 반대를 하고, 허튼 경이 경영진도 비난하였으니 누군가 회사를 떠나야 한다면 그가 떠나야 할지 내가 떠나야 할지 함께 의논해야 한다고 말했다. 나는 우리 둘 가운데 누구도 회사를 떠나야 할 필요가 있다고는 생각하지 않았다. 그때 나는 BBC가 그렇게 가혹한 응징을 받아야 할 만큼 잘못한 것이 없다고 믿었고, 지금도 내 믿음에는 변함이 없다.

내 견해는, 만일 허튼 경의 비난 때문에 사임해야 한다면 회장, 경영위원 전원, 사장, 그리고 BBC 뉴스본부의 고위급 간부 몇 사람이 동시에 회사를 떠나야 한다는 것이었다. 무슨 일이 일어나더라도 다우닝 가 10번지는 개빈이나 나에게 회사를 떠나라고 요구하지는 않겠다고 개빈과 사적으로 나눈 전화 통화에서 토니 블레어가 약속했다는 것을 알고 있었기 때문에 나는 곧 들이닥칠 폭풍우를 끝까지 이겨내야 한다는 생각이었다.

개빈은 최종 결정을 내리지 못했지만 적어도 한 사람은 사임해야 하리라고 생각했다. 그는 당시 심경을 이렇게 술회하고 있다.

"잘못한 것이 없는데도 사과를 해야 한다면 차라리 사임하는 편이 낫다고 생각했다. 그것이 9월 문건 사건에 대한 진실을 영국 국민에게 알릴 수 있는 길이라고 믿었기 때문이다."

나는 비굴하게 처신할 생각은 없었지만, 허튼 보고서가 나온 뒤라 '사과 불가, 사임 불가' 전략이 효과가 있으리라고 생각하지는 않았다.

폴린은 개빈이 떠날 가능성이 있다는 것을 알자 나를 향해서 두 사람이 동시에 떠나게 되지는 않을 것이라고 말했다. 나도 그녀의 말에 동의했다. 그 다음날 그녀가 취한 행동을 보면 이때 그녀가 한 말은 흥미롭다. 개빈과 나는 그녀가 그때 어떤 입장을 취했는지 분명히 기억하고 있다. 나는 그러한 상황에서는 경영위원들이 나를 지지한다는 입장을 분명히 밝혀주어야 할 것이라고 말했다. 그녀도 내 말에 동의했다.

그날 저녁, 리처드 샘브룩에게 BBC 정치 담당 편집자 앤디 마로부터 전화가 걸려왔다. 그는 허튼 보고서가 유출되어 다우닝 가는 혐의를 모두 벗고 BBC에게 잘못이 있다는 소식을 《선》지가 미리 입수했다고 말했다. 그 소식은 특종기사라 BBC는 10시 뉴스에 그 소식을 상세하게 보도하였다. 대학 등록금 인상에 관한 법안 소식은 이제 뉴스거리도 되지 않았고, 허튼 보고서가 예상보다 하루 빨리 커다란 뉴스로 등장하였다.

하지만 보고서가 어디서 유출되었을까? 나는 즉각적으로 앨러스테어 캠벨을 의심했다. 다른 사람들도 그를 의심했다. 캠벨은 다우닝 가에서 재직하는 동안 《선》지에 독점 기사를 정기적으로 제공하였다. 때로는 다른 사람들의 이야기도 건넸다. 그때 그는 다우닝 가 10번지에서 이미 물러난 뒤였기 때문에 그 문건을 유출한 사실이 발각되더라도 잃을 것이 없었고 발각될 가능성도 별로 없었다. 그는 퇴임 사유를 교묘하게 얼버무리려고 했지만 우리는 캠벨이 밀려났다는 것을 알고 있었다.

하지만 캠벨이 보고서 내용을 유출했다는 주장을 뒷받침할 만한 증거는 전혀 없다. 그리고 지금에 와서 나는 당시 나의 즉각적인 반응이 틀렸다고 생각한다. 내가 알고 있는 한, 다우닝 가는 보고서를 유출했다는 비난을 받을 것이 두려워 그날 저녁 《선》지 편집자 레베카 웨이드에게 보고서의 출처가 다우닝 가나 캠벨이 아니라는 점을 분명히 발표하라고 요구하였다.

그때부터 나는 우리 측에서 누군가 그 보고서를 유출하고 교활하게 마키아벨리식 음모를 꾸며 캠벨에게서 유출된 것처럼 보이게 한 것이 아닐까 하는 추측도 해봤다. 하지만 나는 그렇게 생각하는 것 자체가 기분 나빴기 때문에 그런 일이 있었으리라고 믿지는 않았다. 무엇 때문에 그런 짓을 했겠는가? 허튼 경은 보고서를 유출한 사람을 찾아내려고 조사를 벌였지만, 누가 그런 짓을 했는지는 절대로 밝혀지지 않을 것이다.

밤 11시경, 우리는 그만 정리하고 집에 돌아가기로 했다. 나는 기자들을 피하려고 방송국 후문 쪽으로 빠져나갔는데 타라 콘런이 그때까지도 안내석에 버티고 있는 모습이 보였다. 그녀는 내가 몰래 빠져나와 차를 타고 20분가량 달린 뒤에야 전화를 걸어서 꼬치꼬치 캐물었다.

나는 《데일리 메일》의 텔레비전 담당 편집자로 일하던 타라와 미운 정 고운 정이 다 들었다. 《데일리 메일》이 거의 매일 BBC와 나를 공격했기 때문에 나는 그녀가 아주 싫었다. 그녀는 기자회견에서도 어처구니없는 질문을 자주 던졌다. 언젠가 그녀가 똑같은 질문을 되풀이하기에 나는 그 기사가 이미 세 차례나 그 신문에 게재되었는데 똑같은 질문을 네 번씩이나 하느냐고 반문하였다. 그러자 그녀의 대답이 걸작이었다.

"예, 압니다. 하지만 편집장님이 이 기사를 아주 좋아하거든요."

그 후 《데일리 메일》과 우리의 관계가 개신되면서 나는 점점 그녀를 존경하게 되었다. 그녀는 믿을 수 없을 정도로 열심히 일했다. 다른 기자들이 모두 포기해도 그녀는 언제나 현장을 떠나지 않았다.

나는 비밀 유지 약정서의 서명을 지킬 의무가 있어서 보고서 내용을 알려줄 수 없다고 그녀에게 아주 정중하게 말했다(그때 이미 누군가 그 약정을 깨버렸지만). 내가 보고서 내용을 부당하게 알려준 유일한 사람은 내 반려자 수였다. 서퍽에 머물고 있던 그녀에게 전화를 하자 그녀는 상황이 어떠냐고 물었다. 나는 한마디로 대답했다.

"암담해."

그것이 내가 그녀에게 말한 전부였다.

이튿날 아침에도 내 출근 방식은 그 전날과 똑같았다. 나는 일찌감치 뒷문으로 집을 빠져나와 10a번지까지 걸어 내려갔다. 여느 때처럼 빌이 그곳에 대기하고 있다가 나를 차에 태웠다. 집 밖에는 그 전날보다 훨씬 더 많은 기자들과 방송국 요원들이 대기하고 있었다. 나는 수가 집에 있지 않고 조를 친구 집에 머물게 한 것이 아주 다행이라고 생각했다. 단지 내가 공인이라는 이유만으로 가족이 모두 이런 일로 시달려서야 되겠는가? 나는 그런 인생을 택했지만, 내 가족도 그런 인생을 택한 것은 아니다.

사무실에는 묘한 분위기가 흐르고 있었다. 16년 동안 내 개인비서로 일해온 피오나 힐러리는 그날 막 쿠바에서 휴가를 즐기고 돌아온 터라 우리가 BBC에서 일할 날이 며칠 남지 않았다는 것을 아직 모르고 있었다. 하지만 그날 저녁 그녀는 계속 눈물을 흘렸다. 오랫동안 그녀와 함께 일해왔지만 그런 모습을 본 적은 한 번도 없었다. 그녀도 아주 곤란한 입장에 놓이게 되었다. 토니 블레어, 셰리 블레어 부부와 아주 가까운 친구 사이였기 때문이다(채널 4[Channel Four]의 부회장인 그녀의 남편 배리 콕스가 예전에 블레어와 바로 이웃에 살았던 적이 있다).

그 수요일 아침에는 할 일도 별로 없었고 다른 일도 손에 잡히지 않았다. 그래서 나는 이 방 저 방 다니면서 이 사람 저 사람과 잡담을 나누었다. 얼굴에서 항상 미소가 떠나지 않던 커뮤니케이션 책임자 샐리 오스만도 나와 합류하여 여기저기 서성거렸다. 나로서는 BBC에게 일하면서 느끼는 기쁨 중 하나가 샐리와 일하는 것이었다. BBC에서 일하다 보면 위기에 자주 처하기 마련인데 아무리 위기가 닥쳐도 그녀는 언제나 웃음을 잃지 않았다. 마크 다마저도 합류하여 그날 아침 우리 세 사람은 성급하게 사임하지 말고 그날 오후 늦게까지 기다려보자고 개빈 데이비스를 설득했다. 그는 마지못해서 허튼 보고서가 점심 시간경 공식적으로 발표되기 전에는 거취 문제에 대해서 아무런 발표도 하지 않겠다고 약속했다.

나는 집행위원회를 소집하여 열일곱 명의 임원들을 내 방으로 불러모아 허튼 경이 조사 결과를 발표하는 광경을 함께 지켜봤다. BBC 직원들은 집행위원회(Executive Committee)를 줄여서 'Exco'라고 불렀다('Exco'에는 모조품, 속칭 '짝퉁'이라는 뜻도 있다: 옮긴이). 허튼 경은 내 사무실이 있는 방송국에서 조사보고서를 발표하고 있었다. 우리는 점심 식사를 배달시켜서 함께 먹었다. 애트킨스 다이어트를 하는 사람들에게는 특별 음식이 제공되었다. BBC에는 이 다이어트를 하는 사람이 나 말고도 두 명이 더 있었다. 위기에 처해서도 애트킨스 다이어트가 계속 이어졌고 금주 결심도 흔들리지 않았다.

나는 임원들에게 조사 결과가 우리에게 불리하다고 알리고 비밀을 전제로 개빈이 사임을 진지하게 고려하고 있다고 전했다. 우리는 모두 허튼 경의 발표와 하원의 각 당 지도자들의 논평을 지켜보았다. 나는 블레어의 달변에 경탄했다. 그는 연설과 홍보에는 능하지만 사람 관리와 전략적인 리더십이 부족했다. 그런 능력만 제대로 갖추었더라면 그는 위대한 총리가 되었을 것이다.

신임 보수당 당수 마이클 하워드에게는 조사보고서가 불과 네 시간 전에 전달되어 그로서는 적절한 조치를 취하기가 불가능했다. 하지만 그가 허튼 보고서 결과를 즉각적으로 받아들인 것은 결정적인 실수였다. 그가 만일 48시간만 숙고했더라면 다른 조치를 취할 수도 있었을 것이다. 특히 그는 블레어가 상하이에서 홍콩으로 가는 비행기 안에서 기자들에게 데이비드 켈리를 정보제공자로 지목하는 부적절한 언동을 하지 않았다는 허튼 보고서의 견해를 그대로 받아들였다. 조사 과정을 주시한 사람이라면 누구라도 그 문제에 대해서 허튼 경이 단 한 사람의 증인에게도 질문한 적이 없었다는 것을 알았을 것이다.

우리 임원진은 아주 크게 흔들렸다. 재정본부장 존 스미스는 몇 사람이 사임해야 할 것이라고 말하기도 하고(그가 나를 가리켜 그런 말을 했다고 생각하지는 않는다), 라디오본부장 제니 에이브럼스키는 아주 심각한 표정을 한 채 구석에 앉아 있었다. 우리는 내가 임원진과 미리 작성해두었던 성명서 초안에 대해 토의하였다. 임원들은 거의 모두 다소 과격한 문구들을 빼자고 제안했다. 초안에는 이런 문구도 들어 있었다.

"우리는 영국 언론에 중대한 영향을 미치게 될 조사보고서에 관하여 중대한 정보를 가지고 있으나 공개를 보류한다."

나는 성명서 초안을 온건하게 수정하자고 임원들에게 제안했다. 차라리 그렇게 하지 않았던 것이 나았으리라. 그때나 지금이나 BBC의 보도가 거의 정확했던 반면, 다우닝 가의 행동은 용납할 수 없는 것이었다고 믿고 있기 때문이다. 그리고 우리 법무팀이나 나는 허튼이 법률을 잘못 해석했다고 믿었다.

오후 3시 30분, 나는 성명서를 녹음해서 각 언론사에 배포하였다. BBC 뉴스24에서는 즉각적으로 이 성명서를 BBC 측의 '강력한 대응'이라고 해석하였다. 그 성명서 내용은 유화적이었지만, 유화적인 태도를 보이는 데에는 내가 능숙하지 못한 것 같다. 내 장점은 스스로 판단하기 어려운 법이 아니겠는가? 나는 라이더 경이 그 이튿날 취한 것처럼 입장을 번복할 생각이 없었다. 나도 개빈처럼 사임하는 편이 낫다고 믿었다. 그때 나는 뉴스24 실무자들이 내 초안을 보지 않은 것이 다행이라고 생각했다.

내가 성명서 맨 마지막에 넣은 문장은 BBC와 내가 그날 오후 늦게 어리석은 짓을 하리라는 예고가 되고 말았다.

"BBC 경영위원들은 내일 정식으로 경영위원회를 개최하여 허튼 경의 조사보고서를 검토할 예정이다. 경영위원회가 끝날 때까지 이 문제에 관하여 더 이상 논평하지 않겠다."

그 문장에 대해서 임원들이 모두 동의하였다. 그런데 성명서를 발표한 지 30분도 채 지나지 않아 개빈 데이비스가 사임했다는 소식을 아주 믿을 만한 소식통에서 입수했다고 앤디 마가 보도하였다. 물론 그는 기사의 출처를 밝히지 않았다. 허튼 경의 언론 통제 규정에 따르면 확증도 없이 그런 기사를 보도해도 되는지 의아하게 생각할 수밖에 없었다. 하지만 그에게는 아주 믿을 만한 소식통이 있었다. 그 기사의 출처가 바로 개빈 자신이었던 것이다.

개빈은 그의 아내 수의 충고를 받아들였다. 그의 아내는 고든 브라운 재무장관과 친근한 사이였다. 수는 나중에 억지로 밀려나느니 도의적 책임을 지고 사임하는 것이 낫다는 생각을 가지고 있었다. 결국 강제로 쫓겨날 것이라고 생각했다면 전략적인 면에서 그 방법이 타당하였으리라. 그래서 개빈은 사임을 택한 것이다.

개빈은 즉각 사임하면 정부 측의 몰지각한 처사와 대조적인 모습을 보일 수 있고 허튼에게도 타격을 입힐 수 있다고 믿었다. 그는 실제로 여러 면에서 이러한 목적을 달성했다. 그 전날 입장을 밝혔듯이 그는

BBC가 대체로 옳았다고 믿기 때문에 사과는 하지 않겠다고 했다. 개빈이 일찍 사임하면 나도 자리를 잃게 되기 때문에 공식적으로 사임을 발표하기 전에 나는 유임될 수 있도록 경영위원들과 담판을 벌여야 한다고 생각하는 사람들도 일부 있었다. 그런 생각이 맞을 수도 있고 틀릴 수도 있겠지만, 그는 가장 명예로운 길을 택하기 위해 그런 결정을 내렸다.

바로 그날 저녁 5시부터 경영위원들이 비공식 회의를 갖기로 예정되었던 것은 순전히 우연의 일치였다. 그 회의 일정은 2003년도 BBC 연간계획을 작성할 때 이미 잡혀 있었던 것이다. 나는 회의 일정이 허튼 조사보고서 발표 일정과 맞물리게 된다는 것을 1, 2주 전에 발견하고 개빈에게 그 회의를 취소하라고 강력하게 건의하였다. 나는 경영위원들이 서둘러서 경솔한 결정을 내릴 우려가 있다고 그에게 말했다. 개빈은 회의 날짜를 옮기는 데 반대하고, 경영위원회를 주관하는 BBC 사무국장 사이먼 밀너도 반대했다. 사이먼은 위험성을 파악할 수 있는 정치적 감각이 있어야 하는데, 재능은 많은 사람이었지만 정치적 판단력이 부족했다. 회의를 연기시켜보려고 내가 갖은 애를 썼지만, 회의 날짜는 바뀌지 않았다. 나는 큰 실수를 저지르는 것이라고 이 두 사람에게 누차 경고했지만 소용이 없었다.

오후 5시에 열린 경영위원회는 이튿날 아침까지 계속되었다. 경영위원들은 존 스노가 오전 7시에 채널 4 뉴스를 진행하면서 허튼 조사보고서가 속임수라고 보도하는 것을 보지 못했다. 이 보도는 매우 중대한 의미를 지니고 있었다. 우리는 조사가 진행되는 동안 채널 4가 허튼에 관하여 가장 믿을 만한 보도를 했다고 생각했다. 이 뉴스가 BBC 6시 뉴스보다 나았다. 경영위원들은 〈뉴스나이트〉(Newsnight)에서도 같은 주제에 대하여 계속 보도되는 것도 보지 못하고, BBC 전직 회장 크리스토퍼 블랜드가 한 사람만 사임하는 것으로 충분하다고 말하는 것도 듣지 못하고, 《인디펜던트》(*The Independent*)지가 신문 첫 페이지 전면을 공백으로 비워둔 채 '속임수'(Whitewash)라는 단어 하나만 집어넣어 발행된 것도 보지 못했다.

경영위원들은 아무도 만나보려고 하지 않았다. 그들은 BBC 변호사 앤드루 콜더컷조차 만나려고 하지 않았다. 콜더컷은 저녁 내내 회의실 밖에 앉아서 허튼 보고서에 관한 자신의 법률적 소견을 설명할 기회만 기다리고 있었다. 그의 의견은 허튼 보고서 처리에 매우 중대한 것이다. 그는 허튼 보고서에 관하여 경영위원 전원이 알고 있는 것보다 훨씬 더 많이 알고 있었으나, 경영위원들은 그를 끝내 불러들이지 않았다. 그는 다섯 시간 동안 대기하다가 귀가하고 말았다. 앤드루의 시간당 수임료를 고려할 때 그를 회의실 밖에 기다리게 내버려둔 행동은 범죄에 속한다.

저녁 늦게 경영위원들은 BBC 정책본부장 캐럴라인 톰슨을 회의에 출석시켜 브리핑을 들어보기로 합의하였다. 그녀는 웨스트민스터에서 저녁 내내 정보를 수집하고 있었다. 그들은 BBC 인사본부장 스티븐 단도도 불러들였다. 그는 만일 나를 제거하면 BBC와 임직원들이 큰 충격을 받을 것이라고 경영위원들에게 말했다. 하지만 때는 이미 늦었다. 경영위원들은 이 두 사람을 불러들이기 전에 이미 결심을 굳혔던 것이다. 사람들은 시련이 닥치면 안으로 몰려들어 서로 수군대기만 하면서 어쩔 줄 모르고 쩔쩔매는 경우가 많다. 이들도 그런 식으로 행동했다.

나는 회의 벽두에 40분 동안만 참석하였다. 경영위원들은 방송국에 도착하자마자 개빈이 떠난다는 사실을 들었다. 경영위원 가운데 일부는 자신들도 사임해야 한다는 의견을 불쑥 내놓기도 했다. 돌이켜 생각하면 그때 내가 그들을 사임시켰어야 했다. 그런데 나는 회장과 경영위원진이 없이 BBC를 공백상태로 놔둘 수는 없다고 소신대로 주장하였다. 그런 상황이 닥치면 BBC를 움직이는 조직이 무너지기 때문이었다. 그러자 그들도 그대로 눌러앉기로 합의했던 것이다.

비난의 대상이 된 경영진을 어떻게 처리해야 할지 토론이 벌어지기 시작하자, 나는 회의실 밖에 나가 있겠다고 제안했다. 나는 내 옆에 앉아 있던 사이먼 밀너 쪽으로 몸을 내밀고 그 전날 밤 개빈과 내가 그에게 말한 내용을 상기시켰다. 만일 내가 유임된다면 공개적으로 나를 지지해야 한다고 경영위원에게 말하는 것이 그가 해야 할 역할이었다. 개빈과 나는 회의장 밖으로 나왔다. 우리는 토의가 30분 정도 걸릴 것으로 예상했다. 그러나 나는 그날 저녁 회의실로 되돌아가지 못했다. 게다가 BBC 경영위원회에는 영영 다시 참석할 필요가 없게 되었다. 전체적으로 보면 어떤 일이든 좋은 면도 있기 마련이다. 경영위원들과 다시 얼굴을 마주 할 일이 없으니 얼마나 다행한 일인가?

개빈과 함께 복도를 걸어 내려오고 있는데 반대편에서 세라 호그가 허둥지둥 달려왔다. 경영위원회에 지각한 것이다. 그녀는 존 메이저 총리가 이끄는 보수당 정권 시절 다우닝 가 수석정책담당관으로 일하면서 '기본질서 회복 정책'(Back to Basics)을 창안한 사람이었다. 그 정책은 세계대전 이후 역대 총리가 채택한 정책 중에서 가장 참담한 결과를 초래했다. 경영위원회에 보수당 지지자가 부족하다는 점을 고려하여 그녀가 보수당 측 BBC 경영위원으로 영입된 것이었다. 하지만 기이하게도 내가 BBC를 그만두게 될 무렵에는 정치적으로 우파에 속하는 사람들이 경영위원회를 지배하고 있었다. 개빈을 제외하고 강력한 영향력을 행사하는 사람은 모두 보수당 인물이었다. 개빈은 회장이라 정치적 중립을 지키면서 경영위원들을 견제하느라고 안간힘을 썼다. 그것이 블레어가 내세우는 이른바 '신노동당'(New Labor)이 저질러놓은 일들의 전형적인 모습이었다. 이들은 '토니 패거리'라는 언론의 비난을 받지 않으려고 우파가 BBC 경영위원회를 지배하게 내버려둔 것이다. 마거릿 대처라면 노동당 지지자들이 경영위원회를 지배하도록 그냥 내버려두었겠는가?

세라 호그는 강력한 BBC 지지자였지만, 경영위원회에서도 서슴없이 정치적인 언동을 하고 편견을 거침없이 드러냈다. 그런 행동이 이상할 것은 하나도 없다. 그녀는 귀족 출신 지주로서 보수당 하원의원인 더글러스 호그와 결혼하여 정치계에서 평생을 보냈다. 우리가 정치 관련 뉴스를 21세기에 맞게 개편하려고 하자 정치인들을 실망시켜서는 안 된다는 이유로 반대를 주도한 사람이 바로 세라였다. 그녀는 2002년 9월에 개최된 '농촌 살리기 행진'(Countryside March)에 대한 보도를 하지 않았다고 불편한 심기를 드러냈다('농촌 살리기 행진'은 여우 사냥 금지 등 사냥에 대한 제한 조치에 반대하는 시위였다: 옮긴이). 아마 그녀로서는 그 시위가 평생 처음 참가한 시위였으리라. 그녀는 BBC가 농촌 문제를 적절하게 다루지 않는다고 주장하면서 경영위원진의 전면적인 조사를 요구하였다. 그녀의 요구가 받아들여져 수천 파운드가 낭비되었다. 나는 그것이 링컨셔 주에 있는 가족 영지에서 사는 경영위원만이 할 수 있는 특별 청원의 고전적인 사례라고 생각했다.

세라는 경영위원회에서 항상 다른 참석자들보다 우월하다는 태도를 보였다. 다른 경영위원의 의견에 동의할 때는 지지한다는 표시로 고개를 까딱거리고, 동의하지 않으면 머리를 흔들었다. 마치 그녀의 의견이 가장 중요하다는 태도였다. 다른 경영위원 중에는 세라처럼 확신도 가지지 못하고, 지배자로 군림하기 위해 이 세상에 태어난 사람이라는 인상도 주지 못하는 경영위원들도 있었다. 그래서 그녀의 의견이 매우 큰 비중을 차지하였던 것이다. 우리는 경영위원 중에서 가장 큰 목소리를 내는 세라와 폴린 네빌-존스에게 '상류사회 귀부인들'이라는 별명을 붙여주었다. 두 사람 모두 나를 좋아하지 않았다. 이제 와서 보니 세라는 나를 아주 싫어했다. 하지만 싫다는 느낌은 피차 마찬가지였다.

세라의 경영위원 임기는 1월 말에 끝날 예정이었는데 그녀는 연임을 바라지 않았다. 개빈이나 나도 그녀의 연임이 바람직하지 않다고 생각했다. 우리는 경영위원진이 우익으로 편향되는 것은 건전하지 못하므로 강력한 정치적 견해를 갖지 않은 경영위원을 더 많이 충원해야 한다고 믿었다. 세라가 그날 밤 복도에서 우리 곁을 스쳐 지나갔을 때에는 그녀의 경영위원 임기가 불과 이틀 남아 있었다. 오랫동안 쌓인 그녀의 감정을 청산할 수 있는 마지막 기회인 셈이었다. 그런데 그녀가 나를 제거하기로 작정하고 그 회의에 참석했던 것이라는 사실을 깨달은 건 한참 뒤였다.

내가 한 시간 반가량 내 방에 혼자 앉아 있는데 사이먼 밀너가 들어와서 폴린과 부회장이 아래층에서 나를 보자고 한다고 전했다. 나는 회의 시간이 오래 걸린다고만 생각했지, 경영위원들이 나를 내쫓으려 한다고는 꿈에도 생각지 못했다. 그들을 만나러 내려가자 리처드 라이더가 무척 무뚝뚝하게 나를 대했다. 그는 경영위원들이 토의한 결과 내가 회사를 떠나야 한다고 결정했다고 말했다. 만일 내가 회사에 머물러 있으면 실권 없이 임기나 채우는 '레임덕' 사장이 될 것이라는 말도 덧붙였다. 어처구니없는 말이었다. 나를 아는 사람은 누구나 내가 '레임덕'이라는 별칭을 들을 일은 일어나지 않으리라는 것을 잘 알 것이다. 나는 이것이 경영위원 전원의 의견인지 물었다. 리처드는 여느 때와 마찬가지로 자신의 견해는 밝히지 않은 채 나머지 경영위원들의 견해만 알렸다. 폴린은 아무 말도 하지 않았다.

물론 나도 이런 사태가 벌어지리라고 예상해야 했다. 하지만 나는 그렇지 못했다. 나는 깜짝 놀랐다. 무슨 말을 해야 할지 아무런 생각도 떠오르지 않았다. 나는 임기를 존중해야 한다고 지적했지만, 그들이 원하지 않는다면 잠시도 머물러 있지 않겠다고 내 입장을 분명히 밝혔다. 이런 말을 주고받는 데 걸린 시간은 불과 5분 남짓이었다. 나는 인사본부장인 스티븐 단도와 이야기하겠다고 말했다.

내 방으로 돌아와 나는 망연자실한 상태로 앉아 있었다. 말썽이 끊이지 않고 깊은 불만에 휩싸여 있는 분위기를 바꾸기 위하여 이 조직을 위해 4년 동안 혼신의 힘을 다 기울였는데 이제 와서 회사 전체에서 가장 존경받지 못하는 위인들인 BBC 경영위원들이 나를 내쫓으려고 한다. 나는 도저히 믿을 수가 없어서 멍하니 앉아 있었다. BBC에 아무런 기여도 하지 못해 할 말이 없으면서도 최근 몇 달 동안 경영위원회의 생존에 날이 갈수록 집착하던 잘난 위인들의 얼굴이 하나씩 떠올랐다.

나는 피오나를 내 방으로 불렀다. 그녀는 LWT부터 피어슨, 그리고 BBC까지 오랫동안 나와 함께 일해왔다. 그녀가 블레어 부부와 가까운 사이라 나와 BBC에 정치적으로 부담이 될 것이라는 크리스토퍼 블랜드의 의견을 존중해서 나는 그녀를 나중에 BBC로 불러들였다. 그날 밤 나는 의자에서 일어나 그녀를 껴안고 말했다.

"이제 모든 일이 끝났어요. 경영위원들이 물러나라고 하는군요. 그래서 사임하려고 해요."

그러고 나서 한 시간 남짓 스티븐 단도와 긴 대화를 나누었다. 그는 내 소식을 듣자마자 경영위원들이 재앙을 자초했다면서 직원들이 어떤 반응을 보일지 지켜보자고 말했다. 지방본부장 팻 라우리도 내 방에 들어와서 사임하지 말라고 권했다. 그 사람도 아래층으로 내려가 경영위원들을 만나려고 했으니 경영위원들은 그를 회의실로 들여보내지 않았다. 내 직속 부하 몇 사람도 내 방에 들어와서 사임하지 말라고 간곡히 부탁했다.

저녁 9시경, 나는 마음을 바꾸었다.

"한번 싸워보지도 않고 경영위원들이 나를 제거하고 회심의 미소를 짓게 내버려두지는 않으리라."

내가 사이먼 밀너를 내 방으로 불러 자진해서 사임할 의사가 없으니 나를 해임시키라고 말했더니 그는 큰 충격을 받은 표정이 되었다.

10분 후 나는 회의실로 다시 내려가 라이더, 네빌-존스와 마주 앉았다. 나는 자진해서 회사를 떠나지 않겠다고 통보하고, 사임을 생각해본 적도 없었다고 내 입장을 분명히 밝혔다. 그 전날 개빈, 폴린과 내가 이런 입장을 취하기로 의논했었다는 말은 하지 않았다. 리처드 라이더는 화를 내며 다소 위협적인 태도를 취했다. 그는 거의 매번 이런 식으로 왕초처럼 군림하려고 했다. 나는 내 입장을 고수하면서 사임하지 않겠다는 내 의사를 다른 경영위원들에게도 알려달라고 말하고 내 방으로 돌아왔다.

그날 저녁 나는 다른 어느 누구보다 내게 영향력을 행사하고 있는 세 사람과 전화로 이야기를 나누었다. 첫 번째로 수에게 전화를 해서 그날 있었던 일을 이야기했다. 그녀의 반응은 예상했던 대로였다.

"그 나쁜 놈들하고 맞서 싸워요. 해임당하면 어때요? 쫓겨났다고 누가 뭐라고 하겠어요?"

역시 내 여자였다. 그녀는 우리가 20년 동안 함께 지내온 이유를 단적으로 보여주었다. 그녀는 내가 BBC에서 일하는 것을 그다지 좋아하지 않았다. 너무 많은 시간을 할애해야 하는 일이기도 하고, BBC 고위급 임원 몇 사람을 좋아하지 않았기 때문이다. 그녀는 그 사람들이 재미도 없고, 지나치게 정치적이고, 아첨이나 할 줄 아는 위선자들이라고 생각했다.

나는 크리스토퍼 블랜드에게도 전화했다. 그는 내가 LWT에서 일할 때 회장으로 있다가 BBC 회장으로 자리를 옮길 때 나에게 BBC로 오라고 맨 먼저 설득했던 사람이다. 그런데 그는 BBC 회장 임기를 2년 남겨둔 채 사임하고는 BT(영국통신공사) 회장으로 자리를 옮겼다. 하지만 그는 자리를 옮기기 전에 자신의 장래에 대한 결정을 나에게 맡겼다. 그는 나에게 이렇게 말했다.

"자네를 여기로 데려온 사람은 나일세. 그러니 자네가 계속 이 회사에 머물러 있으라고 하면 나는 BT 측의 제안을 거절하고 이 회사에 남아 있겠네."

나는 그가 BT 회장직을 맡는 것이 옳다고 생각했다. 나이가 이미 60대에 접어들어 내가 보기에는 그에게는 그 자리가 마지막으로 도전해볼 수 있는 큰 기회였다. 그래서 나는 그에게 그 회사로 가라고 조언했다.

크리스토퍼와 나는 예전에도 여러 차례 전투를 함께 치렀다. 이긴 전투도 있고 패한 전투도 있었지만 그는 함께 일하기가 아주 좋은 사람이었다. 그는 겁을 내는 법이 없었고, 아무런 이해관계가 없으면서도 나를 뒤에서 밀어준 적이 여러 번 있었다. 나는 오랫동안 그의 밑에서 즐거운 마음으로 일했다. 그는 언제나 나에게 가르침을 주는 두 사람의 멘토 가운데 한 명이었다. 내가 전화를 해서 그날 있었던 일을 이야기하자 그는 경영위원들이 나를 몰아내려고 한다는 말을 믿지 못하고 자기가 할 수 있는 일은 모두 해보겠다고 약속했다. 그는 그날 밤 늦게 〈뉴스나이트〉 프로그램에 출연했다. 그도 수와 같은 의견이었으며, 경영위원들에게 이렇게 말하라고 내게 권했다.

"엿 먹어라!"

그날 저녁 내가 세 번째로 전화를 건 상대는 가장 친한 친구이자 나의 두 번째 멘토인 멜빈 브래그였다. 멜빈은 내가 아는 사람 중에서 가장 영리하고, 다방면에 아주 박식하다. 나는 LWT에서 말단 조사원으로 근무할 때 그를 처음 만났다. 그는 당시 〈사우스 뱅크 쇼〉(*South Bank Show*)의 편집자와 진행자를 겸임하던 유명 인사였다. 그런 그가 내 이름을 기억해주었을 때 나는 얼마나 자랑스러웠는지 모른다. 노동계층 출신은 무슨 일을 하든지 서로 금세 가까워지게 마련이다. 오랜 세월이 흘러 내가 LWT의 편성제작국장이 되었을 때 나는 예술부서를 독립적인 부서로 격상시켜 멜빈을 내 직속 간부로 삼았다.

멜빈도 나에게 BBC에서 일해보라고 권했고, 비록 무비판적으로 나를 지지한 것은 아니지만 내가 하는 일을 언제나 지지해주었다. 내가 BBC에서 지낸 마지막 사흘 동안 그는 친구로서 해줄 수 있는 일은 무엇이든 다 도와주었다. 《옵서버》(*The Observer*)지에 내가 4년 동안 이룬 업적을 평가하는 멋진 글을 기고해주기도 했다.

그 수요일 밤, 나는 라이더와 네빌–존스를 다시 만나 대화를 나누고 나서 밤늦게까지 멜빈과 통화했다. 이 두 사람은 경영위원회의 태도가 완강하기 때문에 그날 밤에 사임하거나 해임당하거나 둘 중 하나를 선택해야 한다고 말했다. 멜빈은 내가 크게 낙심하고 있는 것을 알고는 내게 6개월 후에 어떤 모습으로 보이는 것이 좋겠느냐고 물었다.

"사임한 모습이 보기 좋을까, 아니면 쫓겨난 꼴이 보기 좋을까?"

결국 나는 사임하는 쪽이 좋다고 대답했다.

일반적으로 최고 경영자가 회사를 떠나거나 자리를 잃는 경우에는 그에 상응하는 보상을 얼마나 주느냐 하는 것이 주요 결정사항이다. 하지만 내 경우에는 금전은 별로 문제가 되지 않았다. 계약에 따라 어떤 경우에도 BBC는 내게 보상을 해야 할 의무가 있기 때문이다.

이런 일이 벌어지고 있는 동안, 혈기 왕성한 에마 스콧이 간부들에게 일일이 연락해서 회사로 불러 모아 나를 지지하는 시위를 벌이려 하고 있었다. 그녀는 내가 BBC에 합류한 첫날부터 나와 함께 일한 프로젝트 매니저였다. 그녀는 캐럴라인 톰슨에게 전화를 걸어 회사로 돌아오라고 말하고, 경영위원들과도 이야기를 나누었다. 팻 라우리는 그날 저녁 내내 회사에 머물러 있었고, BBC에서 마케팅본부장으로 일하고 지금은 채널 4의 최고경영자가 된 유능한 인물인 앤디 덩컨도 회사에 나와서 나를 지지해주었으며, 스포츠본부장인 피터 새먼도 내게 전화해서 회사를 떠나지 말라고 당부했다.

한편 나를 보좌할 부사장으로 임명된 지 얼마 안 된 마크 바이포드는 마치 교장실로 불려온 학생처럼 경영위원회 회의실 밖에서 몇 시간 동안 쪼그리고 앉아 있었다. 마크와 나는 언제나 좋은 관계를 유지하였고, 나는 그를 좋아하고 유능한 방송인으로 존경하였다. 하지만 그날 저녁 그가 왜 위층으로 올라와 간단한 말 몇 마디라도 나와 나누지 않았는지 지금까지도 궁금하다. 그는 혼자서 회의실 밖에서만 몇 시간이고 앉아 있었다. 나는 그가 나와 이야기를 나누지 말라는 지시를 경영위원들로부터 받지 않았나 하는 생각이 든다. 그렇다면 그의 이상한 행동이 설명된다.

나는 마크가 BBC 내부인사 중에서 내 뒤를 이을 후계자 감이라고 생각하고 있었다. 하지만 그날 저녁, 그리고 그 다음 며칠 동안 그가 사장이 될 기회는 완전히 사라졌다. 개빈과 내가 동시에 사임하면 신임 회장은 분명히 자기 사람을 사장에 임명할 것이다. 그날 밤 이후 몇 주 동안 일어나는 사태로 말미암아 불명예스러운 일을 당한 사람을 임명하지는 않을 것이다. 공정하게 마크의 입장에서 본다면, 그는 경영위원들 때문에 난처한 입장이 되었던 것이다. 그가 스스로 택한 입장은 아니었다. 나는 그가 의무를 충실히 다하려고 노력했다는 점을 믿어 의심치 않는다. 그는 그런 사람이기 때문이다.

나는 그날 결국 갖가지 압력을 이기지 못하고 굴복하고 말았다. 애트킨스 다이어트를 포기하고 금주 결심도 철회했다. 내 방에 찾아오는 사람들을 맞이하면서 나는 피자 한 판을 먹어치우고 포도주도 반병쯤 비웠다. 다이어트 결심을 깨뜨리게 만든 장본인인 허튼 경과 경영위원들을 용서할 날이 있을지 모르겠다.

개빈 데이비스는 그날 저녁 나와 함께 경영위원회 회의실을 나온 이후 혼자 있다가 밤 1시경 집으로 돌아갔다. 나는 경영위원들이 나에게도 그만두라고 했다는 소식을 그에게 전했다. 하지만 그로서도 할 수 있는 일은 없었다. 그는 떠나기 전에 한때는 동료들이었던 경영위원들에게 마지막 작별 인사를 나누기로 했다. 하지만 그 방에 다시 들어갔을 때 그는 다섯 시간 만에 분위기가 완전히 바뀐 것을 느꼈다. 매우 적대적인 분위기였으며, 특히 세라 호그가 심한 적대감을 드러냈다. 그의 표현을 빌리자면, 그녀는 격렬한 적대감으로 끓어오르고 있었다.

후에 나는 그 전날 세라가 사임해야 할 사람은 그렉이지 그가 아니라고 개빈에게 말했다는 것을 알았다. 개빈은 그때 그녀에게 어떤 일이 있어도 그가 회사에 남고 그렉이 회사를 떠나는 일은 없을 것이라고 말했다. 나는 그것도 개빈이 사임한 이유 중 하나였다고 생각한다. 개빈과 나는 아주 긴밀한 관계를 유지하며 함께 일했다. 특히 허튼 사건에서는 더욱 그랬다. 우리는 둘 다 우리가 옳다고 확신하고 있었다. 개빈은 만일 우리 두 사람 중 한 사람이 떠나야 한다면 떠날 사람은 자기라고 생각한 것이다. 그는 그렇게 나를 보호해주었다. 그날 회의에 참석했던 다른 사람들 말에 의하면, 개빈이 세라에게 다가갔을 때 그녀는 그를 사납게 공격하고 그를 '공격을 받으면서도 꼼짝 못하는 겁쟁이'라고 비난했다.

밤 1시경, 나는 더 이상 협상이나 토의를 하지 않겠다고 발표했다. 경영위원들은 여전히 아래층에 있었지만 내가 할 수 있는 일은 더 이상 없었다. 나는 아침에 자발적으로 사임할 것인지 해임을 당할 것인지 결정하기로 했다. 어떤 쪽을 택하든 BBC를 떠나게 되는 것이다.

창밖을 내다보니 어느 틈에 온 세상이 하얀 눈으로 뒤덮여 있었다. 눈이 내리는 것도 알지 못한 것이 무척 슬펐다. 나는 차에 타면서 운전기사 빌에게 이제 회사를 떠난다고 말했다. 그도 역시 놀랐다. 그는 그날 자기 부부가 밤새 잠을 이루지 못했노라고 훗날 내게 말해주었다.

다음날 아침, 나는 평상시와 마찬가지로 집 밖에 대기하고 있는 기자와 카메라 요원들의 눈을 피해 문밖을 나섰다. 차를 타고 가던 도중에 BBC 재정본부장 존 스미스에게서 전화가 걸려왔다. 그는 상황이 어떻게 돼가고 있느냐고 물었다. 상황을 설명해주자 그는 일부 경영위원들과 접촉해서 설득해보겠다고 말했다. 그는 그 사람들 마음을 바꿔놓을 수 있을 것이라고 장담했다. 하지만 나는 이제는 너무 늦었다는 것을 알고 있었다. 잠을 별로 자지 못했지만 밤새 결정을 내렸다. 사임하겠다, 그러나 비타협적인 경영위원회 패거리들이 내게 선택의 여지를 거의 남겨놓지 않았다는 것을 확실히 밝혀두겠다고 결심했다.

내가 이 길을 택한 이유는 무엇일까? 지금 다시 돌이켜보면 왜 그랬는지 확실히 알 수가 없다. 뒤늦게 생각해보니 차라리 자리를 지키고 그들이 나를 해임하게 만들었어야 했다는 생각이 든다. 하지만 그 당시 나는 고립된 느낌이 들었다. 상처도 받았고 부당한 대우를 받는다는 느낌이 들었다. 사임해야 할 이유도 없었고 BBC도 중대한 잘못을 저지른 적이 없었다. 그 당시에는 직원들이 그런 반응을 보일 것이라고 예상하지도 못했고, 허튼 경의 조사가 그렇게 빨리 종결되리라고 생각하지도 못했다. 나는 그저 그만둘 때 그만두더라도 품위를 지키고 싶었다.

경영위원들이 하루 이틀 더 기다렸다면 내가 회사를 그만둘 필요도 없었을 것이다. 그랬으면 블레어 측 사람들이 궁지에 몰렸을 테니까. 주말까지도 다우닝 가 10번지에서는 상황을 제대로 파악하지 못했다. 조사보고서는 그들에게 면죄부를 주었지만 일반 국민은 그렇게 생각하지 않았다. 그 사람들은 당시는 물론 지금까지도 블레어가 영국 국민의 신임을 순식간에 잃고, 정직하고 솔직한 사람이라는 평을 듣던 그에게 일순간에 정보 조작자, 원칙이 없는 사람이라는 낙인이 찍혔다는 사실을 깨닫지 못하고 있다. 이라크 사태에 관련된 정보 조작으로 그에 대한 신망이 땅에 떨어진 것이다.

나는 목요일 아침 8시 10분경 사무실에 나가 전날 작성했던 성명서 초안 두 개를 다시 수정하기 시작했다. 첫 번째 성명서는 내가 직접 발표할 것이다. 두 번째 성명서는 전 직원에게 내가 떠난다는 것을 알리는 이메일인데 내게는 이것이 훨씬 더 중요했다. 나는 언론 보도나 대외적으로 발표하기 전에 직원들에게 이메일을 보내 이 소식을 직접 알리기로 작정했다.

그날 아침 일은 이제 모두 희미하다. 많은 사람들이 내 방에 들락거리고 우는 사람도 많았던 것으로 기억하고 있다. 나를 직접 보필하던 직원들은 대부분 울거나 애써 눈물을 참고 있었다. BBC 전략책임자 캐럴린 페어베언은 그녀가 사는 윈체스터에서 회사까지 줄곧 울고 온 것 같은 모습으로 회사에 들어섰다. 그녀는 4년 동안 나를 최측근에서 보필하였다. 멜빈 브래그는 그날 아침 라디오 4 채널에서 〈우리 시대〉(*In Our Time*)를 진행하고 난 후 내 방으로 와서 거의 한 시간 동안 나와 대화를 나누며 충고를 해주고 직원들을 격려하였다. 직원들은 그의 깊은 배려를 무척 고맙게 생각했다. 그 역시 심란한 기색이었다.

아침 내내 직원들로부터 사임하지 말라고 간청하는 이메일이 쏟아져 들어왔다. 하지만 나는 오후 1시 30분경 직원들에게 이메일로 성명서를 발송했다. 나는 그동안 늘 그런 식으로 전 직원에게 이메일을 보냈다. BBC에 부임하자마자 직원들에게 이메일을 보내기 시작했는데, 최고경영자가 직원들과 의사소통을 하는 데에는 이메일이 아주 효과적이었다. 4년 재임하는 동안 길고 지루한 이메일은 절대로 보내지 않았다. 직원들이 이메일을 읽게 하려면 핵심만 간단히 재미있게 써야 한다. 이날 보낸 이메일도 분명히 어떤 영향을 미쳤으리라. 전문용어는 피하고 누구나 이해할 수 있는 말로 짤막하게 이메일을 썼다.

이것은 내가 지금까지 쓴 이메일 중 가장 힘들게 써내려간 것입니다. 잠시 후에 나는 4년 동안 봉직한 사장직에서 물러난다고 외부 세계에 발표하려고 합니다. 나는 떠나고 싶지 않습니다. 여러분을 무척 그리워할 겁니다. 허튼 조사위원회가 BBC 경영진을 크게 비난하였으며, 모든 책임은 사장인 내게 있습니다.

나는 BBC가 판단 착오를 일으켰다는 것을 인정하고, 유감스럽게도 내가 이곳에 머물러 있는 한 이 사태를 수습하기가 어려울 것이라는 판단을 내렸습니다. 우리는 이 사태에 종지부를 찍어야 합니다. BBC의 미래를 보호하기 위해서 사태를 수습해야 합니다. 그것은 여러분이나 나를 위해서가 아니라 저 밖에 있는 모든 사람들을 위해서 필요한 것입니다. 과장하는 것처럼 들릴지도 모르겠으나, 정말로 중요한 존재는 BBC라고 생각합니다. 이번 사태를 겪으면서 나는 BBC 사장으로서 우리의 편집권 독립을 수호하고 공공 이익을 위하여 행동하는 것을 유일한 목표로 삼았습니다.

4년 동안 우리는 많은 것을 이루었습니다. 나는 우리가 이곳을 근본적으로 변화시켰다고 믿고 있으며, 내가 떠난 후에도 그러한 변화가 지속되기 바랍니다. BBC는 예전부터 훌륭한 조직이었지만, 나는 지난 4년 동안 이곳을 더욱 인간적인 곳으로 만드는 데 일조하려고 노력하였습니다. 그것이 사실이라고 모두 공감한다면, 슬프지만 그것으로 만족하고 떠나겠습니다.

그동안 내게 베풀어준 도움과 지원에 모두 감사드립니다. 몹시 감상적으로 들릴지 모르지만 나는 정말 여러분을 모두 그리워할 것입니다.

그렉 드림

이메일을 보내고 나서 나는 랭엄 플레이스에 있는 방송국 본부 브로드캐스팅 하우스에 가려고 곧바로 아래층으로 내려갔다. 그런데 기자들이 몰려들어 현관 앞이 완전히 아수라장으로 변해 있었다. 나는 회전문을 지나 현관 밖으로 나갔다가 밀려드는 기자들에게 깔려 죽을지도 모른다는 위험을 느끼고 뒷걸음질로 간신히 회전문으로 물러나 건물 안으로 다시 들어갔다. 2, 3분이 지나자 밖으로 나갈 수 있는 여유 공간이 생겼다. 밖으로 나온 나는 BBC 뉴스24, 스카이 뉴스, 그리고 ITV(Independent Television, 민영텔레비전 네트워크) 뉴스 채널이 생중계하는 가운데 사임 성명서를 발표했다. 그런데 공교롭게도 BBC 뉴스24 요원들이 군중들에게 밀려 생중계할 기회를 놓쳐버리는 바람에 성명서를 발표하는 내 품위 있는 모습을 제대로 전달하지 못했다.

나는 다시 위층으로 올라와 친구, 동료들과 함께 음식과 술을 마음껏 마셨다. 애트킨스 다이어트니 금주니 하는 생각은 모두 사라져버렸다. 마크 다마저가 나의 장점과 약점에 대하여 짤막하지만 아주 재미있는 연설을 했다. 그는 20년 전 TV-am에서 처음으로 나와 함께 일했다. 나는 오늘은 장황한 연설을 늘어놓을 만한 날이 못 된다는 말로 답사를 시작했다. 나는 떠나지만 각자 자기 자리를 지켜야 한다고 말하고, 사장 직무대행으로 일할 마크 바이포드를 지지해달라고 부탁했다. 그는 좋은 사람이고 나의 종말에 어떤 역할도 하지 않았다.

그런데 아주 묘하게도 마크가 끔찍한 실수를 한 것이 바로 그때였다. 라이더 경이 회장 직무대행 자격으로 성명서를 녹음할 때 배석해달라는 요청을 그가 승낙한 것이다. 그런 요청은 거절했어야 하는데, 그는 라이더가 아주 비굴한 태도로 사과문을 낭독하는 동안 옆에 서 있었다. 라이더는 BBC가 저지른 실수에 대해서 유감이라고 사과하였지만 무슨 실수를 저질렀는지는 명확하게 밝히지 않았다. 그의 성명서는 BBC의 잘못이라고 정부가 지적한 것은 모두 사과한다는 투였다. 성명서를 비굴한 사과문으로 만들고 만 요인은 그들의 발표 태도에 있었다. 이 두 사람은 마치 어느 옛날 동유럽 정부 지도자들처럼 노쇠하고 따분하고 겁에 질린 모습이었다.

성명서는 하루 종일 인터넷 뉴스에 게재되어 전 세계 사람들에게 공개되었다. 라이더는 자신의 언동이 미치는 파급효과도 인식하지 못한 채 BBC와 자기 자신의 명성을 크게 손상시키고 말았다.

그날 오후, 라이더 경은 BBC 집행위원회 임시회의에서 그의 성명서에 정부 측이 만족했느냐는 질문을 받고 만족스럽다는 언질을 받았다고 대답했다. 이러한 그의 답변은 성명서를 발표하기 전에 성명서 내용에 관하여 다우닝 가와 미리 협의를 하고 승인을 받았다는 인상을 임원들에게 남겨주었다.

그 후 나는 라이더 경이 성명서를 발표하기 전에 다우닝 가 10번지와 접촉하여 성명서 내용을 알리고 그것을 발표할 계획이라는 것도 통보했다는 사실을 BBC로부터 확인받았다. 이제 와서는 단지 관례에 따라 그렇게 한 것이라고 BBC가 변명하고 있으나, 여기에는 심각한 문제가 연관되어 있다. BBC의 안전한 독립은 정부로부터의 분리를 토대로 한 것이다. 그런데도 회장 직무대행은 성명서를 발표하기 전에 성명서에 대하여 정부로부터 사실상 승인을 받은 것이다. 정부 측에서 내용을 수정하라고 요구했는지 여부는 우리가 알 수 없다. 정부 측에서 그런 요구를 했더라면 그가 어떻게 했겠는지 불 보듯 빤하지 않은가?

또 한 가지 의문점은 다우닝 가 사람들이 내 머리를 원했는지 여부다. 개빈은 6월부터 12월 사이에 블레어와 여러 차례 전화 통화를 했는데, 블레어는 허튼 보고서가 어떤 내용이든 간에 정부가 우리 두 사람 중 어느 누구의 면직도 요구하지는 않을 것이라고 약속했다. 그런데 허튼이 기자회견을 가진 직후 블레어가 하원에서 연설하는 것을 보았을 때, 개빈은 총리가 약속을 저버렸다는 것을 비로소 깨달았다. 그는 내게 이렇게 말했다.

"블레어가 교묘하게 압력을 넣었네. BBC에 사임 압력을 넣지 않겠다는 자신의 약속을 이행하지 않은 걸세. 나는 그가 약속을 어겼다고 생각했네. 그런데 캠벨은 우리를 거짓말쟁이라고 몰아세우면서 잘라버리라고 요구하더군. 나는 블레어가 고의적으로 우리를 향해서 사냥개를 풀어놓았다고 생각했네. 우리가 사임하거나 사과하지 않으면 정부와 화해할 수 없는 상황이었어."

나도 캠벨의 후임자 데이브 힐과 협의하는 과정에서, 허튼 보고서가 발표되더라도 우리가 정부를 비난하지 않겠다고 합의하면 다우닝 가 10번지에서도 BBC를 비난하지 않겠다는 언질을 사전에 받았다. 데이브 힐은 캠벨에 비해 이성적이고 합리적인 사람이었다. 힐은 캠벨을 통제할 수 있을 것이라고 내게 장담하고 자신은 허튼 보고서 발표에 대비해서 다우닝 가 10번지로 다시 들어가 지시를 받게 될 것이라고 말했다. 따라서 블레어는 우리들 목을 요구하지 못하도록 캠벨을 제지할 수도 있었다. 하지만 그는 제지하지 않았다. 목요일 아침, 다우닝 가에 BBC에서 어떤 일이 벌어지고 있는지 보고가 들어갔으나 블레어는 나의 '사임'을 막기 위해 아무런 조치도 하지 않았다. 그 이후, 그는 개빈이나 내가 물러나는 것을 원하지 않았다고 친구들을 통해서 알리고 비공식적으로 만나자는 제안을 내게 했다. 나는 그 제안을 거절했다. 나는 더 이상 토니 블레어를 신뢰할 만한 사람이라고 여기지 않는다.

라이더의 '무조건' 사과는 또 다른 파장을 초래했다. 허튼 경의 조사가 진행되는 동안, BBC에게도 실수가 다소 있었다는 점은 우리도 인정했지만, 더욱 확실한 전쟁 명분을 내세우기 위하여 다우닝 가가 정보문건을 조작했다는 켈리 박사의 주장을 방송할 권리가 있다는 주장은 굽히지 않았다. 하지만 라이더의 사과 이후 BBC는 더 이상 공개적으로 이 주장을 제기하지 않았다. 그때부터 BBC 내부에 있는 사람들은 아무도 그러한 주장을 할 수가 없었다. 그러나 나는 지금도 그 주장이 옳다고 믿고 있으며 이 책에서 그 주장의 타당성을 다시 한 번 강조하고자 한다.

그로부터 몇 주가 지난 후 실로 아이러니컬한 일이 생겼다. 허튼 경이 자신이 작성한 조사보고서에 대한 국민들의 반응에 충격을 받았고 BBC 임원들의 목이 잘려나갈 줄은 전혀 예상하지 못했다고 변명했다는 기사가 《가디언》(The Guardian)지에 실린 것이다. 이것이 사실이라면 그는 참으로 순진한 사람이다.

BBC를 떠나야 할 시간이 순식간에 닥쳤다. 마지막으로 사무실을 떠날 준비를 하고 있는데 텔레비전 센터에서 피터 새먼으로부터 전화가 걸려왔다. 그는 그곳에서 놀라운 일이 벌어지고 있으니 빨리 와보라고 했다. 수백 명의 직원들이 '그렉을 복귀시켜라!' 라고 쓴 포스터를 들고 거리로 뛰쳐나가 시위를 하고 있는데 시위대 규모가 삽시간에 크게 늘어나고 있다는 것이었다. 나는 매그너스와 에마를 보고 거기에 가봐야겠다고 말했다. 그때 마침 친구이자 BBC 사보를 맡고 있던 앤드루 하비가 함께 있었는데 그도 나를 따라 나섰다. 그는 사보《에어리얼》(Ariel) 편집을 맡기려고 내가 영입한 유능한 기자였다.

우리 일행 다섯 명이 모두 한 차에 탔다. 15분을 달리는 동안 아무도 말을 하지 않았다. 화이트 시티에 당도해서 텔레비전 센터로 차를 타고 들어가는데 플래카드를 들고 구호를 외치는 직원들이 BBC 사옥 앞 도로를 꽉 메우고 있었다. 정말 놀라운 광경이었다. 내가 차에서 내리자 군중은 박수를 치면서 나와 악수를 하려고 몰려들었다. 뉴스 요원들이 여기저기서 나와 인터뷰하려고 달려들었다. 내 생애 중 아주 짧은 순간이었지만 내가 마치 미국 대통령 후보나 가수 마돈나가 된 기분이었다. 두려운 기분마저 들었다.

누군가 내 손에 메가폰을 쥐어주어 나는 즉흥연설을 했다. 우리 일행은 신변 안전이 걱정스러웠다. 매그너스와 에마가 군중을 뚫고 나를 인도하려고 애쓰는 사이에 앤드루 하비를 어디선가 놓쳐버렸다. 우리는 그날 그를 다시는 볼 수가 없었다. 한번은 에마가 다소 거칠게 달려드는 뉴스 카메라맨을 세게 때리기도 했다. 하지만 우리는 한발 한발 서서히 BBC 뉴스 본부가 있는 스테이지 식스(Stage Six) 현관으로 다가갔다.

건물 안에서도 여기저기서 사람들이 함성을 지르고 박수를 쳤다. 나는 잠시 멈춰 서서 혼란한 속에서 내가 무척 존경하는 〈뉴스나이트〉 진행자 커스티 워크와 짤막하게 인터뷰를 하고 BBC 뉴스실로 향했다. 내가 뉴스실로 들어서자 사람들이 일제히 박수를 치기 시작했다. 나는 하는 수 없이 책상 위에 올라가 그 자리에 모인 사람들에게 연설을 했다. 나는 그들에게 언론은 공정해야 하지만 기가 죽어서도 안 된다고 역설했다. 그 장면이 BBC 뉴스24를 통하여 전국으로 생중계되고 있는 줄은 전혀 몰랐다. 나는 우리가 지금까지 지키려고 노력한 것은 모두 'BBC의 정직성과 독립'이라고 뉴스실 직원들과 전 세계 사람들을 향하여 생중계로 말하였다. 나중에 나는 이 연설을 보고 다우닝 가가 크게 당혹스러워했다는 것을 알게 되었지만, 그것이 바로 우리가 지금까지 추구해 온 전부였다. 우리는 BBC 저널리즘에 대한 앨러스테어 캠벨의 전면적인 공격을 막으려고 노력하였다. 노동당 정부의 인사 중 일부는 그가 극도로 독선적인 사람이고, 토니 블레어가 그에게 유례없이 강력한 권한을 주었다는 것을 그때서야 비로소 깨닫기 시작했다.

나는 〈투데이〉(Today) 프로그램 담당자들도 방문하였다. 앤드루 길리건이 그 프로그램을 맡고 있었다. 〈투데이〉 담당자들은 한결 더 침울한 분위기에 젖어 있었다.

우리는 빨리 빌딩 구석구석을 돌아다녔다. 직원들의 반응은 대단했다. 나는 이제 떠날 시간이 됐다고 판단하고 건물 밖으로 나갔으나 다시 군중에게 둘러싸였다. 누군가 내 차 앞 유리창에 립스틱으로 "그렉, 사랑해요!"라고 써놓았다. 운전기사 빌과 경찰이 제지하지 않았더라면 차가 온통 낙서로 뒤덮일 뻔했다. 우리는 차를 타고 수백 명이 함성을 지르고 플래카드를 흔들어대는 군중 속을 서서히 헤쳐나갔다.

다시 방송국에 있는 내 사무실로 돌아와서 보니 그런 일이 텔레비전 센터에서만 벌어지고 있는 것이 아니었다. 전국적으로 직원들이 거리로 뛰쳐나와 자신들의 상사가 회사를 떠나지 못하게 하라고 항의 시위를 벌였다. 카디프, 벨파스트, 맨체스터, 뉴캐슬, 버밍엄에서 수백 명이 밖으로 나와 항의 시위를 했다. 그러나 대도시에서만 그런 시위가 벌어지고 있는 것이 아니었다. 지방 라디오 방송국 직원들도 사무실 문을 박차고 밖으로 뛰쳐나왔다. 슈루즈버리에 있는 BBC 슈롭셔 라디오 방송국에서는 방송을 하고 있던 진행자마저 직원들의 시위에 합류하였다. 그 진행자는 밖으로 나와 단결을 외치면서 슈롭셔 주민들에게 시위 현장을 생생하게 전달하면서 방송을 계속했다.

그날부터 며칠 동안 6,000명이 넘는 직원들로부터 내가 보낸 이메일의 답장 형식으로 행운을 빈다는 메일, BBC에 재임하는 동안 내가 이루어놓은 업적에 감사한다는 메일, 나를 무척 그리워할 것이라는 메일이 쏟아져 들어왔다. 이 중에서 두 통을 골라보았다. 하나는 월드서비스 프로듀서가 보낸 것이고, 또 다른 하나는 뉴스 담당자가 보낸 것이다. 이와 비슷한 메일이 수 천 통에 이른다. 첫 번째 이메일에는 이렇게 적혀 있었다.

당신의 위대한 업적은 조직적으로 목이 졸리고 거세를 당하고 강제로 대뇌 전두엽 제거수술을 받은 사람들의 몸에 생명의 키스를 해주었다는 것입니다. 우리의 사기를 북돋워 BBC를 사랑하게 하고 다시금 사장의 역할을 존경하게 만든 업적이야말로 당신이 우리에게 남겨준 환상적인 유산입니다.

두 번째 이메일의 내용은 이렇다.

지난 48시간 동안 일어난 사태를 체념하고 받아들일 수 있는 유일한 길은 당신이 BBC에 심어놓은 비전과 활력을 증언하는 것입니다. 남자든 여자든, 기자들마저 오늘 모두 울었습니다. 직원들이 모두 모여 각자 느끼는 감정, 두려움, 좌절감을 이야기했습니다. 조직의 밝은 미래에 대하여 이제 막 실감하기 시작했는데 그러한 희망, 비전, 그리고 자부심을 보여준 사람이 떠나버렸기 때문입니다.

BBC의 각 부서에서 직급의 고하를 막론하고 모두 BBC를 변화시켰다고 나에게 고마움을 표시했다. 아니다! 그렇지 않은 사람이 딱 한 명 있었다. 수북이 쌓인 이메일 속에서 부정적인 답신을 딱 하나 발견하였다. 그 내용은 이렇게 간단했다.

잘 꺼져라, 다이크! 떠난다니 기쁘군. 난 당신이 정말 맘에 들지 않았어.

그날 밤, 실화 프로그램 및 시사 담당 직원 몇 사람이 나에 대한 지지 의사를 밝히는 광고를 《데일리 텔레그래프》에 게재하기 위하여 모금을 시작하였다. 24시간 동안 필요한 액수보다 두 배나 많은 돈이 걷혔다. 월급을 많이 받든 적게 받든, BBC 직원들이 모두 모금에 참여했다. 식당에서 일하는 사람들은 BBC 소속이 아니고 수입이 아주 적은데도 돈을 냈다. 거의 1만 파운드가량 돈이 남아서 내가 지정한 자선기관으로 그 돈을 보냈다. 《데일리 텔레그래프》지는 'BBC의 독립'이라는 제목으로 전면 광고를 싣고 BBC 직원들이 광고료를 모금했다는 문구를 덧붙였다. 광고 내용은 이렇다.

그렉 다이크는 진리를 추구하는 데 두려움이 없는 용감하고 자주적이고 엄정한 BBC 저널리즘의 상징이었다. 우리는 BBC가 진실을 규명하겠다는 각오로부터 한 걸음도 물러나서는 안 된다고 굳게 다짐하였다.
그렉은 정열과 정직성을 통하여 프로그램의 질을 최고 수준으로 높이고 창의력을 최대한 발휘할 수 있도록 우리에게 영감을 불어넣었다.
우리는 갑작스런 그렉의 사임으로 낙심하였으나 누구보다 일반 대중에게 봉사하는 독립적인 조직을 만들려고 애쓴 그의 업적과 비전을 이어 받아 지켜나가기로 결의하였다.

이 광고에는 모금에 참여한 수천 명의 BBC 직원 중 일부의 명단만 게재되었다. 한 페이지에 명단을 전부 게재할 수 없었기 때문이다, 나는 그 광고를 보고 이 일이 터지고 나서 처음이자 마지막으로 울음을 터트렸다.

내가 방송국을 영영 떠날 순간이 다가오자 그곳에서 일하던 직원이 거의 모두 나와서 나를 배웅하였다. 내 사무실에서 일하던 직원들은 모두 차가 주차되어 있는 곳까지 따라 나왔다. 피오나, 에마, 매그너스, 올라, 그리고 체릴은 물론 마케팅 부서 직원 전원이 나와서 손을 흔들며 작별 인사를 했다. 나는 두어 차례 더 즉석 인터뷰에 응했다. 스카이 뉴스로 생중계되는 인터뷰를 하고 있는데 내 휴대전화에서 벨이 울렸다. 데이비드 프로스트의 전화였다. 그는 내게 스카이 뉴스에서 전 세계 사람들에게 생방송으로 연설할 수 있는 기회를 주겠다고 제안했다. 그는 어떤 사태가 벌어지고 있는지 정확하게 알지 못하는 것 같았다.

그리고 나서 나는 떠났다. 사장이 된 지 정확히 4년 만에 BBC를 영영 떠난 것이다.

그날 저녁 나는 수와 조를 데리고 저녁을 먹으러 나갔다(수는 그날 저녁 우리와 함께 지내기 위해서 서픽에서 돌아왔다). 우리는 이상할 정도로 행복감에 젖어서 웃고 농담을 주고받았다. 좋은 친구 존 스테이플턴과 린 우드를 우연히 만나, 나는 그 다음날 존이 GMTV에서 이른 아침에 진행하는 프로그램의 전화 인터뷰에 응하기로 약속했다. 나는 인터뷰를 딱 세 번만 하기로 결심했다. 친한 친구인 존과 한 번 하고, 그 다음날 아침이면 내 느낌을 기록으로 옮길 수 있을 테니까 〈투데이〉 프로그램에서 한 번 하고, 일요일에는 데이비드 프로스트와 그의 아내 커라이너가 오랫동안 우리 부부에게 베풀어준 도움과 우정에 대한 보답으로 데이비드의 인터뷰에 응하기로 했다.

나는 〈투데이〉 인터뷰 시간을 새벽 4시로 정하고 우리 집으로 방송차량을 보내라고 했다. 그런데 방송 차량이 당도했을 때에는 BBC 뉴스 텔레비전 요원들도 이미 집 앞에 대기하고 있었다. 그래서 나는 직접 요원들에게 차를 한 잔씩 만들어주어야겠다고 생각했다. 집 앞에 진을 치고 있는 기자들과 뉴스 요원들을 사흘 동안 피해 다녔는데, 아이러니컬하게도 방송 요원들에게 차를 날라다주는 모습이 카메라에 잡혀 가장 기억에 남을 만한 사진이 되었다. 모든 사람이 그 사진을 보았는지 만나는 사람마다 그 사진에 대해 한마디씩 했다. 그 사진들은 다우닝 가 10번지 사람들에게는 놀라움을 안겨주었다. 뉴스 관리라는 건 없다는 허튼 소리를 한 사람이 누구더라?

사흘이 지나자 내가 뭔가 착각하고 있었다는 것을 깨닫기 시작했다. BBC에 있는 어떤 사람과 이야기를 나누던 중에 문득 그런 생각이 떠올랐다. 그녀는 일부 경영위원들이 허튼 보고서에 관계없이 나를 처치하려고 작정을 하고 있었다고 내게 말했다. 그렇다면 일부 경영위원들이 나와 다른 계획을 가지고 있었단 말인가?

그 무렵 나는 긴급 투표에서 경영위원 열한 명 가운데 세 명이 나를 지지했다는 것을 알게 되었다. 무용가 데버러 불, 옥스퍼드 교수 루스 디치, 그리고 자원봉사 부문 컨설턴트 안젤라 사키스가 나의 퇴진에 반대하였다. 이들은 경영위원회에 가장 최근에 합류한 경영위원들이었다. '상류사회 귀부인' 두 명은 나에게 반대표를 던졌고, 특히 세라 호그가 앞장서서 나를 비난하였다. 그녀는 나를 좋아한 적이 없었다고 경영위원회에서 공언하였다.

그런데 놀랍게도 나는 스코틀랜드, 웨일스, 북아일랜드 및 영국 각 지역을 대표하는 경영위원들로부터 지지를 받지 못했다. 내가 BBC에 재임하는 동안 한 가지 이룬 업적이 있다면, 그것은 런던 이외의 지역에 대한 투자를 늘리고 지방에서 일하는 직원들의 사기를 올린 것이었다. 그런데 위기가 닥쳤을 때 각 지역에 대해 특별한 책임을 지고 있는 경영위원들이 모두 나를 거부하는 표를 던진 것이다.

그들은 강력한 경영위원들이 아니었다. 그들 가운데 란짓 손디, 페이비언 몬즈, 그리고 머핀 존스는 몇 년 동안 발언도 거의 하지 않았다. 란짓은 집에 돌아갔을 때 커다란 곤경에 빠졌다. 그의 아내 애니타 발라는 BBC에서 잉글랜드 지역 정치 및 사회 문제 담당 책임자로 열렬한 다이크 지지자였다. 들리는 소문에 의하면, 애니타는 란짓이 그런 결정에 동조했다는 이유로 그가 입은 옷을 갈기갈기 찢어놓았다고 한다. 란짓은 정말 호감이 가고 놀라울 정도로 열심히 일하는 노력가였지만 어떤 일에서든 앞장서서 자기주장을 펼 만한 인물은 아니었다.

스코틀랜드 출신 회계사이자 재계 지도자인 로버트 스미스만이 내가 재직하고 있는 동안 경영위원회에서 괄목할 만한 역할을 했지만, 그의 언행을 보면 그가 어디 출신인지 종잡을 수가 없었다. 당시 우리는 그가 새로 빈자리가 생긴 주요 공기업의 회장직을 차지하려고 애쓰고 있다는 것을 알고 있었다. 많은 회계사들이 그러하듯 그도 기회가 있을 때마다 남에게 강인하게 보이기를 좋아했다.

나는 개빈, 폴린 네빌-존스와 내가 허튼 보고서가 발표되기 전날 밤에 나눈 대화에 대해 생각하기 시작했다. 폴린이 개빈과 내가 동시에 떠날 수는 없다는 자신의 생각을 솔직하게 이야기했던 것이라면, 개빈은 이미 떠나고 난 뒤였는데 내 입장을 대변해줄 수도 있었던 것 아니겠는가? 그런데도 그녀는 내 편을 들지 않았고 오히려 그 반대로 투표에 임했다. 나는 좀 더 깊이 생각하기 시작했다.

폴린 네빌-존스는 마크 바이포드의 큰 후원자였다. 그녀는 경영위원으로서 월드서비스를 특별히 담당하면서 그와 밀접한 관계를 유지하였기 때문에 분명히 그를 높이 평가하고 있었다. 마크는 대부분의 BBC 근속자들과 마찬가지로 경영위원들을 다루는 정치 수완이나 공손하게 대하는 태도가 나보다 좋았다. 그래서 그녀가 마크를 좋아했던 것으로 추측한다. 하지만 나는 그런 식으로 경영위원들을 대하고 싶은 생각은 추호도 없었다. 경영위원들을 다른 사람들과 달리 대우해야 할 이유가 없었기 때문이다. 그들이 밟고 다니는 땅을 성지처럼 받들어야 할 이유가 어디 있단 말인가? 의도적으로 그런 결심을 한 것은 아니고, 그것이 내가 살아가는 방식이다.

내가 BBC를 떠난 후, 한 고위급 임원이 경영위원들에게 좀 더 싹싹하게 굴었으면 지금까지 거기서 근무를 계속했을 것이라고 내게 충고했다. BBC에서 근무할 당시 나와 연이어서 함께 일했던 회장 두 사람, 크리스토퍼 블랜드와 개빈 데이비스는 기회 있을 때마다 나에게 좀 더 공손하게 경영위원들을 대하고 경영위원회에서 가급적 농담을 삼가라고 충고했다. 그러나 나는 그렇게 할 의향이 전혀 없었다. 나는 어떤 사람을 그 사람의 직위를 보고 존경한 적이 없다. 더구나 이미 50대의 나이에 접어든 내가, 언론 매체에 대하여 전혀 아는 게 없고 BBC에서 고위직을 얻는 데에만 온 정신이 팔린 사람들을 존경해야 할 까닭이 무엇인가? 물론 내가 BBC에 합류할 때 리처드 에어와 바버라 영과 같은 탁월한 경영위원들도 있었다. 하지만 나는 그러한 운영체제를 좋아하지 않았으며, 내가 좋아하지 않는다는 점을 여러 차례 분명히 밝혔다.

이러한 생활 태도가 단점인지 장점인지는 별로 중요하지 않다(단점이 되기도 하고 장점이 되기도 한다고 생각하지만). 내 DNA 구조가 그렇게 생겼을 뿐이다. 나는 특히 내 등 뒤를 경계하는 데 익숙하지 못하다. 만일 나를 고용할 의사가 있다면 나를 있는 그대로 보고 평가해야 한다. 실업계에서는 실적으로 능력을 평가받기 때문에 그것이 문제되지 않는다.

그런데 공공부문에서는 책임의식이 일종의 강박관념으로 바뀌어버리고 이상한 기준으로 평가를 받는다. 잘난 위인들과 얼마나 잘 융화가 되는지도 평가 대상이 된다.

그러면 폴린 네빌-존스는 왜 내 예상과 달리 나를 지지하지 않았을까? 나는 다시 몇 달을 거슬러올라가 생각해보았다. 2003년 12월 초 어느 날 주례 회의에서 개빈 데이비스는 폴린과 세라 호그가 그를 찾아와서는 나를 제외시키고 경영위원회를 소집하라고 요구했다는 말을 내게 들려주었다. 그들은 마크 바이포드를 부사장으로 임명해서 BBC의 모든 뉴스 창구를 그에게 맡긴 다음, 그 결정을 내게 기정사실로 알리려고 했던 것이다.

나는 웃어넘기며 개빈에게 이렇게 말했다.

"그들이 그렇게 한다면 나는 즉시 사임하겠소."

개빈은 그들이 진지한 태도로 회의 소집을 요구했다고 말하면서 내게 어떻게 했으면 좋겠느냐고 물었다. 나는 처음에는 그건 당신이 알아서 처리할 문제라고 대답했으나, 나중에는 생각을 바꿔서 검토해보겠다고 대답했다.

마크 바이포드가 이런 움직임에 대해서 알지 못했던 것이 확실하다. 마크는 나를 보좌하는 동안 언제나 내게 충실했고 큰 힘이 되었다. 여러 면에서 볼 때 마크를 나의 보좌역으로 임명하자는 제안은 좋은 생각이었다. 내게는 공식적인 2인자가 없었지만 내가 출장 중이고 마크가 회사에 남아 있을 때에는 그가 실질적으로 나의 2인자 역할을 했다. 나도 그를 내 보좌역으로 임명하자고 개빈에게 직접 제안한 적이 있었다. 마크의 장점이 나의 부족한 점을 채워주기도 했다. 나는 대충 살피는 경향이 있지만 그는 세부적인 것을 꼼꼼하게 챙겼다. 나는 굵직굵직한 결정을 내려놓고 위험을 감수하는 편이었지만, 마크는 BBC에서 평생 근속해온 다른 고위 임원들과 마찬가지로 조심성이 있고 절차를 중시했다. 우리는 서로 호흡을 잘 맞춰 일할 수 있었다. 하지만 개빈은 그 당시 내 제안에 반대했다. 만일 마크를 정식으로 내 보좌역으로 임명하면 3년 후 내가 60세가 되어 회사를 떠나야 할 시기가 되었을 때 경영위원회가 마크를 내 후임자로 선임하게 된다는 것이었다.

내가 상류사회 귀부인들의 제안에 반대한 첫째 이유는 나를 배제하고 그 일을 추진하려고 했던 그들의 방식 때문이었다. 둘째 이유는 그 일은 그들이 간여할 일이 아니라는 점, 그런 결정을 내릴 수 있는 사장은 그들이 아니라 나라는 점이었다. 셋째 이유는 그들이 마크에게 BBC 뉴스 창구를 모두 맡김으로써 결과적으로 뉴스본부장 리처드 샘브룩을 강등시키려고 했기 때문이다. 나는 어떤 이유로도 그 제안을 받아들일 수가 없었다. 하지만 허튼 조사보고서가 미결 상태로 있었기 때문에 호전적인 기질이 있는 나로서도 경영위원들과 큰 파탄에 이를 적절한 시기가 아니라고 판단하고, 조직에 변화가 필요하다는 결론을 내렸다.

허튼 조사가 진행되면서 나는 방송 전후 준법감시체계를 한 사람의 감독 아래 두는 것이 필요하다고 판단하고, '상류사회 귀부인들'을 달래기 위한 한 가지 방편으로 마크를 내 보좌역에 임명하고 그에게 국제뉴스를 계속 맡기는 한편 준법감시체계도 모두 맡기자고 개빈에게 제의했다.

개빈은 이 제의를 경영위원회에 상정하여 경영위원들의 동의를 받았다. '상류사회 귀부인들'도 만족한 기색이었다. 2004년 1월 1일, 마크 바이포드는 공식적으로 내 보좌역에 취임하였다. 그리고 한 달 후 나는 회사를 그만두었고 그가 사장 직무대행이 되었다.

회사를 떠난 지 1주일 후, 니는 비공개 경영위원회에서 무슨 일이 벌어졌는지 좀 더 상세하게 알게 되었다. 나는 개빈과 함께 경영위원회 회의실을 나오면서 내가 만일 유임하게 되면 그들의 지지를 받고 싶다고 경영위원들에게 전해달라고 사무국장 사이먼 밀너에게 요청하였다. 그런데 나중에 내가 알게 된 바에 의하면, 그는 내가 이미 사임했다고 경영위원들에게 전했다. 미묘하지만 여기에 결정적인 차이가 있었다. 물론 폴린 네빌-존스는 그 전날 밤 우리가 어떻게 협의했는지 잘 알고 있었다. 그런데 왜 그녀는 밀너의 말에 의문을 제기하지 않았을까? 그날 회의에서 내 거취 문제에 대한 그들의 입장을 바꿔야 할지 토의하는 과정에 사이먼이 끼어들어 만일 경영위원들이 입장을 바꾼다면 나를 통제할 수 없게 되니까 그건 잘못된 생각이라고 말했다는 사실도 밝혀졌다.

회사를 떠난 지 1주일 후, 나는 경영위원들이 비밀회의를 열고 지난 1주일 동안 일어난 사태에 대하여 검토하였다는 것도 알게 되었다. 나는 실업자가 되어 집에 앉아 있으면서 그들에게 몇 가지 사실을 알려야겠다고 결심했다. 나는 사이먼 밀너에게 전화를 걸어서 그 중대한 회의가 있기 전날 밤 내가 폴린 네빌-존스과 개빈과 함께 나누었던 대화 내용에 관하여 경영위원들에게 이메일로 알리고 싶다고 말했다. 나는 폴린이 우리들의 대화 내용을 경영위원들에게 알리지도 않고 그날 우리가 합의한 것도 이행하지 않은 것은 상식에 벗어난 행동으로 봐야 한다고 말했다. 나는 내 말이 진실인지 개빈에게 확인해보라고 말했다. 나는 개빈이 갑작스럽게 떠나게 된 배경과 경영위원들이 나를 지지하지 않았던 데 대한 나의 놀라움을 경영위원들이 이해하는 것이 중요하다고 생각했다. 사이먼은 원하는 것이 뭐냐고 내게 물었다. 나는 빈정대는 투로 내 자리로 다시 돌아가고 싶다고 말했다. 사실, 내가 진정으로 원한 것은 폴린 네빌-존스가 어떻게 행동했는지 그들에게 정확하게 알리는 것이었다.

내가 퇴진하게 된 배경을 알자 국민들이 분노했다. 몇 주 동안 나는 많은 사람들의 눈에 영웅처럼 보였다. 그들은 내가 부당한 대우를 받았다고 생각했다. 내가 좋은 사람이 아니라면 그렇게 많은 BBC 직원들이 내 편을 들 리가 있겠는가? 물론 나는 허튼 보고서가 발표되던 날 엘러스테어 캠벨이 벌인 일로 도움을 받았다.

캠벨은 외신기자협회 건물 계단에 서서 아주 거만한 태도로 인터뷰에 응했다. 그는 진실을 말하는 데 인색하기로 소문났고 하원에서 이라크 사태 청문회가 진행되는 동안 하원 외교특별위원회에서 고의적으로 허위 진술을 한 사람이다. 그는 정부가 발표한 것이 진실이며 BBC는 회장부터 사장에 이르기까지 모두 진실을 말하지 않았다고 발언했다. 그러고는 BBC에서 몇 사람 목을 치라고 요구했다.

캠벨은 자기 자신을 기만할 수 있는 능력을 가진 사람이다. 그는 영국 국민들이 그를 얼마나 싫어하고 불신하는지 몰랐다. 국민들을 그를 블레어를 뒤에서 조종하는 최면술사라고 생각했다. 그는 자신이 옳다고 항상 믿었으며, 이제는 허튼이 옳다고 믿었다. 그는 개빈과 나를 공격함으로써 국민들이 한층 더 우리 편에 서도록 했다. 〈투데이〉 프로그램에 대한 그의 반응에 대해 어떻게 생각하느냐는 질문을 받았을 때, 나는 캠벨이 "놀라울 정도로 채신머리가 없다."고 말했다. 실제로는 그를 복수심에 제정신이 아닌 형편없는 인간이라고 생각했지만 라디오 방송에서 그렇게 말할 수는 없는 노릇이었다.

직원들만 나의 해임에 대해 감정적인 반응을 보인 것은 아니었다. 나는 영국은 물론 전 세계 사람들로부터 편지를 받았다. 그 중에는 내가 만난 적이 없는 사람들이 보낸 편지도 있었고, 아주 이따금 만나는 사람들이 보낸 편지도 있었고, 친한 친구들이 보낸 편지도 있었다. 술집이든, 슈퍼마켓이든, 거리를 걸어가든, 축구경기장에서든, 내가 어느 곳에 가든 사람들이 나에게 악수를 청했다. 수와 나는 그 다음 주에 상원 의원 멜빈과 그의 아내 케이트와 함께 저녁식사를 하러 갔는데, 만나는 사람마다 인사를 하고 그동안 있었던 일에 대해 유감을 표시했다. 저명한 법률가이자 자유민주당 소속 의원 한 사람은 내 사건을 맡아 허튼을 상대로 소송을 제기하고 싶다고 제안했다. 또 어느 유명한 보수당 의원은 법적 절차를 밟는 데 자금을 지원하겠다고 제안하기도 했다. 소속 정당을 막론하고 많은 의원들이 그렇게 나서는 것을 보고 멜빈은 '왕의 행차'라고 표현했다.

나는 건축가 친구인 크리스 헨더슨과 매주 주말에 승마를 즐기고 있는데, 그는 나에게 여우 사냥 옹호단체인 허슬리 앤드 햄블던 헌트 (Hursley and Hambledon Hunt)도 나를 지지한다고 전해주었다. 나는 한없이 고마웠다. 그렇다고 여우 사냥에 대한 내 견해를 바꾸지는 않겠지만. 내 머리를 깎아주는 이발사 이언도 단 한 사람만 제외하고 자기 고객들도 모두 내 편이라고 말했다. 그는 BBC 사장을 역임한 존 버트의 머리도 깎아주고 있었다.

BBC를 떠난 지 2주일 후, 우리 가족은 스테이플턴 가족과 함께 남아 프리카로 휴가를 즐기러 갔는데 그곳에서도 똑같은 반응이 있었다. 영국 관광객 수십 명이 나를 알아보고 악수를 청하면서 내가 부당한 대우를 받았다고 말해주었다. 그리고 정부 측에 맞선 것은 잘한 일이라고 나를 치켜세웠다. 가장 재미있었던 순간은 내가 바닷가에 서 있을 때였다. 문신을 새겨넣은 몸집이 커다란 남자 한 사람이 내게 다가오더니 이렇게 말했다.

"형씨! 잘했소이다."

그러고는 물속으로 사라져버렸다.

텔레비전 업계에서도 반응은 똑같았다. 왕립텔레비전협회의 연례 시상식에서 나는 열렬한 기립 박수를 받으면서 텔레비전에 기여한 공로로 심사위원상을 수상했다. 한 달 후에 연례 영국영화텔레비전예술아카데미(BAFTA) 시상식에서도 똑같은 일이 벌어졌다. 이 시상식 광경은 ITV로 방영되었는데, 먼저 〈클로킹 오프〉(Clocking Off)와 〈스테이트 오브 플레이〉(State of Play)를 쓴 작가 폴 애보트가 나를 제거한 BBC 경영위원들을 비난하는 발언을 하고 난 뒤, 나는 열렬한 기립박수를 받으면서 최고 시사프로그램 상을 시상하기 위해서 단상으로 올라갔다. 나는 이때 처음으로 BBC 경영위원들에게 공개적으로 쓴소리를 했다.

BBC를 떠난 지 몇 달 뒤에도 전혀 알지 못하는 사람들이 내게 다가와서 '그들'이 나를 그런 식으로 처리한 것은 유감이라고 말해주었다. 이것이 무엇을 의미하는가? 이 사람들이 말하는 '그들'은 과연 누구인가? 나는 블레어, 캠벨, 그리고 그 주변 인물들은 물론 허튼 경과 BBC 경영위원들을 싸잡아 가리키는 말이라고 추측할 수밖에 없다. 내게 건투를 비는 이 사람들이 볼 때 나는 '그들'과 맞서 싸울 태세가 되어 있는 사람이었다.

나는 재계에서도 유명한 인사가 되었다. 전 세계 비즈니스스쿨에서 연락이 왔다. 각 단체 지도자들은 자신들도 해고당하면 직원들이 거리로 뛰쳐나가 지지 시위를 벌일 것이라고 생각하고 싶지만, 그렇지 않으리라는 것을 잘 알기 때문에 도대체 어떤 일이 왜 일어났는지 자세히 알고 싶어 했다. 미국 NBC 방송국 사장을 역임한 허브 슐로서라는 멋진 노신사가 이러한 현상을 가장 잘 표현했다. 그는 편지에 이렇게 썼다.

"나는 BBC 직원들이 CEO 한 사람을 지지하기 위해 행진하는 광경을 인터넷에서 흥미롭게 보았습니다. 이는 서구 세계 역사상 처음 있는 일입니다."

그것으로 끝이었다. 불과 사흘 만에 영국에서 가장 막강한 언론 매체

경영자에서 실업자로 전락했다. 그 사흘은 정말 대단한 기간이었다. 하지만 기막힌 그 사흘이 무엇을 의미하는가? 경영위원들이 그런 조치를 취한 이유는 무엇일까?

BBC에 대한 허튼 조사위원회의 예기치 못했던 만행, 다우닝 가 10번지의 속임수, 개빈의 조기 퇴진, 폴린 네빌-존스의 놀라운 행동, '상류사회 귀부인들'의 나에 대한 적대감, 상대적으로 취약한 경영위원회에 끼치는 이 귀부인들의 막강한 영향력, 지도자로서의 리처드 라이더의 무능력, 그리고 과반수의 경영위원들이 유임을 바랄 것이라는 나의 순진한 추측, 이러한 것을 모두 종합하면 무슨 일이 왜 일어났는지 이해할 수 있을 것이다. 물론 나도 전혀 잘못한 것이 없는 것은 아니다. 전반적인 사태를 처리하는 방법이 미숙했고, 그렇게 끝나가는 마당에 경영위원들이 나의 유임을 지지해야 한다는 말을 해서는 안 되는데 실수를 하고 말았다. 나는 유임되리라고 믿어서는 안 되었다. 나는 믿어서는 안 될 사람을 믿었다. 여러 측면에서 볼 때 그 일은 기득권 층이 벼락출세한 녀석을 제거할 기회를 잡은 영국식 쿠데타였다.

아직도 풀리지 않은 의문점이 있다. 허튼은 왜 그런 보고서를 썼을까? 영국 국민은 왜 허튼이 보고서를 발표하자마자 그렇게 빨리 그를 배척했을까? 그 보고서는 어째서 정부 측에게 도움이 되지 못하고 오히려 상처를 입혔을까? 그리고 전 세계 사람들이 내 입장에 그렇게 강력하게 동정심을 보인 이유는 무엇일까?

나의 퇴진이 BBC 내부에서 그런 반응을 불러일으킨 까닭은 무엇일까? 왜 나는 여느 관리자들처럼 그저 겉만 뻔지르르한 중역이라는 평을 받지 않았을까? 그 짧은 기간에 우리가 BBC 문화에 어떤 변화를 주었기에 그런 감정과 충성심을 불러일으켰던 것일까?

BBC 내부인사로부터 온 편지 한 통에 이렇게 심오한 말이 있었다.

"자그마한 체구에 머리가 벗겨지고 말도 더듬거리는 사람이 어떻게 그런 영향을 미쳤을까?"

나는 이 책에서 그 질문에 대한 해답에 접근하게 되기를 바란다.

GREG DYKE
INSIDE STORY

제 2 장

초년 30년

BBC 구하기

나는 기회 있을 때마다 자식들에게 1950년대에 런던 서부 교외에 있는 작은 동네에서 내가 어떻게 자라고 살았는지 설명해주려고 애썼지만, 번번이 웃음거리만 되고 말았다. 내 이야기가 마치 호비스 광고(호비스는 밀가루와 빵을 만드는 영국 회사로, 1974년에 방영된 '자전거 일주'[Bike Round]라는 이 회사의 텔레비전 광고는 영국인들에게 깊은 인상을 남겼다: 옮긴이)처럼 들려서 아이들이 웃었던 것이다. 이 광고에 출연하는 사람들처럼 우리도 모두 가난했지만 행복했고, 간절히 바라던 사치품도 아주 단순한 것이었다.

내가 아홉 살이 될 때까지 우리 가족은 미들섹스 주 헤이즈와 사우설의 경계에 있는 매우 평범한 동네 막다른 골목에서 살았다. 아버지 조지프와 어머니 데니즈는 1946년 선 클로즈라는 거리에 새로 지은 조그만 교외 연립주택을 650파운드에 샀다. 지금은 이 집이 대략 25만 파운드쯤 나갈 것이다. 부모님은 당시 다섯 살이던 큰형 이언과 태어난 지 불과 몇 달 되지 않은 작은형 하워드와 함께 그 집으로 이사했다. 나는 그 다음 해인 1947년에 태어났다. 그 해는 영국 역사상 가장 많은 아기가 태어난 해였다. 지금은 1년 평균 60만 명이 태어나지만, 그 해는 100만 명이 태어나 세계대전 후 베이비붐의 절정을 이루었다.

오늘날과 비교하면 그 당시 사람들의 삶은 아주 단순했다. 그때는 말이 끄는 수레로 우유가 배달되었다고 내가 말하면 아이들은 웃음을 터뜨린다. 학교에 갈 때 부모가 따라나서는 법도 없었고 그저 아이들끼리 떼를 지어 걸어 다녔다. 우리는 거리에서 테니스 공으로 축구를 했다. 그 거리에는 이혼한 사람이라고는 없었고, 거의 모든 아이들이 아버지, 어머니와 함께 전형적인 핵가족을 이루고 살았으며, 할아버지, 할머니가 함께 사는 가정도 많이 있었다. 아버지는 일하러 나가고 어머니는 집에 남아서 아이들을 돌보면서 가사에 전념하였다. 그때는 세상살이가 그렇게 단순했다.

우리 아버지는 보험회사 영업사원이었다. 그 덕분에 아버지가 회사에서 차를 제공받아 우리 집은 아주 부자처럼 보였다. 그 동네에는 차가 있는 집이 우리 집을 포함해서 두 집밖에 없었다. 아버지 덕분에 우리 집에는 전화도 있어서, 이웃사람들이 매일 현관문을 두드리면서 안에 들어가 전화 좀 써도 되겠느냐고 물었다.

우리 가족은 매년 적어도 사흘씩 휴가를 즐길 수 있을 정도로 그 동네 사람들에 비해서 유복한 편이었다. 매년 여름, 우리 가족은 이스트 서식스 주 페번지 만 해변에 있는 방갈로에서 휴가를 즐겼다. 그곳에서 가장 신나는 일은 윌리엄 올천이라는 배를 타고 비치 헤드 등대까지 다녀오는 것이었다. 방갈로로 돌아오는 길에 우리 식구들은 생선 요리에 감자 칩을 곁들여 먹곤 했다. 그때는 그것이 특별 요리인 줄 알았다. 매년 부활절 휴가기간에는 아버지의 가장 친한 친구 프랭크 아저씨와 비 아줌마가 사는 남 웨일스 지방 브리전드에서 일주일을 보냈다. 성령강림축일에는 에드나 아줌마와 빌 아저씨가 사는 케임브리지셔 주 위스베치 근방 엠네스라는 곳에서 지냈는데, 그곳은 도린 아주머니가 전쟁 중에 머물던 피난처이기도 했다. 전쟁이 막바지에 이르렀을 무렵, 우리 어머니와 형 이언은 켄트 주 브롬리에 있던 집이 폭격에 파괴되자 그곳으로 피난하여 도린 아주머니와 함께 지냈다.

헤이즈의 그 작은 동네에서 살던 시절, 우리는 행복했다. 부유한 사람도 없었고 가난한 사람도 없었다. 마을 사람 모두가 먹을 것, 입을 것을 가지고 있었지만, 크게 부유하지도 않아서 무엇을 골라야 할지 복잡하게 생각하고 살 필요도 없었다. 지금 생각하면 무척 단조로운 삶이었지만, 어린 시절에는 그런 줄 몰랐다.

미들섹스 교외에 있는 마을들은 언론에서 호평을 받아본 적이 없는 곳이고, 특히 영국 중상류층은 대체로 이 마을 사람들을 깔보았다. 하지만 그러한 혹평은 예나 지금이나 부당한 것이다. 이 지역에는 야심을 가진 근로자 계층이 많이 살고 있다. 런던 서부에 속하는 이 지역에 사는 사람들은 주로 런던 도심의 끔찍하게 형편없는 생활여건을 피해서 이곳으로 이사온 사람들이었다. 더 나은 환경에서 살기를 원하고, 특히 자녀들에게 더 쾌적한 환경을 마련해주려는 사람들이었다. 이들은 대부분 그러한 목적을 달성했다.

우리 부모도 전형적인 영국인이었다. 두 분 모두 런던 동부에 있는 해크니에서 성장했다. 외가 쪽을 살펴보면, 외할아버지는 군인 출신으로 보어 전쟁에 참전하였다. 그는 남아프리카와 사랑에 빠져 그곳에 정착하고 싶어 했으나, 약혼녀였던 외할머니가 런던을 떠나 그곳에 가서 살고 싶지는 않다고 거절하였다. 그래서 외할아버지는 영국으로 돌아와 결혼하고 독스 섬에 정착하였다. 외할아버지는 그곳에서 다른 가족들과 마찬가지로 항만노동자가 되었는데 부두에서 사고로 부상을 당했다. 오랜 투쟁 끝에 부두 소유주들로부터 보상을 받은 뒤 해크니로 돌아와 그 돈으로 모닝 레인 거리에 있는 자그마한 신문 보급소 겸 담배 가게를 샀다. 외할머니가 가게를 지키고 있는 동안, 외할아버지는 신문

팔아서 번 돈을 개 경주에 판돈으로 걸었다. 돈을 크게 딴 날은 자전거를 택시 지붕에 얹은 채 택시를 타고 돌아오곤 했다.

외할머니는 형제가 여섯 명인데 부모가 일찍 세상을 떠나는 바람에 서리 주 파넘에 사는 조부모 밑에서 자랐다. 그 당시에는 지방 유지들이 지나갈 때면 마을사람들이 모자를 벗어 들고 서 있는 관습이 있었는데 외할머니의 할아버지는 손자들에게 절대로 그렇게 하지 말라고 귀가 따갑게 가르쳤다고 한다.

"너희들도 그 사람들만큼 훌륭하단다."

외할머니는 어린 나이에 남의 집에 들어가 설거지부터 시작해서 나중에는 런던 시내 슬론 스퀘어에 있는 저택에서 귀부인의 시중을 드는 하녀로 일했다. 외할머니의 삶은 항상 비극에 젖어 있었다. 제1차 세계대전에서 남동생 세 명을 모두 잃은 슬픔에서 일생 동안 벗어나지 못했다. 모두 외할머니가 손수 돌보아주었던 동생들이었다. 전쟁 동안에도 남동생들은 휴가 때면 해크니에서 가게를 하던 외할머니에게 돌아와 함께 지내곤 했다. 그런데 전쟁터에서 한 사람 한 사람 모두 전사하고 말았다. 그들을 잃은 상실감이 너무나 커서 외할머니는 1973년 이 세상을 하직할 때까지 허망하게 죽은 남동생들을 생각하며 남몰래 눈물을 흘리곤 했다.

친가 쪽을 살펴보면, 할아버지는 런던 북부에서 술집을 경영하던 집안 출신이다. 친가 조상들은 이즐링턴과 돌스턴에서 술집을 여러 개 운영하고 있었는데, 할아버지는 그 중 트라팔가에서 술집을 운영하던 집안에서 태어났다. 다이크 가문은 북부 런던에서 아주 부유하게 살았고, 스토크 뉴잉턴에 있는 애브니 공원묘지에는 다이크 가문의 납골당도 있었다. 내 근딸 크리스딘이 남편 마틴과 함께 현재 그 근방에서 살고 있다. 친할아버지는 1919년에 전 세계적으로 퍼져 제1차 세계대전 전

사자보다 더 많은 희생자를 내었던 유행성 독감에 걸려 30대 초반에 세상을 떠났다. 그 당시 우리 아버지의 나이는 불과 일곱 살이었다.

친할머니는 어릴 때 아버지를 여의고 어머니가 다른 남자와 재혼하자 열네 살 때 집을 나와버렸다. 집안 식구들은 그 남자를 새드그로브 씨라고 불렀는데, 호레이스 제임스라는 사생아가 딸려 있었다. 훗날 할머니의 아흔 번째 생일 때 파티에 참석한 사람들이 모두 호레이스를 가리키며 들으라는 듯이 큰 소리로 이렇게 쑤군거렸다.

"저 사람은 사생아야. 그렇지만 그런 말 하면 안 돼."

집에서 뛰쳐나온 할머니는 다이크 집안의 술집 중 한 곳에서 종업원으로 일하다가 그녀의 신분을 벗어나 그 술집 주인의 아들 레너드 다이크의 아내가 되었다. 할아버지는 세상을 떠날 때 할머니에게는 유산을 한 푼도 남겨주지 않고 우리 아버지와 그의 동생 레너드를 위하여 재산을 신탁하였다. 할머니는 술집도 운영할 수 없었다. 여자는 술집을 운영할 수 있는 허가를 받을 수 없었기 때문이다. 그래서 양조장에서는 할머니에게 주류 판매 면허를 주고, 해크니 시 트레셤 가에 있는 잡화점을 운영할 수 있게 해주었다.

친할머니 릴은 월섬스토의 대가족 출신이었는데, 억센 네 자매, 릴, 비트, 플로, 그리고 루비가 온 집안을 반세기 이상 장악하였다. 이들은 친족들 사이에 4인방이라고 불리었고, 모두 남편을 쥐고 흔들었다. 이들은 모두 장수해서 자매 중 두 분은 여왕으로부터 100회 생일 축하 전보를 받았다. 우리 할머니는 101세에 세상을 떠났다. 할머니와 나는 사이좋게 지낸 적이 없었다. 가족들 말에 따르면, 두 사람이 너무 닮았기 때문이란다. 할머니와 나는 경쟁심이 아주 강해서 지는 걸 싫어했다(나는 어렸을 때 카드놀이 할 때마다 할머니를 이겼다). 할머니의 남자 형제 중에는 1930년대에 포틀랜드 플레이스에 있는 방송국에서 수위로 일한 앨버트 실버턴이란 분이 있었다. 내가 BBC에 부임하자 집안 식구들은 이런 농담을 주고받았다.

"불과 두 세대 만에 수위에서 사장으로 출세했군."

우리 부모님은 해크니에 있는 성 요한 성당에서 처음 만나 1939년에 결혼하여 처음에는 버밍엄에서 살다가 나중에 브롬리로 이사했다. 전쟁이 끝나자마자 다시 헤이즈로 이사했다. 우리 가족은 가난하지 않았지만 모아둔 돈은 없었다. 우리 동네 사람들은 다 마찬가지였지만, 가족이 함께 해외로 휴가여행을 한 적도 없었다. 내가 처음 해외여행을 한 것은 16세 때 파리로 간 수학여행이었다. 외식을 한 적도 없었다. 우리 가족이 처음 외식을 한 곳은 억스브리지에 있는 버니 인 스테이크 체인점이었던 스완 앤드 보틀(Swan and Bottle)이라는 식당이었다. 내가 열너덧 살 된 때였다.

평생 잊을 수 없는 당시 추억이 몇 가지 있다. 나는 조지 6세 국왕이 서거했다고 어머니가 말해주던 일이 지금도 생생하게 기억난다. 그날은 바로 형 이언이 '일레븐 플러스'(Eleven-Plus) 시험을 보던 날이었다 (일레븐 플러스 시험은 영국에서 초등학교를 마친 11세 이상의 학생이 중등학교로 진학할 때 치르는 시험이다. 이 시험에서 그래머스쿨, 테크니컬스쿨, 모던스쿨 등 어느 중등학교로 갈 수 있는지 판가름이 난다: 옮긴이). 부모님은 조지 6세가 제2차 세계대전 중에 런던 이스트엔드 지역에서 보여준 귀감을 보고 그를 특별한 존재로 여겼다. 국왕 내외가 대공습 때에도 런던에 머무르면서 폭격으로 폐허가 된 런던 동부지역을 정기적으로 순회하였기 때문에 이스트엔드 주민들은 국왕 내외를 존경하였다.

조지 6세의 장례식 날, 부모님은 사우설 근방에 있는 철교로 가서 국왕의 시신을 싣고 윈저로 향하는 기차가 지나기길 기다렸다. 부모님은 경의를 표하는 일을 아주 중요하게 생각했다. 나는 오늘날까지도 아버지는 가장 좋은 양복을 꺼내 입고 중절모를 쓰고 어머니는 가장 아끼는 드레스를 입고 집을 나서던 장면을 기억한다. 철교에 서 있다가 돌아오는 것이 전부였는데도 부모님은 그렇게 완벽한 성장을 갖추었다. 이때는 아직 존경의 시대였다.

선 클로즈에서 살던 추억 가운데 그 이듬해에 우리 어머니가 엘리자베스 여왕의 즉위를 축하하기 위해서 이웃사람들과 함께 마련했던 동네잔치만큼 신나는 추억도 없다. 형 이언은 동네 형들이 만든 촌극에 출연하고 나는 테니스 라켓을 들고 기타 치는 흉내를 내며 노래를 불렀다. 동네 아이들에게 젤리와 샌드위치도 나누어주었다. 여섯 살짜리 꼬마로서는 정말 매혹적인 날이었다. 그로부터 거의 50년이 지난 뒤, 나는 버킹엄 궁전에 마련된 로열박스에 앉아서 BBC가 여왕의 즉위 50주년을 기념하여 2회에 걸쳐서 마련한 화려한 콘서트를 관람하고, 왕족들과 인사를 나누면서 궁전을 어슬렁거렸다. 선 클로즈에서는 평생 꿈도 못 꿀 일이다.

나는 텔레비전이 처음 출현한 시절을 생생하게 기억하고 있다. 아주 어린 시절에는 홈서비스 방송국에서 제공하는 〈엄마와 함께 듣자〉(Listen with Mother)라는 프로그램을 들으며 자랐다. 그러다가 텔레비전이 출현하였다. 처음에는 우리 동네에 텔레비전 수상기를 가진 집이 두 집밖에 없었다. 한 집은 21번지에 있는 리치 씨 집이었고, 다른 한 집은 길모퉁이에 있던 언스태드 부인 집이었다. 동네 아이들은 떼를 지어 이 집 저 집으로 몰려다니면서 텔레비전에 방영되는 어린이 프로그램을 보았다. 그러다가 1953년 어느 날, 진짜 신나는 일이 생겼다. 형 하워드와 나는 학교에서 집으로 돌아오면서 정말 우연스럽게도 텔레비전 안테나가 달려 있는 집을 세어보았다. 당시 헤이즈에서의 생활은 재미있는 일이 없었기 때문에 흔히 그런 짓으로 어린 시절을 보냈다. 집 앞 길모퉁이를 돌아서는데 이게 어찌된 일인가? 우리 집 지붕에도 안테나가 달려 있었던 것이다. 집안으로 뛰어 들어가니 텔레비전 수상기가 놓여 있었다. 아버지가 방금 사온 것이었다. 이제 어머니는 여왕 즉위식을 보고 아버지는 축구 결승전을 볼 수 있게 되었다. 우리는 정말 신이 나서 텔레비전을 열심히 보았는데 1주일이 지나자 텔레비전이 나오지 않았다. 아버지가 텔레비전 기술자를 불렀더니 기술자가 와서 살펴보고는 플러그만 꽂아주고 돌아갔다. 아버지는 실용적인 상식에 어두운 편이었다. 그런 점에서는 나도 아버지를 그대로 닮았다.

우리 집 텔레비전은 BBC 방송만 수신이 가능했는데, 1955년 ITV가 방송을 시작했을 때에 아버지가 수상기를 바꿔 주지 않아서 형들과 나는 〈투명인간〉(*Invisible Man*), 〈로빈 후드〉(*Robin Hood*), 〈맘대로 골라라〉(*Take Your Pick*), 〈상금이 배로 늘어납니다〉(*Double Your Money*)와 같은 ITV의 초창기 프로그램을 전혀 시청하지 못했다. 우리는 학교에서 이 프로그램에 대한 대화에 끼어들 수가 없어서 심하게 소외감을 느꼈다. 하지만 아버지는 항상 BBC가 제일 적합한 방송이고 광고주가 자금을 지원하는 텔레비전은 질이 떨어질 수밖에 없다는 견해를 지니고 있었다. 그는 이 주장을 1990년 별세할 때까지 굽히지 않았다.

1950년대 말 헤이즈를 떠날 무렵, 그 지역이 갑자기 변하기 시작했다. 사우설은 인도 출신 이주민의 거대한 중심지가 되어 불과 몇 년 사이에 알아볼 수 없으리만치 변했다. 그 지역에 계속 살던 토박이들에게는 변화의 속도가 충격적이었다. 이웃사람을 모두 알고 지내다가 어느 한순간 우리말을 하지 못하는 완전히 다른 문화권에서 온 낯선 사람들에게 둘러싸여 있는 모습을 상상해보라!

우리가 그 동네에서 다른 곳으로 이사한 뒤에 일부 주민들은 아시아 출신 가족들이 그 동네에서 집을 사지 못하게 막으려고 애썼다. 물론 일부에서는 이들에게 인종차별주의자라는 오명을 붙여 주었으나 이는 부당한 처사이다. 그들은 몰인정하거나 보수적인 사람들이 아니었다. 오히려 그 반대다. 그들은 그저 주위에서 일어나고 있는 변화의 속도와 규모가 두렵고 그 원인을 이해하지 못했을 뿐이다. 그 지역 주민들은 사우설 중심가가 알아볼 수 없을 정도로 변하는 모습을 목격하고 자기 동네에서는 그런 일이 일어나지 않기를 바랐을 뿐이다.

2년 전쯤 나는 1954년부터 1958년까지 다니던 예딩 초등학교 신축교사 개관식에 참석해달라는 초청을 받고 그 지역에 다시 가볼 기회가 있었다. 1958년 당시에는 학생들이 주로 백인 근로자 집안의 중하층 자녀들이었다. 그런데 40년이 흐른 지금은 학생 가운데 80%가 백인이 아니고 수십 개국에서 모여든 소수민족 가정의 자녀들이었다. 우리가 1956년 그 동네를 떠났을 때 사회학자가 우리 집으로 이사를 와서 선 클로즈와 그 주변 마을을 40년 동안 연구했다면 그 학자는 소규모 공동체에 이민이 미친 영향에 관하여 멋진 사례 연구를 완성할 수 있었으리라.

당시 이웃사람들이나 우리 부모에게는 일레븐 플러스 시험이 지극히 중대한 사건이었다. 시험 합격자 20% 범위 안에 들면 현지 그래머스쿨(학문 중심적인 성격을 띠고 있으며, 대학 진학을 목표로 하는 중등교육기관: 옮긴이)로 진학하지만, 그 안에 들지 못하면 모던 스쿨(일반 중등교육과 실무 교육을 병행하는 중등교육기관: 옮긴이)로 진학할 수밖에 없어서 고등교육을 받을 기회가 사실상 없어진다. 우리가 아는 사람 중에는 사립학교에 간 사람이 전혀 없었다. 사립학교 진학은 생각해본 사람도 없었고, 설령 형편이 된다 하더라도 우리 동네 사람들의 레이더망에는 사립학교라는 말도 없었고 그런 학교에 자녀를 보낼 형편이 되는 가정도 없었다.

가장 충격적인 어린 시절의 추억 중 하나는 큰형 이언이 일레븐 플러스 시험에 떨어진 일이다. 그 일은 가정의 비극이었다. 부모님의 실망이 말할 수 없이 컸다. 나는 6년 뒤에 그 시험을 치렀다. 그때는 우리 동네에서 불과 너덧 명 정도 시험에 응시했다. 그 중 단 한 명이 떨어졌는데 그 아이의 부모는 마음에 깊은 상처를 입었다. 일레븐 플러스 시험에 대한 증오심, 불과 열한 살의 나이에 선발과정을 거쳐야 한다는 발상에 대한 나의 혐오감은 이러한 경험에서 비롯되었다. 이것이 훗날 내가 노동당에 입당하고 수와 내가 우리 아이들을 종합학교(그래머스쿨·모던스쿨·테크니컬스쿨을 하나로 종합한 중등교육기관으로 초등학교 졸업자이면 누구나 입학할 수 있다: 옮긴이)에 보낸 주된 이유였다.

우리는 1957년 헤이즈를 떠나 5킬로미터 떨어진 힐링던에 있는 좀 더 큰 집으로 이사했다. 우리 부모님은 그 집을 4,500파운드에 샀는데 지금은 시가가 대략 35만 파운드 내지 40만 파운드 정도 될 것이다. 우리 가족이 그곳으로 이사할 때 내 나이는 아홉 살이었는데, 집안 형편이 상승세에 있었다. 우리 집은 침실 세 개가 있는 단독주택에 널따란 정원이 있어서, 아버지는 주말만 되면 헤어필드 근방에 있는 자갈 파낸 웅덩이로 낚시를 하러 가거나 정원에서 채소를 가꾸었다.

이언 형과는 달리 하워드 형과 나는 일레븐 플러스 시험에 합격하고 헤이즈 그래머스쿨에 진학했다. 우리 두 사람은 공부하는 체질에 아니라 어떤 해에는 내가 전 학년 꼴찌를 했다. 132명 가운데 132등! 또 어떤 해에는 하워드 형이 수학 시험에서 7점을 받았는데 선생님이 성적통지표에 이렇게 적어 보냈다.

"그는 이 점수를 받아 마땅합니다."

이런 일도 있었다. 내가 화학시험을 보러 교실로 들어가는데 선생님이 이렇게 말하는 것이었다.

"다이크, 너는 여기 와봐야 별 소용이 없을걸."

우리 학교는 랠프 스커필드 교장이 완전히 장악하고 있었다. 돌이켜 보면, 그는 정말 좋은 교장, 훌륭한 선생님, 그리고 진정한 지도자였다. 그러나 우리는 모두 그를 두려워하면서 살았다. 졸업한 후, 나는 그 선생님과 거의 20년 동안 전혀 연락을 하지 않고 지냈다. 그런데 내가 처음 TV-am 뉴스 헤드라인을 장식하고 난 뒤 어느 날, 내 비서 제인 탯널이 스커필드 씨라는 분이 전화를 했다고 알려주었다. 내가 수화기를 들자 그의 목소리가 흘러나왔다.

"자넨가, 다이크?"

내 대답은 당연한 것이었다.

"네, 선생님!"

몇 십 년이 흘러도 전혀 달라지지 않았다. 이렇게 대답하면서 하마터면 의자에서 벌떡 일어날 뻔했다. 그때 스커필드 씨는 이미 은퇴한 후였지만 신임 교장을 대신해서 내게 웅변대회 시상식에 참석해달라고 전화를 한 것이었다.

나는 스커필드 씨의 요청대로 학교에 갔다. 그는 내게 교장으로 있을 때 회초리를 사용하지 말았어야 했을 걸 하며 후회한다고 털어놓았다. 나도 두어 차례 맞은 적이 있었기 때문에 그가 회개하고 비폭력을 주장해도 내게는 그다지 감명 깊게 들리지 않았다. 나는 그때까지도 그의 진심을 받아들이고 화해할 마음의 준비가 되어 있지 않았다. 스커필드 씨는 아직 생존해서 셰필드에 살고 있고 우리는 1년에 한두 차례 편지를 주고받는다.

사장이 된 지 얼마 지나지 않아 나는 하워드 형과 함께 옛 스승 몇 분을 BBC로 만찬에 초대했다. 나는 이 분들을 초대해서 이렇게 말해보려고 했었다.

"제가 그렇게 형편없는 학생은 아니었죠?"

이 선생님들은 모두 이미 은퇴한 분들이라 오랜만에 한자리에 모여 저녁 식사를 하니 무척 즐거운 모습이었고 특히 레드와인을 무척 즐기는 눈치였다. 포도주를 몇 병 비우고 나서 선생님 한 분이 내게 이런 말을 했다.

"여기 오는 길에 우리끼리 자네의 성장과정에 대해서 의견을 나눠보았네. 우리는 자네의 잠재력을 이미 알아보았지, 이렇게 말했으면 좋겠네만······. 사실, 우리는 자네가 성공 가능성이 가장 적은 학생이었다는 데 의견의 일치를 보았네."

근 40년이 지난 후에도 선생님들이 이렇게 마음의 상처를 입힐 수 있다니 그저 놀랍기만 했다.

힐링턴에서는 시더스 드라이브라는 거리에서 살았다. 나는 그곳에서 정말 즐겁게 10대 시절을 보냈다. 거리에는 언제나 사내아이들이 득실거렸고, 우리는 사내아이들이 흔히 하는 짓은 모두 했다(그 주택단지는 내 친구 발 클립턴을 빼고는 여자애들이 드물었다). 우리 가운데 몇몇 아이는 동네 신문보급소에서 신문 배달원으로 일했다. 그 신문보급소는 존 케인이라는 사람이 운영하고 있었는데 육군 장교로 퇴역한 사람이라 '존 소령'이라고 불렀다. 우리는 모두 그곳에서 일하기를 좋아했지만, 그는 우리를 아주 미치게 만들었다. 굴뚝처럼 연신 담배를 피우고서는 자신이 정리하고 있던 신문 뭉치에 담배꽁초를 버리는 바람에 불이 나기 일쑤였다. 우리가 존 소령 때문에 정말 화가 난 이유는 그 사람이 늦잠 자는 버릇이 있어서 신문을 배달하려고 가면 신문이 준비가 안 되어 있는 날이 많기 때문이다. 내가 '행동주의자'로서 처음 겪은 경험은 열너덧 살 때 신문 배달 소년들과 노동 쟁의를 벌인 일이었다. 우리는 파업을 할 만한 배짱은 없었으나, 존 소령을 한번 혼내주기로 결의했다. 그래서 모두 평상시보다 한 시간 늦게 신문보급소에 나타났다. 그는 약간 충격을 받았지만 이내 내가 주모자라는 사실을 밝혀내고 나를 꾸짖었다. 그는 이렇게 말했다.

"내가 정한 조건에 따라 일할 생각이 없으면 그만둬!"

40년이 지난 뒤에야 나는 그의 말뜻을 이해하게 되었지만, 당시에는 그의 처사가 아주 부당하다고 생각했다. 내가 신문 배달 소년으로 대성공을 거둔 계기는 친구 믹 히긴스와 내가 크리스마스 때 고객을 모두 차례차례 방문해서 문을 두드리고 감사 인사를 드린 일이었다. 우리는 다른 어느 아이들보다도 크리스마스 팁을 두 배는 더 받았을 것이다.

여자 친구가 생기기 전까지는 스포츠가 우리 동네 사내아이들 생활의 중심이었다. 우리는 축구팀을 두 개 만들었다. 첫 번째 팀에는 시더우드 레인저스라는 이름을 붙이고 뉴캐슬 유나이티드 축구팀의 흑백 무늬 셔츠를 입고 경기를 했다. 그 다음에 나이가 더 들었을 때에는 바인 어슬레틱이라는 팀을 만들고 파란색 유니폼을 입고 경기를 했다. 이 팀의 이름은 바인이라는 동네 선술집 이름을 딴 것이었다. 그 술집은 우리가 주로 어른이 되는 훈련을 하던 곳이었고, 만 16세가 되면 단골손님이 될 수 있는 술집 가운데 하나였다.

나는 전형적인 주택단지에서 자라는 아이들의 모습을 다큐멘터리로 만들어서 그들이 훗날 어떻게 살고 있는지 이야기를 들려주고 싶을 때가 많다. 우리 단지에서 자란 소년들은 성장해서 다양한 방면으로 진출하였다. 로저 웰러는 교사가 되었고, 그의 남동생 케이스는 교육부 고위 공무원이 되었다가 4등 훈사(OBE)가 되는 영예를 받았다. 믹 히긴스는 식품업계에서 영업사원으로 일하고, 피터 힌리는 이발사가 되었지만 젊은 나이에 죽었다. 존 헤이즈는 금융계에서 성공했고, 마틴 웹은 브리티시 항공사에서 일하다가 아버지 사업에 참여하였다. 피터 보우던은 부동산 중개업자가 되었고, 로빈 카메론은 실내장식업계로 진출했다. 내 형 하워드는 현재 한국 최고의 대학교에서 교수로 있으며(이 글을 쓸 당시 하워드 다이크는 서울대학교 교수로 재직하고 있었다: 옮긴이), 큰형 이언은 보험업계에서 일하다가 제일 먼저 은퇴하였는데 최초의 은퇴자라는 걸 무척 자랑하고 있다.

BBC 사장이 된 덕분에 내가 가장 유명인사가 되었다고 생각하지만, 두 번째 유명인사를 꼽으라면 크리스토퍼 베렛−졸리를 들 수 있을 것이다. 그는 우리 단지에서 가장 상류층 집안에서 태어났다. 성이 두 개였기 때문에 우리는 그의 집이 가장 상류층이라고 생각했다. 그는 항공기 조종사가 되어, 한때는 버밍엄 공항을 거점으로 가축을 비행기로 운송하는 회사를 경영하면서 동물 보호 운동단체들로부터 격렬한 공격을 받기도 했다. 훗날, 크리스토퍼는 곤경에 빠져 세인들의 주목을 크게 받았다. 약 2,200만 파운드 상당의 코카인을 국내로 밀반입하려다가 20년 징역형을 선고받은 것이다. 그는 비행기에 마약을 가득 싣고 사우스엔드 공항으로 들어오다가 붙잡혔다. 공항에 경찰이 대기하고 있는 것을 눈치 채자, 그는 동료들과 비행기 뒷문으로 마약을 내던져 활주로를 코카인으로 어지럽혀놓았다.

그때나 지금이나 내 가장 친한 친구는 리처드 웹이다. 그 친구도 우리 단지에서 살았다. 그는 어렸을 때 결핵에 걸려서, 축구나 크리켓을 할 때, 또는 훗날 사업을 할 때에는 알아챌 수 없을 정도지만 거의 평생 동안 한쪽 굽이 높은 부츠를 신고 다녔다. 남들이 나를 경쟁심이 강한 사람이라고 비난하면 나는 언제든지 내 친구 리처드를 만나보라고 대꾸한다. 이 친구는 이지제트 비행기를 압류한 적이 있는 사람이다(이지제트는 영국을 거점으로 유럽 각지를 저렴한 항공료로 운항하는 항공사다: 옮긴이). 그 비행기가 승객을 가득 태우고 니스를 향해 스탠스테드 공항을 막 출발하려던 참이었는데, 그 항공사가 520파운드를 갚지 않았다는 이유로 그는 비행기를 압류하였다. 항공사 측에서 그 돈을 갚지 않겠다고 하자, 그는 현지 지방법원에 가서 변호사 없이 직접 변론을 하고 법원의 압류 명령을 받아냈다. 그래도 이지제트가 안 갚겠다고 버티자 그는 집행관을 데리고 가서 그 비행기를 압류해버렸다. 어느 이지제트 임원이 몸이 달아 전화를 해서 갚겠다고 약속했으나, 리처드가 말을 듣지 않자 현금을 자전거에 싣고 달려와 갚고서야 비행기를 띄울 수 있었다.

리처드는 16세에 학업을 마친 뒤 직업 훈련을 받고 공인 회계사가 되었다. 그는 평생 동안 나의 재정 자문가 역할을 하면서 최근에는 내 사업 전반에 걸쳐서 간여하였다. 내가 오늘날 많은 돈을 갖게 된 유일한 이유는 리처드가 내 대신 돈을 관리해준 덕분이다. 나는 그에게 자문의 대가를 딱 한 번 지불한 적이 있다. 1990년대 초, 런던 위크엔드 텔레비전 방송국 주식으로 큰돈을 벌었을 때, 나는 그에게 내 주식 가운데 한 몫을 떼어주면서 그것이 내 평생 수수료, 즉 과거 20년간 자문 수수료와 향후 20년간 자문 수수료의 선금이라는 설명을 덧붙였다. 그런데 2012년이면 그 향후 20년의 기간이 끝나기 때문에 다소 걱정이 된다.

나는 지금까지 만난 사람 가운데 어느 누구보다도 리처드를 신뢰한다. 우리는 만나기만 하면 언쟁을 벌이고 사사건건 의견이 맞지 않지만, 두 사람 중 어느 누구도 상대방의 이익을 위해서 최선을 다하지 않는 일은 결코 없을 것이다. 나는 내 은행계좌를 리처드에게 모두 맡겨놓았다. 원하기만 하면 그는 언제든지 나를 알거지로 만들 수 있다. 하지만 그런 일은 물론 일어나지 않을 것이다. 그것이 바로 우정이 아닌가! 나는 BBC를 운영하는 동안에도 개인적으로 비즈니스를 계속 유지하고 있다는 비난을 받았다. 동시에 두 가지 일 이상을 할 수 없다는 것이 비난의 이유였다. 나는 이에 맞서 내 친구 리처드가 내 대신 비즈니스를 모두 관리하고 있기 때문에 내 시간을 거의 뺏기지 않는다고 해명하려고 애썼다. 하지만 기자들은 좋은 기사거리를 망쳐버릴 것이 분명하기 때문에 내 해명을 묵살해버렸다.

나는 어린 시절을 매우 행복하게 보냈다. 형들은 부모님과 갈등도 많았지만, 셋째 아들인 나는 부모님과 다툴 일도 거의 없었다. 그 당시에는 중등교육을 마치고 나서 진학하는 학생이 별로 없었다. 불행하게도, 아주 총명한 아이들 중에도 가정 형편 때문에, 또는 공부를 계속하려는 열망이 없기 때문에 열여섯 살의 나이로 학업을 중단하는 아이들이 많았다. 나는 학업 성적이 썩 좋지 않았지만 졸업을 앞두고 한두 해 정도 열심히 공부하여 중등교육과정수료 자격시험(GCE O-level) 과목 중 여섯 과목에 합격하였다. 대학입학자격을 얻을 때까지 2년 더 공부할 수 있는 자격을 간신히 얻은 셈이지만, 현실적으로는 대학에 진학할 가망이 없었다.

나는 졸업하기 전 2년 동안 학교에서 아주 신나는 나날을 보냈다. 1부 리그에 소속되어 럭비를 하고, 440야드(약 420미터) 달리기에서 우승을 하고, 학교에서 공연되는 연극에는 모두 다 출연하고, 합창대에서 노래까지 불렀다. 이 말은 사실 좀 과장되었다. 나는 친한 친구 데이브 혼비 옆에 서 있기만 했다. 그는 베이스 음성이 기가 막히게 좋았는데, 그가 노래를 하면 나는 입만 벌리고 노래 부르는 시늉을 했다. 케네디 대통령이 암살당하던 날 밤에는 로열 앨버트 홀에서 합창 공연을 했다. 케네디가 죽던 날 어디에 있었느냐고 사람들이 물으면, 나는 매번 앨버트 홀에서 노래 부르는 흉내를 내고 있었다고 대답한다.

나는 졸업하기 전 이태 동안 모든 일에 열성적으로 참여했다. 공부만 빼고. 대학입학자격시험 과목 중에서 경제학, 순수 수학, 응용 수학 시험을 보았으나 문제를 하나도 이해힐 수 없었다. 순수 수학과 응용 수학 시험에서 E 학점을 받았을 때 나도 놀라고 수학 선생님도 깜짝 놀랐다. 수학 시험에 합격했다는 말이 아닌가! 졸업하고 10년쯤 지났을 무렵 수학 선생님을 어느 술집에서 만난 적이 있는데, 그는 내게 이런 말을 했다.

"나는 지금도 자네를 예로 들어서 학생들에게 모의시험에 절대로 포기하지 말라고 충고한다네. 언제든 기적이 일어날 수 있으니까."

매주 토요일마다 나는 신발 가게에서 일했다. 처음에는 일링에서, 그 다음에는 액턴에 있는 가게에서 일했다. 그 당시 내가 일약 유명하게 된 계기는 로저 달트리(유명한 록밴드 '더 후'[The Who]의 리드 싱어: 옮긴이)에게 운동화 한 켤레를 판 일이었다. 그곳에서 물건을 산 고객들은 다시 돌아와 불만을 터트리곤 했다. 집에 돌아가 신발 상자를 열어보면 한 짝은 6사이즈, 다른 짝은 10사이즈, 신발이 짝짝이니 그들이 불만을 터트리는 것도 무리가 아니었다. 이상하게도 그 가게에선 짝이 맞는 신발을 찾아낼 수가 없었다.

신발을 파는 동안 나는 판매원들이 손님을 어떻게 속이는지 많이 배웠다. 팔려고 하는 신발이 너무 크면 우리 지하 특매장 공기가 차서 발 크기가 줄어들어서 그렇지만 밖에 나가 걷다보면 발이 늘어날 거라고 설득했다. 신발이 너무 작으면, 손님이 너무 많이 걸어서 발이 늘어나서 그렇지만 집에 돌아가서 신어보면 신발이 딱 맞을 거라고 설명했다. 가장 큰 사기는 특별수당이 걸린 신발을 파는 일이었다. 손님들이 사려고 하지 않는 신발에는 특별 수당이 걸려 있었다. 이럴 때는 우선 고객에게 서로 짝이 맞지 않는 신발을 갖다 주었다가, 기적적으로 딱 들어맞는 신발을 찾아내는 것처럼 생색을 냈다. 그러면 아주 큰 수입을 올릴 수 있었다.

학업을 마치고 적당한 일자리를 얻어야 할 때가 다가오자 어머니는 이제 재미있는 시절이 다 지나갔으니 '혁대를 바짝 조여야 한다.'고 누차 주의를 주었다. 어머니의 말씀이 옳았다. 내가 사회에 첫 발을 내디디면서 처음으로 정식으로 취직한 곳은 하트퍼드셔 주 윗포드에 있는 마크스 앤드 스펜서 백화점의 한 지점이었다(마크스 앤드 스펜서는 영국에서 의류 소매 매출액이 가장 많은 백화점 체인으로, 흔히 M&S라고 부른다: 옮긴이). 이 백화점에서 30년 이상 지배인으로 근속한 렌 숙부가 주선해서 견습 지배인으로 일하게 된 것이다. 나는 1965년 9월부터 근무하기 시작했으나 이내 단 한순간도 그곳에 근무하기가 싫었다. 연옥처럼 느껴졌다.

당시 이 백화점의 각 지점은 주로 조심성이 많은 퍼블릭스쿨 출신들이 운영하고 있었다('공립'을 뜻하는 이름과는 달리 영국에서 퍼블릭스쿨은 주로 상류 부유층 자제들을 대상으로 하는 사립 중등학교를 가리킨다: 옮긴이). 머리 좋은 사람들은 대부분 본사에서 근무하면서 거의 모든 일을 관장하였다. 각 지점에서 근무하는 사람들은 창의력을 발휘하여 자발적으로 일할 수 있는 재량권이 없었다. 몇 년이 지난 후, 이 백화점은 재정난에 빠져 경영방식을 바꾸기로 결정하고, 각 지점 지배인들이 독자적인 가맹점 주인처럼 운영해주기 바란다고 발표하였다. 나는 이 신문 기사를 읽고 백화점에 편지를 보내어 이런 노력이 성공을 거둘 수 있는 기회를 놓쳤다고 충고해주고 싶은 기분이 들었다. 각자 소신껏 지점을 운영하고 싶었던 사람들은 몇 년 사이에 이미 해고당했거나 자포자기해서 회사를 떠난 뒤였다. 그 회사에 그때까지도 남아 있던 사람들은 시키는 일이나 하고 문제가 생길 만한 일은 아예 벌이지도 않는 사람들이었다. 이 회사 경영진은 새로운 운영방식을 그런 식으로 발표만 해서는 기업 문화를 근본적으로 바꿀 수 없다는 사실을 깨닫지 못하는 것 같았다. 기업 문화를 바꾸는 일은 그보다 훨씬 복잡한 일이다.

나는 그 회사에 처음 출근한 날부터 곤경에 빠졌다. 창고에서 근무할 때에는 전무후무한 비스킷 부서뜨리기 기록을 세웠고, 머리를 짧게 깎지 않았다는 주의를 듣기도 하고, 매력적인 매장 여직원과 잡담하지 말라는 경고를 받기도 하고, 지배인으로부터 학교 다닐 때 발성법 수업을 받지 않았냐는 질문도 받았다. 나는 농담으로 헤이즈에서 학교를 다녔는데 그 학교에는 발성법 수업은커녕 발성법이라는 단어를 제대로 쓸 줄 아는 사람도 없었다고 말했다. 하지만 내 농담이 그에게는 전혀 우습게 들리지 않는 눈치였다.

넉 달 후 나는 해고되었다. 내 직위가 견습 지배인이었기 때문에 본사에서는 거물을 우리 지점으로 내려 보내 해고 사실을 통보했다. 그 백화점을 경영하는 시프 가문의 애송이도 그 거물과 함께 왔다. 그는 회사 각 부서로 끌려 다니면서 인사관리를 배우고 있었다. 나는 해고라는 말에 놀랐지만 한편으로는 말할 수 없이 기뻤다. 훗날 내가 TV-am에서 유명해졌을 때, 한 기자가 인터뷰를 하며 좀 더 일찍 텔레비전 방송계로 진출하지 않은 일을 후회하지 않느냐고 물었다. 나는 이렇게 대답했다.

"누구나 마크스 앤드 스펜서에서 직장생활을 처음 시작해야 합니다. 그래야만 좀 더 나은 일자리를 얻을 수 있으니까요."

그 인터뷰가 방송된 후, 데이비드 프로스트가 우연히 그 백화점 총수인 마커스 시프를 만났는데, 시프는 그에게 이렇게 말했다고 한다.

"당신이 우리 직원 녀석 하나를 고용하고 있더군요."

그 회사 임직원 중에서 누군가 나를 알아본 것이 틀림없다.

마크스 앤드 스펜서에서 넉 달 근무한 경험은 내 인생의 진로에 커다란 영향을 미쳤다. 나는 퍼블릭스쿨 출신에 대하여 편견이 생겼고, 정치적 견해가 노동당 쪽으로 더 기울게 되었다. 그리고 그 일로 말미암아 나는 어머니의 말이 틀렸다고 확신하게 되었다. 그때 나는 다시는 일자리 때문에 비참한 꼴을 당하지는 않겠다고 결심했다. 앞으로는 일이 싫으면 내가 먼저 그만두리라. 아버지는 내가 일자리를 잃었다는 소식에 큰 충격을 받고 아버지와 큰형을 따라서 보험업계에 투신해보거나 변호사 사무실에서 일자리를 구해보라고 나를 설득했다. 하지만 나는 어느 제의도 받아들이지 않았다. 부모님의 뜻에 따라 일해보려고 이미 애써보지 않았던가? 이제는 내 뜻대로 해볼 차례다.

나는 나 자신을 표현할 수 있는 신나는 일을 찾아보기로 결심했다. 실업자 생활을 하던 어느 날, 나는 억스브리지에 새로 생긴 지역신문사 사무실로 별 생각 없이 막연히 걸어 들어갔다. 힐링던 미러(*Hillingdon Mirror*)라는 신문사였고, 편집자는 브라이언 커민스라는 사람이었다. 타블로이드판 전면에 컬러 사진을 게재하는 신문이었는데, 사무실은 영락없는 쓰레기장이었다. 나는 브라이언과 오래 대화를 나누면서 기자가 되고 싶은 이유를 그에게 설명했다. 그 사무실에서 나오면서 즐겁게 일할 수 있을 것 같은 생각이 들었다. 몇 달이 지난 후, 다른 곳에서 임시직으로 일하고 있는데 브라이언이 전화를 해서 리포터로 일해보지 않겠느냐고 물었다.

브라이언은 당시 27세였으나 우리 같은 애송이들에게는 나이가 많게 느껴졌다. 그는 우리 상사였을 뿐만 아니라 공군에 2년 복무하였다. 우리는 그가 소프위드 카멜 전투기 조종술을 배우는 데 시간을 허비했다고 농담을 하곤 했다(소프위드 카멜은 영국 공군이 제1차 세계대전 때 사용하던 전투기다: 옮긴이). 그는 일 처리에도 능란할 뿐만 아니라 직원들을 통솔하는 데에도 탁월했다. 신문사 인력은 박봉이지만 일을 배우기 위해 3년간 근무하기로 계약한 젊은 견습 기자들로 충원되었다. 우리를 가르치는 일이 브라이언의 업무였으며, 피터 허스트가 그의 보좌역으로 일했나.

우리가 뉴스를 제공하던 억스브리지의 신문사 그룹, 킹 앤드 허칭스

(King & Hutchings)는 매우 인색한 회사라 타자기도 제공하지 않아서 우리가 개인적으로 사야 했다. 나는 그때 쓰던 타자기를 지금도 가지고 있다. 비용 지급이라는 말은 거의 들어본 적이 없고, 기껏 버스 요금을 지급해주는 정도였으며, 접대 규정은 아주 간단했다. 접대하지 말라. 접대하더라도 회사에서 비용을 부담하지 않을 것이다. 나는 언제나 사사건건 따지고 드는 편이었다. 2년을 근무하고 나니 이건 착취라는 판단이 들었다. 특히 텔레비전 광고에 출연하는 여자애들이 견습 기자들보다 더 많은 돈을 받는다는 사실을 알고 나니 억울했다. 그래서 나는 하급 기자들을 규합하여 시위를 벌였다. 훗날 《파이낸셜 타임스》(*Financial Times*)와 《더 타임스》(*The Times*)의 저명한 기자가 된 레이 스노디도 그때 시위에 참여하였다. 우리는 최고책임자를 만나게 해달라고 요구했다.

우리들의 시위에 회사 측에서 당혹스러워하다가 마침내 래리맨 씨가 우리를 만나기로 약속했다. 당시 킹 앤드 허칭스 사람들은 모두 래리맨 씨를 신비의 인물로 생각하고 있었다. 그를 아는 사람은 전혀 없었고 중간 관리자들이 그에 대해서 뒤에서 수군거리는 정도였다. 그는 래리맨 씨라고 성만 알려졌을 뿐, 그의 이름을 부르기는 고사하고 아무도 그의 정확한 이름을 몰랐다. 그는 서부 런던 전역에서 잘 팔려나가는 신문을 10여 종 발행하는 신문사 그룹을 운영하고 있었다. 우리는 그를 만나 견습 기자 마흔 명 전원이 돈에 쪼들리고 있으니 급여를 더 올려달라고 설득했다. 나는 지금도 그의 답변을 생생하게 기억한다. 그는 우리의 급여를 올려줘야 할 이유가 없다고 말했다. 나이도 아직 어리고 돈을 더 줘봐야 음반이나 워크맨 같은 물건을 사는 데 써버린다는 것이었다. 1960년대 청년 혁명의 바람이 래리맨 씨에게는 영향을 미치지 못했다는 생각이 들었다.

우리는 모두 거물급 기자처럼 행세하며 전국기자조합에 가입하고 큼지막한 전국기자조합 신분증을 내밀고 돌아다녔다. 하급 기자를 중심으로 시위를 벌였으나 래리맨 씨에게 별다른 영향을 주지 못하자, 나는 다른 방법을 써보기로 결심하고 노조 대의원에 출마하여 당선되었다. 이 직책은 억스브리지에서 일하는 기자들을 대변하는 자리였다. 나는 그로부터 한두 해 동안 경영진에게 고통을 주려고 애썼다.

힐링던 미러에서 일하는 동안, 우리는 지방 언론의 틀을 벗어나려고 노력했다. 현지 법원 재판에 대한 기사를 줄이고 결혼식이나 장례식에 대한 기사는 다루지도 않았다. 그 결과, 신문 한 면을 채우는 데도 애를 먹었고 신문도 그다지 많이 팔리지 않았다. 우리는 기사거리를 찾으려고 하루 종일 거리를 헤맸다. 브라이언 커민스는 우리의 이런 방황을 '접촉 방문' 이라고 불렀다. 기자 가운데 나와 가장 친한 친구는 키 크고 잘생긴 로이 엘드리지였다. 그는 결국 대중음악계로 진출했다. 그의 접촉 방문은 다른 기자들과 전혀 달랐다. 그는 지역주민협의회를 운영하던 여자와 열애에 빠지고 말았다. 당시 내 여자 친구는 그 신문사에서 리포터로 일하던 크리스틴 웹이었다. 어느 날, 브라이언 커민스가 나를 부르더니, 그의 직속상사인 편집장이 어느 날 저녁 우리가 사무실에서 '접촉' 하는 걸 보았다고 전했다고 하면서 이런 일은 바람직하지 않다고 주의를 주었다.

나는 언제나 즐거운 마음으로 부지런하게 일했다. 그래서 힐링던 미러에서 일하는 동안에도 주말에는 길포드에 있는 《캐시디 앤드 리》(Cassidy and Leigh) 뉴스 에이전시에서 부업을 해서 얼마간의 돈을 더 벌었다. 대중적인 전국지 뉴스데스크를 맡아본 사람에게 물어보면 캐시디 앤드 리를 모르는 사람이 없을 것이다. 우리가 하는 일은 그 에이전시에 기사거리를 파는 것이었다. 캐시디 앤드 리에는 부지런하고 우수한 기자들이 많이 있었지만, 이들도 타블로이드 신문에 천박한 기사거리를 제공하였다. 이 기사들은 100% 정확한 기사가 아니었지만, 기사의 주인공이 기사 내용에 동의하면 문제가 될 것이 없었다. 특별히 기억나는 에피소드가 하나 있다. 우리는 고덜밍에 있는 어느 가톨릭 수녀원에 대한 기사를 연재물로 판 적이 있었는데, 수녀들이 일반인들의 평판을 상당히 의식했다. 그래서 우리는 제목은 '아침 의식을 거행하며' 라고 달고 차 밑에 드러누워 큼직한 스패너를 능숙하게 다루는 수녀의 사진을 실었다.

내가 정치에 대해 관심을 갖기 시작한 시기는 힐링던 미러에서 일하던 당시로 거슬러 올라간다. 나는 그 신문의 시간제 정치 담당 기자가 되어 현지 시의원, 하원의원 등과 많은 시간을 보냈다. 나는 1969년에 그 신문사를 그만두고 처음에는 슬라우에서 막 창간된 석간신문 《이브닝 메일》(Evening Mail)의 스테인스 지국을 몇 달 운영하다가 다시 그 신문사의 상근 정치 담당 기자가 되었다. 이제 나는 전문가가 된 것이다. 당시 나는 제프 라이트라는 사진기자와 윈저에 있는 아파트를 함께 쓰고 있었다. 나는 그를 킹 앤드 허칭스에서 처음 만났는데 그는 나보다 몇 달 앞서 《이브닝 메일》로 자리를 옮겼다. 제프와 나는 지금까지 친한 친구 사이이다.

《이브닝 메일》에서 근무한 지 1년이 지났을 때, 나는 대학 진학을 생각하기 시작했다. 기자로 성공하는 데 학위가 필요한 것은 아니라는 말을 들었지만, 나는 충분한 교육을 받지 못했다는 사실을 깨닫기 시작했다. 알고 지내던 사람 중에 정상적인 자격을 갖추지 않고서도 대학에 진학한 사람이 있었다. 그래서 나도 대학에 지원할 것인가 말 것인가 고민하기 시작했다. 나는 대학을 졸업한 사람보다 지적으로 떨어진다고 느꼈고, 남보다 떨어지지 않는다는 점을 나 자신은 물론 남들에게도 증명해보일 필요가 있다고 생각했다. 게다가 정치에 더욱 관심이 쏠리면서 정치학을 공부하고 싶었다.

　나는 《이브닝 메일》 편집자 존 리스에게 추천서를 써주고 대학 입학 원서를 제대로 작성할 수 있도록 도와달라고 부탁했다. 놀랍게도 랭커스터대학교, 이스트앵글리아대학교, 그리고 요크대학교에서 면접시험을 보라는 통지가 왔고 세 대학에서 모두 입학허가를 받았다. 내가 대학 진학자격시험에 통과한 과목은 수학 한 과목밖에 없었지만, 세 대학교가 모두 나에게 기회를 주려고 했다. 나는 캠퍼스가 아름답고 면접 볼 때 만난 사람들이 모두 도전적이었으며 내게 친근하게 대해준 요크대학교를 선택했다. 20년 후, 큰돈을 벌고 나서 나는 이 대학교가 위험 부담을 안고 나에게 입학을 허가해주었으니 그 대가를 보상해야 하겠다고 결심했다. 그래서 감사하는 마음을 전하는 뜻으로 25만 파운드를 이 대학교에 기부했다. 기부금은 전천후 잔디 운동장을 만드는 데 사용되었다.

　대중적인 신문사의 기자에서 정치학을 공부하는 학생으로 바뀌는 데에는 엄청난 노력이 필요했다. 1년 이상 걸려 간신히 적응하고, 내 평생 처음으로 학구적인 공부가 어떤 것인지 알게 되었다. 요크대학교에서 처음 쓴 논문이 지금도 생생하게 기억난다. 나에게 주어진 논문의 주제는 '영국 산업혁명의 원인에 대하여 논하라.'는 것이었다. 나는 책 한 권의 한 장(章)을 읽고 '그래 바로 이거야! 알았다!' 이런 생각이 들면 읽은 내용을 그대로 논문에 옮겨 썼다. 그러자 교수 한 분이 학구적인 태도를 갖추려면 다양한 견해를 수집해서 각기 다른 사상의 장점을 평가해야지, 그저 처음 입수한 견해만 받아들여서는 안 된다고 지적했다. 나는 이제 더 이상 대중적인 언론인이 아니었다.

나는 점차 학문이 어떤 것인지 이해하기 시작했다. 나는 동급생에 비해서 나이가 더 들어서야 대학에 진학하겠다는 바람직한 결심을 했기 때문에 남보다 훨씬 열심히 공부했다. 우선 정치학 중에서 세 가지 분야에 집중하려고 했다. 쿠바 혁명의 발단 원인에 대한 논문을 쓰고 나니 소비에트 연방 역사에 관심이 더욱 쏠렸다. 하지만 가장 보람을 느낀 시기는 졸업을 앞두고 미국 정치학을 공부하던 1974년이었다. 그때 마침 워터게이트 스캔들이 밝혀져, 내가 정치학 과정을 마칠 무렵 리처드 닉슨이 대통령직을 사임하였다. 미국 정치학 교수들은 지금까지 강의해오던 내용을 생략하고 강의 일정을 수정해서 1년 동안 워터게이트 사건을 다루었다. 이와 같은 탁월한 결정 덕분에 나는 그 해에 실제로 일어나고 있는 사건을 통해서 미국 정치의 이론적 바탕을 배울 수 있었다. 대통령, 상원, 그리고 하원의 권력 분리원칙이 대통령 탄핵 과정에 중요한 기능을 담당하는 것을 그대로 살펴볼 수 있었다. 그때부터 지금까지 나는 워터게이트 사건에 지대한 관심을 가지고 있다. 하지만 지금도 닉슨의 측근 인사들이 당초에 왜 워터게이트 빌딩을 도청하였는지 충분히 이해할 수가 없고, 지금도 그런 짓을 하고 있는 사람이 있는지도 잘 모르겠다.

나는 오래전부터 미국 정치에 흥미를 느끼고 있어서 요크대학교 1학년 말에는 여름 방학 내내 미국 전역을 돌아다녔다. 마이애미에서 개최된 민주당 전당대회장에 가서 잠깐이지만 조지 맥거번의 선거 유세를 돕기도 했다. 그는 1972년 대통령 선거에 민주당 후보로 출마한 상원의원이었다. 그리고 나서 미국에 대해 알고 싶어 전국 방방곡곡을 헤집고 다녔다. 손을 흔들어 지나가는 차를 세워서 얻어 타며 약 1만 2,800킬로미터에 이르는 여정을 돌아다녔다. 나는 혼자 힘으로 모든 것을 해결했다. 그 덕분에 다른 방법으로는 도저히 얻을 수 없는 미국에 대한 산지식을 얻을 수 있었다. 유럽에서는 미국이라고 하면 캘리포니아나 동부 연안을 연상한다. 하지만 차를 얻어 타며 중서부지대를 여행하면 또 다른 미국을 발견할 수 있다.

당시 베트남 전쟁이 절정에 달하여 중서부지대에서는 마을마다 젊은 남자를 거의 볼 수 없었다. 모든 전쟁터에 나간 것이다. 나는 텍사스 주 엘 파소에도 내려가 먼 친척을 만나보기도 했다. 미국에 있는 사촌 두 명도 베트남 전쟁에 참전하고, 그 경험 때문에 고통을 받고 있었다.

1970년대 초에 요크대학교에 다닌 사람들은 흥미로운 체험을 했다. 이 당시는 연좌데모와 과격한 행동이 연일 계속되던 시절이었다. 다소 좌파적인 성향이 있는 사람이 기자라는 직업을 그만두고 대학에 가니 나에게는 수정주의자라는 낙인이 찍혔다. 노동당 지지자였기 때문이다. 사회주의노동자당과 같은 단체는 나를 위험인물로 지목했다. 나는 좌파적인 성향이 있었지만 변혁을 달성할 수 있는 진정한 길은 혁명이라는 그들의 주장에 동조하지 않았다. 지금도 또렷하게 기억나는 일이 있다. 요크대학교의 좌익 강경파 지도자가 회의장에 들어오더니 "혁명을 위해서 밖에서 일을 하다 보니 늦었다."고 사과를 했다. 그러자 그의 추종자들이 모두 박수를 쳤다. 그 지도자의 이름은 피터 히친스로 지금은 《메일 온 선데이》(Mail on Sunday)에서 우익 칼럼니스트로 활약하고 있다. 나는 그때 영국 각 대학에 아직도 트로츠키 학파의 잔존 세력이 선동하는 트로츠키 공산주의 조직이 있다는 사실을 알고 깜짝 놀랐다.

나는 다른 학생들과는 달리 대학 재학 중에 재정적으로 아주 넉넉한 편이었다. 24세가 되었을 때 어느 지방 행정당국에서 전액 장학금을 받았다. 요크대학교에 입학할 때 캠퍼스 안에서 기숙사 생활을 하지 않고 집을 하나 빌리고 싶었다. 그러다가 갑자기 빌리는 것보다는 사는 게 오히려 싸겠다는 결론에 도달했다. 아버지가 그때 마침 은퇴해서 보험금 일부를 탔다. 그래서 나는 이자를 넉넉하게 드리기로 약속하고 아버지에게 많은 돈을 빌려서 라운트리 공장지대 부근 브릭스 가에 있는 테라스가 딸린 작은 집을 샀다. 1,200파운드라는 거금을 들여 그 집을 사고 장학금을 받아서 욕실을 증축했는데, 그곳을 떠날 때에는 5,000파운드에 팔았다. 최근 요크에 들렀을 때 그 집과 비슷한 규모의 집이 현재 12만 파운드에 팔리는 것을 보고 넋이 빠졌다. 가난한 요크 주민은 이제 어디서 살아야 할지 걱정하지 않을 수 없다.

그러나 금전에 관련하여 대학 시절 가장 기억에 남는 경험은 현지 석간신문 《요크 이브닝 프레스》(*York Evening Press*)를 상대로 명예훼손으로 인한 손해배상소송을 제기했던 일이다. 그 신문사는 내가 음란한 글을 학생 신문에 썼기 때문에 어느 현지 인쇄소가 학생 신문 인쇄를 거부했다는 기사를 게재했다. 그 인쇄소가 학생 신문 인쇄를 거부한 것은 사실이었지만, 내 글은 캘리포니아 주의 마리화나 정책에 관한 것이어서 그 일과 아무런 관련이 없었다(이 정책은 미국 서부 연안에서 마약을 합법화하려는 것이었다). 나는 신문사에 사과를 요구했으나, 《요크 이브닝 프레스》 편집자는 내가 이미 기자로 산전수전 다 겪은 학생이라는 사실을 모르고 사과하기를 거부했다. 그래서 나는 소송을 하기로 결심했다. 결국 나는 충분한 사과를 받고, 법정 화해를 통하여 소송비용 전액과 250파운드를 받았다. 1974년 당시 전액 장학금이 420파운드에 불과한 것을 감안하면 큰 액수였다. 그 당시 사귀던 여자 친구이자 후에 내 아내가 된 크리스틴 테일러와 나는 《요크 이브닝 프레스》 덕분에 프랑스에서 멋진 여름을 보낼 수 있었다.

이 일화에는 후일담이 있다. 2003년, 나는 BBC 사장 자격으로 《요크 이브닝 프레스》가 주관하는 연례 기업가 시상식에 참석해서 귀빈 연설과 시상을 맡아달라는 초청을 받았다. 사장이 되면 이와 비슷한 초청을 수백 번 받게 되지만 이 초청은 거절할 수가 없었다. 그 신문사 임직원 중에서 그런 내력을 아는 사람이 분명히 아무도 없는 것 같았다. 나는 연설 도중에 그 일화를 처음부터 끝까지 자세히 들려주었다. 그리고 나서 요크대학교 시절에 내 인생을 더욱 안락하게 해준 《이브닝 프레스》에게 감사드린다는 말로 끝을 맺었다.

성숙한 나이에 요크대학교에 입학하면서 내 인생은 완전히 바뀌었다. 그래서 나는 기회가 있을 때마다 가능한 한 많은 사람들, 특히 나이가 많고 제때에 정상적인 교육을 받을 수 있는 기회를 놓친 사람들에게 대학에 가라고 권한다. 나는 요크로 떠나면서 윈저에서 함께 지내던 제프 라이트에게 비록 중등과정졸업시험에서 한 과목도 통과하지 못했지만 똑똑하니 대학에 갈 수 있으리라고 설득했다. 그도 마침내 스완지대학교에서 아주 좋은 학위를 받고 공부를 계속해서 석사학위를 받았다. 그 역시 일레븐 플러스 시험 때문에 교육 받을 기회를 박탈당한 아이였다.

2003년 말경, 나는 요크대학교 명예총장에 선출되었다. 《선데이 타임스》(Sunday Times)는 최근 이 학교를 최우수대학교로 선정하였다. 대학진학자격시험에서 겨우 한 과목 합격하고 재학 시절에는 말썽을 많이 일으킨 학생이었는데 그런 직책을 수락해달라는 요청을 받자 나는 놀랍기도 하고 우쭐한 기분도 들었다.

대부분의 학생들과는 달리 나는 요크대학교 재학 시절에 많은 친구들과 긴밀한 접촉을 갖지는 않았지만, 북아일랜드 출신 여학생 메리앤 기어리는 예외였다. 우리는 언제나 함께 어울렸고, 그녀는 나에 대해서는 물론 내가 관심을 갖고 있는 일에 대해서도 아주 잘 파악하고 있었다. 내가 BBC를 떠난 지 며칠 후, 나는 메리앤에게서 이메일을 한 통 받았다. 그녀의 남편 키스가 암에 걸려 신장 한 개를 제거할 예정이라는 내용이었다. 나 자신의 처지를 처량하게 생각하고 있던 시기에 그 이메일로 나는 새로운 깨달음을 얻었다. 그런 일에 비하면 내가 쓸데없이 속을 태워야 할 이유가 없지 않은가? 고맙게도 키스가 완전히 회복될 것 같다.

3년 동안 믿기 어려울 정도로 큰 자극을 받고 요크를 떠날 때, 나는 앞으로 무엇을 해야 할지 결정할 수 없어서 지역신문사로 돌아가 일하기로 했다. 내 여자 친구 크리스틴이 1975년에 내 아내가 되었는데, 그녀는 보호관찰관이 되기 위해 뉴캐슬대학교에서 1년 교육과정을 밟으려고 했다. 그때 마침 슬라우의 《이브닝 메일》에서 편집자로 있던 존 리스가 뉴캐슬에서 《저널》(*Journal*)지 편집자로 있었다. 내가 그에게 편지를 띄우자 그는 나에게 즉시 일자리를 마련해주었다.

지방 언론사로 되돌아간 것은 엄청난 실수였다. 대학에 갈 때 대중지 기자로 가지고 있던 습성을 모두 잊어버려야 했는데, 이번에는 대학에서 배운 것을 모두 잊어버리고 다시 대중지 기자가 되려고 애써야 했다. 나는 그때의 경험을 혐오한다. 나는 졸부 근성을 가진 지방의회 의원들이 어떤 생각을 하고 있는지 눈곱만치도 관심이 없었고, 그들이 말도 안 되는 소리를 지껄이고 있는데 단지 누군가 그들의 말이 사실이라고 말했다는 이유만으로 기사를 억지로 꾸며내고 싶은 생각도 없었다. 《저널》지에서 6개월 일하는 동안 좋았던 점은 훗날 내 인생에 중대한 영향을 주게 될 사람들을 만났다는 것밖에 없었다. 그 중 한 사람이 피터 맥휴다. 그는 당시 그 신문사에서 산업 담당 기자로 근무했는데, 훗날 나와 함께 TV-am에서 일했고 지금은 GMTV의 경영을 맡고 있다. 또 한 사람은 닉 에번스다. 그도 지역 석간신문사 《이브닝 크로니클》(*Evening Chronicle*)에서 나와 비슷한 일을 맡고 있었다.

닉은 나와 아주 가까운 친구로, 우리 둘 중에서 자기가 훨씬 나은 리포터라고 언제나 주장하는데, 그가 속기 실력이 나보다 나은 건 틀림없는 사실이다. 그때로부터 많은 세월이 흐른 뒤, 닉은 첫 작품 『호스 위스퍼러』(The Horse Whisperer)를 발표하여 일약 유명해졌다. 이 소설은 국제적으로 베스트셀러가 되고 로버트 레드포드 주연으로 영화로 제작되었다. 닉은 내가 텔레비전 방송국에 처음 입사할 때 큰 역할을 해주었고 나중에는 런던 위크엔드 텔레비전에서 함께 일하며 프로그램을 진행하기도 했다.

뉴캐슬에 있는 동안 나는 더 이상 기자생활을 하고 싶지 않았다. 뭔가 사회에 더욱 유익한 일을 하고 싶었다. 그래서 원즈워스 공동체협의회 의원을 뽑는 선거에 조직자로 참여해서 지역사회 홍보업무를 맡았다. 이는 크리스틴과 내가 뉴캐슬을 떠나야 한다는 것을 의미했다. 나는 기자라는 직업이 싫었지만, 우리 부부는 모두 뉴캐슬을 좋아했다. 우리는 런던으로 이사하여 그녀가 보호관찰관이 되고 난 후 다시 원즈워스로 옮겼다. 어느 날, 나는 집에서 집 안을 꾸미고 있었다. 그때 아내가 동료 보호관찰관을 한 명 집으로 데리고 왔다. 아주 매력적인 그녀의 이름은 수 하우즈였다. 7년이 흐른 후, 양쪽 모두 첫 번째 결혼생활에 실패하고 나서 수와 나는 한 몸이 되어 지금까지 함께 살고 있다.

내가 새로 얻은 일자리는 인종과 관련된 선거 유세를 준비하는 것이었다. 원즈워스 선거구는 1960년대와 1970년대에 영국에 이민 온 아시아계 이주자들과 서인도계 이주자들의 중심지였고, 공동체협의회는 다양한 소수민족 공동체 대표들이 한자리에 모여 협의하는 기구였다. 나는 공동체협의회가 무슨 일을 해야 하는지 알고 있는 사람이 있을까 의문스러웠지만, 찰스 복서라는 나의 상사는 우리가 인종적인 측면에서 지방 정책은 물론 국가 정책에도 영향력을 발휘할 수 있는 선거 유세 조직이 되어야 한다고 믿었다. 그는 나를 고용하여 선거 유세 계획을 수립하고 공동체협의회와 선거 유세는 물론 그를 언론기관에 널리 알리는 역할을 맡겼다. 나는 그 역할을 착실히 해냈다.

나는 원즈워스 공동체협의회에서 2년가량 일하면서 심오한 진리를 발견하였다. 지위 고하를 막론하고 우리가 파악하고 있는 문제 가운데 일부에 대해서는 아무도 해법을 가지고 있지 않다는 진리다. 더구나 우리는 해법을 가지고 있는 척했지만, 사실 아무런 해결책도 없으면서 정부나 지방의회를 비난하거나 자금 지원을 더 해주면 모든 문제를 해결하겠다고 주장했다. 나는 지방 언론이 천박하다고 생각했기 때문에 그 직업을 포기했다. 그런데 이제 다시 또 다른 분야에서 똑같은 현상을 발견하였다.

이때부터 나는 압력단체, 언론, 그리고 정치계 사이의 관계에는 근본적으로 해결하기 어려운 점이 있다는 것을 깨닫고 지금까지도 그렇게 믿고 있다. 정치인들은 "우리는 이 문제에 대한 해법을 모릅니다."라거나 "우리는 해법이 있으리라고 생각하지 않습니다."라고 말할 줄 모른다. 그렇게 말하면, 그들은 언론에 나약하거나 무능력한 존재로 묘사될 것이다. 압력단체와 야당 정치인들도 "뭔가 조치를 취해야 한다."고 요구하는 척 똑같은 수법을 쓰고, 집권 정당 정치인들은 이에 맞서 "모종의 조치를 취하고 있다."고 응수한다. 이러한 과정 전체가 그날의 문제를 정확히 파악하는 데 언론이나 정치계나 일반 국민에게 해가 된다.

정치의 한계를 점차 알게 되었지만, 슬라우에서 일하던 시절부터 키워온 야망, 정치인이 되려는 야망에는 변함이 없었다. 원즈워스 공동체협의회에서 일하는 동안 원즈워스 선거구에 속한 네 개 소선거구 중 하나인 퍼트니에서 런던 시의회 의원 선거에 노동당 후보로 출마할 수 있는 기회가 왔다. 런던 시의회 의원을 선출하는 소선거구는 하원의원 소선거구와 같기 때문에 퍼트니 소선거구에서 시의회 의원 후보가 된다는 것은 매우 큰 의미가 있었다.

나는 배터시에 있는 한 노동당 지구당에서 지명을 받았다. 나도 노동당 당원이었고 내 친구 마크 밀드레드도 당원이었다. 마크는 탈리도마이드(예전에 수면제나 진정제로 쓰였다: 옮긴이) 사건과 같은 신체 상해로 인한 손해배상청구사건을 맡아서 성공한 변호사였는데, 그의 아내 세라 래컴이 나와 함께 공동체협의회에서 근무한 인연으로 알게 되었다. 그가 내 이름을 후보자 명단에 올려주었다. 노동당 퍼트니 지구당이 왜 나를 지명하였는지 그 이유를 정확히 알지 못했지만, 나는 1977년 런던 시의회 의원 선거 후보자로 선출되었다. 그 당시 노동당 퍼드니 지구당은 하원과 런던 시의회에 의석을 가지고 있었으나, 계속 의석을 유지하기가 점점 어려워지고 있었다.

문제는 당시 짐 캘러핸이 이끄는 노동당 정부에게 있었다. 그가 믿기 어려울 정도로 인기가 없어서 내가 의석을 확보할 수 있는 확률이 매우 희박했다. 선거 결과는 예측한 대로였다. 나는 노동당 지지자로부터 4,000표를 획득했으나 보수당이 7,000표를 얻었고, 17%에 달하던 부동표가 보수당으로 몰렸다. 2년 후 총선에서는 내가 퍼트니에서 활동할 때 대결을 벌인 이래로 좋아하게 된 데이비드 멜러가 보수당 후보로 출마하여 하원의원에 당선되었다. 런던 시의회 의원 선거 기간 동안 나는 켄 리빙스턴을 알게 되었다. 그는 런던 시의회 의석을 확보하려고 좌익 세력을 규합하고 있었다. 나는 그의 단체에 합류하였으나, 우리 가운데 당선된 사람이 거의 없어서 무위로 끝났다. 그로부터 4년 후, 그는 다시 세력 규합에 나서서 런던 시의회의 노동당 지도자가 되었으나 나의 정치적 야망은 이미 사라져버린 뒤였다.

만일 내가 1977년 4월에 당선되었다면 내 인생이 어떻게 달라졌을까 생각할 때가 많다. 아마 상임 런던 시의회 의원이 되고, 노동당 소속 하원의원이 될 수도 있었겠지만, 텔레비전 방송계로 진출하지는 못했으리라. 나는 그 선거에서 패배한 것을 무한히 고맙게 생각해야 할 것이다. 내가 좋아하는 사람 가운데 정계로 진출하여 좌절하고 보람을 느끼지 못하는 이들을 너무 많이 봤다.

선거가 있기 두 달 전에 나는 공동체협의회를 그만두었다. 인종 문제를 다루는 동안 나는 매우 실망했고, 당시 자행되던 인종을 이용한 정치에 몹시 괴로웠다. 1977년 5월 20일, 나는 노동당 의석을 보수당에게 내주고 실업자 처지로 서른 번째 생일을 맞았다. 나는 의기소침한 상태였고 미래에 대한 확신이 없었다. 그때까지는 언제나 야심만만하고 반드시 성공하리라고 믿었으나, 내세울 것이 거의 없었다. 나는 워즈워스 공원에 놓인 통나무에 걸터앉아 이렇게 자문하면서 생일을 보냈다.

"도대체 뭐가 잘못된 거지?"

그로부터 4개월 뒤, 내 인생은 완전히 바뀌었다.

제 3 장

텔레비전 방송계로
진출하다

BBC
구하기

런던 위크엔드 텔레비전(흔히 LWT라는 약칭으로 불린다: 옮긴이)에서 방영하는 〈위크엔드 월드〉(*Weekend World*) 프로그램에 조사원 자리가 생겼다는 소식을 전해준 사람은 뉴캐슬에서 알게 된 친구 닉 에번스였다. 이 프로는 민영방송 네트워크에서 방영하는 시사 프로그램이었지만 시청률이 저조하여 일요일 점심시간에 방영되었다. 내가 뉴캐슬을 떠난 지 얼마 지나지 않아 닉도 그곳을 떠나 〈위크엔드 월드〉 프로그램 조사원으로 LWT에 입사하여 급속도로 승진하여 프로듀서가 되었다. 그는 내가 그 자리를 지원하면 최소한 면접을 볼 수 있게 주선해보겠다고 말했다. 당시 나는 실업자 신세라 그의 제의를 금방 수락했다.

　나는 그 프로그램 관계자 전원과 면접을 치렀다. 그 중에는 나를 매우 꺼리는 사람도 있었다. 당시 제인 휴랜드가 선임 프로듀서였는데, 그녀는 나중에 특집·시사 프로그램 총책임자로 승진하였다. 그녀는 지금 휴랜드 인터내셔널(Hewland International)이라는 독립 프로그램 제작회사를 성공적으로 운영하면서 프로그램을 제작하여 BSkyB(British Sky Broadcasting) 방송국에 공급하고 있다(BSkyB는 스카이 텔레비전사[Sky Television plc.]와 브리티시 위성방송[British Satellite Broadcasting]이 합병되어 설립된 회사로, 스카이디지털[Sky Digital]이라는 브랜드로 영국 전역

및 아일랜드에 디지털 위성방송 서비스를 제공하고 있다: 옮긴이). 제인은 나를 만나본 후에 그 회사에 적합한 인물이 아니라는 결정을 내렸다. 나는 훗날 LWT의 편성제작국장이 된 다음에야 그 사실을 알게 되었다. 나의 옛날 파일을 뒤적거리다가 제인이 나에 대해 처음에 느낀 소견을 읽어보았다. 그 무렵 제인은 내 밑에서 일하고 있었다. 그래서 나는 그녀가 LWT를 떠날 때 송별회 자리에서 나에 대한 그녀의 소견서를 공개하였다. 그 이후로 그녀는 나를 용서하지 않았다. 나는 그녀의 면접 보고서 원본을 액자에 넣어 내 사무실에 걸어 두었다. 그녀는 나를 이렇게 평가했다.

그는 구변이 좋고, 말이 빠르고, 자신감이 넘치고, 그를 만난 TV 관계자 전원을 얕보는 경향이 있어서 의기양양한 그의 기를 꺾어 우리 의도에 맞게 가르칠 수 없을 것이다. 나는 그가 결국 골칫덩어리가 되어 우리에게 불만을 품고 떠날 것이라고 생각한다.

〈위크엔드 월드〉 프로그램 조사원을 뽑는 마지막 면접을 보러갈 때, 닉 에번스는 면접관 중에서 가장 중요한 인물이 존 버트라고 일러주었다. 존 버트는 그 당시 특집·시사 프로그램 편성국장이라는 막강한 자리에 있었다. 나는 면접을 아주 잘 치렀다고 생각했다. 질문에도 대부분 지혜롭게 대답했고 면접관들이 동시에 웃음을 터트린 적도 몇 번 있었기 때문이다. 특히 존 버트는 유난히 많이 웃었다. 아니, 내 생각에는 그랬던 것 같다.

나중에 알게 된 사실이지만, 나는 면접관들을 혼란스럽게 만들었고, 계속 웃던 사람은 시사 프로그램 편성책임자 매리 콕스였다. 내 마음에 들지 않은 유일한 사람은 내 왼쪽에 앉아 있던 사람이었다. 그는 대답하기 난처한 질문만 던지고 전혀 웃지도 않았다. 닉 에번스가 나에게 전화를 걸어 면접을 어떻게 보았느냐고 묻기에 나는 그 사람의 용모를 설명해주었는데, 그 사람이 바로 존 버트였다.

나는 〈위크엔드 월드〉 프로그램에서는 일자리를 얻지 못했다. 하지만 〈런던 프로그램〉(*The London Programme*)이라는 지역 시사 프로그램의 취재기자로 일해볼 의사가 있으면 지원해보라는 말을 들은 것으로 미루어보면, 면접을 잘 치른 것이 틀림없다. 나는 편집자 줄리언 노리지를 만나러 갔는데, 우리는 이 이야기 저 이야기 나누다가 급기야는 쿠바 혁명에 관하여 의견을 나누게 되었다. 그 문제는 내가 3년 전에 대학에서 썼던 논문의 주제가 아니던가! 쿠바가 런던과 어떤 연관이 있는지 전혀 알 수 없었으나, 어쨌든 나는 그 일자리를 얻었다.

내 생애 중 가장 어두웠던 시기는 이렇게 졸지에 끝이 났다. 마침내 내가 항상 꿈꾸어오던 텔레비전 방송국 일자리를 얻은 것이다. 나 자신, 나의 생애, 그리고 나의 사고방식에 지대한 영향을 미친 중요한 시기가 내 인생에 세 차례 있었다. 첫 번째 시기는 요크대학교에서 보낸 3년이다. 두 번째 시기는 1977년부터 1983년까지 LWT에서 시사 프로그램을 담당하던 시절이다. 그리고 세 번째 시기는 1989년 하버드 비즈니스스쿨에서 공부한 때에 다시 찾아왔다.

1977년 가을, 내가 LWT에 입사했을 때 그 직장은 정말 멋진 곳이었다. 그 회사는 1968년 ITV 방송권을 따냈다. 출범 초기에 크게 실패하여 거의 파산 지경에 이르기도 했으나 어렵사리 역경을 극복하고, 1980년에는 ITV에서 방송권 갱신 허가를 받을 수 있는 길을 모색하고 있었다. 존 버트가 이끄는 특집 · 시사 프로 편성국도 빠른 속도로 발전하고 있었다. 〈위크엔드 월드〉 프로는 새롭고 지성적인 형식의 시사 프로를 영국 텔레비전 방송계에 소개하였으며, 충분한 자금을 지원받으며 제작된 2개 지역 방송 프로그램이 지역 방송 프로그램의 판도를 바꾸어놓았다. 그 중 첫 번째 프로는 재닛 스트리트-포터가 진행을 맡은 〈런던 위크엔드 쇼〉(*London Weekend Show*)라는 10대를 대상을 한 프로그램이고, 두 번째 프로그램은 내가 참여한 〈런던 프로그램〉이었다.

LWT의 저널리즘 스타일은 존 버트가 개척한 것이다. 그는 〈위크엔드 월드〉 프로를 편집하면서 전반적인 접근법을 개발하였다. 그때나 지금이나 텔레비전 방송계에는 그의 철학을 조롱하는 사람들이 많이 있으나, 나는 오늘날까지 그의 철학을 옹호한다. 버트의 주장은 이슈나 기사를 이해하는 것이 제대로 찍은 영상을 확보하는 것보다 더 중요하고, 영상을 확보하지 못하더라도 프로그램 전체를 포기할 필요는 없다는 것이었다. 한층 더 나아가, 버트는 문제가 있다는 것만 보여주는 것으로는 충분하지 않으며, 그 문제를 어떻게 처리해야 할지 설명해주어야 한다고 주장했다. 그는 「이해에 방해가 되는 편견」(*The Bias Against Understanding*)이라는 자신의 논문을 요약하여 1975년 《더 타임스》에 피터 제이와 공동으로 집필한 논설을 처음 기고하였다. 텔레비전 시사 프로에 대한 이 연구 분석 결과를 요약하면, 첫째로 반드시 텔레비전에 알맞은 소재가 아니더라도 어려운 주제를 풀어나갈 수 있으며, 둘째로 불법적인 처사라고 보도하는 것으로 그쳐서는 안 되고, 정책 입안자들이 그 문제를 해결할 수 있는 방안이 있다는 것을 보여주어야 한다는 것이다.

내가 참여한 〈런던 프로그램〉은 배리 콕스가 그라나다(Granada) 방송국에서 프로듀서로 일할 때 창안한 것이었다. 그는 풍부한 자료를 수집하여 〈월드 인 액션〉(*World in Action*)과 같은 스타일로 런던에 관한 기사와 런던의 문제점에 국한된 주간 시사 프로를 제작해보자는 아이디어를 존 버트에게 냈다. 나는 그 프로의 세 번째 시리즈 제작에 참여하였다.

그런 프로그램에서 일하는 것이 당시 나로서는 얼마나 신나는 일이 었는지 뭐라고 표현하기가 어렵다. 그 일은 요크대학교를 졸업한 이래 내가 종사했던 다른 직업에 비해서 지적으로 만족스러웠다. 특정 이슈에 관해서 단 30분짜리 필름을 제작하는 데 6주가 걸리는데, 그 중 4주는 조사하는 데 소요되었다. 그 당시에는 어떤 주제에 대해서든 정보를 입수하기가 쉬웠다. '텔레비전' 방송국에서 나왔다고만 말하면 즉각 도움을 받을 수 있어서, 어떤 분야든 전문가와 접촉할 수 있었다. '텔레비전'이라는 말 한마디면 어느 문이든 열렸던 것이다. 하지만 진정으로 어려운 점은 주제를 이해하는 것이었다. 여러 면에서 그것은 언론 매체에서 근무하는 것이 아니라 대학에서 연구하는 일과 흡사했다. 그 당시 사람들은 LWT 시사 프로그램 편성국을 '템스 강변의 베일리얼 칼리지'라고 불렀다(베일리얼 칼리지는 옥스퍼드 대학의 가장 오래된 칼리지 중 하나이다: 옮긴이). 이곳에서는 프로그램 제작자들이 몇 주 동안 주제를 찾아내어 다른 프로그램 제작자, 하원의원, 그리고 행정부 관료들 이외에는 아무도 보지 않는 프로그램을 만들었다. 그리고 시사 프로 편성국은 장기적인 여름휴가를 갖는 전통이 있어서 몇 주씩 연달아 비어 있곤 했다.

내가 처음으로 제작에 참여한 텔레비전 프로그램은 공동체협의회에서 일할 때 알게 된 이야기로 임차인들을 괴롭히는 지주들에 관한 것이었다. 이 시리즈물에 이어서 런던이 홍수에 잠길 확률에 대한 특집 시리즈가 방영되었는데 이를 계기로 내게 놀라운 행운이 돌아왔다. 이 프로그램은 1952년에 발생한 런던 대홍수 제25주기를 기념하기 위하여 제작된 것이었다. 그 당시 템스 강에 홍수 방지 방벽이 건설되고 있었는데, 이 프로그램은 그 방벽 공사가 완공되기 전에 런던이 홍수에 잠길 확률이 어느 정도인지 문제를 제기한 것이었다.

1977년 가을에 그 프로그램이 방영된 지 불과 사흘 뒤, 때마침 불던 바람을 타고 밀물이 크게 밀려들어와 템스 강의 수위가 급격히 올라가 불과 몇 센티미터만 더 올라가면 런던이 홍수에 잠길 위기가 닥쳤다. 당시 노동당 정부는 깜짝 놀라서 위험성을 이해하고 최악의 사태가 벌어지면 어떻게 대처해야 할지 국민들이 알 수 있도록 LWT에게 그 프로그램을 재방영해달라고 요청했다. 그 당시 LWT 편성제작국장이던 마이클 그레이드는 금요일 밤 10시 30분에 그 프로그램을 재방영하였는데, 시청률이 엄청나게 올라가 〈런던 프로그램〉 시리즈가 방영된 이래 최고의 시청률을 기록했다.

최근 읽은 어느 학자의 연구 보고서에 따르면, 나처럼 5월에 태어난 사람이 가장 운이 좋다고 한다. 내 경우에는 이 연구 결과가 확실히 들어맞았다. 내가 LWT에 근무할 때 전무이사였던 브라이언 테슬러는 언젠가 만일 내가 회사를 운영하게 된다면 그 회사에 투자하겠다고 말한 적이 있었다. 내가 명석해서 투자하려는 것이 아니라 내게 행운이 따르기 때문이라는 것이었다. 1984년 TV-am에 근무할 때, 점성가 마조리 오어가 운세를 봐주면서 앞으로 20년 동안 운세가 아주 좋다고 말했다. 문제는 그 20년이 2004년에 끝났다는 것이다. 언제 기회가 되면 20년이 끝나자마자 내가 BBC에서 쫓겨난 것이 그저 우연의 일치인지 물어봐야겠다.

LWT에 입사한 첫 해는 아주 좋았다. 그 해가 끝날 무렵 〈위크엔드 월드〉 팀에서 보조 프로듀서로 일해달라는 제안을 받았고, 그 다음해에는 정규 프로듀서로 승진했다. 〈위크엔드 월드〉 팀에서 일하는 동안 가장 자랑스러웠던 프로그램은 유럽공동체의 농업정책에 관한 것이었다. 이 정책을 이해하는 사람은 전 세계를 통틀어 여섯 명 정도에 불과한 것 같았는데, 나는 그 정책을 일곱 번째로 이해하여 유머를 섞어가며 지적 수준이 높은 이 프로그램을 통해서 그 정책을 설명하려고 애썼다.

나는 독일 소에 관한 이야기를 했다. 소에서 우유를 짜면, 그 우유를 가공공장으로 보내 분유를 만든다. 그러면 유럽경제공동체(EEC) 중재위원회가 분유를 구입하여 거대한 창고에 산처럼 쌓아둔다. 결국 마지막에는 그 우유를 짠 농부가 그 분유를 다시 사들여서 그 우유를 짰던 바로 그 소에게 먹일 사료로 쓴다. 이 프로그램 제작을 마쳤을 때 나는 유럽공동체의 농업정책의 운명은 정해진 것이라고 확신했다. 그 정책은 아주 비효율적이고 경제적인 감각이 거의 없는 것이었다. 하지만 내 예상을 완전히 빗나갔다. 이 정책은 오늘날까지도 여전히 강력하게 시행되고 있으며, 영국의 4인 가족에게 매년 평균 약 1,000파운드의 부담을 안기고 있다.

〈위크엔드 월드〉팀에서 일하던 시절은 행복하지 않았다. 일 때문에 그런 것이 아니고 개인적인 일 때문에 어려움이 있었다. 텔레비전 방송국에 취직하자 나는 온종일 일에 매달려 생활했다. 그러다 보니 결혼생활이 파탄에 이르게 된 것이다. 크리스틴은 버림받았다는 느낌을 받고 나와 결별하고 새로운 삶을 살기로 결정했다. 의심할 여지도 없이 이때가 내 인생 중 최악의 기간이었다. 최악의 상황으로 치닫던 어느 날, 나는 사무실에 앉아서 일에 집중하려고 기를 썼으나 얼굴을 타고 하염없이 흘러내리는 눈물을 주체할 수 없었다. 나는 지금도 그 당시 내 개인 비서로 일하던 사랑스런 줄리 쇼에게 끝없이 고마움을 느끼고 있다. 그는 의기소침해 있는 내 모습을 보고 나에게 다가와서 이렇게 말했다.

"함께 산책하지 않으실래요?"

나는 명석한 두뇌의 소유자이지만 미치광이 같은 〈위크엔드 월드〉의 편집자 데이비드 콕스에게 가서 결혼생활이 파탄 지경에 있으니 며칠 휴가를 달라고 말했다. 그는 나를 물끄러미 쳐다보더니 이렇게 말했다.

"나도 그런 실정이오."

그때 이후로 나는 내 밑에서 일하는 직원들의 결혼생활이 파탄에 이르거나 가정에 슬픈 일이 생기거나 큰 문제가 생겨 위기에 처해 있을 때면 그들과 대화를 하거나 편지를 쓰려고 항상 애쓰고 있다. 위기에 처했을 때 직장 상사가 조그마한 관심만 보여도 직원들에게는 큰 힘이 된다. 나는 그때 일과 일상생활의 균형을 적당히 조절하는 것이 얼마나 중요한 일인지 깨달았다. 그러나 지금까지도 제대로 조절하지 못하고 있다. 이 당시 텔레비전 방송계에서는 정상적인 생활을 포기하고 편집실 바닥에 누워 자는 것을 당연하게 받아들이지 않으면 프로듀서로서의 자격을 의심받았다. 하지만 이런 관행은 아주 어리석은 것이었다.

몇 년 지난 후, 직원들이 나를 찾아와서 결혼생활이 파탄에 이르고 있다고 충고를 구하면, 나는 항상 다시 결합할 수 있도록 노력해보라고 말했다. 결혼생활이든 인간관계든 반드시 어려운 시기를 거치게 마련이지만, 역경을 극복하고 재화합하는 경우도 많다. 그리고 나는 직원들에게 직장에 어떤 위기가 닥치더라도 휴가는 반드시 가라고 강조한다. 휴가는 가정을 원만하게 꾸려나가는 데 중요한 것이기 때문이다. 나는 부득이한 사정으로 딱 두 번 휴가계획을 취소한 적이 있다. 첫 번째로 취소한 것은 1993년 그라나다가 LWT를 인수하겠다고 나섰을 때고, 두 번째로는 2003년 여름에 켈리 박사가 자살한 후였다.

다행스럽게도, 크리스틴과 나 사이에는 아이가 없어서 결별절차가 비교적 복잡하지 않았다. 우리는 그저 가지고 있던 재산을 나누고 각자 갈 길을 찾아 헤어졌다. 몇 년이 흐른 뒤, 그녀와 내가 각자 다른 이성친구와 사귀다가 크리스틴이 재혼하려고 했을 때, 실수로 우리가 이혼 수속을 제대로 하지 않은 것을 발견했다. 그래서 우리는 법원에 출두하여 서로 결혼관계를 계속 유지하기를 더 이상 원치 않는다고 확인하는 절차를 밟았다. 그때 기분이 아주 묘했다. 서로 얼굴을 본 지 몇 년 만에 다시 만나니 전처를 만난다는 느낌이 들지 않고 마치 대학 동창을 만나는 기분이 들었다.

우리가 갈라선 지 20여년이 흐른 뒤 내가 BBC 사장이 되었을 때, 《메일 온 선데이》가 크리스틴을 찾아 나섰다. 그녀가 나에 대한 험담을 털어놓게 하려는 의도에서였다. 그들은 요크셔에 있는 그녀의 집을 찾아내었으나, 그녀가 우리 사이에 아무런 원한도 없고 우리가 더 이상 서로 마주 보고 지내지는 못하지만 여전히 서로 좋아한다고 말하자, 그 기자는 취재를 포기하고 런던으로 돌아갔다. 기사화할 만한 이야깃거리가 없었던 것이다.

〈위크엔드 월드〉 팀에서 1년을 근무했을 무렵, 닉 에번스와 나는 한 팀이 되어 〈런던 프로그램〉을 운영해보라는 지시를 받았다. 그가 편집자가 되고, 나는 텔레비전 방송국에 근무한 지 불과 2년 만에 그의 보조 편집자가 된 것이었다. 우리는 나란히 붙은 방 두 개를 각자 하나씩 사용했는데, 각 방의 상태를 보면 각자의 개성을 알 수 있었다. 그의 방은 항상 깨끗하게 정돈되어 있고, 일과 후에 그의 책상은 아주 말끔히 정리되어 있었다. 이와 대조적으로, 내 방은 항상 쓰레기장같이 서류 뭉치가 여기저기 나뒹굴었다. 나도 닉처럼 책상을 깨끗이 정리하고 싶었지만 한 번도 성공하지 못했다. 그래서 그가 귀가한 후에 나 혼자 밤늦게까지 야근하는 날은 슬며시 그의 방에 들어가서 그의 책상에서 일하곤 했다. 그럴 때마다 나는 더 없이 행복했다.

닉과 그의 아내 제니는 이때 나에게 가장 소중한 친구였다. 이혼을 하거나 오랫동안 지속된 관계가 깨졌을 때에는 감정의 기복이 매우 심하다. 기분이 좋을 때는 한없이 기분이 고조되지만, 우울할 때는 한없이 기분이 가라앉는다. 닉과 제니는 내가 우울할 때 많이 도와주었다.

하지만 유감스럽게도 그로부터 한참 세월이 흐른 후, 이들의 결혼생활도 파탄에 이르렀고 닉은 최근에 재혼했다.

가장 친한 친구와 함께 주간 시사 쇼 프로그램을 담당하는 일은 아주 즐거운 일이었다. 그때 나는 창의력이 필요한 일에는 좋은 아이디어를 가진 사람이 얼마나 중요한지 절실하게 느꼈다. 그전까지는 내가 직접 발굴해낸 기사나 내가 제안한 이슈를 중심으로 프로그램을 제작했기 때문에 나는 대부분의 프로듀서들이 자기 자신의 아이디어에 의존해서 일을 한다고 추측했다. 그런데 편집자가 되고 보니 그렇지 않았다. 아이디어는 거의 없어도 뛰어난 솜씨를 보여주는 프로듀서들이 있었다. 이들은 남에게서 얻은 아이디어를 훌륭한 프로그램으로 변화시키는 것이었다.

내가 2년 동안 그 일을 하면서 깨닫게 된 진리는 좋은 아이디어를 가진 사람의 가치는 그의 몸무게만큼의 금이 지닌 가치와 맞먹는다는 것이었다. 훗날 나는 이러한 진리가 비즈니스에도 적용된다는 것을 깨달았다. 몇 년 후, 내가 하버드 비즈니스스쿨에서 공부할 때, 교수 한 사람이 이 진리를 멋지게 표현하였다.

"인간은 아무것도 먹지 않지 않고서는 3주밖에 살지 못하고, 물을 마시지 않으면 4일밖에 버틸 수 없고, 산소가 없으면 5분밖에 살지 못한다. 하지만 평생 동안 좋은 아이디어를 하나도 내지 못한 채 일생을 살아가는 사람들도 있다."

프로그램을 제작할 때 좋은 아이디어를 망쳐 나쁜 프로그램을 만들 수는 있지만 형편없는 아이디어를 가지고서는 좋은 프로그램을 절대로 만들 수 없다. 나는 텔레비전 방송계에 처음 입문하는 직원을 볼 때마다 프로그램 제작 과정을 비교적 쉽게 배울 수 있는 길은 아이디어의 독창성과 질적 수준이 가장 중요하다는 진리를 빨리 깨닫는 것이라고 일러

준다.

닉과 나는 2년 동안 〈런던 프로그램〉을 제작하였다. 우리 팀은 우수한 직원들로 구성되어 있어서 직장을 즐겁고 신나는 곳으로 만들려고 노력했다. 언제나 그렇듯이, 우리도 좋은 프로그램을 만들기도 하고 나쁜 프로그램을 만들어내기도 했다. 프로그램 편집자에게 가장 힘든 일은 프로그램을 살리는 일, 참담한 결과를 가져다줄 우려가 있는 프로그램을 최소한 평균 수준의 성과를 거둘 수 있는 것으로 바꾸는 일이었다. 나는 닉이 지방정부 재정에 관한 프로그램을 제작할 때 애쓰던 모습을 지금도 기억하고 있다. 최종 결과물이 도무지 이해할 수 없는 것이었으나, 닉은 그럴듯하게 만들어냈다. 뉴스의 경우도 마찬가지다. 좋은 뉴스감이 있는 날은 아무런 사건 사고가 없는 날에 비해서 프로그램 제작하기가 열 배는 쉽다. 하지만 나는 훗날 TV-am에서 아무런 사건 사고가 없는 날 어떻게 프로그램을 제작해내느냐에 따라 유능한 편집자인지 여부가 판가름 난다는 것을 알게 되었다.

1982년 1월, LWT는 런던 지역에서 주말 민영방송을 10년 더 계속할 수 있게 되었다. 방송권 갱신을 기대하지 않았기 때문에 이 방송사로서는 반가운 소식이었다. LWT의 유일한 경쟁자는 퀴즈 프로 사회자였던 휴이 그린이 이끄는 컨소시엄이었다. 그보다 더 좋은 소식은 예전처럼 템스 텔레비전 방송국에 이어서 금요일 밤 7시부터 방송을 시작하지 않고 앞으로는 LWT가 5시 30분에 방송을 시작하게 된 것이었다. 매주 1시간 반을 더 방송할 수 있게 된 덕분에 광고 수익을 올릴 수 있는 시간이 한 시간 반 더 늘어난 셈이다.

새로 생긴 시간대 중에서 매주 금요일 밤 6시부터 7시까지의 시간대를 채우는 일이 내게 맡겨졌다. 텔레비전 방송에 입문한 지 불과 4년 만에 독자적으로 진행할 수 있는 프로그램을 가지게 된 것이다. 〈여섯 시 쇼〉(*The Six O'Clock Show*)라는 새로운 프로그램 편집을 맡게 되었는데, 이 프로그램은 1982년 1월부터 파격적인 형식으로 방영되기 시작했다. 〈여섯 시 쇼〉라고 이름을 붙이게 된 사연은 1981년 9월에 처음으로 제작팀을 구성하였을 때 사무실 출입문에 그 이름을 붙여놓았기 때문이다. 그 후 3개월 동안 다른 이름을 스무 개가량 만들어서 그 당시 LWT 편성제작국장이던 마이클 그레이드에게 그 중에서 적당한 이름을 골라 달라고 요청했다. 그런데 그가 최종적으로 고른 이름은 문에 붙여놓았던 그 이름이었다. 프로그램의 제목은 별로 중요하지 않다. 정말 중요한 것은 그 내용이다. 정신이 온전한 사람이라면 누가 동부 런던 출신 약삭빠른 소년 두 명에 관한 시트콤에 〈바보들과 말〉(*Only Fools and Horses*)이라는 제목을 붙였겠는가? 그래도 그 프로는 역사상 가장 인기 있는 텔레비전 코미디 중 하나였다.

1982년 당시 LWT는 자신감이 넘치는 회사였다. 방송권을 되찾고 연속적으로 히트작을 만들어냈다. 실러 블랙이 진행한 〈서프라이즈! 서프라이즈!〉(*Surprise! Surprise!*)가 엄청난 인기를 얻었고, 그 해에 방영을 시작한 오락 프로그램 〈명랑 운동회〉(*Game for a Laugh*)도 불과 몇 주일 만에 영국 최고의 쇼 프로그램으로 자리매김했다. 〈뎀프시와 메이크피스〉(*Dempsey and Makepeace*)라는 제목의 새로운 드라마도 LWT의 히트작이 되었고, 〈위크엔드 월드〉와 〈사우스 뱅크 쇼〉는 이 방송사가 지성적인 감성을 갖추고 있다는 상징이 되었다. 이러한 분위기 속에서 〈여섯 시 쇼〉가 등장하게 된 것이다.

〈여섯 시 쇼〉는 여러 면에서 종전의 틀을 깼다. 우리는 이 프로그램에서 최초로 단독 카메라 테이프 녹화 방식을 사용했다. 그때까지는 이 방식을 뉴스 프로그램에서만 사용하였다. LWT는 전자식 뉴스 징보 취재 방식(ENG)을 사용하기로 노조와 합의했던 터라, 우리는 이 기술을 독특하고 독창적으로 사용할 수 있는 길을 모색하기로 결정했다. 우리 팀은 30분짜리 다큐멘터리를 찍을 때와 마찬가지로 촬영할 아이템을 서너 편씩 미리 기획하였다. 우리에게는 오늘날의 텔레비전 관계자들도 꿈에 그리워할 만큼 넉넉한 예산이 배정되었다. 짤막짤막한 아이템마다 프로듀서와 연출자, 그리고 조사원을 각각 한 명씩 확보할 만큼 충분한 예산이었다. 테이프가 필름보다 훨씬 저렴했기 때문에 우리는 각 아이템마다 엄청나게 많은 양의 테이프를 촬영했지만 그 중에서 실제로 사용한 부분은 아주 적었다. 그 결과 우리는 주옥같은 작품을 연속적으로 만들어낼 수 있었다.

〈여섯 시 쇼〉의 목표는 다른 느낌을 창조하는 것이었다. 이 프로는 금요일 밤에 방영되는데, 금요일 밤은 주말이 시작되는 시점이다. 사실, 나는 이 쇼의 제목을 〈하느님 감사합니다! 오늘은 금요일!〉(*Thanks God it's Friday*)이라고 붙이고 싶어서 '하느님'이라는 단어를 사용해도 일반 시청자들이 거부감을 느끼지 않을지 알아보려고 조사해보았다. 유감스럽게도, 조사 결과는 내가 예상했던 것과 반대로 많은 사람들이 거부감을 느끼는 것으로 나타나 그 아이디어를 버릴 수밖에 없었다.

뉴스나 시사 프로그램에 대한 나의 불만 중 하나는 좋은 일은 도외시하고 문제점과 논란거리만 다룬다는 것이다. 그때까지 LWT에서 방송한 내용을 보면 런던 시민 중 과연 그곳 생활을 즐기는 사람이 있을지 의문스러울 정도였다. 〈여섯 시 쇼〉에서는 이러한 점을 시정하기로 했다. 프로그램의 목표를 런던 생활의 재미있는 측면을 부각시키고, 기이한 일을 소개하고, 일반 시민들이 술집, 상점, 또는 직장에서 서로 주고받는 이야기를 들려주는 것으로 잡았다. 뉴스 프로그램에는 집어넣을 수 없는 이야기를 담기로 한 것이다. 나는 직감적으로 이러한 이야기가 바로 일반 시민들이 원하는 것이라고 생각했다.

우리는 언젠가 지방 신문에서 어느 기인에 관한 조그마한 기사를 발견했다. 그 기인은 10년 걸려 성냥으로 타이타닉호의 모형을 만들었다. 모형이 완성되자 윔블던 공원에 있는 연못에 그 모형을 띄웠으나 예상한 대로 첫 항해에서 가라앉고 말았다. 우리는 〈여섯 시 쇼〉를 통해서 그 타이타닉호를 건져 올리기로 했다. 잠수부를 고용하고 재닛 스트리트-포터를 카메라 요원 한 명과 함께 고무보트에 태워 물속에 가라앉은 모형을 찾으러 보냈다. 하지만 유감스럽게도 연못이 너무 얕아서 잠수부가 물속으로 잠수할 수가 없었다. 그는 잠수복을 입고 연못을 이리저리 왔다 갔다 했다. 모형을 만든 기인은 자신의 자존심과 기쁨이 모형과 함께 사라진 지점을 가리키면서 빨리 찾아보라고 잠수부를 닦달했다. 마침내 모형을 찾아내긴 했으나 유감스럽게도 타이타닉호가 잠수부에 발에 밟혀 두 동강이 난 뒤였다.

우리는 〈여섯 시 쇼〉의 파일럿 프로그램을 세 차례 제작했는데, 세 번 다 실패했다. 그 중에서도 마지막 프로그램은 특히 형편없었다. 쇼에 원숭이를 출연시켰는데 이 원숭이가 스튜디오에서 도망쳐 조명 장치에 매달려 그네를 탔다. 제작책임자 대니 와일즈는 당황해서 카메라를 들고 원숭이를 뒤쫓아 가야 할지, 원숭이는 내버려두고 나머지 부분이나 그대로 진행해야 할지 결정을 내리지 못했다. 나는 원숭이를 죽여버리고 싶을 정도로 절망에 빠졌다. 녹화를 마치고 파티가 벌어졌지만 나는 풀이 죽어 있었다. 편집을 해보기도 전에 편집자 자리를 놓치는 것이 아닌가 싶었기 때문이다. 그때 마침 우리 팀원인 토니 코언이 그의 부인 앨리슨과 갓난아기를 데리고 나타나는 바람에 나는 기운을 차릴 수 있었다. 그는 그 당시 조사원으로 우리 팀에 참여하였으나 오랫동안 분신처럼 나를 보좌하였고 지금은 전 세계의 독립 프로그램 제작회사 중에서 가장 큰 회사 중 하나를 경영하고 있다.

파티가 끝난 후 나는 그 프로그램의 총괄프로듀서 배리 콕스와 앉아서 그 프로그램을 어떻게 해야 살릴 수 있을지 의논하였다. 그때 토니가 격앙된 목소리로 전화를 했다. 그는 원숭이가 후한 대접을 받고 복에 겨워 갓난아기를 할퀴는 바람에 병원에 있다고 하면서 의사들이 원숭이를 보자고 한다고 말했다. 내가 그 이야기를 배리에게 전하자 그는 불후의 명언을 남겼다.

"그 일이 런던 위크엔드 방송국 구내에서 일어난 일인가요?"

결국 모든 일이 무사히 마무리 되었으나, 원숭이는 어디로 갔는지 찾아내지 못했다. 하지만 토니의 아들 벤에게 아무런 후유증이 나타나지 않았고 그는 지금 키가 182센티미터 되는 건장한 22세의 청년으로 성장하였다.

파일럿 제작에는 실패하였지만 〈여섯 시 쇼〉는 놀랍게도 큰 성공을 거두고 영국에서 가장 시청률이 높은 지역 프로그램이 되었다. 어떤 주에는 런던 지역 시청률 순위 10위권에 들어 경영진이 샴페인 한 상자를 제작진에게 보내주었다. 이제 돌이켜보면, 우리가 거둔 성공은 당시 런던에서 일어나고 있는 사회적, 경제적, 정치적 변화를 재미있게 표현한 덕분이었다. 그 당시 런던에서는 사회 관습에 엄청난 변화가 일어나고 있었다. 여피, 칵테일 바, 크레프리(주로 프랑스식 팬케이크의 일종인 크레프를 파는 식당: 옮긴이)가 런던 시내에서 근로자 계층이 밀집한 지역의 전통적인 생활양식을 바꾸어놓고 있던 시절이었다.

우리는 타이타닉호 모형 이야기처럼 런던의 다른 면을 엿볼 수 있는 화제를 매주 서너 편씩 방송했다. 마이클 아스펠이 진행을 맡았다. 그는 마이클 그레이드가 첫 번째로 선정한 진행자가 아니었다. 진행자 후보로 물망에 올랐던 사람은 BBC의 테리 워건이었으나 그는 BBC를 떠나려고 하지 않았다. 하지만 마이클 아스펠은 대성공을 거두었다. 그는 재치가 뛰어나고 스튜디오에서 난장판이 벌어져도 전혀 동요하지 않고 능숙하게 처리해나갔다. 이 프로그램은 런던의 실상을 그대로 보여주었다. 개성 있는 리포터들이 거리를 누비고 다니며 취재를 하고, 스튜디오 안에서는 재닛 스트리트-포터가 〈천재〉(Mastermind)라는 퀴즈 프로그램에서 상을 타서 일약 유명해진 런던 택시 기사 프레드 하우스고, 재기 발랄한 대니 베이커와 함께 진행하였다. 이들은 모두 런던 특유의 억양을 구사하였다. 이 팀에서 빼놓을 수 없는 인물로는 거리에서 취재를 담당한 리포터, 앤디 프라이스가 있었다. 그는 작은 키에 놀라울 정도로 열정적으로 일하는 멋진 사람이었다.

나는 재닛의 억양을 잘 살려서 근로자계층이 선망하는 스타로 만들기로 작정했다. 문제는 재닛이 교양 있는 사람으로 보이길 원한다는 것이었다. 처음에는 내 의도대로 잘 진행되어 나갔는데, 어느 날 저녁 그녀가 내 방으로 뛰어 들어와서 이렇게 말했다.

"이젠 비둘기 똥을 뒤집어쓰는 게 진저리가 나요. 그런 모습을 더 이상 시청자들에게 보이고 싶지 않아요."

그날 하루 종일 비둘기 사육 현장에서 촬영했던 것이다. 그녀는 오페라 감상을 좋아한다는 것도 시청자들에게 알렸으면 좋겠다고 말했다. 나는 그녀에게 이렇게 말했다.

"그건 당신 역할이 아니오. 우리 팀에서는 마이클이 교양 있는 사람 역할을 하는 거요."

결국 재닛이 그만두겠다고 해서 우리는 그녀 대신 폴라 예이츠에게 그 일을 맡겼다.

이 프로가 성공하게 된 요인은 마이클 아스펠과 대니 베이커를 함께 출연시켰기 때문이다. 한 사람은 1960년대와 1970년대의 세련된 런던 시민의 상징이었고, 나머지 한 사람은 1980년대 런던 여피족의 표상이었다. 당시는 현 런던 시장인 케네스 리빙스턴이 런던 시의회를 지배하던 시절이었다. 그는 위험하면서도 재미있는 인물이었으나, 대처 정부는 그를 아주 싫어했다. 〈여섯 시 쇼〉도 위험한 내용을 생방송으로 진행했다. 언젠가 토니 코언은 프로그램 일부를 1주일 동안 사우스엔드 해변에서 생방송으로 진행하기로 했는데, 밀물과 썰물 시간을 잘못 알아서 프로그램을 진행하는 도중에 밀물이 밀어닥쳐 방송 장비가 모두 부서진 적이 있었다. 또 어떤 때는 아이들의 습격을 받아 외부에 설치해놓은 생중계 시설이 완전히 망가진 적도 있었다. 사회를 보고 있던 앤디 프라이스가 화가 나서 아이 하나를 붙잡아서 길거리로 내동댕이치는 장면만 간신히 건질 수 있었는데, 이 장면이 생중계로 방송되고 말았다.

나로서는 〈여섯 시 쇼〉가 총괄 책임을 지고 제작한 첫 번째 프로그램이었다. 이 프로그램을 진행하는 동안 나는 팀워크와 리더십에 대하여 많은 것을 배웠다. 나는 말단부터 최상급에 이르기까지 누구나 팀에 소속감을 가지고 아이디어를 제시하도록 직원들을 격려하는 법도 배웠고, 팀원 전체가 성공했을 때는 함께 기뻐하고 실패했을 때에는 함께 슬퍼해야 한다는 것도 배웠다. 또한 팀에서 리더의 역할이 얼마나 중요한지도 깨달았다. 이때 배운 내용을 나는 그 후 20년 동안 점차 더 큰 조직을 이끌어가면서 더욱 발전시켰다. 또한 더 좋은 결과를 얻으려면 조직 체제나 규칙을 무시하는 것도 중요하다는 것을 그때 터득했다. LWT에서 규칙에 따르다 보면 경영진은 물론 노조와도 끊임없이 싸워야 했다.

당시 텔레비전 방송국은 노조의 손에 의해 운영되었다. 나는 LWT에서 근무하기 시작한 초기에 프로듀서 및 연출자들의 노조 대의원으로 일했다. 사실 나는 1990년 그 회사의 전무이사로 취임했을 때, 내가 노조 협상대표로 나서 경영진과 협상해서 얻어낸 성과에 대해서 이번에는 경영진의 입장에 서서 재협상하게 되었다. LWT에서 처음 촬영에 나섰을 때 나는 아주 어처구니없는 광경을 목격했다. 한 남자가 차를 몰고 촬영 장소에 나타났는데 차 안에는 아무도 타지 않았고 차에 실은 물건도 없었다. 주위 사람에게 그가 누구냐고 물어보니 전기기사의 운전기사라는 것이었다. 그러면 전기기사는 어디 있느냐고 내가 물었다. 그러자 전기기사는 자기 차를 직접 몰고 다니기를 좋아한다는 것이 아닌가? 그래야 회사에서 운전기사를 제공받는 것과 별도로 운행수당을 청구할 수 있다는 것이었다. 그 당시에는 기술요원 전원이 매일 고급 식당에서 값비싼 점심식사를 하게 해달라고 요구했다. 그들의 요구를 들어주지 않으면 조사원이나 프로듀서의 인생을 망쳐놓았다.

LWT 경영진은 무기력해서 노조의 요구를 모두 들어주었다. 내 친구 앤디 포레스터와 나는 프로듀서 및 연출자를 대변하는 노조 협상대표로 나서서 봉급 20% 인상을 요구했다. 경영진이 두 번째로 제시한 인상률이 18%였을 때 우리는 하마터면 의자에 앉았다가 뒤로 넘어질 뻔했다. 우리는 협상이 그렇게 빨리 끝날 줄은 상상하지도 못했다. 우리는 그 협상을 '토스터 협상'이라고 불렀다. 마치 빵이 들어가자마자 먹음직스럽게 구워져 나오는 토스터처럼 봉급 18% 인상 이외에도 우리가 요청한 것을 모두 손쉽게 얻었기 때문이다. 심지어 전 직원에게 회사에서 텔레비전과 비디오레코더도 제공했다. 아마 토스터도 요구했다면 회사에서 제공했으리라.

요즘에는 텔레비전 방송국에서 우수한 여성이 많이 일하고 있지만, 그 당시 LWT 시사·특집물 편성제작국에는 여성 연출자가 단 한 사람도 없었고, 여성 프로듀서도 극히 드물었다. 나는 이러한 관례를 깨기로 결심하고 최초로 여성 연출자를 채용했다. 나는 언제나 여성 운동을 강력하게 지지해왔기 때문에 나의 신념을 실천에 옮기려고 했던 것이다.

나는 〈여섯 시 쇼〉에 적합한 유능한 연출자를 발굴하였다. 그녀의 이름은 비키 바라스였으며, 이 프로그램에 이어서 그녀는 BBC에서 〈이런 것은 입지 마세요〉(*What Not to Wear*)라는 프로그램을 개발했다. 그녀의 소망대로 연출자로 채용하려고 하자 조합원증이 없다는 이유로 노조에서 반대했다. LWT 경영진은 즉시 노조에 굴복하여 그녀를 채용하지 않겠다고 합의하였다. 나는 경영진이 배짱도 없는 녀석들이라는 생각이 들어 혼자서라도 노조와 맞붙어 싸우려고 결심했다.

내가 웨스트 웨일스에 있는 애버도비에서 휴가를 보내던 때였는데, 수영복을 입고 윈드서핑을 나가려던 참에 전화벨이 울렸다. LWT 인사 담당 이사 로이 반 겔더의 전화였다. 그는 조합 측에서 비키의 채용에 반대했다고 내게 알려왔다. 다행스럽게도 노조위원장 개빈 와델이 그와 함께 있었다. 개빈은 내가 지금까지 만나본 노조 지도자 중에서 가장 똑똑하고 논리 정연한 사람이었다. 그는 지도자로서의 자질을 타고난 사람이라 유능한 고위 관리자가 될 수 있는 능력을 갖춘 사람이었다. 다른 많은 LWT 조합원들처럼 그도 보수당 강경파여서 영화 텔레비전 기술자 노조연합(ACCT)이 1984년 광부 파업에 자금을 지원하자 노조에서 물러났다.

나는 수영복 차림으로 개빈과 통화하겠다고 말했다. LWT에 근무하는 사람은 누구나 노조에 관련된 일은 모두 개빈과 상의해야 한다는 정도는 다 안다. 10분 동안 전화로 토론을 벌인 끝에 그는 이제 여성 연출자를 채용할 시기가 되었다는 데 동의하고 비키 채용에 대한 반대를 철회하기로 약속했다. 이는 그가 노조 행동대원들에게 후퇴 지시를 내리겠다는 것을 의미하였다. 경영진은 이렇게 비키를 최초의 여성 연출자로 채용하는 데 아무런 도움도 되지 못했다.

LWT 경영진은 조합 측 요구에 무엇이든 양보했다. 이 회사는 1970년대 중반에 어느 비디오테이프 기술자에게 연봉을 15만 파운드나 지급해서 '아랍 산유국 토후와 LWT 비디오 기술자의 차이가 무엇이냐?' 는 퀴즈가 생겼다. 그 대답은 '비디오 기술자는 런던 근무 수당을 받는다.'였다. 1979년에 전국적으로 민영방송국 노조 파업이 일어났을 때 비가 오는 날은 노조원이 사옥 안에서 피켓 시위를 할 수 있도록 허용한 것도 이 경영진이었다. 그 덕분에 우리는 추운 날씨에 밖에서 밤샘할 필요도 없었고 불을 피워 몸을 녹일 필요도 없었다. 여느 때처럼 파업은 각 민영방송국 경영진들이 굴복하는 것으로 끝나 우리는 봉급을 또 다시 크게 올려주겠다는 약속을 받고 직장으로 돌아갔다.

당시 텔레비전 방송국 노조는 여러 가지 제한조치에 집착해서 창의성이 있는 좋은 프로그램을 제작하지 못하게 노조원들의 활동을 막았다. 나는 기회가 있을 때마다 노조에 대항했다. 편집자로 일할 때도 그랬고 경영진에 참여했을 때에도 그랬다. 경우에 따라서는 노조 간부로 활동하면서도 노조의 횡포에 대항했다. 경영진은 기술요원들을 미국에 출장 보낼 때 1등석 항공권을 주기로 결정하였으나 프로그램 제작자들이 노조와 담판을 벌여 그러한 정책을 번복시켰다. 우리는 그러한 정책을 시행하면 더 이상 해외 촬영 기회가 주어지지 않을 테니 피해는 결국 시청자에게 돌아갈 것이라고 설득하였다.

〈여섯 시 쇼〉에 대해서 경영진은 우리 팀에게 단독 카메라 생중계 방식을 쓰지 말라고 권고했다. 이미 조합 측에서 동의했는데도 경영진은 조합측이 그러한 방식을 싫어하지 않을까 두려워했던 것이다. 오늘날에는 거의 모든 생방송에서 이러한 방식을 사용하지만, 1982년에는 그런 방식이 아주 생소한 것이었다. 나는 그 방식을 방송 시작 첫날부터 사용하였다. 조합 측은 촬영할 때마다 조연출을 써야 한다고 요구했다. 나는 한마디로 그들의 요구를 거절했다.

경영진은 또 어떤 소도구를 쓰든지 야외 촬영을 할 때는 반드시 소도구 담당 요원을 써야 한다고 지시했다. 우리는 이 지시도 무시했다. 윔블던 공원에서 재닛을 태울 고무보트를 사용했던 때에는 조사원을 시켜서 보트를 하나 사왔다. 코골이 치료법으로 잠옷 상의 뒤에 골프 공 몇 개를 넣고 꿰맬 일이 생겼을 때에는 토니 코언이 아내에게 꿰매달라고 부탁했다. 우리는 기회가 있을 때마다 노조 규정을 무시하고 우리 의향대로 일을 처리해나갔다. 나는 그때부터 어떤 일을 하든지 이때 배운 교훈을 적용했다. 훗날 하버드 비즈니스스쿨에서 배운 것과 같은 교훈이었다.

"규정만 따라서는 어떤 조직이든 성공할 수 없다."

크리스틴과 내가 서로 갈라선 후 몇 년 동안 나는 30대에 독신으로 텔레비전 방송계에서 일하면서 많은 여성들과 교제했다. 하지만 〈여섯 시 쇼〉를 담당하던 마지막 해에 한 여성과 새로운 관계를 맺게 되었다. 그녀는 옛날 원즈워스에서 내가 실내 장식을 꾸미고 있을 때 크리스틴이 집으로 데려온 적이 있는 여자였다. 그녀와의 관계는 처음부터 착각에서 시작되었다. 그녀는 실내 장식을 꾸미는 것을 보고 나를 꽤 쓸모 있는 남자로 생각했는데 사실대로 말하자면 방을 꾸며본 것은 내 평생 그때가 처음이자 마지막이었다. 그때 수는 남편과 헤어져서 자녀 둘을 데리고 서머싯 주 브래드퍼드 어폰 에이번에서 살고 있었다. 나는 주말마다 방송을 마치고 그곳으로 내려갔다. 그러다가 수와 나는 함께 가정을 꾸리기로 결정했다.

나는 내가 살고 있던 클래펌으로 수가 와서 함께 살기를 바랐으나, 어느 날 오후 그녀는 클래펌 공원 주위를 한번 둘러보고서는 그런 제안을 거절했다. 그 공원은 별의별 사람을 다 볼 수 있는 곳이다. 거대한 말을 들고서 체스를 하는 사람들도 있고, 모형 보트를 타는 사람들도 있고, 갖가지 운동을 즐기는 사람들도 있다. 그런데 유감스럽게도 그곳에는 마약 밀매꾼과 매춘 호객꾼도 들끓어 경찰도 상주하다시피 하는 터라 수는 아이들을 데려다 그런 곳에서 살고 싶지 않다고 거절했다. 나는 그녀가 보호관찰관으로 근무하면서 오래전에 맡았던 고객들이 그 근방에 너무 많이 살고 있었기 때문에 거절했던 것이라고 생각하고 있다.

그래서 우리는 함께 돈을 합해 런던에서 좀 더 떨어진 반스에서 집을 한 채 샀다. 수와 내가 새로운 보금자리를 꾸몄을 때, 매튜는 다섯 살, 크리스틴은 네 살이었다. 나는 하룻밤 사이에 가장이 되었다. 자녀가 없는 사람들이 대부분 그렇듯이 나도 가장이 된다는 것이 무엇을 의미하는지 전혀 몰랐다. 수의 언니가 우리 집을 방문하면서 했던 말이 가장 적절한 표현이었다는 생각이 든다. 수의 언니는 수와 그녀의 가족, 그리고 그녀의 다소 낯선 동거 애인을 만나러 왔다고 말했다. 그리고 당시 그곳에는 제프도 있었다.

신문 배달을 하던 어린 시절부터 오랜 친구인 제프 라이트는 클래펌에 있던 집을 팔 때까지 그 집에서 나와 함께 살았다. 그는 갑자기 갈 곳이 없었고 당시는 직업도 없었다. 그래서 그 친구도 우리 집에서 함께 살았다. 이웃사람들은 도대체 어떤 사람들이 옆집에 이사 왔는지 어리둥절했을 것이다. 수는 제프와 나 가운데 쓸 만한 남자를 골라야겠다고 농담을 던지곤 했다. 하지만 제프도 실내 장식에는 별로 재주가 없었다.

수가 다시 원즈워스 교도소에서 보호관찰관으로 근무하기 시작해서 이른 아침에 차를 몰고 먼저 출근하고 아이들은 내가 기차를 타고 LWT로 출근하기 전에 학교에 데려다주기로 했다. 가장으로서의 나의 생활이 점차 자리를 잡아가기 시작했다. 그런데 어느 날 조너선 에이트킨이리는 보수당 하원으로부터 진화가 길려왔다. 그래서 내 인생은 다시 바뀌었다.

GREG INSIDE
DYKE STORY

제 4 장

TV-am에서 지낸 1년

BBC
구하기

TV-am은 영국 역사상 처음으로 아침 시간대에 상업 방송을 시도한 텔레비전 방송국이다. 1983년 2월에 출범하였으나 처음에는 시청자를 모으는 데 실패하여 이사들이 대폭적으로 해임되고 방송국은 깊은 재정난에 빠졌다. 이러한 일이 불과 몇 주 사이에 벌어져 '병들어 있는' TV-am에 관한 기사가 연일 헤드라인을 장식하였다. 그러한 상황에서 나는 편집장에 선임되었다. 나에게 주어진 과제는 단 한 가지, 방송국을 살리는 것이었다. 불과 5년 전만 해도 실업자 신세였던 35세의 나로서는 흥미로운 도전이었다.

나는 TV-am이 출범하기 6, 7개월 전에 TV-am 편성제작국장 마이클 디킨으로부터 함께 일하자는 제의를 처음 받았다. 그는 내게 전화를 걸어 잠시 이야기를 나눌 수 있겠느냐고 물었다. 당시 나는 〈여섯 시 쇼〉를 진행하고 있었고 그 프로를 포기할 의향이 없었다. 다만 호기심에 끌려 그의 대화 요청에 응했다. 디킨은 요크셔 텔레비전에서 다큐멘터리 제작으로 화려한 경력을 쌓은 제작자였다. 그는 훌륭한 프로그램을 몇 편 만들었으며 뛰어난 이야기꾼이었으나, 아침 방송에 반드시 들어가야 할 메뉴인 뉴스나 매거진 프로그램 제작에 대해서는 아는 것이 거의 없었다. 사실, 그는 TV-am에서 편성제작국장 직책을 맡을 의사가 전혀 없었는데 마땅한 인물이 없어서 그 직책을 떠맡게 되었다.

데이비드 프로스트는 영국 최초 아침 텔레비전 방송권 입찰에 참여하기 위해서 컨소시엄을 구성할 때 유력 인사들을 여기저기서 끌어 모았다. 이 사람들은 대부분 너무 거물급이거나 각자 맡은 일에 부적합한 인물이었다. 프로스트는 당시 가장 유명한 사회자 다섯 명으로 팀을 구축하는 데 주력하였다. 그는 대담프로의 제왕 마이클 파킨슨, 당시 가장 유명한 여성 아나운서였던 BBC의 안젤라 리폰과 ITN의 애너 포드, 그리고 헤비급 정치전문가인 BBC 시사 담당 로버트 키를 영입하였다. 데이비드는 이렇게 팀을 구성하면 그들의 재능과 성적 매력에 시청자들이 환호하리라고 믿었다. 하지만 이 전략의 맹점은 텔레비전 프로그램을 실제로 제작·운영하는 사람들은 스크린에 보이는 출연자가 아니라 제작팀이라는 사실을 간과한 것이었다. 위대한 사회자가 형편없는 프로그램을 살려낸 적은 없어도, 보통 수준의 사회자들로 성공을 거둔 프로그램은 많이 있다.

프로스트의 사회자 그룹에게는 '유명인사 5인방'이라는 별명이 붙었다. 이와 같이 유능한 인사들을 한데 모아 팀을 구성한 것이 시청자들로부터는 호평을 받지 못했으나, 민영방송공사(IBA: Independent Broadcasting Authority) 관계자들을 설득하여 방송권을 따내는 데는 성공했다. 프로스트는 주미영국대사를 역임한 피터 제이를 설득하여 회장 겸 CEO 직책을 맡겼다. 제이는 《더 타임스》 경제 담당 편집자와 유명한 LWT 시사 프로 〈위크엔드 월드〉 사회자로 일한 적은 있으나 직접 기업을 경영해본 경험이 없었다. 그는 여느 경제학자와 마찬가지로 비즈니스에 관한 저술과 대담에는 뛰어났지만, 막상 기업을 직접 경영하게 되자 그다지 괄목할 만한 업적을 남기진 못했다. 프로스트는 매일 아침 세 시간 반씩 좋은 방송을 제공할 수 있는 역량을 갖춘 인재들로 제작팀을 구성하지 않고, 화려한 방송 경력으로 민영방송공사의 거물들을 감동시킬 만한 프로그램 편성 담당 임원진을 구성한 것이다.

프로스트의 컨소시엄이 아침 방송권을 따낼 당시 편성제작국장 지명자는 LWT 출신으로 〈위크엔드 월드〉 프로 편집자였던 닉 엘리엇이었다. 하지만 민영방송에서 10년간 드라마 책임자로 크게 성공을 거둔 바 있는 닉은 프로스트가 방송권을 따낸 후에 마음이 바뀌어 새벽 5시부터 방송을 시작하는 일을 맡지 않고 LWT에 그대로 머물러 있기로 결정했다. LWT가 그에게 드라마·예술 총책임자 직책을 새로 제안했기 때문이다. 그러자 원래 특집 프로를 맡기로 하고 프로스트 컨소시엄에 참여했던 마이클 디킨이, 닉 대신 편성 최고책임자로 승격되었다. 하지만 그는 이 방송 분야에는 경험이 전혀 없었다.

나는 디킨과 만나보고 LWT에 그대로 남아 있는 것이 좋겠다고 본능적으로 느꼈다. 마이클은 내가 프로그램 편성 책임자 서열 세 번째 내지 네 번째로 합류했으면 좋겠다고 말했다. 그러나 그 서열이 어떻게 구성되는지, 누가 무슨 일을 맡아서 할지 구체적으로 설명하지 못했다. 더욱 염려스러운 점은 어떤 프로그램을 방영해야 할지 그가 알지 못하는 듯했다는 것이다. 그는 아침 방송시간 세 시간 반을 채우는 것이 일종의 삼투압 작용처럼 저절로 될 줄 아는 것같이 보였다. 마이클은 TV-am이 입주하게 될 북부 런던 지역 캠던에 있는 사옥에 대해서 이야기할 때만 활기를 띠었다. 오랫동안 에그컵 타워(Eggcup Tower)라고 불린 그 빌딩은 지금은 MTV가 사용하고 있다. 이 건물은 훗날 영국 최고의 전후 건축가로 이름을 떨친 테리 패럴이 젊은 시절에 설계한 것이었는데, 내가 보기에는 마이클은 아침 텔레비전 방송의 미래에는 별로 관심이 없고 건물에 더 큰 애정을 느끼는 듯했다.

TV-am은 제이를 회장 겸 CEO에, 그리고 디킨을 편성제작국장에 임명한 외에도 회사의 가장 중요한 직책 두 개를 각자의 역할을 감당할 자격이 없는 사람에게 맡겼다. 설상가상으로, 이 회사는 '알릴 임무'를 충실히 하기 위하여 뉴스와 시사문제를 새롭고 지성적인 각도에서 다룰 수 있는 접근법을 창안하겠다고 민영방송공사에 약속했다. 이러한 약속은 아침 방송에 매력을 느낄 가능성이 있는 시청자들이 주로 어린이들과 주부들로, 텔레비전을 아주 많이 보지만 시사문제와는 거리가 먼 시청자 계층이라는 사실을 완전히 무시한 것이었다. 이 계층은 프로스트 컨소시엄이 민영방송공사에 제출한 사업계획서에는 관심이 없을 것이다.

CEO에도 비적임자, 편성제작국장에도 비적임자를 앉히고, 완전히 비현실적인 약속을 민영방송공사에 제출했으니 TV-am의 운명은 방송을 시작하기도 전에 일찌감치 결정되었다고 볼 수 있다. 마이클 디킨의 제안을 거절한 일은 내가 평생 동안 내린 최상의 결정 가운데 하나였다.

1983년 2월 1일 화요일, TV-am은 마침내 생방송을 시작하였으나 방송은 완전히 실패작이었다. 그로부터 2주일 전인 1월 17일 월요일에 BBC가 이미 기습적으로 BBC 역사상 최초로 〈아침시간〉(*Breakfast Time*)이라는 프로를 이른 아침 방송으로 방영하기 시작한 것이다. 그것은 염치없이 대중적인 인기에 영합하여 다른 방송국의 기회를 약탈한 처사였다. TV-am은 이른 아침에 중대 뉴스 분석 프로를 제공하겠다고 약속하고 방송권을 따냈다. BBC는 의상, 운세, 요리를 다루기로 결론을 내렸다. BBC에는 영감이 뛰어난 론 닐이 이끄는 매우 유능한 제작팀이 있었고, 프랭크 바우와 셀리나 스콧이라는 아주 훌륭한 사회자가 있었다. 셀리나는 아침 방송에 성적 매력을 불어넣었다.

TV-am에 들이닥친 새앙은 몇 주 만에 내규모 해고사태로 발전했다. 피터 제이는 에이트킨 가문의 사촌 형제 조너선과 티머시가 이끄는 이

사회 쿠데타로 인하여 회사에서 쫓겨났다. 마이클 디킨은 에이트킨 형제를 지지하여 살아남았지만 신망을 크게 잃었다. 프로그램은 더욱 나빠졌고 주 사회자였던 데이비드 프로스트의 자리는 닉 오언이라는 젊은 스포츠 사회자에게 넘어갔다. 시청률은 거의 제로에 가깝고 광고 의뢰도 거의 없었다. 시청률도 미미했지만 연기자조합의 노동 쟁의도 광고 의뢰가 끊어지게 된 원인 중 하나였다. 연기자조합은 아침 방송 출연에 관련하여 새로운 계약을 이끌어내려고 파업을 감행하였다. 당시에는 외부로 알려지지 않았으나 가장 심각한 문제는 자금 부족이었다. 그회사는 설립 당시부터 자본이 부족하였다. 설립자들이 모두 현금 투자는 별로 하지 않고 많은 지분을 가지려고 했기 때문이다. 사업계획에 따라 방송 첫날부터 재정적으로 성공을 거두든지, 아니면 주주들이 투자를 더하든지 양자택일을 할 수밖에 없는 상황이었다. 정상적인 상태에서는 극복하기 힘든 문제도 아니었으나, 그 당시 TV-am이 처한 특수한 상황에서는 해결하기가 매우 어려운 문제였다. TV-am에 관한 기사가 연일 신문 1면을 장식했기 때문에 시중 금융기관들은 손해와 실패에 관련된 것으로 언론의 주목을 끌까봐 투자하기를 꺼렸다. 미디어는 피냄새를 맡고 이 상처 입은 방송국을 끈질기게 추적하기 시작했다.

TV-am이 자본을 더 끌어 모으려면 프로그램을 빨리 정상 궤도로 올려놓을 수 있다고 기관투자자들을 설득해야 했다. 그래서 이 회사는 편성 책임자가 필요했고 내가 물망에 오르게 된 것이다. TV-am에 합류해달라는 두 번째 요청을 받은 때가 이 무렵이었다. 조너선 에이트킨에게서 전화가 왔다. 그때 그는 타네트 선거구 출신 보수당 소속 하원의원으로 재임하면서 제이의 후임으로 TV-am의 최고경영자 직무대행을 맡고 있었다. 한편 영국철도공사(British Railways) 사장과 노동당 소속 하원의원을 역임한 딕 마슈가 회장직에 취임하였다.

에이트킨은 웨스트민스터 지역의 로드 노스 가에 있는 자신의 저택으로 나를 점심식사에 초대했다. 그로부터 18년 뒤, 그가 《가디언》과 그라나다 텔레비전을 상대로 벌인 명예훼손으로 인한 손해배상소송에서 패소함에 따라 그의 파산 관재인들은 이 집을 처분하여 그의 부채를 청산하였다(그는 이 사건 재판이 진행되는 동안 위증을 하고 법을 악용했다는 혐의로 18개월 징역형을 선고받았다). 나는 지금까지도 그날 점심식사를 생생하게 기억하고 있다. 아주 부자연스럽고 우스꽝스런 차림의 집사가 희극배우 케네스 윌리엄스 스타일로 점심식사 시중을 들었던 것이다. 1960년대에 인기를 끌었던 라디오 프로그램 〈라운드 더 혼〉(*Round the Horne*)에 출연했던 코미디언 줄리언과 샌디는 조너선의 집사에 비하면 아무것도 아니었다.

집사의 행동에 정신이 팔려 앉아 있는데, 조너선이 TV-am 편집장으로 일해달라고 나를 설득하기 시작했다. 그가 시기를 잘 선택한 것이었다. 〈여섯 시 쇼〉가 큰 성공을 거두었지만 18개월 동안 그 프로그램만 운영하다 보니 나도 뭔가 변화가 필요했던 시기였다. 게다가 LWT가 회사 차를 제공하지 않겠다고 해서 화가 나 있던 참이었다. 내가 전에 프로듀서로 일한 적이 있는 〈위크엔드 월드〉 편집자에게는 회사 차를 제공하고 있었다. 〈여섯 시 쇼〉는 시청률이 올라가고 〈위크엔드 월드〉는 떨어지고 있는데 너무 불공평한 처사가 아닌가? 내 프로그램은 수익을 내고 있었고 그의 프로그램은 회사에 손실을 입히고 있었는데 말이다. 이러고 상업 텔레비전이라고 말할 수 있겠는가? 지금 돌이켜보면 회사 차와 같은 사소한 것에 내 미래를 걸었다는 게 어처구니가 없다. 하지만 나는 거창한 인생 계획 같은 것은 믿은 적이 없다. 나는 그저 기회가 오면 그 기회가 나에게 이익이 되든 그렇지 않든 잡고 보자는 생각을 가지고 살아왔다.

나는 TV-am의 혼돈 상태에 매력을 느끼고 도전해보기로 했다. 회사를 살리는 데 성공하지 못하리라는 생각은 눈곱만큼도 해보지 않았다. 〈여섯 시 쇼〉에서 함께 일한 동료이자 소설가인 매브 하란이 항상 나에 대해서 말했듯이, 내가 인생에 성공할 수 있었던 이유는 단지 실패를 생각해볼 만큼 상상력이 풍부하지 않기 때문이다. 그 말에 어떤 진리가 담겨 있는 것 같기도 하다.

텔레비전 방송계에서는 비교적 신참이었지만 혈기 왕성하고 신념에 가득 차 있던 35세의 나로서는 TV-am을 성공으로 이끌 자신이 있었다. 이 회사에 필요한 것은, 첫째로 아침 방송을 시청할 시청자 계층을 끌어들일 만한 프로그램을 볼 줄 아는 안목이고, 둘째로는 그러한 프로그램을 전달할 수 있는 프로그램 제작팀이었다. 그 말은 다시 말해서 새로운 사람들을 영입하는 한편 실의에 빠져 있는 직원들에게 함께 뭉치면 성공할 수 있다는 자신감을 불어넣어주는 것이었다. 실제로 그 자리는 그보다 훨씬 힘든 자리였지만 견디기 어려울 정도는 아니었다.

점심식사를 겸한 조녀선과의 대화가 실질적으로 면접이자 영입 제안이고 협상인 셈이었다. 그는 내가 그때 받고 있던 급여의 배를 지급하고 내가 그동안 적립한 연금을 보상하고, 시청률에 따라 상여금을 지급하겠다고 제의했다. 게다가 멋진 회사 차까지 제공하겠다는 게 아닌가! 이런 조건이라면 1983년 당시 내 기준으로는 내 생애 처음으로 부자가 된 셈이었다. 물론 TV-am이 급격하게 자금 부족 상황으로 치닫고 있고 조녀선이 제안한 것을 모두 받아내려면 길고 힘든 싸움을 계속해야 한다는 사실을 그 당시에는 전혀 알지 못했다.

점심식사가 끝나갈 무렵, 마이클 디킨이 나타나 내가 그와 함께 일하기로 결정이라도 된 것처럼 행세했다. 나는 만일 그 일을 맡게 된다면 모든 프로그램 편성 책임을 일임해주어야 한다는 것을 분명히 했다. 그렇게 되면 디킨은 결국 물러나야 한다. 나중에 알게 되었지만, 조너선은 그날 내가 TV-am에서 일하겠다고 확약하는 서류에 서명하기 전에는 자기 집에서 그냥 보내지 않으려고 작심했다. 나는 그가 매거진 프로그램 제작에 대해서 알고 있는 사람을 구하려고 필사적으로 애를 쓰고 있다고 생각했다. BBC의 론 닐이 이미 그의 제안을 거절한 뒤였다. 그는 결국 이겼고 나는 일종의 각서를 썼다. 그 각서가 무슨 법적 효력이 있겠느냐마는, 조너선은 내가 집으로 돌아가면 마음이 변할까봐 염려가 되는 눈치였다. 그는 그 다음 일요일 만찬에 우리 부부를 초대하였다. 관계를 확실하게 해두자는 심산이었으리라. 그의 의도는 내가 TV-am에 합류하도록 수를 설득하려고 한 것이었다. 나는 집사를 만나는 것만으로도 그의 만찬 초대에 응할 만하다고 수를 설득했다.

우리가 제 시간에 그의 집에 당도했을 때 그는 지금은 아주 유명해진 그의 아내 롤리시아를 소개해주었다. 금발머리의 그녀는 파리에서 호텔 숙박료를 지불하지 않은 일로 그라나다 텔레비전과 《가디언》지를 상대로 명예훼손으로 인한 손해배상청구소송을 제기해서 유명해졌다. 그녀는 우리에게 전혀 관심도 없었고 그 자리에 동석하는 것도 탐탁지 않은 눈치였다. 참 지루한 저녁이었으나 앞으로 내 인생에 커다란 영향을 미칠 두 가지 사건이 그날 일어났다.

첫째 사건은 그 만찬에서 클라이브 존스를 만난 것이다. 클라이브는 현재 ITV 뉴스(ITV News)의 최고경영자로 재직하고 있는데, 그때는 막 TV-am의 편집자로 근무하기 시작해서 내가 편집장으로 취임하면 바로 내 밑에서 일할 입장이었다. 회사를 회생시키는 일은 클라이브와 나, 우리 두 사람에게 달려 있었다. 나의 아이디어와 리더십, 그리고 프로듀서로서의 그의 역할에 회사의 운명이 달린 것이었다. 클라이브는 업무 처리 능력이 뛰어났다. 내가 TV-am에서 일하기 시작한 지 몇 주가 지난 후에도 프로그램은 여전히 아주 엉망이었다. 나는 우리 둘 중 한 사람이 매일 아침 5시에 출근해서 1주일에 5일씩 방청석에서 쇼를 진행하는 수밖에 없을 것 같다고 그에게 말했다. 그가 그 일의 적임자라고 생각한다고 덧붙여 말하니 그는 내 말대로 즉시 실행에 옮겨 프로그램의 수준이 향상될 때까지 매주 직접 진두지휘했다. 그 이후 클라이브와 나는 여러 차례 함께 일할 기회가 있었다. 그는 아주 유능하고 믿음직한 친구였다. 살다보면 언제나 내가 원하는 곳에 분명히 있으리라고 신뢰할 수 있는 사람들이 있다. 클라이브가 그런 사람이다.

하지만 더욱 중요한 사건이 그날 밤 수와 내가 그 집에서 나왔을 때 일어났다. 우리는 함께 살기 시작한 지 불과 몇 달 되지 않아서 서로 상대방에 대해서 알아야 할 것이 많았다. 집사가 정문을 닫고 나자 수는 나를 쳐다보면서 조너선과 롤리시아를 가리키며 이렇게 말했다.

"당신이 그 자리를 원한다면 선택해도 좋지만 저 사람들은 절대로 믿지 말아요."

그 이후에도 사람 보는 눈은 수가 나보다 훨씬 낫다는 것을 여러 번 느꼈다. 나는 언제나 순진하고 사람들을 액면 그대로 받아들이는데 그녀는 그렇지 않다. 그녀는 그날 저녁 그 사람들이 우리와는 다른 부류의 사람들이고, 성장 배경과 가치관이 다르고, 노는 세계가 다르다는 것을 본능적으로 직감했다. 우정이나 신뢰도 그들에게는 돈으로 사고팔 수 있는 상품에 지나지 않았다. 수는 조너선이 말하거나 약속한 것은 믿을 것이 못 된다고 단정했다. 그 말은 그로부터 16년 뒤 런던중앙형사법원에서 사실로 드러났다.

나는 LWT로 출근해서 사직서를 냈다. 그러자 당시 LWT 편성제작국 장이던 존 버트가 나를 불렀다. 그는 1981년 마이클 그레이드가 미국으로 떠날 때 그의 후임으로 승진되었던 것이다. 존은 내가 만일 회사를 그만두면 다시는 돌아올 수 없을 것이라고 엄포를 놓았다. 하지만 나는 존의 엄포에 굴하지 않고 떠나겠다고 확실하게 내 소신을 밝혔다. 하지만 기이하게도 7년 후 나는 그 회사의 최고경영자가 되었다. 그 후 우리 두 사람은 유쾌하게 대화를 나누었다.

존은 누가 TV-am의 최고경영자에 내정되었느냐고 물었다. 나는 조너선이 내게 한 말을 그대로 전했다. 조너선이 의원직을 포기하고 상근 최고경영자가 될 것이라고 했다. 며칠 후 그 이야기가 《가디언》지에 실렸다. 조너선은 즉시 그 기사는 사실이 아니며, 만일 그 기사를 취소하지 않으면 소송을 걸겠다고 발표하였다. 몇 달 뒤, 내성적인 존 버트가 TV-am에서 근무하는 내게 전화를 걸었다. 그 기사와 관련해서 조너선과 《가디언》 사이에 분쟁이 생겨 《가디언》 측을 돕고 있다면서 내가 그에게 뭐라고 말했는지 기억해낼 수 있느냐고 물었다. 나는 그때야 비로소 그가 《가디언》에게 그 정보를 제공한 장본인이라는 사실을 알게 되었다.

LWT에서는 회사를 떠나는 내게 여느 때와 마찬가지로 송별회를 열어주었다. 간단한 연설을 주고받고 아무런 격식 없이 비디오를 촬영하면서 즐거운 한때를 보냈다. LWT 송별회에서는 누구도 사정을 봐주는 법이 없었다. 〈여섯 시 쇼〉 사회자 중 한 사람이었던 대니 베이커는 공중화장실 변기에 앉아서 다음과 같은 시를 낭송하는 것으로 비디오의 끝을 맺었다.

다이크라는 젊은 친구가 있었네.
그는 자기 멋대로 하길 좋아했네.
TV-am으로 가버린 다음에는
다시 소식을 듣지 못했네.

그에게 더럽게 잘해주었는데 말이야.

나의 직속상관이자 LWT의 시사 프로그램 책임자 데이비드 콕스는 송별 기념 카드에 이렇게 썼다.

"잘 꺼져라, 이 망할 놈의 다이크!"

4년 후 내가 그의 상사가 되어 LWT로 돌아왔을 때 이 우호적인 메시지를 구태여 그에게 상기시켜줄 필요는 없었다. 그도 기억하고 있었기 때문이다.

1983년 5월, 내가 TV-am에 처음 출근했을 때, 조너선 에이트킨은 최고경영자 자리에서 물러나고, 그의 사촌 티머시가 가문이 소유하고 있는 시중은행 에이트킨 흄(Aitken Hume)을 계속 경영하면서 TV-am의 비상근 최고경영자로 취임했다. 시청률도 저조하고 광고 의뢰도 여전히 없고 프로그램은 더욱 나빠졌다. TV-am으로 출근하기 1주일 전에 집에서 봤던 프로그램은 영원히 잊지 못할 것이다. 예후디 메뉴인이 생방송으로 바이올린 연주를 하기 위해 출연한 것이었다. 나는 기가 막혔다. 정신이 똑바로 박힌 프로듀서라면 직장에 출근하거나 자녀들을 학교에 보내기 위해서 정신없이 바쁜 아침에 5분씩이나 고전음악 바이올린 연주가의 연주 실황을 보고 앉아 있을 시청자가 있을 것이라고 기대할 수 있겠는가?

TV-am은 나를 편집장으로 임명하면서 내가 그 회사의 구세주가 될 것이라고 발표하였다. 내 생애 처음으로 모든 신문에 내 기사가 실렸다. 내가 임명되었다는 소식은 텔레비전 뉴스에도 방송되어 이를 본 어머니는 흥분하셨다. TV-am은 내가 취임한 후 3주 뒤부터 평일 프로그램 전체를 개편 방송할 것이라고 발표했다. 전임자들이 18개월 동안이나 계획을 했어도 엉망으로 만들어놓은 걸 내가 단 3주 만에 바로잡으리라고 기대하다니!

　TV-am에 출근한 첫날, 나는 마이클 파킨슨을 데리고 나가 밖에서 점심식사를 했다. 마이클은 그 방송국에서 성공을 거둔 몇 안 되는 사람 중 한 사람이었다. 그는 주말 프로그램 편성을 직접 담당하는 한편 그의 아내 메리와 함께 그 프로그램들을 진행하였다. 마이클은 텔레비전 방송계에서는 보기 드문 희귀종이다. 인터뷰와 사회에 능할 뿐만 아니라 유능한 프로듀서이자 팀원들에게 동기 부여를 할 줄 아는 훌륭한 리더다. 멜빈 브래그도 그에 못지않다. 우리는 기분 좋게 점심식사를 하면서 아수라장이 된 TV-am의 실정과 앞으로 해야 할 일을 의논하였다.

　그런데 사무실로 돌아가보니 그날 오후 티머시 에이트킨이 나에게는 아무 말도 하지 않고 '5인방' 중 두 명을 해고시켜버렸다. 피터 제이가 회사를 떠나던 날 방송 중에 저지른 일을 이유로 안젤라 리폰과 애너 포드가 해고되었던 것이다. 이 두 사람은 TV-am에서 '배신행위'가 자행되고 있다고 방송했는데, 에이트킨 형제는 자신들이 범인이라고 암시하는 내용 때문에 화가 났다. 티머시는 내가 부임하던 첫날 이 두 사람을 해고함으로써 복수하기로 작정했던 것이다. 그날 그에게는 폴 포트(Pol Pot. 전 국민의 4분의 1을 학살한 캄보디아의 공산당 지도자: 옮긴이)라는 별명이 붙었다. 하지만 두 여자도 복수를 했다. 우선 애너는 어느 칵테일파티에서 조너선에게 레드와인을 끼얹고 공개적으로 망신을 주었는데 신문마다 모두 그 기사를 실었다. 나중에 이 두 사람은 계약위반을 이유로 회사를 상대로 소송을 제기하겠다고 위협하여 합의금을 받아내는 데 성공했다.

　TV-am 출근 첫날을 파란만장하게 보내고 나는 평생 처음으로 회사에서 제공받은 차를 인수하기 위해서 주차장으로 갔다. 그런데 내게 배정된 차는 최근에 연쇄추돌사고를 당한 것이 틀림없어 보이는 찌그러진 BMW였다. 그 차를 몰고 집으로 가는데 경찰관이 차를 세웠다. 그 경찰관은 도로주행에 문제가 있는 차가 아닌지 여기저기 살펴보았다. 회사 차라는 게 다 그런 거 아닌가! 하지만 다행스럽게도 나는 그 차를 오래 끌고 다니지 않았다. 간부들이 교체될 때마다 우리는 차를 바꾸었다. 티머시 에이트킨이 간부 한 사람을 해고할 때마다 나는 해고된 간부의 차를 슬쩍 넘겨받고 내가 몰던 차는 클라이브 존스에게 넘겼다. 그런 식으로 몇 번 차를 바꾸다보니 얼마 지나지 않아 아주 멋진 차를 몰게 되었다.

출근 첫날을 혼란 속에서 보낸 후, 나는 조너선 에이트킨이 약속을 지키지 않은 것은 차 문제만이 아니라는 것을 알게 되었다. 그 다음날은 사태가 더욱 나쁘게 돌아갔다. 하룻밤 새에 마이클 파킨슨이 애너 포드와 안젤라 리폰의 입장을 옹호하기 위해 투쟁하기로 결정하고 그들이 회사를 떠난다면 자기도 회사를 그만두겠다고 선언하고 나섰다.

파킨슨이 TV-am에서 제작한 프로그램이 어느 정도 성공을 거둔 터였기 때문에 그가 회사를 떠난다는 소식은 그리 좋은 소식이 아니었다. 나에게 그의 사직을 만류하는 일이 맡겨졌다. 당시 TV-am에서는 모든 일이 그랬지만 이 사건도 결국 블랙코미디가 되고 말았다. 나는 파킨슨 부부와 그들의 대리인 존 웨버를 내 사무실로 불러서 회사에 남아 있으라고 설득했다. 그런데 새로 회장으로 취임한 딕 마슈가 내 방으로 들어와 옆에서 거들려고 했다. 공교롭게도 마슈는 그날 아침 정관절제수술을 받았다. TV-am에게 없어서는 안 될 중요한 인물이라고 강조하려고 파킨슨을 향하여 몸을 앞으로 숙일 때마다 그는 사타구니를 고통스럽게 움켜쥐었다.

고통스러워하는 딕 마슈 때문에 주위가 산만해서 파킨슨을 설득하려는 내 노력도 별다른 진전을 보지 못하고, 마침내 티머시 에이트킨이 직접 나서서 한편으로는 칭찬을 하고 다른 한편으로는 금전으로 매수하는 전통적인 수법을 이용해서 그를 회유했다. 그는 파킨슨에게 TV-am 이사직을 제안했다. 하지만 그 제안은 '유명인사 5인방' 중 나머지 네 명의 화를 돋우고 말았다. 5인방 가운데 데이비드 프로스트만 이사직을 차지하고 있었기 때문이다. 파킨슨은 이사직을 수락하고 애너 포드와 안젤라 리폰에 대한 일은 잊어버리기로 했다. 그는 에그컵 타워 밖에서 기자들과 카메라맨들에게 둘러싸인 가운데 TV-am에 잔류하기로 결정했다고 발표했다.

이렇게 혼란 속에서 정신없이 이틀을 보낸 후에 나는 프로그램 재편성 작업에 돌입했다. 우선 프로그램 선정이 잘못되었다. 아침 시간대에 심각한 뉴스를 전하는 시사 프로그램을 좋아할 시청자는 극히 제한된 극소수에 불과하다. 그러나 문제는 그것으로 끝난 것이 아니었다. 그 프로그램조차도 형편없이 제작되고 있었다. 뉴스가 제 시간에 시작되지도 않고, 한 가지 사건을 너무 길게 다루어 시청자를 아주 지루하게 만들었다. 특징도 없고, 유머감각도 없고, 진행자들 사이에 같은 팀원이라는 소속감도 없었다.

클라이브 존스도 다각도로 개선해보려고 열심히 애를 썼다. 나는 그에게 프로그램의 질적 수준을 높이는 것이 그가 해야 할 일이 아니고 가능한 한 수준을 더 떨어뜨리는 것이라고 말했다. 그래야 프로그램을 재편성했을 때 차이가 훨씬 더 확실하게 보이지 않겠는가? 그때가 그의 텔레비전 방송경력 중에서 최악의 3주일이었을 것이다.

우리가 직면한 문제는 직원 충원이었다. 아주 유능하고 젊은 조사원들과 PD가 몇 사람 있었지만, 그들 위에는 보수를 더 많이 받으면서도 능력이 떨어지는 사람들이 상사로 앉아 있었다. 게다가 상사이든 말단 직원이든 모두 사기가 완전히 꺾여 있었다. 그들은 커다란 희망을 품고

TV-am에 합류하였다. TV-am은 직원 채용 광고에 '유명인사 5인방'
의 사진과 함께 "우리와 함께 역사를 만들자!"는 슬로건을 집어넣었다.
직원들은 꿈에 부풀어 열심히 일했지만 프로그램은 물론 자기 자신들
도 공개적으로 놀림감이 되고 말았다. '역사를 만들기' 위해 4개월 동
안 애를 썼으나 결국 직원들은 대부분 좌절하고 말았다. 직원들은 끼리
끼리 모여 회사를 떠날 궁리를 했고, 극히 감정적인 행동을 보이는 직원
도 많았다. LWT와는 전혀 딴판이었다. LWT의 직원들은 모두 똑똑하고
재미있고 쟁쟁한 인재들이었다. 마침내 클라이브 존스와 나는 직원들
을 선별하기 시작했다. 회사에 남겨두어야 할 직원, 그리고 무능하거나
TV-am에서 근무하는 동안 문제가 생겨 회사를 떠나야 할 직원을 분류
했다. 우리는 마침내 60여 명의 해고 대상자 명단을 작성해서 6개월 동
안 단 두 명을 제외하고 해고 대상자 전원을 해고시켰다.

그런데 놀라운 일은 많은 사람들이 좌절하고 있는 큰 위기 속에서도
재능의 꽃을 활짝 피우는 사람들이 있다는 사실이다. 사실, TV-am의
위기는 당시 사회 전반에 영향을 미치는 큰 위기였다. 소비자 프로그램
담당 편집자 린 폴즈 우드가 만면에 웃음을 띠고 내 방에 나타나 자신이
맡은 프로그램을 자랑했다. 나는 그녀의 말에 동의하고 그녀의 프로그
램 방영횟수를 배로 늘려주었다. 당시 젊은 PD였던 마크 다마저(지금은
BBC 뉴스 프로그램 부책임자로 있다)와 애덤 볼튼(지금은 스카이 뉴스에서
큰 성공을 거두었다)은 멋진 정치 관련 프로그램을 제작하는 데 성공했
다. 그래서 나는 〈스포트라이트〉(Spotlight)라는 정치 프로그램을 새로 만
들어 아침 방송 시간대에 넣어주었다. 이 프로그램의 편집은 앤디 웹이
라는 유능한 PD가 맡았다. 나는 외부에서 유능한 직원을 끌어오기도
했다. 우리에게는 대중적인 저널리즘을 이해하고 시청자들이 실제로
관심을 갖는 것이 무엇인지 아는 사람들이 절실하게 필요했다. 피터 제

이나 마이클 디킨처럼 시청자들이 관심을 가져야 할 부분이 무엇인지 아는 사람은 필요 없었다. 나는 피터 맥휴와 1970년대 중반 뉴캐슬에서 발행된 《저널》지에서 함께 일한 적이 있어서 그를 잘 알고 있었다. 그는 그때나 지금이나 기사의 대중성을 판단하는 데 탁월한 능력을 가진 사람이었다. 그는 그때 《데일리 메일》에서 일하고 있었으나 그 회사를 싫어하고 있었기 때문에 어렵지 않게 TV-am에 끌어들일 수 있었다. 그는 그 후 10년 동안 GMTV에서 편성제작국장으로 크게 성공하였다. 나는 이브 폴라드도 설득했다. 그녀도 시청자를 이해하는 언론인이었다. 그녀는 《선데이 피플》(Sunday People) 부편집장을 사직하고 TV-am으로 옮겨 특집부에 합류했다. 나는 그녀에서 1주일에 2회 그녀의 가십 프로그램을 넣어주고 텔레비전 방송에 대해서 가르쳐주기로 약속했다. 그녀는 뒤에 특집물 담당 편집장으로 승진하고, 신문업계로 되돌아가 1987년부터 1991년까지는 《선데이 미러》(Sunday Mirror), 1991년부터 1995년까지는 《선데이 익스프레스》(Sunday Express)에서 각각 편집장으로 일했다.

클라이브 존스와 나는 아주 짧은 시간 안에 사회자도 완전히 새로운 팀으로 교체하였다. 그때 이미 남성 앵커로 일하던 닉 오언을 유임시키고, BBC 지방본부에서 일하던 앤 다이아몬드를 극비리에 섭외하여 여성 앵커로 기용하였다. 클라이브는 타인 티즈 텔레비전(Tyne Tees Televison)에서 여성 기상 캐스터로 일하던 윈시 윌리스를 발굴해냈다. 내가 전화를 하자 그녀는 1주일도 채 되지 않아 TV-am에 합류하였다. 우리는 ITN에서 아나운서로 일하다가 퇴직하고 거의 은퇴 상태에 있던 고든 허니콤도 영입하여 뉴스를 맡겼다. 그 후, 린 폴즈 우드의 남편인 존 스테이플턴도 TV-am에 합류하였다. 그는 BBC에서 〈뉴스나이트〉를 맡고 있다가 우리와 합류하여 주요 정치 대담 프로그램 등을 맡아 진행했다. 나는 그에게 매일 아침 신문에 실린 빙고 번호를 뉴스 시간에 읽어달라고 부탁한 적이 있는데 그는 두고두고 그 일로 나를 원망했다.

어느 날은 새로 구성한 사회자 팀을 데리고 외부에 나가 점심식사를 한 적이 있었다. 나는 우리가 직면하고 있는 문제가 얼마나 심각한 것인지 설명하면서 성공을 거둔다면 그만큼 멋진 일이 어디 있겠느냐고 말했다. 그리고 나는 제대로만 성공하면 모두 유명인사가 되고 적어도 사회자 중 한 사람은 슈퍼스타가 될 것이라고 예언했다. 그들이 그 후 어떻게 되었는지 내가 말하지 않아도 모두 잘 알 것이다.

재출범 작업은 순조롭게 진행되었다. 첫 주에는 피크 25분대 시청률이 애처로울 정도로 형편없던 0.2%(TV 총 예상 시청자 중 0.2%를 말한다)에서 그런대로 덜 애처로워 보이는 0.3%로 증가했다. 우리는 시청률이 50% 증가했다고 언론에 공표하였다. '병들어 있는' TV-am이 처음으로 긍정적인 반응을 얻기 시작한 것이다. 조사 과정에서 발생할 수 있는 오차의 범위를 감안한다면 이 숫자는 무시해도 좋을 정도로 작은 숫자에 불과하기 때문에 시청자가 전혀 없을 가능성도 있다는 말은 전혀 입 밖에도 내지 않았다.

TV-am에서 다이애나 도스의 다이어트 프로그램을 방영하기 시작한 때가 이 무렵이었다. 그녀는 매주 금요일에 출연하여 몸무게를 쟀다. 그녀는 16주 동안 약 32킬로그램을 감량하는 데 성공했다. 어느 금요일 날 그녀가 감량한 몸무게만큼 기름 덩어리를 시청자들에게 보여주는 게 좋겠다는 아이디어가 떠올랐다. 다이애나 옆에 잔뜩 쌓여 있는 동물 기름덩이는 극적인 효과를 거두었다.

다이애나 도스의 몸무게가 실제로 그만큼 줄었는지 나로서는 확실히 알 길이 없다. 클라이브 존스와 나는 그녀가 납덩이가 들어 있는 벨트를 차고 처음에 몸무게를 잰 다음, 매주 출연할 때마다 납덩이를 하나씩 빼버린 것이 아닐까 의심했다. 어쨌든 그 프로그램은 가장 큰 성공작이었다. 다이애나 덕분에 매주 금요일에 시청률이 가장 높이 솟았다.

다이어트가 끝나갈 무렵이 되자 다이애나는 살을 뺀 비결을 시청자에게 알려주겠다고 약속했다. 우리는 그녀가 상품 선전을 하지 않을까 우려했다. 상품 선전이 방송에 나가면 민영방송공사가 문제 삼을 것이 뻔했다. 우리는 민영방송공사와 여러 가지 문제로 마찰을 빚고 있었기 때문에 더 이상 문제를 야기할 수 없어서 그녀가 상품 선전을 하지 못하게 막을 수 있는 대책을 강구했다. 그래서 그녀의 다이어트 프로그램 마지막 회가 방영되던 날 나는 클라이브에게 어떤 경우라도 그녀가 세트장에 시판용 상품을 가지고 들어가지 못하게 막으라고 말했다. 클라이브는 철저하게 검사를 했다. 그러나 다이애나가 무척 영리해서 무슨 일을 벌이지나 않을까 안심이 되지 않았다.

그녀는 금요일 다이어트 시간에 출연해서 평상시와 마찬가지로 존 스테이플턴과 함께 소파에 앉았다. 그런데 방송 도중에 그녀가 갑자기 브래지어에 손을 집어넣는 것이 아닌가! 그녀는 가슴이 크기로 유명한 배우여서 브래지어도 유난히 컸다. 그녀는 브래지어 속에서 싸구려로 보이는 계산기를 한 개 꺼내들고는 시청자들에게 이렇게 말했다.

"이 다이애나 도스 칼로리 계산기가 다이어트의 비결이에요. TV-am으로 편지를 보내주시는 분에 한해서 특별가격 5파운드 99펜스에 드리겠습니다."

그 다음 주에 계산기를 사겠다는 편지가 1만 통 남짓 방송국으로 배달되었다. 하지만 나는 화가 나서 그 편지들을 다이애나에게 주지 않고, 그 편지는 TV-am에게 보낸 것이지 다이애나 도스에게 보낸 것이 아니라고 주장했다. 그녀는 편지를 돌려달라고 소송까지 벌였지만 승소하지 못했다. 결국 시청자들은 그녀가 직접 사인한 '다이애나 도스

칼로리 계산기'를 사지 못했다.

물론, 다이애나 도스는 1950년대와 1960년대에 이름을 날리던 인기 배우였다. 타블로이드 신문에서는 그녀를 영국의 마릴린 먼로라고 추켜세우기도 했다. 인기가 절정에 이르던 시절은 이미 지난 지 오래되었지만, 그녀는 여전히 대중의 관심을 한 몸에 받는 유명 인사였다. 나는 일요일 아침에 쇼 프로그램을 진행해줄 수 있는지 의사를 타진해달라고 그녀의 대리인에게 요청한 적이 있었다. 그 대리인은 이런 회답을 가지고 나를 찾아 왔다.

"그녀는 가톨릭 신자이기 때문에 일요일 미사가 아주 중요하답니다."

"그럼 쇼 프로를 맡아줄 수가 없겠군요."

"아뇨. 그런 뜻이 아니고…… 출연료를 많이 내셔야 할 거라는 말씀이죠."

나는 그녀 대신 데이비드 프로스트에게 그 프로그램을 맡겼다. 그래서 〈프로스트의 일요일〉(*Frost on Sunday*)이라는 프로그램이 탄생하게 된 것이다. 이 프로그램은 나중에 BBC로 넘어가 지금까지 20년 넘게 방송되고 있다.

다이어트 프로그램을 마친 지 불과 몇 달 지나지 않아 다이애나 도스는 암으로 세상을 떠났다. 그녀가 TV-am의 간판 스타였기 때문에 우리는 그녀가 죽은 다음날인 토요일 아침에 그녀에 대한 특집 프로그램을 방송하기로 결정했다. 가수 제스 콘래드는 그 프로에 출연해서 최신 음반을 선전하는 기회로 이용했다. 다이애나 도스와 같이 가슴이 큰 금발의 영화배우 바버라 윈저는 세트장 안에서는 다이애나 도스가 매력적인 배우였다고 추켜세웠으나 방송이 끝나자 나에게 이렇게 말했다.

"나는 그녀가 정말 싫었어요. 당신도 잘 알잖아요?"

다이애나도 TV-am에 변화를 가져다주었지만, 이 방송국 역사에 큰 전환점을 마련해준 것은 어린이 프로그램이었다. 6월 중간방학 기간에 1주일 동안 매일 오전 9시부터 30분 동안 어린이 프로그램을 방영하였다. 프로듀서는 아주 재능이 뛰어난 앤 우드였다. 그녀는 훗날 텔레토비를 제작해서 명예와 부를 한꺼번에 거머쥐었다. 이때 앤은 데이비드 클래리지라는 뛰어난 재능을 가진 인형극 연기자를 발굴했다. 그는 여러 가지 캐릭터를 가지고 연기했는데 그중에서 가장 유명한 것이 롤런드 쥐(Roland Rat)라는 캐릭터였다. 그 당시에는 그 쥐가 나를 20년 넘게 졸졸 따라다니리라고는 상상하지 못했다. 《선》지는 나에게 '롤런드 쥐의 아빠'라는 별명을 붙여주기도 했다. 방송을 시작한 첫주 평일에 피크타임 25분간 시청률이 2점이나 올라갔다. 롤런드가 방송되는 날 시청률이 올라간 것이다. 나는 그때 손해를 만회할 수 있는 기회를 여름 방학에 잡을 수 있으리라고 판단했다.

데이비드 클래리지 자신과 롤런드로 분장한 그는 전혀 다른 인물이었다. 평소에는 데이비드 클래리지가 가련하고 둔하게 보였지만, 이 인형을 손에 끼면 완전히 다른 사람이 되었다. 갑자기 총명하고 재치가 넘치는 사람으로 변하는 것이었다. 다른 인형극 연기자들도 마찬가지지만, 나는 어떤 모습이 데이비드의 참 모습인지 아직도 모르겠다. 그 자신의 모습이 진짜 그의 모습인지, 아니면 그가 연기하는 캐릭터가 참 모습인지……. 후자가 훨씬 나아보이기는 하지만…….

어느 날, 클래리지가 나를 찾아와서 항의를 했다. 롤런드와 그의 단짝 친구인 저빌 쥐 케빈에게 사무실이 없다는 것이었다. 나는 그가 미치지 않았는지 찬찬히 살펴보았다. 그것들은 살아 있는 동물이 아니고 인형이니 사무실이 필요 없다고 그에게 설명했으나 소용이 없었다. 결국 내가 양보하고 빗자루 보관함을 깨끗이 비워서 롤런드와 케빈에게 넘겨주었다.

스위스에서 〈롤런드 쥐〉를 촬영할 때에는 이런 일도 있었다. 데이비드가 스키를 타다가 넘어져 호텔 방으로 후송되었다. 시간이 한참 지난 뒤에 객실 담당 책임자가 그의 상태가 괜찮은지 확인하기 위해서 그의 방을 들어갔다. 그런데 그는 롤런드와 케빈을 끌어안고 자고 있었다. 데이비드는 깊은 잠에 빠져 있었는데, 한쪽에는 롤런드, 다른 한쪽에는 케빈이 나란히 누워 있었던 것이다.

롤런드 쥐는 TV-am을 위기에서 구출해주었다. 이 일로 인해서 유명한 우스갯소리가 생겨났다.

"쥐 한 마리가 침몰하는 배를 구출한 것은 역사상 처음 있는 일이다."

그러던 어느 금요일 날, 데이비드 클래리지와 함께 일하면서 경험했던 일 중에서 가장 우스꽝스러운 일이 일어났다. 《데일리 스타》(*Daily Star*) 신문사에서 공보실로 전화가 왔다. 그때 이미 롤런드는 우리 방송국의 최고 스타였다. 그런데 이 클래리지가 소호 지역에서 '스킨 투' (Skin Two)라는 변태성욕자 전용 클럽을 운영한 적이 있다는 기사를 그 이튿날 1면에 실을 계획이라는 것이 아닌가! 어느 방송국이든 이런 기사가 나가면 큰 위기를 맞게 될 것이다. 더구나 당시 TV-am으로서는 회복할 수 없는 치명적인 위기에 놓이게 될 만한 기사거리였다. 나는 티머시 에이트킨과 클라이브 존스와 함께 이 문제를 상의하면서 웃음을 참을 수가 없었다. 상상해보라! TV-am의 구세주, 당시 어린이들에게 가장 인기 있는 캐릭터의 주인공이 성도착자 클럽 운영에 연루되어 있다니 얼마나 어처구니없는 일인가!

그러나 운이 좋았다. 민영방송공사 프로그램 편성부에 전화해서 그 소식을 보고하는 일이 내게 맡겨졌다. 그런데 그날이 마침 민영방송공사 사장이 이임하는 날이어서 전 직원이 송별 오찬에 참석해서 술을 거나하게 마셔 마음이 너그러워진 상태였다. 내가 전화로 그 기사에 대해서 전하자 전화를 받은 상대방이 큰 소리로 이렇게 외치는 것이었다.

"난 그런 일에 개의치 않아요."

그러고는 전화가 끊어졌다.

행운의 여신은 계속 우리 편이었다. 《데일리 스타》는 결국 그 기사를 1면에 싣지 않았다. 연예인 빌리 코널리의 이혼 기사가 1면을 차지하는 바람에 클래리지와 롤런드, 그리고 성도착자 클럽에 얽힌 이야기는 7면이나 9면으로 밀려났다가 결국 실리지 못했다.

1983년 여름 프로그램을 편성하면서 나는 그 쥐를 거리로 내보내기로 클라이브 존스와 결정했다. 앤 우드가 구입한 1957년형 포드 앵글리아 중고차에 밝은 핑크색을 칠해서 6주 동안 매일 아침 30분씩 거리로 몰고 다니며 프로그램을 제작했다. 어려운 문제는 뉴스거리가 될 만한 사건이 부족한 여름휴가 기간에 나머지 세 시간을 어떻게 때우느냐 하는 것이었다.

그때 떠오른 아이디어가 해변에서 프로그램을 생방송으로 진행해보자는 것이었다. 사실, 그 아이디어는 줄리엣 블레이크라는 여성이 제안한 것이었다. 그녀는 일자리를 구하러 우리 회사에 찾아 왔는데, 우리는 그녀의 아이디어를 받는 대가로 일자리를 제공했다. 줄리엣은 지금 로스앤젤레스에 살고 있지만 우리는 여전히 돈독한 우정을 나누고 있다. 다행스럽게도 그 해 여름은 찌는 듯이 더웠다. 하지만 나쁜 점도 있었다. 에그컵 타워에 에어컨 시설이 없어서 우리는 모두 더위에 지쳐 죽을 지경이었다. 찜통더위 속에서 TV-am 직원들 사이에 떠도는 소문이 있었다. 그 빌딩을 설계할 때 에어컨을 설치하느냐, 임원용 아파트를 만드느냐 선택해야 할 상황이었는데 이사회가 임원용 아파트를 짓기로 결정했다는 것이다.

나는 새로운 프로그램에 〈해변에서〉(*By the Seaside*)라는 이름을 붙였다. 그 프로그램을 제작하려면 불과 2, 3주 안에 야외방송차량 한 대, 스타 한 명, 프로듀서 한 명, 제작책임자 한 명을 확보하고 노조의 동의도 받아내야 한다. 그렇게 짧은 시일 내에 준비할 수 있는 방송사는 거의 없을 것이다. 하지만 TV-am에서는 모든 일이 가능했다. 몇 주 만에 우리는 완벽하게 준비를 갖추었다.

여기저기 수소문한 끝에 윈즈워스에 있는 키스 이워트의 스튜디오에 낡은 야외방송차량 한 대가 방치되어 있는 것을 알아냈다. 그 스튜디오의 소유주인 키스 이워트가 1만 2,000파운드를 요구했는데 TV-am은 현찰이 바닥난 상태였다. 재무이사에게 그 돈을 요구했으나 재무이사는 그런 거액을 줄 수 없다고 거절했다. 그래서 나는 티머시 에이트킨에게 전화했다. 그는 프랑스 남부지방에서 휴가를 즐기고 있었다. 재무이사의 말을 그에게 이야기했는데 그는 아주 현실적인 시각을 가지고 있었다.

"무슨 재무이사가 그렇게 어리석은가? 이렇게 하든 저렇게 하든 어차피 회사가 파산지경에 놓여 있는데……."

그래서 나는 야외방송차량을 구입하기로 에이트킨과 합의하고 그 차량을 끌고 오라고 직원을 보냈다. 운 좋게도 그 차량을 바깥으로는 어렵지 않게 끌어냈는데, 엔진에 이상이 있어서 시동이 걸리지 않아 견인차로 끌고 오는 수밖에 없었다. 하지만 현찰을 실제로 지불하고 차량을 끌고 온 것은 아니었다. 회사에서 이워트에게 준 수표가 실제로 결제된 것은 그로부터 몇 년이 지난 후로 알고 있다.

1만 2,000파운드짜리 야외방송차량은 텔레비전의 전문성에 어울리는 것이 아니었다. 존 스테이플턴이 항상 말하듯이, 그 차는 전통적인 야외방송차량이라기보다는 아이스크림 이동판매차량에 가까웠다. 겨울철에는 전기 히터로 안테나를 녹여야 방송을 송출할 수 있었다. 하지만 〈해변에서〉 프로그램에 쓰기에는 괜찮았다.

진행자로는 크리스 토런트를 내정했다. 토요일 아침에 ITV에서 방영되는 재미있는 어린이 프로그램 〈티스워스〉(*Tiswas*)에서 그를 보았는데 무질서해 보이는 그의 스타일이 마음에 들었다. 나는 어느 날 밤 그와 그의 대리인 폴 본과 함께 저녁식사를 했다. 내가 테이블에 앉자 크리스는 나를 빤히 쳐다보더니 이렇게 말했다.

"아! 당신이 그 유명한 TV 원더맨이군요."

그는 아주 유능했고 우리는 곧 가까운 친구가 되었다. 나는 그의 프로그램 〈이것이 당신의 인생이다〉(*This is Your Life*)에도 출현했다.

크리스가 진행자로서 가진 큰 장점은 일반 시민들을 좋아하고 존중한다는 것이다. 텔레비전 진행자들 중에는 일반 시민과의 접촉을 꺼리는 사람이 많이 있다. 하지만 내 친구 존 스테이플턴과 린 폴즈 우드도 일반 시민과 잘 어울렸다. 이 친구들과 함께 휴가여행을 가면 사인해달라는 요청을 싫어하는 기색 없이 일일이 다 응해주고 대화를 나눈다. 이들은 그런 일을 성가시게 생각하지 않는다.

토런트는 〈해변에서〉 프로그램에서 뛰어난 기량을 보여주었다. 블랙풀 해변에서 현지 시장과 춤을 추기도 하고, 고릴라로 분장한 사람과 어울리기도 하고, 그레이트 야머스 해변에서는 관객들이 물고기를 던지자 토런트도 관객에게 물고기를 던지는 장난을 즐겼다. 브라이턴에서는 다소 수상쩍게 생긴 사람이 비닐 가방을 들고 세트장 안으로 들어와 자리에 앉았다. 나중에 그 사람이 인근 정신병원에 입원 중인 환자로 밝혀졌는데, 크리스는 태연스럽게 그를 참가자처럼 상대하면서 프로그램을 진행했다. 이런 식의 텔레비전 방송은 피디 제이기 주장하는 '알려야 할 사명'과는 아주 거리가 먼 것이었지만, 독창적이고 재미있어서 시청률이 매우 높았다.

〈해변에서〉프로그램이 끝난 뒤 어느 날 크리스가 비용 정산을 하기 위해서 에그컵 타워에 왔다. 나는 그를 내 방으로 불러들여서 그날 일정을 모두 취소하라고 요구했다. 〈TV-am과 함께 꺼버리자〉(*Stub it out with TV-am*)라는 금연 캠페인에 나설 사람이 필요했기 때문이다. 우리는 그에게 가위 한 개와 물이 들어 있는 양동이 하나를 주고 런던 거리를 돌아다니라고 했다. 그가 할 일은 지나가는 사람들의 담배를 빼앗아 반으로 자르는 것이었다. 저항하는 사람에게는 물을 퍼붓겠다고 위협하라고 했다. 그는 우리의 제안을 수락했을 뿐만 아니라 두어 사람에게 실제로 물세례를 퍼부었다. 갑자기 봉변을 당한 이 사람들은 장난이라고 가볍게 받아들이지 않았다.

〈해변에서〉를 제작하기 위해서 우리는 기존 프로듀서 중에서 샐리 브루스 록하트를 기용하고 처음에 그 아이디어를 제공한 줄리엣 블레이크를 록하트와 함께 일하게 했다. 제작책임자로는 존 매콜건이라는 아일랜드인을 내정했다. 그는 훗날 애인인 모야 도허티와 〈리버댄스〉(*Riverdance*)라는 뮤지컬을 공동제작해서 내가 아는 사람 가운데 최고 부자 중 한 사람이 되었다. 매콜건은 아일랜드에서 곧장 TV-am으로 왔기 때문에 조합원 카드가 없었다. 그 당시에는 노조가 상업방송국을 지배하던 시절이라 조합원 카드가 없으면 아무 일도 할 수 없었다. 노조는 몇 주가 지나도 그에게 조합원 카드를 발급하지 않았다.

나는 제작책임자를 물색하던 끝에 LWT에서 근무하던 친구 노엘 그린에게 퇴근한 후에 도와달라고 설득했다. 그는 일주일 동안 아침 시간대에 〈해변에서〉의 제작을 지휘하고 오후와 저녁 시간에는 LWT 연예부에서 근무했다. 그 뒤에 역시 LWT에서 일하던 밥 메릴리즈를 끌어들여 제작책임자 일을 맡겼다.

롤런드 쥐와 해변에서 생방송을 진행한 크리스 토런트 덕분에 시청률이 호전되었다. 내가 플로리다에서 3주 동안 여름휴가를 즐기고 있을 때 클라이브 존스가 전화를 했다. 그는 흥분해서 전화에다 대고 소리를 질렀다.

"우리 방송국 시청률이 BBC를 앞질렀어요!"

3개월 만에 새로운 쇼를 만들어내고, 여름 프로그램을 완전히 새롭게 개편하고, 직원들의 사기를 회복시켜 BBC를 능가하기 시작한 것이다. 물론 나는 우리가 반드시 해낼 수 있으리라고 굳게 믿고 있었다.

시청률은 호전되기 시작했으나 문제는 거기서 끝난 것이 아니었다. 우리는 항상 자금 부족에 시달렸다. '컴퓨터의 오류로 인하여 이번 금요일에는 급여를 은행계좌에 입금할 수 없습니다.'라는 쪽지를 직원들에게 전달한 적도 서너 차례 있었다. 직원들은 모두 그 쪽지가 재정적으로 위기가 닥쳤다는 뜻이라는 걸 알고 있었다. 사실, 우리 회사는 외상 대금을 오랫동안 지불하지 못해서 재정부 한쪽 구석에는 강제집행 영장이 수북이 쌓여 있었다. 28일간의 집행유예기간이 있었기 때문에 우리는 영장에 전혀 신경 쓰지 않았다. TV-am과 같은 곳에서는 28일이라는 기간은 긴 시간이었기 때문이다.

외상대금을 제때에 갚지 못하자 몇 가지 문제가 생겼다. 신문보급소에서 신문 배달을 중단한 것이다. 뉴스를 다루는 언론기관으로서는 문제가 아닐 수 없었다. 택시회사는 아침 방송에 출연할 초대 손님들을 수송하지 않겠다고 나섰다. 세 시간 반짜리 아침 방송을 채우기가 어렵게 되었다. 하지만 우리는 거래처를 다른 곳으로 바꾸어 두 가지 문제를 모두 해결했다. 그런데 최악의 사태가 벌어졌다. 어느 날 아침, 생방송을 진행하고 있는데 린딘진력칭에서 직원이 나와서 전기요금을 내지 않아 30분 내에 전기를 끊겠다고 통보했다. 신문이나 초대 손님이 없이 아침 방송을 진행하는 것도 문제지만, 전기가 없이 아침 방송을 한다는 것은 전혀 불가능한 일이었다. 우리는 단전을 24시간 연기해달라고 전력청 직원들을 설득하고 어디선가 현찰을 구해서 전기요금을 납부했다.

현찰 없이 텔레비전 방송국을 운영하던 시절이 지금은 재미있는 추억이 되었지만, 당시 TV-am 직원들의 생활은 말이 아니었다. 출장 기간 동안에 호텔 숙박비 청구서에 서명을 했던 조사원들의 집으로 집달관들이 들이닥쳐 가재도구를 차압한 경우도 있었다. 지방 주재 기자들은 사무실 전화가 끊어져서 공중전화를 이용할 수밖에 없었다. 방송요원들이 호텔에 묵으려고 하면 TV-am이 연체한 숙박료 때문에 거절당하기도 했다. 어느 날, 존 스테이플턴이 조너선 에이트킨에게 사정이 좀 나아지고 있느냐고 물었다. 그러자 에이트킨은 이렇게 대답했다.

"솔직히 말하면, 파산 일보 직전이오."

그렇게 어려운 나날을 보내면서 어처구니없는 일도 많이 겪었지만 다시는 그렇게 멋진 경험을 할 기회가 없을 것이다. 광고대행회사가 밀린 대금을 지불하지 않으면 홍보물 제작을 중단하겠다고 통보해왔다. 나는 기회는 이때다 싶었다. 나는 그 회사 직원들에게 만일 거래를 끊는다면 채권자 명단에서 빼서 다른 쪽 명단에 집어넣겠다고 말했다. 그게 무슨 뜻이냐고 묻자 나는 이렇게 대답했다.

"채권자 명단에 들어 있으면 대금을 받을 가능성이 있겠지만, 서비스를 중단하는 사람들에게는 대금을 갚을 기회가 없을 거요."

그러자 이 회사는 홍보물 제작을 계속했다. 마지막에는 모든 거래처에 밀린 대금을 모두 지급했다.

티머시 에이트킨이 자기 방에서 발견한 이상한 파일 캐비닛을 열어보기로 결정한 것도 이 무렵이었다. 캐비닛 열쇠가 없어서 아무도 관심을 두지 않아 몇 달 동안 방치되어 있던 캐비닛이었다. 하지만 호기심이

동해서 결국 지렛대로 열어보기로 했다. 캐비닛을 열자 안에서 핑크빛 샴페인 병이 수없이 쏟아져 나왔다. 하지만 누가 사다 넣은 것인지 끝내 밝혀내지 못했다.

아침에 야간 당직 편집자들이 내 방에 와서 조너선 에이트킨에 대해 불평을 늘어놓는 날도 많았다. 에이트킨이 한밤중에 전화를 해서 이튿날 알지도 못하는 아랍인을 인터뷰하라고 지시한다는 것이었다. 한두 번은 에이트킨의 지시에 따랐다. 그러나 왜 그런 지시를 했는지 그 이유는 훨씬 뒤에야 밝혀졌다. 그 아랍인들은 에이트킨이 가지고 있던 TV-am 지분에 전액 투자한 사람들이었다. 따라서 그 당시에는 불법적인 투자였지만 그들이 실질적인 대주주였던 것이다. 조너선은 티머시에게 조차 그 돈의 출처를 말하지 않았다.

여름이 가고 가을이 왔다가 1984년 겨울이 되었다. 〈롤런드 쥐〉와 크리스 토런트의 쇼가 성공을 거두자 여름철에 TV-am을 시청하기 시작한 시청자들이 그대로 머물러 시청률이 꾸준히 올라갔다. 우리는 BBC를 계속 앞지르고 있었다. 그런데도 BBC는 예전에 하던 방식을 그대로 고수하고 있었다. 그들이 앞설 때는 좋아서 환성을 지르면서도 그들이 지면 시청률은 중요하지 않다느니, 우리 방송국이 너무 저질이라느니 애써 태연한 척했다. 내가 텔레비전 방송계에 몸담고 있는 동안 이 주제는 수없이 많이 대두되었다.

한편, 시청률이 높아도 광고수입은 여전히 형편없었다. 고정적인 광고주가 단 셋밖에 없던 때도 있었다. 폰즈 콜드크림, 에담 치즈, 그리고 월 소시지가 전부였다. 그런 상황이었는데 린 폴즈 우드는 소비자 시간에 월 소시지에는 수분이 너무 많이 함유되어 있다고 방송하려고 했다. 걱정스럽지 않을 수 없었다. 그래서 나는 몇 달 마이라도 그 기사를 서랍 속에 넣어두기로 우드와 합의를 보았다.

1984년 초, 티머시 에이트킨은 나에게 TV-am 이사로 취임하라고 제안했다. 지금 같으면 그의 제의를 거절하고 '도산 상태 중의 거래'라 위법이라고 지적했을 것이다. 하지만 당시 나는 '도산 상태 중의 거래'라는 말이 무슨 뜻인지 몰랐다. 그래서 이사진에 합류했다.

티머시 에이트킨은 그의 사촌 조녀선 에이트킨과는 달랐다. 나는 차츰 티머시 에이트킨을 좋아하게 되었다. 그는 비버브룩 경의 손자로, 키는 작지만 매우 적극적이고 재미있는 사람이었다. 그는 언제라도 위험을 감수할 태세가 되어 있었다. 나를 잘 아는 사람은 내가 왜 그를 좋아하게 되었는지 알 수 있을 것이다. 하지만 문제가 몇 가지 있었다. 그는 거의 매일 에이트킨 흄 은행에 있었고, 텔레비전 방송국 운영에 대해서는 전혀 아는 것이 없었고, 노조를 병적으로 증오했다. 그는 직원들이 붙여준 '폴 포트'라는 별명을 좋아했다. 그를 아는 직원들은 그의 투사 기질을 점차 존경하게 되었지만, 그는 대체로 직원들에게 인기가 없었다. 그는 북아메리카에서 성장해서 그 자신이 기득권층에 속해 있으면서도 나만큼이나 영국의 기득권층을 좋아하지 않았다.

1984년 초, 드디어 TV-am의 재정 위기가 정점에 다다랐다. 우리는 새로운 투자자인 플리트 홀딩스와 케리 패커를 비롯하여 각 주주를 찾아다니며 현금이 다시 바닥나고 있으니 투자를 더 해달라고 요청했다. 플리트 홀딩스는 익스프레스 그룹의 지주회사이고, 케리 패커는 오스트레일리아 방송계의 거물이다. 티머시는 강력한 경영진을 갖추고 있다는 것을 주주들에게 보여줄 필요가 있다고 판단했다. 그는 직원을 모두 교체하면 돈을 절약할 수 있을 뿐만 아니라 노조와도 당당히 맞서서 싸우는 경영진이라는 인상을 주주들에게 심어줄 수 있다고 믿었다. 그렇게 해야 주주들이 우리를 후원할 것이라고 믿었던 것이다.

클라이브 존스와 나는 그 전략에 동의하고 실천에 옮기려고 준비했다. 우리는 노조원들을 만나서 살아남으려면 그런 전략이 필요하다고 구슬리기도 하고 설득도 했다. 결국 노조회의에서 직원들이 투표로 결정하기로 했다. 안건은 간단했다. 직원들이 변혁에 찬성하면 자금을 추가로 지원받아서 살아남을 수 있을 것이고, 직원들이 반대하면 청산절차에 들어가기로 한 것이었다.

티머시 에이트킨은 반대했을 경우에 닥칠 결과에 대해서 직원들에게 경고하기로 작정했다. 노조원들이 그를 싫어한다는 점을 감안해서 클라이브 존스와 나는 티머시가 앞에 나서면 투표에서 질 것이라고 예상했다. 그래서 티머시의 비서 제인 스탠턴이 직원들에게 티머시의 연설을 알리는 공고문을 붙이며 돌아다닐 때 우리는 직원들을 시켜서 그것을 떼어버리게 했다. 그러자 티머시는 뒤로 물러났지만 클라이브와 나를 '깡패 경영자'라고 비난했다.

투표 당일에 경영진은 반대표가 많이 나와 청산절차로 들어가는 경우를 대비해서 모두 차를 사옥 밖에 주차해놓았다. 그런 일이 일어나도 집에 돌아갈 차편은 있어야 하니까. 티머시 에이트킨은 자기 사무실을 깨끗이 비우고, 벽에 걸렸던 사진을 모두 떼어내 짐을 꾸리고, 노조 대표를 불러서 자기가 무슨 일을 하고 있는지 보여주었다. 내 계산으로는 내가 TV-am에서 받아야 할 돈이 약 3만 파운드에 달했다. 그래서 나는 일이 잘못될 경우에 내 돈을 받아낼 수 있도록 들고 나가서 팔 물건이 없는지 여기저기 돌아다니며 확인했다. 그런데 회사가 실제로 소유하고 있는 재산이라고는 에그컵 타워 뒤에 있는 그랜드 유니온 운하에 정박되어 있는 바지선 한 척밖에 없었다. 그래서 나는 그 바지선의 열쇠를 몰래 챙겨두었다. 회사가 청산절차에 들어가면 유일하게 팔 수 있는 회사 자산을 몰고 운하를 빠져나가리라고 어리석은 생각을 했던 것이다.

투표 결과는 우리 뜻대로 되어 TV-am은 다시 회생할 수 있는 기회를 얻었다. 이번에는 훨씬 오래 버틸 수 있게 되었다. 주주들이 수백만 파운드를 추가로 투자했고, 나도 1만 파운드를 투자했다. TV-am이 내가 LWT에 근무할 때 가입한 연금보험을 인수한 대가를 내게 지불해야 하는데 마침내 그 돈을 받아 투자한 것이다. 그때 생각으로는 그렇게 큰 목돈을 평생 다시는 만져볼 수 없을 것 같아서 도박을 하기로 결심했던 것이다. 나는 그 이전에 자본 투자에 참여하지 않은 유일한 사람이었기 때문에 이때 투자를 할 수 있었다. 그런데 불과 몇 년 후, 회사 주식이 상장되자 그 1만 파운드가 36만 파운드로 불어났다.

1984년 초, 재투자를 한 직후에 케리 패커가 방송국을 방문했다. 오스트레일리아에서 그에 대해 모종의 수사가 진행 중이기 때문에 그가 당분간 영국에 머물러 있을 것이라는 소문이 떠돌았다. 그는 브루스 긴젤이라는 사람을 데리고 와서 그를 TV-am 이사로 지명했다. 패커는 오스트레일리아 언론계에서 전설적인 인물이었지만, 세계적으로 손꼽히는 도박사로도 유명했다. 나는 패커에게 TV-am에 투자한 이유가 무엇이냐고 물은 적이 있다. 그는 그것도 일종의 도박이고, TV-am에 투자한 200만 파운드 정도는 경마나 카지노에서 단 하루에 따기도 하고 잃기도 하는 액수밖에 안 된다고 대수롭지 않다는 듯이 대답했다.

그러던 그가 어느 날 내 사무실로 찾아와서 내가 이룬 업적에 깊은 감명을 받았다고 말하면서 일을 마무리하려면 필요한 것이 무엇인지 내게 물었다. 그는 내가 무슨 말을 하든지 비밀을 지켜주겠다고 약속했다. 나는 순진하게도 그의 말을 믿었다. 나는 티머시 에이트킨을 좋아하고 높이 평가하지만, 그는 시중은행 경영에 많은 시간을 할애하고 있기 때문에 상근 최고경영자가 필요하다고 말했다. 그는 내게 고맙다고 말하고는 내 방을 나갔다. 그런데 나중에 알고 보니, 그는 내 방에서 나가자마자 티머시 에이트킨에게 가서 이렇게 말했다고 한다.

"다이크가 당신을 해임시켜야 한다고 하더군요."

비밀을 지켜주기로 한 약속을 이런 식으로 저버렸다.

하지만 티머시 에이트킨은 결국 경영에서 손 떼기로 합의가 되었다. 그 대신 그를 회장으로 승진시키고 브루스 긴젤이 영국에 체류하면서 최고경영자로 회사 운영을 맡는 조건이었다. 그런데 문제가 생겼다. 주주의 대리인들이 이 계획을 이사회에 상정하면서 아무도 그 당시 회장이던 딕 마슈에게 그를 내보낸다는 말을 하지 않았던 것이다. 데이비드 프로스트로부터 들은 바에 의하면, 이사회 고위급 인사들이 회의 중에 서로 귓속말로 딕에게 그 말을 했느냐고 서로 물어보았다고 한다. 아무도 그에게 그런 말을 전하지 않았다는 것을 알게 되자, 플리트 홀딩스 측의 이언 어바인이 이사들이 모두 참석한 자리에서 딕에게 이제 그만 두라고 하면서, 그와 마주 보고 앉아 있는 티머시가 그의 자리를 승계할 것이라는 말을 전했다. 데이비드 프로스트만이 딕에게 그동안 TV-am에서 이룬 업적에 대해서 감사의 뜻을 전했다. 한 회사의 회장을 교체하는 방식치고는 아주 이례적인 방식이었다.

브루스 긴젤이 취임함으로써 내게는 종말이 시작되었다. 그는 쾌활한 사람이었으나 숫자로 점을 치고, 활활 타오르는 석탄 위를 걷고, 직원들에게 핑크색 옷을 입으라고 권하는 등 별난 취미를 가진 사람이었다. 그는 영국에 입국할 당시 법적으로는 기혼자였으나 여자들과 염문을 뿌리고 다녔다. 제작 담당 이사 애드리언 무어에게 접근해서 TV-am에 근무하는 매력적인 여성들 중에서 누가 상대하기 쉬운 여자인지 알려달라고 말하기도 했다. 애드리언은 단란한 가정을 꾸미고 사는 기혼자여서 여자들에게 치근덕거리는 일이 없었으니 알 리가 없었다. 이 사람은 나중에 TV-am에서 프로듀서로 근무하던 대처 여사와 아주 가까운 사이가 되었다. 그녀는 LWT에서 근무하다가 TV-am으로 자리를 옮겼는데, 5년 뒤에는 영국의 공중도덕에 대해서 강의를 했다.

브루스가 부임한 첫날, 나는 그와 함께 점심 식사를 했는데 그는 우리들의 생일로 숫자 점을 쳐봐야 한다고 고집을 부렸다. 그러고는 숫자 점을 쳐보니 우리들은 앞으로 서로 호흡이 기가 막히게 잘 맞을 거라는 점괘가 나왔다고 말했다. 하지만 나는 그로부터 한 달도 지나지 않아 그 회사를 떠났다.

그가 프로그램 편성에 간섭하기 시작하면서 우리는 사이가 벌어지기 시작했다. 나는 그에게 지금 편성되어 있는 프로그램이 잘 진행되어 있다고 반박했다. 내가 TV-am에 합류했을 때, 조너선 에이트킨은 프로그램 편성에 대해서 전권을 주겠다고 약속했다. 나는 브루스에게 TV-am의 문제는 시청률이 아니라 사업상의 난제들이라고 말하면서 그러한 난제를 풀어가는 것이 그가 해야 할 일이라고 지적했다. 당시 나는 브루스가 그다지 똑똑한 사업가는 아니라는 것을 몰랐다. 오스트레일리아에서 그가 얻은 평판은 오스트레일리아 텔레비전 방송계 역사상 최초의 사회자라는 명성에 기초한 것이었다.

프로그램 편성 총책임자는 나라는 점을 확인시켜주기 위해서 나는 고위 간부 회의를 소집했다. 간부들도 브루스에게 내가 총책임자라는 사실을 확인해주었다. TV-am의 시청률이 계속 올라가고 있는데 불쑥 끼어든 오스트레일리아인으로부터 이래라 저래라 하는 지시를 받아야 할 까닭이 없지 않은가? 1년이 채 되기도 전에 그 회의에 참석했던 간부들은 대부분 그 회사를 떠났다. 존 스테이플턴, 린 폴즈 우드, 클라이브 존스, 피터 맥휴, 앤디 웹 등 간부들이 모두 회사를 그만두었다. 그로부터 불과 몇 년 지나지 않아 브루스는 조직적으로 우리들을 TV-am의 역사에서 지워버렸다. 이는 마치 스탈린의 정치국이 하던 짓과 같았다.

브루스 긴젤은 내가 회사를 그만두기를 원했다. 나도 그와 맞서 싸우고 싶은 생각이 없어서 그만두었다. 우리는 TV-am에 합류할 당시 달성하고자 했던 목표를 달성했다. 시청률과 직원들의 사기가 열두 달 전과는 비교도 할 수 없을 만큼 달라졌다. 나는 TVS에서 편성제작국장 자리를 제의받았다. 이 방송국은 1982년에 새로 출범한 민영방송국이었다. 클라이브 존스도 두 달이 지나지 않아 뉴스·시사·스포츠 담당 책임자로 나와 합류했다.

나는 12개월 동안 TV-am에서 근무하면서 내 평생 가장 기이하고, 가장 흥미진진하고, 가장 재미있는 체험을 했다. 평생 그렇게 웃어본 적이 없었다. 좋은 친구들을 가장 많이 사귀게 된 시기도 바로 그때였다. 텔레비전 방송에 대해서는 배운 것이 그다지 많지 않았으나, 처음으로 비즈니스와 리더십에 대해서 많이 배우게 되었고, 압력밥솥 안에서 지내는 맛이 어떤지도 잘 알게 되었다. 사람들은 대부분 위기를 싫어했지만 나는 위기를 즐긴다는 사실도 깨닫게 되었다. 무엇보다 중요한 것은 두 가지 사실을 깨달은 것이다. 그 두 가지는 내가 이룬 성과에도 영향을 미쳤지만 그로부터 20년 동안 내 인생에 큰 영향을 미쳤다.

첫째로 내가 터득한 진리는 사람들이 나를 따르게 하려면 직접 앞에 나서서 인도하고 그들에게 마음을 활짝 열고 정직하게 말해야 한다는 것이다. 나는 그 이전에도 본능적으로 그렇게 했지만 TV-am에서 일하기 전에는 작은 팀밖에는 이끌어보지 않았다. TV-am에서 일하면서 더 큰 조직에서도 그런 방식이 통한다는 것을 다시 확인하게 된 것이다.

둘째로 터득한 진리는 장난감 기차를 통째로 마음대로 가지고 놀 수 있게 해달라고 요구해서 그런 요구가 받아들여지더라도, 그런 권한은 영원하지 않다는 것이다. 결국에는 누군가 그 기차를 도로 빼앗으려고 하고, 다른 누군가는 그것을 가지고 놀고 싶어 한다는 것이다.

그로부터 7년이 흐른 1991년, 나는 TV-am을 회생시켰으나 회사에서 내쫓겨 어려움을 겪었던 사람들의 원한을 풀어주기로 작정했다. 나는 LWT의 최고경영자로서 디즈니, 가디언 그룹, 스코틀랜드 텔레비전 방송국과 함께 선라이즈 컨소시엄(Sunrise Consortium)을 구성하여 ITV 아침 방송사를 TV-am에서 GMTV로 바꾸는 데 성공했다.

1992년 12월 31일, TV-am은 결국 문을 닫았다. 시합은 끝났고, 최종 승리는 우리에게 돌아왔다.

TV-am에서 그렉 다이크에게 총을 쏜 자가 누구냐?

내가 TV-am을 떠난 후 1984년에 발표되었다. 내가 1994년 LWT를 떠날 때나 2004년 BBC 를 떠날 때에도 똑같은 상황이었으니 이 만화를 그대로 사용할 수도 있었으리라.

제 5 장

TVS에서 다시 LWT로

BBC 구하기

타블로이드판 신문 기사를 믿는 사람은 별로 없다. 하지만 타블로이드판 신문에 의하면, TV-am은 롤런드 쥐와 내 덕분에 살아났고, 기여도를 따지자면 롤런드 쥐가 제일 높고 그 다음이 나라는 것이었다. 그래서 내가 TV-am을 떠난다는 소식은 아주 큰 뉴스거리가 되었다. 물론, 그로부터 1년 후 롤런드가 BBC로 옮긴다는 소식은 더 큰 뉴스가 되었다.

이제 나는 다시 실업자 신세가 되었다. 새로 부임할 자리가 아직 비어 있지 않았기 때문이다. 이 당시, LWT에서 내 상사로 있던 마이클 그레이드가 미국에서 돌아와 BBC 1채널 본부장으로 부임한다는 발표가 있었다. 그는 내게 몇 차례 전화해서 BBC에서 쇼 프로그램을 제작해보지 않겠느냐고 제의했다. 나는 그때 이미 계속 경영인으로 일하기로 결심했던 터라 프로듀서로 되돌아가고 싶은 생각은 없었다. 하지만 이제 되돌아보니 그 결심은 큰 실수였다. 너무 일찍 프로그램 제작을 그만두었다는 생각이 든다. 나는 BBC를 떠난 지 3개월 만에 〈당신에게 전할 뉴스가 있습니다〉(*Have I Got News For You*)라는 프로그램 제작에 참여한 적이 있었다. 그때도 그런 생각을 했지만, 이따금 제작에 개입할 일이 있을 때마다 내가 프로그램 제작을 무척 좋아한다는 것을 깨달았다.

나는 TVS에 합류해달라는 제의를 받았다. 이 방송국은 잉글랜드 남부지방에 새로 설립된 민영방송국이었다. 함께 일하자고 내게 제의한 사람은 그 회사 전무이사로 있던 제임스 개트워드였다. 그는 편성제작국장을 쫓아내고 나를 그 자리에 앉히려고 했다. 처음에는 개트워드의 계획대로 편성제작국장을 쫓아내지 못했지만, 결국 그는 견디다 못해 스스로 방송국을 떠났다.

1984년 9월, 나는 TVS 편성제작국장에 취임하고, 가족과 함께 런던을 떠나 남부지방으로 이사했다. 수가 임신 6개월이어서 이사하기에 그다지 적당한 시기는 아니었지만, 다행히 살만한 집을 하나 발견했다. 빅토리아풍의 저택이었는데 조금만 수리하면 안락한 보금자리가 될 것 같이 보였다. 이사하던 때의 일이 지금도 생생하게 기억난다. 수는 《타임아웃》(*Time Out*) 주간지에서 이사전문업체 광고를 보고 예약을 했다. 그 업체 인부들은 매우 솜씨 있게 일을 했지만 다른 이삿짐 전문 인부들과는 사뭇 달랐다. 머리를 유난히 길게 기르고 있었는데 잔머리를 굴리는 데에도 아주 능하고 말끝마다 '형씨!' 라는 말을 빼놓는 법이 없었다. 그 집은 사우샘프턴에서 약 16킬로미터 떨어진 스완모어라는 마을에 있었다. 집에 도착하자마자 나는 인부들이 이삿짐을 내리는 동안 정원을 둘러보았다. 정원이 매우 넓었는데 온실에 가보니 다른 식물은 없고 대마초만 가득 심어져 있는 것이 아닌가! 가장 작은 나무가 약 1.5미터 가량 되었다. 나는 수에게 그 이야기를 했다. 그러자 수는 다시 인부들에게 내 말을 전했다. 그러자 인부 한 사람이 나를 쳐다보면서 이렇게 물었다.

"그게 뭔 문제요, 형씨?"

나는 그 지역 민영방송국의 편성제작국장이라는 작자가 온실에 사우샘프턴 주민의 반을 취하게 만들 만큼 대마초를 많이 키우고 있으면 승진에 지장이 있을 거라고 설명했다.

"걱정 말아요, 형씨! 우리가 치울게요."

인부는 이렇게 대답하고는 온실에서 대마초를 뽑아내서 이삿짐 트럭에 싣고 런던으로 되돌아갔다. 대마초를 인부들 허리 높이만큼 가득 실었는데 그 트럭이 경찰의 검문도 받지 않고 어떻게 M3 고속도로를 무사히 빠져나갔는지 지금까지도 궁금하다. 나는 주말을 이용해서 조금 남아 있던 작은 대마초를 마저 뽑아서 불태워버렸는데, 그로 인해 이웃에 살던 노인 부부에게 본의 아니게 피해를 주고 말았다.

TVS에서 근무한 기간은 내 텔레비전 방송국 경력 사상 가장 평온무사한 기간이었다. 처음에는 개트워드와 사이가 좋지 않았다. 나는 TVS의 지주회사인 TVS 주식회사 이사직을 겸임하는 것을 조건으로 이 회사에 합류한 것으로 생각했는데 그는 내 조건에 동의하지 않았다. 하지만 내가 회사를 그만두겠다고 협박하자 그가 결국 양보했다. 그 후부터 우리 두 사람은 서로 잘 지냈다. 몇 년이 지난 후, 그는 자신이 설립한 회사에서 해고를 당하고 말았다. 나는 그에게 이런 메모를 큰 꽃다발에 넣어서 보냈다.

"그런 나쁜 녀석들은 다시는 상대하지도 말아요."

우리는 지금도 이따금 만난다.

당시 민영방송체계의 모순은 그 지역에서 TVS가 가장 적은 시청자를 확보하고 있는데 광고료는 가장 비싸게 받는다는 것이었다. 나는 그 이유를 다른 사람들에게 설명하려고 애썼지만 쉽게 이해하는 사람이 거의 없었다. 그 이유는 수요와 공급의 법칙 때문이었다.

TVS는 가청지역의 특성 때문에 믿을 수 없으리만치 큰 성공을 거둔 회사였다. 잉글랜드 남부지방은 런던을 제외하고는 영국에서 가장 부유한 지역이고, 이 지방 주민들은 BBC 방송을 많이 시청하고 다른 지역에 비해서 민영방송을 덜 보는 편이다. 이곳이 바로 BBC 방송의 심장부라고도 할 수 있다. 이는 남부지방 주민들이 요크셔 같은 지역에 비해서 상업 방송을 덜 본다는 뜻이다. 요크셔 같은 곳에서는 ITV의 인기가 매우 높다. 하지만 광고주들은 남부지방 주민들에게 자동차 광고나 금융 서비스 광고를 보여주어야 할 필요가 있다. 돈이 많은 지역이기 때문이다. 따라서 광고주들이 요크셔에서 얻는 효과와 맞먹는 광고 효과를 얻으려면 광고 기회를 더 많이 확보해야 한다. 하지만 감독기관에서 ITV의 광고 횟수를 제한하고 있어서 수요가 공급을 초과하는 현상이 일어나 광고요금이 올라가게 되는 것이다. 따라서 TVS는 애청자를 끌어모으는 데에 실패해도 돈을 더 벌게 되는 것이다. 이것은 분명히 정상적인 비즈니스 논리에 어긋나는 현상이지만 TVS는 재정적으로 크게 성공하였다.

그 당시 ITV에 속한 방송사는 두 부류로 분류할 수 있다. 한 부류는 템스(Thames), 그라나다, 요크셔(Yorkshire), 센트럴(Central), LWT 등 이른바 5대 방송사로서, 이들은 ITV 네트워크에 방영되는 프로그램을 대부분 제작했다. 나머지 한 부류는 지방 방송사들인데 이들은 주로 각 지역의 특성에 맞는 프로그램을 제작하고 5대 방송사에서 네트워크 프로그램을 구입하였다. 하지만 한 가지 문제가 점점 불거지고 있었다. 광고 수입 면에서 볼 때, TVS는 요크셔보다 상당히 큰 규모로 성장하였고 그라나다와 LWT의 뒤를 바짝 추격하고 있었다. 수입 면에서 비교하면, 5대 방송사가 아니라 이제는 6대 방송사라고 해야 현실에 맞는 상황이 된 것이다.

제임스 개트워드와 나는 TVS를 6대 ITV 방송사로 인정해달라고 민영방송공사를 설득하기로 했다. 그렇게 인정을 받아야 TVS가 네트워크 프로그램을 더 많이 제작할 수 있다고 판단했기 때문이다. 한편, 개트워드는 TVS를 대형 방송사로 보이고 싶어 했다. 선천적으로 우리 두 사람은 '작은 회사'에서 일하는 것을 싫어했다. 스코티시 텔레비전에서 나와 똑같은 직책을 맡고 있던 거스 맥도널드(그는 그 후 작위를 받았다)가 방송사 체제를 바꾸려는 우리의 활동을 지지하고 나섰다. 그도 방송사 체제를 자기 회사의 위상에 걸맞게 바꾸고 싶었던 것이다.

5대 방송사들은 모두 이러한 움직임에 반대하고 나섰다. 그들은 ITV에 관련된 프로그램은 모두 자기들이 만들어야 한다고 믿고 있었다. 하지만 우리는 꾸준히 운동을 전개했다. 비록 전투에서는 이기지 못했지만 전쟁에서는 우리가 승리했다. 그 후 1991년에는 ITV 방송권을 입찰할 때 5대 방송사와 지방 방송사를 구분하던 관행이 완전히 철폐되었다. 이는 우리가 꾸준히 운동을 전개한 결과라고 할 수 있다. 그 대신 ITV 네트워크 센터를 설립하여 이 센터로 하여금 각 방송사로부터 모은 아이디어 중에서 가장 좋은 아이디어를 선정해서 ITV 네트워크 프로그램 제작을 맡기게 하였다.

TVS에는 아주 유능한 프로그램 제작자가 몇 명 있었다. 내가 그 회사에 취임할 때에 이미 근무하고 있던 사람도 있었고, 내가 직접 영입한 사람도 있었다. 나를 보좌했던 애너 홈은 어린이 프로그램을 담당하고 있다가, BBC로 자리를 옮겨 어린이 프로그램 편성책임자가 되었다. 그녀가 떠난 후, 나는 나이젤 피커드에게 어린이 프로그램을 맡겼다. 나이젤은 현재 ITV 네트워크를 총괄하고 있다.

TV-am에서 자리를 옮긴 친한 친구 클라이브 존스는 뉴스, 시사 및 스포츠를 담당했다. 그를 도와 스포츠 부문에서 일한 사람은 빅 웨이클링과 마크 샤먼이었다. 이들은 스카이 스포츠(Sky Sports)로 자리를 옮겨 방송계의 거물이 되었다. 사실, 텔레비전 스포츠계에서는 빅 웨이클링을 가장 영향력이 있는 인물로 손꼽을 수 있을 것이다. 스포츠 중계권 계약을 총괄하면서 스카이 방송사의 돈줄을 좌지우지하고 있기 때문이다. 실화 프로그램은 피터 윌리엄스가 담당했다. 그는 대중적인 다큐멘터리를 만드는 데 뛰어난 안목이 있었다. 로버트 볼라드가 바다 속에 잠긴 타이타닉호의 잔해를 처음 발견하고 탐사에 나섰을 때 그와 동행했던 사람들이 바로 피터 윌리엄스와 그의 팀이었다.

그레이엄 벤슨이 드라마 부문을 맡아 웩스포드 경감 역을 맡은 조지 베이커와 함께 〈루스 렌들 미스터리 시리즈〉(*The Ruth Rendell Mysteries*)를 제작하여 히트작을 계속 냈다. 존 케이 쿠퍼도 LWT에서 자리를 옮겨 3년 동안 연예 부문을 담당하면서 큰 성공을 거두었다. 그때 존과 나는 1947년 같은 날 불과 몇 시간 차이로 태어났다는 사실을 알고는 40회 생일을 함께 축하했다. 존은 그 후에 나와 함께 LWT로 옮겨 연예본부장을 맡았다.

TVS는 신생 회사였으나 노사 문제에 소극적으로 대처하는 경영진의 태도는 LWT와 다를 바가 없었다. 그래서 우리는 기회가 있을 때마다 규칙을 깨뜨려나갔다. 존과 나는 로이 워커를 진행자로 기용해서 〈캐치 프레이즈〉(*Catchphrase*)라는 새로운 네트워크 게임 프로그램을 시작하기로 했다. 그런데 시험 제작을 하려면 컴퓨터 그래픽 장비가 필요했다. 매우 비싼 장비였지만 프로그램이 실패로 돌아가면 장비 값도 회수할 수 없는 상황이었다. 시설 운영을 담당하고 있는 부서책임자가 그 비용 지출을 승인하지 않았다. 그래서 우리는 그 부서에 알리지 않고 장비를 구입했다.

우리 팀은 단결력이 매우 강했다. 우리는 대부분 지금도 1년에 한 번씩 만나서 저녁식사를 하면서 옛날이야기를 나누고 있다. 하지만 잉글랜드 남부지방 같은 곳에서 직원을 채용할 때에는 아주 신중하게 결정해야 한다. 전원생활을 즐기려고 이사한 사람이 많은 지역이라 가능한 한 일을 하지 않으려는 사람이 많았다. 입사 지원자를 면접할 때 나는 반드시 승마나 요트 타기를 즐기는지 물어보았다. 그렇다고 대답하는 사람에게는 일자리를 주지 않았다. TVS를 반(半)은퇴자들의 피난처로 만들 생각은 없었기 때문이다.

TVS에 재직하고 있는 동안 나는 글라인드번 오페라하우스에서 상연하는 오페라를 정기적으로 방영했다. 이 오페라는 채널 4에서도 방영되던 것이다. 우리 회사는 글라인드번 오페라하우스를 기존 후원자들이나 앞으로 후원자가 될 가망이 있는 사람들을 접대하는 장소로 이용하였다. 수와 나는 민영방송공사 텔레비전 담당 이사로 있던 데이비드 글렌크로스와 그의 아내 리즈를 그곳으로 초청한 적이 있었다. 글라인드번은 잉글랜드 남부지방의 상류층이 모이는 곳이어서 구내를 거닐다보면 여기저기서 상류층 특유의 억양이 들렸다. 내 친구이자 우익 은행가인 앤서니 프라이는 이렇게 말한 적이 있다.

"나는 글라인드번만 가면 마르크스주의자가 되고 싶을 만큼 거부감을 느낀다."

그러면서도 그는 그곳에 정기적으로 드나들었다.

수와 함께 처음 그곳에 갈 때, 우리는 어떤 식으로 예절을 갖추어야 할지 몰랐다. 하지만 그때 우리 차를 몰던 마이클 데이비스라는 운전사가 행동요령을 자세히 알려주었다. 참 멋진 사람이었는데 애석하게도 지금은 이 세상 사람이 아니다. 나는 만찬 때 입는 정장을 했다. 우리는 샴페인과 간단한 음식을 싸들고 가서 아름다운 저녁을 즐겼다. 하지만 무슨 오페라를 보았는지는 전혀 생각나지 않는다. 집에 돌아오면서 차 뒷좌석에 앉아 샴페인 병을 마저 비우면서 수는 나를 보고 이렇게 말했다.

"20년 전에는 그런 사람들을 비난했는데 우리도 이제 그런 사람이 되었네요."

나로서는 TVS에서 일하는 동안 처음으로 가정적인 남자가 어떤 사람인지 알게 되었다. 우리는 반스에서 결합하자마자 내가 TV-am에서 근무하기 시작했기 때문에 1년 동안 거의 서로 얼굴을 볼 새가 없었다. 우리가 가정을 제대로 꾸리게 된 것은 햄프셔에서 살면서부터이다. 그곳으로 이사한 지 석 달 후인 1984년 11월 28일, 앨리스가 태어났다. 수는 병원에서 아이를 낳은 경험이 두 번 있었지만 병원에서 아이 낳은 것을 무척 싫어했다. 수는 이번 아이는 집에서 낳기로 작정했다. 나는 겁이 났다. 만일 잘못되기라도 하는 날에는 어떻게 해야 하나? 하지만 수는 완강했다. 내 의견은 전혀 받아들여지지 않았다. 아버지는 아버지일 뿐, 어머니가 아니지 않는가? 그래서 앨리스는 스완모어 집에 있는 우리 침실에서 태어났다.

물론 수의 결정이 옳았다. 앨리스가 집에서 태어나는 과정을 지켜보는 일은 신비로운 체험이었다. 아기가 태어나자마자 한 시간도 안 되어 우리 가족은 모두 침대에 둘러앉았다. 수와 나, 그리고 매튜, 크리스틴, 게다가 강아지까지 함께 모여 새로 태어난 아기를 바라보니 여간 신나지 않았다. 내 평생 가장 잊을 수 없는 추억 가운데 하나가 그날 밤 침실에서 흔들의자에 앉아 있던 추억이 될 것이다. 모두 다 잠든 뒤에 나는 갓 태어난 아기를 안고 〈서머타임〉(Summertime)을 불렀다. 형편없는 음치가 불러주는 노래가 아기에게 별로 도움이 되지는 않았으리라. 그 이튿날부터 석 달 동안 그 아이가 쉬지 않고 울었던 것도 아마도 그 노래 때문이 아니었나 싶다.

2년 반 뒤, 조도 같은 방에서 태어났다. 그런데 누나가 화가 잔뜩 나서 연신 이렇게 묻는 것이었다.

"저 아가는 언제 집에 가?"

"쟤네 엄마 아빠는 어디 갔어?"

산파와 의사를 가리키며 이렇게 묻는 것이었다. 나는 아들만 셋 있는 집에서 자랐다. 50대에 접어든 지금도 우리 형제는 해변에 가면 누가 제일 빨리 달리는지 내기를 걸고 1년에 한 번씩 가족 대항 축구시합에 나가서 서로 발로 걷어차기 때문에 형제간의 경쟁심이 어떤 것인지 잘 알고 있다.

TVS에서 일하기 시작한 지 3년이 지났을 무렵 어느 날 아침, 아직 침대에서 일어나지도 않은 시간에 브라이언 테슬러가 집으로 전화를 했다. 그는 LWT에서 전무이사직을 맡고 있었다. 그는 내게 그날 오후에 런던으로 올라올 수 있느냐고 물었다. LWT 회장 크리스토퍼 블랜드와 함께 나를 만나고 싶다는 것이었다. 나는 이유를 묻지 않고 그렇게 하겠다고 대답했다. 나중에 알고 보니 브라이언 테슬러는 내 반응에 어리둥절했다고 한다. 왜 만나자고 하는지 물어보지 않은 이유가 무엇인지 궁금했다는 것이다. 나는 LWT 전무이사가 아침 일곱 시 반에 전화해서 만나자고 하면 그러겠다고 대답할 만한 가치가 있을 것이라고 생각했다고 대답했다.

브라이언 테슬러는 13년 동안 LWT를 경영하고 있었다. 그는 위대한 사업가도 아니었고 자신이 위대한 사업가라고 내세운 적도 없었다. 하지만 그는 프로그램에 대한 판단력이 아주 뛰어난 사람이었다. 어떤 프로그램이 옳고 어떤 프로그램이 그른지 그는 명쾌하게 분석하는 능력을 갖고 있었다. 그는 사람을 판단하는 능력도 뛰어났다. 그는 LWT에서 전무이사로 재직하는 동안 편성제작국장을 세 사람 차례로 임명하였다. 이들은 그 후 20년 동안 영국 텔레비전의 경영에 큰 영향을 미쳤다. 마이클 그레이드와 존 버트, 그리고 내가 바로 그 세 사람이었다.

사우스 뱅크에 있는 LWT 사옥에 도착하자마자 나는 브라이언 테슬러의 방으로 안내되었다. 그 방에서는 브라이언과 크리스토퍼가 나를 기다리고 있고, 존 버트도 함께 있었다. 물론 나는 존 버트를 잘 알고 있다. 브라이언 테슬러에 대해서는 약간 아는 정도였고, 크리스토퍼 블랜드는 두어 번 만난 정도였다. 그들은 존 버트가 브라이언 테슬러의 후임으로 전무이사가 될 차례였으나 BBC로 자리를 옮겨 뉴스와 시사 프로그램 편성을 총괄하는 부사장으로 취임할 예정이라고 설명했다. 존 버트는 다소 거북스러운 표정이었으나 내 생각은 어떤지 알고 싶어 했다. 나는 그에게 축하한다고 말했지만 왜 그 자리로 가려고 하는지 이해할 수 없었다. LWT를 경영하는 것이 훨씬 재미있고 수입도 분명히 좋을 텐데 왜 BBC로 옮기려고 하는지 그 이유를 이해할 수 없었다.

존 버트는 마이클 체크랜드로부터 BBC를 맡아달라는 요청을 받았다. 체크랜드는 회계사 출신으로 BBC 텔레비전에서 재정을 담당하고 있다가 사장으로 취임했다. BBC 신임 회장 듀크 허시가 앨러스데어 밀른을 해임시키자 BBC 경영위원회는 절충안으로 체크랜드를 밀른의 후임자로 선출한 것이다. 그런데 허시는 6년 뒤에 체크랜드도 해임시키고 그 자리에 존 버트를 앉혔다. 하지만 존 버트가 회고록을 출판하자 허시는 버트도 해임하지 않았던 것이 후회스럽다고 말했다. 나는 허시가 자신에게 문제가 있다고 생각해본 적은 없었는지 궁금하다.

브라이언 테슬러와 크리스토퍼 블랜드는 존 버트의 후임으로 나에게 편성제작국장직을 맡기고 싶다고 말했다. 나는 그 무렵 템스 텔레비전에서도 똑같은 자리의 후임자 물망에 올랐으나 그 자리는 데이비드 엘스타인에게 갔다. 존 버트도 LWT 전무이사로 취임하면 내게 편성제작국장직을 주겠다고 언질을 준 적이 있었다. 따라서 전혀 뜻밖의 일은 아니었지만, 예상했던 것보다 빨리 제의가 들어왔다.

나는 즉각적으로 그 제의를 수락해야겠다고 생각했지만, 일단 집에 돌아가서 수와 상의하겠다고 말했다. 직장을 옮기면 온 가족을 다시 런던으로 데리고 와야 하기 때문에 식구들이 그다지 달가워하지 않을 것

같았기 때문이다. 그때 수는 현지 대학에서 사회학 강의를 막 시작했고 아이들도 전학한 학교에 막 적응하기 시작했기 때문이다. 그 이야기를 꺼내자 수는 이사에는 동의했다. 하지만 몇 가지 조건이 있었다. 첫째 조건은 다음에는 어느 곳으로 이사하든지 최소한 10년은 살아야 한다는 것이었다. 수는 아직 아홉 살밖에 안 된 매튜가 벌써 학교를 세 군데나 옮겼다는 점을 지적했다. 이번에 전학하면 네 번째 학교가 된다는 것이다. 나는 그 조건에 동의했다.

두 번째 조건은 좀 더 지키기 까다로웠다. 수는 반스 지역에서 자기가 지정하는 여섯 집 가운데 한 집을 사들일 수 있을 때에만 런던으로 옮기겠다는 것이었다. 이 여섯 집에는 이미 입주자가 있었는데 어떻게 그 요구 조건을 들어줄 수 있는지 막막했다. 하지만 나는 최선을 다해보겠다고 약속했다. 그런데 놀랍게도 그 여섯 집 중 한 집이 매물로 나와 있는 것이 아닌가! 우리는 건축사 크리스 헨더슨과 함께 그 집을 보러갔다(크리스는 지금까지 나와 함께 승마를 즐기는 단짝이다). 집은 완벽했다. 그러나 두 가지 문제가 있었다. 첫째로, TVS로 옮겨 집수리를 끝낸 지 불과 얼마 안 되었는데, 이 집을 수리하려면 건축업자들과 또 다시 1년을 부대껴야 한다. 둘째로, 크리스가 점검해보니 뒷담장이 모두 무너지기 직전이었다.

결국 수가 조건을 완화해서 다른 지역을 살펴봐도 좋다고 허락했다. 우리는 리치먼드와 트위커넘 사이에서 알맞은 집을 한 채 발견했다(지금까지 살고 있는 집이다). 이 집은 상태가 아주 양호했다. 그래도 여기저기 벽을 몇 군데 허물지 않을 수는 없었다. 주방에 있는 벽 한쪽을 허물어달라는 내 부탁에 건축업자는 이렇게 대답했다.

"참 우스운 세상이에요. 이 벽은 불과 1년 전에 제가 쌓은 거예요."

그가 무심코 한 말이었지만 심오한 뜻이 담겨 있는 말이다. 이것이 바로 서양 자본주의 병폐의 정곡을 찌른 말이 아니던가!

　LWT로 옮기는 일은 최종 결정이 나는 데 다소 시간이 걸렸다. 브라이언과 크리스토퍼가 그 자리를 지망하는 사내 후보자들과도 면담을 해보아야 한다고 생각했기 때문이다. 연예 부문 책임자 앨런 보이드, 드라마 및 예술 부문 책임자 닉 엘리엇, 그리고 LWT에서 내 직속 상사였던 배리 콕스가 사내 후보자 물망에 올랐는데, 결국 브라이언과 크리스토퍼는 처음에 결정한 대로 나에게 그 자리를 주었다. 앨런 보이드는 내 후임으로 TVS로 갔다. 나는 그 자리를 얻기 위해 상당히 가치가 높은 TVS의 스톡옵션을 포기했다. 하지만 TVS가 미국으로 진출하기 위해 영화배우이자 창설자 메리 타일러 무어의 이름을 따서 MTM이라고 이름 붙인 미국의 대형 제작회사를 매입하면서 그 스톡옵션의 가치는 1, 2년 사이에 사라지고 말았다. TVS는 그 매입 결정으로 결국 파산에 이르고 말았다.

　그 대신 나는 LWT에서 스톡옵션을 받았다. 이번에도 다이크에게 따라다니는 행운이 그 진가를 다시 한 번 발휘했다. 옵션의 가격은 1987년 10월 중 일정 기간의 주식 평균 가격을 기준으로 산출하기로 되어 있었다. 기준가격이 낮으면 낮을수록 나에게 훨씬 유리했다. 그런데 1987년 10월 19일 검은 월요일 사태가 발생해서 전 세계 증권 시세가 폭락하는 바람에 내가 큰 이득을 보게 되었다. LWT 주식 시세도 1주일 만에 3분의 1로 하락해서 내 옵션 기준가격이 훨씬 낮아진 것이다. 그 다음 해에 주식 시세가 회복되자 내 옵션 가격도 올라갔다.

　1987년 5월, LWT로 복귀하기로 합의한 지 얼마 지나지 않아 나는 데이비드 프로스트로부터 전화를 받았다. 그의 제안으로 나는 내 평생 가장 두려운 경험을 하게 되었다.

"우리 축구팀에서 함께 뛰어볼 생각 없어요? 지미 타벅이 이끄는 팀과 자선 경기를 갖기로 했거든요."

그건 문제가 아니었다. 하지만 그 자선 경기가 8만 관중이 운집해 있는 웸블리 경기장에서 열린다는 것이 아닌가? 코번트리 팀과 토트넘 팀이 1987년도 FA컵 결승전을 하기 직전에 열리는 친선경기라는 것이었다. 나는 토트넘 팀 셔츠를 입고, 존 버트는 코번트리 복장을 하고 출전한다는 것이었다.

나머지 선수들도 쟁쟁한 사회명사들이었다. 10종 경기 선수 데일리 퍼트리샤, 영화배우 데니스 워터맨, 육상선수 스티브 크램, 탤런트 닉 베리, 그리고 당구 챔피언 스티브 데이비스도 선수 명단에 끼어 있었다. 나는 축구장에 모여든 축구 팬들이 존 버트와 내가 누군지 알 리가 없다고 생각했다. 데이비드는 ITV와 BBC가 서로 좋은 관계를 유지하면서 계속 협력할 수 있게 하기 위해서 우리를 초청한 것이었다. 이유야 어떻든, 나는 겁이 나 죽을 지경이었다. 공원에서 동네 축구나 즐기는 실력이었는데 그렇게 많은 관중 앞에서 창피를 당할 생각을 하니 끔찍했다. 경기 후반, 나는 슬라이딩 태클에 멋지게 성공했다. 그러자 4만 여 토트넘 팬들이 열광했다. 그 순간 나는 데이비드 베컴이 된 기분이었다.

그 경기는 ITV로 생중계되었는데, 토트넘과 잉글랜드 팀에서 포워드로 뛰었던 지미 그리브스가 나를 그 경기의 최우수선수로 지목했다. 그 말을 듣고 기분이 우쭐했는데, 나중에 알고 보니 그는 내가 그의 상사로 LWT에 부임하게 되었기 때문에 나를 최우수선수로 지목한 것이었다. 내 축구 실력과는 상관없이 나를 선정한 것이었다. 지금도 나는 서재 벽에 세계 챔피언 스티브 그램이 나에게 태클을 거는 사진을 걸어 두고 있다. 아들 조는 어렸을 때 그 사진을 가리키며 이렇게 말했다.

"아빠, 저 사진은 아빠가 축구 선수일 때 찍은 사진이지?"

그게 사실이라면 얼마나 좋겠느냐마는……. 게다가 나는 이따금 그 경기를 녹화한 비디오테이프를 틀어 보면서 축구선수처럼 보이는 내 모습을 감상한다.

LWT에 돌아오니 마치 내 영혼의 고향으로 돌아온 기분이 들었다. 그 곳에서 일하던 때가 아마 내 평생 가장 행복한 시절이 아닌가 싶고 좋은 친구도 많이 사귀었다. 나는 지금까지도 LWT 사옥이 있는 템스 강 남쪽 기슭 지역을 좋아한다. 내가 프로그램 편집자로 일하다가 그곳을 떠날 때, 내 상사는 내게 다시는 돌아오지 못하게 하겠다고 말했다. 하지만 나는 4년이 지나 편성제작국장으로 승격되어 돌아왔다. LWT에서는 두 가지 중요한 업무를 맡게 되었다. 첫째로, 나는 LWT가 만드는 프로그램이라면 네트워크용이든 런던 지역용이든 모두 어떤 프로그램을 제작할 것인지 결정할 수 있는 권한을 가졌다. 둘째로, 나는 ITV 네트워크 전체의 주말 프로그램을 편성하는 업무를 담당하게 되었다. 이는 어떤 프로그램을 어떤 방송국에 보내는지 결정할 수 있는 권한을 가지게 되었다는 뜻이다.

나는 유능한 팀을 물려받았다. 팀원 중에서 가장 중요한 인물은 드라마 책임자 닉 엘리엇이었다. 그는 참으로 뛰어난 재능을 가진 사람으로 기인같이 보이기도 했다. 닉은 화를 아주 잘 내서 내 책상에 그가 쓴 '메모'가 자주 올라왔다. 그에게는 어떤 사람이든, 어떤 일이든 공격 대상이 되지 않는 것이 없었다. 닉을 다루는 비결은 48시간 동안 기다리게 내버려 두었다가 내 방으로 올라오라고 하는 것이었다. 그러면 그는 자신이 보낸 메모를 아주 부끄럽게 생각하면서 유라이어 히프(찰스 디킨스의 소설 『데이비드 코퍼필드』에 등장하는 아부 잘하고 교활한 인물: 옮긴이)처럼 실실 기어서 내 방에 들어왔다. 내가 BBC를 떠날 때 닉이 내게 보낸 편지에 그의 문체가 잘 드러나 있다.

정말 슬프고 화가 난다는 말을 전하고 싶군요. 내가 평생 동안 증오하던 정치가, 행정가, 언론인, 그리고 멍청이들이 합작으로 끔찍한 일을 저질렀어요. 우리 TV 업계는 일치단결하여 당신을 지지합니다. 당신이 보복 공격을 하면 언제든지 기꺼이 참여할 테니 말씀만 하세요.

닉은 드라마 책임자 중에서는 영국 전체를 통틀어 최고였고, 지금도 최고다. 나는 LWT에 부임하자마자 주말, 특히 일요일 밤 프로그램의 수준을 끌어올리기로 결심했다. 그렇게 하는 길은 드라마를 더 많이 방영하는 것이었다.

그 당시 ITV의 수준을 끌어올린다는 것은 매우 혁명적인 결단이었다. 그렇게 하려면 방영 중인 싸구려 게임 쇼를 대폭적으로 줄이고 그 돈을 다른 곳에 투자할 필요가 있었다. 우리는 광고의 성격 자체가 변화하고 있다고 판단해서 그러한 조치를 단행했다. 지난 10년 동안 크게 성장한 분야는 금융 서비스, 즉 은행과 주택금융업계의 광고였다. 그러므로 좀 더 부유하고 야망이 있는 시청자들을 겨냥하는 프로그램이 필요했던 것이다.

드라마를 방영하는 1시간이 텔레비전에서 아마 가장 비용이 많이 드는 시간대일 것이다. 그러므로 드라마를 더 많이 방영하려면 다른 프로그램에서 비용을 절감해야 한다. 그래서 우리는 〈위크엔드 월드〉를 폐지하고 그 대신 전직 노동당 하원의원이 중진급 정치가를 인터뷰하는 프로그램인 〈월든〉(Walden)을 새로 방영했다. 브라이언 월든의 인터뷰에 중점을 두고 새로운 포맷을 채택하면 비용이 현저하게 줄어들 것 같았다. 나는 지미 타벅이 일요일 밤에 생방송으로 진행하던 버라이어티 쇼 프로그램 〈팔라디엄 극장 쇼〉(Live from the Palladium)도 폐지했다. 내가 직접 제작에 참여했던 〈여섯 시 쇼〉도 내용이 지루하고 비용이 너무 많이 들어서 폐지하기로 결단을 내렸다. 그렇게 비용을 삭감해서 모은 돈으로 일요일 밤에 드라마를 두 편 방영하였다. 저녁 8시에 가족 드라마를 한 시간 방영하고, 연 이어서 9시에 성인용 드라마를 방영했다. ITV는 15년이 지난 지금까지도 이 방식을 고수하여 일요일 밤에는 시청자들이 ITV에 채널을 고정하고 있다.

우리는 LWT에서 〈포와로 탐정〉(*Poirot*), 〈불타는 런던〉(*London's Burning*) 등 일부 드라마를 직접 제작하기도 했으나 요크셔 텔레비전 방송국과 그곳의 편성제작국장 존 페얼리의 도움을 무척 많이 받았다. 존은 내가 만나본 텔레비전 방송계 인사 중에서 가장 유능한 인물 중 한 사람이지만 일주일 내내 꾸준히 일하는 법이 없었다. 요크셔 텔레비전에서는 그를 '희한한 페얼리'라고 불렀다. 그로부터 몇 년 뒤, ITV 회장으로 재직할 때 나는 그에게 ITV 네트워크 전체를 총괄하는 자리를 제의했다. 하지만 그는 1주일에 화, 수, 목, 3일만 근무하는 조건이라면 그 자리를 수락하겠다고 말했다. 나는 그런 식으로 근무하는 것을 태연스럽게 보고 있을 수가 없었다. 하지만 그는 1주일에 3일만 일해도 무슨 일이든 감당할 능력이 있었다. 그는 창의력이 뛰어난 간부였다.

언젠가 왕립텔레비전협회의 초청을 받아 리드 지회에서 연설할 기회가 있었다. 나는 그 자리를 빌려 존의 업적에 경의를 표하기로 했다. 존이 구축한 프로그램 제작부서에 찬사를 보내면서 이런 말로 연설을 마무리했다.

"존은 정말 위대한 업적을 이루었습니다. 더구나 요크 경마장에서 살다시피 하면서도 이런 업적을 이루어냈으니 그저 경탄할 따름입니다."

존은 지금 그에게 썩 잘 어울리는 일을 하고 있다. 프리랜서로 독립해서 채널 4에서 경마 프로그램을 진행하고 있는 것이다.

존 페얼리와 요크셔 텔레비전은 일요일 밤 프로그램의 수준을 높이겠다는 내 구상을 지지하고 일요일에 방영할 프로그램으로 코미디언 데이비드 제이슨의 작품 일체는 물론 〈프로스트〉(Frost)와 대히트작인 경찰시리즈물 〈하트비트〉(Heartbeat)를 우리에게 제공하였다. 처음에는 〈하트비트〉를 여름철에 매주 금요일에 방영했다. 요크셔 텔레비전 측에서 실패작이니까 대충 적당한 시간대에 집어넣으라고 했기 때문이었다. 처음에는 시청률이 낮았는데 회가 거듭될수록 차츰 높아지고 엄청난 호평을 받았다.

계획 책임자 워런 브리치와 나는 〈하트비트〉가 진짜 잠재력이 있는 프로그램이라고 판단하고 일요일 밤으로 옮겨 방영했다. 이는 텔레비전의 역사상 획기적인 사건이 되었다. 그 프로그램은 1년이 채 지나지 않아 매주 1,700만 명의 시청자를 끌어 모으는 대성공을 거두었다. 〈하트비트〉는 방송위원이나 프로그램 편성자가 무엇을 알고 있는지 그대로 보여주는 사례라고 할 수 있다. 어느 작품이 성공할지 아무도 모른다. 크게 히트 칠 것이라고 생각한 프로그램이 완전히 실패하는 경우도 있다. 〈하트비트〉처럼 그 반대 현상이 일어나는 경우도 있다.

일요일 밤 프로그램을 대폭적으로 개편하자 영업팀도 큰 성과를 거두게 되었다. LWT의 영업 담당 이사는 이 업계에서 가장 유능한 인물 중 한 사람인 론 밀러였다. 그는 런던 이스트엔드 빈민가에 있는 보육기관에서 성장하여 학력이라고는 겨우 초등교육을 마친 것밖에 없었으나 영업에는 귀재였다. 그는 판매는 곧 인간관계라는 사실을 잘 이해하고 있었다. 론은 모든 사람을 알고 있었고, 모든 사람이 론을 알고 있었다. 그는 일요일 밤에 텔레비전을 시청하는 AB형 남자가 월요일 밤에 텔레비전을 시청하는 AB형 남자보다 훨씬 가치 있는 고객이라고 광고주들을 설득했다. 그때 월요일 밤 프로그램에 대해서는 주로 템스 방송국이 런던지역에서 광고를 수주하고 있었다. 그의 말은 전혀 터무니없는 말이었지만 광고주들은 모두 그의 말에 따랐다. 광고주들이 론을 좋아하고 그의 상대역인 조너선 샤이어라는 템스 텔레비전의 영업 책임자는 좋아하지 않았기 때문이다. 샤이어는 훗날 오스트레일리아에서 ABC를 경영하다가 그 회사를 엉망으로 만들었다. 론 밀러는 내가 〈하트비트〉, 〈포와로 탐정〉, 〈헤일과 페이스〉(Hale and Pace), 뉴스 프로그램, 그리고 〈사우스 뱅크 쇼〉 등을 일요일 프로그램을 편성했을 때만큼 ITV의 일요일 밤 프로그램이 훌륭한 시절은 없었다고 지금까지 믿고 있다.

새 드라마를 제작하고, 시간표를 조정하고 론이 활발하게 광고 판매 활동을 펼친 데 힘입어 LWT는 몇 년 동안 수익성이 아주 좋았다. 우리는 큰 경쟁 상대인 템스 텔레비전과 아주 맹렬하게 경쟁해서 시청률 면에서나 광고 수익 면에서 모두 런던 시장 점유율을 현저하게 올려놓았다.

연예부문에서는 LWT가 전통적으로 연예 전문 회사였기 때문에 나는 운이 좋았다. 나는 〈블라인드 데이트〉(Blind Date) 프로그램을 전임자로부터 물려받았다. 이 프로그램은 내가 편성제작국장에 부임하기 6, 7개월 전부터 방송되고 있었다. 〈블라인드 데이트〉는 포맷도 뛰어났지만, 실러 블랙 덕분에 큰 성공을 거두었다. 나는 그녀가 옛날의 명성을 되찾으리라고 예견했다. 내가 LWT에 부임했을 때에는 출연자가 짝을 맞추어 함께 외출해서 데이트하는 장면을 사진으로 촬영하고 있었다. 그래서 나는 그 프로그램에 비용을 더 들이더라도 비디오 카메라맨을 보내 데이트 장면을 촬영하도록 조치했다. 그러자 프로그램의 질이 훨씬 향상되었다.

LWT가 통제하기 가장 어려운 일은 〈블라인드 데이트〉 촬영 뒤풀이 파티였다. 이 파티에는 출연자가 모두 참석했는데 별의별 사람이 다 있었다. 파트너를 잘못 골랐다고 생각한 출연자가 다른 출언사의 파트너에게 수작을 거는 일이 비일비재했다. 결국 제작진은 남자와 여자를 따로 떼어놓기 위해서 남자와 여자를 각기 다른 호텔에 수용하기도 했으나 소용이 없었다.

마커스 플랜틴이 연예 부문 책임자였는데 그런 역할에는 안 어울리는 사람이었다. 그는 좋은 프로그램을 골라내는 안목이 있었고 아주 유능한 프로듀서였지만, 유머 감각이 별로 없었다. 미국 텔레비전에서 게임 프로그램 〈글래디에이터스〉(Gladiators)를 발견해서 영국에 소개한 사람도 바로 플랜틴이었다. 이 프로그램은 미국보다 영국에서 훨씬 크게 히트했다.

당시 마이클 배리모어는 LWT의 전속 연예인이었다. 수와 내가 빌리 코널리의 원맨쇼를 보러 갔다가 마이클을 만났을 때 일이다. 잠시 담소를 나누다가 수가 마이클에게 무슨 일을 하느냐고 물었다. 나는 웃어야 할지 당황스런 표정을 해야 할지 난감했다. 헤어진 다음에 뭐하는 사람이냐고 수가 다시 내게 물었다. 영국의 최고 코미디언 중 한 사람이라고 말해주었으나 수는 조금도 믿기지 않는 기색이었다.

마이클 배리모어는 재기가 넘치는 사람이었으나, 위대한 코미디언들이 대체로 그러하듯 다루기가 매우 힘든 사람이었다. 그는 나쁜 사람들 꼬임에 잘 넘어갔다. 우리는 모두 그가 게이라고 알고 있었는데 당시에는 그가 체릴과 결혼생활을 계속하고 있었고, 쇼를 제작해야 하는데 며칠씩 종적을 감추는 일이 잦았다. 마커스 플랜틴의 후임으로 연예 부문을 맡은 존 쿠퍼는 그의 행동에 완전히 미칠 지경이 되었다. 하지만 그는 당대에 오랫동안 최고의 인기를 누린 코미디언이었다. 최근에는 그가 곤경에 처해 있지만 곧 회복하게 되기를 빈다. 그와 같은 재능을 지닌 사람은 영국 텔레비전 방송계에서 계속 일해야 하기 때문이다(2001년 3월 31일, 배리모어의 집에서 파티가 열렸는데 파티에 참석한 스튜어트 라복이라는 노동자가 수영장에서 시체로 발견되었다. 이 사고로 배리모어는 마약 복용 및 살인 혐의를 받았으나 살인 혐의는 증거 불충분으로 무죄 판결을 받았다: 옮긴이).

　LWT 편성제작국장으로 근무하는 동안 하는 일마다 성공을 거둔 것은 아니었다. 마커스와 내가 실패한 분야는 시트콤이었다. 우리는 〈나와 내 여자〉(*Me and My Girl*)라는 코미디 프로그램을 폐지해버렸다. 금요일 밤에 방영된 그 프로그램은 시청률이 좋았으나, 우리 두 사람 모두 그 프로그램을 좋아하지 않았고 제작회사와 거래하기 힘들어서 폐지시켜버린 것이다. 우리끼리는 그 회사 사장을 '지긋지긋한 알 미첼'이라고 불렀지만, 나는 그 사람을 한 번도 만나본 적이 없었다. 그 이듬해 나는 트윅커넘에 새로 이사 온 이웃사람에게 인사하려고 찾아갔다. 그런데 그 이웃사람이 자기도 텔레비전 업계에서 일하고 있다고 하면서 자기 이름이 '알 미첼'이라고 하는 것이 아닌가! 나는 그를 빤히 쳐다보면서 말했다.

　"설마 당신이 그 '지긋지긋한 알 미첼'은 아니겠지요?"

　하지만 바로 그 사람이었다. 우리는 나중에 친한 사이가 되었다. 그는 지금도 내게 이메일을 보낼 때는 '지긋지긋한 알 미첼'이라고 말미에 적어서 보낸다.

　〈나와 내 여자〉는 시청자들에게 인기 있었지만 우리는 좀 더 나은 시트콤을 만들 수 있다고 믿었기 때문에 그 프로그램을 없애버렸다. 하지만 그로부터 17년 동안 그 프로그램보다 시청률이 나은 코미디 프로그램을 한 번도 제작하지 못했다.

　제대로만 만들 수 있다면 시트콤은 놀라울 정도로 가치가 있는 장르이다. 우선 드라마에 비해서 제작비가 적게 드는 반면에 재방송할 수 있는 기회가 아주 많다. 〈아버지의 군대〉(*Dad's Army*), 〈바보들과 말〉, 〈폴티 타워즈〉(*Fawlty Towers*), 이 세 프로그램만 봐도 얼마나 자주 재방송되고 있는지 알 수 있다. 하지만 시트콤은 제작하기 가장 힘든 분야일 것이다. 모든 사람이 훌륭한 시트콤을 제작하려고 애쓰고 있지만, 오랫동안 BBC가 이 분야를 장악하고 있고 ITV는 여전히 변변한 작품을 내놓지 못하고 있다.

내가 변화를 시도하였으나 실패한 또 다른 분야는 종교 분야였다. 당시 ITV와 BBC 1채널은 일요일 저녁 같은 시간대에 신앙 프로그램을 방영할 의무가 있었다. 그래서 신앙 프로그램을 매주 일요일 저녁 6시부터 7시 사이에 30분씩 방영했다. 신자이든 아니든 관계없이 강제로 신앙 프로그램을 보게 하는 제도이기 때문에 나는 매우 비자유주의적인 의무를 강요한다고 생각했다. 나는 신앙 프로그램을 폐지하자고 건의하였으나 이러한 건의가 종교계에 먹혀들어갈 리가 없었다. 종교 집회에서도 이 문제를 거론하였으나 성직자들로부터 야유만 받았다. 주교가 의장직을 맡고 있는 중앙종교자문회의(CRAC)라고 하는 단체에서 이 건의안을 부결시켰고, 민영방송공사는 물론 BBC 경영위원회도 종교계를 옹호하였다.

하지만 그로부터 불과 20년도 채 지나지 않아 세계는 엄청나게 변화했다. ITV와 BBC 1채널에 신앙 프로그램을 동시에 방영하도록 강요한 처사는 지금 보면 매우 어처구니없는 일이었다. 결국 나는 시대를 약간 앞서 있었을 뿐이다. 1990년에 방송법이 개정되면서 신앙 프로그램의 의무적인 방영도 끝이 났다. 그 법률이 시행되던 1992년 당시 LWT 최고경영자였던 나는 법이 시행되던 첫날 신앙 프로그램을 폐지하였다.

물론 종교계에서는 그러한 조치를 기가 막힌 일이라고 할 것이다. 그러나 나는 종교계 주장에 동의하지 않는다. 종교 프로그램을 원하는 시청자들은 여전히 볼 수가 있다. 다만, 원하지 않는 시청자들에게 강요하지 않는다는 차이만 있을 뿐이다. 통신청이 최근에 발표한 조사보고서에 따르면, 공익방송 프로그램 중에서 어떤 프로그램이 가장 가치가 있다고 생각하느냐는 질문에 종교 프로그램이라고 응답한 사람이 가장 적었다.

LWT 편성제작국장으로 일하던 시절, 내게는 유능한 직원들이 있었다. 우리 팀은 아주 유능했다. 내 비즈니스 매니저는 시드니 페리였다. 그는 마이클 그레이드와 존 버트에 이어 나까지 세 명의 편성제작국장을 보필하였다. 그는 나를 비롯하여 다른 직원들보다 나이가 많았는데, 처음에는 '시드니'라고 깍듯이 부르다가 몇 해가 흘러가면서 '시드'라고 부르기도 하고 '시드 영감'이라고 하기도 하다가 나중에는 '가엾은 시드 영감'이라고 불렀다. 다행히 그는 유머 감각이 있었고 자기가 가지고 있는 능력을 최대한 발휘하여 우리를 도왔다. 결국 우리는 그를 승진시켜 LWT 인터내셔널의 경영을 맡겼다. 그는 그 일도 아주 성공적으로 해냈다.

나는 시드니 페리의 후임으로 마이크 사우스게이트를 기용하였다. 그는 그 전에도 다른 회사에서 여러 번 나와 일한 경험이 있었다. 그리고 토니 코언도 유능한 직원이었다. 그는 〈여섯 시 쇼〉 프로그램에서 나와 함께 일한 적이 있었는데, 런던 비즈니스 스쿨에서 1년 동안 공부하고 나서 내 팀에 전략가로 합류하였다. 몇 년 뒤, 피어슨 텔레비전 (Pearson Televison)으로 다시 자리를 옮길 때 나는 토니 코언을 데리고 갔다. 토니가 내 대신 하는 일이 무엇이냐고 피어슨 텔레비전의 전무이사 프랭크 발로가 물었을 때 나는 이렇게 대답했다.

"토니는 두뇌 역할을 하고 나는 대외 홍보를 맡고 있지요."

"그러면 우리 회사에서는 토니만 채용하면 되지 않겠어요?"

발로의 반문에 나는 이렇게 대답했다.

"대외 홍보를 맡을 사람이 없으면 두뇌 혼자 일을 할 수가 없죠."

1989년, 브라이언 테슬러는 LWT 전무이사직을 사임하기로 결정했다. 헤드헌터들에게 새로운 인물을 찾아달라고 부탁하니 잉글랜드 중부지방에서 자전거를 파는 사람을 추천하였다. 브라이언은 그 사람을 별로 달갑지 않게 생각했다. 그는 내게 그 자리를 맡기고 싶어 했으나 크리스토퍼 블랜드는 내가 아직 경험이 부족하다고 생각했다. 하지만 결국 두 사람은 그 자리를 내게 제의했다. LWT에 리포터로 입사한 지 13년 만에 전무이사에 오르게 된 것이다.

내 경영 기량에 대한 크리스토퍼의 우려를 불식시키기 위해서 나는 1989년 가을 학기에 하버드 비즈니스스쿨에서 고급 경영 과정을 이수하고 나서 이듬해 초에 LWT 전무이사에 취임하기로 그들과 합의했다. ITV 방송사의 리더로서는 처음으로 비즈니스스쿨에 진학하게 된 것이다. 영국 방송계 인사들 가운데는 나를 놀리는 사람도 많았다. 하지만 그것은 영국 텔레비전도 비즈니스를 진지하게 생각하는 사람들이 경영하는 시대가 되었다는 것을 처음으로 알리는 신호였다. 나는 그 후 LWT 핵심 간부들을 비즈니스스쿨에 보내고 고위급 간부들과 중간 관리자들에게 수준 높은 경영 훈련 과정을 수강할 기회를 제공했다.

나는 하버드에서 12주를 아주 재미있게 지냈다. 수는 가지 말라고 말렸다. 수는 내가 천성적으로 공부에는 취미가 없는 사람이라는 것을 알고 있었다. 수의 말에 따르면, 나는 본능적으로 움직이는 리더라 이지적으로 경영하려고 하면 일을 망칠 수가 있다는 것이다. 수의 쓴소리가 귀에서 쟁쟁 울리는 가운데 나는 미국으로 향했다.

나는 아주 불안했다. 나는 독점업계에서 일하다가 벼락출세한 텔레비전 프로듀서에 불과했다. 그러니 진정한 비즈니스가 뭔지 알 리가 있겠는가? 고급 경영 과정에는 학생이 160명이었는데, 그 중 영국에서 온 사람은 여섯 명 정도 되었다. 일반 학생들과는 달리 우리는 그 학교에서 최고급 과정을 수강하는 학생들이었기 때문에 사업가답게 정장을 착용해야 했다. 나는 이따금 흰색 정장을 입겠다고 고집했다. 일반적인 비즈니스를 하는 사람이 아니라는 것을 보여주려고 했던 것이다. 어느 날, 우리 과정 학생들이 정장을 하고 떼를 지어 걸어가는데 MBA 과정 학생들이 반대편에서 걸어오고 있었다. 그들은 우리들 나이의 반밖에 되지 않는 젊은 학생들이었다. 그런데 우리 앞을 스쳐 지나가면서 한 학생이 옆에 있는 학생에게 이렇게 말하는 것이었다.

"세상에! 저게 우리가 열망하는 모습이란 말이야?"

교육 과정이 반쯤 지났을 무렵, 경쟁의식이 자연스럽게 사라지면서 학생들끼리 좀 더 가까워지자, 나는 교육 과정에 대해 걱정하는 사람이 나만이 아니라는 것을 알게 되었다. 나이와 경험에서 얻을 수 있는 큰 이점 가운데 하나는 인간의 심리를 비교적 잘 이해할 수 있다는 것이다. 처음 텔레비전 업계에 발을 들여놓았을 때, 나는 고위층에 있는 사람들을 존경했다. 그들은 틀림없이 모든 걸 잘 알고 있을 것이라고 믿었기 때문이다. 그러나 내가 직접 그 일을 맡아서 해보니 그러한 믿음은 잘못된 것이었다. 경영진에 대한 커다란 허구는 리더가 부하보다 더 많이 알고 있다는 착각이다. 리더가 가지고 있는 장점은 직위와 권한밖에 없다.

하버드에서 얻은 것은 사업과 조직을 본능적으로 운영하던 내 방식에 지성적인 배경을 갖추게 된 것이었다. 나는 그곳에서 존 코터라는 훌륭한 미국 교수를 만났다. 그는 관리자와 리더의 차이점을 처음으로 내게 가르쳐준 사람이었다. 이 해는 대처주의의 영향력이 절정에 달했던 1989년이었다. 그 당시 영국 사람들은 경영에 성공하려면 직원, 노조, 경쟁자, 그리고 누구에게든지 강인한 모습을 보여야 한다고 믿었다. 나는 그런 사고방식이 옳다고 생각한 적이 없었는데 코터는 내 세계관을 더욱 확고하게 강화시켜주었다. 그로부터 10년이 흐른 뒤 BBC에 취임했을 때 나는 그런 낡은 경영관이 여전히 BBC를 지배하고 있는 것을 보고 놀랐다.

하버드에서 공부하면서 존 코터의 강의를 듣고 가장 크게 깨달은 것은 세계적으로 가장 크게 성공한 조직은 직원들에게 적절한 대우를 해준다는 사실이었다. 나는 그러한 사실을 관념적으로 믿고 있었으나 직원들에 대한 적절한 대우가 경쟁력에도 도움이 되고 사업을 성공으로 이끌 수 있다는 사실에 새삼 놀랐다. 자본가가 노동자를 마치 사고 팔 수 있는 상품처럼 취급하던 시대는 이미 사라지고 있었다. 기업의 성공을 바란다면 직원들을 잘 대우해주어야 한다.

나는 하버드에서 돌아와서 피터 만델슨에게 전화를 걸어 점심식사를 함께 하자고 제의했다. 나는 그가 LWT에서 프로듀서로 일할 때부터 알고 지냈는데 당시 그는 노동당에서 공보 분야를 담당하고 있었다. 나는 그에게 하버드에서 지낸 경험을 통해서 얻은 노동당의 진로에 대한 새로운 견해를 이렇게 설명했다.

"세계적으로 가장 크게 성공한 기업들은 우리 좌파들이 늘 주장해온 것처럼 직원들을 제대로 대우하고 있어요. 우리가 저지른 실수는 국영기업이 민간 기업에 비해서 직원들을 훨씬 잘 대우해주리라고 믿은 것입니다. 현대 자본주의 체제에서 한 기업이 성공하려면 열성적으로 맡은 바 직무를 이행하는 인력이 필요하죠. 그럴 때 우리는 비로소 우리가 혼합 경제체제 안에서 항상 추구했던 목표를 달성할 수 있을 겁니다."

피터는 내 말을 경청했다. 그도 내 말에 수긍했을 것이다.

하버드에 다녀오고 나서 나는 노동당에 다시 입당하기로 결심했다. 크리스토퍼 블랜드가 3만 달러나 들여서 나를 하버드에 보낼 때에는 그런 생각을 조금도 하지 않았을 것이다. 크리스토퍼는 보수당원으로 보수당 진보파 압력단체인 바우 그룹(Bow Group)의 회장이었다. 나는 신노동당이 추구하는 목표를 처음부터 지지하는 당원이 되었다.

그 후 1994년, 영국 랜덤하우스 출판사의 대표 게일 리벅이 내게 경영과 리더십에 관한 책을 쓰라고 권유했을 때 나는 책은 고사하고 팸플릿 한 장 채울 만한 지식도 없다고 사양했다. 그러나 책을 쓸 만한 실력은 못 되지만 제목은 어떻게 붙여야 할지 생각해두었다. '두려움 없는 경영'.

하버드 경영자 과정이 끝날 무렵, 나는 각 과목이 끝날 때마다 열리던 촌극에 참여했다. 그 과정 학생들은 대부분 은행가나 관리자들이어서 그들에 비해서 내가 많이 알고 있는 연예 분야를 주제로 삼았다. 나는 우둔하고 교육을 제대로 받지 못한 텍사스 출신 학생으로 분장해서 3만 달러나 냈으니 낙제를 할 리가 없다고 하버드 비즈니스스쿨 재학시절을 풍자하며 재미있게 연기했다. 어쨌든 그런 학생도 수료증을 받았다.

나는 그동안 배운 지식을 실전에 활용할 임무를 띠고 영국에 돌아왔다.

제6장

LWT의 운영과 실패

LWT에 전무이사로 취임한 첫날, 나는 사우스 뱅크에 있는 사옥 입구 안내석에 내 사진을 커다랗게 걸고 내가 그날부터 조직 운영권을 넘겨받았다, 각 사무실을 순방하면서 그날 가능한 한 많은 직원들을 만나보겠다, 그리고 점심식사 시간에 구내식당으로 전 직원을 초대하겠다는 공지문을 써 붙였다. 내 목적은 분명했다. 나는 전무이사로서 언제든지 마음을 열고 모든 직원들과 친밀하게 지내겠다는 의지를 보여주고 싶었던 것이다.

　나는 임기 첫해인 1990년에 경영진이 직원을 극진히 배려하고 있다는 것을 보여주기 위해서 두 가지 정책을 도입하였다. 우선, 새로 아기가 태어난 직원의 가정에 회사를 대표해서 꽃다발을 보내기 시작했다. 나는 경험을 통해서 이런 날이 인생에서 얼마나 중요한지 알고 있었기 때문에 경영진도 그러한 점을 잘 알고 있다는 것을 직원들에게 알리고 싶었던 것이다. 그리고 매년 크리스마스에 직원 자녀들을 초대하여 성대한 파티를 열어주었다. 텔레비전 관계자들은 아주 오랜 시간을 직장에서 일하기 때문에 직원 가족들에게 감사의 뜻을 전하는 조그만 성의를 보여주고 싶었던 것이다. 첫해에는 내가 산타클로스로 분장하고 우리 아이들을 포함해서 모든 어린이들에게 선물을 나누어 주었다. 이렇게 함으로써 직장에 대한 신뢰가 깊어지는 것에 비하면 파티에 드는 비용은 극히 적은 것이었다.

아주 조그만 성의만 보여도 직원들은 각자 자기 직분을 다한다. 재정부 직원들이 월간 회계 보고체제를 완전히 뜯어 고쳐 새로운 체제를 설계하느라고 엄청나게 고생한 적이 있었다. 그때 나는 샴페인 몇 병을 들고 가서 직원들의 노고를 치하했다. 이들은 그 일을 지금도 잊지 못하고 있다.

나는 고위급 임원 40명과 매주 조찬회를 갖기 시작했다. 우리는 이 자리에서 회사 내부에서 일어나는 일과 전반적인 업계 동향을 의논하는 것은 물론, 유쾌한 담소를 많이 나누었다. 이러한 방식의 회의는 내가 회사에 불러일으키려고 하는 경영 정신의 열쇠였다. 유머, 재치, 속도, 신념, 재미를 추구하는 분위기 속에서 우리는 전 직원에게 목적의식을 심어주려고 노력했다.

LWT의 경영을 맡은 지 며칠 지나지 않아 아버지가 세상을 떠났다. 아버지는 3년 전에 대장암 수술을 받은 적이 있었는데 암이 폐에 다시 나타나 1년 전부터 점점 병세가 악화되고 있었다. 해머스미스 병원에서 근무하는 캐럴 시코라라는 훌륭한 전문의가 아버지에게 앞으로 길어야 2년 정도 살 수 있을 것이라고 통보할 때 나도 아버지와 함께 있었다. 아버지는 감정을 겉으로 드러내는 법이 없었지만 그 주에는 망연자실한 모습이 역력히 겉으로 드러났다.

할아버지는 아버지가 어렸을 때 돌아가셨다. 그래서 아버지에게는 롤모델로 삼을 만한 아버지가 없었다. 하지만 아버지는 우리 형제를 극진히 보살펴주었다. 아버지와 어머니는 우리 형제들이 무슨 일을 하든 언제나 우리 뜻대로 밀어주었다. 나는 열일곱 살 때 아버지의 만류에도 불구하고 고물 차를 한 대 속아서 샀다. 아버지에게는 차를 샀다는 말을 하지 않았기 때문에 아버지는 우리 집 앞에 세워둔 차를 누가 거기 내다 버린 것으로 생각했다. 결국 어머니가 그 차가 내 차라고 아버지에게 말하고 말았다. 그 차는 너무 엉망이라 어떻게 손을 쓸 수도 없었지만, 아버지는 "내가 사지 말라고 그렇게 말렸건만……." 하고 한마디 한 적도 없었다. 아버지는 그저 어떻게 해서든지 차를 움직여보려고 나를 도와주었다. 아버지는 아주 보수적이고 차분한 성격이었으며, 보험업을 싫어하면서도 평생 묵묵히 보험업에 종사했다. 그는 거만한 사람을 아주 싫어했고, 거리에서 환경미화원과 마주치면 언제나 발길을 멈추고 말을 건네셨다. 그들을 하찮은 일에 종사하는 사람으로 대하지 않고 진정으로 인간다운 대접을 해주었다. 그런 분이 내 아버지였고, 아버지는 우리 형제도 그런 식으로 키웠다.

어머니가 아버지의 임종을 앞두고 몇 달 동안 극진히 간호했지만, 우리 형제는 아버지를 말기 환자 요양시설에 입원시키는 것이 최선의 방법이라고 판단했다. 아버지가 임종하던 마지막 주말이 마치 어제 일처럼 떠오른다. 1990년, 맨체스터 유나이티드 축구팀이 크리스털 팰리스 경기장에서 FA컵 결승전에 출전한 때였다. 나는 입장권 두 장을 구해서 아들 매튜와 함께 시합을 보러 가려고 했다가 아버지 곁을 지키기로 결정했다. 아버지는 그때 이미 의식을 잃은 상태였다. 나는 형제들과 함께 요양시설에서 중계방송으로 그 시합을 보았다.

월요일 아침에도 아버지는 숨을 쉬고 있었다. 그때 나는 나 자신도 이해할 수 없는 어처구니없는 결정을 내려 평생 동안 회한을 안고 살아가게 되었다. 그 월요일에 나는 LWT 전무이사로 취임한 이래 첫 번째 네트워크 회의를 주재해야 할 입장이었다. 그래서 아버지 곁에 머물러 있지 않고 오후에 다시 돌아오기로 작정하고 회의에 참석하러 떠났다. 아버지는 한낮에 돌아가셨다. 나는 아버지의 임종을 지켜보지 못하고

만 것이다. 이 글을 쓰는 이 순간에도 내 뺨에는 눈물이 하염없이 흘러 내린다. 내가 왜 갔을까? 회의는 한 번만 있는 게 아닌데……. 무슨 이유를 대더라도 그런 결정을 내린 나 자신을 합리화할 수 없고, 아버지를 마지막 순간에 저버렸다는 죄책감을 씻을 수 없을 것이다.

어떤 면에서는 아버지는 죽음으로써 고통을 면했다. 요양시설에서 병상에 누워 앙상한 체구로 고통 받는 모습에서는 우리를 키워준 훌륭한 아버지의 모습을 찾아볼 수 없었다. 나는 몇 달이 지난 후에야 아버지가 영영 이 세상을 떠났다는 사실을 실감할 수 있었다. 이제는 아버지가 내 자식들이 성장하는 모습을 지켜볼 수도 없고 자식들을 조용히 지켜보면서 격려해주시는 말씀도 들을 수 없게 된 것이다. 이제 그로부터 14년이 흘렀지만 여전히 아버지를 기억하고 내 자식들에게 아버지에 대한 이야기를 들려주고 있다. 우리 형제는 훌륭한 분들을 부모로 모신 행운아들이었다.

1990년에 LWT의 경영을 맡으면서 내가 봉착하게 된 문제는 미래가 아주 불확실하다는 것이었다. 대처 정부는 ITV를 개혁할 필요가 있다고 판단했다. 이런 판단을 내리게 된 데에는 LWT의 잘못도 있었다. 몇 해 전에 브라이언 월든이 대처 여사와 인터뷰를 할 때 LWT는 약 40명의 직원을 총리 관저로 보내서 카메라 두 대로 인터뷰 장면을 녹화했다. 그때 총리 관저에서는 출입하는 직원의 수를 모두 파악했던 것이다. 인터뷰 한 번 하기 위해서 그렇게 터무니없이 많은 인원을 보냈으니 대처 정부의 판단은 지극히 정당한 것이었다. 그때는 실질적으로 각 노조가 ITV 소속 방송사를 운영하고 있었다. 대처 여사가 노조를 증오하다 보니 ITV노 그녀에게 미움을 사게 되었던 것이다.

1985년, 대처 총리는 텔레비전 방송국의 재정현황을 조사하기 위해

위원회를 설립하고 앨런 피콕 교수를 위원장에 임명했다. 피콕 교수는 내가 요크셔대학교에 재학할 당시 그 대학에서 경제학을 가르치고 있었다. 한때 시장경제학과 더불어 마르크스주의에 대해서도 가르쳐달라고 학생들이 피콕 교수에게 요구한 적도 있었다. 그는 1985년부터 에든버러에 있는 데이비드 흄 연구소 소장으로 재직했는데 대처 총리의 요청을 받고 BBC에서 광고를 취급해도 좋은지 BBC의 상업광고 타당성을 연구하게 되었다. 하지만 그는 반대 의견을 제시해서 대처 총리를 실망시켰다. 그가 반대한 이유는 BBC와 ITV의 재정을 모두 뒷받침할 만큼 광고 수익원이 충분하지 않다는 것이었다. 그는 보완책으로 ITV 방송권 허가를 갱신할 때 방송권을 경매에 붙여 최고가를 제시한 방송사에게 방송권을 주라고 건의했다. 모든 사람이 그러한 건의를 일소에 부쳤지만, 대처 여사는 그렇지 않았다. 그녀는 그 건의안을 받아들여 시행하기로 결심했다. 그래서 1990년에 내가 해야 할 일은 1991년에 개최될 예정인 ITV 방송권 경매에 대비하는 것이었다. 새로 획득하는 방송권은 1993년 1월부터 효력이 발생할 예정이었다.

그때 내가 알고 있는 것이라곤 LWT의 재정상태로는 방송권을 획득할 가능성이 없다는 것이었다. 우리는 회사 규모를 축소하고 조직 내에 깊이 뿌리박혀 있는 낭비의 타성을 제거해야 했다. 이 회사는 다른 ITV 방송사들과 마찬가지로 30년 이상 노조의 횡포를 묵인해왔다. 이는 상업 텔레비전 방송사의 수익에 특별세를 부과하는 제도에도 원인이 있었다. 어떤 때에는 방송사 수익의 90%가 넘는 금액을 세금으로 납부한 적도 있었다. 그 결과 경영진에서는 비용 지출에 대해서 걱정하는 사람이 아무도 없었다. ITV 방송사들이 비용을 얼마나 쓰든지 간에 경영 상태를 흑자로 유지하고 있기만 하면 결국 비용은 납세자가 부담하게 될 테니까. 능률 제고를 위한 인센티브 제도도 없어서 노조가 실제로 ITV

를 운영하는 실권을 쥐고 있어도 경영진에게는 노조에 맞서 싸울 만한 금전적인 이득도 없었다.

적은 수의 근로자들이 LWT 전체를 마비시켜 회사가 막대한 인건비를 지불하면서도 광고수익을 기대할 수 없는 지경에 이르렀는데도 근로자에 맞서 싸우지 못하게 크리스토퍼 블랜드가 임원들을 만류한 적도 두어 차례 있었다. 크리스토퍼의 견해는 우리가 노조에 맞서 싸우면 근로자 전체를 상대로 맞서 싸우게 된다는 것이었다. 일단 근로자가 폭발하면 큰 불상사가 생길 수밖에 없는 상황이었다. 그의 말이 옳았다.

하지만 방송권을 경매에 붙인다는 위협이 있고 최고가 응찰자에게 방송권이 돌아갈 가능성이 보이자 세상이 바뀌기 시작했다. 이러한 환경 변화에 대처하려면 회사를 능률적으로 신속하게 운영해야 한다. 1987년, TV-am의 노조가 파업을 선언하자 브루스 긴젤이 기술자들을 전원 해고시킨 사건이 있었다. 처음에는 경영진이 직접 일선에 뛰어들어 업무를 맡아 처리했으나 브루스는 나중에 비노조원으로 인원을 보충하였다. 파업에 가담한 근로자들은 TV-am에 복귀하지 못했다. 이 사건이 우리에게 큰 도움이 되었다.

나는 노조와 협상을 벌이는 동안 LWT에도 변화의 가능성이 있다는 것을 처음 감지하였다. 노조는 수년 동안 그들 요구에 순순히 굴복하지 않으면 파업을 하겠다고 경영진을 위협해왔다. 하지만 이번에는 입장이 정반대가 되어 노조는 경영진이 TV-am처럼 직장 폐쇄가 초래될 상황을 만들려고 한다고 비난했다. 그때 나는 오랫동안 노조가 휘두르던 권력도 종말을 고할 때가 되었다는 것을 직감했다. 우리는 노조의 요구대로 엄청난 시간외 수당을 지급하고 출근하지도 않는 기술자들을 채용해서 월급을 또박또박 지급하던 관행을 모두 없애버렸다. 단 하루도 파업으로 업무가 마비된 적이 없이 계획대로 변혁을 추진해나갔다.

방송권 경매 위협과 동시에 외부 제작자들이 출현하게 되었다. 이것도 대처 여사가 주도하는 개혁의 일환으로서 ITV와 BBC로 하여금 매년 외부 제작자에게 작품의 25%를 의뢰하도록 한 것이다. 이러한 제도가 시행됨에 따라 노조와의 협상에서 우리의 입지가 엄청나게 강화되었다.

사실, 처음 LWT로 복귀했을 때 나는 〈베티〉(Betty)라는 드라마 제작을 놓고 노조와 담판을 벌였다. 그 드라마에는 트위기를 주연으로 기용할 예정이었다. 셰퍼턴 스튜디오에 세트를 설치하고 촬영을 시작하려고 하는데, 노조는 외부업체에 제작 의뢰한 이 작품에 대해서도 ITV 노조 협약에 따르라고 요구하고 나섰다. 노조 협약 조건이 지독하게 불공평하고 비용이 엄청나게 들기 때문에 노조 협약을 따르면 프로그램 제작에 실패할 수밖에 없는 상황이었다. 나는 단호한 태도를 보이기로 결심하고 그 프로그램 제작 계획을 전부 취소하고 100만 파운드가 넘는 비용을 손실 처리하고 노조의 협박에 굴복하지 않겠다고 공식적으로 발표하였다.

그러자 세 가지 결과가 나타났다. 첫째로, 〈베티〉가 취소된 데 대하여 노조가 모든 비난을 받게 되었다. 〈베티〉를 제작하지 못하자 트위기도 무척 화를 냈다. 그 결과, ITV에서 외부에 제작을 의뢰하는 작품에 대해서는 달리 협약을 체결하게 되었다. 둘째로, 우리는 이 기회를 이용하여 협약 개정에 동의하지 않으면 앞으로 드라마를 전부 외부 제작자들에게 맡기겠다고 선언했다. 셋째로, 내 입장이 다우닝 가에 분명하게 전달되었다. 그 덕분에 그 해에는 마거릿 대처 총리 부부로부터 크리스마스카드도 받았다.

정치적으로 좌파에 동조하고 있으면, 텔레비전 방송계에서 노조와 맞서 싸우는 일이 왜 필요한지 설명하기가 어렵다. 내 견해로는 신문업계와 마찬가지로 방송계 노조 지도자들도 대부분 사회주의 따위에는 조금도 관심이 없다. 그들이 원하는 것은 모든 사람에게 기회가 골고루 주어지는 평등한 사회가 아니다. 그들은 능률적인 경영에도 흥미가 없다. 게다가, 당시에는 노조 지도자들이 시청자에게 최상의 프로그램을 제공하려고 하는 열의도 보이지 않았다. 그들의 관심은 오로지 자신의 권력에 있었고, 자기 자신과 조합원들의 부의 축적에만 열중했다. 당시 LWT 노조 지도자 중에는 강경파 대처주의자도 많았다.

내가 전무이사에 부임하기 전에는 이러한 일이 끊일 새가 없이 일어났으나, 나는 취임하자마자 더 많은 변화가 필요하다고 직원들을 설득하기 시작했다. 내가 부임할 당시 직원이 약 1,500명 있었는데, 내가 그 회사를 떠날 무렵에는 직원의 수가 거의 반으로 줄어서 약 800명이 되었다. 나는 직원들을 약 20명씩 작은 그룹으로 모아놓고 우리가 달성하려고 하는 목표를 설명하고 조직이 살아남기 위해서는 더 많은 감축이 필요하다고 설명하였다.

그 당시 LWT 이사회에는 로저 해리슨이라는 고위급 비상임 이사가 한 사람 있었다. 그는 캐피털 라디오(Capital Radio)의 부회장이었으며, 《옵서버》지의 전무이사를 역임한 사람이었다. 그는 매우 지혜로운 노장이어서 나는 그의 조언을 항상 주의 깊게 경청했다. 그는 신문업계 구조조정을 통해서 터득한 진리를 내게 전수해주었다. 정리해고를 통해서 막대한 비용을 절감할 수 있으므로 정리해고되는 직원들에게는 수당을 아주 후하게 지급하라는 것이었다. 나는 그의 조언에 따라 조직을 떠나는 사람들이 충분한 보상을 받았다고 느낄 수 있게 후한 대우를 해주었다.

어느 날, 나는 비디오테이프 기술자들의 송별회에 참석했다. 그들은 LWT에 근무하는 동안 큰 재산을 모았지만 급여, 특히 시간외 수당이 대폭 삭감되는 시기에 새로운 세상에 머물고 싶지 않아 떠나는 사람들이었다. 그들은 그 대신 해고수당을 받기로 결정했다. 그들 중 한 사람이 아주 솔직하게 지난날에 대해서 털어놓았다.

"이사님, 우리를 비난해서는 안 됩니다. 경영진이 어리석었던 거죠. 경영진이 주겠다고 해서 우리는 주는 대로 그저 받기만 했을 뿐이에요."

이 말에 누가 반론을 제기할 수 있겠는가?

우리는 자산관리부서를 영리회사로 전환해서 마이크 사우스게이트에게 경영을 맡기기로 결정했다. 신설 회사의 이름을 런던 스튜디오(London Studios)라고 정했는데 이 회사는 큰 성공을 거두었다. BBC를 떠난 지 몇 달 후, 나는 〈당신에게 전할 뉴스가 있습니다〉라는 프로그램에 초대 진행자로 출연하기 위해서 사우스 뱅크에 있는 런던 스튜디오를 방문한 적이 있다. 그 프로그램은 BBC에서 방영되고 있었지만 외주 제작자인 햇 트릭(Hat Trick)이 런던 스튜디오에서 제작하고 있었다.

낡은 시설을 수익사업체로 전환하기 시작하면서 LWT 프로그램 제작자들은 각자 사용하는 스튜디오와 제작요원들에 대하여 처음으로 가격 협상을 벌이게 되었다. 그렇게 운영해보니 런던 스튜디오가 연간 1,600만 파운드의 적자를 보고 있다는 사실이 드러났다. 마이크의 임무는 새로운 방송권이 1993년에 발효되었을 때 그 스튜디오의 경영 상태를 손익분기점까지 끌어올리는 것이었다. 그는 외부에서 고객을 유치하고 구조조정을 단행하고 직원을 대폭 정리해고하여 대단한 성과를 거두었다.

내가 회사 운영을 정상화하기 위해서 노력하고 있는 동안, 크리스토퍼 블랜드는 LWT 경영을 총괄하는 회장으로서 회사의 자금 조달 방안을 모색하기 시작했다. 크리스토퍼의 견해로는 우리는 텔레비전 방송사로서 본연의 업무에 충실해야 한다는 것이었다. 그래서 그는 자회사

두 개를 매각하였다. 하나는 페이지 앤드 모이라는 여행사였고, 나머지 하나는 허친슨이라는 출판사였다. 그가 두 회사를 좋은 가격에 매각한 덕분에 회사는 하루아침에 돈방석 위에 앉게 되었다. 1989년 초 어느 날 아침, 그는 브라이언 테슬러와 나에게 '경영진에 의한 자사주 매입' (Management Buyout)을 단행하자고 제의하였다. 그는 회사가 보유하고 있는 현금을 활용하고 모자라는 자금은 융자를 받으면 경영진이 LWT 회사 지분을 모두 인수할 수 있을 것이라고 판단했다.

우리는 완전 인수에 나서지는 않았지만 변형된 형태로 인수에 나섰다. 거액을 융자받아 그 돈으로 주주들이 투자한 자금을 일부 상환함으로써 기업의 시장 자본 의존도를 낮추고 경영진에게 막대한 인센티브를 주기 위한 정책이었다. 크리스토퍼의 견해로는 이렇게 해야 방송권 경매에서 이길 확률이 높아진다는 것이었다. 한편으로는 경영진에게 인센티브를 약속함으로써 유능한 임원이 경쟁업체의 유혹에 빠져 이탈하는 일을 막을 수 있고, 회사를 능률적으로 운영할 수 있게 될 것이다. 또한 회사의 주식 자본을 이자가 저렴한 부채로 대체함으로써 더 높은 가격으로 방송권 입찰에 나설 수 있게 될 것이다.

내게는 경영진 인수에 참여할 자격이 있는 임원을 선정하는 일이 맡겨졌다. 나는 가능한 한 많은 사람을 포함시키기로 결심했다. 우리는 44명의 임원을 이 계획에 참여시켰다. 그 다음 몇 년 동안 주식 시세가 큰 폭으로 상승하면 참가자 모두 큰돈을 벌 수 있는 기회였다. 임원들은 각자 돈을 내놓았다. 어떤 임원은 집을 저당 잡히기도 했지만, 나와 같이 LWT에 스톡옵션을 가지고 있거나 지분을 충분히 가지고 있는 임원은 현금을 별도로 조달할 필요가 없었다. 앞으로 3년간 주식 시세가 1주당 83펜스에서 240펜스로 상승하면 우리가 보유하는 자사주의 수가 4배로 증가해서 44명의 경영진이 LWT 주식을 15% 보유하게 된다. 세부적인

크리스토퍼 블랜드는 경영진이 회사 주식의 15%를 확보하는 계획을 구상했다. 그러나 우리가 부유하게 되었다고 ITV에서 널리 환영 받은 것은 아니었다.

계획은 닐 캐너티-클라크라는 젊은 시중은행 은행원이 작성한 것이었다. 그는 당시 LWT에서 파견 근무를 하고 있었는데 나중에 재정 담당이사가 되었다.

금융계에서는 그 계획에 반대하는 업체도 있었다. 특히, 펄, 이글 스타, 스코티시 애미커블이 반대하고 나섰지만 우리는 주주 가운데 75%의 찬성표를 확보하는 데 성공했다. 그 계획을 시행했을 때에는 주식 시세가 떨어졌다. 우리는 1주당 83펜스씩 지불했는데 증권시장에서는 76펜스에 거래되었다. 나는 그 계획이 경영진에게 너무 유리한 조건으로 만들어졌다고 비난하는 사람을 만나면 이렇게 반문한다.

"우리가 성공하리라고 그렇게 쉽게 예견했으면서, 왜 주식이 76펜스에 거래되고 있을 때 투자하지 않으셨나요?"

그러면 아무 소리 못하고 입을 다물었다.

두말할 필요도 없이 경영진은 엄청난 성공을 거두었다. 1990년에 1주당 83펜스를 투자하고 불과 4년 만에 1주당 30파운드에 달하는 거액을 거두어들였다. 나는 700만 파운드를 벌어들였다. 브라이언 테슬러와 론 밀러도 마찬가지였다. 크리스토퍼는 더 많이 벌어들인 것으로 짐작된다. 어쨌든 이 아이디어를 맨 처음에 낸 사람은 그였으니까. 나는 그 계획에 가급적 많은 간부들을 참여시켜 평생 부자가 될 꿈을 꿔보지도 못한 사람들도 부유하게 만들어주려고 했다. 공보실을 담당하고 있던 피터 코폭마저 100만 파운드의 재산을 갖게 되자 언론계 인사들의 속이 뒤집어졌다. 일반 주주들도 불평을 할 이유가 없었다. 그들도 1990년에 1주당 76펜스, 아니 83펜스씩 투자했다면 4년 뒤에 7파운드 50펜스씩에 팔 수 있었을 테니까.

최종적으로 주식을 매각할 때 나는 수익금 중에서 얼마씩 모아서 그 계획을 수립한 1990년부터 회사에서 근속한 직원들에게 나누어주기로 결심했다. 나는 44명의 참가자들에게 각자 벌어들인 수익금의 비율에 따라 추렴하자고 제안했다. 순전히 자발적인 모금이었지만 44명의 참가자 중에서 43명이 기꺼이 모금에 참여했다. 나는 약 22만 파운드를 냈다. 참가자 중 한 사람만 모금에 참여하지 않고 수익금을 다른 직원들과 나누자고 제안했다고 나를 비난했다. 그는 기자들에게 나를 가리켜 사회주의 성향이 있는 '우스운 놈'이라고 했다. 나는 단지 우리가 그렇게 큰돈을 벌어들일 수 있으리라고 상상하지 못했고 그 계획에 참여하지 못한 LWT 직원들에게 다소 죄책감을 느꼈기 때문에 다른 직원들에게도 얼마씩 나누어주자고 제안했던 것이다.

우리가 그렇게 많은 돈을 벌 수 있었던 이유는 예상보다 훨씬 적은 액수로 방송권을 따냈기 때문이다. 대처 여사는 원래 최고액 응찰자가 자동적으로 방송권을 따내는 직접 경매방식을 택하려고 했다. 그런데 그 법안이 의회 심의를 거치는 동안 자격기준을 추가하는 것으로 수정되었다. 이 단서조항은 당시 내무부 각외(閣外)장관이었던 데이비드 멜러가 법안이 끼워 넣은 것이었다. 데이비드는 방송권을 경매에 붙인다는 발상 자체를 싫어해서 우수한 ITV 방송사가 살아남을 수 있도록 자격기준을 추가했던 것으로 추측된다. 이 조항에 따르면, 입찰자들은 재정적으로 ITV 방송국을 유지할 수 있고 품질이 우수한 프로그램을 방영할 수 있다는 것을 민영텔레비전방송위원회(ITC: Independent Television Commission)에 입증해야 한다.

그 제도는 어리석은 것이었다. 90년대 중반까지도 그 법안을 발의한 의원은 물론이고 찬성표를 던졌다고 자인한 의원 가운데에 보수당 의원은 한 명도 없었다. 그때는 이미 마거릿 대처가 총리직에서 물러났지만 그 제도가 실패하자 모든 비난이 그녀에게 쏟아졌다. 센트럴과 스코티시 방송사는 경쟁자가 없는 것을 알고는 방송권을 연간 2,000파운드에 따냈다. 반면에 TVS와 텔레비전 사우스웨스트(Television South West) 같은 회사는 각각 5,900만 파운드와 1,600만 파운드에 응찰했으나 입찰 가격이 너무 높다고 ITC가 무효 처리해버렸다.

우리는 입찰가격을 얼마로 해야 할지 오랫동안 심사숙고했다. 우리에게는 경쟁자가 단 한 곳, 런던 인디펜던트 방송사(London Independent Broadcasting)밖에 없었다. 이 회사는 음악회사인 폴리그램이 전면에 나서고 내 친구 톰 거터리지가 구성한 방송사였다. 거터리지는 내가 요크셔대학교에 재학하던 시절에 대학 TV를 운영하였고, 나중에는 멘턴(Mentorn)이라는 제작사를 영국에 설립하여 성공한 친구다. 그는 지금 미국에서 프리맨틀 텔레비전(Fremantle Television)을 운영하고 있다. 톰은 지금도 나와 친하게 지내고 있다. 나는 그가 LWT와 맞서 입찰에 참가한 일을 용서하고 수와 함께 2003년 그의 결혼식에 참석했다. 그는 로제타라는 멋진 여성과 결혼했는데 결혼식은 거터리지의 작품답게 비용을 전혀 아끼지 않고 준비되었다. 주례는 주교가 맡았다. 톰과 로제타는 이미 이혼한 전력이 있지만 살고 있는 지역의 교회에서 결혼식을 올리겠다고 그 지역 교구장을 설득했던 것이다. 톰은 언제 어디서나 누구든 설득할 수 있는 능력이 있었다. 나는 그 주교가 호기심에 주례를 맡았던 것으로 짐작한다.

나는 폴리그램 컨소시엄은 염두에 두지 않고 있었기 때문에 2주 동안 이 컨소시엄에 대한 정보를 수집하는 데 전념했다. 전무이사직을 제의받았던 사람, 자금 조달 문제로 접촉했던 사람, 프로그램 제작자 등 여러 사람을 만나본 결과, 이 컨소시엄이 얼마를 입찰가로 써내든 재정 상태가 좋지 않기 때문에 그 컨소시엄이 이길 확률은 희박하다는 결론을 내렸다. 톰은 결혼식에 아낌없이 돈을 들인 것과는 달리 이 프로젝트에 대한 자금은 충분히 확보하지 못했다. 그는 몇 년이 지난 후에 나에게 이렇게 실토했다.

"당신네가 매년 몇 백만 파운드짜리 프로그램 제작을 멘턴에게 의뢰하겠다고 제안했으면 그 프로젝트에서 발을 뺐을 거요."

우리도 그 당시에는 톰에게 그런 속셈이 있으리라고 추측했지만, 그런 위험을 부담하고 싶지는 않았다. 그런 제안을 해서 우리가 계략에 말려들면 자칫 ITV 방송권을 받을 자격이 없다는 판정을 받을 위험이 있었기 때문이다. 하지만 거스 맥도널드는 스코틀랜드에서 아무런 거리낌 없이 거의 모든 프로그램 제작사에게 프로그램 제작을 맡기겠다는 약속을 했다. 돌이켜 생각하면 그의 행동이 옳았던 것 같다.

나는 폴리그램의 자금 사정을 확인하고 나서 가격을 약간만 낮춰서 응찰하려고 했다. 하지만 크리스토퍼의 생각은 달랐다. 그는 아주 낮은 가격에 응찰해도 충분히 따낼 수 있다고 생각했다. 우리는 결국 758만 파운드에 응찰해서 방송권을 낙찰받았다. 폴리그램 컨소시엄은 3,500만 파운드에 응찰하고서도 방송권을 따내지 못했다. 정말 우스꽝스러운 제도가 아닐 수 없었다.

입찰 과정은 음모의 연속이었다. 어느 금요일, 나는 어떤 사람으로부터 편지를 한 통 받았다. 그는 폴리그램이 얼마에 응찰할 예정인지 알고 있으니 5,000파운드만 주면 정보를 알려주겠다고 편지에 썼다. 그는 자기와 접촉하고 싶으면 《이브닝 스탠더드》(Evening Standard)지에 '주말을 즐길 수 있는 일'이라는 제목으로 광고를 내라고 했다. 우리는 그때이미 폴리그램보다 가격을 훨씬 낮추어서 응찰하기로 했기 때문에 그편지를 무시해버렸다. 내가 들은 이야기 가운데 가장 재미있는 것은 요크셔 텔레비전과 머지 텔레비전(Mersey Television)에 얽힌 일이었다. 이두 회사는 비밀리에 그라나다의 방송권을 뺏기로 밀약을 맺었다. 그래서 양측 대표가 리즈에 있는 어느 호텔에서 비밀회의를 하기로 했는데 호텔에 도착해보니 호텔 지배인이 지나치게 열의를 보인 나머지 호텔 로비에 이런 플래카드를 걸어놓았다는 것이다.

"요크셔 텔레비전과 머지 텔레비전 대표단을 환영합니다!"

억스브리지에서 나와 함께 일한 적이 있는 《파이낸셜 타임스》의 언론 담당 편집자 레이 스노디는 당시 각 방송사의 응찰 예정가격을 모두 파악하고 있었는데 LWT의 가격만 알아내지 못했다. 그는 나와의 오래된 친분까지 이용해서 귀띔을 해달라고 졸랐지만 나는 그의 부탁을 거절했다. 우리가 단돈 700만 파운드에 응찰한 것이 밝혀지자 모든 사람이 깜짝 놀랐다. 입찰을 반드시 따내겠다는 회사라면 써넣을 수 없는 가격이었기 때문이다. LWT 이사들도 예외는 아니었다. 결과를 발표하는 날 아침에 편성제작국장 로빈 팩스턴에게 우리가 입찰가로 써낸 가격을 알려주자 그의 얼굴이 백짓장처럼 하얗게 변했다. 우리는 계산된 도박을 했고, 그 계산이 정확히 맞아떨어졌다. 하지만 우리 계산이 빗나갔다면 직원들이 어떤 반응을 보였을까 상상하면 등골이 오싹해진다.

우리는 내가 근무했던 TV-am이 보유하고 있던 ITV 아침 방송권에도 응찰했다. 규정에 따르면, 우리는 그 방송사 지분의 20%밖에 소유할 수 없었다. 하지만 다른 방송권과 함께 묶어서 응찰해서 성공하면 우리 사옥에 있는 스튜디오 중에서 사용하지 않는 스튜디오와 LWT 방송요원, 그리고 LWT 송신시설을 컨소시엄에 팔아넘길 수 있었다. 우리는 그 방송권에 너무 많은 돈을 지불했다. 연간 3,461만 파운드에 응찰한 것이다. GMTV는 수익다운 수익을 내는 데 10년이 걸렸다. 하지만 LWT는 첫날부터 돈을 벌어들이기 시작했다. 우리로서는 아주 좋은 거래가 된 셈이다.

아침 방송권에 대한 우리 입찰가를 놓고 음모론이 여기저기서 제기되었다. 최대 경쟁자이자 ITN이 지원하는 컨소시엄이 얼마에 응찰할지 우리가 미리 알고 있었다는 것이다. 그건 분명히 사실이다. 나는 그들의 입찰가를 알아내 우리 컨소시엄 참가자들에게 얼마를 더 추가해야 입찰에서 승리할 수 있다고 말한 적이 있다. 참가자는 모두 내 제안에 동의하고 가격을 올려서 입찰에 성공한 것이다. ITN의 입찰가를 내게 말해준 사람이 누구인지 아직 밝힌 적도 없고 앞으로도 밝히지 않을 것이다. 하지만 이미 여러 차례 밝힌 바와 같이 ITN 컨소시엄에 참여했던 칼턴(Carlton)사의 마이클 그린이 알려준 것은 아니다. 우리가 승리한 후 그는 우리 그룹의 몫 중에서 마지막 20%를 차지한 까닭에 그가 자기 그룹을 배신했다는 소문이 떠돌기 시작했지만, 그건 사실이 아니다.

그래서 방송권 경매 결과가 발표되던 날, LWT는 축하해야 할 일이 두 가지가 있었다. 하나는 우리 방송권을 다시 획득했다는 것이고, 나머지 하나는 우리 컨소시엄이 아침 방송권도 획득했다는 것이다. 점심 시간에 나는 크리스토퍼 블랜드와 브라이언 테슬러와 함께 구내식당에서 직원들로부터 기립 박수갈채를 받았다. 그날 저녁 우리는 성대한 파티를 열고 밤새 직원들과 승리의 기쁨을 나누었다. 나는 방송권 전투에서 승리할 경우에 예상해서 준비해두었던 연설을 그날 밤 직원들에게 했다. 하지만 나는 패배할 경우를 예상한 연설문은 준비하지 않았다. 나는 도저히 패배 연설을 직접 쓸 수가 없어서 토니 코언에게 연설문을 준비해달라고 부탁했는데, 몇 년 뒤 그는 자기도 그 연설문을 쓰지 않았다고 실토했다. 고맙게도 그런 연설문이 필요 없었다.

파티가 끝난 후 아침나절에도 사옥 여기저기에 누워 있는 사람들이 있었다. 너무 취하거나 너무 피곤해서 집에 가지 못한 직원들이었다. 나는 승리를 확신하고 런던 시내 곳곳에 붙일 포스터를 사전에 많이 준비시켰다. 포스터에는 LWT 전속 코미디언 헤일과 페이스가 'LWT가 해냈습니다!' 라고 말하는 모습이 담겨 있었다. 내가 한 가지 두려워한 것은 패배한 경우에도 포스터 배포를 중단시키지 못하는 사태가 벌어지지 않을까 하는 것이었다. 그라나다에서 그런 일이 벌어질 뻔했다. 이 회사는 방송권 경매에서 승리하면 직원들 집에 샴페인을 한 병씩 배달하도록 준비시켜 놓았다. 문제는 샴페인 배달을 맡은 회사가 결과가 발표되기도 전에 배달을 시작한 것이었다. 하지만 다행스럽게도 그라나다가 경매에서 이겼다.

일부 ITV 방송사에게는 이 날이 매우 슬픈 날이었다. 그래서 나는 템스, TVS, 그리고 TSW 전무이사에게 각각 전화해서 유감을 표시했다. 그러나 TV-am의 브루스 긴젤에게는 전화하지 않았다. 우리가 방송권 쟁탈 경쟁에서 그를 이겼다는 점을 감안할 때 적절치 못한 처신이라고 판단했기 때문이다. 사실, TV-am이 승리할 가능성은 거의 없었다. 우리 계산으로는 아침 방송을 단독 사업으로 운영하는 것보다 기존 방송국에서 부대사업으로 운영하는 것이 훨씬 비용 면에서 유리했다. 그래서 우리나 다른 입찰 참가자였던 ITN 컨소시엄이 TV-am보다 좋은 가격을 제시할 수 있었던 것이다.

그렇지만 패배는 브루스 긴젤에게 충격이었다. 그는 영국에 있는 동안 마거릿 대처와 친분을 맺고, 특히 그가 텔레비전 노조와 맞서 싸워 이긴 것을 계기로 매우 친밀한 사이가 되었다. 그런데 대처 정부가 추진한 입법의 결과로 그의 회사가 방송권을 잃었으니 대처 여사로서는 당황하지 않을 수 없었다. 그녀는 브루스에게 무척 안타깝게 되었다는 내용의 편지를 보냈다. 하지만 브루스는 그녀를 그만큼 친밀하게 생각하지는 않는지 에그컵 타워에서 기자회견을 열고 그녀가 보낸 사신(私信)을 공개했다.

다른 방송사들은 방송권을 받았는데 당신이 받지 못했다는 소식을 듣고 무척 당혹스럽고 가슴이 아프군요. 당신 회사 임직원은 모두 텔레비전 업계 전체에 크게 기여했는데 그 점을 고려하지 않은 것 같군요. 제가 입법에 책임이 있다는 점이 너무나 가슴 아플 뿐입니다.

마거릿 대처의 사고방식으로는 자기와 가까운 사람들은 당연히 자신의 정부가 추진한 그 악법의 영향을 받지 않으리라고 생각했을 것이다. 브루스는 그 기자회견에서 GMTV는 2년 안에 망하게 될 것이라고 말하기도 했다. 하지만 12년이 지난 지금까지도 GMTV는 수익성이 있는 회사로 번창하고 있다.

나는 특히 내 친구 리처드 던의 일이 안타까웠다. 그는 ITV 방송사 중에서 가장 큰 템스 방송사를 책임지고 있었다. 그에게는 마이클 그린이 이끄는 칼턴이라는 정말 강력한 경쟁자가 있었다. 나는 리처드가 비용절감에 실패해서 경쟁자를 모두 따돌릴 수 있는 가격을 제시하지 못할까 염려했다. 그는 ITC가 법률이 허용한 권한의 범위 내에서 특수상황에 관한 예외조항을 내세워 템스 방송사를 살려주리라고 믿은 것 같았다. 하지만 템스 방송사는 영국 군인들이 지브롤터에서 IRA 테러리스트들을 살해한 사건을 〈암벽 위의 죽음〉(Death on the Rock)이라는 프로그램에서 방영한 일로 정부 측으로부터 호감을 얻지 못했다. 대처 여사는 그 프로그램을 비난하고 ITC가 자신의 친구인 브루스 긴젤을 특별관리할 것이 아니라 템스를 과감하게 특별 관리했어야 한다고 공언했다. ITC는 끝내 예외조항을 적용하지 않았다.

리처드 던과 나는 각자 상대방이 보유하고 있는 방송권에 대해서는 입찰에 참여하지 않기로 몇 달 전에 이미 합의한 바 있었다. LWT로서는 낮은 가격에 응찰하기로 결정했기 때문에 적절한 합의였지만, 나는 리처드가 그런 합의가 자신에게도 적절하다고 생각한 이유를 확실히 알 수 없다. 템스를 잃은 것은 그에게 엄청난 타격이었다. 그런 그는 실패를 딛고 일어서서 다시 자신의 영역을 구축하는 데 성공하였으나, 슬프게도 1998년 8월 심장마비로 수영장 바닥에서 죽은 채 발견되었다.

경매 결과는 1991년 10월에 발표되었지만, 15개월이 지난 1993년 1월부터 효력이 발효되었다. 그 공백 기간 동안 ITV를 운영하는 일은 어렵지만 흥미로운 일이었다. 그래서 나는 2년 임기의 ITV 회장직에 취임하여 그 일에 전념해보기로 결심했다. 20개 방송사의 대표가 한자리에 모였는데, 그 중 12개 방송사는 방송권을 계속 확보했고, 4개 방송사는 방송권을 잃었고, 나머지 4개 방송사는 새로 방송권을 획득한 회사였다. 패자들은 승자들을 미워했고, 승자들은 패자들과 마주 앉으려고 하지 않았다. 심지어 우리는 〈공소장〉(The Bill)과 같이 템스가 제작한 좋은 프로그램도 사들이면 방송사에게도 이익이 되고 ITV 네트워크에도 이익이 된다고 칼턴 방송사를 설득해야 했다. 하지만 우리는 〈못된 남자들〉(Men Behaving Badly)을 사들이지 않는 실수를 저질렀다. 그 프로그램은 나중에 BBC에서 큰 히트작이 되었다.

전반적으로 우리는 공백 기간을 무난히 운영해나가 1992년 말에는 ITV 방송사들이 패자들에게 만찬을 베풀기도 했다. 나는 브루스 긴젤을 칭찬하는 연설을 했다. 그가 나를 TV-am에서 해고한 지 이미 8년이라는 세월이 흘러 나는 더 이상 그에 대해 적개심을 느끼지 않았다. 나는 ITV 관계자들이 그와 같이 다채로운 경력을 가진 인물을 그리워하게 될 것이라고 말했다. 불과 1년 후에 나도 그와 똑같은 신세가 되리라고 누가 예측이나 했겠는가?

1993년 6월의 일이었다. 나는 마이클 사우스게이트와 존 쿠퍼와 함께 네딜란드 힐베르쉼으로 출장을 갔다. 우리는 어느 운하 옆에 있는 식당에서 점심식사를 하고 있었는데, 식당 주인이 와서 우리 일행 중에 다이크 씨라는 분이 있느냐고 물었다. 내게 걸려온 전화가 있다는 것이었다. 크리스토퍼 블랜드의 전화였다. 그는 귀국을 서두르라고 했다. 그날 아침 그라나다가 증권시장에서 LWT 주식의 14.99%를 1주당 5파운드씩 사들였다는 것이었다. 그라나다는 주식 매입 자금으로 6,790만 파운드를 투입해서 그 전날 런던 증권거래소의 종가보다 30% 비싼 가격에 우리 주식을 사들였다. 1주일 후, 그들은 우리 주식을 5% 추가로 매입해서 법적 허용한도인 19.9%까지 우리 회사 주식을 확보했다.

그날 나는 귀국하는 비행기에서 깊은 근심에 잠겼다. 나는 그날 아침 수백만 파운드를 벌어들였다. 하지만 그것이 무슨 의미인지 잘 알고 있었다. 우리는 사랑하는 회사를 잃게 될 위험에 직면하고 있는 것이 아닌가!

그 당시 한 회사가 두 개의 대규모 방송권을 소유할 수 있도록 허용하기 위해서 정부가 ITV에 대한 소유권 규정을 개정할 예정이라는 소문이 매우 설득력 있게 나돌고 있었다. 그라나다 경영주 게리 로빈슨과 찰스 앨런은 원래 요식업을 하던 사람들인데 기회만 생기면 선제공격을 해서 LWT를 소유하려고 벼르고 있었던 것이다.

그보다 한 달 전인 1993년 5월, 나는 요크셔/타인 티즈 텔레비전의 회장 겸 전무이사 클라이브 리치와의 우호적인 거래를 성사시켜 LWT가 요크셔/타인 티즈 텔레비전의 주식 14%를 사들이게 했다. 그 거래의 일환으로 우리는 요크셔의 광고시간 판매를 책임지기로 했다. 그런데 그 해 9월, 우리는 요크셔가 광고 총수익을 과다 계상(計上)한 것을 발견했다. 그 회사는 실제로는 상당한 손실을 보았는데도 제법 많은 이익을 낸 것으로 발표한 것이다.

LWT 영업이사 론 밀러가 이 사실을 발견하자, 나는 요크셔/타인 티즈 이사회의 LWT 측 이사의 자격으로 그러한 비리를 고발했다. 나는 감사위원회 위원장에게 직접 가서 우리가 발견한 사실을 알렸다. 그 결과, 클라이브 리치는 그 회사에서 사임하고, 타인 티즈 출신인 워드 토머스가 회장직을 물려받았다. 그로부터 2년 후, 브루스 긴젤이 그 회사의 전무이사가 되어 1997년 그라나다로 매각될 때까지 그 회사에서 일했다.

그라나다는 1993년 12월에 LWT 주식을 인수하겠다고 선언했다. 드디어 올 것이 온 것이다. 우리도 주주들에게 대안을 제시했다. 그라나다가 LWT를 매입하려고 하면, 우리는 앵글리아 텔레비전(Anglia Television)과 제휴해서 요크셔/타인 티즈의 주식을 모두 매입하겠다고 한 것이다. 우리가 요크셔 주식의 80%와 타인 티즈 주식의 20%를 보유하고, 앵글리아가 타인 티즈 주식의 20%와 요크셔 주식의 20%를 보유하는 조건이었다. 법적으로 허용이 되는 날이 오면 4개 회사를 합병해서 런던과 잉글랜드 동부지역을 모두 장악할 수 있는 단일 ITV 방송사가 될 수 있었다.

이것은 아주 훌륭한 계획이었다. 나는 지금까지도 그 계획이 제대로 추진되었으면 그라나다의 시도를 꺾어버릴 수 있었다고 믿고 있다. 우리는 요크셔/타인 티즈의 주식을 1주당 4파운드에 매입하기로 합의했다. 아주 좋은 가격이었다(최종적으로는 그라나다가 1997년에 그 주식을 1주당 7파운드에 매입했다). 하지만 앵글리아의 이사들이 겁을 먹었다. 앵글리아의 거래은행 측에서 그라나다가 LWT를 인수하면 앵글리아는 오도 가도 못하는 신세가 될 것이라는 의견을 내놓자 그들은 소심하게 발을 빼고 말았다.

그러자 그라나다와 LWT 사이에 전면전이 벌어졌다. 우리가 강력하게 대항하자 그라나다는 두 차례에 걸쳐서 주식 청약 가격을 인상했다. 그러자 마침내 우리 회사 주주의 57%가 주식 매입 청약에 승낙했다. 우리 경영진은 눈부신 업적을 남겼다. 주식가격 상승률로 따지면 우리 회사는 영국에서 네 번째로 성공한 회사였다. 그런데도 주주들은 우리를 팔아넘겨 버렸다. 주범은 머큐리 자산관리회사(Mercury Asset Management)에서 일하는 캐럴 갤리라는 여자였다. 겉으로 보기에는 매력적이지만 금융계에서는 그 여자에게 '냉혈처녀'라는 별명을 붙여주었다. 머큐리는 그라나다의 주식 14%와 LWT의 주식 14%를 소유하고 있었다. 우리 경영진이 훨씬 유능했지만 그녀는 우리 회사를 선택하지 않았다. 그때부터 나는 그녀를 '마귀할멈'이라고 불렀다. 그녀는 2년 후 그라나다가 포트(Forte)를 매입할 때에도 똑같은 행동을 했다. 포트를 팔아넘긴 것이다. 그녀는 두 번 다 잘못 선택한 것이다. 몇 년이 흐른 뒤, 유니레버(Unilever)가 머큐리를 상대로 유니레버의 연금을 잘못 관리했다는 이유로 소송을 제기하자 캐럴 갤리의 신용은 크게 손상되었다. 머큐리는 결국 1억 3,000만 파운드를 지불했다. 나는 그날 저녁 샴페인을 터트리며 그 소송 결과에 축배를 들었다.

LWT가 마지막 전투를 벌이던 날, 크리스토퍼 블랜드와 나는 회사를 살리기 위해서 좀 더 과감한, 아니 무모한 조치를 취할 방안을 모색했다. 크리스토퍼는 그날 아침 어느 중개거래인(한 시장에서 주식을 매입해서 즉시 다른 시장에서 매각하는 사람)으로부터 전화를 받았다. 그 중개거래인은 LWT 주식의 3%를 보유하고 있는데 그라나다에 팔려고 한다고 하면서 우리 측이 더 높은 가격을 주면 우리 측에 팔겠다고 말했다.

워버그 핀커스(Warburg Pincus. 미국 벤처 캐피털 회사)와 피델리티(Fidelity)와 같은 주주들이 우리를 지지하고 있었기 때문에 그 제안을 받아들이면 우리가 아슬아슬하게 이길 수도 있었다. 내가 크리스토퍼의 방으로 들어가자 그는 중개거래인이 제안하는 주식을 우리 두 사람이 사들이자고 제의했다. 약 2,300만 파운드의 주식대금이 필요한 투자였다. 두 사람 모두 그렇게 많은 돈은 가지고 있지 않았다. 주식대금을 지불하려면 융자를 받는 길밖에 없었다. 한 시간가량 의논한 결과, 미친 짓이라는 결론을 내렸다. LWT 자사주 매입 전략으로 벌어들인 돈을 몽땅 날릴 위험이 있었다. 나는 크리스토퍼를 올려다보면서 이렇게 말했다.

"오늘 밤에 우리가 패배하면 나는 실업자가 될 판이에요. 그런데 이 제안까지 받아들이면 빈털터리가 되겠죠."

결국 우리가 시도해보기도 전에 중개거래인의 주식은 그라나다에게 넘어가고 말았다. 우리는 그 기회를 놓쳤지만 아주 비싼 값을 치를 뻔했다. 그 일 때문에 우리는 LWT의 경영권을 쥐고 있던 마지막 날 두어 시간을 허비했다.

1994년 2월 25일 금요일, 오후 늦게 게리 로빈슨이 크리스토퍼에게 전화해서 그라나다가 이제 주식의 57%를 확보했으니 LWT를 소유하게 되었다고 말했다. 그날 밤, 우리는 구내식당에서 큰 파티를 열고 밤샘을 하다시피 했다.

LWT와 그라나다는 서로 우호적으로 지낸 적이 없었다. 그런데 아이로니컬하게도 우리가 가장 싫어하는 ITV 회사가 우리 회사를 매입했다. 1993년 9월, 크리스토퍼는 케임브리지에서 열린 왕립텔레비전방송협회 심포지엄에서 존 버트에 관해서 이야기하면서 두 회사 간의 적대감이 얼마나 컸는지 이렇게 설명했다.

"존 버트는 LWT에 재직하는 동안 ITV 네트워크 전체의 이익을 위해서 행동하라고 그라나다를 설득했지만 소용이 없었다. 결국 그는 LWT를 떠나 BBC의 현대화라는, 그보다 훨씬 큰일을 맡았다."

그 다음 주에 나는 게리 로빈슨을 만났다. 그는 LWT 최고경영자를 맡아 회사에 머물러달라고 나를 설득했다. 주식 매입이 진행되는 동안,

그라나다는 LWT 인수에 성공하면 나에게 좋은 자리를 주겠다는 언질로 나와 크리스토퍼의 사이를 갈라놓으려고 애썼다. 주식 매입 과정에도 그 제의를 받아들이지 않았는데 이제 와서 받아들일 이유가 없었다. 크리스토퍼는 내 친구고 그라나다는 적이었다. 그런데 그들을 위해서 일해야 할 까닭이 없지 않은가? 그래서 나는 유임해달라는 제의를 거절하고 계약에 명시된 대로 2년치 급여를 받고 LWT를 떠났다.

그라나다가 인수함으로써 LWT가 잃게 된 것이 또 하나 있었다. 그곳은 항상 활기가 넘쳐 프로그램 제작자들이 신뢰하며 일하고 싶어 하던 곳이었다. 그래서 그곳에서 우수한 프로그램이 상당히 많이 제작되었다. 그 회사는 큰 가족과 같았다. 하지만 인수와 함께 그러한 분위기가 사라졌다. 그 후 몇 년 사이에 나와 함께 일하던 직원들이 대부분 회사를 그만두었다. 그들은 회사를 그만두면서 내게 전화해서 사직 인사를 했다. 마치 내게 사직을 결재해달라는 것 같았다.

그때 내가 얼마나 박탈감을 느꼈는지 이제 와서 설명하기가 어렵다. 내 평생 그렇게 견디기 힘든 때는 겨우 두 번 있었다. 한 번은 첫 결혼에 실패했을 때였고, 또 한 번은 아버지가 돌아가셨을 때였다. 나는 그때 47세였는데 내가 일구어놓은 세상이 사라져버린 것이다. 내가 무엇 하는 사람인지, 내가 누구인지 알 수 없었다. 학교로 아이들을 데리러 갈 때면 모든 사람이 나를 쳐다보고 퇴물이라고 손가락질하는 것 같았다. 권한도 없고, 직위도 없고, 직원도 없고, 운전사는 물론 비서도 없으니 내게 남겨진 것이 무엇인가? 나는 무엇 하는 사람인가?

부자가 되었다는 사실 때문에 내 기분이 달라지지는 않았다. 언젠가 친한 친구이자 대중음악 프로모터인 하비 골드스미스와 점심식사를 하면서 내가 인생을 잘못 살았다고 털어놓은 적이 있었다. 그러자 그 친구는 내게 이렇게 말했다.

"그렉, 자네는 700만 파운드를 손에 쥐고 나왔네. 잘못한 거 하나도 없어."

나는 그렇게 생각하지 않았다. 나는 직장, 회사, 그리고 동료를 모두 잃었다. 그 어려운 시기를 살았던 경험 덕분에 10년 후 BBC를 떠날 때는 고통을 훨씬 쉽게 이겨낼 수가 있었다.

정말 괴로운 시절이었다. 그런데 나는 집안 분위기를 더 엉망으로 만들어놓았다. 클라이브 존스가 그때 칼턴의 임원으로 근무하고 있었는데, 어느 날 그의 전화를 앨리스가 받았다. 아홉 살짜리 어린애가 존스에게 다짜고짜 하는 말이 아버지가 온 식구를 미치게 만들고 있으니 일자리를 구해달라고 부탁하더라는 것이다. 정치가들이 자리에서 물러날 때 상투적으로 하는 말, "가족과 더 많은 시간을 보내고 싶다."는 말은 내게 어울리지 않았다. 우리 가족은 나와 더 많은 시간을 지내고 싶지 않았던 것이다.

나는 LWT에서 경험을 통해 많은 것을 배웠지만, 무엇을 배웠는지 이해하기까지는 시간이 걸렸다. 돈에 대해서도 배우고, 금융기관에 대해서도 배우고, 내가 일을 아무리 잘해도 소용이 없고, 자신에게 이익이 된다면 언제라도 배신하는 세상이라는 것도 뼈저리게 느꼈다. 조직에 너무 헌신할 필요도 없다는 것도 깨달았다. 10년 전에 TV-am에서 당했던 것처럼 누군가 조직을 가로채면 내가 할 수 있는 일이란 아무것도 없으니까. 끝으로, 상사가 영향력을 발휘하면 얼마든지 회사를 변화시킬 수 있고, 역경에서 회사를 이끌어나가면서도 직원들을 존중하고 적절하게 대우해줄 수 있다는 것도 깨달았다.

또한, 나는 벼락부자로 사는 법도 배웠다. 수와 나는 부자가 된 것이 우리 생활, 우리 아이들, 그리고 세상 사람들을 대하는 우리의 태도에 영향을 미치지 않을까 걱정했다. 그래서 우리는 자선재단을 설립하고 많은 돈을 기부했다. 특히 어려운 사람들에게 교육의 기회를 제공함으로써 생활수준을 향상시킬 수 있는 길을 모색했다.

우리는 돈을 즐기기도 했다. 햄프셔 주 스톡브리지 근방에 버려진 낡은 헛간 여러 채를 사들여 아름답게 꾸며서 휴식도 하고 운동도 즐기는 장소로 개조했다. 헛간 한 채에는 실내수영장을 만들어서 위층에 있는 침대에서 곧장 풀장으로 미끄러져 내려갈 수 있도록 미끄럼틀을 만들었다. 가족 전용 축구장과 테니스 코트도 만들고, 마구간도 몇 개 마련했다. 나는 쉰 살부터 승마를 시작했는데, 승마가 아주 위험한 스포츠라는 것을 실감한 적이 있다. 어느 날, 말을 타고 야외에 나갔다가 말에서 굴러 떨어졌다. 그런데 말이 그 자리에 멈춰 서지 않고 혼자 집으로 내달렸다. 나는 하는 수 없이 터덜터덜 걸어서 집에 돌아와 수에게 이렇게 물었다.

"말이 혼자 들어와 걱정 많이 했지?"

그러자 그녀는 이렇게 대답했다.

"아뇨. '나 이제 부자 됐네.' 그런 생각밖에 안 들던데요!"

나는 부자가 되면 다른 유형의 피고용인이 된다는 사실도 터득했다. 벼락부자가 되면 모험심이 강해지고 태도가 오만해질 수 있다. 돈이 많으면 고용주에게 헛소리를 들을 필요도 없고, 창의력이 더욱 풍부해지고, 성공할 가능성도 높아지는 반면, 위험에 더 많이 노출될 수 있다.

이 기간 동안 나는 다른 곳에도 투자하기 시작했다. 당시는 불황이어서 많은 기업이 위기에 처해 싸게 팔려고 내놓은 물건이 많았다. 나는 법정 관리인으로부터 데번 주 다트머스에 있는 골프장과 별장 몇 채를 사들였다. 처음 몇 해 동안에는 고전했지만 지금은 사업이 잘되고 있다. 식당도 사들였지만, 다시는 식당을 사지 않겠다는 교훈을 얻었다. 그러고 나서 서부지방에서 부동산 개발 사업을 시작했다(BBC에 부임할 때 나는 이러한 사업을 계속해도 좋다는 허가를 받았다. 하지만 몇 년 후 각 신문은 이러한 활동을 혹독하게 비난했다).

나는 거의 일 년 동안 일정한 직업을 갖지 않았다. 오라는 곳이 몇 군데 있었지만, 계속 텔레비전 방송계에서 일하고 싶었기 때문에 전혀 관심을 두지 않았다. 일찍이 나는 미국 미디어 회사인 타임워너로부터 채널 5의 인수 작업에 참여해서 1주일에 이틀 정도씩 자문에 응하는 컨설턴트로 일해달라는 제의를 받았다. 타임워너는 미디어 그룹 피어슨과 유나이티드 뉴스 앤드 미디어(United News & Media)와 공동으로 이 사업을 추진하고 있었다. 피어슨은 이미 템스 텔레비전의 잔여 재산을 사들인 상태였고, 유나이티드 뉴스 앤드 미디어는 메리디언 텔레비전(Meridian Television) 주식을 대부분 소유하고 TVS가 가지고 있던 방송권을 획득한 상태였다. 채널 5 방송권을 획득하면 내가 최고경영자의 자리를 맡는다는 구상이었다.

하지만 몇 달 지나지 않아 피어슨의 전무이사 플랭크 발로는 채널 5를 인수하게 될지 확실하지 않으니 채널 5의 최고경영자를 맡지 말고 갓 시작한 텔레비전 사업을 맡아달라고 내게 제안했다. 그래서 나는 그의 제안에 따라 1995년 피어슨 텔레비전의 회장 겸 최고경영자로 취임했다.

나는 토니 코언에게 즉시 연락해서 그라나다로 넘어간 LWT를 그만두고 나와 함께 신생 텔레비전 방송사를 크게 키워볼 전략을 짜보자고 부탁했다. 피어슨은 그때 이미 손 EMI(Thorn EMI)로부터 템스 텔레비전을 9,900만 파운드라는 터무니없이 낮은 가격에 인수한 상태였다. 몇 년후, 우리는 템스가 보유하고 있던 유럽 위성방송사 SAS의 주식을 1억 3,000만 파운드에 매각하고 프로그램 〈공소장〉을 ITV에 팔아서 엄청난 돈을 벌어들였다. 그 밖에도 템스 연금기금에 3,000만 파운드의 잉여금이 있어서 그 기금을 피어슨 기금과 합병하였다. 어떤 기준을 적용하더라도 프랭크 발로의 입장에서는 훌륭한 거래였고 손 EMI 회장 콜린 사우스게이트로서는 형편없는 거래를 했던 것이다.

토니 코언과 나는 사업을 확장할 수 있는 유일한 길은 국제시장에 진출하는 것이라는 데 의견을 모았다. 그 당시에 렉 그런디가 운영하던 회사가 매물로 나와서 우리는 그 회사를 인수하려고 했다. 그런디 월드와이드(Grundy Worldwide)는 오스트레일리아에서 설립되어 주로 게임 프로그램과 멜로드라마를 제작하고 있었다. 가장 크게 성공한 작품으로는 〈이웃들〉(Neighbours)을 손꼽을 수 있는데, 이 프로그램은 BBC에서 크게 히트하여 그런디에게 큰돈을 벌어주었다. 그러자 그는 본사를 오스트레일리아에서 버뮤다로 옮겼다. 나는 여태껏 그 회사처럼 세무구조가 복잡한 회사를 본 적이 없다. 그런디는 세금 회피 기술을 예술의 경지로 끌어올린 사람이다.

그는 몇 년 전에 유럽으로 사업을 확장하기로 결정했고, 우리는 그 무렵 독일에서 〈좋은 시절 나쁜 시절〉(Gute Zeiten, Schlechte Zeiten), 〈우리 사이〉(Unter Uns), 그리고 〈금지된 사랑〉(Verbotene Liebe) 등 일일 연속극 프로그램 세 개를 성공적으로 방영하던 그의 회사를 매입하는 데 관심을 가지고 있었다. 우리가 개입하기 시작했을 때 그런디는 그 회사 지분을 거의 모두 소유한 상태에서 주식을 뉴욕증권시장에 상장하기 위한 절차를 밟고 있었다. 그는 우리에게 회사를 매각하는 데 관심이 있었지만 그 회사를 잘 운영해나가겠다는 확약을 받고 싶어 했다.

1995년 3월 뉴욕에 있는 케네디 공항에서 그를 만나기로 약속하고, 나는 네 시간짜리 회의에 참석하기 위해 콩코드 비행기를 타고 갔다. 나는 공항에 있는 방에서 그와 그의 부인을 만날 때 낸시 페레츠먼이라는 고집 센 미국 시중은행 임원을 대동했다. 그런디와 그의 부인 조이는 감정이 매우 풍부했다. 그 부부는 회사를 자식처럼 생각하고 있었다. 자녀가 없었기 때문에 회사를 잃는다는 것은 그 부부에게 말할 수 없으리만치 슬픈 일이었다. 회의를 하다가 부부가 울기도 했다.

냰시는 나를 쳐다보면서 눈짓으로 이렇게 신호를 보냈다.

"이게 도대체 무슨 짓이래요?"

하지만 나는 그들의 상실감이 이해되어 그들의 감정을 공감한다는 뜻을 전달하려고 애썼다. 그들은 마침내 회사를 3억 8,600만 달러에 매각하기로 합의했다. 이제 내게는 만족할 만한 거래를 했다고 프랭크 발로와 피어슨 이사회를 설득하는 일만 남았다. 이들도 마침내 합의해서 우리는 거래가 성사되었음을 공식적으로 발표했다. 그런디 회사 직원들이나 시중은행 측은 이 소식에 무척 놀랐다. 미국 증권시장에 상장하는 과정에 큰 변수가 생겼기 때문이었다.

그 거래는 참으로 눈부신 성공을 가져다주었다. 그런디의 유럽 드라마 책임자 마이크 머피 덕분에 우리는 2년 안에 독일에서 멜로드라마를 두 편 추가로 방영하고, 이탈리아에서 멜로드라마 한 편과 주말 연속극 한 편을 방영하고, 헝가리에서는 멜로드라마 한 편을 방영했다. 우리는 그런디의 수익을 배로 늘리고 유럽 전역에 제작사를 개설했다.

그런디의 성공을 계기로 나는 기업 인수에 몰두했다. 토니 코언과 더불어 세실 프로 쿠타즈라는 명석하고 젊은 프랑스 출신 전략가의 도움을 받아 더 많은 기업을 인수하기 시작했다. 우리는 이어서 셀렉TV (SelecTV)를 인수했다. 이 회사는 〈자매 같지 않은 자매〉(*Birds of a Feather*)라는 시트콤으로 유명해진 제작사로서 메리디언 방송사 주식의 15%를 소유하고 있었다. 전무이사 앨런 매키언은 코미디언 트레이시 얼먼과 결혼한 사람으로 그 회사를 개인 기업처럼 운영하고 있었지만 법적으로는 상장회사였기 때문에 인수하기가 어려웠다.

1996년 2월, 마침내 거래가 4,600만 파운드에 성사되자마자 우리는 즉시 메리디언 주식을 메리디언의 모회사인 유나이티드 뉴스 앤드 미디어의 최고경영자 클라이브 홀릭에게 2,700만 파운드에 매각했다. 그는 방송국 자산을 사들이고, 우리는 제작사와 그 회사가 소장하고 있는 프로그램을 모두 사들였다. 이 거래에는 시트콤 작가 로렌스 마크스와 모리스 그랜도 포함되어 있었다. 돌이켜보면, 클라이브에게 더 유리한 거래였다. 마크스와 그랜은 피어슨에서 일하는 동안 〈자매 같지 않은 자매〉에 견줄 만한 작품을 만들어내지 못했다.

우리는 셀렉TV에 이어서 ACI라는 미국 영화배급회사도 인수했다. 이 회사는 텔레비전 영화를 제작해서 미국 전역에 배급하는 제작자들이 운영하던 회사였다. 처음에는 이 회사가 좋은 실적을 보였으나 최근에는 미국의 네트워크들이 프로그램을 점차 자체 제작하면서 외부제작자들을 쥐어짜는 추세라 시장이 좁아지고 있다.

마지막으로 우리는 〈SOS 해상구조대〉(*Baywatch*)를 제작하고 CBS 네트워크에 〈정당한 대가〉(*The Price is Right*)를 공급한 대형 미국 제작사 올 아메리칸(All American)을 인수했다. 이 회사도 우리가 유럽 전역에 공급하고 있는 게임 프로그램을 많이 보유하고 있었다. 우리는 이 회사를 토니 스코티라는 이탈리아계 미국인으로부터 인수하였는데, 인수 작업이 완료된 후 그 회사에 관하여 이상야릇한 소문이 들렸다. 어느 창녀가 로스앤젤레스에 있는 이 회사 사무실에 매일 출근하다시피 하면서 어느 직원의 욕구를 충족시켜주었다는 것이다(그 사람이 토니 스코티는 아니었다는 말을 덧붙여야 할 것 같다).

그로부터 4년 후, 피어슨 텔레비전은 25개국에 지사를 둔, 전 세계에서 가장 큰 외주제작사로 성장하였다. 한편, 영국 내에서는 채널 5를 인수한 컨소시엄에 참여하여 방송 사업을 확장하였다. 클라이브 홀릭의 유나이티드 뉴스 앤드 미디어, RTL(룩셈부르크에 본사가 있는 방송사), 그리고 LWT의 주주였으며 내가 무척 존경하는 도미닉 쇼트하우스가 이사로 있는 워버그 핀커스가 채널 5의 공동사업자였다. 나는 LWT가 다른 회사로 넘어갈 때 구태여 그렇게 하지 않는 것이 훨씬 쉬웠을 텐데도 경영진을 끝까지 지지해준 그를 높이 평가하고 있다. 그래서 네 번째 주주가 필요했을 때 도미닉에게 전화했던 것이다.

채널 5의 입찰절차는 비교적 간단했다. 입찰서가 접수된 후에 곧 흥미로운 일이 발생했다. ITC에서 이번에는 레이 스노디가 입찰규모를 공표하지 못하게 하기로 결정한 것이다. 그 대신 입찰서가 접수된 날 몇 명이 입찰에 참가했는지 발표하겠다고만 했다.

입찰참가자는 네 개 업체였다. 가장 높은 가격을 제시한 입찰참가자는 UKTV였다. 이 참가자는 캐나다와 오스트레일리아에서 방송사를 소유하고 있는 캔 웨스트(Can West)라는 캐나다 회사가 주도하는 컨소시엄이었다. 이 참가자는 법적으로 채널 5를 소유할 수 있는 요건을 갖추었지만 외국인 참가자가 분명했다. 이들은 매년 재무부에 3,600만 파운드를 납부하겠다고 입찰가를 제시했다. 우리는 ITC가 그 가격이 너무 높다는 판정을 내리리라고 생각했다.

2위 입찰참가자는 우리 그룹과 버진(Virgin) 컨소시엄이었다. 그런데 놀랍게도 양측 입찰가격이 똑같았다. 1년에 2,200만 파운드! 이것을 우연의 일치라고 믿는 사람은 아무도 없었다. 언론기관이 공모했다고 의심하는 것도 당연했다. 그렇지만 문제는 우리가 똑같은 금액을 입찰하기로 한 이유가 무엇인지 설명해줄 수 있는 사람이 아무도 없다는 것이었다. 우리가 버진의 입찰가격을 정확히 알고 있었다면 가격을 더 높이 올렸을 것이다. 마찬가지로 버진이 우리 입찰가격을 미리 알았다면 그들도 높은 가격에 응찰했을 것이다.

이상한 일은 그날 아침에 입찰서를 제출하면서 클라이브 흘릭과 내가 금액을 고쳤다는 점이다. 입찰금액은 1,000파운드의 배수를 기입해야 한다는 조항이 있었는데, 우리는 1,000파운드는 1,000파운드의 배수냐 아니냐 하고 토론을 벌였다. 결국 우리는 컨소시엄 공동사업자들과 상의하지 않고 입찰금액을 1,000파운드 올리기로 결정했다. 그 결정이 두 입찰서의 금액을 똑같이 만든 것이었다. 나는 지금까지도 그것이 우연의 일치였는지, 아니면 정말 일종의 공모가 있었는지 알 수가 없다. 이 책을 쓰면서 나는 클라이브에게 "지금이라도 사실을 말해봐."하고 을러보았으나, 그는 음모가 있었다는 주장을 부인했다. 나도 분명히 그런 음모에 가담한 적이 없으니, 우연의 일치라고 볼 수밖에 없을 것 같다.

하지만 입찰가격은 문제가 되지 않았다. 캔 웨스트 컨소시엄과 버진이 모두 자격 기준에 미달되는 바람에 우리가 승리한 것이다. 자격 기준을 통과한 또 다른 입찰참가자는 데이비드 엘스타인이 대표로 있는 BSkyB가 참여한 컨소시엄이었다. 이들은 2,500만 파운드에 응찰하려고 계획했으나 막판에 루퍼트 머독이 단돈 200만 파운드로 금액을 줄여버리는 바람에 기회를 놓쳤다. 그 가격 수준으로는 입찰에서 떨어질 것이 확실하기 때문에 그 컨소시엄에 참가한 다른 사업자들이 모두 격렬하게 화를 냈다. 그러면 그가 왜 그렇게 했을까?

머독 계열사가 아닌 언론기관들이 BSkyB의 입찰 참가에 반대하는 캠페인을 벌였던 것은 사실이다. 그리고 채널 4의 최고경영자로 있던 마이클 그레이드는 채널 5의 지배권을 장악하려고 하는 머독의 시도에 반대하는 장문의 논설을 쓴 일도 있다. 하지만 이러한 일 때문에 머독이 입찰을 포기하지는 않았을 것이다. 나는 그가 존 메이저 총리나 고위관리로부터 BSkyB와 각종 일간지에 이어서 채널 5의 실질적인 지배권까지 장악하려는 것은 너무 지나치다는 말을 들었으리라고 짐작하고 있다. 그렇지 않다면 모든 준비가 다 끝난 상황에서 물러날 이유가 없지 않은가?

우리는 채널 5의 출범을 위한 준비 작업에 착수했다. 우리는 주주로서 프로그램 공급 등 여러 면에서 특별대우를 원했기 때문에 몇 달 안에 최고경영자를 교체했다. 우리는 템스를 그만둔 후에 몇 년 동안 BSkyB에서 일하고 있던 데이비드 엘스타인을 영입했다. 곧 이어서 프랭크 발로의 후임으로 내가 그 회사의 회장직을 맡았다. 나는 1999년 BBC로 옮길 때까지 이 직책을 수행했다.

채널 5의 당면과제는 전국에 보급되어 있는 비디오레코더 중 3분의 2의 주파수를 재조정하는 것이었다. 이는 결코 쉬운 일이 아니었다. 우리는 재조정 기술자를 대거 채용하여 그 일에 착수했다. 이 작업을 진행하는 동안 수백만 가지 문제가 발생했는데, 일부 영국 주민들의 이상야릇한 습성도 작업을 어렵게 만들었다. 기술자가 어느 집을 방문하니 비디오 기기 뒤에 소시지가 붙어 있었다. 왜 소시지가 거기 있느냐고 물으니, 집주인은 그 자리에 손가락을 갖다 대야 비디오가 작동하기 때문이라고 설명했다. 계속 손가락을 대고 있기가 진력이 나서 그 자리에 소시지를 붙여놓았다는 것이다.

재조정비용이 1억 6,500만 파운드에 달하여 우리가 사업계획에 계상했던 비용의 3배가 소요되었다. 나는 지금도 그런 작업이 과연 필요했는지 의문스럽다. 재조정을 하지 않은 지역에서도 수신 상태에 별로 차이가 나지 않았기 때문이다.

두 번째로 큰 문제는 채널을 출범시킬 당시 런던지역의 신호가 강하지 않아서 화면상태가 형편없는 가정이 많았다는 것이다. 이 문제는 ITC의 동의를 얻어 크리스틸 팰리스 송신탑에 있는 우리 방송국 송신설비의 위치를 변경하고 나서야 해결되었다. 송신설비를 탑 위로 높이 올리고 나니 화질이 눈에 띄게 좋아졌다.

채널 5의 편성제작국장 돈 에어리는 카리스마가 넘쳐흐르고 뛰어난 리더였다. 내가 그 회사를 떠난 지 얼마 후, 이사회는 데이비드 엘스타인의 후임으로 돈을 최고경영자로 선임하였다. 그 후 그녀는 BSkyB에 합류하였다가 지금은 제임스 머독의 주요 참모 중 한 사람이 되었다. 하지만 그녀는 독자적인 사업을 펼쳐나갈 꿈을 키우고 있을 것이다.

채널 5는 현재 영국 전역의 시청자 가운데 6% 내지 7%를 차지하고 많은 수익을 올리고 있다. 하지만 장기적으로는 독자적인 채널로 존속할 수 있을지 의문스럽다. 다양한 채널을 갖춘 대기업에 편입되는 것이 바람직한 것으로 보인다. 클라이브 홀릭과 나는 채널 5와 ITV가 합병되어 채널 5가 명실 공히 ITV2가 되는 날을 꿈꾸고 있다. 그런 일이 실제로 일어날지 여부는 시간이 말해주겠지만, 합병이 성사된다면 양측 모두에게 이익이 될 것이다.

노동당이 정권을 잡은 직후, 나는 피터 만델슨에게서 전화를 받았다. 30분만 서로 대화를 나눌 수 있느냐는 것이었다. 물론 나는 그를 만나러 갔다. 그는 그리니치에 건축 중인 밀레니엄 돔의 완공과 운영을 맡아줄 수 있겠느냐고 내 의향을 물었다. 그 일은 꼭 해볼 만하다는 생각이 들었지만, 나는 피어슨에서 일하는 것이 만족스럽기 때문에 자리를 옮기고 싶은 생각이 없다고 그의 제의를 정중하게 거절했다. 그는 나를 쳐다보면서 만델슨 특유의 위협적인 태도로 말했다.

"그 직책을 수락하지 않으면 총리가 무척 실망할 거요."

나중에 밀레니엄 돔에서 일어난 사건을 보니 그렇게 결정을 내리기 천만다행이라는 생각이 들었다.

밀레니엄 돔은 내가 BBC 사장에 취임하기 딱 한 달 전에 일반에게 개방되었다. 밀레니엄이 시작되는 밤에 개최된 개관식에 나도 초대를 받았다. 우리 부부는 조와 그의 친구를 데리고 초대장에 적힌 대로 스트랫포드 기차역으로 갔는데, 그곳에서 밀레니엄 돔으로 가는 기차를 세 시간 가까이 기다렸다. 나는 기다리다가 지쳐서 화가 치밀어올랐다. 한번은 경찰관이 나에게 진정하라고 주의를 주기도 했다. 내가 폭동이라도 저지를 것 같은 기세를 보였던 것 같다. 나는 진정하려고 애쓰는 중이라고 대답했다. 나는 영국인들이 군소리 없이 몇 시간씩 계속 줄 서 있는 관행을 무척 싫어한다.

밀레니엄 돔에 마침내 도착하자, 나는 피터 만델슨에게 가서 스트랫포드 역에 수천 명이 몰려 오도 가도 못하고 있다고 전했다. 그들은 대부분 VIP가 아니라 각종 행사에서 입장권이 당첨되어 일생 중 가장 멋진 밤을 보내리라고 기대하고 온 서민들이었다. 만델슨은 별 것 아니라는 듯이 이렇게만 말했다.

"다시는 그런 일이 없도록 하겠소."

밀레니엄 돔의 인기는 그날 밤으로 끝장나고 말았다. 전국 신문사의 편집자들 대부분이 그 줄에 서 있었기 때문이다. 그들은 결코 그날 밤을 잊지 못할 것이다.

밀레니엄 돔에 얽힌 일화는 신노동당에 대해 많은 것을 시사해준다. 토니 블레어는 소관 부처 장관인 크리스 스미스와 각료 대부분의 반대를 무릅쓰고 그 공사를 추진하기로 결정했다. 토의에서 부결되었으나 블레어는 각료들의 의사를 무시했다. 물론 의도는 아주 좋았으나, 당초 계획보다 공사비도 많이 들었고 계획대로 건축되지도 않았다. 그것은 신노동당의 수행능력이 시원치 않다는 것을 일찌감치 보여주는 징표였다.

피어슨에서 재임기간이 끝나가던 해에 나는 텔레비전 방송국이 피어슨 그룹의 일원으로 계속 미물러 있는 것은 바람직하지 않다고 판단했다. 피어슨이 소유하고 있는 교육 관련 출판사인 펭귄 북스(Penguin

Books)와 《파이낸셜 타임스》는 텔레비전 방송 사업에 시너지 효과를 줄수가 없었다. 문제는 다채로운 경력을 지닌 미국인 최고경영자 마저리 스카디노가 텔레비전 방송 사업을 좋아해서 그룹에 방송사를 계속 두고 싶어 한다는 점이었다. 내가 떠난 지 몇 달 후, 그녀는 피어슨의 TV 방송국을 RTL에 합병시켰다. 이것은 내가 몇 달 동안 강력히 권고했던 조치였다. 일어날 가능성이 있는 일은 언젠가 반드시 일어나기 마련이라는 격언이 꼭 들어맞은 격이다.

BBC에서 일해보라고 내게 조언해준 사람은 마저리였다. 어느 날, 그녀는 내가 BBC 경영자 후보로 거론되고 있다는 신문 기사를 읽었다고 이야기했다. 그녀는 나를 쳐다보며 느린 텍사스 말투로 쾌활하게 이렇게 말했다.

"혹시 제의를 받거든 받아들이세요. 정말 좋은 기회예요."

그래서 나는 그녀의 말에 따랐다.

제 7 장

BBC에 합류하다

BBC 구하기

그 전화가 걸려온 때는 1999년 6월 2일 아침 6시 10분경이었다. 우리 식구는 일찍 일어나는 편이 아니어서 6시 10분경이면 한밤중이었다. 그래서 우리는 모두 깊이 잠들어 있었다. 잠결에 더듬거려 전화기를 찾아들자 존 팰런의 목소리가 흘러나왔다. 그는 피어슨 그룹의 홍보 책임자였다.

"그렉, 제4라디오에서 6시 뉴스 들었어요?"

그가 물었다. 나는 이렇게 생각했다.

'이 친구는 9시까지는 할 일도 없는 친구인데, 새벽에 일어나서 도대체 뭘 하고 있는 거야? 라디오를 듣다니?'

그런데 아이러니컬하게도 내가 훗날 BBC에서 종말을 고하게 된 계기도 제4라디오에서 6시 7분에 방송된 내용 때문이었다.

나는 존에게 6시 뉴스를 듣기는커녕 방금 전화벨소리를 듣고 잠에서 깨어났다고 말했다. 그는 빨리 일어나서 6시 30분 뉴스를 들어보라고 말했다.

뉴스 내용은 야당인 보수당 당수 윌리엄 헤이그가 BBC 회장에게 서신을 보냈다고 지난밤에 발표하면서, 그 서신에 내가 BBC 사장이 되기에는 부적합한 인물이라고 지적했다고 말했다는 것이었다. 그는 내가 오랫동안 노동당에 돈을 기부한 노동당 지지자이기 때문에 나를 후보에서 제외해야 한다고 주장했다. BBC 뉴스는 이 소식이 그날 가장 큰 기사거리라고 판단하고 머리기사로 보도했던 것이다.

윌리엄 헤이그의 주장은 새로운 것도 아니었다. 야당의 문화·언론·체육 담당 대변인 피터 에인스워스도 이미 비슷한 말을 했다고 《더 타임스》와 다른 신문에 보도되었다. 특히, 그들은 내가 1994년에 토니 블레어가 당권에 도전할 때 자금을 지원했다고 지적했다. 하지만 보수당의 이러한 움직임은 일만 확대시키고 있었다. 윌리엄 헤이그는 공식적인 야당의 최고 지도자이다. 진짜 거물급 정치인이 이 일에 끼어든 것이다.

헤이그가 이 일에 뛰어들 무렵, 내가 BBC 사장직을 맡게 될 가능성에 아주 근접해 있었기 때문에 이것이 보수당이 마지막으로 벌인 방해공작이 아니었나 싶다. 하지만 이러한 공작은 역효과만 냈다. 윌리엄 헤이그가 전면에 나서서 나를 반대한 덕분에 오히려 내가 그 자리를 차지하게 되었다. 물론 헤이그만 반대한 것은 아니었다. 나를 공식적으로 임명할 때까지 6개월 동안 활발한 토의가 진행되었는데, 그가 나서는 바람에 BBC 경영위원들이 난처한 입장에 놓이게 되었다. 그가 개입하자 노동당을 지지하고 내 뒤를 밀어주던 BBC 경영위원들이 자극을 받았다. 만일 BBC 경영위원회에서 나를 배척한다면 경영위원들이 정치적 압력에 굴복했다는 비난을 면하기 어려운 지경에 놓인 것이다. 그러면 결국 BBC 전체의 정치적 독립성에 의문이 제기될 것이다.

나는 사장직에 취임하자마자 윌리엄 헤이그와 화해하려고 노력했다. 그래서 나는 BBC 회장 크리스토퍼 블랜드와 사장직에서 물러날 존 버트와 함께 그를 방문하여 현황을 대하여 의논하였다. 나는 그에게 정치적으로 중립을 지키겠다고 약속하고 내가 청하고 싶은 것은 내 업무 성과를 보고 판단해달라는 것이라고 말했다. 그는 자기주장이 강했지만 한편으로는 호감이 가는 인물이었다. 그는 현실을 그대로 인정했다. 그로서는 달리 선택의 여지도 없었다.

그 후 나는 윌리엄 헤이그의 팬이 되었다. 그가 보수당 당권을 포기한 후에 나는 그에게 BBC 월례 임원회의에 참석해서 연설해달라고 부탁했다. 그 자리에는 BBC의 각 부서에서 100명가량의 간부들이 모였는데, 그는 참석자들로부터 우레와 같은 박수갈채를 받았다. 그는 영리하고 재미있고 영국은 물론 세계 정치에 조예가 깊었다. 문제는 타이밍이다. 나는 윌리엄 헤이그가 너무 일찍, 그리고 적절하지 않은 시기에 보수당 지도자가 되었다고 생각한다. 나는 그가 몇 년 안에 다시 보수당 지도자가 되리라고 믿는다.

사실, 나와 BBC의 인연은 그보다 1년 전인 1998년 7월경부터 시작되었다. 나는 LWT 회장을 역임하고 BBC 회장이 된 크리스토퍼 블랜드와 리츠 호텔에서 아침식사를 한 적이 있었다. 그때 나는 피어슨 텔레비전의 최고 경영자였다. 우리는 기업 인수를 통하여 그 회사를 단기간 내에 세계에서 가장 큰 외주제작사로 발전시켰다. 하지만 아주 큰 규모의 합병을 통해서 좀 더 회사를 확장해보려고 한 노력은 실패했다. 내 구상은 유나이티드 뉴스 앤드 미디어, 룩셈부르크 기업인 RTL, 독일 회사 베텔스만(Bertelsmann), 그리고 피어슨 등 4개 대기업의 텔레비전 관련 자산을 한 데 결합하는 것이었다. 합병에 성공하면 신설 회사의 최고경영자가 되겠다는 것이 내 구상이기도 했다.

그런데 네 개 회사가 동시에 합병에 동의하도록 유도하기가 너무 힘들었다. 너무 많은 접시를 한꺼번에 돌렸던 것이다. 간신히 세 개 회사가 합의하면 네 번째 접시가 흔들거리기 시작했다. 끝내 합병은 성사되지 않았지만, 나중에 RTL과 베텔스만, 그리고 피어슨은 TV 사업을 합병하여 대규모의 전 유럽 방송사 겸 제작사를 설립하고, 영국 측이 채널 5의 지분 66%를 소유하고 〈공소장〉과 같은 프로그램을 제작하였다. 지금은 베텔스만이 이 회사를 단독 소유하고 있다.

크리스토퍼와 나는 1994년 LWT를 떠난 후에도 계속 가깝게 지냈다. 그는 국영화물공사(National Freight Corporation) 회장직을 맡고 나서 내게 그 회사 사장으로 오라고 청했다. 하지만 나는 트럭 운송 사업에 별로 흥미가 없어서 그 자리를 거절했다. 리츠에서 아침식사를 나누면서 나는 크리스토퍼에게 이제 내가 하려던 주요 사업이 수포로 돌아갔으니 더 이상 피어슨에 있어야 할 이유가 없어 이듬해에는 그 회사를 떠날 계획이라 그 이후에 해야 할 일을 구상하고 있다고 말했다.

그러자 그는 존 버트가 BBC 사장으로 7년을 재직하고 2000년에 임기가 끝날 예정인데, 그의 후임으로 BBC에 와서 사장직을 맡으면 어떠냐고 물었다.

나는 나 자신이 BBC에 어울리는 사람이라고 생각해본 적이 없었다. 나는 BBC 고위급 임원으로 승진한 사람들에 대해서 퍼블릭스쿨이나 옥스퍼드 또는 케임브리지 출신이 아니면 출세하기 힘들다고 농담을 하기도 했다. 사실, 나는 LWT에서 사임했을 때 BBC 오후 대담시간에 출연해서 앨런 티치마슈로부터 BBC를 운영해볼 의향이 없느냐는 질문을 받은 적이 있었다. 그때 나는 이렇게 대답했다.

"아마 나보다 사담 후세인이 그 자리를 차지할 확률이 더 클 겁니다."

내가 마침내 사장직에 임명되자 그 대담 장면이 BBC 뉴스 시간에 끝없이 되풀이 방영되었다. 하지만 BBC에 취임하자 나는 BBC 임직원에 대한 내 견해가 시대에 뒤떨어진 것이었고, 퍼블릭스쿨 출신이 조직의 고위층을 점령했던 10여 년 전과는 상황이 많이 달라졌다는 것을 깨달았다. 그 무렵에는 그래머스쿨 출신이 임원진의 주류를 이루고 있었다.

　BBC에서 일한 적은 없었지만, 몇 번 기회가 있었을 때 BBC에 합류해볼까 가볍게 생각을 해본 적은 있었다. 공식적으로 이 공영방송사에 지원한 적은 딱 두 번 있다. 첫 번째는 1970년 BBC 라디오 티즈사이드 (Teesside)가 개국했을 때 리포터로 지원했을 때였다. 그때 면접을 두 번 보았으나 합격하지 못했다. 두 번째 면접에서는 내 런던 말투를 미들즈브러 사람들이 알아듣겠느냐는 질문을 받았다. 그래서 나는 택시 운전사가 내 말을 알아듣지 못했다면 내가 역에서 여기까지 어떻게 왔겠느냐고 반문했다. 하지만 내 농담이 썩 좋은 반응을 얻지는 못했던 것 같다. 두 번째로 BBC에 지원서를 낸 것은 그로부터 30년이 지나 사장직에 지원한 때이다. 그동안에도 나는 마이클 그레이드가 BBC 1채널국장으로 있던 1980년대 초반에 그로부터 간부직을 제의받은 적이 있었다. 그는 나에게 BBC 1채널에 책임프로듀서로 입사해서 토크쇼 〈워건〉 (Wogan)을 맡아달라고 했다. 그 프로그램은 1주일에 5회씩 밤마다 방영되었는데 별로 인기를 얻고 있지 못하고 있었다. 나는 그 제의에 별로 흥미를 느끼지 못했지만, 마이클은 큰 당근을 던져 나를 설득하려고 했다. 전설적인 인물인 빌 코튼이 곧 BBC 텔레비전 전무이사에서 물러나는데, 그가 후임으로 전무이사가 되면 나를 BBC 1채널국장에 임명하겠다는 것이었다.

　빌 코튼은 오랫동안 BBC의 연예 부문 책임자로 이름을 날린 사람이다(기사 작위를 받아 지금은 윌리엄 경이 되었다). 그는 유명한 악단 단장의 아들로 태어났는데 아버지와 거의 똑같이 생겼다. 언젠가 그는 아버지가 병에 걸려 누워 있을 때 겪은 일을 재미있게 들려주었다. 아버지가 병에 걸려 순회공연을 지휘할 수 없게 되자 악단 매니저가 빌에게 아버지 대신 지휘를 하라고 말했다. 빌이 음악적인 소질이 별로 없어서 지휘를 할 줄 모른다고 대답하자, 매니저는 그를 쳐다보고 한숨을 내쉬고는 소질하고는 아무 상관없는 일이라고 말했다. 무대에 올라가 그저 팔만 흔들고 있으면 나머지는 악단이 알아서 한다는 것이었다. 그래서 그는 한 달 동안 밤마다 무대에 올라가서 팔만 흔들었다고 한다.

마이클 그레이드를 미국에서 데려다가 BBC 1채널의 운영을 맡긴 사람이 빌이었다. 나는 LWT 시절부터 마이클을 알고 있었고, 그의 쾌활한 성격을 좋아하고 재능을 알아보는 그의 직감력과 지식을 높이 평가하고 있었다. 다시 그와 함께 일할 수 있다는 것은 매우 구미가 동하는 제안이었다. 하지만 BBC의 전통에 따르면 BBC 1채널의 운영을 맡기겠다는 제안을 문서로 확인해줄 수 없다는 것이 문제였다. 마이클과 빌이 내 자리를 보장해주겠다고 약속했지만, 나는 문서로 확약을 받지 않고서는 자리를 옮길 수 없다고 거절했다. BBC는 그 당시 똑같은 자리를 여러 사람에게 제의하기로 유명했다. 얼마 지나지 않아 마이클이 채널 4로 자리를 옮겨 약속을 지킬 입장이 안 되었던 것으로 봐서 그 자리를 사양하길 잘했다. 하지만 1988년에 그 채널의 이사가 되었을 때 나도 ITC 회의에 ITV 대표로 출석하여 그와 함께 일했다.

1998년, 사장직에 지원하면 임명될 가능성이 매우 높다는 언질을 BBC 회장으로부터 받고, 나는 처음으로 BBC 경영에 대한 생각을 진지하게 하기 시작했다. 그 자리의 단점은 해야 할 일이 너무 많다는 것이었다. 존 버트가 1993년 사장에 취임한 이래 BBC를 상당히 많이 현대화시켰지만 전반적으로 깊은 불만에 싸인 조직이었고, 버트가 이끄는 BBC는 외부 인사들로부터 공격을 많이 받고 있었다.

1992년, 에든버러대학교에서 열린 맥타가트 추모 강연에서 당시 채널 4의 최고경영자였던 마이클 그레이드는 존 버트가 이끄는 BBC를 "일하기에 위험한 비밀장소이고 다른 의견이 밖으로 샐 수 없게 철저하게 봉쇄되어 있는 요새"라고 묘사했다(맥타가트 추모 강연은 영국 텔레비전 방송계에서 가장 중요한 연례 강연회이다). 그는 버트의 조직 경영 방식을 "레닌주의자의 경영 스타일과 유사하다."고 표현했다. 그 이듬해인 1993년, 극작가 데니스 포터는 맥타가트 강연회에서 이렇게 한 술 더 떴다.

"BBC 직원들은 불안에 떨고 실의에 빠져 있어서 새로운 경영 문화의 개념을 거의 이해하지 못한다."

BBC가 외부적으로는 위신을 잃고 진부하고 절차를 중시하는 조직이라는 평가를 받고 있지만, 나는 그 조직을 변화시키고 싶은 욕구가 생겼다. 어려운 일이기도 하고 흥미진진한 일이기도 하겠지만, 이야말로 진정한 리더십을 보여줄 수 있는 기회가 아니겠는가! 2만 7,000명의 정규직 사원과 헤아릴 수 없이 많은 프리랜서를 거느린 조직에게 동기를 부여하고 영감을 불어넣는 일이 쉽기야 하겠는가?

BBC에서 첫 해를 보내고 나서 나는 론 닐과 오랜 시간 동안 단독 인터뷰를 했다. 그는 내가 BBC에 합류하기 전에 은퇴한 사람이었다. 인터뷰는 BBC 자료로 보존하기 위해서 한 것이었다. 나는 최근에 그 인터뷰 자료를 다시 읽다가 BBC로 자리를 옮기기로 결심한 이유를 그에게 설명한 부분을 발견했다.

내가 원하던 자리이지만, 이 자리가 없어도 나는 살 수 있어요. 내가 해낼 수 있을까 확신이 서지 않고 일이 어렵게 보이면 나는 그 일에 도전해보고 싶어지지요. 매력적인 일로 보이거든요.

그러자 론이 왜 그 일을 감당할 만한 능력이 있을지 걱정했느냐고 묻기에 나는 이렇게 대답했다.

첫째로, 나는 이렇게 큰 조직인 BBC에서 일해본 적이 없어요. 둘째로는, 최근 몇 년 동안 나는 영리를 추구하는 기업을 운영했기 때문에 문화와 기풍이 많이 다를 겁니다. 그래서 걱정했지요.

론은 수의 생각은 어떠냐고 물었다.

수는 나에 대한 반대 운동이 시작되기 전까지는 별로 신경 쓰지 않았어요. 그녀는 여러 면에서 나와 비슷하죠. 만일 당신이 그녀에게 어떤 것을 가질 자격이 없다고 말하면 그녀는 반발할 것입니다. 나에 대한 반대운동이 시작되자, 나도 예상치 못했던 일이지만, 우리 부부는 '그럼 좋다! 한번 맞서 보자!' 이렇게 결심했죠.

1998년 9월, 다시 리츠 호텔에서 크리스토퍼 블랜드와 늦은 아침식사를 함께하면서 그동안 토니 블레어와 신노동당을 지지하고 노동당에 헌금도 했는데 내 정치 활동이 문제가 되지는 않겠느냐고 물었다. 크리스토퍼는 그건 아무런 상관이 없다고 대답했다. 그는 나를 잘 알고 있고 내가 정치 활동과 내 직무를 항상 구분해서 처신한다는 점을 잘 알고 있었기 때문에 그의 말을 그대로 믿었다. 나는 노동당보다는 민영방송에 훨씬 더 많은 애착을 느끼고 있었다. 1994년 나는 맥타가트 추모 강연을 할 때에도 그 문제를 주제로 삼았다.
　내가 노동당에 기부한 금액은 5년 동안 총 5만 5,000파운드였다. 같은 기간 동안 자선사업에 희사한 100만 파운드에 비하면 아주 보잘것없는 액수였다. 그렇다고 해서 최근 들어 노동당에 편지를 해서 돈을 돌려달라고 요구하고 싶은 생각이 들지 않는다는 말은 아니다.
　크리스토퍼와 나는 내 정치 활동이 사장직에 지원하는 데 아무런 걸

림돌이 되지 않으리라고 믿었다. 그러나 우리의 생각은 빗나갔다.

내가 33년 동안 길러온 수염을 깎아버린 것이 바로 이 무렵이었다. 사장 후보로 나서면서 남들에게 더 잘 보이려고 수염을 깎았다는 소문은 이제 다이크의 신화가 되었다. 하지만 사실을 알고 보면 그다지 대단한 일도 아니었다. 나는 수염을 열아홉 살부터 길렀다. 지역 신문에서 기자로 일하면서 나이가 들어보이게 하려고 길렀던 것이다. 그런데 이번에는 젊게 보이려고 52세에 이르러 수염을 깎아버렸다. 유감스럽게도 나이가 많아지자 수염이 점점 허옇게 변해서 아이들이— 어느 집 아이든 다 마찬가지겠지만— 내가 늙은이처럼 보인다고 불평하기 시작했다. 내 딸 앨리스는 내게 용기가 없어서 수염을 밀어버리지 못하느냐고 닦달했다. 그때 우리 가족은 일주일 동안 스키를 타러갈 계획이 있었다. 그래서 나는 스키 타러 가기 전날 밤에 깎겠다고 약속했다. 그리고 나는 약속을 지켰다.

휴가 중에 가족과 친구들을 모아놓고 수염을 깎은 상태로 계속 지내는 게 좋은지 다시 기르는 게 좋은지 투표에 붙였다. 나는 다시 기르는 쪽에 투표를 했지만 6대 3으로 졌다. 장남 매튜와 딸 크리스틴만 나를 지지했던 것이다. 몇 주 동안 거울로 내 얼굴을 봐도 내가 알고 있는 나와 전혀 달라 무척 생소하게 느껴졌다. 하지만 결국 나도 새로운 내 모습에 익숙해졌다. 어머니는 무척 좋아했다. 아들을 다시 찾은 기분이라는 것이었다.

내가 사장이 될 가능성이 있다는 소식이 1999년 1월 《가디언》지 특집기사로 처음 공개되었다. 《가디언》지 기자 카말 아흐메드가 전화해서, 편집자 앨런 러스브리저로부터 나에 대해 취재하라는 지시를 받았다고 말했다(카말은 훗날 《옵서버》지의 정치 담당 편집자가 되었다). 오랜 친구 멜빈 브래그가 앨런에게 내가 차기 사장이 될 테니 나를 주시하라고 귀띔해준 것으로 짐작된다. 카말은 특집기사에 '그렉 다이크, 국민의 사랑을 받는 TV 방송계 인물'이라고 제목을 크게 붙이고 찬사를 늘어놓으면서 내가 유력한 사장 후보라고 썼다. BBC 내부에 있는 사람들은 그 자리가 외부 인사에게 갈지도 모른다는 사실을 이때 처음으로 깨달았을 것이다.

그 달에 래드브록스 도박회사는 누가 BBC 차기 사장에 임명될지 내기를 걸기 시작했는데 3대 1로 나와 마이클 잭슨에게 승산이 있다는 결과가 나왔다. 마이클 잭슨은 1997년 6월에 마이클 그레이드의 후임자로 취임하여 채널 4를 운영하고 있었다. 그가 나중에 출마를 포기하는 바람에 내가 처음부터 끝까지 도박꾼들에게 인기 있는 인물이 되었다.

BBC는 1999년 3월 《선데이 타임스》에 공식적으로 사장 공개채용 광고를 냈다. 나는 그때 수와 조를 데리고 북아일랜드에 있는 힐즈버러 성에서 다른 손님들과 함께 주말을 즐기고 있었다. 우리는 북아일랜드 담당 장관이던 모 모울럼의 초대를 받아 간 것이었다. 그녀는 주말에 친구들을 초대하여 성에서 함께 지내기를 좋아했다.

그때 나는 모울럼이 북아일랜드 주민들의 사랑을 받는 광경을 목격하고 깊은 감명을 느꼈다. 우리가 토요일 오후에 성 밖으로 나와 도로변에 있는 선술집에서 점심식사를 하고 있는데, 나이 많은 부인 두 사람이 그녀에게 다가와서 이렇게 말하는 것이었다.

"우리가 당신을 얼마나 사랑하고 있는지 알려드리려고 왔어요."

매우 감동적인 장면이었다. 물론 그녀는 노동당에서도 인기가 너무 높아서 결국 블레어 일당으로부터 질시를 받았다. 노동당 전당대회에서 토니 블레어가 연설을 하고 있을 때 그녀기 당원들로부터 기립박수를 받은 사건이 있었다. 그녀는 그 사건을 계기로 실각하게 되었다고 믿고 있다.

일요일 아침, 파티 참석자 중 누군가가 《선데이 타임스》에 광고가 실렸다고 알리는 바람에 내가 지원서를 내야 할지 여부를 놓고 토론이 벌어졌다. 손님 중에는 〈뉴스나이트〉와 〈여성 시간〉(*Woman's Hour*) 진행자 마사 커니, BBC 코미디 책임자 존 플로우먼 등 BBC 임원들도 있었다. 플로우먼은 코미디 중에 최고의 걸작인 〈사무실〉(*The Office*)을 발굴해서 엄청난 명성을 얻었다. 그 프로그램은 지난 10년 동안 영국 텔레비전에 방영된 것 중에서 가장 뛰어난 작품일 것이다. BBC에서 집무를 시작한 지 몇 달 후, 텔레비전 센터에서 임원들과 회의를 하고 있을 때 플로우먼이 내게 다가오더니 돌돌 말려 있는 사진 한 장을 몰래 내밀었다. 그는 내가 그 사진을 보면 당황하리라고 생각했던 것이다. 그가 힐즈버러에서 찍은 사진이었는데 평상시에 여왕 부처가 앉는 왕좌에 우리 부부가 앉아 있는 장면이 담겨 있었다.

사장 채용 광고가 나가자 미디어 분석가이자 전직 기자인 매튜 호스먼이 내 사무실로 전화해서 선거운동에 참여하고 싶다는 의사를 밝혔다. 나는 선거운동을 하지 않을 생각이라고 설명하고, 그 자리를 맡아달라는 요청을 받으면 맡을 뿐이라고 덧붙였다. 지금 돌이켜 생각하니 내가 너무 순진했다. BBC 내부 인사들과 다른 후보들이나 임원들이 벌인 선거운동을 보면, 그 자리를 반드시 얻고야 말겠다고 결심했다면 나도 동원할 수 있는 친구는 모두 동원할 필요가 있었으니 매튜도 우리 팀에 소중한 자산이 될 수 있었으리라.

그 후 몇 달 동안 벌어진 일을 이해하려면 존 버트라는 사람이 어떤 사람인지 알아야 한다. 나는 그를 오래전부터 잘 알고 있었다. 가장 친한 친구 사이는 아니었지만 우리는 가까운 동료였다. 우리는 LWT에 근무하는 동안 매주 금요일 점심시간에 축구시합을 하면서 서로 알게 되었고, 내가 리포터로 근무할 때 그는 시사·특집 담당 책임자로 내 상사였다. 나는 20년 동안 금요일 축구시합에 참가해왔다.

나는 존에게 빚을 많이 지었다. 그는 내가 일자리를 구할 때마다 큰 역할을 해주었다. 내가 그의 후임으로 LWT 편성제작국장직을 맡을 때도 그랬다. 사실, 그는 BBC 사장에 취임할 때에도 내게 부사장으로 일해달라고 부탁하기도 했다. 그때는 내가 LWT 최고경영자로 있었고, 그를 좋아하긴 좋아했지만 다시는 그의 밑에서 일하고 싶지 않았기 때문에 그 자리를 거절했다. 그는 권한에 너무 집착하는 괴벽이 있었다. 내가 그 자리를 거절하자 그는 ITN의 최고경영자로 있던 밥 필리스를 유혹해서 부사장에 앉혔다. 하지만 불과 몇 년 지나지 않아 그를 강등시키고 해임시키려고 애썼다.

존 버트의 자서전 『더 힘든 길』(The Harder Path)을 읽은 사람은 내가 사장이 될 수 있도록 그가 도와주었다고 믿을 것이다. 존의 책이 2002년 출판되었을 때, 각 신문은 내가 이사들과 면접을 하기 전에 존이 예행연습을 시켰다는 내용을 인용해서 보도했다. 그가 나를 지도했다는 것이다. 그건 미리 짜고 하는 시합이고 다른 후보자들에게 불공정한 처사였다고 몇몇 말이 헤픈 정치가들의 입을 빌려 보도한 기자들도 있었다. 하지만 그 이야기는 전혀 사실이 아니다.

경영위원들의 요청에 따라 하루 저녁 존과 함께 있었던 적이 있었지만, 그에게 지도를 받은 적은 없었다. 그때 나는 어떤 일이 있어도 그 자리는 내 것이라는 사실을 이미 알고 있었기 때문에 지도를 받을 필요도 없었다. 나는 단지 만찬에 참석해달라는 요청을 받고 존과 함께 참석했을 뿐이다. 그리고 그 무렵에 나는 존이 내가 그 자리를 차지하지 못하게 얼마나 열심히 방해공작을 폈는지 질 알고 있었다.

그날 저녁, 존은 자신이 사장에 취임할 당시 노동당 당원이었다는 사실을 언론에서 어떻게 알아내서 취임하기 1주일 전에 보도했는지 무척 궁금하다고 말했다. 지금 생각하니 그는 경영위원들 앞에서 새삼스럽게 그 이야기를 꺼내서 내가 사장직을 차지하지 못하게 방해하려고 했던 것이다.

존이 장황하게 쓴 책에서는 내가 그 자리를 얻는 일을 그가 방해했다는 말은 일언반구도 찾아볼 수가 없다. 그는 그저 나를 도왔다는 말만 잔뜩 늘어놓았다. 하지만 존이 재임하던 기간에 BBC 방송 전무이사로 있던 윌 와이어트가 쓴 책 『구경거리 공장 BBC』(*The Fun Factory: A Life in the BBC*)가 2003년에 출판되면서 진실이 밝혀졌다. 존이 이런 이야기를 자신의 책에서 뺀 것은 그다운 행동이었다. 내 추측으로는 전투에서 패배했기 때문에 그 이야기를 빼버렸을 것이다. 존의 말대로라면 그가 하는 일은 모두 옳고 승리는 언제나 그의 편이었다.

사실인지 아닌지는 알 수 없으나 존의 책 제목에 관하여 재미있는 이야기가 하나 있다. 그의 어머니가 책 제목 『더 힘든 길』이 무슨 뜻이냐고 존에게 물었다. 존은 살다보면 쉬운 길을 택해야 할지 힘든 길을 택해야 할지 선택해야 할 때가 있는 법이라는 뜻이라고 설명했다. 그러자 그의 어머니는 그를 쳐다보면서 이렇게 물었다.

"쉬운 길이 있다면 무엇 때문에 힘든 길을 택하겠니?"

존은 내가 다른 일자리를 구할 때 도와주고 7년 전에 최고경영자가 되었을 때는 자기를 보좌해달라고 부탁한 적도 있었는데 내가 사장이 되는 데에는 적대적인 태도를 보인 이유가 무엇이었을까?

존은 사임하더라도 BBC 역사에 위대한 사장으로 길이 남기를 필사적으로 바랐던 것 같다. 런던 중심부에 있는 브로드캐스팅 하우스 회의실에는 전직 사장들의 초상화가 걸려 있다. 존이 퇴임하기 전에는 모든 초상화가 거의 같은 크기였고 상반신을 허리까지 그린 그림이었다. 그런데 존의 초상화는 달랐다. 그의 초상화를 그린 타이-샨 쉬렌버그는 그림 전체를 얼굴로 꽉 채웠다. 존의 재임기간 중에 그 그림이 완성되어 그가 퇴임할 때에는 이미 전시될 준비가 되어 있었다. 독특하고 훌륭한 초상화였지만 그 그림이 걸리자 다른 초상화를 압도하듯 온 방에 꽉 들어찬 느낌이었다. 어느 자리에 앉든지 존의 눈초리를 의식할 수 있었다. 존의 전형적인 사고방식을 보여주는 그림이었다. 존의 그림을 걸어야 할 시기가 되자, 존은 초상화를 공개하는 공식 행사에 많은 사람을 초대하려고 했으나 크리스토퍼가 초청인사의 수를 대폭 줄여버렸다.

나는 초상화에 큰 의미를 부여하지 않았다. 과거를 존중하되 그것에 얽매여서는 안 된다고 생각하기 때문이다. 지금은 브로드캐스팅 하우스를 재건축하는 공사가 진행되고 있어서 모든 초상화가 창고에 보관되어 있거나 외부에 대출되어 있는 상태다. 존의 초상화를 어떻게 처리했으면 좋겠냐고 내 의견을 물어왔을 때, 나는 빈정대는 말투로 이렇게 제안했다.

"BBC 스코틀랜드 방송국에 빌려주는 게 좋겠군요."

그곳 사람들이 존을 가장 싫어했다. 이임한 지 한참 지났지만 내 초상화는 아직도 완성되지 않았다.

존은 BBC를 떠나자마자 자서전을 쓰기 시작하고, BBC가 자기 자서전을 다큐멘터리로 만들어주기를 바랐다. BBC 2채널국장 제인 루트가 그 제안을 거절하자 존은 그녀에게 편지를 보내 불만을 표시하고 그 편지 사본을 크리스토퍼 블랜드 회장에게 보냈다. 존의 전형적인 행동이었다.

LWT에서 함께 일할 때에는 그는 훌륭한 동료였고 많은 사람들로부터 존경받았다. 하지만 BBC에서 일하는 기간이 길어지면시 그는 차츰 변했다. 13년간 BBC에서 일하는 동안 항상 공격의 대상이 되자 그는 점점 자기 자신에게 집착하고 자기 이미지를 강하게 의식하게 되었다. 그는 조직을 효율적으로 개혁하여 BBC를 대처 여사로부터 구출해냈다고 믿었다. 그건 사실일 것이다. 또한 그는 BBC에 취임하면서 금전적으로 큰 희생을 감수했다고 믿었다. 이것도 사실이다. LWT에 그냥 있었으면 그는 우리들과 마찬가지로 큰 재산을 모을 수 있었을 것이다. 이런 일도 있었다. 매년 열리는 에든버러 텔레비전 페스티벌에서 그가 연설을 하다 말고 객석에 앉아 있는 나를 쳐다보면서 이렇게 묻는 것이 아닌가!

"대중의 비난을 받는 자리가 좋아요? 700만 파운드가 좋아요?"

이 말 한마디는 존이 어떤 생각을 하고 있는지 단적으로 보여주는 것이다. 그는 BBC를 구원했다. 그 일을 위해서 금전적으로 큰 희생을 감수했다. 하지만 그는 큰일을 해냈으면서도 국민으로부터 신망을 얻지 못했다. BBC 내부에서든 외부에서든 많은 사람으로부터 반감을 사자 부당한 대우를 받고 있다는 생각이 점점 더 강하게 굳어진 것이다.

존은 항상 위를 보고 일하는 사람이다. 그는 강력한 엘리트, 새로운 기득권 층이 되려고 무척 노력한 사람이다. 피터 만델슨은 LWT에서 함께 일할 때 평범한 프로듀서였는데 훗날 그가 강력한 영향력을 발휘하는 자리에 오르자 존은 그의 가장 친한 친구가 되었다. 존은 BBC를 떠나면서 작위를 받았을 뿐만 아니라 권력의 중심에 더욱 가까이 가는 자리를 얻어 다우닝 가 10번지에서 장기 전략을 기획하고 있다.

존은 사장 임기가 거의 끝나갈 무렵 몇 년 동안 각 부서에 BBC 20년 마스터플랜을 작성하도록 지시했다. 내 경험으로는 장기적인 전략 계획은 항상 빗나가기 마련이다. 변수가 너무 많기 때문에 계획을 정확하게 세울 수가 없다. BBC는 향후 10년간의 미래를 예측해서 1992년 「선택의 확장」(*Extending Choice*)이라는 문서를 발간하였다. 그런데 인터넷에 대해서는 한마디도 언급이 없었다. 그 후 5년 만에 온라인 서비스가 BBC에서 가장 활발하게 발전하는 사업이 되었다.

전략 계획의 실패는 누구의 잘못도 아니다. 세계의 변화 속도가 예상보다 빨랐거나 세계가 전략 기획가가 예측한 방향과 다른 방향으로 변화했을 뿐이다. 크리스토퍼 블랜드가 전략에 대해 올바른 정의를 내렸다. 그는 내게 이렇게 말한 적이 있다.

"영리를 목적으로 하는 사업에서는 전략적인 이유로 결정을 내리면 손해만 본다."

존 버트는 자신이 그때까지 한 일을 중단하지 않고 그가 세운 20년 장기 계획의 첫 단계를 수행해나갈 사람을 자신의 후계자로 삼고 싶었다. 그는 버트 방식을 신봉하고 버트주의의 봉화를 이어받을 사람을 BBC 내부에서 찾으려고 했다. 그는 나와 같은 외부 인사는 탐탁지 않게 생각했다. 자신이 세운 계획을 읽어보지도 않은 것이 확실하기 때문이었다.

사장직 승계를 미리 계획하기는 거의 불가능에 가깝다. 사장을 선임하고 제거하는 일은 경영위원들이 가장 좋아하는 스포츠이기 때문이다. BBC 경영위원들은 할 일이 별로 없고 BBC 내부 일에도 간여하지 못한다. 하지만 사장을 선임하거나 해임하는 일이 생기면 이들의 기가 살아난다. 근래에는 대다수의 사장이 본인의 의사와 관계없이 해임되었다. 휴 칼턴 그린은 1969년 위층에서 쫓겨나 경영위원으로 내려앉았고, 앨러스데어 밀른은 1987년 해임되었고, 마이클 체크랜드는 1992년 본인의 희망과 달리 조기 퇴진을 당하고, 존은 1993년에 세금 문제로 논란에 휩싸였지만 조기 퇴진만 간신히 면했다. 그리고 내가 취임하게 된 것이다.

크리스토퍼 블랜드 회장과 대다수의 경영위원들은 존 버트가 물러나면 BBC 문화가 바뀌기를 원했다. 그들은 직원들이 경영진을 싫어하는 모습을 더 이상 보기 싫었다. 그래서 존의 후계자 문제가 대두되자 경영위원들은 조직 내부에서 버트 추종자를 임명하는 것을 탐탁지 않게 생각했다. 외부인사에 관심이 있었던 것이다.

존 버트는 사장직에 지원하라고 BBC 내부 인사들을 부추겼다. 그는 현실적으로 사장 자리를 따낼 가능성이 없는 사람들에게도 누구든지 원하면 기회를 주어야 한다고 생각했다. 그러나 그것은 그 혼자만의 생각이었다. 평등주의에 입각한 정책이었지만 현실적으로 큰 문제를 일으켰다. 제작책임자 매튜 배니스터처럼 그 자리를 차지할 가망이 없는 사람들도 착각하기 시작한 것이다.

조직 내부에 있는 경쟁자들이 후보로 나설 사람과 사장직을 차지하는 데 방해가 될 사람들을 견제하기 위해 나서기 시작했다. 이들은 서로 상대방의 기회를 꺾어버리려고 기를 썼다. 부도덕하고 잔인한 일이 아닐 수 없었다. BBC 홍보 담당자들을 동원하여 하루 종일 BBC 내부에서 선거운동을 벌였다.

조직 내부의 혼란 속을 잘 헤쳐나온 후보자로는 마크 바이포드를 손꼽을 수 있을 것이다. 그는 월드서비스 책임자였고, 그 전에는 런던 이외의 지역 업무를 담당하는 지방본부장이었다. 마크는 당시 겨우 40세였는데, 윌리엄 와이어트가 쓴 『구경거리 공장 BBC』에 의하면 존 버트의 선택을 받은 후계자였다. 사장에 취임해서 마크를 처음 만났을 때, 선거기간 동안 누가 무슨 짓을 했는지 잘 알고 있는데, 공정한 태도를 보여주어서 고맙다고 그에게 치하를 했다. 내가 확인한 바로는 그는 정정당당하게 선거 활동을 한 사람이었다.

많은 신문들이 나를 반대하고 나섰다. 《더 타임스》가 반대에 앞장섰는데, 그 신문사 편집자 피터 스톳하드는 정치적인 이유 때문에 나는 차기 사장에 오를 수 없다는 것이었다. 그는 나를 잔인하게 공격하기 시작했다. 1999년 봄, 그는 나를 비난하는 기사와 사설을 연속적으로 게재했다. 그가 내가 사장이 되지 못하게 막는 싸움에 앞장서자 BBC 내부에 있는 고위 관리자 몇 명도 그를 지지하고 나섰다.

《더 타임스》에 실린 기사와 사설을 지금 다시 읽어보면 과장과 왜곡 투성이었다. 한 사설에서는 내가 "족보 있는 순종 푸들"이 아니라면서 토니 블레어가 당권에 도전하여 선거운동을 할 때 돈을 준 사실을 지적하고, "노동당 정부가 이끄는 새로운 영국의 미끄러운 장대를 오르려는 야망이 있는 사람에게는 그런 식으로 돈을 쓰는 게 제대로 쓰는 것"이라고 비꼬았다.

물론 4년 후, BBC와 블레어 정부가 이라크 전쟁에 대한 보도를 둘러싸고 서로 싸움을 벌일 때는 상황이 달라졌다. 루퍼트 머독이 소유하고 있는 다른 신문들과 마찬가지로 《더 타임스》도 주인의 목소리에 따라 영국의 이라크 개입을 지지했다. 《더 타임스》는 BBC와의 싸움 전면에 나서서 토니 블레어의 편을 들었다. 도대체 누가 노동당의 푸들인가?

《더 타임스》가 나를 반대하는 운동을 벌일 때 이상한 일이 일어났다. 그 신문사의 언론 담당 편집자 레이 스노디가 반대 의견을 제시한 것이다. 그는 《파이낸셜 타임스》와 《더 타임스》에서 20년 이상 근무한 언론계 원로였다. 《더 타임스》가 마구 날뛰며 나를 공격하는 정도가 심해질수록 그는 자신의 칼럼을 통해서 나를 지지했다. 그는 스톳하드가 벌이는 게임에 무조건 참여하기를 거부했다. 내가 마침내 그 자리를 따내자 스톳하드에게 그 소식을 전한 사람이 스노디였다.

텔레비전 방송계에 있는 내 친구들도 선거 유세에 나섰다. 클라이브 존스는 《더 디임스》에 보내는 편지를 작성해서 과거에 나와 함께 일한 적이 있는 각계각층의 사람들로부터 서명을 받았다. 존 스테이플턴, 피터 맥휴, 마크 다마저, 애덤 불턴, 트레버 필립스, 데이비스 콕스 등이 그 편지에 서명하면서 내 정치적인 견해에 맞게 편집 과정을 왜곡시키려고 한 적이 전혀 없는 사람이라고 나를 보증했다. 《더 타임스》는 내 언론계 경험이 극히 적다고 보도했으나, LWT에서 시사 담당 책임자로 일한 배리 콕스가 내 언론계 경력을 해명하기도 하고, 배우 나이젤 헤이버즈는 그 신문사에 편지를 보내 말단에서부터 회장직에 오를 때까지 아주 수준 높은 작품을 제작한 훌륭한 사람이라고 나를 극찬했다.

이 기간 동안 멜빈 브래그가 기회 있을 때마다 측면에서 로비활동을 하면서 충고도 해주고 나를 지지해주었다. 내가 그와 그의 부인 케이트 헤이스트로부터 받은 도움은 말할 수 없이 소중했다. 그들은 신문들이 아무리 실없는 소리를 지껄여대도 활기를 잃거나 좌절하지 않도록 나를 지켜주었다.

시끄러운 입씨름이 《더 타임스》 칼럼란에서 몇 주 동안 계속되었지만, 나는 브로드캐스팅 하우스에서 불과 약 800미터 떨어진 피어슨 빌딩에 가만히 앉아서 끼어들지 않았다. 나를 둘러싸고 광란이 벌어지고 있었지만 나는 피어슨에서 일상 업무에만 몰두했다.

그 당시 BBC 텔레비전본부장이던 앨런 옌텁이 내 사무실에 찾아와서 나와 합류하여 부사장에 출마하고 싶다고 했다. 나는 앨런을 좋아하고 그가 유능한 사람이라고 생각하기 때문에 그를 기꺼이 내 2인자로 만들 수도 있었지만 나는 BBC 내부의 이해관계에 개입하고 싶지 않았다. 내가 거절하자 앨런은 사장 후보로 직접 나섰지만 다른 후보들과 BBC 내부에서 다른 후보를 지지하는 홍보 담당자들로부터 아주 무계획한 사람이라고 공개적으로 조롱을 당했다. 비열한 짓이었다.

각 후보는 세 페이지 이내의 선거공약을 작성하라는 지시가 있었다. 나는 할 말이 많아서 세 페이지에 내용을 모두 담으려고 하다 보니 글씨가 점점 작아졌다. 이 책을 쓰면서 내 선거공약을 다시 읽어보니 내가 BBC에 재직하는 동안 그 중에서 달성한 것이 얼마나 많았는지 새삼 놀라웠다. 1999년 5월, 나는 BBC가 안고 있는 가장 큰 문제는 문화 문제라고 생각했다. 그래서 나는 이렇게 썼다.

우선, 나는 창의력이 있는 인재들이 활발하게 활동할 수 있도록 분위기를 조성하고, 재정적으로든 행정적으로든 책임 있게 이끌어 나갈 수 있는 리더십을 BBC에 보여줄 수 있다고 믿는다. 나는 BBC가 내부적으로 문화의 문제를 안고 있다고 생각한다. 상의하달(上意下達) 체제 속에서 내부적으로 치열한 경쟁이 벌어지고 있고, 모든 권한이 중앙에 집중되어 있으며, 직원들이 질문하기를 회피하는 문화가 만연해 있다. 내가 보기에는 현재 BBC에서 일하고 있는 사람들 중에는 새로운 문화를 좋아하지 않는 사람이 많이 있다.

이러한 실정을 보면 흥미로운 질문을 떠올리게 된다. 지금까지와는 다르게 포용력이 있는 경영 스타일을 도입하면 현대화를 지속적으로 추진하여 성공할 수 있을까? 나는 가능하다고 믿는다. 세계적으로 가장 활발한 조직들은 모두 개방적이고 포용력이 있는 문화를 가지고 있다. 흥미롭게도 경영 스타일에 관한 한 BBC는 1990년대에 가장 성공한 기업들이 선택한 스타일과 완전히 정반대의 스타일을 선택했다.

나는 차기 사장이 직면하게 될 가장 중대한 리더십의 과제는 변화의 추진력을 잃지 않고 포용하는 문화를 조성하는 것이라고 믿는다.

이렇게 쓰고 나서 나는 각 부문별로 변화해야할 부분을 세부적으로 열거하였다. 여기에는 BBC 제작 본거지를 런던 이외의 지역으로 확장함으로써 정부의 자치권 이양에 대비할 필요성, BBC의 역할을 국제적인 방송사로 확대할 필요성, BBC 방송을 젊은이들의 취향에 맞게 개선할 필요성, 존 버트가 바꾼 내부 조직 중 일부를 획기적으로 변경할 필요성이 포함되었다.

그 내용을 다시 읽고 나는 내 선거공약이 얼마나 반(反)버트주의적이었는지 새삼 느꼈다. 그가 이 공약을 읽었다면, 물론 경영위원들 가운데 누군가 그에게 이 공약을 보여주었겠지만, 왜 그가 나를 자신의 후계자로 삼지 않으려고 했는지 이해할 수 있다.

나는 각기 다른 그룹의 경영위원들과 여러 차례 면담을 했다. 가장 별난 면담은 메이페어의 세퍼드 시장에 있는 어느 아파트에서 가진 것이었다. BBC는 면담을 위해서 그 아파트를 하루 빌렸다. 나중에 알고 보니 그 아파트는 창녀들이 늘 이용하는 곳이었다. 브루스 스프링스틴의 연주를 보러 얼스 코트에서 열리는 콘서트에 가야 하기 때문에 시간이 별로 없다고 경영위원들에게 양해를 구한 적도 있었다. 나는 사장에 임명되기 하루 전날 경영위원 전원이 참석한 가운데 열린 최종 면담을 생생하게 기억하고 있다. 그 자리에서 크리스토퍼는 내가 그 자리를 차지하게 될 것 같다고 미리 귀띔해주었다.

최종적으로 네 명의 후보가 남았다. 두 사람은 BBC 내부인사이고, 나머지 둘은 공교롭게도 모두 피어슨 그룹에서 일하는 사람이었다. 끝까지 남은 내부 인사는 마크 바이포드와 뉴스 책임자 토니 홀이었다. 피어슨에서 출마한 후보자는 마이클 린턴과 나였다. 마이클은 미국 국적을 가진 영국인으로서 피어슨이 소유하고 있던 펭귄 북스의 최고경영자로 있었고, 나는 피어슨 텔레비전에 있었다. 마이클은 BBC 사장직을 얻지 못했지만 나중에 채널 4의 최고경영자 자리를 제안받았다. 하지만 그가 거절하는 바람에 그 자리는 BBC 텔레비전본부장이던 마크 톰슨에게 돌아갔다. 마이클은 할리우드에 가서 소니 엔터테인먼트의 회장 겸 최고경영자가 되었다. 현재 런던정경대학 학장으로 재직하고 있는 하워드 데이비스도 후보 명단에 올라 있었으나 마지막 순간에 물러섰다.

피어슨 출신 후보자들에 대한 의견을 듣기 위하여 크리스토퍼가 피어슨 회장 데니스 스티븐슨을 초대했다. 데니스는 뜻밖에도 회의장에 BBC 경영위원이 전원 앉아 있는 것을 보고 깜짝 놀랐다고 한다. 그가 나를 입에 침이 마르도록 칭찬해준 덕분에 일부 경영위원들이 가지고 있던 나에 대한 의구심이 사라졌다.

기나긴 공개채용절차가 끝나갈 무렵, 존 버트와 윌 와이어트, 그리고 그들의 동조자들은 내가 그 자리를 차지하지 못하게 방해공작을 강화하고 경영위원들에게 직접 영향력을 행사하기 시작했다. 존은 당시 람베스 구의회의 최고경영자이자 비교적 새로 선임된 경영위원인 헤더 라바츠에게 나는 외부인사이니 뽑지 말라고 말했다. 론 닐은 이때 이미 BBC를 떠난 후였는데 그를 웨일스 출신 경영위원인 로저 존스에게 보내 나를 뽑지 말라고 회유하게 했다. 하지만 제약회사를 경영하던 로저는 그의 말을 듣지 않았다. 마크 바이포드는 론 닐의 문하생이었으므로 론 닐이 마크가 사장에 취임하기를 바란 것은 당연한 일이었다.

게다가 비밀 정보가 누설되는 일이 벌어졌다. 윌 와이어트는 그의 저서에서 크리스 스미스와 모 모울럼이 야당 시절 예비 내각에서 문화부장관을 맡고 있을 때 내가 그들에게 돈을 주었다는 기사를 《더 타임스》에 실었다고 숨김없이 털어놓았다. 그 이야기는 사실이다. 하지만 그 기사가 암시하듯 특종기사로 다룰 만한 것은 아니었다. 그 기사는 내가 몇 년 전에 이미 《인디펜던트》(The Independent)지에 보낸 편지에서 인용한 것이었다. 윌 와이어트를 공정하게 평가하자면, 그는 정당과 긴밀한 관계를 맺고 있는 인물은 BBC 사장이 되어서는 안 된다고 생각했기 때문에 나를 임명하는 데 반대했다고 내게 솔직하게 인정한 유일한 사람이었다. 훗날 그는 나를 반대한 자신의 행동은 잘못이었으며, 내가 그 직무를 훌륭하게 수행했다는 글을 공개적으로 발표하였다.

내가 심각할 정도로 용기를 잃었던 유일한 시기는 채용절차가 끝나갈 무렵 나머지 후보자들이 정치에 관련하여 기부한 내용 등, 정치나 사업에 관련된 이해관계를 요약해서 경영위원들에게 비공개 편지를 써서 제출해야 할 때였다. 나는 상세하게 편지를 써서 제출했는데 불과 이틀 뒤에 《더 타임스》에 내 편지가 글자 한자 틀리지 않고 그대로 게재되었다. 나는 그때 비로소 경영위원 한 사람이 나에게 불리한 정보를 누설하고 있다는 사실을 깨달았다. 누가 그런 짓을 했는지 지금은 확실하게 추측할 수 있다.

하지만 그런 짓도 소용이 없었다. 나에게는 크리스토퍼 블랜드와 그의 보좌역 바버라 영(당시 영국자연보존위원회[English Nature] 위원장이었다), 그리고 리처드 에어(전직 국립극장장으로서 사장을 지원해보라고 맨 처음 나를 격려한 사람이다), 헤더 라바츠, 로저 존스를 비롯하여 적어도 두 명 이상의 지지자가 더 있었다.

6월 23일 수요일이었다고 기억한다. 자정 무렵 크리스토퍼가 내 차로 전화를 했다. 우리 부부는 그때 제러미 비들 부부와 함께 저녁식사를 하고 집으로 돌아가던 중이었다. 제러미가 별난 다이어트를 하고 있었기 때문에 그날 저녁 일이 생생하게 기억난다. 그는 음식 재료를 가득 담은 가방을 들고 식당에 들어오더니 요리사에게 그것을 요리해달라고 부탁했다. 내가 전화를 받자 크리스토퍼가 이렇게 말했다.

"나쁜 소식을 전하게 돼서 미안하군. 자네가 사장이 됐네."

나는 그 자리가 내 것이라고 확신하고 있었는데도 흥분이 되었다. 길고 괴롭고 불쾌한 과정을 거쳐 마침내 해낸 것이다. 헤이즈에서 자란 소년이 이제 영국에서 가장 큰 기관 중 하나를 경영하게 된 것이다.

월 와이어트는 자신의 책에 존에 대해 이렇게 썼다. "존은 풀이 죽었다. 상황을 바꾸어보려고 격렬하게 펼치던 그의 계획과 노력이 모두 수포로 돌아갔기 때문이었다."

그 이튿날, 나는 브로드캐스팅 하우스에 가서 내 계약에 관하여 세부적으로 협의하였다. 아직 정식으로 임명이 발표되지 않았다. BBC가 가능한 한 오랫동안 임명을 비밀에 부치려고 했기 때문에 나는 도로 반대편에 있는 BBC 건물에서 브로드캐스팅 하우스로 연결되는 지하 통로로 안내되었다. 참 괴이한 체험이었다. 언론기관이 아니라 정보기관에서 일자리를 얻은 느낌이 들었다. 안에 들어가니 다소 냉정한 인사본부장 마거릿 새먼이 나를 맞이했다. 그녀는 내 채용조건을 요약해서 설명했다. 나는 단 한 가지 질문도 던지지 않았다. 나는 그들이 제안한 대로 받아들였다. 나중에 발견한 사실이지만, 연금 조건은 마거릿 새먼을 포함하여 BBC의 다른 임직원들에 비해 훨씬 나쁜 조건이었다.

내 생각은 단순했다. 나는 지난 10년 동안 많은 돈을 벌었다. 이 자리는 돈을 바라고 온 것이 아니다. 피어슨에서 그 전 해에 100만 파운드 정도 벌었는데 BBC로 옮기면 수입이 3분의 1밖에 되지 않았다. 하지만 나는 개의치 않았다. 나는 그들이 제안하는 조건을 모두 그대로 받아들였다. 그 조건 가운데에는 내가 계속 보유할 수 있는 주식과 팔아야 하는 주식, 그리고 주식을 팔아야 하는 시기 등이 포함되어 있었다. 몇 달 후 이러한 조건이 매우 중요한 것이 되었다.

가장 나쁜 조건은 내가 맨체스터 유나이티드 이사직을 포기해야 한다는 것이었다. BBC와 맨체스터 유나이티드 사이에 이해관계가 충돌하기 때문에 올드 트래퍼드 축구장의 이사 특별석에 배당된 좌석 네 개도 포기해야 한다는 것이다. 우리 집 아이들은 그 일에 대해서 두고두고 나를 용서하지 않았다.

나는 부사장(Deputy Director-General) 겸 사장 지명자(Director-General Designate)의 자격으로 BBC에 합류했다. 그래서 BBC 내부에서 통용되는 내 약칭은 GD, DDG, DGD가 되었다. 이 약칭을 보고 비로소 내가 공공기관에 들어왔다는 사실을 실감했다. 11월부터 근무하기로 합의했으나 2000년 4월 1일까지는 사장에 취임할 수가 없었다. 5개월간의 인수인계기간이 필요했기 때문이다. 내가 예상했던 것보다 4개월이나 긴 시간이었다. 존 버트가 작위를 받고 2000년 1월 말에 사임하게 되는 바람에 결국 그 기간이 3개월로 줄어들었다.

6월 25일 금요일, 나는 브로드캐스팅 하우스에 공식적으로 첫 출근을 했다. 내가 사장에 임명되었다는 소식이 외부로 새나가서 BBC가 이미 하루 전에 임명 사실을 확인하였지만, 그곳에서 사장 취임 소식이 공식적으로 발표될 예정이었다. 아침 일찍 그곳에 도착하니 스카이 뉴스 방송팀만 대기하고 있었다. 그런데 카메라맨이 마침 차를 마시고 있던 중이라 내가 도착하는 장면을 놓치고 말았다. 그가 안됐다는 생각이 들어서 나는 도착 장면을 다시 연출했다.

나는 크리스토퍼 블랜드, 존 버트와 함께 기자회견을 했다. 홍보회사 브런스윅에서 일하는 제임스 호건이 개인적으로 내게 조언을 해주고 있었는데, 그와 상의한 결과 나는 기자회견이나 인터뷰에서 방송 프로그램에 대해서만 언급하기로 결정했다. 그것이 BBC에게 가장 중요한 것이라고 생각했기 때문이다. 또한 그것이 임직원들이 궁금하게 여길 내용이고 즉시 직원들의 사기를 다시 끌어올리는 일에 착수해야 한다고 생각했기 때문이다.

기자회견장에서 시선이 모두 내게 집중되었다. 내가 새로 등장하는 사람이니 놀랄 일도 아니지만 존 버트는 기분이 상한 표정이었다. 자존심이 상한 것처럼 보였다. 주말에 크리스토퍼로부터 존과 문제가 생겼다는 전화를 받았다. 내가 존을 따뜻하게 대하지도 않고 기자회견에서 그의 업적을 찬양하지도 않았다는 것이다. 내가 존을 전혀 언급하지 않은 것은 사실이었다. 나는 크리스토퍼에게 나는 그의 후임자이지 그의 엄마가 아니라고 말했다. 하지만 나는 크리스토퍼가 한결같이 나를 지지해주었기 때문에 그 자리를 차지할 수 있었다. 그래서 나는 임직원 회의에 참석할 때마다 존이 조직 현대화에 위대한 업적을 남겼다고 임직원들에게 강조하겠다고 약속했다. 그래 봐야 그의 최대 약점만 드러나게 될 것이다. 임직원 대부분이 그는 물론 그와 관련된 것을 모두 미워하고 있다는 사실을 무시하는 것이 되니까.

최종적으로 업무를 인수할 때까지 내 진심을 말하지 못하고 지낸 5개월은 참으로 길고 비참한 기간이었다.

머독 소유 일간지들은 두 가지 쟁점을 물고 늘어졌다. 두 가지 모두 내 사적인 사업에 관한 것이었다. 나는 BBC 인사본부장 마거릿 새먼을 처음 만났을 때, 정치인들이 공직을 맡을 때 재산을 처분하는 방식처럼 내가 소유하고 있는 사업상의 이권을 모두 개인 신탁에 집어넣겠다고 말했다. 그녀는 그것만으로는 충분하지 않고 사장에 취임한 지 6일 이내, 즉 2000년 4월 6일까지 모든 주식을 매각해야 한다고 말했다.

내가 팔아야 할 주식 내역이 BBC의 채용 제안서에 기재되어 있었는데 그 중에는 LWT를 그라나다가 인수할 때 받은 그라나다 주식, 피어슨 주식, 그리고 맨체스터 유나이티드의 주식이 포함되어 있었다.

1월 16일, 《선데이 타임스》는 내가 시가 600만 파운드에 달하는 최대 ITV 방송사 그라나다의 주식을 아직도 보유하고 있다는 기사를 실었다. 그 기사는 사실이다. 하지만 내게는 4월 6일까지 매각할 수 있는 시간 여유가 있었기 때문에 부적절한 보도였다. 《선데이 타임스》는 마치 독점적으로 스캔들을 파헤친 양 그 기사를 보도했다. 과장하기로 유명한 일요신문의 전형적인 수법이었다. 게다가 BBC 경영위원의 말까지 인용했다.

"물론 그건 이해관계의 충돌입니다. 지금 당장 팔아야 해요."

그 경영위원은 내가 주식을 소유하고 있다는 소식을 처음 들은 것처럼 말했다. 그 기사를 작성한 기자 리처드 브룩스는 BBC 부회장을 역임한 리스-모그 경의 말까지 인용했다.

"임명될 당시에 주식을 가지고 있다는 사실을 BBC 경영위원들에게 공개하지 않았다면 그는 당장 사임해야 합니다."

나는 임명될 당시에 내가 보유하고 있는 재산을 모두 공개했다. 나는 즉시 브룩스에게 직접 이 사실을 밝혔다.

일부 기자들이 사소한 사건을 크게 부풀리는 일은 늘 있는 일이다. 이런 기자들은 그 사건에 대해서 전혀 알지 못하는 사람들에게 전화를 걸어서 그 사건이 사실인 양 설명하고 그 내용을 토대로 의견을 말하게 유도한다. 신문에 자기 이름을 올리기 위해서 기꺼이 이런 일에 끼어드는 사람들이 항상 있기 마련이다. 특히 각 정당의 반대파 정치인들이 그런 짓을 잘한다. 그래서 BBC에서 4년을 일하고 난 후로는 홍보라는 구실로 사실을 사실대로 말하지 않는 정치가들에 대한 존경심이 거의 사라졌다.

BBC와 내가 실수한 부분은 존 버트가 상원의원에 임명되는 바람에 사장 취임일이 2월 1일로 앞당겨졌을 때 주식 매각 시한인 4월 6일도 같이 앞당기지 않은 것이었다. 매각 시한을 바꿔야 한다는 생각을 나도 하지 못했고 회장도 전혀 생각하지 못했다. 결국 나는 그런 이야기가 다시 나오지 않도록 주식을 모두 매각하기로 결심하고, 그 다음 주에 당장 실행에 옮겼다.

1월 말경, 《더 타임스》는 내가 부사장으로 재직하는 동안에도 데번에 있는 부동산 사업체에 간여하고 있었다는 기사를 실었다. 이 기사도 마치 스캔들이라도 발견한 것 같은 암시를 던졌다. 그 신문사 기자들은 BBC 월드서비스 책임자를 역임한 존 투사의 말을 인용했다.

"내가 낡은 사고방식을 가지고 있는지는 몰라도, BBC를 운영하는 사람은 그 일에만 전념해야 합니다."

이때 일부 경영위원들이 이 기사를 읽고 우려를 표시했다는 소문을 들었다. 특히 외무부 관리 출신으로 내가 사장이 되는 것을 반대했던 폴린 네빌-존스가 그런 우려를 나타냈다는 것이었다. 내가 BBC에 부임한 지 얼마 지나지 않아 존 버트는 BBC 경영위원들이 앞서 회의에서 무슨 결정을 내렸는지 기억하고 있으리라는 기대는 하지 말라고 충고해주었다. 예전에 어떤 결정을 내렸는지 그들에게 항상 상기시켜줘야 한다는 것이었다. 그의 충고가 옳았다고 절실히 느낀 경우가 헤아릴 수 없이 많았다.

경영위원들이 그 다음 회의에서 내 재산에 관하여 토의할 때, 나는 지원서를 냈을 때 내 사업 거래관계를 모두 기재해서 제출한 편지를 가지고 들어갔다. 그들 가운데 한 사람이 《더 타임스》에 몰래 흘린 바로 그 편지였다. 나는 이러한 이권을 모두 백지위임신탁에 맡기겠다고 제안했지만 BBC 측에서 그렇게까지 할 필요가 없다고 결정했고, 내 재산을 모두 매각하라고 요청한 적도 없었다는 점을 지적했다.

그것으로 그 사건을 종결되었지만, 이 두 사건은 일부 언론, 특히 머독이 소유하고 있는 언론사와의 전투가 막 시작되었다는 것을 보여주는 징표였다. 내가 임명되는 과정에 《더 타임스》와 그 신문사 편집자인 피터 스톳하드는 망신을 당했다. 그러니 그대로 가만히 있을 리가 없지 않은가!

2000년 1월 29일, 나는 제13대 BBC 사장에 취임했다. 퍼블릭스쿨이나 옥스퍼드 또는 케임브리지 출신이 아닌 사람으로서는 처음이었다. 또한 나는 평화시에 사장에 임명된 사람 중에서는 첫 번째로 그 기관에 근무한 경력이 없는 사장이 되었다.

GREG DYKE **INSIDE STORY**

제 **8** 장

BBC 시절 (1)

BBC
구하기

BBC에서 첫 주를 보낸 주말 아침, 나는 일찍 잠에서 깨어나 그동안 파악한 현황을 곰곰이 생각했다. 생각할수록 실망스러워서 자리에서 일어나 내 느낌을 글로 옮겨보기로 했다. 나 자신을 위해서도 이러한 느낌을 잊지 않도록 적어두는 것이 중요하다는 생각이 들었다. 조직 전체가 관료주의에 물들어 있고 모든 업무가 서류 중심으로 돌아가고 있었다.

출근한 첫 주 화요일인가 수요일 저녁에 내 차를 들여다보니 한심스러웠다. 뒷좌석에 서류 뭉치가 30센티미터가 넘는 높이로 수북이 쌓여 있었던 것이다. 이것이 그 이튿날 업무를 위해 미리 읽어두어야 할 서류들이었다. 나는 에마 스콧에게 평생 동안 책이든 서류든 이렇게 많이 읽어본 적도 없고 이제 와서 읽기 습관을 들일 생각도 없다고 말했다. 에마는 내 업무를 지원하기 위해서 초기 몇 주 동안 내 비즈니스 매니저로 배치를 받았는데 그 후 4년 동안 계속 근무했다.

처음 몇 주 동안 내가 파악하기로는 BBC의 임원들이 주로 하는 업무가 서류, 보고서, 정책서 등을 쓰고 읽는 일이었다. 이들의 목표는 완벽한 정책서를 작성하는 것이었다. 정책서가 완성되어 승인을 받으면 그것으로 충분했다. 물론 반드시 그런 것도 아니었다. 출근한 지 얼마 안되었을 때 BBC 고위 임원 한 사람이 내게 이런 말을 해주었다.

"BBC 회의에서는 참석자들이 모두 동의한 것처럼 보이더라도 모두 동의했다고 생각해서는 안 됩니다. 더구나 그들이 동의한 대로 행동하리라고 기대해서도 안 됩니다."

얼마 후 내가 이렇게 터무니없이 긴 보고서를 읽지 않겠다고 말했다는 소문이 사내에 퍼지자, 일부 임직원들은 보고서를 짧게 쓸 생각은 하지 않고 보고서를 두 종류로 작성했다. 하나는 그들 표현대로 말하자면 '정상적인 보고서', 다른 하나는 내게 제출하기 위한 요약본이었다. 나는 결국 모든 문서를 짧게 작성하게 만들었지만, 보고서가 다시 길어졌다고 느낄 때마다 몇 달에 한 번씩 주의를 줘야 했다.

내가 처음 참석한 전략회의는 평생 잊지 못할 것이다. 존 버트가 아직 사장직에 머물러 있을 때라 그가 회의를 주재했는데, 조직이 신속하게 움직이지 않고 있다고 지적하고 좀 더 빨리 업무를 처리하라는 말로 회의를 시작했다. 그리고 나서 그는 의제로 상정된 제안서를 서류가 제대로 갖추어져 있지 않다는 이유로 대부분 반려해버렸다. 존은 모든 일이 완벽해야 한다는 고정관념에 사로잡혀 있었다. 그는 1년에 한 번씩 BBC에 대한 의견을 연례 경영위원회에서 발표했다. 회의는 주로 잉글랜드 남부지방에 있는 호텔에서 열렸다. 그를 보좌하던 직원이 내게 전해준 말에 따르면, 그는 경영위원들에게 제출할 프레젠테이션을 열일곱 가지나 준비하고 며칠 동안 계속 연습했다고 한다.

내가 판단하기로는 이 조직은 최고위층이 위험 부담을 안는 것을 꺼리는 조직이었다. 위험성이 있는 결정을 내릴 때면 책임을 모면하려고 애쓰다 보니 외부기관에 의뢰하는 분석 작업이 늘어나고 점점 더 많은 서류를 작성할 수밖에 없었다. 분석 작업을 많이 해야 올바른 결정을 내릴 가능성이 거진다는 논리를 내세웠지만, 한 번도 그런 논리가 타당하다고 입증된 적은 없었다. 보고서가 점점 더 길어지는 이유는 정책이 잘못되었을 때 보고서를 방패막이로 삼으려고 했기 때문이다. 전형적인 공무원 사고방식이었다.

조직이든, 사업이든, 인생이든, 무슨 일을 하든지 내 접근방식은 일단 해보는 것이었다. 예상대로 잘 되는 일도 있고 안 되는 일도 있는 법이다. 안 되는 일을 너무 많이 시도하다 보면 결국 살아남지 못할 것이다. 인생은 그렇게 간단한 것 아니겠는가? 반면에 생각한 대로 일이 잘 풀리면 성공하는 것이다. 아무리 좋은 아이디어가 있어도 결정도 내리지 않은 채 아이디어를 일일이 분석해볼 수는 없는 노릇이다. 100% 확신이 없어도 어느 시점에는 추진할 것이냐 말 것이냐 결정을 내려야 한다. 그 프로젝트를 아예 포기해버리든가. 그렇지 않으면 그 일에 참여한 사람들이 모두 지쳐버리고 만다.

BBC에 취임한 첫 해에 내 접근방식을 보여줄 수 있는 기회가 생겼다. 우리가 신속하게 극단적인 조치를 취하자 《데일리 텔레그래프》는 그 일을 이렇게 보도했다.

BBC가 이번에 내린 결정은 텔레비전 방송계나, 시청료를 납부하는 시청자들에게나, 영국 정치 문화에 나쁜 영향을 미치는 결정이다. 다이크 씨는 속물근성을 가진 세력들에게 굴복하여 자신이 중요하다고 생각하는 것이 무엇인지 명확하게 보여주고 있다. 그것은 BBC 주요 시청자들이 생각하는 것과 사뭇 다르다. 속물근성에 빠진 BBC는 무기력해지고, 지속적으로 무지한 상태에 놓인 국민은 지배당하기 쉽다.

이것은 2000년 8월 15일자 《데일리 텔레그래프》의 사설이다. 이 신문만이 아니었다. 세 개 주요 정당의 언론 담당 대변인들이 모두 BBC를 비난하고 나섰고, 전국 일간지 중 일부도 공격에 가담했다.

중상모략에 앞장선 사람들의 표현을 빌리자면, 우리가 BBC는 물론 국민을 바보로 만들고 있다는 것이었다. 우리가 무슨 일을 했기에? 우리가 무슨 중대한 결정을 내렸기에 BBC 임직원의 머리 위에 그렇게 신랄한 비난을 퍼부었단 말인가? 그 대답은 우리가 BBC 1채널의 밤 뉴스 시간을 9시에서 10시로 변경한다고 발표한 데서 찾을 수 있다. 문명 세계의 종말이라고까지 말할 수는 없어도 정치인들과 언론이 그런 반응을 보이리라고는 생각할 수 없었다.

ITV가 〈10시 뉴스〉를 35년 넘게 10시 시간대에 방영하다가 그 무렵에 뉴스 시간을 뒤로 늦추었다. 정치인들이 그러한 조치를 못마땅하게 생각하자 문화 · 언론 · 스포츠부 장관이었던 크리스 스미스는 총리실의 지시에 따라 뉴스 시간을 종전 시간대로 환원시키기 위해 ITV를 열심히 설득하고 있었다. 나는 크리스와 오랫동안 함께 지냈고 그가 탁월한 장관이라고 생각했다. 그래서 그가 2001년 선거 직후에 해임 당하자 우리는 모두 놀라움과 실망감을 감출 수 없었다. 하지만 이 문제에 대해서는 그와 의견이 달랐다.

나는 BBC에 부임하기 전부터 BBC의 뉴스 시간대를 9시에서 ITV가 비워놓은 10시로 옮겨야 한다고 생각하고 있었다. 그러면 BBC에게 두 가지 면에서 유리한 점이 있다. 첫째로, 10시에는 경쟁이 그다지 심하지 않기 때문에 시청률을 올릴 수 있다. 둘째로, 가장 중요한 시간대인 9시에 훨씬 경쟁력이 있는 프로그램을 편성할 수 있다. 그동안 9시 이전에는 드라마를 방영할 수 없었는데 9시에 드라마를 시작하면, 30분 늦게 방송하는 ITV와 경쟁할 수 있게 되는 것이다.

우리는 뉴스 시간을 옮기기로 결정하여 BBC 경영위원회에서 만장일치로 승인을 받고, 내가 사장이 된 지 꼭 6개월 만인 2000년 8월에 에든버러 텔레비전 페스티벌에서 맥타가트 추모 강연을 할 때 그 소식을 발표하기로 합의했다. 그런데 그 소식이 하루 전날 새어나가는 바람에 크리스 스미스가 내게 전화를 걸어 발표를 하지 말라고 요구했다. 나는 그렇게 할 수 없다고 거절하고, BBC 회장 크리스토퍼 블랜드에게 전화를 해서 그가 한 말을 전했다. 크리스토퍼는 몹시 화를 냈다. 그는 경영위원들이 시간 변경을 승인한 일이니 크리스 스미스의 견해를 참작할 이유가 없다고 말했다. BBC를 지휘·감독하는 사람은 경영위원들이지 정치인이 아니지 않는가?

그래서 나는 계획대로 발표하고 그 이듬해인 2001년 중 적당한 시기에 뉴스시간을 변경한다고 확인했다. 그러자 ITV는 9월 21일 그동안 비워두었던 10시로 뉴스 시간을 환원하겠다고 발표했다. 그라나다의 최고경영자 찰스 앨런과 ITC 최고경영자인 퍼트리샤 호지슨 사이에 괴상한 합의가 이루어져 ITV는 1주일에 3일만 뉴스 시간을 10시로 옮기기로 결정했다. 호지슨이 정치인들로부터 압력을 받았던 것이 분명하다. 더욱 괴상한 일은 매주 방송하는 요일이 같지 않다는 것이었다. ITC는 그 대가로 피크타임에 광고를 더 내보낼 수 있도록 허가했다. 시간표를 보면 어처구니가 없는 합의였다. 그래서 ITV 뉴스에는 '방송시간을 알 수 없는 뉴스'라는 별명이 붙었고, 뉴스 프로그램의 평판이 심각하게 훼손되었다.

이 소식을 듣고 텔레비전본부장이던 마크 톰슨과 나는 두 가지 방안 중에서 한 가지를 택하기로 결정했다. 우리 계획을 철회하든가, 계획을 앞당겨 시행하든가 둘 중 하나였다. ITV가 내린 괴상한 결정이 우리에게는 도움이 되었다. 그들이 1주일에 5일씩 뉴스를 그 시간대에 방송하기로 결정했다면 우리로서는 어려움을 겪었을 것이다. 그래서 마크와 나는 시행일자를 앞당기기로 결정했다.

크리스토퍼 블랜드 회장은 누구에게나 인기가 있고 경영위원들의 전폭적인 지지를 받았다. 정부 측이 찬성하지 않으리라는 것을 모두 알고 있었지만, 정부의 비위를 맞추는 것이 BBC 경영위원들이 해야 할 일도 아니고 그렇게 해서도 안 되는 일이었다. 그러나 정부 측이나 각료들은 그러한 사실을 여전히 제대로 깨닫지 못하고 있다.

크리스토퍼 블랜드는 어느 기자로부터 9시 뉴스 시간을 개편할 때 소관 부처 장관의 의견을 참작했느냐는 질문을 받고 유명한 답변을 남겼다.

"물론입니다. 다른 시청자들의 의견과 마찬가지로 장관의 의견도 참작했죠."

다우닝 가 사람들은 격분했다. 내가 분별없이 그런 발언을 하지 못하도록 그가 선수 친 것이다.

내가 BBC에 재직하는 동안 크리스 스미스와 그의 후임자 테사 조웰은 텔레비전에 방영해야 할 것이 무엇인지, 방영해서는 안 되는 것은 무엇인지 계속 참견하려고 했다. 정치인들은 다른 계층에 비해서 텔레비전을 자주 보지 않는다. 그런데도 유감스럽게 이들은 전문가들보다도 텔레비전에 대해서 더 많이 아는 것처럼 행세한다. 대의(代議) 민주주의 체제에서 우리가 직면하고 있는 문제 가운데 하나는 정치인들이 점점 더 모든 일에 끼어들려고 하고 거의 모든 일에 대해서 뭔가 아는 체하려고 한다는 것이다. 정치계로 진출하는 계층이 점차 소수 집단에서 나오고 있다. 대학 시절부터 정치인이 되려고 작정해서 다른 일은 거의 해본 적이 없는 사람이 많다. 이들이 알고 있는 것, 집착하고 있는 것은 정치밖에 없다.

뉴스 시간을 10시로 옮기겠다고 발표한 지 두 달 후, 우리는 정확한 변경일자를 단 2주일 전에 BBC 전 지원들에게 통보하고 시행했다. 너무 빨리 시간을 변경했다는 공격이 또 다시 빗발치기 시작했다. 공공자금으로 운영되는 공영기관이 그렇게 해서는 안 된다는 것이었다. 시행 시기를 앞당긴 이유가 뉴스 시간을 옮기겠다는 ITV의 발표에 대응해서 우리가 그 시간대를 먼저 차지하려고 ITV와 경쟁을 벌인 것이라고 비난했다.

BBC 뉴스 부서 직원들은 그러한 변동에 모두 신이 났다. 뭔가 종전과 다르고 새로운 일을 한다는 느낌을 가졌기 때문이다. 노조가 이 문제를 놓고 시끄럽게 굴자 끼어들지 말라고 노조에게 쐐기를 박은 사람은 바로 직원들이었다. 우리는 뉴스 시간을 변경하면서 늦은 밤 지방 뉴스 시간을 3분 30초에서 7분으로 늘려 지방 뉴스를 10시 뉴스에 없어서는 안 될 중요한 부분으로 만들었다. 이러한 정책은 BBC 지방 뉴스 담당자들로부터 큰 환영을 받았다. BBC와 직접 관련이 있는 사람 중에서 뉴스 시간 변경에 반대한 사람은 단 한 사람이었다고 들었다. 그는 다름 아닌 마이클 버크의 부인이었다. 마이클은 9시 뉴스를 맡은 진행자 두 명 중 한 사람이었는데, 그가 집에 한 시간 늦게 돌아오게 되었다는 소식을 듣고 그의 아내가 반대한 것이었다. 물론 그녀가 좋아할 리가 없었다.

뉴스 시간 변경이 내가 BBC에서 처음 2년 동안 한 일 중에서 가장 훌륭한 업적이었다. 우리는 BBC의 간판격인 뉴스 시청률이 떨어지는 것을 막았을 뿐만 아니라 다소나마 시청률을 끌어올렸다. 9시 시간대 프로그램 편성이 훨씬 자유로워지면서 BBC 1채널이 1년 뒤부터 ITV를 앞지르게 되었다.

한편으로는 단 2주일 전에 통보하고 뉴스 시간을 옮긴 조치는 BBC 전 직원에게 한 가지 교훈을 주기도 했다. 우리 조직이 분석하느라고 시간만 허비하고 신속한 결정을 내리지 못하는, 덩치만 크고 다루기 힘든 조직이 아니라는 메시지를 전 직원에게 전달함으로써 우리도 원하기만 하면 언제든지 신속하게 움직일 수 있다는 것을 인식시킨 것이다.

이와 같은 일화에서 볼 수 있듯이 BBC와 같은 조직은 비교적 사소한 변화만 꾀하려고 해도 일반 대중과 정치계로부터 강한 압력을 받는다. 변화에 대한 반대는 새로 나타난 현상이 아니었다. 내가 처음 부임했을 때 기록보존 책임자가 내게 이런 말을 했다.

"리스 경이 창설하던 그날부터 BBC는 국민의 지적 수준을 떨어뜨린다는 비난을 받아왔지요."

나는 맥타가트 강연에서 뉴스 시간을 옮긴다고 발표할 때 고뇌에 찬 울부짖음이 있으리라고 예견하였다.

BBC 라디오나 텔레비전에 변화를 줄 때마다 언론인, 정치가, 저명인사, 그리고 일부 BBC 임직원이 격분해서 만행을 저지른 것을 BBC 역사를 통해서 알 수 있습니다. 하지만 BBC의 참된 기풍은 그래도 환경에 적응하면서 변화를 모색하는 것입니다. BBC가 중대한 시기에 처하게 되면 리더들은 변화가 필수적이라는 사실을 인식하고 주위에서 아무리 크게 반대해도 과감하게 변화에 착수하는 결정을 내렸습니다.

나는 BBC 역사상 지금 이 순간이 변화가 절실하게 필요한 시기라고 강조했다.

나는 BBC가 지금 변화할 것이냐, 아니면 순순히 몰락을 받아들일 것이냐 선택해야 할 상황에 직면해 있다고 믿고 있습니다. 기술, 사회 전반, 그리고 경쟁 환경에서 일어나고 있는 변화로 말미암아 지금 이 순간이 바로 BBC에게 변화가 절실하게 필요한 역사적 순간입니다.

다른 공공부문과는 달리 BBC는 정치인들의 지배를 받지 않기 때문에 주요 저녁뉴스 시간만이라도 변경할 수 있었다. 임원진과 경영위원진이 정치계 거물들의 간섭에 굴복하지 않고 자체적으로 결정을 내리고 기꺼이 위험을 감수한 것이다.

이론적으로는 공공부문이 위험을 부담하기가 영리법인에 비해서 훨씬 쉽다. 전자의 경우에는 위험을 감수해서 일이 극도로 잘못되더라도 경영자가 파산하지는 않는다. 하지만 현실은 정반대이다. 공공기관은 위험한 일을 피할 가능성이 훨씬 더 높다. 공공자금을 지출한다는 이유만으로 훨씬 더 강도 높은 조사를 받기 때문이다. 단 한 가지 실수만 저질러도 그 기관은 물론 리더에게도 신문이나 정치가들이 치유가 불가능한 상처를 입히기 때문이다.

그 결과, 공공기관은 지나치게 신중을 기한 나머지, 일반 대중에게 제공하는 서비스를 향상시키려면 당연히 감수해야 할 계산된 위험을 피할 가능성이 있다. 공공기관이 일을 잘못 처리하면 공개적으로 비난을 받기도 하고, 때로는 치욕을 겪기도 한다. 뉴스 시간을 옮겨서 일을 그르치는 경우에는 심각한 영향을 받을 수 있다. 반면에 위험을 감수하고 단행한 조치가 옳았다는 사실이 입증되더라도 큰 보상을 기대할 수 없다. 나는 지금까지도 우리의 결정을 비난한 정치인들과 신문 편집자들이 그러한 결정이 옳았다는 것을 뒤늦게나마 깨달았다고 인정해주기를 기다리고 있다.

내가 취임한 이후 BBC가 전혀 달라지지 않았다면 뉴스 시간을 절대로 옮기지 못했을 것이다. 신속하게 실행에 옮기지도 못했을 것이다. 그 문제를 놓고 적어도 열두 개 이상의 정책서를 작성하고, 발생 가능성이 있는 문제점을 세부적으로 장기간에 걸쳐서 검토했을 것이다. 정치계의 반대까지 고려하다 보면 결국 아무 일도 해내지 못했을 가능성이 크다. 그렇지만 우리는 과감하게 그 일을 해냈다.

뉴스 시간을 바꾼 것이 내가 BBC에서 해낸 첫 번째 주요 변화는 아니었다. 2000년 4월, 나는 작은 팀을 구성해서 「BBC 하나 되기」(*One BBC*)라는 문서를 작성했다. 이 문서는 BBC 조직을 개편하기 위한 제안서였다. 내가 부임한 지 얼마 지나지 않아 존 버트와 나는 1999년 12월에 사임할 예정이던 방송본부장 윌 와이어트의 후임자 임명을 놓고 정면으로 충돌했다. 존이 아직 사장직에 있을 때라 그는 즉시 후임자를 임명하려고 했다. 나는 방송본부장을 임명하고 싶지가 않았다. 나는 그 직책이 무슨 역할을 하는 것인지 도무지 이해할 수 없었고, 방송본부를 완전히 철폐하는 것이 비용을 절감하는 길이라고 판단했다.

그 본부는 매킨지와 버트가 조직을 개편할 때 '제작과 방송의 분리'라는 정책에 따라 1995년에 구성된 것이었다. 프로그램 제작자를 모두 거대한 본부에 모아놓고, 훨씬 규모가 작지만 믿기 어려울 정도로 강력한 권한을 가진 방송본부에 그들의 아이디어를 팔도록 했다. 방송본부는 모든 자금을 움켜쥐고 있어서 권한이 막강했다. 존은 매킨지와 함께 '제작과 방송의 분리'를 비밀리에 계획하고 부사장인 밥 필리스에게도 말하지 않았다. 그의 표현을 빌리자면, 조직에 충격적인 자극을 주려고 했다는 것이다. 그런 방법만이 정책을 실행에 옮길 수 있는 유일한 방법이라고 믿었기 때문이다.

존이 개편한 BBC에서는 방송본부장이 텔레비전, 라디오, 온라인 등 실질적으로 모든 업무를 관장했다. 그렇다면 사장이 할 일은 무엇인가? 나는 이해할 수 없었다. 텔레비전이나 라디오를 담당하고 있는 직원들이 또 다른 경영자를 경유해서 사장에서 보고해야 할 이유가 무엇인가? BBC 1채널국장이 텔레비전본부장에게 보고하면 텔레비전본부장이 방송본부장에게, 방송본부장은 사장에게 보고하는 식이었다. 이렇게 미친 짓이 어디 있나?

신임 최고경영자인 내가 신임 방송본부장 임명에 반대하면 경영위원들이 나를 지지할 수밖에 없었을 것이다. 하지만 나는 이 문제를 BBC 내부 개혁을 추진하기 위해서 구성한 소규모 팀에 회부하자고 제의했다. 이 소규모 팀은 그 후 이 팀이 작성한 보고서의 제목을 따서 'BBC 하나 되기' 팀이라고 불렸다.

경영위원들은 이 제안에 동의했지만, 존은 그 의미를 알고 있었기 때문에 상당히 불쾌하게 생각했다. 그가 이루어놓은 업적의 일부를 무너뜨리는 조치가 시작된다는 신호였기 때문이다. 존은 그 소규모 팀을 매우 경계했다. 그는 'BBC 하나 되기' 팀원 한 명을 조용한 방으로 데리고 가서 그 팀이 해야 할 역할은 종전대로 현상을 유지해나가는 것이라고 으름장을 놓기도 했다. 그렇지만 아무도 그의 말에 따르지 않았다. 존이 BBC를 떠날 때까지 그 팀 직원들은 그에게 아무런 보고도 하지 않았다.

조직을 개편하려고 할 때 그가 왜 그렇게 민감한 반응을 보였는지 나는 알 수가 없다. 신임 최고경영자라면 누구나 다 하는 일이 아닌가? 이 세상에 완벽한 조직은 없다. 조직의 건강을 유지시키려면 지속적으로 조직을 재점검해야 한다. 내 후임자인 마크 톰슨도 그렇게 했다.

2000년 4월 1일, 나는 'BBC 하나 되기' 변화 정책을 발표했다. 존이 2월에 상원의원에 선임되지 않았다면 이 날이 내 취임 첫날이 되었을 것이다. 「BBC 하나 되기 운동에 관하여」라는 제목의 소책자를 전 직원에게 발송했다. 이 책에는 우리가 즉각 시행할 변화 정책이 요약되어 있었다. 나는 이 소책자의 머리말에 우리가 극복해야 할 문제점을 요약했다.

우리는 BBC의 각 부서 임직원들과 대화를 나누고 이들의 의견을 경청하였다. 만나는 임직원마다 우리에게 이구동성으로 똑같은 말을 했다. "BBC에서 일하는 것을 자랑스럽게 여긴다. 그러나 변화된 모습을 보고 싶다." 이들은 관리 체계가 너무 복잡해 업무 처리 절차에 비용이 많이 들고 BBC 내부에서 협의하는 데 너무 많은 시간이 낭비되고 있다고 지적했다. 그래서 이 조직의 움직임이 너무 느렸던 것이다.

우리는 방송본부를 해체하여 연간 약 500만 파운드를 절약하고, 스포츠, 어린이 프로그램 제작, 라디오 등 일부 부문에서 '방송과 제작의 분리'라는 인위적인 장애물을 철폐하였다.

우리는 모든 권한을 쥐고 있던 정책기획부를 두 개 부서로 나누었다. 나는 BBC의 전략이 정책 담당자들의 손에 너무 좌지우지되고 있다고 판단했다. 이들은 정치인들과 정부 관리들을 너무 의식한 반면, BBC에게 실제로 시청료를 납부하고 있는 시청자들에 대해서는 거의 배려하지 않고 있었다. 이러한 결정을 내리자 정책기획부를 맡고 있던 퍼트리샤 호지슨이 BBC를 떠나 ITC 최고경영자로 자리를 옮겼다.

우리는 마케팅과 같은 기능을 중앙으로 집중시켜 여러 개의 마케팅 부서로 나뉘어져 서로 경쟁을 벌이던 관행을 없애고, BBC 전체의 마케팅 업무를 한 명의 마케팅본부장에게 일원화시켰다. BBC에서 마케팅의 역할이 앞으로 점점 더 커지게 되므로 이는 매우 중대한 변화였다. 다채널 세계에서는 어떤 프로그램이 어디 채널에서 방송되는지 알 수 없다면 프로그램에 수백만 파운드씩 투입해야 할 이유가 없다. 그러므로 마케팅에 더 많은 자금을 투자할 필요가 있는 것이다. 우리는 뉴미디어부도 신설하여 산재되어 있던 온라인 및 양방향 대화형 텔레비전 부서를 단일 본부장 밑으로 일원화하였다.

가장 논란이 많았던 조치는 오래된 운영위원회를 BBC 집행위원회로 통합한 것이었다. 장래에는 BBC를 단일 임원 그룹이 운영할 수 있도록

BBC 집행위원회를 구성한 것이다. 이 그룹은 열일곱 명의 임원으로 구성되어 있고, 각 임원이 내 지시를 직접 받도록 했다. 일부 경영위원들은 어떻게 그렇게 많은 사람이 상사 한 명의 지시를 직접 받을 수 있느냐고 물었다. 이는 극히 타당한 질문이었다. 나는 그러한 제도가 가능하다고 생각하고 세계 각국의 사례를 조사했다. 좋은 사례를 하나 발견했는데, 그것은 바로 당시 가장 빠르게 성장하고 전 세계에서 가장 성공한 기업, 엔론(Enron)이었다. 1년 후 엔론 스캔들이 터지자 나는 경영위원들 가운데 아무도 내가 그 회사를 모범 사례로 꼽은 적이 있다는 사실을 기억하고 있지 않게 해달라고 기도했다.

새로 개편한 조직을 나를 중심핵으로 표시하고 갖가지 색깔의 꽃잎이 나를 에워싸고 있는 모양으로 표시했다. 크리스토퍼 블랜드가 그 조직도를 보고 정상적인 조직표로는 직접 지시 받는 임원들을 모두 표시할 수 없어서 그렇게 그려 놓은 것이라고 말했다. 지나친 말이지만 사실이긴 하다. 꽃잎 모양의 도표는 예술 감각이 뛰어난 신임 전략본부장 캐럴린 페어베언의 작품이었다. 그렇게 배치한 이유는 비교적 계급의식이 적은 조직이라는 점을 부각시키기 위한 것이었다.

내가 BBC에서 재임하는 동안, 캐럴린과 재정본부장 존 스미스는 내가 가장 신뢰하는 부하였다. 캐럴린은 《이코노미스트》(*The Economist*) 기자를 거쳐 매킨지에서 컨설턴트로 일한 적도 있었고, 다우닝 가에서 존 메이저 총리의 정책팀에서 일하다가 BBC에 채용된 지 얼마 안 돼 나와 함께 일하게 되었다(나는 그녀가 매킨지에서 일한 것을 너그럽게 봐줬다). 그녀는 놀라울 정도로 영리하고 함께 일하기가 즐거운 사람이었다. 무엇보다도 그녀는 나와 인생관이 같았다. 일단 일을 벌여놓고 위험 부담을 마다하지 않으며 헤쳐나가는 스타일이었다.

4년 동안 캐럴린과 나는 각종 정책을 구상하였다. 내가 사임하기 직전에도 우리는 방송인가 갱신에 관한 계획을 작성하고 있었다. 여러 면에서 그녀는 내 오랜 친구이자 동료인 토니 코언이 내게 해주었던 역할과 같은 일을 맡아주었다. 세부적인 분석 작업을 해주고, 내가 직감적으로 좋은 아이디어라고 판단하면 그 아이디어에 대한 지적 근거를 마련해주었다. 하지만 그녀가 좋은 아이디어가 아니라고 판단하면 서슴지 않고 솔직하게 말해주었다. BBC에 부임한 지 얼마 되지 않은 나에게 그런 일을 해줄 수 있는 사람은 흔치 않았다.

'BBC 하나 되기' 정책에 따라 단행한 조직 개편에서 얻은 가장 큰 성과는 최고위층에 프로그램 제작자들이 더 많이 포진하게 된 것이었다. 어쨌든 훌륭한 프로그램을 방송하는 것이 BBC의 사명이고 시청자들이 시청료를 납부하는 이유가 아니겠는가? 임원 열일곱 명 중에서 프로그램 제작자가 아홉 명이었다. 하지만 조직 개편은 'BBC 하나 되기' 정책의 극히 일부분에 지나지 않았다. 자금 운용에도 그 정책을 적용하였다. 나는 프로그램 제작비를 늘리고 운영 경비를 줄이겠다고 선언했다.

나는 평소에 재정업무를 잘 알고 있다고 생각했는데, BBC에 와서 보니 재정상태가 너무 복잡해서 깜짝 놀랐다. 이 회사는 지출만 하는 조직이었다. BBC에 몸담고 있던 사람들은 복잡한 조직이라 재정업무도 복잡하다고 변명했다. 하지만 나는 그렇게 보이지 않는다고 대답했다. 우리가 할 일이라고는 1년에 25억 파운드라는 거금을 받아서 쓰기만 하는 것이었다. 내가 몸담고 있던 민영방송사에서는 정말 힘든 일이 25억 파운드라는 거금을 조달하는 일이었다.

또 하나 놀라운 사실은 고위급 임원들이 아무도 실제로 시청료를 납부하는 사람들을 생각하지 않는다는 것이었다. 나는 BBC에 부임하기 전에도 시청료 조정에 관한 회의에 참석한 적이 있었는데, 참석자마다

가능한 한 시청료를 많이 인상하려고 하는 것을 보고 놀랐다. 공공기관은 대부분 이런 실정이 아닌가 하는 의심이 들기도 했다. 나는 '밖에 있는' 사람, 시청료가 큰 부담이 되는 사람들을 생각하지 않을 수가 없었다. 시청료를 얼마나 인상할 수 있을지 따질 일이 아니라, 그들에게 어떤 가치를 줄 수 있는지 이야기해야 되는 것이 아니겠는가? 회의 참석자들은 그들에게 많은 가치를 제공하고 있다고 단정 짓고 있었다.

내가 사장에 취임한 지 2주 만에 우리는 시청료를 비교적 소폭 조정했다. 훗날 BBC 회장이 된 저명한 경제학자 개빈 데이비스가 BBC 자금 조달에 관하여 훌륭한 논문을 발표하였다. 그는 BBC에게 더 많은 자금이 필요하다고 전제하고 2단계 시청료 부과 제도를 건의하였다. 디지털 텔레비전을 소유하고 있고 BBC로부터 디지털 서비스를 제공받을 시청자에게는 더 많은 시청료를 부과하자는 것이었다. 현명한 생각이었지만 성공할 가망이 없었다. 루퍼트 머독이 소유하고 있는 BSkyB에서 격렬하게 반대했기 때문이었다. 만일 이 제도를 시행하면 디지털 서비스를 받으려던 사람들이 망설이게 될 것이므로 BSkyB의 성장 잠재력이 제한된다는 것이었다. 뒤에 다시 설명하겠지만, 신노동당 정부가 루퍼트 머독과 맞서 싸우리라고는 기대하기 어려웠다.

하지만 총리는 항상 BBC를 지지하고 BBC가 강력하고 힘차게 발전하기를 원했다. 결국 시청료에 관한 합의는 구태의연한 정치적 나눠 먹기 방식으로 종결되었다. 정치계에서는 그런 일이 흔하지만, 말장수식 거래가 시작되자 개빈 데이비스의 정밀한 분석은 그다지 소용이 없었다. 토니 블레어와 크리스 스미스가 한 편이 되고 재무장관 고든 브라운이 이들 주장에 반대하는 바람에 처음에는 합의에 이르지 못했다. 브라운은 향후 6년 동안 시청료 인상률을 물가상승률보다 높게 책정해서는 안 된다고 생각했다. 다른 공공부문에 전례를 남길까 두려웠기 때문이다.

하지만 블레어와 스미스는 강경했다. BBC에게 더 많은 자금이 필요하기 때문에 필요자금을 확보해야 한다는 주장이었다. 마침내 이들은 BBC 시청료를 2007년까지 매년 물가상승률보다 1.5% 높은 비율로 인상하기로 합의하였다. 그 후 4년 동안 다른 공공기관들의 평균 요금 인상률은 이보다 더 높은 것으로 나타났다.

시청료 조정에 관한 토론이 진행되는 동안, 퍼트리샤 호지슨이 자리를 주선하여 나는 크리스 스미스를 비공식적으로 만나 향후 문제를 논의하였다. 내가 해야 할 일은 추가 자금이 제대로 사용되리라는 확신을 크리스에게 심어주는 것이었다. 아직 존 버트가 사장직에 머물러 있으면서 시청료 협상을 주도하고 있던 때라 크리스와 나는 그의 기분을 상하게 할 생각이 없어 비공개 회동을 가졌다. 대외적으로는 존이 탁월한 능력을 발휘하여 시청료 협상이 마무리된 것처럼 보였다.

그 회동에서 나는 크리스에게 첫째로 BBC 1채널에 대한 자금 지원이 현재 불충분하고, 둘째로 런던 이외의 지역에 더 많은 자금을 투입할 필요가 있고, 셋째로 교육 프로그램을 보강할 계획을 가지고 있으며, 넷째로 디지털 시대의 흐름에 발맞춰 BBC가 경쟁력을 갖추어야 한다는 점을 역설하였다. 크리스 스미스가 2000년 2월 시청료에 관한 결정을 발표할 때, 그는 내가 언급한 네 가지 우선과제를 조건으로 제시하면서 이러한 과제에 추가 자금을 사용하기 바란다고 덧붙였다.

크리스는 BBC 내부에서 비용을 절감하고 자산을 매각하고 상업 활동을 확대하여 필요한 자금을 추가로 조달하라고 우리에게 촉구하기도 했다. 흥미롭게도 4년 전에 보수당 정권의 마지막 장관이었던 버지니아 보텀리도 BBC가 상업 활동을 확대해야 한다고 촉구한 적이 있었다. 그래서 우리는 요구에 부응하기 위해 4년 동안 상업 활동 범위를 넓혀 상당한 수익을 올렸다. 그런데 이번에는 '너무 상업적'이라고 공격하는 것이 아닌가! 크리스 스미스는 7년 동안 11억 파운드를 추가로 자체 조달하라고 요구했다. 내가 BBC를 떠날 무렵에는 수익 실적이 목표를 초과했다고 공격 대상이 되기도 했다. 하지만 지출도 예상한 것보다 많았다.

'BBC 하나 되기' 팀에 참여한 재정본부장 존 스미스의 주도 아래, 우리는 초기에 더 많은 자금을 투자하고 나중에 투자를 환수할 수 있는 계획을 수립하였다. 논리는 간단했다. 디지털 혁명이 진행되고 있기 때문에 즉각적으로 디지털 시장을 확보하려면 현금이 준비될 때까지 4년을 기다릴 수가 없었다. 그때까지 기다리다가는 경쟁력도 잃고 투자 효과도 줄어들 수밖에 없다.

그 당시 BBC에는 현금 잉여금이 많이 있어서 우선 그 잉여금을 모두 사용하고 부채를 더 끌어들여 3년 내지 4년 동안 적자 운영을 하기로 했다. 그리고 나서 지출 증가를 억제하기로 했다. 그렇게 하면 방송인 가기간이 종료되는 2007년 말에 부채가 거의 남지 않고 연간 이익이 비용을 초과할 것으로 예상했다. 이를 달성하기 위해서는 그 기간 동안 BBC의 큰 재산 중에 하나를 매각해야 할 것이라고 생각했다. 내가 BBC에 재직하던 마지막 해에 우리는 BBC 테크놀로지를 매각하는 절차에 착수했다. 매각대금으로 당좌대월을 상환하고 기술에 투자하는 비용을 삭감할 계획이었다.

나는 2000년 8월에 에든버러에서 개최된 맥타가트 강연회에서 이 재정전략을 청중들에게 설명했다. 물론 아무도 그다지 관심을 보이지 않았다. 그들은 더 자극적인 발표에만 관심이 있었다. 내가 말한 내용은 다음과 같았다.

이번 시청료 조정을 통해서 2007년이 되면 1999년에 비해서 시청료가 2억 5,000만 파운드 증가할 것입니다. 하지만 2007년은 너무 늦습니다. 경쟁이 치열한 이 디지털 시대에 우리가 괄목할 만한 수준으로 성장하려면, 지금 당장 더 많은 돈을 투입해야 합니다. 그래서 나는 사장으로 취임한 이래 6개월 동안 각 부서별로 돈을 절약할 수 있는 길을 찾는 데 많은 시간을 할애해왔습니다.

2000년 당시 BBC는 10년 전과는 완전히 다른 곳으로 변한 상태였다. 1990년대 초, BBC를 포함하여 영국에 있는 텔레비전 방송사에는 대부분 원가 개념이 없었다. 카메라맨, 음향효과 담당자, 편집자, 분장사 등 각 분야별로 엄청나게 많은 사람을 뽑아들여 각 제작팀에 배치하였다. 각 팀이 그들에게 급여를 지불하는 것도 아니었고, 직원을 선택할 수 있는 권한도 거의 없었다. 비용은 엄청난 중앙 간접비를 발생시켰고, 시설 예산을 담당하는 사람들이 왕처럼 군림했다. 이들이 자원을 각 부서에 배급하면서 텔레비전을 장악했다.

스포츠 분야에서 프로그램을 만드는 제작자들은 각종 스포츠 행사 입장권을 마음대로 주물렀기 때문에 시설 예산 담당자들과 좋은 관계를 유지할 수 있었다. 어느 경기장에 가든 시설부서 책임자들이 극진한 대접을 받고 있는 광경을 볼 수 있었다. 이것은 비도덕적이고 비효율적이고 형편없는 조직체계여서 반드시 시정되어야 하는 것이었다. 나는 1990년 LWT 전무이사로 취임했을 때에도 그러한 관행을 뜯어 고쳤다. 1990년대 초에 BBC에서도 같은 조치를 취하였다.

존 버트가 BBC에 변화의 바람을 몰고 왔을 때 그 바람은 대단히 거센 것이었다. 당시에는 '프로듀서 선택권'이라는 것이 있었다. 내가 LWT에 있을 때 BBC를 현대화할 수 있는 방안을 알려달라는 사람들과 두어 번 만난 적이 있었다. 치음에는 월드서비스의 본거지인 부시 하우스에서 실무진과 조찬회를 했다. 그런데 아침 식사로 특급 요리가 나오고 시중드는 웨이터가 세 사람이나 있었다.

회의를 시작하면서 나는 누가 웨이터에 대한 비용을 부담하느냐고 물었다. 나를 제외하고 나머지 참석자들이 모두 BBC 임원이었는데, 이들은 서로 얼굴만 쳐다보다가 한 사람이 말했다.

"BBC가 내죠."

나는 다시 이렇게 물었다.

"그건 알겠는데, 구체적으로 누가 내냐고요? 누구 예산에서 지출되는 비용인가요? 누구 돈이냐는 말이죠."

모두 잠자코 있었다. 그래서 내가 말을 꺼냈다.

"누가 비용을 부담하는지 알기 전에 이 회의를 계속하는 건 시간 낭비라는 생각이 드는군요."

고맙게도 존 버트의 개혁으로 인해서 내가 BBC에 부임했을 때에는 이런 낭비 관행이 사라지고 없었다. 그때서야 비로소 모든 임직원이 비용이라는 개념을 인식하기 시작했다.

한번은 어느 팀이 건의한 '프로듀서 선택권'에 관한 계획을 보니 기가 막혔다. 스튜디오, 촬영요원, 외부 방송설비 등 모든 자원을 BBC 내부에서 직접 조달하거나 외부용역업체로부터 구입할 수 있는 선택권을 각 BBC 프로듀서에게 주자는 내용이었다. 나는 비용 개념을 인식시키고 적절한 시중가격에 내부거래를 한다는 아이디어는 훌륭하다고 찬사를 보냈다. 하지만 그와 같은 제도를 전면적으로 실시하는 데에는 반대했다. 한쪽에서는 각 프로듀서가 외부와 거래하느라고 현금을 지출하고, 다른 한쪽에서는 인력과 자원이 회사 내에 남아돌게 되면, 모든 비용을 이중으로 부담하는 위험에 빠질 수가 있다고 지적했다. 이 제도를 건의한 사람들은 공공기관에서만 근무한 사람들이었는데, 내게 야심이 없는 사람이라고 말했다. 이런 개혁을 전면적으로 실시해야 성공할 수 있다는 것이었다. 부분적으로 시행해서는 효과가 없다고 말하기도 했다. 마치 광신도들과 회의를 하는 느낌이 들었다.

이 제도는 정신 나간 짓이었다. 내가 BBC에 부임할 때에도 그런 제도가 시행되고 있었다. 내가 처음 취한 조치 가운데 하나는 어린이 프로그램 제작부서가 〈블루 피터〉(*Blue Peter*) 프로그램 제작 장소를 맨체스터에 있는 그라나다 스튜디오로 옮기지 못하게 막은 것이었다. 담당 직원들은 그라나다의 조건이 좋기 때문에 스튜디오 비용과 매주 제작팀이 맨체스터까지 출장하는 여행경비와 숙박비를 감안하더라도 비용이 적게 든다고 설명했다. 하지만 나는 그 프로그램에는 비용이 적게 들겠지만 런던에 있는 스튜디오에 이미 고정비용이 들어가고 있기 때문에 이 스튜디오를 비워두면 BBC 전체로서는 비용을 이중으로 부담하게 되는 결과가 초래된다는 점을 지적했다.

영리단체라면 이런 식으로 운영될 리가 없다. 나는 부임한 첫 해에 각급 임직원들에게 좀 더 실용적인 접근방식을 갖추어야 한다고 설득하느라고 많은 시간을 쏟아 부어야 했다. 프로듀서 선택권은 원론적으로는 좋은 아이디어였지만 극단으로 흐르면 매우 위험한 제도였다.

BBC에 부임하면서 내가 처음 던진 질문 중 하나는 총비용 중에서 운영비가 차지하는 비중이 얼마나 되느냐는 질문이었다. 그런데 그 비중이 놀랍게도 24%나 되었다. 이는 시청료 수입 중에서 거의 4분의 1을 프로그램이나 서비스와는 거의 관련이 없는 간접비로 사용하고 있다는 뜻이었다. 어떤 조직이든 간접비가 들기 마련이다. 하지만 24%는 터무니없는 숫자였다. 그래서 나는 2004년까지 간접비를 15%로 줄인다는 목표를 세웠다. 우리는 목표보다 더 좋은 성과를 거두었다. 2004년 4월 말 현재 간접비 비중이 12%로 떨어진 것이다.

몇 가지 손쉬운 조치만 내렸는데도 우리는 성과를 올릴 수 있었다.

외부 컨설턴트들에게 매년 2,000만 파운드씩 지출되는 돈을 대폭 삭감하였다. 이 돈은 대부분 매킨지에게 지출되고 있었다. 또한 각 부서 간에 내부적으로 청구하는 돈도 대폭 절감시켰다. 이러한 비용은 관료주의적인 관행 때문에 발생하는 것이었다. 우리는 각 부서 간에 비용을 청구할 수 있는 영업부서의 수를 300개에서 60개로 줄였다. 내부거래 청구서를 처리하는 데 드는 비용이 거래 한 건당 약 100파운드에 달하고 있었기 때문에 이런 조치만으로도 엄청난 돈을 절약할 수 있었다.

인사관리 부문에서도 비용을 크게 절감했다. 영국의 각 기업이 평균적으로 직원 80명당 인사 담당 직원을 한 명씩 두고 있었는데 BBC에는 인사 담당자가 직원 40명에 한 명꼴로 있었다. 인사관리 책임을 인사본부에게 떠넘기는 관리자들이 너무 많았던 것이다.

비용 절감 조치가 우연히 유명해진 사건도 있었다. 어느 날 아침, 나는 개인비서에게 살이 자꾸 찌니까 다음부터는 회의실에 크루아상을 넣지 말라고 일렀다. 배가 고프지 않아도 크루아상이 눈앞에 있으면 자꾸 집어 들기 때문이었다. 그런데 며칠 지나지 않아 내가 BBC에서 크루아상을 먹지 못하게 금지시켰다는 기사가 각 신문에 보도되었다.

나는 그 보도에 항의하지 않았다. 그 기사가 사실이 아닐지라도 프로그램 제작에 들어가야 하는데 다른 곳으로 전용되는 비용은 내가 모두 삭감시켜버리려고 한다는 사실을 BBC 임직원에게 알리고 싶었기 때문이었다. 나는 런던 시내에 흩어져 있는 BBC 사옥을 왕래하는 데 택시를 타던 관행도 금지시켰다. 그 대신 각 센터 간을 왕래하는 버스를 무상으로 운행시킴으로써 수십만 파운드를 절감할 수 있었다. BBC 회장을 역임한 허시 남작은 2001년에 출판된 그의 자서전 『기회가 모든 것을 지배한다』(*Chance Governs All*)에서 내가 런던 택시 운전수들의 생계를 위태롭게 한다고 어느 택시 운전사가 그에게 비통하게 호소했다는 일화를 전했다. 그래서 3C, 즉 크루아상(Croissant), 택시(Cab), 그리고 컨설턴트(Consultant)가 내가 BBC에서 시행한 비용 절감 정책의 전설이 되었다.

하지만 가장 큰 비용 절감은 재정부문의 변화에서 비롯되었다. 우선 각 부서에서 사용하고 있는 소프트웨어 시스템을 모두 변경하여 무슨 비용을 어디에 사용하고 있는지 파악하기 쉽게 했다. 이 조치로 우리는 훨씬 효과적인 중앙 구매 시스템을 갖추고 더 좋은 조건으로 물품을 구매할 수 있게 되었다. 그리고 거래하는 납품업체의 수를 15만 개에서 9,000개로 줄였다.

이러한 조치를 취하자 놀라운 결과가 나타났다. BBC는 그동안 120개의 문구 납품업체와 거래하고 있었다. 문구 납품업체는 하나면 족하지 않은가! 게다가 적절한 구매주문서가 구비되지 않은 청구서에 대해서 대금을 지급한 사례가 90%에 이르고 있었다. 이러한 관행을 모두 바꾸어 엄청난 비용을 절감할 수 있었다. 청구서의 숫자가 줄어들자 회계부서에서 일하는 인원도 자연히 줄어들게 되었다. 존 스미스가 재무부서의 인력 규모를 4년 만에 1,000명에서 500명으로 줄였으나 시스템은 훨씬 더 효율적으로 바뀌었다.

'BBC 하나 되기' 정책의 일환으로 각 부서별로 간접비 절감 계획을 작성하라고 지시했는데, 이러한 조치만으로도 인원을 1,100명이나 줄일 수 있었다. 'BBC 하나 되기' 정책을 추진한 결과로 달성한 비용 절감액이 연간 1억 6,600만 파운드에 달하여 내가 재임하고 있는 동안 거두어들인 시청료 인상액보다 훨씬 많았다.

나는 이러한 성과를 2000년 8월에 개최된 맥타가트 강연회에서 설명하였다. 뉴스 시간을 옮긴다는 발표를 하고 나서 나는 돈에 대한 이야기를 꺼냈다. 프로그램 제작과 서비스 제공을 위해서 사용하는 자금을 그

해에는 1억 파운드, 이듬해에는 2억 5,000만 파운드, 그리고 그 다음 해에는 1억 3,000만 파운드씩 인상하겠다고 그 자리에 참석한 방송 관계자들과 프로그램 제작자들에게 말했다.

그렇게 하면 2002/2003 회계연도에는 그 전 회계연도에 비해서 프로그램 제작과 서비스 제공에 투입하는 비용이 연간 4억 8,000만 파운드나 증가하게 됩니다. 불과 3년 만에 프로그램 제작비가 30% 증액되는 것이지요. BBC 역사상 프로그램에 지출하는 액수가 가장 많이 증가하고, 그 자금의 반 이상이 BBC 내부에서 절감한 돈으로 충당됩니다. 고통이 없이는 이러한 일을 달성할 수 없습니다. 아무런 잘못도 없는데 일자리를 잃게 되는 사람이 많을 것입니다. 하지만 우리의 의무는 가능한 한 많은 돈을 프로그램에 투입하는 것입니다.

청중은 그 다음 대목에 크게 관심을 보였다. 1년에 4억 8,000만 파운드씩 지출을 늘리면 그 돈을 어디에 쓸 것인가? 청중은 대부분 그 돈 중에서 자기에게 돌아올 몫이 얼마나 있는지 싶었기 때문에 관심을 보인 것이다. 나는 추가 자금 중 일부를 시청률이 특히 저조한 BBC 1채널에 이미 할당했다고 간단히 설명했다. 1채널은 몇 년 동안 자금 부족을 겪었고 시대에 뒤떨어져 시청자와 거리가 멀어졌다는 비난을 받아왔다. BBC 1채널의 수준이 향상되지 않으면 시청료를 받을 자격이 없다고 말하는 정치인들도 있었다. 그로부터 4년 후에는 바로 그 사람들이 1채널 시청률이 너무 좋아졌다고 불평을 늘어놓았다. 이는 누가 BBC 사장이 되든지 피할 수 없는 큰 딜레마다. 시청률이 좋아지면 수준을 떨어뜨리고 소수를 위한 프로그램 제작에 신경을 덜 쓴다는 비난을 받는다. 반면에 시청률이 떨어지면 일반 대중과 거리가 멀어졌다는 비난을 받는다.

내가 누차 말했듯이 실패하든 성공하든 헛소리를 듣게 되는 직업은 이 세상에 BBC 사장이라는 직업밖에 없다.

실패를 거듭하고 있는 BBC 1채널을 회생시키기 위해서 나는 연간 지출을 15% 인상하여 매년 1억 1,500만 파운드씩 지출하기로 결정했다. 텔레비전본부장 마크 톰슨과 신임 BBC 1채널국장 로레인 헤게시는 추가자금 대부분을 드라마에 투입했다. 자금 중 일부는 〈이스트엔더스〉(EastEnders) 방송횟수를 주 4회로 늘리고, 〈홀비 시티〉(Holby City)를 1년에 52회씩 매주 방송하고, 병원 드라마 〈응급 병동〉(Casualty)을 제작 방영하는 데 투입하였다. 하지만 추가 자금 중 막대한 금액을 새로 편성된 9시 드라마 시간대에 연속극을 방영하는 데 투입했다. 연속극 〈죽은 자를 깨워라〉(Waking the Dead), 〈존 디드 판사〉(Judge John Deed), 〈머지 비트〉(Merseybeat), 〈빨간 모자〉(Red Cap)가 모두 새로 투입된 자금으로 제작된 작품이다. 마크 톰슨이 BBC에서 사직하고 채널 4로 자리를 옮긴 후, 그의 후임자 재너 베넷도 거의 똑같은 전략에 따라 드라마에 막대한 자금을 투입했다.

2000년 당시에는 광고 수익이 전 세계적으로 급격히 떨어질 것이라고 아무도 예측하지 못했다. ITV의 수익은 높은 수준을 유지했는데, 그로부터 2년 후에는 15% 떨어졌으며, 앞으로 4, 5년 안에는 2000년 수준으로 회복될 가망이 없다. 바로 그 시기에 나는 BBC 1채널의 지출을 대폭 늘리고 있었는데 ITV는 광고가 줄어들자 지출을 삭감하기 시작했다. BBC 1채널은 그로부터 2년 안에 처음으로 ITV를 젖히고 영국에서 가장 인기 있는 채널로 부상했다. BBC 1채널의 시청률이 급격히 상승한 것이 아니라 ITV의 시청률이 빠른 속도로 추락했다고 보는 것이 옳을 것이다.

추가자금은 새로운 디지털 채널을 연속적으로 개설하는 데에도 많이 투입되었다. 지난 20년 동안 미국에서 방송이 발전한 역사를 추적해본 사람은 CBS, NBC, 그리고 ABC 등 3대 방송사의 운명이 어떻게 바뀌었는지 잘 알 것이다. 《뉴요커》(New Yorker) 잡지의 저명한 미디어 칼럼니스트 켄 올레타는 그의 저서 『세 마리의 장님 쥐』(Three Blind Mice)에서 3개 네트워크 방송사는 다채널 시대가 미국을 강타할 때 사업을 확장하지 않아서 몰락하였다고 주장했다. 3개 회사는 모두 거대한 재벌 그룹에 매각되었으며, 이 회사들은 여전히 중요한 역할을 하고 있지만 범위가 더욱 확대된 방송계의 지형에 비하면 상대적으로 규모가 작아졌다.

BSkyB와 케이블 텔레비전이 등장하면서 영국에서도 똑같은 일이 일어날 위험이 있다. 디지털 혁명의 도래는 방송 수용 능력이 증대되고 채널의 수가 대폭 늘어날 수 있다는 것을 의미한다. BSkyB가 출범한 이래 BBC와 ITV의 시청률이 급격히 떨어지고 있어 앞으로 몇 년 안에 사회적으로 홀대받게 될 위험이 있다.

내 전임자 존 버트도 이런 위험성을 인식하고 BBC 초이스(Choice), BBC 지식채널(Knowledge), 뉴스24 등 새로운 채널을 개설하였으나 뉴스24에만 충분한 자금을 지원했다. BBC에 부임한 지 정확히 6개월이 지난 날, 나는 BBC 역사상 가장 대규모로 텔레비전 사업을 확장하겠다고 에든버러에서 발표하였다.

장르가 혼합된 채널 두 개만 제공해도 BBC가 모든 사람들의 욕구를 충족시킬 수 있다고 생각할 수도 있겠지만, 디지털 텔레비전 시대에는 그것만으로 충분하지 않습니다. 미래에는 청중들의 욕구가 달라집니다. 좀 더 전문성을 갖춘 채널을 다양하게 제공할 필요가 있는 것입니다.

나는 BBC 초이스와 BBC 지식채널을 폐쇄하고, 어린이 채널 두 개

(시비비스[CBeebies] 및 CBBC), 청소년을 위한 네트워크(BBC 3채널) 한 개, 그리고 문화 네트워크(BBC 4채널)를 출범시켜 BBC 뉴스24와 BBC 의회(Parliament)에 추가하겠다고 발표했다. 나는 이것이 디지털 시대에 대비하는 우리의 채널 다양화 계획이며 이 계획을 추진하는 데에는 기본원칙이 몇 가지 있다고 밝혔다.

하나는 케이블이든, 위성방송이든, 디지털 지상파 방송이든 모든 채널을 궁극적으로 모든 사람들에게 무상으로 제공한다는 것이다. 영국 전역이 디지털화되면 누구나 BBC 채널을 모두 이용할 수 있게 될 것이다. 나는 디지털 지상파 방송은 주파수가 한정되어 있어서 확장에 한계가 있다고 설명했다. 한편 나는 이러한 정책이 우리가 택할 수 있는 최선책이라는 점도 강조했다.

내가 강조한 가장 중요한 원칙은 이러한 서비스를 영국인 고유의 프로그램을 제작·방송하는 영국 채널이 장악해야 한다는 것이었다. 다채널 텔레비전의 가장 큰 위험은 전 세계 텔레비전 방송계를 미국 프로그램이 장악하는 것이다. 미국은 세계에서 가장 수요가 풍부한 시장이 있기 때문에 다른 나라에 비해서 많은 프로그램을 제작할 수 있다. 그러므로 미국 문화가 전 세계를 지배하는 날을 예견할 수도 있는 것이다.

지금까지 영국은 BBC의 존재와 자금조달방식 덕분에 그러한 위험을 피할 수 있었다. BBC의 자금조달방식 덕분에 우리가 텔레비전 프로그램 제작에 투입한 국민 1인당 자금은 미국을 비롯한 전 세계 어느 나라보다 많았다. ITV이든 채널 4이든 BBC와 경쟁하려면 영국 고유의 프로그램 제작에 더 많은 자금을 투자해야 한다. BBC가 없어지면 ITV도 분명히 적게 투자하게 될 것이다. 새로운 BBC 채널 구조를 발표하면서 우리가 세운 목표는 확상하는 다채널 세계에 보소를 맞추고 새로운 디지털 채널을 우리 사회와 문화를 반영하는 영국인 고유의 채널로 운영하는 것이라고 강조했다.

채널 확장 계획을 발표하였지만 주무장관을 설득해서 추진해도 좋다는 재가를 받는 일이 남았다. 디즈니와 바이어컴(Viacom), 그리고 루퍼트 머독이 소유한 폭스 등 미국 대형 미디어 회사들이 어린이 채널 개설에 크게 반발했다. 이 회사들은 이미 영국에서 위성방송으로 어린이 채널을 방영하고 있었다. 그러나 이것은 이기기 쉬운 전투였다.

이 채널들은 미국에서 제작한 만화 프로그램을 방영하면서 중간에 광고를 삽입했다. 영국 부모들은 자녀들에게 미국 채널을 보여줄지, 아니면 완전히 영국적이고 우리 문화를 반영하고 광고 없이 교육적인 자료를 제공하는 두 개의 BBC 어린이 채널을 보여줄지 선택할 권리가 있다. 그때 나는 미국 경영자를 많이 만났는데, 만나는 사람마다 BBC가 공공자금으로 그들과 경쟁하는 것은 공정하지 못하다고 푸념을 늘어놓았다. 나는 이렇게 대답했다.

"영국 시장에 미국 프로그램을 덤핑해서 영국에서 새로운 사업 기반을 구축하는 것도 공정하지 못한 일이죠."

나는 미국 미디어 경영자들의 감정을 건드려놓기를 좋아한다. 미국의 패권주의가 세계 각국에게 최상의 이익을 가져다줄 수 없다는 점을 이해하지 못하는 병에 걸려 있는 미국인이 많기 때문이다.

드디어 어린이 채널에 대한 허가를 받아 2002년 2월에 출범시켰다. 시비비스는 5세 미만의 어린이를 대상으로 금세 히트했지만, CBBC는 좀 더 연령대가 높은 어린이를 대상으로 해서 어린이들과 가까워지는 데 시간이 더 걸렸다. 두 채널 모두 지금은 크게 성공했다. 그 다음 달인 2002년 3월에 출범한 BBC 4채널에 대해서는 반대 여론이 거의 없었다. 큰 싸움은 BBC 3채널을 놓고 채널 4와 벌어진 것이었다.

마크 톰슨이 BBC를 떠나 채널 4의 최고경영자에 취임한 시기가 바로 이 무렵이었다. 나는 그를 잃고 싶지 않았지만 그에게 그 자리를 맡으라고 권했다. 그는 BBC에서만 근무했기 때문에 내 후임자로 사장직을 승계 받으려면 폭 넓은 경험을 쌓는 것이 필요하다고 생각했기 때문이었다. 그 당시 BBC 내에는 내 후임자로 물망에 오른 후보자가 두 사람 있었다. 마크 톰슨과 마크 바이포드였다. 두 사람 모두 유능했지만 마크 톰슨이 그 자리를 차지할 가능성이 더 높았다.

마크 톰슨은 BBC 내에서 이동을 아주 많이 했다. 그가 공개적으로 농담한 바와 같이, 어느 한곳에 오래 머물러 있은 적이 없어서 어디에 있는지 찾기가 어려울 지경이었다. 그가 높은 명성을 얻게 된 가장 큰 원인 중 하나는 〈파노라마〉(*Panorama*) 편집자로 일한 경력 때문이었다. 그는 로버트 맥스웰이 자기 소유 일간지 《데일리 미러》(*Daily Mirror*)지에 연재되던 '공을 찾아라'(*Spot the Ball*) 퀴즈에서 속임수를 쓰고 있다고 폭로했다. 2002년 마크를 위한 송별식장에서 연설을 할 때 나는 이 사건을 언급하면서 맥스웰이 미러 그룹의 연금 기금을 횡령한 사실은 그 프로그램에서 밝혀내지 못했다고 지적했다.

마크는 BBC 2채널국장으로 뛰어난 능력을 인정받아 마이클 잭슨이 채널 4를 포기하고 미국으로 갈 때 그의 후임자로 취임했다. 나는 마크가 내게 한 말을 늘 기억하고 있다. 그는 채널 4에서 일하더라도 BBC 3채널에 쏟는 우리 노력을 계속 지지하겠다고 말했다. 그로부터 며칠 되지도 않아서 마크가 정식으로 부임하기도 전에 BBC 3채널이 채널 4의 광고 수익에 나쁜 영향을 미칠 수 있다는 이유로 채널 4가 BBC 3채널 개설에 반기를 들고 나선 것을 보면, 채널 4에서 누군가 그의 말을 전해들었던 것이 틀림없다. 지난 10년 동안 채널 4의 이익이 매년 13%씩 증가한 것을 감안하면, 이는 가슴 아픈 일이었다. 2001년부터 영국에서 광고 수익이 떨어지기 시작해서 채널 4의 임직원들은 공포에 휩싸여 있었다. 처음으로 그들의 수익 총액이 떨어지기 시작했기 때문이다.

　이런 와중에 2001년 총선거가 실시되고, 크리스 스미스의 후임으로 테사 조웰이 문화 · 언론 · 스포츠부 장관에 취임하였다. 테사는 처음 2년 동안 시련을 많이 겪었고 언론계에서 기준 미달이라는 평을 받았다. 우리는 그녀가 다우닝 가에서 시키는 대로 할 블레어 추종자이기 때문에 그 자리에 앉게 된 것이라고 생각했다. 2003년 통신법이 통과될 때 그런 평판이 사실로 입증되었다. 그녀가 맡고 있는 부처에서는 동의하지도 않은 법안이 다우닝 가의 주도 아래 의회에 상정되어 통과되었다. 유럽 회사들은 미국에서 네트워크를 소유할 수 없는 데도 불구하고, 테사 조웰이나 문화 · 언론 · 스포츠부와 사전 협의를 거치지 않고 다우닝 가의 주도 아래 미국 미디어 회사에게 ITV 소유를 허용하도록 법규를 개정한 것이다. 앨러스테어 캠벨이 사퇴하고 이라크 전쟁에 대한 국민들의 반응으로 블레어의 영향력이 약화된 후에야 그녀가 장관직을 훨씬 제대로 수행하게 되었다는 것이 업계의 일반적인 견해다(테사는 캠벨과 아주 친밀한 사이였다). BBC 신설 채널, 특히 3채널 개설 인가에 대한 결정이 테사 조웰에게 맡겨졌는데 개설해도 좋다는 인가가 떨어졌다. 테사가 직접 심의 과정에 개입한 덕분에 그 채널의 수준이 한층 향상되었다고 인정하지 않을 수 없다. BBC 3채널은 마침내 2003년 2월에 출범하였다.

　디지털 시대의 도래는 텔레비전에만 영향을 미치는 것이 아니었다. 우리는 사업 영역을 디지털 세계 전반으로 확장하는 것이 필요하다고 인식했다. 그렇게 하려면 사업영역을 디지털 텔레비전은 물론 디지털 라디오로 확장하고, 양방향 대화형 텔레비전을 개발하고, 온라인 사업을 확대해야 한다. 2003년 디지털 라디오 방송이 시작되자 라디오 제조업체들도 디지털 라디오를 생산하기로 결정했다. 소비자의 반응이 즉각적으로 나타나 디지털 라디오에 대한 수요가 엄청나게 늘었다. 시청자들은 디지털 라디오 방송국이 늘어나고 방송신호의 품질이 향상되기를 열망했다.

그때까지 디지털 라디오의 역사는 닭이 먼저냐 달걀이 먼저냐 하는 상황이었다. 제조업체들은 디지털 방송 서비스가 확충되기 전에는 디지털 라디오를 생산하지 않겠다고 버티고, BBC와 상업 라디오 방송국들은 제조업체들이 라디오를 생산해서 충분한 양을 보급할 때까지는 디지털 방송을 하지 않겠다고 우겼다. 이러한 교착상태를 해결한 사람은 BBC 라디오본부장 제니 에이브럼스키였다. 이 기간에 대한 라디오의 역사를 쓴다면, 제니가 영국의 라디오를 디지털로 바꾸는 데 가장 큰 공헌을 한 것으로 기록해야 할 것이다.

제니는 불같이 화를 잘 내는 편이었다. 매력적이고 합리적으로 행동하는 날도 있지만, 그녀는 라디오가 BBC에서 텔레비전에 비해 2등 시민 대우를 받고 있다는 피해망상증에 걸려 있어서 상대하기가 매우 어려웠다. 그녀는 라디오가 BBC 내에서 사랑받지 못하고 있기 때문에 자금을 충분히 지원받지 못하고 있다고 믿고 있었다. 하지만 그녀의 주장은 전혀 틀린 것이었다. BBC 산하에 있는 각 방송국은 아마 이 세상 방송국 중에서 가장 자금 지원을 많이 받고 있을 것이다. 영국의 어느 경쟁업체와 비교해도 자금을 훨씬 많이 지원받고 있다. 하지만 BBC 1채널이나 BBC 2채널은 사정이 달랐다. ITV와 채널 4도 충분한 자금을 가지고 있었기 때문이다. 이 세상에 연간 7,000만 파운드씩 자금을 지원받는 라니오 방송국은 어느 곳에서도 찾아 볼 수 없다. 그러나 제4라디오를 운영하는 데 그렇게 많은 자금이 투입되었다. 나도 평생 동안 제4

라디오를 애청했기 때문에 이 방송국을 적극적으로 후원하는 사람이다. 하지만 이 방송국에 지원되고 있는 자금이 충분하다는 점은 인정해야 한다. 아울러 제4라디오는 청취자가 잉글랜드 남부지방에 편중되어 있다는 점도 인정해야 한다.

라디오 제조업체와의 협상에서 지지부진한 교착상태를 먼저 타개한 쪽은 BBC였고, 이는 순전히 제니 에이브럼스키의 노력 덕분이었다. 그녀가 디지털 라디오를 헌신적으로 추진하지 않았다면 돌파구를 찾을 수 없었을 것이다. 그녀는 BBC 임직원을 때로는 구슬리고 때로는 위협하면서 새로운 디지털 라디오 방송 사업의 개발 계획에 지지를 받아냈다. 디지털 방송이 시작되자 라디오 제조업체들도 디지털 라디오를 생산하기 시작했다.

BBC는 텔레비전 채널을 확장하는 동시에 각종 디지털 라디오 방송에도 연간 1,800만 파운드를 사용하기로 결정했다. 이 결정은 옳은 결정이었다. 하지만 전체 인구의 85%가 디지털 라디오를 청취할 수 있게 하려면 송신시설에 수백만 파운드의 투자가 더 필요했다. 텔레비전 사업을 확장할 때마다 디지털 라디오 방송국 신설에 필요한 자금을 따로 떼어놓지 말라고 감히 반대하고 나서는 사람은 아무도 없었다. 제니의 성미를 건드리지 않을까 두려워했기 때문이다.

상업 라디오 방송사들도 BBC의 확장을 환영하는 분위기였기 때문에 주무장관을 설득해서 라디오 방송국 신설을 승인받는 데에는 문제가 없었다. 이들도 디지털 라디오 방송을 원했지만 BBC만이 새로운 사업을 추진할 수 있는 규모를 갖추고 있다는 점을 잘 알고 있었다. 그래서 BBC는 18개월에 걸쳐서 파이브 라이브 스포츠 엑스트라(Five Live Sports Extra), 1 엑스트라(Xtra), 6 뮤직, BBC 7 등 4개 라디오 방송국을 새로 출범시켰다. 아울러 아시안 네트워크도 전국 네트워크로 전환했다.

내가 재임하는 동안, BBC 라디오의 시장 점유율이 매년 상승하였는데, 제2라디오가 전국적으로 믿을 수 없을 만큼 성공을 거두었을 뿐만 아니라 제4라디오가 런던지역에서 좋은 성과를 거둔 덕분이었다. 제4라디오는 런던 지역에서 상업방송국을 모두 앞지르고 가장 청취율이 높은 방송국이 되었다. BBC에 부임하기 전까지만 해도 나는 제2라디오를 전혀 듣지 않았다. 노년층이나 즐겨 듣는 채널이라고 생각했고, 〈쉬운 노래를 불러 봐요〉(Sing Something Simple)나 〈금요일 밤은 음악의 밤〉(Friday Night is Music Night)과 같은 프로그램이 연상되었기 때문이다. 내 또래의 다른 사람들과 마찬가지로 내가 이 방송을 즐겨 듣기 시작한 것은 우리들의 음악을 방송하기 시작했다는 것을 알고 난 다음부터였다. 제2라디오에서 밥 딜런, 브루스 스프링스틴, 크로스비 스틸즈 앤드 내슈와 같이 내가 좋아하는 가수들의 음악을 들려주기 시작한 것이었다.

하지만 제2라디오에 대한 내 태도가 완전히 바뀐 계기는 토요일 아침에 조너선 로스의 프로그램이 방송된다는 사실을 알고부터였을 것이다. 나는 로스 가족이 텔레비전과 라디오에 처음 출연할 때 여러 모로 인연을 맺은 적이 있었다. 나는 LWT에서 〈여섯 시 쇼〉를 담당하고 있을 때 조너선의 형 폴에게 텔레비전에 처음으로 일자리를 마련해주었고, 그 뒤를 이어서 조너선도 방송계에 진출했다. 내가 BBC를 사임하던 주말에 《텔레그래프》지에 직원들이 항의광고를 게재할 때 조너선이 광고료 기금으로 500파운드를 기부했다는 말을 듣고 나는 정말 감격했다. 조너선이 진행하는 라디오 쇼는 내가 매일 꼭 듣는 프로그램이 되었다. 음악만 즐겨 듣는 것이 아니라 그가 던지는 농담과 재치, 그리고 그의 개인적인 일화를 무척 좋아한다. 그는 빅토리아 우드(영국의 여성 코미디언, 배우, 가수 겸 작가: 옮긴이)와 똑같은 재능을 가지고 있다. 일상생활에서 일어나는 일을 아주 재미있게 이야기하여 웃음을 선사하는 뛰어난 재능이 있는 것이다.

내가 BBC에 재임할 당시 세 번째로 크게 성장하고 있던 분야는 온라인 서비스였다. 어느 조직에서나 최고위층에서 좋은 아이디어가 나오는 경우가 없다. BBC 온라인 사업도 처음에 시작할 때는 최고위층에서는 온라인 사업에 대해서 아는 사람이 전혀 없었다. 하지만 나중에는 존 버트로부터 전폭적인 지원을 받았다. BBC는 내가 부임하기 전부터 온라인 서비스의 상업화 비중을 얼마로 해야 할지, 그리고 시청료로 자금을 충당하는 공공서비스 비중은 얼마로 정해야 할지 결정하는 데 상당히 많은 시간을 허비했다.

내가 부임하던 시기는 닷컴 붐이 절정에 이른 때였으며, BBC가 유럽에서 조회 횟수가 가장 높은 웹사이트여서 수익을 올릴 수 있는 잠재력이 매우 높은 상황이었다. 하지만 공공서비스와 상업 활동의 경계선을 구체적으로 확정하고 나니 아무런 의미가 없는 일에 몇 년씩 매달렸다는 것이 드러났다. 닷컴의 거품이 터져버리고, 극히 예외적인 경우가 아니고서는 요금을 내고 웹에서 정보를 얻겠다는 사람이 아무도 없다는 것이 드러났기 때문이다. BBC 뉴스, BBC 스포츠, 그리고 기타 교육 관련 사이트와 같이 눈부시게 뛰어난 온라인 서비스도 공공자금으로 운영하지 않으면 존립할 수가 없다는 사실이 확연하게 드러났다.

애슐리 하이필드가 BBC에 합류하여 새로 설립된 뉴미디어본부 운영을 맡았다. 애슐리는 내가 아는 사람 가운데 가장 창의력이 풍부한 사람 중 한 사람이었다. 그와 한 달에 한 번씩 1대 1로 단독회의를 할 때가 내가 사장으로 재직하는 기간 동안 가장 창조적이고 흥미진진한 시간이었다. 그는 항상 새로운 아이디어나 색다른 아이디어를 궁리하고 있었다. 나는 새로운 미디어에 대하여 별로 아는 것이 없었고 그의 아이디어를 시험해보는 일이 즐거워서 기술적으로 무식한 질문을 서슴지 않고 그에게 던지곤 했다.

애슐리가 맡은 BBC의 온라인 사업을 한 본부로 모으는 과제는 쉽지 않은 일이었다. 하지만 그는 대성공을 거두었다. 2004년 초 내가 떠날 무렵, BBC 웹사이트 bbc.co.uk에 접속하는 성인의 수가 매월 1,000만 명에 달하여 BBC 1채널, BBC 2채널, 그리고 제2라디오에 이어서 네 번째로 큰 사업이 되었다. 현재 영국인의 50% 이상이 온라인에 접속하고 있고 그 중 거의 50%가 BBC 사이트에 정기적으로 접속하고 있다.

BBC는 웹에 콘텐트를 제공하는 다른 콘텐트 제공업체들로부터 비난을 받고 있다. 특히 전국일간신문들이 BBC가 공공자금을 온라인 서비스에 너무 많이 사용해서 끼어들 여지가 없이 경쟁자들을 웹에서 내몰고 있다고 비난한다. 하지만 이러한 주장은 터무니없는 것이다. 확실한 것은 BBC 웹사이트가 가장 뛰어난 사이트이고, BBC가 없고 공공자금의 지원이 없다면 이만큼 높은 수준의 갖춘 사이트가 영국을 본거지로 두고 운영되지는 못했을 것이라는 점이다. 선택의 여지가 없다. BBC가 개발에 앞장서서 이 분야에서 경쟁력을 갖추느냐, 아니면 미국 업체들이 영국의 웹을 점령하게 할 때까지 그냥 내버려두느냐, 둘 중 하나를 선택해야 한다. 나는 시비비스 웹사이트에 가본 사람이라면 그 웹사이트가 오늘날 영국의 어린이들에게 얼마나 소중한 것인지 깨닫지 못할 사람이 있을지 묻고 싶다.

BBC가 온라인 방송 서비스를 제공하지 않았다면 다른 영국 회사들이 대신 나섰을 것이라는 주장은 설득력이 없다. BBC는 공공자금을 지원받기 때문에 독창적인 서비스를 제공하고 위험 부담을 안고 심도 깊게 사이트를 개발할 수 있었던 것이다. 상업부문에서는 이러한 일을 해낼 수가 없다. 닷컴의 몰락이 증명하고 있듯이 이런 유형의 사이트에는 수익 기반이 없다. 광대역의 시대에 접어들면서 웹은 점차적으로 텍스트뿐만 아니라 동영상을 전달하는 데 사용될 것이다. 그러면 신문은 훨씬 뒤로 처지게 된다. BBC가 웹에서 이룬 업적은 뛰어난 것이다.

애슐리 하이필드는 양방향 대화형 텔레비전 개발업무도 맡았다. 그는 백지 상태에서 이 일을 시작하였으나, 그의 첫 번째 모험은 놀라울 정도로 성공을 거두어 BSkyB 시청자들이 처음으로 2001년 윔블던 시합 중계 서비스를 양방향으로 이용할 수 있게 되었으며 동시에 진행되고 있는 경기 네 가지 중에서 한 가지를 선택해서 볼 수 있게 되었다. BSkyB 플랫폼에서 텔레비전을 보던 시청자 중 63%가 빨간 대화 버튼을 눌러 선수권대회를 생중계로 시청하였다. 양방향 대화형 서비스인 BBCi는 현재 〈우리나라를 똑바로 알자〉(*Test the Nation*)에서 〈문화유산 복구하기〉(*Restoration*)에 이르기까지, 그리고 〈질문시간〉(*Question Time*)에서 〈첼시 플라워 쇼〉(*Chelsea Flower Show*)에 이르기까지 다양한 프로그램에 참여하여 투표하고, 추가 장면을 시청하고, 각종 프로그램에 대한 정보를 찾아볼 수 있는 편의를 시청자들에게 제공하고 있다.

이제 돌이켜볼 때, 내가 부임한 첫 해에 BBC는 엄청나게 빠른 속도로 움직였다. 전체 조직을 개편하고, 엄청나게 많은 돈을 절감할 수 있는 방안을 찾아내고, 연이어 2년 동안 할 일을 계획하였다. 우리가 그 일을 해치운 것이다.

제 9 장

BBC 시절 (2)

BBC
구하기

나는 오래전부터 루퍼트 머독이 영국의 미디어를 완전히 장악하지 않을까 두려워 그의 영역 확장에 반대해왔다. 하지만 무슨 이유인지 이러한 상황을 이해하거나 주의하려고 하는 사람이 거의 없었다. 최근에는 머독이 자기 소유의 영국 신문들로 하여금 일제히 노동당 지지를 철회하게 할지도 모른다는 징후가 나타나고 있으나, 이 나라의 권력이 한 사람 손에 집중되었는데도 아무도 경계심을 보이지 않는 것 같다. 그것도 영국인이 아닌 외국인의 손에 권력이 집중되고 있다. 그는 오스트레일리아 출신이지만 지금은 미국 시민이고 뉴욕에 살고 있다. 토니 블레어가 머독이 소유하고 있는 신문들을 계속 곁에 두기 위해서 유럽 헌법 문제에 관하여 국민투표를 실시하기로 결정하였을 때에도 눈에 띌 만한 반응이 나타나지 않았다.

루퍼트 머독이 휘두르는 권력 정도는 수용할 수 있을 만큼 영국이 성장하였다고 말할 수도 있겠지만, 나는 이와 같은 상황이 상당히 눈에 거슬리고 걱정스럽다.

미디어 교차소유 제한법이 1963년에 이 나라에 도입된 후, 기이하게도 그 법률이 금지하려던 현상이 바로 그대로 이 땅에 나타났다. 그 법률은 한 사람에게 미디어에 대한 권한이 너무 많이 집중되어 정치인들에게 영향력을 행사하는 것을 막기 위해 제정된 것이었다. 그런데 지금 우리는 루퍼트 머독에게서 그러한 현상을 목격하고 있다. 이 나라에 배포되는 전국일간지 발행부수의 35%를 차지하고, 주간지 시장의 41%를 좌우하면서 그의 권세가 실로 막강해졌다. 그는 BSkyB 회장에 취임하고 실질적으로 BSkyB를 지배함으로써 방송 사업에서도 재정적으로 큰 성공을 거두어, 뉴스 인터내셔널이 인쇄매체를 장악한 것과 같은 방법으로 아무런 견제도 받지 않은 채 몇 년 안에 방송계를 장악하게 될 것이다. 영국 방송계는 무심결에 머독의 지배 아래로 걸어 들어가는 위험에 처해 있다.

물론 머독 측 신문 편집자들은 그의 지시에 따라 일하지 않는 것처럼 보이려고 애쓰지만, 큰 이슈에 대해서는 그가 직접 지휘하고 있음을 아무도 의심치 않는다. 머독은 이라크 전쟁을 열렬히 지지하고 있으며, 전 세계에서 그가 운영하는 175개 신문도 모두 그 정책을 지지하고 있다. 단 한 군데, 파푸아 뉴기니에 있는 작은 신문은 예외라는 이야기도 있었으나, 사실이 아님이 드러났다. 그 신문은 전쟁에 반대하는 어느 독자가 보낸 편지를 게재한 것뿐이었다. 175개 신문이 모두 우연히 머독의 노선을 따르고 있다는 말인가?

머독이 영국에서 대성공을 거둔 텔레비전 뉴스 채널인 스카이 뉴스(Sky News)는 지금까지 정치적 중립을 추구하는 영국 방송계의 전통에 따르고 있지만, 앞으로도 계속 따르리라는 보장이 없다. 머독이 미국에서 운영하는 뉴스 전문채널 폭스 뉴스(Fox News)는 노골적으로 우익성향을 표방함으로써 믿을 수 없을 만큼 큰 성공을 거두었다. 이라크 전쟁 중에 시청률이 300% 상승하여 시장을 주도하던 CNN을 앞질렀다. CBS 뉴스 사장 앤드루 헤이우드는 폭스 뉴스의 성공에 대하여 깊은 우려를 나타냈다. 그는 객관적이고도 공정한 미국 저널리즘의 전통이 폭스의 영향으로 위협 받고 있다고 말했다. 매릴랜드대학교에서 실시한 한 연구 결과에 따르면, 미국의 폭스 뉴스 시청자들은 이라크 전쟁에 관하여 세 가지 중대 사실을 오해하고 있을 가능성이 높다고 한다. 즉 사담 후세인 정권이 알카에다와 전쟁 전부터 긴밀한 관계를 유지했다는 증거를 미군이 찾아냈고, 미국이 이라크에서 대량살상무기를 발견했으며, 세계 여론이 미국의 개전(開戰)을 지지하고 있다고 믿는다는 것이다.

허튼 조사보고서가 2004년 1월에 발표되었을 때, 폭스 뉴스는 "BBC가 강박관념에 사로잡혀 비이성적이고 부정직하게 입에 거품을 물고 반미주의를 부르짖다가 그 대가를 치렀다. BBC는 미국인과 조지 부시를 웃음거리로 만드는 것은 물론 거짓말을 할 수 있는 권리도 있다고 착각하고 있었다."라고 보도했다. 머독이 스카이 뉴스도 폭스 뉴스에 못지않게 상업적으로 성공하는 길을 택하기를 바라고 있다고 믿는 사람들도 있다. 머독이 스카이 뉴스를 'BBC 라이트(Light)'라고 부르고 있다는 소문도 있다.

영국 노동당과 자유당은 이러한 상황에 신경을 곤두세워야 한다. 그렇지 않으면 오늘날 우리가 알고 있는 것과 같이 뉴스를 공정하게 보도하는 영국의 전통에 종말이 올 것이다. 영국 사람들은 신문에서는 읽을 수 없는 다양한 정치적 견해를 라디오나 텔레비전을 통해서 접할 수 있다. 《데일리 메일》이나 《가디언》을 사는 이유 중 하나는 그 신문이 나의 정치 견해를 반영하고 있기 때문이다. 하지만 방송은 지금까지 그렇지 않았다. 지금 우리가 확실하게 알 수 있는 한 가지 사실은 정치인들이 머독에게 대항할 만큼 강하지 못하다는 것이다.

1990년대 초, LWT 최고경영자로 있을 때 나는 기업 담당 이사 배리 콕스를 설득해서 그와 이웃에서 산 적이 있는 토니 블레어에게 내 말을 전했다. 블레어는 당시 노동당에서 떠오르는 스타였다. 나는 블레어에게 머독이 영국 텔레비전 방송계로 진출하려고 추진하고 있는 사업의 규모에 대해 경고해주라고 배리에게 부탁했다. 그때 배리는 경고는 했지만 오히려 역효과만 생겼다고 내게 말했다. 토니 블레어는 그러한 위험을 이미 인식하고 있었지만, 경고에 대해서 우리가 예상하지 못한 반응을 보였다. 블레어는 노동당이 머독과 타협해야 한다고 생각한다고 말한 것이다.

블레어나 앨러스테어 캠벨은 머독 제국에 대항해서 싸울 능력이 없었지만, 노동당을 지지하는 《선》이 훨씬 더 중요했기 때문에 토니 블레어는 총리가 되자 강력한 BBC가 머독을 상대하는 데 꼭 필요하다는 것을 깨달았다. 그래서 그가 시청료 인상을 지지했던 것이다. 머독이 경영하는 신문들의 지원을 받든 안 받든 신노동당이 1997년 총선에서 승리해서 그의 제국의 규모와 세력을 축소시키는 정책을 추진하는 운동을 펼쳤더라면 큰 비극이 일어나지는 않았으리라. 유감스럽게도 18년 동안 집권하지 못한 노동당으로서는 그러한 확신을 가질 수 없었다. 그래서 신노동당은 머독의 세력이 자라도록 내버려두고 그의 비위를 거스르는 행동을 7년 동안 거의 하지 않았다.

사실, 이 정부는 머독 제국이 영국에서 더 크게 확장되게 할 수도 있었다. 2003년 통신법이 정부의 원안대로 통과되었다면 BSkyB가 전통적인 지상파 방송국인 채널 5를 인수할 수도 있었다. 다행스럽게도 노동당 상원의원 퍼트남 경이 이끄는 양원 합동위원회에서 '복수(複數) 미디어 소유 판단 기준'을 그 법에 포함시켜야 한다고 고집했기 때문에 머독이 지상파 텔레비전 방송국을 소유할 수 있는 가능성이 희박해진 것이다. 데이비드 퍼트남이 전한 바에 따르면, 다우닝 가는 그의 노력에 대해 고맙다는 말을 하지 않았다고 한다.

이렇게 말하면 내가 루퍼트 머독의 팬이 아니라고 생각할 수도 있겠으나, 그렇지 않다. 나는 그가 거대한 미디어 제국을 건설한 과정을 높이 평가한다. 나는 그가 그의 임직원들로부터 받는 충성심과 발 빠르게 움직이는 그의 속도, 그리고 그의 추진력과 상상력을 아주 높이 평가한다. 그는 지난 20년 동안 미디어를 가장 성공적으로 운영한 사람이다. 그를 만날 때마다 나는 다른 사람들과 마찬가지로 머독의 마술에 취해 버린다. 하지만 그가 정치인을 이용하는 방법, 그리고 민주주의에 대한 그의 태도에 대해서는 우려하지 않을 수 없다. 그는 자기 자신의 세력과 개인적인 사업 이익을 확대하기 위해 민주적인 절차를 파괴하는 길을 택했다. 영국의 양대 정당은 물론 세계 각국 정치인들이 선거 때문에 머독에게 동조하고 있다.

머독은 BBC를 좋아한 적이 없었다. 공영방송사가 성공을 거두어야 한다는 사고방식이 그의 세계관과 맞지 않아서 기분이 상하지 않았나 싶다. 머독이나 그의 휘하에 있는 사람들은 기회가 생길 때마다 BBC를 비난한다. 내가 사장으로 재임하는 기간에도 여러 번 그런 일이 있었다.

이제 나는 BBC에 몸담고 있지 않기 때문에 내가 재임하는 기간 동안, 특히 지난 2년 동안 내가 취한 조치가 BBC 조직을 머독에 대항할 수 있을 만큼 크고 강력하게 만들 수 있도록 계획된 것이라는 점을 기쁜 마음으로 인정할 수 있다. 나는 머독과 그의 휘하에 있는 사람들이 BBC의 위상을 깎아내리려고 하는 이유는 그것이 공공이익을 위한 길이라고 믿기 때문이 아니라, BBC의 영향력을 감퇴시켜 상업적 이익을 얻으려 하기 때문이라고 생각한다. 나는 이에 대항하여 BSkyB의 세력과 영향력을 제한하는 길을 모색하는 것이 공공이익을 위하는 길이 될 것이라고 믿었다. 나는 사장 재임 기간 중 마지막 2년 동안 장기적으로는 BBC와 영국 방송계 전체에게 이익이 되고 BSkyB가 이 나라의 방송계를 장악하지 못하도록 두 가지 조치를 취했다. 첫째 조치는 아마 내가

BBC에서 4년 일하는 동안 했던 것 중 가장 중대한 결정이었을 것이다. 프리뷰(Freeview)를 출범시킨 결정이 바로 그것이다.

프리뷰에 관한 이야기는 1998년으로 거슬러 올라가 시작된다. ITV 방송사인 칼턴과 그라나다가 BSkyB와 제휴하여 새로운 디지털 지상파 텔레비전(DTT) 방송권 입찰에 참가했다. 당시 디지털 지상파 텔레비전은 전통적인 텔레비전 안테나를 통해서 각 가정에 디지털 텔레비전 방송을 송신할 수 있는 획기적인 방법이라는 평가를 받았다. 이 3개 방송사는 온 디지털(On Digital)이라는 컨소시엄을 구성하여 방송권을 획득하는 데 성공했으나 BBC와 채널 4와 같은 기존 방송사도 새로운 시스템을 이용할 수 있는 인가를 추가로 받았다.

칼턴 회장 마이클 그린은 처음부터 디지털 지상파 텔레비전에 크게 매료되어 입찰에 필요한 조사와 분석을 모두 그의 회사에서 도맡아 처리했다. 그는 그의 회사로서는 중대한 전략적 조치라고 생각했다. 하지만 유감스럽게도 결과가 그의 뜻대로 되지 않았다. 그라나다가 참여한 동기는 판이하게 달랐다. 컨소시엄이 그 방송권을 획득하기 불과 2주 전까지도 그라나다는 입찰에 참가할 의사가 없었다. 이 회사는 연구 조사도 하지 않은 채 칼턴과 BSkyB가 제휴해서 입찰에 참가한다고 하니까 소외당하고 싶지 않아서 맹목적으로 참여했던 것이다.

이 컨소시엄은 당초 사업계획을 짤 때 최고 투자 예상액을 3억 5,000만 파운드로 추산했다. 하지만 주주들이 투자한 12억 파운드를 전액 날리고 그라나다와 칼턴이 컨소시엄에서 손을 떼자 ITV 디지털은 2002년 초에 파산했다. 이상하게도 이 회사는 심각한 경제적 어려움에 빠져 있을 때 회사 이름을 온 디지털에서 ITV 디지털로 바꾸었다. 지금까지 만들어진 브랜드 중에서 최악의 브랜드를 선택했던 것이 아닌가 싶다.

이 회사는 서비스를 출범시키기 전부터 모든 일이 어긋나기 시작했다. BSkyB가 영국에서 위성 유료 텔레비전 시장을 이미 지배하고 있다는 이유를 들어 BSkyB가 이 컨소시엄에 참여한 것은 반(反)경쟁적인 행위라고 유럽연합 집행위원회(European Commission)가 결정을 내리자 사업이 난관에 부딪혔다. 그런데 이때 그라나다와 칼턴이 결정적인 실수를 저질렀다. 사업을 포기하지 않고 유료 텔레비전 시장에서 BSkyB와 정면으로 경쟁하기로 결정한 것이었다. 하지만 이들은 결국 망하고 말았다. 막강한 자금력과 영향력을 지닌 BSkyB에 대항해서 신출내기 온 디지털이 경쟁에 이길 수가 없었던 것이다.

BSkyB가 디지털박스를 무상으로 보급하기 시작하자 그럴 만한 능력이 없던 온 디지털도 울며 겨자 먹기 식으로 똑같이 할 수밖에 없었다. 게다가 2000년 6월에 축구경기 중계권이 엄청난 금액에 팔렸는데, 온 디지털도 축구경기를 방송할 수 있는 권리를 따기 위해 엄청난 자금을 쏟아 부었다.

그러나 온 디지털이 망하게 된 결정적인 원인은 기술 부족 때문이었다. 디지털 지상파 방송을 수신할 수 있는 시청자가 인구의 약 50%에 불과했고, 맑고 깨끗한 화면을 수신할 수 있는 가정이 3분의 1도 되지 않았던 것이다. 어떤 가정에서는 냉장고 문을 열거나 버스가 지나가기만 해도 화면이 멈춰버렸다. 결국 화면 품질 때문에 ITV 디지털을 포기하는 사람이 매달 늘어나는 바람에 이 회사는 현상 유지를 하기에도 어려운 실정이었다.

2001년 가을, ITV 디지털은 심각한 곤경에 빠졌다. 이러한 사태를 지켜보면서 나는 캐럴린 페어베언과 의논하다가 한 가지 아이디어를 구상해냈다. 우리는 칼턴과 그라나다를 방문해서 ITV 디지털을 BBC, ITV, 채널 4, 채널 5와 같이 무료로 방송을 제공하는 방송사들이 새로운 채널을 개발할 수 있는 플랫폼으로 전환하라고 제안했다. 그러면 우리와 다른 방송사들이 디지털 채널을 직접 마케팅하고 유료 텔레비전을 원하지 않는 시청자를 유치하기 때문에 ITV 디지털에게 도움이 된다 (프리뷰가 그 후 이런 식으로 마케팅에 나섰다). 하지만 셋톱박스는 유료 텔레비전에도 사용할 수 있기 때문에 ITV 디지털은 셋톱박스를 설치할 때 단 한번 돈을 지불하면 된다고 시청자들을 설득할 수 있다. 그렇게 되면 칼턴과 그라나다는 유료 채널에서 얼마간의 이익을 계속 낼 수 있었다.

ITV 디지털은 그 아이디어를 환영했으나, 그라나다와 칼턴 사이에 상호 신뢰가 없어서 이들과 협상하기가 매우 어려웠다. 그런데 2001년 크리스마스 바로 전날, 칼턴의 전무이사 게리 머피가 나를 찾아와서 조심하라고 말해주었다. 나는 그를 신임하고 있었다. 그는 그들 문제를 해결할 가능성이 있는 이 해법을 공개적으로 말하지 말라고 내게 당부했다. 그는 관련사들이 모두 합의한다 해도 ITV 디지털을 계속 운영할 수 있는 자금이 충분히 있는지 의심스럽다고 말했다. 그때부터 우리는 대안을 개발하기 시작했다. 그것이 바로 프리뷰이다.

우리가 실시한 조사 결과에 따르면, 다양한 텔레비전 채널을 이용하고 싶지만 요금을 지불할 생각은 없는 사람이 많았다. 이들은 대개 연령대가 높은 중상위층으로서 유료 텔레비전 시청을 거부하는 계층이었다. 이들은 전통적인 BBC 시청자들로 20 내지 30개의 채널을 시청하고 싶지만 유료 텔레비전은 이용하지 않으려고 했다. 이러한 조사 결과를 토대로 프리뷰를 구상한 것이다. 우선 ITV 디지털이 파산할 때 ITC에 반환한 디지털 지상파 텔레비전 방송권을 획득하는 것이 시급했다. 나는 캐럴린 페어베언이 이끄는 팀과 마케팅본부장 앤디 덩컨, 그리고 에마 스콧에게 이 방송권을 확보하자고 제의했다(앤디 덩컨은 내가 설득해서 유니레버에서 영입한 인재로, 지금은 채널 4의 최고경영지로 일하고 있다). 지금까지 나는 방송권 입찰에서 한 번도 패배한 적이 없었다. LWT,

GMTV, 그리고 채널 5에서 입찰에 개입해서 항상 승리를 거두었다. 나는 이 100% 기록을 깨뜨리고 싶지 않았다.

나는 다우닝 가 11번지에서 열리는 세미나에 참석해서 프리뷰에 관한 아이디어를 설명하기로 결심했다(다우닝 가 11번지에는 재무장관 관저가 있다: 옮긴이). 이것이 그 아이디어 성패의 고비가 되었을 것이다.

논점은 아주 간단했다. ITV 디지털이 실패한 이유는 기술 부족 때문이었다. 우리가 그 문제를 해결하는 방법을 알고 있다. ITV는 BSkyB에게 정면으로 도전했기 때문에 실패했다. 우리는 유료 서비스가 아니기 때문에 그렇게 할 의향이 없다. 끝으로, ITV 디지털은 비싼 권리를 사들이는 데 참여했다. 우리는 송출 시설만 제공하고 위험은 채널 제공자가 부담하기 때문에 그런 일을 피할 수 있다. 프리뷰의 주요 전략은 소비자들에게 셋톱박스를 구입하라고 설득해서 소비자들이 셋톱박스를 텔레비전 수상기처럼 생각하게 만드는 것이다. 설령 그런 전략이 통하지 않더라도 그건 채널 제공자들의 문제이지 우리들의 문제가 되지 않는다.

그런데 우리에게 행운이 찾아왔다. BSkyB의 토니 볼이 내게 전화해서 프리뷰에 참여시켜줄 수 있느냐고 물어온 것이다. 채널 4의 마크 톰슨과 ITV가 우리의 제안을 거절한 상태였기 때문에 우리가 보유하게 될 채널 중에서 남는 채널을 인수해줄 사람이 필요한 상황이었다. 채널 4와 ITV이 우리 제안을 거절한 것은 역사가 증명하듯이 그들, 특히 ITV에게 불리한 결정이었다. BBC도 남는 채널을 모두 인수할 의사가 없었고 그럴 여력도 없었기 때문에 나는 토니의 제안을 환영했다. 한편으로는 BSkyB가 우리와 제휴하겠다는 이유를 알고 싶었다. 그의 제안은 밖에서 우리를 비난하지 않고 우리 텐트 속에 들어오겠다는 것이었기 때문이다. 나는 BSkyB가 우리와 제휴하여 프리뷰를 구축하려고 한 이유를 지금까지도 정확히 파악하지 못했다. 프리뷰가 정상적으로 운영되면 그들 사업의 근간이 되는 유료 서비스에 타격을 줄 것이 자명한 이치가 아닌가? 그런데 이런 일이 일어난 것이다. BSkyB가 우리를 도와 프리뷰를 발전시킨 것은 사업상의 실수였다는 사실이 역사로 증명될 것이다.

우리는 크라운 캐슬과 2인 컨소시엄을 구성하고 채널 공급에 관해서는 BSkyB와 제휴하여 방송권 입찰에 참가하여 승리했다. 크라운 캐슬은 송신탑 등 송출 시설을 완벽하게 소유하고 있었다. 입찰 100% 성공 기록이 안전하게 유지된 셈이다.

그로부터 불과 2년도 안 되어 프리뷰는 엄청난 성공을 거두었지만, 나로서는 놀라운 일이 아니었다. 기본적인 판매 계획은 앤디 덩컨이 이끄는 마케팅부서에서 창안한 것이었다. '정상적인' 텔레비전처럼 판매하되 계약을 맺지는 말자는 것이었다. 지금은 가격이 대폭 하락했지만, 우리는 프리뷰 박스를 99파운드에 시판하기 시작했다. 상대적으로 적은 금액을 단 한 번 내면 추가로 돈을 낼 필요 없이 새로 출범한 BBC 텔레비전과 라디오 채널을 포함하여 30개의 텔레비전 채널을 시청할 수 있게 된 것이다. 400만 대의 프리뷰 박스가 전국적으로 프리뷰 시청이 가능한 지역의 75%에 보급되었다.

그러면 이러한 조치가 BBC와 무슨 관계가 있을까? 처음에 우리가 프리뷰에 흥미를 가지게 된 이유는 무엇이었을까? 간단한 통계 하나로 부분적으로나마 이 질문에 대한 답변을 대신할 수 있다.

전통적인 아날로그 방식 채널 5개를 시청하는 가정이 2003년 현재 BBC를 시청하는 가정의 49%에 달하여 거의 반을 차지하고 있었다. BBC 시청률이 프리뷰를 시청하는 가정에서는 45%를 약간 상회하는 정도였고, BSkyB를 시청하는 가정에서는 26%였다. 정부가 아날로그 방식 송출을 앞으로 10년 안에 중단할 계획이라는 점을 감안할 때, 시청자들이 BSkyB를 통하지 않고 프리뷰로 BBC를 시청하는 것이 BBC에게는 확실히 이익이 된다. 프리뷰 시청 가정은 5개 채널만 시청하는 전통적인 가정에 비해서 BBC 시청률이 8% 적은 데 반해, 스카이 시청 가정에서는 시청률이 50%나 떨어지고 있다.

BBC가 이 사업에 개입하게 된 데에는 두 가지 이유가 더 있다. 디지털 방식이 라디오든 텔레비전이든 BBC 방송을 모든 국민에게 제공할 수 있는 유일한 방식이기 때문에 영국 전역을 디지털화하는 것이 BBC에게는 과거나 지금이나 매우 중요한 사업이다. 모든 국민이 시청료를 납부한다는 사실을 감안할 때, BBC 방송을 어디에서나 모두 시청할 수 있도록 해야 한다. 만일 우리가 프리뷰를 개발하지 않았더라면 영국에서 아날로그 방식 송출을 중단할 수 있는 가능성이 전혀 없다. 우리가 보유하고 있는 디지털 방송만 가지고는 시청률을 계속 방어하기가 매우 어려워질 것이다.

프리뷰는 BBC가 시장 변화에 수동적으로 대응하는 데에도 중요한 역할을 한다. 시청료 징수 반대자들은 모든 국민이 유료 텔레비전을 설치하면 BBC에 대한 자금 지원 대책으로 시청료를 징수할 필요가 없어진다고 항상 주장한다. BBC 시청을 원하는 사람은 시청료를 납부하고, 시청을 원하지 않으면 시청료를 낼 필요가 없지 않느냐고 주장하는 것이다. 이러한 주장은 겉으로 보기에 매우 설득력이 있어 보이기 때문에 일부 정당이 결국 그러한 주장을 받아들이게 될 것이다. 하지만 이런 주장을 반박할 만한 이유가 충분히 있다. 시청료를 납부하지 않는 사람도 BBC를 누구나 시청할 수 있다. 그리고 BBC는 영국을 하나로 결속시키는 접착제이므로 누구에게나 방송을 제공해야 한다.

프리뷰가 등장함으로써 어떤 정부가 들어서든 BBC를 유료 서비스로 전환하기가 매우 어려워졌다. 대부분의 프리뷰 박스가 유료 TV에는 맞지 않기 때문에 프리뷰 박스의 보급률이 증가할수록, BBC를 회원가입 제로 전환하기가 점점 더 어렵게 될 것이다. 나는 프리뷰가 시청료의 미래를 10년 이상 보장해줄 수 있으리라고 생각한다.

우리는 BSkyB에 대항하기 위한 두 번째 조치에서 더욱 두드러진 승리를 거두었다. BBC는 1998년 텔레비전 방송을 BskyB의 디지털 플랫폼에 처음 올릴 때, 그 대가로 BSkyB에게 500만 파운드를 지불하기로 다소 상식에 벗어난 결정을 내렸다. BSkyB가 BBC 방송을 시청자들에게 제공하고 싶어서 안달하던 때라 BBC가 BSkyB에게 방송사용료를 내라고 요구할 수도 있었는데 전혀 예상 밖의 결정을 내렸던 것이다. 이탈리아에서는 국영방송사 RAI가 영국에서 있었던 전례를 살펴보고 국영방송을 시청자들에게 제공하려면 대금을 지불하라고 스카이 측에 요구하여 그 요구를 관철시켰다. BBC는 쉽게 속아 넘어가는 바보였다.

ITV는 몇 년 동안 BSkyB 플랫폼과 거리를 두고 있다가 2001년에 들어서서 마지못해 이용하기 시작했다. BSkyB 플랫폼이 엄청난 성공을 거두자 ITV도 이용하지 않을 수 없게 되어 BSkyB가 요구하는 대로 연간 1,700만 파운드를 이용료로 지불하기로 합의했다. ITV는 이 가격에 대하여 관할행정기관인 통신청에 이의를 제기한 바 있었다. 통신청이 그 가격은 공정가격이라는 판정을 내렸을 때 우리는 BBC가 BSkyB와 맺은 계약이 2003년 말에 만료되면 BBC도 곤경에 처하게 될 것이라고 판단했다.

하지만 그 무렵 두 가지 변수가 또 생겼다. 첫째로, 지상 송신 범위가 비교적 좁아서 영국과 북유럽 일부에서만 이용할 수 있는 위성이 새로 발사되었다. 새 위성을 이용하여 서비스를 제공하면 국내 시장에 광범위하게 우리 채널을 전송할 수 있게 된 것이다. 둘째로, BBC와 유사한 독일 방송사에서 일하는 친구들로부터 그들은 신호를 암호화하지 않은 상태에서 송신하고 있는데 그 효과에 만족하고 있다는 사실을 알게 되었다. 그렇게 하면 유럽 전역에서 시청 가능하다는 단점이 있지만, 유럽 공동체는 과잉상태를 해결하기 위하여 이를 허용하는 법을 제정하였다.

마침내 BBC도 ITV가 지불하는 액수만큼 지불하기를 기대한다는 통보를 BSkyB 측으로부터 받았다. 우리는 그들에게 일격을 가할 수 있는 좋은 기회라고 판단했다. 새 위성에서 BBC 방송을 모두 송신하면 암호화하지 않은 상태로 방송할 수 있다. 그러면 도청을 방지하기 위해서 신호를 바꾸고 바뀐 신호를 또 다시 풀기 위해서 BSkyB에게 이용료를 지불할 필요가 없게 된다.

그렇게 되면 BBC에게는 크게 도움이 된다. 우리는 단 한 번에 BSkyB 위성의 독점체제에서 해방되고, 막대한 돈을 절약할 수 있으며, 전국 방방곡곡에 각 지역 방송을 제공할 수 있게 된다. 그렇게 되면 런던에 사는 스코틀랜드 사람이 BBC 스코틀랜드 방송을 시청할 수도 있게 된다. 어떤 면에서는 BSkyB에게 뼈아픈 패배를 맛보게 할 수 있는 기회라고 생각했다. 이 회사는 강한 상대에게만 존경을 표시하기 때문이었다.

하지만 우리는 BSkyB가 이러한 조치를 좋아할 리가 없고 그들도 강경하게 맞설 것이라고 예측했다. 우리가 그 회사와의 거래를 중단하면 다른 지상파 방송사들도 점차 우리 뒤를 따르려고 할 것이다. 그러면 BSkyB는 수백만 파운드의 수익을 잃게 될 것이다. 우리는 여러 가지 가능성을 검토하고 한번 모험해볼 만하다는 판단을 내렸다. 첫 번째로 그들이 우리의 조치에 대응할 수 있는 방법은 BSkyB 전자 프로그램 가이드에 게재된 우리 프로그램의 순서를 뒤로 넘기는 방법이 있을 것이다. 하지만 ITC가 그런 행동을 묵과할 리가 없다.

캐럴린 페어베언과 내가 암호화하지 않고 송신하는 아이디어를 처음 밝혔을 때, 임직원들은 갖가지 이유를 대며 불가능한 일이라고 반대했다. 아무도 우리를 지지하는 사람이 없었다. 재너 베넷이 이끄는 텔레비전본부에서는 암호화하지 않은 채 방송하는 방송사와는 할리우드 영화 제작사들이 거래를 꺼리기 때문에 미국 영화나 시리즈물을 살 수 없게 될 것이라는 의견을 내놓았다. 피터 새먼이 책임지고 있는 스포츠팀에서도 거의 비슷한 의견을 제시하면서 스포츠 중계권을 획득하지 못할 것이라고 우려를 나타냈다. 팻 라우리의 지방본부는 그렇게 되면 우리 방송국이 전자 프로그램 가이드에 포르노 채널들과 같은 위치에 게재될 것이라는 이유를 들어 반대했다. 나는 그러면 시청률이 올라가지 않겠느냐고 농담을 던졌지만 별로 좋은 반응을 얻지 못했다.

나는 임직원이 모두 겁쟁이처럼 행동한다고 생각했다. 모든 사람이 나와 인생관이 같을 수는 없다는 사실을 나는 때때로 잊어버린다. 그들은 나만큼 전투를 즐기지 않는 것이다. 나는 BBC가 무료 텔레비전 시장의 반을 차지하고 있다고 생각했다. 그런데 정신이 제대로 된 사람이라면 시장을 반이나 포기하면서 다른 방송사에게 스포츠 중계권이나 영화를 팔려고 하겠는가? BBC만이 BSkyB, 각종 스포츠 단체, 할리우드 영화 제작사들을 한꺼번에 상대할 수 있는 능력이 있기 때문에 나는 우리에게 승산이 충분히 있는 싸움이라고 판단했다. 이들이 단결해서 한 가지 정책을 고수하기로 결정해도 그 결정이 제대로 지켜질 가능성은 전혀 없다. 이들은 분명히 함께 모여서 일치단결해서 BBC에 대항하자고 결의를 다지겠지만, 짭짤한 거래를 할 수 있다는 판단이 서면 그들 중 누군가 결속을 깨고 독자적으로 행동하게 될 것이다.

그래서 모든 사람이 겁을 냈지만 우리는 그 일을 밀고 나갔다. 우리는 BSkyB에게 사전에 아무런 통보도 하지 않은 채 은밀히 홍보 전략을 준비한 다음, 새로운 정책을 발표하면서 BSkyB가 너무 많은 이용료를 요구한다고 비난하기 시작했다. 이용료는 공공자금에서 지출되는 돈이니 루퍼트 머독에게 그런 돈을 넘겨주느니 그보다 더 좋은 일에 쓰는 것이 낫겠다고 주장했다. 이러한 전략이 기가 막히게 들어맞았다. 우리가 취한 조치가 너무 복잡해서 기자들도 뭐라고 설명하기가 매우 어려웠다. 하지만 이들은 우리가 교묘한 수법으로 싸움을 걸어 이미 판세가 우리 쪽으로 기울었다는 것을 직감적으로 눈치 챘다. BSkyB로서는 맞서서 대항해볼 틈이 거의 없었다.

오스틸리에 있는 BSkyB 본부에는 쥐 죽은 듯 침묵이 흘렀다. 아무도 우리가 그런 조치를 취하리라고는 상상하지도 못했다. 하지만 BBC는 옛날의 BBC가 아니었다.

예상한 대로 미국의 영화 제작사들은 한 목소리로 항의했지만, 디즈니가 물밑으로 접촉을 시도하며 거래에 응했다. 그것으로 모든 사태는 결판났다. 한 제작사가 결속을 깨뜨리자 나머지 제작사도 하나씩 승부를 단념했다. 파라마운트의 총수 존 돌젠이 재너 베넷과 나를 점심식사에 초대한 자리에서 우리 전략이 잘못되었다고 말했을 때, 나는 BBC의 돈을 제발 가져가라고 애원할 생각은 없으니 그 돈을 다른 곳에 쓰겠다고 대답했다.

그 당시 스포츠 부문에서는 축구협회와 약 2억 8,000만 파운드 상당의 계약을 협상하고 있던 중이었다. 신호를 암호화하는 조건에 응할 때에만 계약이 가능하다고 축구협회 측이 제동을 걸자 우리 협상단은 자리에서 일어나 그렇다면 협상을 더 이상 계속할 이유가 없다고 말하고 회의장에서 나왔다. 그러고 나서 얼마 지나지 않아 협상이 재개되어 우리는 그 계약을 성사시키고 신호를 암호화하지 않은 상태로 계속 송신했다.

이제 BSkyB의 전자 프로그램 가이드 문제만 남았다. 우리가 예상한 대로 BSkyB는 즉시 가이드에서 가장 좋은 위치인 101과 102를 BBC 1채널과 BBC 2채널에게 더 이상 할당하지 않겠다고 말했다. 그래서 우리는 ITC에 이의를 제기하고 BSkyB는 그럴 권리가 없다고 주장했다. ITC가 조사에 착수한 지 1주일이 지났다. 나는 방송신호를 암호화하지 않겠다고 발표한 이후로 토니 볼과 연락을 끊고 있었는데, 어느 날 한 친구가 내게 전화해서 BSkyB의 토니 볼이 대화하고 싶어 한다는 말을 전했다.

우리는 이 문제와 관련하여 서로 정반대의 입장이었지만, 나는 토니를 좋아했다. 그는 항상 다정하고 솔직했다. 나는 그에게 전화를 걸었다. 우리는 스포츠 중계권과 축구협회 계약에 관하여 매우 호의적인 대화를 나누었다. 그로부터 2주 동안 대화가 점점 우호적으로 발전하면서 축구협회 계약, 전자 프로그램 가이드, 그리고 지역별 서비스 특성화 문제 등 다양한 문제에 관하여 토의를 시작했다. 우리는 BBC 1채널과 2채널의 신호가 위성방송 시청자들이 사는 지역에 제대로 송신되기만 하면 그 대가를 충분히 지불할 용의가 있었다. 우리는 웨일스 지방에 사는 시청자가 101을 선택하면 BBC 1채널뿐만 웨일스 지방 프로그램도 모두 포함된 서비스를 확실히 받을 수 있도록 조치를 취해야 할 필요가 있었다.

나는 의심이 나기 시작했다. 거래가 우리에게 너무 유리한 쪽으로 성사되는 것이 아닌가! BSkyB는 BBC 3채널은 그들의 프로그램 가이드 115번으로 옮기고, BBC 4채널은 116번으로 옮겨주겠다고 합의했다. 우리는 이 번호를 얻으려고 2년 동안이나 노력해왔는데 이게 웬일인기? 그때 문득 이런 생각이 떠올랐다. BSkyB는 ITC가 우리의 분쟁에 대한 결정을 발표하기 전에 서둘러 우리와 합의를 끝내고 ITC가 결정을 발표하지 못하게 막기 위해서 인심 좋게 협상에 응하고 있는 것이었다. 그렇다면 협상 대표로서 이렇게 좋은 기회가 어디 있겠는가! 하지만 이런 상황일수록 상대방을 완전히 구석으로 몰아서는 안 된다. 나는 '베푸는 만큼 받게 되는 법'이라는 진리를 오래전에 터득했다.

그런데 ITC 최고경영자인 퍼트리샤 호지슨이 내게 전화를 걸어 1주일 후로 예정된 결정 발표일 이전에 BSkyB와 합의에 도달할 가능성이 있는지 물었다. 그녀는 상황이 어떻게 돌아가고 있는지 전혀 모르는 눈치였다. 나는 그럴 것 같다고 대답하고 합의가 되면 이의를 철회하겠다고 대답했다. 그러면 ITC가 내린 결정은 발표되지 않을 것이다. 그녀는 웃음을 터뜨리며 "원하는 것을 모두 얻으신 것처럼 들리네요."라고 말했다. ITC에서 뭔가 공개되면 BSkyB가 크게 난처한 지경에 빠지게 될 만한 일을 발견한 것이 분명했다. 그것이 바로 우리가 좋은 조건으로 거래를 성사시킬 수 있었던 이유였다. 나는 그 이유를 캐내려고 애썼지만, 퍼트리샤가 그 문제에 대해 나와 이야기하기를 매번 거절해서 오늘날까지도 나는 ITC가 발견한 것이 무엇이었는지 모르고 있다. 하지만 그들이 뭔가 발견한 것이 틀림없다.

나는 BBC에 재임하는 동안 고자세를 취하는 것으로 일반 대중에게 알려졌다. 내가 원해서 그렇게 보인 것은 아니었다. 신문 기사에 따르면, 내가 BBC에서 모든 결정을 내리고 텔레비전과 라디오 프로그램 제작에 일일이 간여한다는 것이었다. 하지만 실상은 그 반대였다. 나는 BBC에 있는 동안 단 한 번 텔레비전 프로그램 제작에 간여한 적이 있었다. 그 프로그램은 2003년에 BBC 1채널에서 방영된 넬슨 만델라의 전기 2부작이었다.

남아프리카 공화국 고등 판무관 린디웨 마부자와 조찬회를 가질 기회가 있었을 때, 나는 누군가 만델라의 일생을 다큐멘터리로 만들어야 하고 우리가 그것을 맡을 용의가 있다고 말했다. 그러고 나서 아무런 회답을 듣지 못하고 있었는데 2002년 여름 오스트레일리아에서 휴가를 즐기고 있을 때, 개인 비서 피오나 힐러리가 급하게 메시지를 내게 보냈다. 이틀 안에 그 프로그램에 대한 개요가 필요하다는 것이었다. 도저히 그렇게 빨리 개요를 작성할 수가 없어서 나는 다큐멘터리를 제작해야 하는 이유에 관해서 두 페이지가량 써서 보냈다.

나는 그때 17세이던 내 딸 앨리스의 말을 인용했다. 나는 그 애도 다른 열일곱 살짜리 소녀들과 마찬가지로 정치에는 관심이 없고 국제문제에 대한 지식도 없으며 대중문화에 깊이 빠져 있다고 설명했다(이 아이는 내가 BBC로 가게 되었다고 말했을 때 제1라디오를 망쳐놓을 것 같으니 가지 말라고 말렸다). 그런데 내가 그 아이에게 이 세상에서 가장 만나보고 싶은 사람이 누구냐고 물었을 때 제일 만나보고 싶다고 한 사람은 영화배우도 아니고 대중음악 가수도 아니었다. 그 사람은 바로 넬슨 만델라였다. 나는 그 편지에 이것이 바로 우리가 다큐멘터리를 제작해야 하는 이유라고 썼다. 만델라는 정치계를 초월하여 연령의 고하를 막론하고 모든 세대에게 우상이 된 것이다. 그 편지가 효과를 발휘해서 우리는 1시간짜리 2부작으로 영화를 제작했다.

언론에서는 내가 시청률에 집착하고 있다고 오해했지만 이것도 사실이 아니다. 나는 BBC에 출근하던 첫날부터 시청률이 떨어지고 있는 BBC 1채널에 대해 뭔가 조치를 취해야 했다. 그래서 우리는 1채널의 지출을 늘리고, 특히 드라마와 스포츠에 집중적으로 투자했다. 하지만 내가 BBC에 재직하고 있는 동안 나타난 통계를 자세히 살펴보면, BBC 텔레비전이 전반적으로 시장 점유율을 잃고 있었다. 문제는 ITV의 시청률이 2년 동안 걷잡을 수 없이 떨어진 데 있었다. 우리가 시청률을 높여서 ITV를 앞지른 것이 아니라, 그들의 시청률이 우리 시청률에 비해 더 빠른 속도로 떨어진 것이었다. 사실, 신임 편성제작국장인 나이젤 피커드가 취임하면서 ITV의 시청률 하락 속도가 다소 줄어들었다는 징후가 나타나고 있지만, 지난 30년 동안 ITV의 통계를 표시한 그래프를 살펴보면 매우 참담한 현황을 볼 수 있다.

내가 정말 우려했던 점은 텔레비전 방송계가 전반적으로 채널 4의 프로그램 제작 방식을 도입하여 비교적 적은 수의 사람들이 어떤 프로그램을 제작할 것인지 결정한다는 것이었다. 이들은 실제로 프로그램을 제작하지도 않으면서 자금을 모두 쥐고 앉아 모든 결정을 내리고 있다. 이런 제도의 위험은 각 채널이 극소수 사람들의 개성이나 취향만 반영하게 된다는 것이다. BBC도 존 버트가 1996년 6월 제작과 방송을 분리하는 제도를 도입함으로써 이러한 제도를 채택하였다. 내가 'BBC 하나 되기' 정책을 시행하여 일부 바꿔놓기는 했지만 완전히 바꾸지는 못했다.

이는 BBC 제작진이 각 채널국장의 의향에 너무 신경을 많이 쓴다는 것을 의미한다. 나는 시사나 다큐멘터리를 담당하는 프로듀서를 만날 때마다 우리가 원하는 것은 프로듀서의 아이디어이지 각 채널국장의 아이디어가 아니라는 것을 주지시키려고 애썼다. 하지만 프로듀서들은 자금을 쥐고 있는 사람이 누구인지 잘 알고 있다. 좀 더 철저하게 바꾸지 못한 것이 아쉬울 뿐이다.

4년 동안 BBC에 큰 변화가 일어난 부분이 두 가지 더 있었다. 첫째는 평등한 기회를 부여한 것이다.

1980년대 말에 BBC 구내를 돌아다녀보면 임직원이 거의 백인 남성이었다. 그로부터 10년이 지나 내가 부임했을 때에는 남성만 있는 곳이 아니었다. 존 버트가 적극적으로 정책을 시행한 결과 여성이 벽을 허물기 시작했다. 그는 이 문제에 매우 열성적이었다. 그래서 내가 재임하던 시기에는 많은 여성이 고위직에 승진할 수 있게 되었고, 내가 떠날 무렵에는 텔레비전본부장, 라디오본부장, 전략본부장, 그리고 정책 법무본부장이 모두 여성이었다. BBC 1채널국장, BBC 2채널국장, 제2 라디오국장, 제4라디오국장, BBC 북아일랜드 방송국장, 그리고 BBC 웨일스 방송국장도 여성이었다.

여성들이 여러 요직을 차지하였다. 특히, 최근까지 남성들의 독무대가 되다시피 했던 각 지방 방송국에서 변화가 두드러지게 나타났다. 마크 바이포드가 이런 이야기를 들려주었다. 1990년대 중반, 지방본부장을 맡고 있을 때 그는 영국 전역에 있는 고위 간부들과 존 버트의 회합을 주선하였다. 참석자들은 모두 남자였다. 존이 마크를 방 한쪽 구석으로 데려가더니 이건 도저히 있을 수 없는 일이라고 하면서 변화를 주어야겠다고 말했다고 한다. 오늘날에는 상황이 변했다. 수십 년 동안 여성들의 승진을 가로막고 있던 장벽이 완전히 무너졌다. 하지만 내가 부임한 1999년에도 소수민족에 대해서는 변한 것이 없었다.

2000년 4월, 나는 미디어의 인종 평등 캠페인에 대한 연례 시상식 행사에서 연설을 해달라는 청탁을 받았다. 나는 연설에서 BBC 임직원의 인종적 구성을 개선하는 것이 내 우선과제 중 하나라는 점을 분명히 밝혔다. 나는 1999년 현재 8%에 머물고 있는 소수민족 출신 직원의 비율을 10%로 끌어올리고, 경영진 중 2%에 불과한 소수민족 출신의 비율도 4% 이상으로 증가시키는 것을 목표로 삼겠다고 발표했다. 또 나는 TV 출연자도 소수민족 출신으로 대폭 바꾸고 싶다고 말했다.

그 후 얼마 지나지 않아 나는 〈더 믹스〉(The Mix)라는 라디오 스코틀랜드 프로그램의 진행자 안바르 칸의 인터뷰에 응한 적이 있었다. 그녀는 내게 미디어에 출연하는 소수민족 출신자들의 현황에 대해서 물으면서 백인이 너무 많다고 생각하지 않느냐고 질문했다. 그래서 나는 BBC에 백인이 너무 많은 건 사실이라고 대답했다. 그러고서는 인터뷰에 대해서 잊어버리고 있었는데, 그 다음 주 《메일 온 선데이》 신문 1면에 내 발언이 톱기사로 실리고, 《데일리 텔레그래프》와 같은 신문들도 똑같은 기사를 실었다. 《텔레그래프》지 독자 칼럼에 실린 내용은 직접 보기 전에는 믿기 어려운 내용이었다. 퇴역해서 고향에서 만년을 보내고 있는 이 나라의 대령들이 한 사람도 빠짐없이 편지를 보내 나에 대해 불만을 표시한 것 같았다. 그들의 주장은 이 나라가 백인의 나라이기 때문에 BBC 직원이 모두 백인인 것은 당연하다는 것이었다.

주위사람들은 내가 인터뷰에서 실수를 저질렀다고 당혹스러워 하리라고 생각했다. 하지만 그 반대였다. 내가 이러한 변화를 진지하게 여기고 있다는 점을 BBC 안팎에 널리 알리게 되어 나는 무척 기뻤다. 소수민족 출신 BBC 임직원들에게도 내가 그 문제를 진지하게 생각하고 있다는 것을 알릴 수 있는 좋은 계기가 된 셈이었다. 이 문제는 정치적으로 공정한 것이냐 그렇지 않느냐 하는 문제가 아니다. 이미 우리 사회에서 일어나고 있는 큰 변화를 BBC가 적절하게 반영해주고 있느냐 하는 것이 문제의 핵심인 것이다.

우리는 4년 만에 인력 구성 목표를 정확히 달성했다. 목표 달성은 무척 어려운 일이었지만 '이름을 밝혀 창피를 주는 정책'을 채택해서 성공했다. 3개월마다 집행위원회에서 어떤 부서가 잘 시행하고 있는지, 어떤 부서가 변화 노력에 협조하고 있지 않은지 조사보고서를 받았다. 예를 들면, 아시안 네트워크를 지방국에서 분리하여 라디오본부로 옮겼을 때, 소수민족의 인구 비율이 높은 리즈와 맨체스터, 그리고 버밍엄 같은 도시에서 직원 구성 비율이 갑자기 큰 문제로 대두되었다. 영어권을 담당하고 있던 앤디 그리피는 2년 안에 바꾸어놓겠다고 약속하면서 그렇게 하지 못하면 자기를 해고시키라고 장담했다. 그는 다양한 평등 기회 정책을 실시하여 약속한 비율까지 끌어올렸다. 2004년 1월 BBC를 떠나기 불과 2주일 전에 나는 향후 4년 목표를 다시 발표했다. 2008년까지 직원의 12.5%를 소수민족 출신 중에서 선발하고 경영진 중 소수민족 출신자를 7%까지 끌어올리는 것이 목표였다.

TV 출연자 중에도 아프리카 출신과 카리브 해안 출신이 급증하였지만, 아시아인의 후예, 특히 이슬람교도는 크게 증가하지 않았다. 드라마 부문에서는 주로 말 영이 노력한 결과 크게 변화했다. 그는 리버풀 출신으로 BBC 연속극을 담당하고 있었는데, 프로듀서들을 각 병원에 보내서 실제로 병원의 인원 구성이 어떻게 되어 있는지 살펴보게 해서 〈홀비 시티〉, 〈응급 병동〉과 같은 프로그램의 인종 구성을 바꾸었다. 그는 그때까지 BBC 화면에 나타나는 병원의 인종 구성이 평균적인 영국 병원들의 구성과 아주 다르다는 점을 지적했다.

언젠가 맨체스터에서 축구시합을 보고 집으로 돌아오는 기차에 탔는데, 내 맞은편에 흑인 한 사람이 앉았다. 그는 자신이 쓴 연극을 보러 맨체스터에 다녀오는 길이라고 말했다. 나는 그가 〈응급 병동〉에 출연하는 배우 콰메 퀘이-아르마인지 몰랐고, 그도 내가 BBC 사장인지 몰랐다. 우리가 서로 상대방이 누구인지 알게 되었을 때, 그는 그날 다른 흑인 배우가 〈응급 병동〉에 출연하려고 오디션을 하고 있더라고 내게 말하고는 이렇게 혼잣말처럼 중얼거렸다.

"그러니 이걸로 끝장이죠. 저는 이제 쫓겨나요."

〈응급 병동〉에 흑인 배우가 단 한 명밖에 필요 없을 것이라고 지레짐작했던 것이다. 그러나 말 영이 노력한 덕분에 BBC 드라마 부문에서는 그런 시절이 이미 오래전에 흘러간 과거가 되어버렸다.

나는 이 부분에 큰 변화를 일구어냈다고 생각한다. 지난 4년 동안

BBC에서 일하는 사람들의 구성 비율을 바꾸어놓겠다는 내 결심으로 이제 변화는 멈출 수 없게 진행될 것이다. 그리고 마크 톰슨도 이 문제를 나만큼 중요하게 생각할 것이다. 나는 소수민족을 우대하는 정책으로 오히려 인종 역차별을 저질렀다는 비난도 많이 받았지만, 그것은 사실이 아니다. 내가 원했던 것은 21세기의 영국을 적절하게 대표할 수 있는 인력 구성이었다. 나는 여러 문화가 공존하는 영국이 멋진 곳이라고 믿고 있으며 그렇게 멋진 일이 BBC에서 더욱 많은 영향력을 발휘하게 되기를 기대하고 있다.

내가 역점을 두었던 또 다른 변화는 BBC의 중심을 런던과 잉글랜드 남부지방에서 벗어나게 하는 것이었다. 역사적으로 ITV는 영국의 지방방송국 네트워크이고 BBC는 좀 더 전국적인 서비스를 제공해왔다. 그런데 ITV 산하 방송사들이 합병하고 경쟁이 점점 치열해지면서 수익성이 떨어지는 현상이 벌어지자 ITV가 특정 지역에만 전념할 수 없게 되었다. 그러면 시간이 흘러갈수록 차츰 각자의 역할이 뒤바뀌게 될지도 모르기 때문에 나는 BBC가 남부지방 취향에 편중되지 않은 프로그램을 더 많이 제작해야 한다고 믿고 있다. 개인적으로는 그것이 기회이지 의무는 아니라고 생각하고 있다.

나는 BBC에 부임한 순간부터 잉글랜드 남부지방에 치우친 편애가 아주 심각한 문제라고 인식했다. 부임 초기에 런던 이외의 지역에서 많은 시간을 보내는 동안, 나는 실의에 빠져 있는 직원들을 보게 되었다. 이들은 런던 본사가 사사건건 간섭하면서 일을 방해하고 런던 본사 사람들이 자기들에 대해서 나쁜 편견을 가지고 있어서 런던에서 근무해야만 성공할 수 있다고 믿고 있었다.

내가 BBC에 부임하자마자 마크 톰슨을 신임 텔레비전본부장에 임명하니 지방본부장 자리가 공석이 되었다. 바이포드에 이어서 톰슨에 이르기까지 그 자리는 몇 년 동안 우수한 인재들이 승진하는 경로였다. 그런데 우리는 팻 라우리를 그 자리로 승진시켜 북아일랜드에서만 근무하고 런던에서 일해본 적이 없는 사람이 승진된 전례를 만들어냈다. 이러한 조치는 수도권 이외의 지역에서 근무하는 직원들에게 청신호를 보내기 위한 것이었다.

자치권 이양 정책의 결과로 스코틀랜드와 웨일스, 그리고 북아일랜드 지역에 추가자금을 상당히 많이 투입하였으나, 이상하게도 '본사'와의 관계가 변하지 않았다. 특히 스코틀랜드에서는 런던에 대한 적대감이 눈에 띄게 심하다. 어떤 이유에서인지 스코틀랜드 사람들은 존 버트와 사이가 좋지 않았다.

나는 자치권 이양이 정치권에만 국한된 문제가 아니라 BBC에게도 매우 중요한 일이라고 생각했다. 그것은 결정권을 실제로 런던 이외의 지역으로 넘겨주는 것이다. 그래서 우리는 아무런 조건을 붙이지 않고 1년에 5,000만 파운드씩 추가자금을 스코틀랜드, 웨일스, 북아일랜드 지역에 할당하였다. 나는 각 채널 책임자들에게 그 자금을 정치권을 무마하는 데만 쓰지 말고 3개 지역에서 프로그램 제작산업을 일으키는 데 사용하라고 권했다. 그렇지만 결정권은 각 책임자에게 있다고 덧붙였다. 그것이 바로 자치권의 이양이 아니겠는가?

내가 사장을 맡고 있던 4년 동안 각 지역에서 제작해서 현지에서 소비한 작품도 현저하게 늘어났지만, 네트워크용으로 제작한 작품도 많이 늘어났다. 특히 스코틀랜드에서 제작된 네트워크용 작품이 4년 동안 배로 늘었다. 흥미롭게도 그 결과 런던과 스코틀랜드의 관계도 바뀌었다. 갑자기 BBC 스코틀랜드가 BBC에서 큰 비중을 차지하는 주역으로 부상한 것이다.

그러자 잉글랜드 지방, 특히 잉글랜드 북부지방에서 문제가 드러나기 시작했다. BBC는 정기적으로 주민들의 여론을 조사하고 있다. 그런데 잉글랜드 지방 북쪽으로 올라갈수록 BBC에 대한 인기도가 떨어졌다. 그 이유를 찾아내기는 그리 어렵지 않았다. BBC 프로그램 중 대다수가 남부지방에서 제작되고 있다. 우리는 일찍이 일정 금액을 따로 떼어 북부지방 부양책을 썼다. 그 결과 〈미용실 이야기〉(Cutting It), 〈머지 비트〉와 같은 프로그램이 북부지방에서 새로 제작되었고, 제4라디오가 맨체스터에서 인기를 되찾았으며, 헐을 중심으로 이스트 요크셔 지방에서 완전히 새로운 면모를 갖춘 지방방송이 시작되었다. 우리는 헐 시내에서 광대역의 영향력에 관한 주요 조사 프로젝트를 실시하기로 결정하고 뉴캐슬에 언론인 비디오 교육센터도 새로 설립하였다. 이 센터는 처음에 런던에서 벗어나 옥스퍼드에 세우기로 결정되었던 것이다. 나는 화가 나서 옥스퍼드는 나라 전체로 보면 런던이나 마찬가지라고 지적하고 좀 더 북쪽에 세우자고 제안했다. 그래서 뉴캐슬에 설립하게 된 것이다.

우리는 지역뉴스에 대한 지출도 증가시켜 큰 효과를 보았다. 시청자의 수를 비교해보면, 우리가 잉글랜드 지방에서는 각 지역에서 ITV 지역뉴스를 앞질렀다. 내가 떠날 무렵에는 동북지역에서만 우리가 지고 있었고, BBC 스코틀랜드 방송국의 뉴스는 지역 경계선 북쪽에 있는 스코티시 방송국을 앞질렀다. 불과 5년 전까지도 BBC의 지역뉴스가 그렇게 큰 성공을 거두리라고는 생각조차 할 수 없었다.

나 자신도 북부지역에 많은 시간을 할애하면서 다른 임원들에게도 그렇게 하라고 권유하여 맨체스터와 리즈, 그리고 뉴캐슬과 같은 지역에서 일하는 직원들의 사기를 북돋워주었다. 하지만 나는 좀 더 해야 할 일이 많았다고 생각한다. 영국 사람은 누구나 시청료를 내고 있는데 남부지방에서 그렇게 많은 돈을 지출하는 관행은 크게 잘못된 것이다. BBC는 일부 지역에 국한하지 않고 영국 전체의 생활상을 반영해야 한다.

그래서 나는 획기적인 변화를 구상했다. 우선 시설 일부를 런던에서 맨체스터에 새로 확장한 시설로 옮기고 싶었다. 내 계획은 제5라디오 라이브, 어린이 채널 두 개, 새로운 미디어 운영시설, 그리고 BBC 3채널을 2010년까지 맨체스터로 옮기는 것이었다.

그와 동시에 나는 좀 더 현실적인 이유로 다른 BBC 부문들도 런던 밖으로 옮기려고 계획했다. 외곽방송본부는 런던 서부지역 액턴에 있어야 할 것이 아니라 고속도로 주변 어딘가에 있어야 하고, 후방 지원부서들도 런던 중심부에 있어야 할 이유가 없었다. BBC의 급여 수준이 높지 않기 때문에 런던 지역에서 살 형편이 되지 못하는 후방 지원부서 직원이 점점 늘어나고 있었다. 또 나는 적어도 임원 두 명은 앞으로 맨체스터에 주재하도록 계획했다.

내가 이러한 계획을 임원들에게 말하자 임원 대부분이 반대했다. 제니 에이브럼스키는 내게 직접 그런 말을 하지는 않았지만 제5라디오 라이브를 다른 곳으로 옮기면 사임하겠다고 겁을 주었다. 재너 베넷은 BBC 채널은 런던에 계속 있어야 한다고 생각했고, 어린이 채널 담당 부서는 아무 곳으로도 옮기지 않겠다고 완강하게 버텼다. 이들은 모두 10여 년 전에 '종교' 방송과 '청소년' 방송시설을 북쪽으로 옮겼지만 별로 성공하지 못했다고 말했다. 내 계획의 핵심은 프로그램 제작부서만 옮기는 것이 아니라 자금을 맨체스터로 옮기자는 것이었다. 하지만 대부분의 임직원이 반대한 진짜 이유는 자신들의 생활이 엉망이 되지 않을까 두려웠기 때문이었다. 나는 그 점에 대해서 이렇게 대답했다.

"운이 나쁘다고 생각하게."

유감스럽게도 니는 BBC를 떠날 때까지 이 일을 마무리하지 못했다. 나는 2003년 말에 이 계획을 경영위원회에 상정하였고, 경영위원회에

서는 맨체스터로 시설 일부를 이전하자는 제안에 찬성하였다. 당시에
는 다음 방송인가기간에 대한 공약사업으로 이 계획을 발표하기로 했
다. 그런데 내가 떠나고 말았다. 그 계획은 아직도 살아 있고, BBC에서
는 계획 일부를 시행에 옮기겠다고 말하고 있지만, 이 책을 쓰고 있는
지금 이 순간에도 그 계획에 반대하는 세력이 다시 규합하고 있다.

　내가 직면했던 반대는 개빈 데이비스가 너무 많은 BBC 자금이 남부
지방 중산층을 위해서 사용되고 있다는 연설을 했다가 직면했던 반대
와 똑같은 것이었다. 그는 감히 어떻게 그런 발언을 할 수 있느냐고 맹
공격을 당했다. 이것이 바로 비교적 적은 수의 잉글랜드 남부지방 출신
엘리트층이 BBC와 이 나라를 오랫동안 지배해오고 있다는 증거다.

제 **10** 장

그들은 왜 울었을까?

BBC 구하기

BBC 사장직을 지원하던 1999년 여름에 작성한 공약에서 나는 신임 사장의 가장 큰 당면과제는 '포용하는 문화'를 만드는 것이라고 말했다. 이는 세부적인 분석 작업을 토대로 제시한 것이 아니고, 그동안 들은 내용을 종합하여 BBC가 안고 있는 문제라고 판단한 것이었다. BBC에 부임했을 때 나는 큰 충격을 받았다. 상황은 내가 예상했던 것보다 더 나빴다. 훨씬 나빴다.

나는 출근 첫날부터 5개월 동안 존 버트를 그림자처럼 따라다녀야 할 처지에 놓여 있었다. 그는 후임자가 자기 방식을 보고 배우게 하기 위해서 5개월이라는 터무니없이 긴 시간을 인수인계기간으로 잡았다. 인수인계는 5주일이면 충분하다. 하지만 나는 존 버트를 따라다니지 않고 혼자서 BBC의 실태를 파악하려고 거리로 나섰다. 나는 런던을 떠나 영국 각지를 여행하면서 BBC에서 일하는 직원 수천 명과 대화를 나누었다.

내가 맨 처음 해야 할 일은 예전부터 사장이 방문할 때 관례적으로 행해오던 허례허식을 중지시키는 것이었다. 수행원을 없애버리고 나를 귀빈처럼 영접하지 못하게 했다. 나는 역대 사장들처럼 빨간 양탄자 위에서 호화로운 대접을 받고 싶지 않았다. 나는 전국을 주로 혼자 여행하고 이따금 비즈니스 매니저 에마 스콧을 대동하였다.

나는 미리 깔끔하게 정리정돈을 해놓은 상태가 아니라 평상시 모습 그대로 각 지역의 사업장을 보고 싶다고 책임자들을 설득하였다. 내가 더욱 중요하게 생각한 것은 현지 책임자들이 아닌, BBC 직원들과 직접 대화를 나누는 것이었다. 그래서 나는 공식 오찬이나 만찬에 참석하지 않고 구내식당에서 직원들과 함께 식사하겠다고 말했다. 직원들과 1대 1로 대화를 나눌 수 있는 시간을 갖고 싶었던 것이다.

사내에 그런 소문이 서서히 퍼지기 시작했다. 블랙번에 있는 BBC 라디오 랭커셔를 방문했을 때, 직원이 찻잔 밑에 접시를 받쳐서 가져왔다. 지방 라디오 방송국에서는 일반적으로 이런 물건을 찾아볼 수가 없다. 스티브 테일러라는 녀석이 총책임자로 있었는데, 그는 나를 대접하려고 특별히 직원을 블랙번 시장에 보내 사 온 것인데 내가 떠난 다음에 도로 물리면 되니까 비용은 걱정할 필요가 없다고 천연덕스럽게 말했다.

나는 역대 사장들이 수십 년 동안 방문한 적이 없는 사업소를 순방했는데, 몇 년 전에 이미 철거했어야 할 건물에서 일하고 있는 직원들도 있었다. 레스터에서 BBC 라디오 레스터와 아시안 네트워크가 입주해 있는 사옥을 방문하고 나서 나는 주위 사람들에게 건물 상태가 아주 형편없더라고 말했다. 그러자 사람들은 스토크를 먼저 방문했으면 그 건물이 나쁘다고 생각하지 않았을 것이라고 말했다. 마침내 스토크를 방문했을 때 나는 놀랐지만 다소 안심이 되었다. 끔찍할 정도로 나쁜 상태는 아니었기 때문이다. 하지만 BBC 라디오 스토크는 결국 4년 후 더 나은 건물로 이전했다. 우리는 셰필드 방송국도 새로운 건물로 옮기고, 버밍엄, 리즈, 헐, 리버풀, 글래스고 방송국도 옮기고, 맨 나중에는 레스터 방송국까지 신사옥으로 옮긴 것이다. 그리고 전국 각지에 있는 사옥을 모두 수리했다.

각 방송국을 순방하면서 나는 우리 직원들이 내가 35년 전에 지방 신문사에서 하던 방식 그대로 타자기를 직접 구입해서 사용하는 것을 목격했다. 일부 직원은 BBC에서 제공하는 녹음기가 너무 구식이라 각자 사비를 들여 녹음기를 구입해서 사용하고 있었다. 특히 방송학과 과정을 마치고 곧 바로 입사한 젊은 직원들이 대학 시절에 사용하던 장비들에 비해서 방송국에서 사용하는 장비의 품질이 훨씬 떨어졌다. 그래서 우리는 몇 년에 걸쳐서 BBC 지방 방송국의 장비를 모두 디지털 방식으로 교체하였다. 게다가 회사에서 사랑받지 못하고 있다는 느낌, 자신이 회사에 불필요한 존재라는 느낌, 아무도 자기에게 관심을 보이지 않는다는 느낌을 가지고 있는 직원들이 매우 많았다.

나는 어느 곳을 방문하든 임직원에게 두 가지 질문을 던졌다. 서비스를 개선하려면 어떤 변화가 필요한가? 여러분들의 생활수준을 향상시키려면 내가 무엇을 해야 하겠는가? 총예산을 배로 늘려달라는 터무니없는 건의도 있었지만, 대부분 작고 현실적이며 개선비용이 극히 적게 드는 건의였다. 우리는 건의를 대부분 받아들여 내가 부임한 지 불과 몇 달 만에 모두 개선했다. 해결하기 어려운 건의도 몇 가지 있었다. 버트와 매킨지가 주도한 BBC 조직 개편의 결과로 미친 짓 같은 제도가 시행되고 있는 부분도 있었기 때문이다.

전형적인 사례가 자료실이었다. 자료실은 가장 기초적인 방송국의 자원이 보관되어 있는 곳이다. 그런데 내부거래 가격 청구 제도에 따라 책, 필름, CD에 비싼 가격이 매겨져 있고 배정된 예산 규모는 작아서 프로그램 제작자들이 그러한 자료를 이용할 수가 없었다. CD를 예로 들어보면, 현지 시내에 나가서 구입하는 것이 BBC 자료실에서 빌리는 것보다 비용이 적게 드는 형편이었다. 이런 제도는 미친 짓이라고밖에는 볼 수가 없어서 우리는 'BBC 하나 되기' 개혁의 일환으로 이 제도를 철폐했다.

게다가, 어딜 가든지 BBC 내부에서 공포 분위기를 감지할 수 있었다. 존 버트와 그의 고위 임원진이 인기가 별로 없었다는 것은 알고 있었지만, 막상 내부를 살펴보니 많은 BBC 직원들이 그들을 싫어하고, 반감을 가진 사람들도 있었다. 직원들 사이에서는 존 버트 사장을 '존' 또는 '버트 씨'라고 부르지 않고 경멸하는 말투로 '버트'라고 부르고 있었다. 그에 대한 애정을 찾아볼 수 없었고, 그의 리더십은 어느 곳에서도 환영받지 못하고 있었다. 조직 내부를 깊숙이 파헤치고 들어갈수록 그에 대한 적대감과 불신을 더욱 강렬하게 느낄 수 있었다.

존 버트는 각 지방 라디오 방송국에게 매년 예산을 2%씩 절감하라고 지시했다. 본사에서는 이론적으로 그 정도 절감은 가능하다고 판단했던 것이다. 하지만 실제로 지방 라디오 방송국을 방문해본 적이 있는 사람이라면, 각 방송국이 쥐꼬리만한 예산으로 운영되고 있어서 예산을 삭감할수록 서비스만 나빠진다는 것을 알았을 것이다. 이런 문제에 대해 존 버트 개인을 비난하는 것은 부당한 행동일지 모르겠으나, 직원들은 이런 문제는 물론 무슨 문제가 생기든 존 버트를 비난했다.

지위 고하를 막론하고 직원과 사장 사이의 관계를 바꾸는 노력이 시급했다. 나는 경비직이든 안내직이든 사람을 가려가며 사귄다는 생각을 해본 적이 없었고, 어딜 가든 이런 업무에 종사하는 직원들과도 항상 대화를 나누었다. 내 집무실이 있던 브로드캐스팅 하우스 안내석에서 근무하는 직원들은 나중에 내게 이런 말을 했다.

"전임 사장님과는 스타일이 전혀 다르세요. 그 분은 저희들을 아는 척도 하지 않았어요."

그는 잠시 멈춰 서서 이들과 대화를 나눈 적이 없었다. 그와 반대로 나는 가능한 한 많은 직원들을 알고 지내고 싶었다.

존이 천성적으로 수줍어하는 성격이라 알지 못하는 사람들과 비공식적으로 친밀감을 보이기가 어려웠던 것으로 보인다. 나도 이런 행동이 자연스럽게 우러나는 것은 아니다. 하지만 나는 오랫동안 그렇게 행동하려고 노력해서 사람들에게 친밀하게 대하는 방법을 터득하였다. 내가 인사본부장으로 영입한 개리스 존스가 내 성격을 꿰뚫어보고 언젠가 이런 말을 했다.

"당신은 외향적인 성격이 아니에요."

그의 말이 맞았다. 개리스는 BBC를 별로 좋아하지 않았다. 특히 BBC 경영위원들을 좋아하지 않아서 1년 후에 사임하고 말았다.

최고 경영진에서도 상호 신뢰를 거의 찾아볼 수 없었다. 개인 간에는 우정이 있었지만 공동목표의식을 찾아볼 수 없었다. 공포 분위기 속에서 개개인이 경쟁적으로 업무를 수행하는 방법은 터득하고 있었지만 팀에 대한 단결심은 없었다. 재너 베넷은 미국에서 2년을 지낸 후에 2002년 BBC에 복귀하여 텔레비전본부장이 되었는데, 집행위원회 회의에 지각했을 때 느낀 점을 이렇게 전해 주었다.

"회의실에 가까이 가자 웃음소리가 들리더군요. 그 순간 저는 엉뚱한 곳에 와 있는 줄 알았어요."

그녀 말에 따르면, 예전에 BBC에서 근무할 때에는 집행위원회 회의 도중에 웃는 사람은 한 사람도 없었다고 한다.

1년 후 전반적으로 분위기가 좋아졌을 때, 전임자 시절에 고위 간부였던 임원과 과거에는 어떤 분위기였는지 이야기를 나눈 적이 있었다. 그는 그당시에는 전임 임원들의 태도와 방식이 옳고 비판하는 사람들이 틀렸다고 생각했다고 말했다. 그런데 전혀 다른 세계를 접하면서 과거에 자신이 옳다고 믿었던 행동이 전혀 적절치 못하고 비효율적인 것이었다는 사실을 깨닫게 되었다고 말했다. 그당시 실화 편성제작본부장을 공동으로 맡고 있던 로레인 헤게시(지금은 BBC 1채널국장이다)가 임원으로 승진하자마자 처음으로 집행위원회에 참석해서 버트를 비롯한 전임 경영진을 지지하던 사람들은 모두 그들의 행동에 대해서 해명하고 책임을 지라고 요구했다. 그러자 회의실에 어색한 침묵이 흘렀는데, 오랫동안 BBC에 근속한 임원 한 사람이 침묵을 깨고 이렇게 말했다.

"나는 그저 명령에 따랐을 뿐입니다."

내가 BBC의 실태를 파악하면서 충격을 받은 이유는 과거에 답습해오던 관행을 어떻게 창조적인 조직을 운영하는 방법이라고 생각할 수 있었는지 이해할 수 없었기 때문이다. 내가 확실히 알고 있는 바에 따르면, 격에 어울리지 않게 과장된 지위를 누리며 자만심에 싸여 주위사람들에게 명령이나 내리는 전통적인 리더십 모델은 이미 사라진 지 오래됐다. 그런 모델은 시대에 뒤떨어진 것이다. 어떤 일을 하라고 명령을 내리기만 하면 직원들이 즉각적으로 그 일을 수행하리라고 기대하는 방식은 더 이상 효과를 발휘할 수 없고, 직원들의 능력을 최대한 이용할 수 있는 방법이 아니다.

나는 오래전 프로그램 제작팀을 처음 이끌어나갈 때부터 이런 진리를 스스로 터득했는데, 경영과 리더십에 대한 견해는 오랜 세월 동안 발전되다가 1989년 하버드 비즈니스스쿨에서 공부하면서 그 견해를 굳히게 되었다. 그곳에서 12주 동안 공부하면서 조직을 운영하고 직원들에게 동기를 부여하는 방식에 대한 본능적인 내 생각이 지적으로 타당성이 있다고 생각하게 되었다. 그래서 나는 차츰 더 큰 조직을 운영할 때마다 내 생각을 실행에 옮겨도 좋다고 확신할 수 있었다.

내가 사람들을 리드하는 방식은 아버지가 형들과 내게 어렸을 때 몸소 가르쳐준 교훈에서 비롯된 것이다. 아버지는 도로를 쓸고 있는 환경미화원에게도 다가가서 말을 건네곤 했다. 아버지가 세상을 떠났을 때 우리 삼형제는 아버지에 대해 간단한 글을 써서 장례식에서 읽었다. 나는 아버지가 주위 사람보다 자기가 낫다고 거만 떠는 사람을 제일 싫어하셨다고 썼다. 아버지는 누구나 존경받을 만한 가치가 있다고 믿었다. 그래서 나는 상사가 부하직원을 존중하고 그들이 하는 일을 높이 평가하면 직원들이 일을 더 잘 해낼 수 있다고 믿었다. 이렇게 인간에 대해 간단한 진리를 터득하면 여러 가지 논리적인 아이디어가 줄줄이 따라 나온다. 나는 이런 아이디어를 오랫동안 조직 운영의 기초로 사용하였다.

리더는 자기 자신의 모습을 그대로 보여주어야 한다. 임원이 되어 경영진에 합류했다고 해서 틀에 박힌 관리자의 행동을 그대로 따라하는 것은 치명적인 실수다. 현재 자기 자신이 보여주는 행동과 모습을 보고 리더로 임명된 것이기 때문에 그러한 모습을 충실히 지켜나가야 한다. 나처럼 천성적으로 괴팍한 사람은 괴팍한 모습을 그대로 보여주어야 한다. 직원들도 그런 모습을 좋아할 것이다. 이와 반대로, 자기 자신의 본래 모습과 다른 모습을 보이려고 애쓰면 비싼 대가를 치르고, 쓸데없이 정력만 낭비하게 될 것이다. 직원들은 상사의 본래 모습을 꿰뚫어보는 눈을 가지고 있다. 자기 자신의 본래 모습을 그대로 보여주려면 용기가 필요하다. 자신감이 있어야 하고, 자신의 장점과 약점을 파악하고 있어야 하며, 약점을 기꺼이 인정할 줄 알아야 한다. 그러면 좋은 성과를 거둘 수 있다.

리더에게는 의사소통이 정말 중요하다. 상사와 양방향 대화를 할 수 있다고 느끼면, 직원들은 기꺼이 상사를 지지하고 상사가 달성하려고 하는 일을 발 벗고 나서서 도울 것이다. 우리는 BBC에서 다양한 방법을 동원하여 직원들과의 의사소통을 원활히 하려고 애썼다. 나는 정기적으로 직원들에게 이메일을 보내고, 사내 방송을 자주 하고, 사보를 이용하기도 하고, 비디오를 연속적으로 제작하기도 했다. 이메일에는 그렉이라고 애칭을 썼다. 이러한 노력은 모두 거의 3만 명에 달하는 직원들과 1대 1의 관계를 맺으려고 한 것이었다. 직원들에게 직접 핵심을 전달하는 것이 중요하다. 가장 중요한 점은 경영학 용어나 컨설턴트의 딱딱한 표현이나 비즈니스스쿨에서 사용하는 알기 어려운 용어를 쓰지 말아야 한다는 것이다. 유능한 리더가 되려면 전문용어를 반드시 피해야 한다.

9 · 11 사태가 발생한 주에 방송되었던 〈질문시간〉 프로그램 내용에 대해서 공개적으로 사과를 할 때, 나는 전 직원에게 이메일을 보내 그 프로그램 내용이 시기적으로 적절하지 못했다고 생각하는 이유를 확실하게 밝혔다. 나는 누구나 실수를 하지만 실수를 감추려고 하지 말고 털어버려야 한다고 말했다. 맞받아서 상대방을 비난할 필요는 없는 것이다. 이렇게 정면으로 대응하는 방식이 효과가 있었다. 내가 BBC를 떠날 때 거리로 뛰쳐나오고 내게 편지를 보내준 수천 명의 직원 중에는 나를 만나보지 못한 직원도 많았지만, 이들은 나와 서로 관계를 맺고 있는 것처럼 느꼈다고 말했다.

리더는 부하들에게 항상 정직해야 한다. "미안하네. 내가 잘못 생각했네." 이렇게 말한다고 해서 문제가 될 것이 전혀 없다. 문제는 자기 자신이 잘못했다는 사실을 알면서도 자기가 옳은 것처럼 행동할 때 생긴다. BBC에서 비용 처리 정책을 개혁하려고 시도한 적이 있었다. 아이디어는 좋았지만, 직원들과 대화를 해보니 너무 인색하고 새로 지급되는 수당이 너무 적다는 의견이 있었다. 나는 이들의 의견을 경청하고 정책을 변경하였으며, BBC 사보 《에어리얼》 1면에 내 실수라고 인정하고 내가 모든 책임을 지겠다는 글을 실었다. 사과를 하면 새로운 친구를 얻게 된다.

리더는 본보기를 보여야 한다. 부하들에게는 이렇게 하라고 말하고,

자신은 저렇게 행동해서는 안 된다. 리더가 말과 다른 행동을 보이면 부하들이 그것을 금세 눈치 채기 때문에 리더에 대한 신뢰가 떨어질 것이다. 자기가 말한 대로 실천해서 몸소 모범을 보여야 한다. 예컨대, 관리자들에게 계급의식을 갖지 말고 직원들과 어울리라고 요구했으면 스스로 그렇게 행동해서 모범을 보여야 한다. 나는 매일 구내식당에 가서 샌드위치나 샐러드를 먹고, 줄 서서 차례를 기다리는 직원들과 대화를 나누었다. 부하직원을 구내식당으로 보내서 점심식사를 내 방으로 가져오라고 지시할 수도 있었지만, 구내식당에 직접 감으로써 나는 모든 직원에게 중대하고도 상징적인 메시지를 보낸 것이다. 그 메시지는 언제든지 나와 면담을 할 수 있고 나도 그들과 같은 BBC 직원이라는 인식을 심어주었다. 나는 내 밑에서 일하는 관리자들이 모두 이렇게 행동하기를 바랐다.

조직 내에 있는 다른 사람들이 당신에 대해서 긍정적으로 이야기하든 부정적으로 이야기하든, 그 이야기에 따라 리더십이 좌우된다는 사실을 알아야 한다. 리더 자신의 말이나 글보다 그런 이야기에 따라 평가받는 경우가 많다. 2002년 10월, 우리 집에 큰 불이 나서 나는 밤새 한숨도 자지 못했다. 그 다음날 화재 뒤처리를 하느라고 완전히 녹초가 되었지만, 런던 동부지역에서 열린 행사에 참석했다. 전국 각지에서 모인 지방본부 직원 350명에게 연설을 하기로 오래전부터 예약되어 있었기 때문이다. 행사 진행을 맡은 직원들은 내가 연설을 취소하고 보험청구서나 작성하고 있으리라고 예상했다. 하지만 나는 그 행사에 참석해서 350명의 직원들에게 그들을 소중하게 생각한다는 말을 했다. 그런데 이러한 방식의 취약점은 리더가 항상 스포트라이트를 받게 된다는 것이다. 그래서 큰 직책일수록 리더 역할을 제대로 하려면 지쳐서 기진맥진하게 되는 것이다.

한 조직의 리더는 부하직원들이 자기 능력 이상으로 위대한 일을 해낼 수 있다는 자신감을 심어줄 수 있어야 한다. 동시에 직원들에게 책임감도 심어주고 맡은 바 직무를 꾸준히 수행해 나갈 수 있도록 유도해야한다. 그런데 놀랍게도 이른바 리더라는 사람들 가운데 이와 반대로 행동하는 사람이 무척 많이 있다. 사람은 신뢰와 격려를 받을 때 일을 더잘한다. 무슨 일이든 2중으로 감시 받으면서 공포 분위기 속에서 일하거나 위협 때문에 강제로 하게 되면 제 능력을 발휘할 수 없다. 내가BBC에 부임하던 당시에는 2중 감시가 제도화되어 있었다. 일부 분야에서는 경영 컨설턴트인 매킨지의 심사를 받지 않고서는 중요한 사안을하나도 처리할 수 없었다. 그러한 결과로 BBC의 고위 관리자들이 무력감을 느끼고 깊은 좌절에 빠져 있었다.

리더는 재무를 알아야 한다. 숫자는 회계사에게만 맡겨 두기에는 너무 중요한 것이다. 내 경험에 의하면, 회계사는 나를 혼란스럽게만 했다. 회계사들에게 그들이 이해하는 양식이 아니라, 내가 이해할 수 있는 양식으로 숫자를 알려달라고 요구해야 한다. 재무 관계자들이 이러한 요구에 순순히 응하려고 하지 않기 때문에 계속 싸움을 벌이는 수밖에는 없다. 재무를 이해하지 못하는 관리자는 피해를 입기 쉽다. 재무를 모르고서는 어느 부서를 맡고 있다고 말할 수가 없다. BBC에서는늘 이것이 문제가 되었다. 공공기관마다 특히 문제가 되는 부분일 것이다. 그런데 이러한 문제가 재무에만 국한된 것이 아니다. 인사, 전략, 시설 관리 등 다른 지원업무 때문에 운영에 차질이 발생할 위험이 늘 도사리고 있었다. 리더가 해야 할 일은 지원부서는 기계적으로 지원하는 장치일 따름이라는 사실을 지원부서 직원들에게 인식시켜줄 수 있을 만큼 경영 전반에 관하여 충분히 이해하는 것이나.

끝으로, 한 조직의 리더는 부하직원들을 잘 배려하고 그들에게 배려하고 있는 모습을 행동으로 보여주어야 한다. 그래야 리더로서 성공할 수 있는 것이다.

내가 BBC 경영을 맡았던 2000년경에는 이미 이러한 생각이 로켓공학처럼 첨단지식이 필요한 이론이 아니었다. 각 비즈니스스쿨도 10년 전부터 중요성을 강조하던 경영이론에서 벗어나 리더십을 중점적으로 가르치기 시작했다. 하지만 유명한 학술기관들이 모두 경영이론에 치우치는 관행을 버린 1970년대와 1980년대 이후에도 영국에서는 많은 단체들이 경영철학에만 계속 매달리고 있었다.

BBC에 부임하기 2년 전, 나는 국민건강보험공단(National Health Service)의 운영 실태를 1년 동안 조사하면서 이러한 문제를 직접 체험했다. 1997년 여름, 노동당이 집권한 직후에 나는 데이비드 프로스트가 주최한 가든파티에서 보건부 부장관 마거릿 제이를 우연히 만났다. 매년 여름 열리는 이 파티에는 사회 저명인사들이 많이 몰려들었다. 그로부터 6년 후, 길리건 사건이 발생했을 때 사진사들이 앨러스테어 캠벨과 내가 함께 서 있는 장면을 찍으려고 기를 썼던 곳도 바로 이 파티 장소였다. 하지만 우리 두 사람은 의식적으로 서로 마주치지 않으려고 애썼다.

나는 노동당 지지자이자 국민건강보험공단이 중요한 역할을 하고 있다고 믿는 사람 중 한 사람으로서 내게도 기회를 준다면 기꺼이 돕겠다고 마거릿에게 말했다. 그로부터 몇 주 뒤, 보건부 장관이던 프랭크 돕슨이 환자 권리 헌장(Patients' Charter)에 대해서 새로운 의견을 듣고 싶어 한다는 연락을 마거릿으로부터 받았다. 그 후 나는 간호사로 일한 적이 있는 앨리슨 닐드의 도움을 받아서 거의 1년 동안 각 부서를 돌아다니며 조사 활동을 폈다(앨리슨은 지금 국민건강보험공단에서 관리자로 일하고 있다). 나는 헌장에 대해서는 곧 흥미를 잃었지만, 직원을 100만 명이나 채용하고 있는 유럽에서 가장 큰 조직을 효율적으로 운영하고 직원들에게 동기를 부여할 수 있는 방법에 강한 호기심을 느꼈다.

우리가 조사한 바로는 국민건강보험공단의 직원들, 특히 병원에서 근무하는 직원들은 경영진이 잘해서 좋은 성과를 거두고 있는 것이 아니라, 경영진이 있음에도 불구하고 나름대로 성과를 거두고 있다고 믿고 있었다. 일선 직원들과 리더들이 공동목표를 향해서 함께 노력하는 작은 오아시스처럼 멋진 기관이 예외적으로 몇 군데 있긴 있었다. 나는 조사보고서에서 이러한 문제, 즉 리더십 부재의 문제를 먼저 해결하지 않는 한 국민건강보험공단을 근본적으로 혁신할 수 있는 희망이 없다고 정치인들에게 알리려고 했다. 신탁재단이 운영하는 병원이 전국 각지에 설립되어 현지 경영진이 실질적인 경영권을 행사하면 큰 변화가 생기겠지만, 나는 이 기관의 문화가 크게 바뀌리라고 예상하지 않는다. 나는 최근에 신탁재단이 운영하는 어느 병원에서 일류 의료진이 모두 그만두었다는 소식을 들었다. 그 병원의 일선 직원들은 경영진에게 뼈아픈 교훈을 가르쳐준 기회였다고 이러한 사태를 환영했다고 한다. 이 사태로 말미암아 경영진이 상여금을 받지 못할 테니까. 이와 같이 추하게 '우리'와 '그들'로 편을 가르는 습성이 없어지지 않는 한 국민건강보험공단은 앞으로도 제대로 발전할 수 없을 것이다.

국민건강보험공단의 문화를 바꾸려면 오랜 기간에 걸친 정말 헌신적인 노력도 필요하지만 개혁 작업에 많은 돈을 투자해야 한다. 이것이 국민건강보험공단이 당면한 현실적으로 어려운 과제이다. 이 기관의 내외 인사들은 건강과 직접 관련이 없는 지출은 낭비라고 생각하는 경향이 있다. 인공고관절 수술에 써야 힐 돈을 문화를 비꾸는 데 지출하면 《데일리 메일》과 같은 신문에서는 이러한 비용을 필요 경비라고 인정하지 않고 크게 조롱거리로 삼을 것이다. 하지만 세계 각국의 영리단체는 성공을 거두려면 이러한 일에도 지출을 해야 한다는 사실을 모두 알고 있다.

나는 국민건강보험공단 조사보고서 서문에 이렇게 썼다.

이 과제에 대한 나의 접근방법은 경영 원리에 대한 나 자신의 접근방법을 반영한 것이다. 나는 누구나 우수한 성과를 올릴 수 있는 능력을 가지고 있다고 믿는다. 사람들은 각자 지금까지 믿어온 자신의 능력보다 훨씬 뛰어난 능력을 발휘할 수 있지만, 모든 사람을 포용하는 경영 스타일만 그러한 능력을 발휘할 수 있는 분위기를 조성할 수 있다. 나는 공포로 사람들에게 동기를 부여할 수 있다고 믿지 않는다. 직원들을 의사 결정 과정과 목표 설정 과정에 참여시키고 목표 달성을 함께 축하할 수 있을 때에 비로소 직원들의 능력을 십분 활용할 수 있는 것이다.

나는 이 보고서에서 정부가 당시 사용하던 상의하달 방식으로 국민건강보험공단을 계속 운영하면 결국 파멸에 이를 것이라고 지적했다. 나는 이 기관에 근본적으로 몇 가지 원칙을 세우는 일이 시급하며, 우선 권한을 본부에서 일선 현장으로 대폭 이양해야 한다고 주장했다. 이러한 주장은 그다지 혁명적인 것도 아니었는데, 그당시 정치인들이나 보건부 관계자들에게는 너무 급진적인 주장이었던 것 같다. 이 조사보고서는 1998년 11월에 발간되었으나, 그때는 이미 마거릿 제이가 상원 노동당 원내대표로 자리를 옮긴 뒤였고, 아무도 이 보고서에 관심을 보이지 않았으며 내 건의안을 실행에 옮길 수 있는 지위에 있는 사람도 없었다.

내 경험에 비추어 볼 때, 정치인들은 인력을 관리하고 동기를 부여하는 방법에 대해서 거의 아는 것이 없고, 조직에서 고위 간부직을 맡아본 경험이 있는 정치인도 극히 드물다. 그런데도 이들은 변화를 달성하는 데 가장 결정적인 요소는 정책 결정이라고 믿는 경향이 있다. 하지만 그건 틀린 생각이다. 가장 어려운 일은 정책을 시행하는 역할을 담당하는 직원들로부터 정책에 대한 지지를 받는 것이다. 이들이야말로 정책의 성패를 좌우하는 사람들이다. 공무원들도 대부분 똑같은 문제점을 안고 있다. 이들은 상부의 눈치를 보는 데 너무 많은 정력을 낭비하고 있다.

국민건강보험공단에 관한 한, 나는 정치인들이 뒷전으로 멀찌감치 물러서서 고위 관리자들이 진정으로 리더의 역할을 할 수 있도록 해줄 때 비로소 긍정적인 변화가 일어날 가능성이 있다고 믿는다. 또한, 관리자의 대다수를 의료직에서 선출해야 하며, 지금처럼 '전문적인' 관리자에게만 운영을 맡겨서는 안 된다. 어느 기관에서나 이러한 현상이 벌어지고 있는데, 국민건강보험공단에서는 의사에게 관리직을 맡기면 그가 받은 훈련과 그가 가지고 있는 재능을 잘못 사용하는 것이라고 생각하는 경향이 있다. 내가 건의한 대로 변화가 일어났을 때에 리더들이 비로소 직원들을 자기편으로 끌어들일 수 있는 기회가 생길 것이다.

어떤 면에서 보면 나는 이 국민건강보험공단에 관한 조사보고서를 작성하느라고 1년 동안 인생을 허비했다. 하지만 다른 측면에서 보면 BBC에 부임했을 때 이 조사보고서에 지적했던 것과 똑같은 과제에 직면하였기 때문에 소중한 경험이 되었다고 말할 수 있다.

사장에 취임한 첫날, 나는 10년 전 LWT에 전무이사에 취임한 첫날에 했던 것과 똑같은 조치를 취하리라고 작정했다. 나는 앞으로 상황이 달라질 것이라는 사실을 모든 임직원에게 알리고 싶었다. 모든 직원이 같은 빌딩에서 근무하는 비교적 작은 조직에서는 내 의사를 알리기가 쉬웠지만, 영국은 물론 세계 각국 600개가 넘는 사업장에 흩어져서 근무하는 3만 명에 달하는 BBC 직원들에게 내 의사를 전달하기란 쉬운 일이 아니었다. 게다가 전 직원에게 한잔 사기는 거의 불가능한 일이었다.

그래서 나는 사내 방송 채널을 통해서 전 직원에게 생방송으로 내 메시지를 알릴 수 있도록 런던에 있는 텔레비전 센터의 한 스튜디오에서 연설을 하고 질의응답 시간을 가지기로 했다. 나는 스튜디오 참석자를 과거처럼 고위 관리자들로 한정하지 말고 직급별로 골고루 참석할 기회를 주라고 지시했다. 그로부터 2년 후에는 좀 더 자유로운 분위기에서 이런 행사가 진행되었지만, 이 날은 다소 보수적인 행사가 되었다. 하지만 나는 몇 가지 농담도 하고 내가 가진 비전을 직원들에게 알렸다.

나는 미래에 대한 목표가 단순하다고 말했다.

내가 BBC에 합류한 이유는 멋진 프로그램을 만들고 싶었기 때문입니다. 그러면 어떻게 해야 멋진 프로그램을 만들 수 있을까요? 이 일에는 두 가지 요소가 필요하다고 생각합니다. 첫째는 프로그램 제작에 더 많은 돈을 지출해야 합니다. 그리고 두 번째로는 BBC 내부에 모든 일이 가능하다고 믿는 문화가 형성되어야 합니다.

연설을 마치고 이어진 질의응답 시간에 나는 회사에서 만족감을 느끼지 못하고 항상 불평이나 하고 다니는 직원이 있다면 그런 사람은 사직을 신중히 생각해보라고 권했다. 그 자리를 고맙게 여길 사람이 회사 밖에 수천 명 대기하고 있다는 말도 덧붙였다. 그런데 놀랍게도 이 말을 끝내자마자 박수갈채가 터져나왔다.

그 행사에서 사회를 맡았던 수 롤리는 내 경영 스타일이 마이클 그레이드에 가까운지 존 버트에 가까운지 내게 물었다. 나는 그레이드의 천부적인 감각과 버트의 분석 능력을 함께 갖추었으면 좋겠다고 대답하고, 그와 반대로 내가 그레이드의 분석 능력과 버트의 감각을 갖추게 되면 회사가 큰 곤경에 빠질 것이라고 덧붙였다. 2004년 4월, 마이클 그레이드가 BBC 회장에 선임되었을 때 그도 나와 존 버트를 비교한 질문을 받았다. 그는 채널 4 뉴스시간에 출연해서 존 스노에게 이렇게 대답했다.

"나는 버트주의자가 아니고 다이크주의자랍니다."

나는 이와 같은 방법으로 BBC의 문화가 내가 취임 첫날부터 추진해야 할 과제라는 점을 직원들에게 분명하게 알렸다. 하지만 내가 이 과제에 관련하여 뭔가 일구어낼 수 있다는 확신을 가질 수 있기까지는 2년이라는 세월이 걸렸다. 본격적으로 문화의 변화를 추진하는 데 필요한 신뢰와 지지를 조직 내부에서 충분히 받고 있다고 느낄 때까지 2년이라는 시간이 필요했던 것이다.

우리는 조직의 구조를 개편하고, 몇 단계를 거쳐야 하던 경영체제를 대폭 간소화하고, 프로그램 제작자들을 BBC 집행위원회에 더 많이 참여시키고, 공동 작업을 더 많이 개발하고, 조직이 더 신속하게 움직일 수 있도록 박차를 가했다. 또한, 우리는 더 많은 자금을 프로그램 제작에 투입할 수 있도록 간접비를 당초 목표보다 많이 절감하였다.

BBC에 부임한 첫 해에 내가 1년 동안 즐거운 기분으로 근무했다고 말하지는 못하겠다. 18개월이 지나자 내가 가장 중요하다고 생각하는 분야에서 괄목할 만한 성과를 낼 수 있을지 의심스러워지기 시작했다. 수십 년 동안 깊이 뿌리박힌 BBC 문화를 어떻게 해야 바꿀 수 있을지 암담했다. 모든 대규모 조직이 다 그렇지만 BBC에도 근친교배가 성행하여 문화를 바꾸기가 더욱 어려웠다. BBC 임직원은 다른 BBC 임직원들과 어울려 생활하는 경향이 있었다. 모두 친구이자 연인이었고, 남편이나 아내도 사내에서 맺어진 인연이었다. 이혼했을 때에도 다른 BBC

직원과 데이트를 하거나 결혼하는 경우가 잦았다.

BBC 문화 중에 아주 긍정적인 부분도 있었다. 강력한 편집권의 가치를 중시하는 태도, 우수한 작품을 얻기 위하여 더 많은 수고를 마다하지 않고 기꺼이 노력하려는 자세, 일부 단위조직이 가지고 있는 강한 협동 정신 등은 매우 긍정적이었다. 하지만 그 나머지는 모두 부정적이었다. 상사로부터 부당한 대우를 받고 있다고 생각하는 직원이 많았고, 회사에서 제대로 인정받지 못하고 있다고 생각하는 직원은 더 많았다. 직원 상호 간에 경쟁의식이 팽배해 있어서 경쟁 상대를 회사 내부에서만 찾는 직원이 많았다. 신뢰나 협력하려는 자세는 찾아보기 어려웠다. 중간 관리자들은 위험 부담을 꺼리고 고위 경영자들을 업신여기는 풍조도 만연하고 있었다.

직원들은 훌륭한 작품을 제작한 일도 있었지만 창의력을 펴거나 혁신적인 작품을 내기가 어려운 곳이라고 말했다. 2001년 연례 직원 여론 조사에 따르면, 내가 부임한 이래 몇 가지 개선된 것은 있었다. 직원들은 고위 임원진의 비전이 예전에 비해 명확해졌고 의사소통이 나아졌다고 응답했다. 하지만 전반적으로 조사 결과는 내부 문화가 바뀔 가능성이 적다는 암울한 전망을 보여주었다. 내 영향력이 직원들에게 충분히 미치지 못한 것이었다.

1998년에 내가 국민건강보험공단에서 발견한 실태와 내가 BBC에 부임했을 때부터 그때까지 BBC에 만연해 있던 실태가 서로 다를 것이 없었다. 직원들은 자신들이 이룬 성과가 경영진이 있음에도 불구하고 일구어낸 것이라고 믿고 있었다.

하지만 2001년 말에 접어들면서 일어난 몇 가지 변화에 힘입어 나는 문화적인 문제를 풀어나가기 시작했다. 가장 중요한 변화는 BBC 집행위원회에 인사본부장 스티븐 단도와 마케팅 커뮤니케이션본부장 앤디 덩컨, 그리고 BBC 벤처사업본부 전무이사 로저 플린, 이 세 사람이 새로 참여하게 된 것이다. 이들은 집행위원회의 균형을 바꾸어놓았다.

세 사람이 모두 민간부문에서 영입된 사람이었는데, 이들 모두 내가 18개월 전에 느꼈던 것과 똑같은 첫인상을 BBC에서 느꼈다. 이들은 뿌리 깊이 박힌 문화를 반드시 바꾸어야 한다는 내 첫인상을 상기시켜주었다. 이 세 사람으로부터 강력한 건의를 받고 나는 드디어 변화를 시도해볼 수 있는 기회가 왔다고 판단했다. 실적 면에서 볼 때에는 BBC는 건전한 상태에 있었다. 수익이 확고하게 보장되어 있었고, 알찬 작품을 만들어내고 있었고, 경쟁관계에 있는 주요 상업방송사들이 광고 수요의 침체로 인하여 곤경에 빠져 있었다. 나는 수백만 파운드를 추가로 프로그램 제작에 투입하면 프로그램 제작진도 우리 편에 더욱 밀착하게 될 것이라고 판단했다. 프로그램 제작이나 콘텐트 개발과 직접 관련이 있는 업무를 담당하고 있는 직원이 1만 9,000명이 넘었기 때문에 제작진의 지지 없이는 문화를 눈에 띄게 변화시킬 수 있는 가망이 없었다.

나는 이제 전면적인 문화 변혁을 시도해도 미심쩍은 부분을 직원들이 선의로 받아들일 것이라고 판단했다. 우리는 임원 가운데 앤디 덩컨과 앨런 옌톱, 그리고 BBC 2채널국장 제인 루트로 사실조사단을 구성하여 변화를 성공적으로 이루어낸 미국 기업과 단체를 순방하면서 조사를 마친 후에 그 결과에 따라 변화에 필요한 조치를 단행하기로 결정했다. 이들은 개종자처럼 새 사람이 되어 미국에서 돌아와, 문화 변화, 기업의 가치관, 직원 육성의 중요성을 복음 전파하듯 설교하고 돌아다녔다. 나는 특히 그들이 가지고 온 슬로건에 깊은 감명을 받았다. 내가 좋아한 슬로건은 "우리는 자세를 보고 사람을 채용하여 기술을 훈련시킨다."라는 댈리스에 있는 시우스웨스트 에어라인의 슬로건이었다. "냉소적인 사람을 없애라."는 스탠퍼드 연구소의 조언도 좋았다. 그 후 나는 다른 임원들과 함께 이와 비슷한 여행을 하면서 우리가 어떤 성과를 거둘 수 있을지 점검하였다.

문화 변혁 운동을 후원하기로 결정은 내렸지만 어떻게 후원할 것인가 하는 문제가 여전히 남아 있었다. BBC에는 지난 몇 년 동안 시도했다가 실패한 변혁 프로그램들의 잔재들이 여기저기 남아 있었다. 또 다른 운동을 전개해봐야 직원들이 냉소적으로 저항할 것이 불 보듯 훤한 실정이었다. 텔레비전본부장 마크 톰슨과 라디오본부장 제니 에이브럼스키는 과거에 이러한 시도를 주도해본 경험이 있는 베테랑으로서 예전에 시행했던 프로그램을 살펴보고 어디에 문제가 있었는지 찾아보자고 제안했다.

이들은 각 프로그램이 실패한 원인의 공통점을 찾아냈다. 각종 프로그램이 외부 컨설턴트에 의해서 진행되었고, 경영진의 주도로 상부에서 조직 전체에 일방통행 식으로 시행하였으며, 경영학 전문용어로 가득 차 있어서 일반 직원들이 이해하기 어려웠다는 데 문제가 있었다고 결론을 내렸다. 그래서 각종 프로그램이 단명으로 끝나고 말았으며, 지적이고 논리정연하고 비평 능력을 가진 직원들로부터 저항을 받을 수밖에 없었다는 것이다. 이제 우리가 무엇을 피해야 할지 확인되었다. 특히, 변혁 프로그램을 시작하려면 오랜 기간 동안 꾸준히 시행해야 한다는 점을 깨닫게 되었다. 변혁 프로그램이 직원들에게 영향을 미쳐 효과가 나타날 무렵이면 경영진이 먼저 싫증을 느끼고 다른 프로그램을 도입했다는 증거들이 많이 수집되었다.

2002년 2월 7일, 내가 사장에 취임한 지 거의 2년 만에 우리는 드디어 '변화를 일으키자!'(Making it Happen)라는 변혁 운동을 시작하였다. 지금 돌이켜보면, 그때는 우리가 무엇을 하고 있는지도 몰랐다. 그저 뭔가 해야 한다는 것만 알고 있었을 뿐이다. 다행스럽게도 경험이 풍부한 프로그램 제작자 수전 스핀들러가 변혁운동추진본부장을 맡기로 동의하였다. 그녀는 선임관리자로서 BBC의 각 부서를 돌아가며 근무한 경력이 있었다. 그녀는 6개월만 그 책임을 맡겠다고 했으나 결국 20개월 동안 그 일을 수행했다. 그녀의 후임으로는 또 다른 선임관리자인 캐서린 에버렛이 임명되어, 수전과 그녀의 팀이 시작한 일을 훌륭하게 지속시켰다.

수전이 그 일을 맡을 때 가족과 BBC의 고위급 동료 대부분이 맡지 말라고 극구 만류하였다. 미치지 않고서야 경영진의 터무니없는 짓에 끼어들어 경력을 망칠 이유가 없지 않느냐고 말린 것이다. 그녀가 가진 가장 큰 자산은 이 변혁운동을 예전에 실패한 다른 프로그램처럼 의미 없는 경영학 전문용어로 전락시키지 않겠다는 그녀의 확고한 결의였다.

'변화를 일으키자!' 운동을 시작하기 바로 전날, 우리는 100명으로 구성된 최고위급 간부회의를 소집하고 이 운동 계획을 설명하였다. 나는 취임하자마자 최고위급 간부회의를 구성하여 최고위급 관리자들과 의견을 교환하는 수단으로 이용하였다. 대부분의 대규모 단체와 마찬가지로 BBC도 너무 내향적인 경향이 있어서 나는 월례회의를 개최할 때마다 외부 연사를 초청하여 모든 참석자들이 지평을 넓힐 수 있는 기회를 마련했다. 정치가에서 학자, 재계 지도자에서 고위 성직자에 이르기까지 다양한 연사를 초빙하였다. 언젠가 유대교 최고 지도자 조너선 색스의 강연을 들은 적도 있었다. 공영방송의 긍정적인 기능을 주제로 한 그의 강연은 내가 들어본 강연 중에 가장 감명 깊었고 BBC가 내세웠던 어떤 주장보다 설득력이 있었다.

최고위급 간부회의가 '변화를 일으키자!' 변혁운동에 대해서 처음부터 열광적으로 호응한 것은 아니었다. 그들은 내가 그 운동을 광적인 복음 전도자처럼 강요하는 것이라고 생각했을지도 모른다. 하지만 이들은 미심쩍은 부분이 있어도 내 생각을 선의로 받아들이고 2년 동안 전폭적인 지지를 보냈다.

그 다음에 전 직원에게 이 운동의 취지를 알리는 일이 남았다. 나는 정기적으로 스튜디오에서 방송하는 시간에 전 직원에게 회사의 새로운 비전을 발표하였다. '세계에서 가장 효율적으로 운영되는 공공단체를 추구한다.'는 존 버트의 비전도 훌륭하고 가치가 있는 것이었지만 창의력을 일깨우는 데 적합한 비전은 아니었다. 우리는 회사의 목표를 '세계에서 가장 창조적인 기업이 된다.'라고 바꾸었다. 나는 이것이 BBC가 추구해야 할 목표를 가장 잘 요약한 말이라고 생각한다.

나는 미리 원고를 준비하지 않고 즉석연설을 통하여 BBC 전 직원에게 "우리가 합심해서 회사의 문화를 바꾸면 BBC가 얼마나 멋진 직장이 될지 상상해보라."고 촉구하였다. 하지만 언론에서 자주 기사로 다룬 것은 '헛소리 하지 마!'라는 표어가 적힌 옐로카드 모양의 카드였다. 이 쪽지는 축구 심판이 사용하는 옐로카드와 비슷한 모양이었는데, 나는 누구든지 이 카드를 보내달라고 요청하면 즉시 보내주겠다고 직원들에게 약속했다. 회의에서 아무런 결론도 얻지 못한 채 불필요한 탁상공론만 되풀이되면 이 카드를 내밀라고 만든 것이었다. 다소 진부한 느낌도 들었지만 좋은 방법이었다. 우리는 수천 장의 카드를 직원들에게 보내주었고, 그 카드를 중국어와 아랍어로 번역해서 사용하기도 했다.

BBC는 '하느님으로부터 영원불멸의 권리'를 받은 적이 없다. 시청자들은 우리에게 월급을 주는 사람들이므로 이들에게 관심을 더 많이 쏟아야 한다. 그렇게 하려면 BBC의 문화를 완전히 바꿔나가야 할 필요가 있다. 이것이 우리가 직원들에게 주지시키려는 메시지였다.

BBC의 변화 모범사례를 몇 가지 골라서 이 방송시간에 비디오로 보여주었다. 그 중에는 화이트 시티 빌딩에 있는 안마당에 관한 이야기도 있었다. 이 사례는 BBC에 잘못된 관행이 무척 많다는 것을 단적으로 보여주는 것이었다.

런던 서부 지역에 있는 화이트 시티 빌딩은 1980년대 말에 건축된 비교적 신축건물인데도 인기가 없었다. 기성품과 같이 아무런 특색이 없어 마치 구 동유럽 공산주의 국가에서 지은 건물같이 보였다. 그래서 그 지역 사람들은 루마니아의 공산당 지도자였던 차우셰스쿠의 이름을 따서 그 건물을 '차우셰스쿠 타워'라고 불렀다. 내가 그 건물에 처음 갔을 때 유일하게 멋진 곳이라고는 건물 한가운데 있는 안마당밖에 없었지만, 직원들이 출입할 수 없게 잠겨 있었다. 안마당은 그 건물이 처음 개관되었을 때부터 잠겨 있었고, 그 안에 들어가려면 안전모를 착용해야 한다는 것이었다.

안마당을 사용하지 못하게 하는 이유가 무엇이냐고 묻자, 담당직원은 질문을 더 이상 할 수 없게 간단하고도 명쾌한 답변을 했다.

"건강과 안전 때문입니다."

하지만 나는 사장이기 때문에 좀 더 다그칠 수 있었다. 나는 건강과 안전에 어떤 문제가 생기는지 설명해달라고 요청했다. 그로부터 몇 달이 지난 후에야 안마당 출입로에 휠체어 통로가 없고 화재 안전 기준에 맞추려면 대피용 비상구를 한 개 더 만들어야 하기 때문에 직원들이 안마당을 사용할 수 없다는 회신이 왔다. 하지만 지난 10년간 무슨 이유 때문에 출입할 때마다 안전모를 쓰라고 했는지에 대해서는 아무도 설명하지 못했다.

나는 이 문제를 집행위원회 회의에서 거론하였다. 나는 탁자에 둘러앉은 참석자들에게 이런 일에 대해서 알고 있는지, 왜 그동안 아무런 조치노 취하시 않았는지 물었다. 그러자 텔레비전본부장 미그 톰슨이 이렇게 말한 것으로 기억난다.

"우리도 노력했지만 설득하기가 너무 어려워서 포기하고 말았어요."

우리는 모두 이 말에 공감했다. 관행을 바꾼다는 것이 얼마나 어려운 지 모두 잘 알고 있었던 것이다.

그래서 나는 당시 재정 및 재산관리를 담당하고 있던 존 스미스와 함께 화재 대피용 비상구와 휠체어 출입통로를 설치하고 안마당을 개방하도록 했다. 나는 안마당을 개방하던 날 사보 《에어리얼》에 이런 질문을 실었다.

"이와 같이 언젠가 어떤 사람이 해서는 안 된다고 말했다는 이유만으로 우리가 하지 못하고 있는 일이 얼마나 많이 있는지 아는가?"

그날 밤 나는 그 건물에서 근무하는 직원을 모두 안마당으로 불러서 파티를 열었다. 직원들은 직원들 사이를 돌아다니는 나에게 흥분된 어조로 이렇게 물었다.

"이제 발코니에도 나갈 수 있나요?"

"사무실 벽을 회색으로 칠하지 않아도 될까요?"

재산관리 담당자를 불러서 어떻게 된 일이냐고 묻자 그는 대수롭지 않은 일이라는 듯이 대답했다.

"그런 건 약과예요. 이제 큰일을 벌여놓으셨어요."

화이트 시티 건물 안마당 개방은 BBC 전체에 놀라운 파급효과를 미치는 중대 사건으로 발전했다. 그 일은 '변화를 일으키자!' 운동이 추구하는 목표의 상징이 되었고 직원들에게 무슨 일이든 바꿀 수 있다는 확신을 심어주었다. 이 사건은 사장이 직원들 편에 서서 멀쩡한 사람을 바보로 만들 만큼 고질적인 BBC의 관료주의의 병폐를 공격하고 있다는 것을 보여주었다. 또한 관료주의에 물들어 융통성 없는 직원들에게 주의하라는 경고가 되기도 했다.

'변화를 일으키자!' 운동의 일환으로 우리는 일곱 개의 실무그룹을 구성하고 각 그룹마다 신념이 있고 강한 추진력이 있는 리더를 앞장세웠다. 리더 가운데 BBC 임원은 한 명도 없었다. 시정해야 할 필요가 있다고 생각되는 문제점을 창조력, 시청자, 직원 존중, 리더십 향상, 근무 공간 개선, 관료주의 타파 등으로 크게 나누어 각 리더에게 한 가지씩 맡기고, 일곱 개 그룹에게 BBC의 가치기준을 명문화해보라고 요청했다. 아울러 각 그룹에게 BBC를 변화시킬 수 있는 5개년 변혁 계획을 준비하는 임무를 맡기는 한편, 각 부서에 '변화를 일으키자!' 팀을 구성해서 각 지역 특성에 맞고 즉시 시행할 수 있는 변화 계획을 수립해서 시행하라고 지시했다.

이 운동은 매우 순조롭게 전개되었으며, 사보 《에어리얼》에 올라온 반응도 매우 긍정적이었다. 한 직원은 이런 글을 썼다.

이것은 우리의 방향을 바꾸고 모든 직원이 총집합했다는 것을 가장 분명하게 보여주는 징표다. 예전 경영진이 얼마나 조직을 억압했는지 상기시켜주기도 한다. 드디어 우리는 CD 한 장 빌리는 데 터무니없는 대여료를 지불하는 일 따위로 정신이 분산되지 않고 BBC의 영혼이 무엇인지 토의하는 데 전념할 수 있게 되었다.

이렇게 쓴 직원도 있었다.

얼마나 환상적이고 고무적인 일인가! 모든 사람이 공유해야 할 기회다. 그렉은 무슨 일이든 의문을 제기하고 필요하다면 바꿀 수 있도록 우리 뒤를 밀어주고 있다.

다소 긍정적이지 못한 의견도 있었다.

회의를 마치고 엘리베이터에 탔는데 유감스럽게도 전형적인 BBC 직원 두 사람이 이런 말을 했다. '런던 토박이 사장이 무척 웃기네.' 우리가 가야 할 길은 그렉이 생각하는 것보다 훨씬 먼 것 같다.

'변화를 일으키자!' 운동은 차츰 궤도에 올라 순조롭게 진행되었다. 적당한 예산도 배정되고, 수전 스핀들러라는 유능한 리더를 중심으로 훌륭한 팀이 운영되었다. 수전과 그녀의 팀이 항상 지킨 원칙은 사장인 내 지시에 직접 따르고 인사관리부서의 영향을 받아 흔들리지 않는다는 것이었다. 이들은 최고위층으로부터 직접 지원을 받고 있다는 인상을 보여줄 필요가 있었다. '변화를 일으키자!' 운동의 기본 방침은 허튼 짓을 없애고, 직원들이 스스로 결정을 내리고, 스스로 위험에 대한 책임을 지게 함으로써 프로그램과 서비스의 질을 높인다는 것이었다.

그 후 2년 동안 우리는 BBC 내부의 의사소통 수준을 한 단계 끌어올렸다. BBC는 훌륭한 프로그램 제작자와 작가로 가득 차 있어서 우리는 이들을 활용하여 처음으로 직원들에게 다른 BBC 직원에 관한 이야기를 들려주기 시작했다. 예를 한 가지 들어 보겠다. 우리는 존 심슨이 카불을 '해방' 시키던 날 진짜 영웅적인 행동을 보여준 두 명의 BBC 기술자에 관한 이야기를 영화로 만들었다(BBC 기자였던 존 심슨은 아프가니스탄 전쟁 당시 위험을 무릅쓰고 카불에 잠입해 전쟁에 대해 보도했다. 이 방송에서 그는 BBC 요원들이 카불을 '해방' 시켰다는 표현을 사용해 논란을 낳았다 : 옮긴이). 이 두 기술자는 접시형 위성 안테나와 다른 장비를 러시아에서 아프가니스탄으로 운반하였다. 화물차를 운전하던 러시아 운전사가 산악지대로 더 이상 들어가기를 거부했지만 이들은 그대로 포기하지 않았다. 노새를 서른 마리 빌려서 장비를 노새에 나누어 싣고 며칠을 걸어서 눈 덮인 고개를 몇 개 넘어 카불로 내려가 방송 준비를 끝내고 존 심슨이 입성하기만 기다렸다. 이들이야말로 카불의 진정한 영웅이었다.

이런 일은 BBC에서 늘 일어나는 일이지만, 아무도 그런 이야기를 들어보려고 하지 않았다. 우리는 그러한 습관을 바꾸기로 결정하고 2년 동안 이와 유사한 영화를 많이 만들어서 직원들에게 보여주었다. 런던 밖에서 일하는 직원들이 위대한 일을 해내고 있다는 사실이 처음으로 공개되자 런던을 편애하는 뿌리 깊은 BBC의 타성이 많이 사라졌다. 영국에서 가장 빈곤한 도심 지역에 있는 초등학교에서 BBC 라디오 리즈가 벌인 사업도 영화에 담았다. 이 영화는 비교적 작은 사업이라도 어린이와 그들의 가족, 그리고 지역사회의 생활을 크게 바꿀 수 있다는 점을 보여주었다. 목이 메거나 눈물을 흘리지 않고서는 이 영화를 볼 수가 없다. 그 후 나는 리즈를 방문했을 때 그 학교를 찾아갔는데, 여교장은 내게 그 사업의 결과로 어린이들에게 자신감이 생겼고 성적도 훨씬 좋아졌다고 말했다.

이러한 영화들을 보면서 BBC 직원들은 조직의 규모와 범위가 얼마나 큰지 알게 되었고 이 조직이 이루어낸 일과 그 일에 참여한 사람들에 대해서 자부심을 갖게 되었다. '변화를 일으키자!' 운동의 주안점은 직원들의 두뇌를 움직이는 것이 아니라 감성을 움직이는 것이었다. 문화의 변화는 지성적인 체험이 아니라 감성적인 체험인 것이다.

이 운동을 시작하던 날, 나는 원하는 사람은 모두 참여할 수 있다고 직원들에게 약속했다. 그 당시에는 모든 직원을 참여시킬 수 있는 방법이 없었지만 수전 스핀들러가 이끄는 팀에서 묘안을 찾아냈다. 이들은 이 운동을 시작할 때 내가 했던 연설에서 제목을 따서 '생각해봐요!' (Just Imagine)라는 모임을 창안했다. 처음 6개월 동안 영국은 물론 전세계적으로 200회 이상의 모임이 얼렸으며, 이 모임에 1만 명이 넘는 직원이 참석하였다.

'생각해봐요!' 라는 매우 급진적인 활동을 펼치는 것이 얼마나 위험한 일이라고 생각했는지 모른다. 직장에 출근할 때마다 감정을 집에 두고 오는 경향이 있는 사람들이 있는 BBC에서는 상상하기 어려운 활동이었다. 50명 내지 400명이 한자리에 모여서 두 명씩 짝을 지어 BBC에서 체험한 긍정적인 일이 무엇이었는지 서로 번갈아가면서 상대방에게 묻는 방식으로 모임이 진행되었다. 직원들은 불평보다는 가장 자랑스러웠던 순간, 가장 성공적이었던 순간을 서로 이야기했다. 그 순서가 끝나면 참석자를 10명씩 그룹으로 나누어 그러한 순간에 대해서 다시 토의하고, 마지막으로 가장 감동적인 이야기를 선정하여 모임에 참석한 직원 전원에게 들려주었다. 참석자는 모두 이런 질문을 받았다.

"그렇게 멋진 체험을 규범으로 삼으려면 조직이 어떻게 변해야 할까요?"

수천 명의 참석자들이 처음으로 BBC에 대해 생각하고 느낀 점을 말할 수 있는 기회를 갖게 된 것이었다. 감동적인 이야기가 아주 많아서 BBC에 대한 자부심, 충성심, 그리고 깊은 애정을 새삼 느낄 때마다 참석자들이 눈물을 흘리는 일이 잦았다. 예전에는 이러한 감정은 모두 깊이 감춰지고 실망감과 냉소주의만 겉으로 드러났다.

손뼉치고 노래하고 열광하는 기독교 광신자 같은 촌극을 경영진이 벌이고 있다고 생각하고 모임에 참석한 회의론자들도 놀라울 정도로 유익한 체험을 하고 기쁜 마음으로 돌아갔다. 나는 이러한 모임이 성공을 거두는 것을 보고 무척 놀랐다. 더구나 마음속으로 '변화 불능자' 라고 점 찍어놓았던 사람도 변화하는 모습을 보고 나 자신도 감성적인 체험을 실감했다.

그동안 열린 모임에서 수집한 약 2만 5,000개의 아이디어와 건의는 분석 작업을 거쳐 각 부서별 변혁팀과 BBC 변혁 총괄팀에게 전달되었다. BBC 카디프 방송국 안내석 옆에 현금지급기를 설치하자든지, 런던에 있는 부시하우스 로비를 점심시간에 직원들에게 개방하자는 건의처럼 모임에서 호평을 받고 시행하기가 쉬운 좋은 아이디어는 즉시 실행에 옮겼다. '생각해봐요!' 모임에서 나온 건의를 받아들여 다른 부서에서 하는 일을 모든 직원이 알 수 있도록 각 부서의 업무를 소개하는 프로그램도 만들고, 직원이 우연히 들은 어떤 이야기를 전달할 수 있도록 뉴스 핫라인도 설치하였다. 이런 사례가 생길 때마다 우리는 전 세계에 알려서 직원들에게 변화가 일어나고 있고 각자 제시한 아이디어를 무시하고 있지 않고 있다는 것을 보여주었다.

'변화를 일으키자!' 운동에서 빼놓을 수 없는 특징은 '길잡이' (Leading the Way)팀이라는 고위급 리더로 구성된 대규모 그룹이다. 이 그룹은 2002년 5월에 런던 도클랜즈 지역에서 이틀간 열린 행사에서 처음으로 결성되었다. 400명에 달하는 BBC 최고위 간부들이 한자리에 모인 것은 처음 있는 일이었다. 참석하고 싶지 않아서 이런 어리석은 일로 시간을 낭비하고 싶지 않다고 격렬하게 반대하던 사람들도 있었다. 대회 첫날 행한 연설에서 나는 여러 면에서 볼 때 BBC는 아직 성숙되지 않은 조직이라고 주장하고, BBC와 비슷한 규모를 가진 회사나 기관 중에서 전략과 실적을 토의하고 인간관계를 돈독히 쌓기 위해서 적어도 1년에 한 번씩 고위급 리더들을 한자리에 모으지 않는 곳은 한 군데도 보지 못했다고 지적했다.

하버드 비즈니스스쿨에서 초빙한 존 코터 교수가 리더십에 대하여 강연을 하자 참석자들은 모두 강연에 매료되었다. 이 행사는 400명으로 구성된 큰 조직을 구성하는 데 매우 효과적이었다. 직원들은 이와 비슷한 성격의 행사를 좀 더 자주 열어달라고 부탁했다.

BBC 스포츠 채널에서 30년간 근무한 베테랑인 데이브 고든은 자기

분야에 대해서 제작한 영화에서 첫 번째 모임에 대해 이렇게 말했다.

나는 30년간 BBC에서 일하면서 여러 가지 정책이 시행되었다가 사라지는 것을 보아왔다. 나는 도클랜즈에서 열린 행사에 참가하면서 이렇게 생각했다. '이런, 제기랄! 또 무슨 모임에 오라 가라 하는 거야?' 하지만 나는 행사에 참석한 지 불과 몇 분 만에 전반적인 분위기가 긍정적이라는 것을 알았다. 예전에 만나본 적이 없었던 사람들과 만나서 서로 의견을 교환했다. 행사를 끝내고 나올 때에는 BBC에게 정말 밝은 미래가 있다는 생각이 들었다.

각 부서별로 결성된 '변화를 일으키자!' 그룹에서는 행동계획을 만들었으며, 새로운 아이디어와 정책이 여기저기서 샘 솟듯 솟아나왔다. 1년이 채 지나기도 전에 직원들의 여론이 바뀌기 시작했다. 예전에 실시한 직원 여론 조사에서 수집한 여론은 지배적인 문화를 변화시키려면 무엇인가 해야 할 필요가 있다는 막연한 느낌만 들었으나 이제 여론이 바뀌기 시작했다.

'생각해봐요!' 모임에 참가한 직원들에게서 얻은 자료는 금덩이만큼이나 귀중한 것이었다. 무엇보다 이 자료는 변화에 필요한 조치를 위임하는 강력한 증표였다. 나는 더 이상 '나는 이런 일이 반드시 일어나야 한다고 믿습니다.'라거나 '임원진은 이런 일이 반드시 있어야 한다고 믿습니다.'라고 말할 필요가 없었다. 그저 직원들의 눈을 쳐다보면서 '이것이 여러분들이 원하는 것이라고 말한 것입니다.'라고 말하기만 하면 충분했다.

'변화를 일으키자!' 운동을 시작한 지 1년 후, 각 그룹에서 낸 제안을 취합하여 5개년 변혁 계획을 수립하였다. 이 계획의 핵심은 이제부터 회사 내에서 이루어지는 모든 일의 길잡이가 될 가치기준을 새롭게 정립하는 것이었다. 조직의 설립 목적을 명확하게 정립하는 일은 BBC의 80년 역사상 처음 시도되는 일이었다. 다른 단체의 가치기준을 참고하고 '생각해봐요!' 모임에서 수집된 4,000개의 건의안을 취합하여 작성한 것이었다. 이 가치기준은 임원진이나 내가 만든 것이 아니라 직원들이 작성한 것이라 조직 전체에게 이해시키기가 훨씬 쉬웠다. 다음과 같이 여섯 가지 가치기준을 세웠다.

- 신뢰는 BBC의 기초다. 우리는 독립적이고, 공정하고, 정직하다.
- 시청자는 우리가 하는 모든 일의 중심이다.
- 우리는 투입한 자금에 걸맞은 품질과 가치를 제공하는 데 자부심을 느낀다.
- 창의력은 우리 조직의 원동력이다.
- 우리는 서로 존중하고 모든 사람이 능력을 최대한 발휘할 수 있도록 다양성을 높이 평가한다.
- 우리는 하나의 BBC다. 함께 힘을 모으면 위대한 일을 해낼 수 있다.

이러한 가치기준은 BBC의 특징을 나타내는 것이 아니었지만, 직원들이 달성하고자 열망하는 것을 표현한 것이다.

각 가치기준에는 개개인이 그 가치기준을 달성하려면 어떻게 해야 하는지 사례를 덧붙였다. 예를 들어 '창의력' 기준에는 '나는 나 자신의 의견만 주장하지 않고 최선의 의견을 지지한다.' 라고, 'BBC 하나 되기' 기준에는 '내부적으로는 격론을 벌여도 외부적으로는 단결한다.' '우리는 각자 BBC를 대표하는 대사다.' 라고, '신뢰' 기준에는 '우리는 결과물에 대한 정당과 로비 그룹들의 압력에 저항한다.' 라고 덧붙였다.

이 변혁 계획에서 가장 비용이 많이 드는 대규모 사업은 리더십 연수 과정을 영국에서 가장 큰 규모로 시작하는 일이었다. 애슈리지 비즈니스스쿨과 협력하여 향후 5년 동안 6,000명의 리더들을 대상으로 연수과정을 운영할 계획을 마련하였다. 직원들이 과거와 같은 사고방식을 가지고 있었다면 돈만 낭비할 뿐이라고 이러한 계획을 반대했을 것이었다. 하지만 나는 '생각해봐요!' 모임에서 수집한 자료에 따르면 가장 우선순위가 높은 과제가 유능한 리더를 육성하는 것이었다고 직원들에게 설명하였다. 연수과정에 참여하고 싶어하지 않는 관리자들에게는 부하직원들이 원하는 것이므로 임의로 참석 여부를 결정할 수 없다고 말했다. BBC에서 리더가 되기 원하면 반드시 리더십 교육을 받아야 한다고 단호하게 못을 박았다. 나는 교육과정에 매번 참여해서 리더십에 대한 내 의견을 직원들에게 말해주었다.

우리는 신입사원 교육과정도 시작해서 즉각적인 성공을 거두었다. BBC에 입사하는 사람은 누구나 사흘간 교육과정을 이수해야 한다. 이 프로그램은 조직에 대해서 알고, 경리부서에서 일하는 사람이라도 기초적인 프로그램 제작 기술을 익히게 하고, 다른 부서에 입사하는 신입사원들과 교류할 수 있도록 마련한 것이다. 그 목적은 간단했다. 신입사원들이 처음부터 '하나의 BBC' 일원이라는 소속감과 자부심을 느끼게 하고 싶었던 것이다.

종합 변혁 계획은 40개 이상의 정책으로 구성되어 있고, 그 중에는 관행을 매우 획기적으로 바꾸는 정책도 많이 포함되어 있었다. 관리자들을 위한 지도 프로그램을 도입하고, 새로 정립한 BBC의 가치기준을 토대로 신입사원들에 대한 프로그램도 마련하였다. 프로그램 제작자들에게는 시청자에게 더 좋은 정보를 더 많이 제공하고, 각자 맡은 분야에서 자율적으로 일할 수 있도록 권한을 많이 이양하였다. 창의력 부문에서는 창의력이 뛰어난 천재 한 사람의 행동은 정상적인 것이라기보다는 극히 드문 예외이므로 창조적인 팀을 구성하여 직원 상호 간에 협력하여 좋은 의견을 제시하고 발전시켜나가야 한다는 인식이 있었다. 외주 제작사들은 이미 이러한 방향으로 운영해오고 있었다.

그 다음 과제는 변혁 계획을 어떻게 시행해야 가능한 한 많은 직원들이 그 계획을 인지하고 참여할 수 있겠는가 하는 것이었다. 우리는 '큰 대화'(Big Conversation)라는 이름을 붙인 제도를 도입했다. 이 이름은 훗날 다우닝 가도 사용하였다. 우리의 '큰 대화'에는 1만 7,000명의 직원이 참가하여 거대한 토론을 벌였다. 우리는 8,000명의 직원이 더 이 토론을 지켜보면서 참여할 수 있도록 25만 파운드를 투입하여 BBC 사내방송시설을 확장하기로 결정했다. 400여 종의 대규모 행사를 마련하여 파티 분위기를 조성하였으며, 영국 전역은 물론 델리, 모스크바, 카이로, 나이로비에서도 이 행사를 진행하였다. 스튜디오 바깥에 있는 마당에서 세리스 매튜스가 노래를 부르는 가운데 우리는 화이트 시티에 있는 텔레비전 센터에서 행사 진행 상황을 지켜보았다. 모든 사람에게 음식과 음료수를 제공했다. 모두 특별한 일이 일어나리라고 믿었다.

이 행사는 30분짜리 동영상을 상영하는 것으로 시작되었으며, 내가 이 영상을 설명하였다. 나는 각 정책을 직원들이 경영진에게 제안한 내용과 연결시키면서 변혁 계획의 주요 골자를 설명하였다. 이 운동은 상의하달 식이 아니라 하의상달(下意上達) 식이라는 점을 강조했다. 그러고 나서 약 1만 7,000명에 이르는 직원이 모두 각자 모임에서 경험했던 내용을 토의하기 시작했다. 직원들은 처음으로 BBC의 규모와 다양성을 실감할 수 있었다. 이 행사는 영국에서 직원 상호 간의 의사소통을 위해서 개최된 행사 중에서 가장 크고 야심에 가득 찬 행사였을 것이다.

행사는 두 시간 반가량 계속되었으며, 유쾌한 기분으로 끝났다. 나는 우리가 불가능한 일을 성취했다고 생각했다. 모든 사람이 즐거워하고 우리 모두가 이 거대하고 놀랍고 멋진 조직에 속해 있다는 믿어지지 않

는 느낌을 가졌을 것이다. 이러한 정신을 잘 활용하기만 하면 어떤 일이
든 성취할 수 있을 것이다. 그날 내가 텔레비전 센터의 문을 나서자 한
남자가 내게 다가와서 이렇게 말했다.

"그렉, 나는 어느 누구보다 BBC에 대해 냉소적인 시각을 가지고 있
는 사람이에요. 하지만 오늘 행사는 정말 좋았어요."

변혁 계획을 발표하자마자 우리는 재빨리 실행에 옮기기 시작했다.
직원들은 금세 모든 것이 달라지고 있다고 느끼기 시작했다. 그 성과가
2003년 말에 직원들을 대상으로 실시한 연례 여론조사에서 그대로 나
타났다. 2001년 조사에서는 BBC 직원 중 조직으로부터 자신의 가치를
인정받고 있다는 직원의 비율이 28%였다. 그것이 바로 우리가 '변화를
일으키자!' 운동을 전개한 이유이기도 하다. 그런데 2년 후에는 그 비율
이 58%로 급증하였다.

'변화를 일으키자!' 그리고 특히 '생각해봐요!' 운동이 BBC의 문화
를 완전히 바꾸었다. 이 운동은 조직의 발전에 보탬이 되었고, '그들과
우리'라고 직원 사이를 갈라놓던 풍조가 사그라지게 만들었다. 무슨 일
을 할 때마다 일일이 상부의 허가를 받을 필요 없이 스스로 결정해서 추
진할 수 있게 되었다. 경영진이 마술 지팡이를 휘둘러 모든 문제를 해결
할 수는 없는 것이라는 점도 이해하게 되었다. 마침내 직원들은 기계 톱
니바퀴가 아니라 개개인이 인간다운 대우를 받고 있다고 느끼게 되었
다고 말했다.

이 행사는 많은 직원들에게 카타르시스를 느끼게 해주는 체험이었지
만, 모두 동참한 것은 아니었다. 경영위원은 대부분 이러한 변혁 운동
에 참여하지 않았다. 한 달에 하루나 이틀 정도 회의에 참석하는 것이
이들이 하는 역할이니 운동에 참여하지 않아도 놀랄 것도 없었다. 그러
나 개빈 데이비스는 예외였다. 그는 골드만삭스에서 이미 체험한 적이

있었기 때문에 문화 변혁 프로그램에 대해서 이해하고 있었다. 개빈은 '생각해봐요!' 모임에 직접 참석하기도 했다. 이 운동을 처음 시작할 때, 그는 임원들이 끝까지 동참하지 않으려면 아예 시작도 하지 않는 것이 낫다고 임원들에게 충고했다. 리처드 에어도 국립극장의 운영을 맡고 있을 때 직장 문화를 직접 바꾼 경험이 있어서 우리의 목표를 잘 이해하고 있었다.

유감스럽게도 BBC 경영위원진이 2004년 1월 그날 저녁에 모여 내 운명을 결정할 때 우리 임원들이 직원들과 합심하여 이루어낸 업적은 전혀 고려되지 않았다. 이 업적은 지금 하버드 비즈니스스쿨에서 사례 연구 대상에 포함되어 있으며 높은 효과를 거둔 변혁 프로그램으로 널리 인정받고 있다. 하지만 그렇게 큰 업적을 이루어낸 지 한참 후에도 경영위원들은 그 업적이 무엇인지 제대로 이해하지 못했다.

내가 타의에 의해서 BBC를 떠날 때, 수천 명의 직원이 거리로 뛰쳐나와 나를 지지하는 시위를 벌이고 모금을 해서 《텔레그래프》지에 광고를 실을 정도로 내 사임 문제로 직원들이 감정적으로 크게 동요했던 이유가 무엇이라고 생각하느냐는 질문을 받을 때마다 나는 이렇게 대답한다.

"'변화를 일으키자!' 때문입니다."

2년이라는 짧은 기간 동안 우리는 진정으로 변화를 바라고 있고, 직원들에게 힘을 북돋워주고 싶고, 우리 자신이 더 나은 리더로 발전하고 싶고, BBC에서 일하는 사람은 모두 더 나은 대우를 받고 더 좋은 환경에서 근무할 수 있게 해주고 싶다는 것을 직원들에게 확신시켰다. 직원들은 우리가 그저 잘 보이려고 이런 일을 벌이는 것이 아니라는 것을 알고 있었다. 그것은 BBC를 세계에서 가장 창조적인 조직으로 만들어 시청자들에게 가능한 한 최고의 서비스를 제공하기 위해서 우리가 공유

해야 할 야심을 키우는 방편이었다. 하지만, 나는 무엇보다 우리가 직원들을 각별히 배려하였다는 점을 직원들이 알고 있기를 바랄 뿐이다.

거리 시위는 실상 나 개인을 위한 것이 아니었다. 직원들이 보기에 나는 '변화를 일으키자!' 운동을 통해서 달성한 성과와 미래에 대한 희망을 대변하는 상징이었을 뿐이다. 그들은 전반적인 변혁 정책이 이제 다시 위기에 놓이게 되었다는 것을 본능적으로 알았다. 그들은 프라하의 봄을 겪은 세대이기에 멀리서 다가오는 탱크의 굉음을 듣게 될까봐 두려워한 것이다.

GREG **DYKE** INSIDE STORY

제 **11** 장

텔레비전과 스포츠

BBC 구하기

스포츠는 내 인생에서 큰 부분을 차지하고 있다. 내 인생의 가장 중요한 부분이라고 해도 지나친 말이 아니다. 나는 시험 성적보다는 축구시합을 더 중요하게 생각하는 가정에서 성장했다. 그러니 다이크 집안의 사내아이들은 학교에서 상위권에 들 수가 없었다.

큰형 이언은 뛰어난 스포츠맨이었다. 그는 축구를 특히 잘해서 늘 레프트 윙으로 뛰었다. 그때는 레프트 윙이라는 포지션이 있던 시절이었다. 내가 아주 어렸을 때 브렌트퍼드 축구팀 감독 빌 도진 1세가 우리 집에 찾아온 적이 있었다. 큰형과 전속계약을 맺으려고 온 것이었다. 그때에는 축구선수들이 받는 보수가 기껏해야 1주일에 20파운드였다. 아버지는 큰형을 절대로 프로 선수로 만들지 않겠다고 그의 제안을 딱 잘라 거절하면서 큰형은 직업다운 직업을 갖게 될 것이라고 말했다. 그런데 큰형은 결국 아버지와 마찬가지로 보험회사에서 평생 일했다. 아버지나 큰형이나 모두 그 직업을 무척 싫어했지만 뾰족한 수가 없었다.

우리 가족이 제일 좋아하는 팀은 아니었지만, 큰형 이언이 브렌트퍼드 팀에 입단하자 우리는 모두 그 팀을 좋아하기 시작했다. 아버지는 어렸을 때부터 아스날 팀의 열광적인 팬이어서 틈만 있으면 그 팀이 화려한 전적을 보였던 1930년대 이야기를 되풀이하곤 했다. 아버지는 특히 윙을 맡았던 클리프 배스틴과 센터포워드로 뛴 데이비드 잭을 좋아했다. 최근에는 배스틴이나 잭을 따라갈 만한 축구선수가 없다는 것이 아버지의 지론이었다.

아버지가 세상을 떠나기 불과 2년 전, 나는 아버지와 어머니를 모시고 1988년 FA컵 결승전을 보러 갔는데 윔블던이 리버풀을 꺾어 누르는 현대 축구 역사상 가장 실망스러운 경기였다. 아버지는 평생 두 번 FA컵 결승전을 관람하였다. 첫 번째 경기는 1930년에 아스날이 허더즈필드를 꺾은 경기였는데, 아버지는 웸블리 경기장 지붕에서 그 경기를 봤다고 자랑했다. 햇수를 헤아려보니 아버지는 처음 FA컵 결승전을 본 지 58년 만에 두 번째로 결승전을 관전했던 것이다.

우리 형제가 어렸을 때 할머니는 토트넘에 있는 브로드 가 옆 마크필드 거리에서 '7자매' 라는 술집을 경영하였다. 이 술집은 스퍼스 경기장에서 아주 가까운 곳에 있었다. 술집에 드나드는 손님이 모두 토트넘 축구팀 팬이라 우리 형제가 그들을 따라 토트넘을 응원하자 아버지는 무척 놀라셨다. 아스날 팬에게는 아들이 토트넘 팀을 응원하고 있는 모습을 지켜보는 것보다 더 괴로운 일이 없다.

그런데 나는 형들과 달리 맨체스터 유나이티드 팀을 지지하기로 결심했다. 헤이즈에 살 때 이웃집에 살던 존 릭슨이 맨체스터 유나이티드를 지지했기 때문이다. 그는 큰형과 친구 사이라 나보다 거의 열 살이나 나이가 많아서 나는 그를 항상 무서워했다. 그로부터 40년이 지난 1999년 5월, 나는 존 릭슨이 사는 곳을 찾아내서 내가 빌린 전세 비행기로 그를 바르셀로나에 데리고 가서 맨체스터 유나이티드가 유럽 챔피언리그 결승선에 올라산 ㄱ 벗진 경기를 함께 관람하였다. 그때 나는 맨체스터 유나이티드 팀의 이사였는데 존 릭슨에게 빚을 진 기분이 들어서 그렇게 했던 것이다. 그가 아니었다면 나는 지금까지도 토트넘을 응원하고 있었을지 모른다. 아니, 그보다 더 시원찮은 아스날을 응원하고 있었을지 누가 알겠는가?

스포츠광인 나로서는 LWT에 편성제작국장으로 취임하면서 ITV 스포츠 회장직을 겸임하여 ITV 네트워크의 스포츠를 담당하는 것이 당연한 일이었다. 당시 ITV 스포츠의 상근 책임자는 존 브롬리라는 유명한 인물이었다. 주위 사람들은 그를 브로머스라고 불렀는데 내가 만나본 사람 중에서 가장 다정한 사람이었다. 그는 사람 이름을 전혀 기억하지 못했지만 여자를 만나면 달링이라고 부르고 남자를 만나면 캡틴이라고 불러서 곤경을 슬기롭게 빠져나갔다.

내가 회장에 취임한 지 얼마 지나지 않아 미국 헤비급 권투선수 마이크 타이슨과 맺은 계약에 문제가 발생했다. ITV는 타이슨이 벌이는 세계 챔피언십 쟁탈전 5회에 대하여 독점중계권을 가지고 있었다. 그런데 다섯 번째 시합이 큰 시합이었다. 타이슨과 영국 선수 프랭크 브루노와의 경기였다. 그런데 타이슨의 매니저 빌 케이턴과 전설적인 미국 프로모터 돈 킹을 비롯한 타이슨 측 사람들이 신생 방송사인 스카이로부터 더 높은 가격에 계약하자는 제의를 받고 갑자기 ITV와 계약한 적이 없었다고 주장하고 나왔다. 우리가 이미 네 번이나 경기를 중계했고 돈도 모두 지불했으니 이들의 주장은 터무니없는 것이었다.

우리는 타이슨 측을 상대로 소송을 걸어 그 경기를 중계할 수 있는 권리가 우리에게 있다고 주장했다. 하지만 위험 부담이 없는 소송은 아니었다. 이런 상황에 직면하면 언제나 그렇듯이 우리 측 변호사는 우리가 이길 수도 있고 이기지 못할 수도 있다는 의견을 내놓았다(누구라도 이런 말은 할 수 있을 텐데 왜 그렇게 많은 돈을 변호사에게 지불해야 하는지 가끔 의아스러울 때가 있다). 문제는 우리가 서면으로 작성한 계약서라고는 런던 웨스트엔드 지역 버클리 광장 바로 옆에 있는 회원제 식당 리퍼 피 클럽에서 그 식당 냅킨에 적은 것밖에 없다는 것이었다. 존 브롬리가 증인석에 나갔을 때 스카이 측 변호사는 그를 당황하게 만들려고 이렇게 물었다.

"당신은 평상시에도 클럽에서 냅킨에다 계약서를 쓰십니까?"

그러자 브롬리는 이렇게 대답했다.

"물론이죠."

법정에 있는 사람들이 모두 웃음보를 터뜨렸다. 하지만 브롬리의 농담도 별 효과가 없었다. 우리가 소송에서 지고 스카이가 그 시합을 중계했지만 우리는 모두 부당한 판결이라고 생각했다.

브롬리는 나보다 나이가 열 살 많았고, ITV가 아직 사업체의 체계를 제대로 갖추기 전에 입사하였다. 브롬리는 비용을 많이 쓰기로 유명한 전설적인 인물이었는데, 나는 ITV 스포츠의 회장으로서 그 비용 청구서를 결재해야 할 입장이었다. 언젠가 나는 청구서를 식당 테이블에 올려놓은 적이 있었는데 수가 그것을 보고 어떻게 한 사람이 그렇게 많은 식대와 술값을 청구할 수 있느냐고 깜짝 놀랐다. 브롬리는 서로 술잔을 마주 잡지 않고서는 아무도 만나지 못하는 습관이 있었던 것이 사실이다. 그런데 이상하게도 그는 별로 많이 먹지 않는다. 그저 다른 사람들 식대를 대신 내주는 것이다.

브롬리에 관해서 들은 이야기 중에 내가 제일 좋아하는 이야기를 한 가지 해보겠다. 브롬리가 쓴 비용이 LWT 이사회에서 문제로 대두되었을 때 전무이사가 브롬리를 변호하려고 무진 애를 썼다. 재정 담당 이사는 1988년 서울 올림픽을 취재하러 출장 간 경비로 브롬리가 청구한 금액이 얼마인지 물 흐르듯 장황하게 설명했다.

"배에 관해서 말씀드리자면……."

재정 담당 이사가 설명하는 도중에 전무이사가 끼어들었다.

"아! 그건 제가 설명드릴 수 있습니다. 서울에서 함께 일한 사람들이 하도 열심히 일해서 존이 그들을 배로 초대해서 파티를 열어주었다고 하더군요. 그게 뭐 문제될 게 있나요?"

그러자 재정 담당 이사가 고개를 들어 전무이사를 쳐다보며 말했다. 재정 담당 이사로서는 기다리고 기다리던 절호의 기회가 아니던가!

"그 배가 서울에 있었다면 문제될 리가 없죠. 그 배가 템스 강에 있었기 때문에 문제죠."

재미있는 이야기는 대개 과장되기 마련이라 이 이야기도 과장된 것이리라. 하지만 이 이야기에서 당시 ITV 스포츠의 실상을 엿볼 수 있다.

2년 전 브롬리가 암에 걸려 임종이 가까워졌을 무렵, 나는 런던에 있는 크롬웰 병원에 입원한 그를 찾아갔다. 내가 찾아온 환자의 이름을 말하자 접수계원은 아주 난감한 표정을 지었다.

"어머나! 손님이 자꾸 오시면 안 되는데……."

병원 규칙에 따르면 입원실에 동시에 들어갈 수 있는 면회자의 수가 세 명으로 제한되어 있었다. 그러나 브롬리는 평생 동안 규정에 얽매어 본 적이 없었는데 임종을 앞두고 규정을 지키기 시작할 리가 있겠는가? 그의 입원실에는 서른 명이 넘는 손님이 우글거리고 있었다. 방 한 구석에는 바까지 차려놓고 그는 병상에 누운 채 손님을 맞이하며 매일 밤 파티를 벌이고 있었던 것이다.

나는 마음의 준비를 하고 가라는 말을 들었기 때문에 선물로 진 한 병을 가지고 갔다. 목소리는 전혀 달라지지 않았지만 우리가 알고 있던 멋진 인물은 온데간데없고 초췌하게 오그라든 모습을 한 채 그는 병상에 누워 있었다. 그의 장례미사는 트라팔가 광장에 있는 세인트 마틴-인-더-필즈 성당에서 거행되었는데 앉을 자리가 없을 만큼 조문객이 몰려들었다. 그가 어떻게 살았는지 그대로 보여주는 의식이었다. 장례 예식이 끝난 후 LWT가 예식 비용을 모두 지불했다. 세상을 떠날 때는 그렇게 가야 한다.

당시에는 권투가 ITV에서 큰 몫을 해서 나는 취임 초기에 프랭크 브루노와 조 버그너의 경기를 ITV에서 확보하기로 결정했다. 버그너는 오스트레일리아에서 은퇴생활을 하다가 이 경기에 특별히 출전하였다. 상대방 선수를 잘못 고른 경기였지만 나는 폭발적인 인기를 얻을 경기라고 믿었다. 이 경기는 배리 헌이 권투 프로모터로 나서서 처음 주선한 것이었다. 그는 스누커(흰 공을 쳐서 21개의 공을 포켓에 넣는 당구: 옮긴이)계의 대부로 명성을 날리고 있었는데 나는 이때 처음 그를 만났다.

배리는 텔레비전 중계권의 대가로 얼마를 달라고 했을 때 있었던 일을 늘 이야기한다. 그의 요구에 대해 내가 흥정을 벌이지 않고 중계권을 넘겨주기만 하면 돈을 더 얹어주겠다고 대답했다는 것이다. 내가 그런 말을 했는지 기억이 나지는 않지만 가격은 얼마가 되든지 문제가 아니었다. 그 경기는 우리 두 사람에게 커다란 성공을 안겨주었다. 그 시합은 토트넘 핫스퍼 팀의 홈 경기장이 있는 화이트 하트 가에서 열렸는데 나는 수에게도 그 경기를 보라고 설득했다. 수는 권투를 싫어하지만 노련한 사회학자의 입장에서 각계각층 사람들이 잘 차려 입고 경기를 관전하는 현장을 놓칠 리가 없었다.

그 경기를 본 시청자의 수가 1,600만 명에 달하여 1987년에 텔레비전에서 방영된 스포츠 프로그램 중에서 가장 높은 시청률을 보였다. 경기는 8라운드까지 계속되었다. 한 라운드가 끝날 때마다 광고를 가능한 한 많이 넣어야 하기 때문에 경기를 오래 끄는 것이 ITV로서는 가장 중요했다. 1라운드니 2라운드에서 녹아웃을 당하면 관중들은 열광하겠지만 상업방송사로서는 그런 재앙이 없다.

배리는 스포츠의 거물이었다. 그는 지갑에 항상 돈다발을 넣고 다니면서 새로운 아이디어를 들을 때마다 그 돈으로 뒤를 대주었다. 배리는 낚시를 관람 경기로 만든 대단한 사람이다. 그는 코번트리 부근에 있는 호수에 관중석을 만들어놓고 〈낚시광〉(Fishomania)이라는 행사를 개최하고 스카이 스포츠를 통해서 생중계했다. 관람객들은 관중석이나 텔레비전 앞에 하루 종일 가만히 앉아서 물고기가 잡히기만 기다리고 있는 낚시꾼을 처다본다. 마치 페인트를 칠해놓고 마르기만 기다리고 있는 모습과 같지만, 배리는 그런 행사를 개최해서 큰돈을 벌어들였다. 더 놀라운 사실은 그 행사가 매년 열린다는 것이다.

내가 좋아하는 배리 헌에 관한 이야기는 1994년 10월 크리스 유뱅크가 남아프리카 공화국에서 WBO 슈퍼미들급 챔피언 타이틀을 놓고 미국의 댄 슈머와 시합을 벌였을 때 일이다. 유뱅크는 사실상 라운드마다 졌다. 경기가 끝이 나자 그는 코너에 앉아서 그의 매니저인 배리에게 물었다.

"어떻게 생각하세요?"

그 순간 WBO 심판이 배리를 처다보면서 윙크를 보냈다. 유뱅크가 타이틀을 방어했다는 암시였다.

"크리스, 어떻게 생각하느냐고? 내 생각에는 말이야, 우리가 다시는 이 나라에 발을 들여놓지 못할 것 같네."

심판의 판정이 떨어지자 관중과 언론이 미친 듯이 화를 냈다.

배리는 언젠가 내게 서인도제도에서 열리는 세계 청새치 잡기 선수권 대회에 영국 낚시 팀으로 출전하라고 권한 적이 있었다. 나는 그렇게 큰 대회에서 낚시를 해본 적도 없고 청새치를 잡아본 적도 없다고 사양했다. 그러자 그는 이렇게 대답했다.

"걱정 말아요. 영국 팀에는 그 고기를 잡아본 사람이 아무도 없어요."

그가 나중에 보내준 테이프를 보고 나는 한참 웃었다. 일주일 내내 잡힌 청새치가 단 한 마리밖에 없었다.

나는 또 다른 권투 프로모터인 프랭크 워런과도 거래를 했다. 그는 어느 날 밤 런던 이스트엔드 지역에 있는 바킹에서 총에 맞아 부상을 입었다. 그가 데리고 있는 권투선수 테리 마치가 총을 쏘았다는 혐의를 받았으나 무죄로 판명되었다. 그런 사고가 일어난 지 얼마 안 되었을 때 프랭크는 LWT에 점심식사를 하러 왔다. 내가 사업이 잘되느냐고 물으니 그는 은행이 도와주지 않아서 어려움을 겪고 있다고 대답했다. 왜 은행이 도와주지 않느냐고 묻자 그는 이렇게 대답했다.

"총에 맞은 사람을 어느 은행이 도와주겠어요?"

ITV 스포츠에서 일하는 동안 나는 네트워크의 방향을 전통적인 매거진 형식의 프로그램에서 큰 스포츠 행사로 바꾸려고 노력했다. 나는 취임하자마자 레슬링 프로그램을 텔레비전에서 없애버렸다. 그러자 레슬러 빅 대디와 자이언트 헤이스택스가 우리 집 주위를 돌면서 나를 해치워버리겠다고 별렀다. 나는 레슬링에 들이는 돈을 권투에 투자하는 것이 훨씬 더 가치가 있다고 생각했다. 하지만 ITV 스포츠 회장직을 5년간 맡고 있으면서 가장 많은 시간을 할애한 것은 역시 축구였다. 요즘 사람들은 믿기 어렵겠지만, 1980년대 중반까지도 영국 텔레비전에서는 축구를 거의 생중계하지 않았다. 이름도 이상하게 붙인 영국 인터내셔널 대회를 제외하고는 생중계되는 경기가 FA컵 결승전밖에 없었다. 결승전이 벌어지는 날은 모두 집에 들어앉아서 경기를 시청하는 바람에 거리가 텅 비었다.

하지만 1980년대 말에 유료 텔레비전이 등장하고, 새로 출범한 BSB(영국위성방송)가 1부 경기를 1990년 4월부터 방송을 시작할 유료

"여러분, 이건 말이죠,
그렉 다이크에게 결정을 재고해달라고 요청하고 있는 거예요."

내가 ITV에 부임하자마자 처음에 내린 결정 가운데 하나가 토요일 오후에 방영되던 레슬링 프로그램을 없애버리는 것이었다. 그 결정 때문에 빅 대디와 자이언트 헤이스택스를 비롯하여 많은 사람들이 나를 미워했다. 나는 ITV의 이미지를 바꾸고 싶어서 그런 결정을 내렸던 것이다.

채널에서 생방송으로 중계할 수 있는 권리를 사겠다고 제안하여 중계권을 획득할 단계까지 이르렀으나, 경쟁업체인 스카이 텔레비전과 합병하였다. 내가 스포츠계에 발을 들여놓은 것이 바로 이 무렵이었다. 나는 이들의 계약을 무산시키고 축구 생방송 중계권을 BSB에서 빼앗아 오기로 결심했다.

나는 어떻게 해야 중계권을 획득할 수 있을지 템스 텔레비전의 스포츠 부책임자이자 축구 전문가인 트레버 이스트에게 조언을 구했다. 공개하지 않는 조건으로 이야기를 나눌 수 있겠느냐고 물으니 그는 아스날 클럽 부회장이자 축구연맹 운영위원인 데이비드 데인과 함께 만나는 자리를 마련해보자고 제의했다. 그래서 우리 세 사람은 런던 웨스트엔드 지역에 있는 일본식당 산토리에서 처음 만났다. 데이비드와 나는 그때부터 의기투합하여 오늘날까지 가깝게 지내고 있다.

우리는 금세 서로 상대방에게서 얻을 것이 있다는 것을 알았다. 나는 BSB의 손아귀에 들어간 축구 중계권을 몰래 빼내고 싶었는데 그는 그 일을 도와줄 수 있는 능력이 있었다. 반면에 그는 자기 클럽과 다른 대형 클럽에 더 많은 돈이 들어오기를 바랐는데 나는 그 돈을 지불할 수 있는 능력이 있었다. 그의 견해는 아주 명쾌했다. 시청자들은 텔레비전에서 대형 클럽의 경기를 보고 싶어 한다, 그러니 대형 클럽들이 텔레비전에서 나오는 돈을 더 많이 가져야 한다는 것이었다. 당시에는 텔레비전 중계료를 92개 클럽에게 나누어주고 있었다. 약 2주일 동안 연속적으로 회의를 거듭한 끝에 데이비드와 트레버, 그리고 나는 계획을 작성하였다. 우리는 당시 5대 클럽인 아스날, 리버풀, 맨체스터 유나이티드, 토트넘, 그리고 에버턴과 직접 만나 홈경기를 독점적으로 방송하는 권리에 대한 대가로 각 클럽에게 1년에 최저 100만 파운드씩 주겠다고 제안하기로 했다. 이 돈은 과거에 어느 클럽도 받아보지 못한 엄청난 금액이었다. 그리고 나서 축구연맹이 1부에 속해 있었던 나머지 경기를 원하는 방송사에게 팔아넘겨도 좋다는 조건을 달았다. 물론 대형 클럽의 홈경기가 빠지면 나머지 경기는 별로 가치가 없다.

나는 어느 날 저녁 바에서 5대 클럽을 지배하고 있는 사람들을 만났다. 당시 축구연맹 회장을 맡고 있던 에버턴 클럽의 필 카터가 맨체스터 유나이티드 클럽의 마틴 에드위즈, 토트넘 회장인 어빙 스콜라, 리버풀 클럽 회장인 존 스미스를 데리고 나타났다. 물론 아스날의 데이비드 데

인도 참석하였다. 나는 존 브롬리와 함께 첫 번째 모임에 참석했으나 그가 대형 클럽과 물밑 협상을 벌이는 것을 못마땅하게 생각해서 그 다음 회의에는 데리고 가지 않았다. 그때 나는 이 수법을 터득하여 10년 후 BBC에서도 자주 사용하였다. 어떤 사람이 내 의견에 동조하지 않으면 그 다음 회의 때에는 그 사람을 제외시켜라.

어빙 스콜라는 자신의 축구 인생에 관한 책 『밀실에서』(Behind Closed Doors)를 써서 1992년에 출판하였는데, 그는 이 첫 번째 회의의 전환점은 텔레비전 축구 중계료를 인위적으로 낮게 유지하기로 ITV와 BBC 사이에 카르텔이 있었을 것이라고 내가 인정한 순간이었다고 회고하였다. 그 클럽 회장은 그런 카르텔이 있다고 굳게 믿고 있었지만 나는 반신반의하고 있던 상태였다. 그 순간부터 5대 클럽 실력자들이 모두 내 편이 되었다.

두 번째 회의는 어느 일요일 밤에 열렸는데, 5대 클럽 회장들이 어느 클럽을 좋아하느냐고 내게 물었다. 내가 맨체스터 유나이티드를 좋아한다고 대답하자 마틴 에드워즈의 얼굴이 환하게 밝아졌다. 몇 년 후 이 말이 큰 효과를 발휘했다. 두 번째 회의에서는 참가 범위를 넓혀 5대 그룹에 5개 클럽을 추가하되 추가되는 클럽에게는 돈을 적게 지급하기로 결정했다. 새로 추가된 클럽은 웨스트 햄, 뉴캐슬, 애스턴 빌라, 노팅엄 포리스트, 그리고 셰필드 웬스데이였다.

이때 내게 문제가 된 것은 데이비드 데인과 점심식사를 할 때마다 계약 가격이 올라간 것이었다. 점심값도 내가 냈던 것으로 기억난다. 하지만 전략은 우리 계획대로 잘 들어맞았다. 1부에 속해 있는 10대 클럽이 반란을 일으키겠다고 위협하자 축구연맹이 저항을 단념하고 ITV와 협상을 시작하였다. 우리는 주로 일요일 오후에 열리는 21개 시합을 생방송으로 중계하는 대가로 1,100만 파운드를 지급하기로 축구연맹과 합의했다. 녹화권도 ITV를 위해서 사들였지만 그것은 사용하지 않기로 결정했다. 그때부터 4년 동안 BBC 1채널에서는 토요일 저녁에 〈오늘의 경기〉(Match of the Day)를 방영할 수 없게 되었다.

협상 초기에 나는 당시 BBC 텔레비전 전무이사이던 폴 폭스에게 신생 방송사인 BSB를 꺾어버리는 데 합류하라고 권했으나 그는 BBC의 방송인가를 갱신할 때가 다 되었는데 정부 측이 BBC에 대해 호감을 가지는 데 도움이 될 만한 일은 아닌 것 같다고 거절하였다. 흥미롭게도 그들은 경쟁적으로 아침 텔레비전 방송을 시작하여 TV-am을 거의 죽여버릴 뻔했던 때와 같은 입장을 취하지 않았다.

ITV 내부, 특히 LWT 내부에는 내가 매년 지급하기로 약속한 1,100만 파운드가 너무 많다고 생각하는 사람들이 있었다. 불과 2년 전까지만 해도 축구연맹이 BBC와 ITV에서 받은 돈이 모두 합하여 160만 파운드밖에 되지 않았다. 거의 모든 경기가 주말에 열렸기 때문에 LWT가 총액 1,100만 파운드 가운데 4분의 1 이상 부담해야 할 형편이라 내가 맡고 있는 회사 내부에서 그런 우려의 목소리가 나오는 것도 이해할 만했다. 하지만 나는 의심하는 사람들의 생각이 틀렸다고 믿었다. 어쨌든 이미 계약이 끝났기 때문에 어찌해볼 도리도 없었다. 그로부터 불과 8년 후, 똑같은 권리가 1년에 1억 6,700만 파운드라는 믿기 어려울 정도로 높은 가격에 팔린 것을 감안하면 그다지 나쁜 거래도 아니었다.

우리의 협상 방식이 축구연맹에 엄청난 파장을 일으켰다. 2부에 속해 있던 클럽들이 대형 클럽들에게 의표를 찔렸다고 화를 내고 단체행동을 벌였으나 훗날 이들은 그러한 행동 때문에 큰 대가를 치렀다. 2부 소속 클럽들은 축구연맹 회장 필 카터를 해임하고 데이비드 데인도 운영위원회에서 물러나게 하고 축구연맹을 장악하였다. 이들은 대형 클럽 대표들에게 이렇게 보복함으로써 그로부터 4년 후에 일어날 일의 씨

앗을 심어놓은 꼴이 되었다.

ITV는 대형 클럽과 맺은 계약을 지켰다. 그들에게 한 시즌당 일정한 횟수의 경기를 방송하겠다고 보장하고 그대로 이행했다. 그들은 우리가 약속한 대로 거금도 받아 챙겼다. 하지만 이러한 전력이 ITV에게도 4년 후에 손해를 입히게 되었다. 2부에 속해 있던 클럽들이 5대 클럽들과 불편한 관계가 되었지만 1부에 속한 작은 클럽들과도 불편한 관계가 되었다. 이 작은 클럽들은 우리가 큰 클럽들과 맺은 계약에 대해서 크게 분개했다. 그래서 이들도 복수할 기회만 엿보고 있었다.

당시 스포츠 관련 계약에서는 흔한 일이었지만, 이 계약에 대해서 실제로 서명을 한 당사자는 하나도 없었는데, 그것이 오히려 쌍방에게 다행스러운 일이 되었다. ITV는 첫 시즌이 끝나자 큰 보너스를 받았다. 1부 타이틀을 놓고 리버풀과 아스날이 끝까지 경합을 벌이다가 아슬아슬하게 각각 1위와 2위를 차지하였다. 그런데 놀랍게도 시즌 맨 마지막 경기가 이 두 클럽 사이에 벌어지게 되어 ITV에서 금요일 밤에 생방송으로 중계할 계획이었다. 리버풀은 그 전 주 토요일에 FA컵을 받고 아스날보다 3점 앞서 2연승을 눈앞에 두고 있었다. 리버풀은 비기기만 해도 우승의 영광을 차지할 수 있지만 아스날은 앤필드에서 열리는 경기에서 2골 차이로 이겨야 타이틀을 차지할 수 있는 상황이었다. 이때 열린 경기가 시즌의 마지막을 장식하는 경기로서는 가장 짜릿한 경기가 아니었나 하는 생각이 든다.

아스날이 경기 종료 직전에 두 번째 골을 넣어 2대 0으로 승리하고 타이틀을 차지했다. 나는 아스날 이사진과 함께 비행기를 타고 가서 시합을 보고 아스날 팀 탈의실에서 데이비든 데인을 비롯한 아스날 팀 선수들과 승리를 축하했다. 그날 밤 리버풀 팀에서는 브루스 그로벨라 선수와 피터 비어즐리 선수만 아스날 선수들에게 다가와서 축하 인사를 했다. 리버풀 팀의 속마음이 어떤지 알 수 있었다. 하지만 리버풀 팬들은 정말 훌륭했다. 이들은 크게 실망한 모습을 보이면서도 아스날 팀이 운동장에서 나갈 때 박수갈채를 보냈다. 이때 ITV를 시청한 사람이 1,100만 명이 달하여 한 시즌에 1,100만 파운드씩 내는 중계료가 싸게 보이기까지 했다.

1991년 가을에 접어들면서 다음 시즌 축구 중계 계약에 관하여 협상을 할 때가 다가왔다. 트레버 이스트와 데이비드 데인, 그리고 나는 ITV 측과 5대 클럽 대표들이 다시 모여 만찬을 함께 하기로 결정했다. 만찬 일정이 확정된 후, 나는 런던 사우스 뱅크에 있는 LWT 빌딩 18층 영빈관에서 만찬을 주최하겠다고 제안했다. 많은 사람들이 자기가 프리미어 리그를 기획한 사람이라고 주장하고 있다. 하지만 프리미어 리그의 공식적인 역사를 쓴다면, 이 만찬 모임이 바로 프리미어 리그가 현실로 나타난 시기와 장소였다고 기록될 것이다.

각 클럽의 대표로 참석한 사람들은 4년 전이나 거의 달라지지 않았으나, 이 무렵에는 존 스미스가 리버풀 회장직을 사임하고 노엘 화이트가 그의 후임으로 취임하였다. 4년 전과 마찬가지로 데이비드 데인과 나는 사전에 전략을 의논하였다. 내가 먼저 나서서 지난번처럼 대형 클럽에게 유리한 조건으로 축구연맹 협상 대표들과 계약을 체결하기는 어려울 것이라고 말하기로 합의를 보았다. 그것은 사실이었다. 대형 클럽으로서는 돈을 적게 받느냐, 아니면 극단적인 행동을 취하느냐, 둘 중 한 가지를 선택할 수밖에 없었다. 많은 클럽에게 중계료를 나누어주면 각자에게 돌아갈 몫이 적어질 수밖에 없었다.

이들은 만장일치로 결정을 내렸다. 이들은 축구연맹이 필 카터와 데이비드 데인에게 내린 조치에 대해 불쾌하게 생각하고 있었기 때문에 극단적인 방법을 선택했다. 우리는 1부 클럽을 축구연맹에서 분리해서 프리미어 리그를 창설하기로 일사천리로 결정하였다. 이 리그는 20개 클럽이 각 클럽의 이익에 맞게 운영하기로 했다. 각 클럽은 각자 보유하고 있는 텔레비전 중계권을 직접 매각하고 그 대금은 각 클럽이 직접 받기로 했다.

아무도 일이 그렇게 빨리 진척되리라고는 예상하지 못했다. 몇 년 전에도 그와 비슷한 움직임이 있었으나 실패했다는 사실을 모두 기억하고 있었다. 이번 계획이 성공하려면 축구협회(Football Association)를 우리 편으로 끌어들여야 한다는 데 의견이 일치했다. 축구협회와 축구연맹이 서로 증오하고 있다는 것은 누구나 다 아는 사실이었다. 언젠가 앨런 하데이커의 딸을 어느 축구 시합에서 만났을 때, 나는 축구연맹의 전설적인 사무국장인 그녀의 아버지가 연맹본부를 리덤 세인트 앤스로 옮긴 이유가 무엇이냐고 물었다. 그러자 그녀는 이렇게 대답했다.

"아버지는 본부를 축구협회에서 가능한 한 멀리 떨어뜨려놓으려고 하셨어요."

1992년에는 두 단체의 관계가 특히 나빠서 각 클럽이 연맹에서 탈퇴하겠다고 하면 협회가 클럽들의 입장을 지지할 가능성이 매우 높았다. 하지만 신중하게 움직여야 한다. 그래서 그날 밤 중대한 결정을 한 가지 더 내렸다. 협상단을 이끌고 연로한 축구협회 회장 버트 밀리칩을 만날 대표를 선정하는 일이었다. 이때에는 리버풀 팀이 거의 10년 동안 영국 축구계를 지배하던 시기였기 때문에 그 팀도 우리 편으로 끌어들여야 했다. 그래서 리버풀 클럽 회장인 노엘 화이트를 5대 클럽 대표로 뽑고 데이비드 데인이 그를 보좌하기로 결정했다. 화이트는 그 당시부터 지금까지 축구협회 국제위원회 위원으로 있다.

나머지 이야기는 다 흘러간 지난 이야기라 이제 그다지 중요하지 않다. 몇 달 만에 정상급 클럽들이 축구연맹에서 탈퇴하고 그 다음 시즌이 시작되면서 축구협회 프리미어 리그가 출범하였다. 유일하게 남아 있던 문제는 ITV가 텔레비전 중계권을 아직 확보하지 못한 것이었다. 그 무렵 BSB가 스카이 방송사와 합병하여 BSkyB가 설립되었고, 루퍼트 머독이 이 방송사를 지배하며 중계권에 강한 욕심을 보이고 있었다.

우리가 중계권을 따내지 못한 것은 아마 내 잘못 때문이었을 것이다. 내가 너무 현실에 안주하고 있었던 탓이다. 나는 5대 클럽이 우리를 지지하고 있으니 중계권 확보는 당연한 것이라고 믿고 있었다. 트레버 이스트가 비교적 작은 프리미어 리그 클럽들과 더 자주 접촉해야 한다고 내게 경고 신호를 보냈지만 나는 그의 신호를 알아채지 못했다. 나는 내 편으로 만들려고 남에게 알랑거리는 일을 하기 싫어하는 성격이었다. 이 성격 때문에 나는 훗날 BBC 경영위원들로 인해서 큰 대가를 치러야 했다.

1992년 당시에 내가 가졌던 생각은 지난번에도 대형 클럽들과 제휴하는 전략이 맞아떨어졌는데 이번에 그 전략이 실패할 이유가 어디 있겠느냐는 것이었다. 트레버는 프리미어 리그 최고경영자로 새로 선임된 릭 패리를 맨체스터에서 열린 어느 권투 시합에서 만나 계약하기로 합의하고 악수까지 나누었다. 그래서 우리는 유리한 고지를 점령하고 있다고 생각하고 있었다.

나는 입찰이 진행될 때 BSkyB 최고경영자인 샘 치점과 점심식사도 함께했다. 치점은 오스트레일리아 사람으로 뚱뚱하고 수다스러운 편이었는데, 케리 패커(오스트레일리아의 언론 출판계의 거물: 옮긴이)의 심복으로 성장하여 패커의 스타일을 그대로 흉내 냈다. 그 회사를 회생시키기 위해서 머독이 그를 영국으로 데려온 것이다. 그는 점심을 먹는 동안 내내 아주 퉁명스러운 태도를 보였다. 그는 루퍼트 미독이 내게 이런 말을 해도 좋다고 승인했다는 말을 덧붙이면서 입을 열었다.

"다이크 씨, 우리 함께 축구 클럽들을 한번 혼내주지 않겠어요?"

그가 우리와 거래를 하고 싶다고 하였으니 우리가 유리한 고지를 점령하고 있다는 뜻이 아니겠는가? 그렇다면 우리에게 그가 필요할 까닭이 어디 있겠는가? 나는 이렇게 생각했다. 하지만 내 판단이 완전히 빗나갔다.

내가 상황을 잘못 판단한 또 다른 이유는 프리미어 리그가 실제로 창립되고 텔레비전 중계권 계약이 마무리되는 사이에 어빙 스콜라가 스퍼스를 앨런 슈거에게 팔아넘긴 일 때문이었다. 슈거는 앰스트레드라는 전자회사를 소유하고 있었다. 이 회사는 BSkyB에 접시형 위성 안테나를 공급하는 주요 납품업체라 BSkyB와 매우 친밀한 관계를 유지하고 있었다. 그 결과 스퍼스가 입장을 바꾸어 BSkyB를 옹호했다.

사실, 결정적인 투표에서 슈거가 중요한 역할을 했다. 투표가 실시된 5월 18일 월요일 직전 주말에 프리미어 리그 내부 인사로부터 우리가 투표에서 질 우려가 있다는 첩보를 입수하였다. 우리는 일요일 밤을 새우면서 새로운 제안을 만들어 투표 당일에 각 클럽에게 제출하였다. 트레버 이스트가 각 클럽 대표에게 직접 제안을 전달했다. 그는 그날 이른 아침에 릭 패리에게도 새로운 제안을 직접 전달했다. 그 정도면 충분히 승산이 있는 제안이었다.

로열 랭커스터 호텔에서 회의가 시작된 지 몇 분이 지나지 않아 트레버가 회의실 밖에 서 있는데 슈거가 회의 도중에 밖으로 뛰쳐나와 전화를 걸었다. 그가 전화에 대고 하는 말이 트레버의 귀에도 들어왔다.

"저 녀석들을 단단히 혼내줘야겠어!"

BSkyB에 있는 누군가에게 전화를 하고 있는 것이 분명했다. 그리고 얼마 후 BSkyB 측이 새로운 입찰서를 제출했다.

나는 프리미어 리그 계약이 BSkyB에게 얼마나 중요한 것인지도 간과하고 있었다. 루퍼트 머독이 영국으로 날아와서 직접 개입하여 결정에 영향력을 행사할 수 있는 사람들을 만나 알랑거리는 일을 맡았다. 사실, ITV가 최종 입찰서를 제출할 때 BSkyB에 전화를 건 사람은 앨런 슈거뿐만이 아니었다. 릭 패리도 이미 전화를 건 뒤였다. 계약을 하기로 합의하고 트레버 이스트와 악수를 한 이후 패리는 클럽들과 회의를 하기 전에 치점과 머독으로부터 강한 유혹을 받았다. 그들은 패리를 자가용 제트기에 태워서 스코틀랜드로 데려가 BSkyB 콜센터를 보여주기도 했다. 릭 패리는 훗날 내게 이렇게 말했다.

"머독 씨는 내가 만나본 사람 중에 가장 인상적인 사람이더군요."

이런 일이 일어나고 있었지만, 트레버와 나는 우리가 승리하는 데 충분한 표를 확보했다고 믿고 있었다. 개표를 하자 20개 프리미어 리그 클럽 가운데 6개 클럽이 ITV의 입찰서를 지지하였다. 5대 클럽 중에서 4개 클럽, 그리고 리즈 클럽과 애스턴 빌라 클럽이 우리를 지지한 것이다. 2개 클럽은 기권했다. 7개 클럽의 표만 얻었어도 BSkyB를 저지할 수 있었을 텐데 우리는 단 한 번의 투표에서 패배하고 말았다. 노팅엄 포리스트의 회장이 우리에게 표를 주기로 약속했는데, 나중에 밝혀진 바에 의하면 회의에 참석시킬 마땅한 사람이 없어서 비서를 보낸 것이 화근이었다. BSkyB에게 던진 그 표가 결정적인 역할을 했다.

BBC 회장이던 듀크 허시가 개인적으로 개입하지만 않았어도 우리가 승리했을 것이다. 여기에도 루퍼트 머독이 관련되어 있었다. 머독은 타임스 그룹을 인수할 때 허시를 이사로 유임시켰다. 허시는 《더 타임스》 신문 회장으로 재직할 당시 이 회사에 파멸을 초래한 장본인이었다. 그들은 이내 친구 사이가 되었다. 허시를 BBC 회장직에 앉히라고 마거릿 대처에게 선의한 사람도 머독이었다는 소문이 있다. 당시 허시는 텔레비전 수상기도 가지고 있지 않았다는 점을 감안하면 그를 회장에 앉힌 것은 기가 막힌 결정이었다. 나는 개인적으로 허시를 늘 좋아했다. 그는 목소리가 크고 쾌활하고 훌륭한 인격을 갖추고 있어서 자리를 함께 하고 있으면 즐거운 마음이 들었다. 하지만 그의 부하로 일한다면 그다지 즐겁지 않았을 것 같다. 그가 BBC 회장이었을 때 존 버트가 사장을 맡고 있었는데, 허시의 잘못이라고 단정 지을 수는 없겠지만 이 두 사람은 몇 달 동안 말 한마디 건네지 않았다.

허시가 나중에 자인한 바에 따르면, 프리미어 리그 입찰에 참가하기 전에 허시는 그 문제를 루퍼트 머독과 상의했다. 그 결과, BBC는 〈오늘의 경기〉 중계권에 대한 대가로 1년에 약 2,000만 파운드를 제시하고 ITV에게는 생방송 중계권을 주지 않는 것을 계약조건으로 달았다. 이는 ITV가 낙찰을 받으려면 입찰금액을 BSkyB보다 2,000만 파운드 더 올려야 한다는 뜻이었다. 결과적으로 2,000만 파운드만 더 써넣었더라면 계약을 우리 쪽으로 돌릴 수 있었으리라.

BBC가 나보다도 훨씬 나은 조건으로 입찰할 수 있다는 점을 생각하면 허시의 행동은 내 행동보다도 훨씬 더 이례적인 것이었다. 도대체 BBC 회장이 무슨 이유로 축구 협상에 직접 개입한단 말인가? 그것은 그 사람이 할 일이 아니다. 루퍼트 머독과 BBC 회장 사이에 대화가 오고 간 후에 BBC는 머독의 입찰을 유리하게 만드는 데 공공자금을 사용한 것이었다. 허시는 왜 시청료로 조달한 자금으로 머독에게 특혜를 주려고 했을까? 의문스럽지 않을 수 없다. 하지만 루퍼트 머독은 대처와 메이저가 집권하고 있던 시기와 1997년 이래 블레어가 집권하고 있던 시기에 영국에서 벌인 활동에 대해서 정치권의 조사를 계속 피해나갔다. 다른 나라에서는 메이저 축구 리그의 중계권이 유료 텔레비전 방송사로 넘어갈 조짐이 보이면 정치인들이 간여했다. 영국에서는 아무도 나서지 않았다. 선거에서 승리하는 것이 영국 정치인들에게는 너무 중요한 일이고 머독이 소유하고 있는 신문사들이 승패에 영향을 미칠 수 있기 때문이었다. 그 결과 정치인 대부분이 머독과 맞서 싸울 용기를 내지 못했던 것이다.

그래서 ITV에서 스포츠에 관여하던 내 시절도 실망스러운 결과만 안은 채 끝이 나고 말았다. 이 무렵 나는 LWT 최고경영자가 되어 프로그램 제작에 깊이 개입하지 않았다. 프리미어 리그 협상이 모두 끝나자 나는 ITV 스포츠 회장직을 포기하고 한동안 스포츠에 일절 개입하지 않았다. 다시 스포츠에 개입할 기회가 생긴 것은 LWT가 그라나다에게 넘어가고 내가 실업자 신세로 집에 우두커니 앉아 있을 때였다.

1994년 가을, 요크셔 텔레비전에서 스포츠 책임자로 일하던 로버트 찰스가 내게 전화를 했다. 그는 채널 4가 스포츠에 관련된 새로운 시사 프로그램을 구하고 있는데 요크셔 방송사가 그 입찰에 참가하려고 한다고 말했다. 그는 입찰서에 그 프로그램의 진행자로 내 이름을 기입해도 좋겠느냐고 물었다. 나는 그렇게 하라고 승낙했고, 입찰 결과 〈스포츠계의 화제〉(Fair Game)라는 연속물 제작을 의뢰받았다. 지금은 텔레비전 방송 캐스터들이 스포츠에 관련하여 논란이 될 만한 프로그램 제작을 관례적으로 피하고 있는데, 그럴 만한 이유가 있다. 만일 어느 스포츠 단체의 잘못이나 비능률적인 운영 실태를 폭로하면 다시는 그들로부터 중계권을 사기가 어려워진다. 하지만 채널 4는 스포츠에 의존하고 있지 않았기 때문에 거리낄 것이 없었다.

〈스포츠계의 화제〉를 제작할 때까지 나는 거의 10년 동안 텔레비전 방송사 임원실로만 전전했기 때문에 다시 프로그램 제작의 길로 되돌아가니 새로운 느낌이 들었다. 텔레비전 방송사를 운영할 때에는 프로그램 제작이 효율적이고 완벽한 소식을 갖추고 원활하게 진행되는 과정이라고 믿게 된다. 하지만 제작 현장에 되돌아가 보니 과거 그 어느 때와 마찬가지로 무질서한 혼돈상태였다. 몇 시간씩 기다리며 시간을 낭비하고, 사용하지도 않을 장면을 헤아릴 수도 없이 많이 촬영하고, 아무런 이유도 없이 촬영장에 나타나지 않는 사람을 마냥 기다리기 일쑤였다. 어느 날은 사기성이 있는 경마 기수를 만나려고 몇 시간을 벌판에서 기다렸다. 그는 끝내 나타나지 않았다. 왜 안 나타났을까? 사기성이 있는 기수라 믿을 만한 사람이 아니니까.

우리는 다양한 스포츠에 관하여 프로그램을 만들었으나 크게 유명해진 작품은 럭비연맹에 관한 것이었다. 그 프로그램에서 윌 칼링은 럭비연맹(RFU) 운영위원회를 가리켜 '57명의 어리석은 늙은이 집단'이라고 말한 지 불과 36시간 만에 잉글랜드 럭비 팀 주장 자리에서 쫓겨났다.

이 프로그램의 목표는 다양한 연령층이 영국 럭비를 즐기고 있다는 것을 보여주는 것이었다. 아직 프로 팀이 창단되기 전이었는데, 럭비연맹 운영위원회 위원들은 경기는 운영위원들을 위한 것이지 선수들은 그다지 중요하지 않다는 사고방식을 가지고 있었다. 럭비연맹 사무국장이던 더들리 우드와 인터뷰를 할 때 우리가 선수들에 대해서 계속 질문을 던지자 그는 마침내 약간 짜증을 냈다.

"당신은 선수들에 대해서만 질문을 하시는군요. 나는 우리 위원회가 얼마나 훌륭하게 운영되고 있는지 말하고 싶습니다만."

그가 어느 행성에서 살고 있는지 의문스러웠다.

럭비만큼 선수들이 운영진을 미워하는 스포츠도 없었다. 이 스포츠계는 럭비의 아마추어 정신을 사랑하는 늙은이들과 프로선수처럼 훈련을 받고 경기에 출전하지만 보수를 한 푼도 받지 못하는 선수들로 완전히 양분되어 있었다. 세대 차이만 있었던 것이 아니라 계층별로도 확연히 갈라져 있었다.

이 프로그램을 담당한 프로듀서가 처음 칼링과 롭 앤드루를 어느 술집에서 만나기로 했을 때 앤드루가 약속시간에 나타나지 않았다. 그래서 프로듀서는 칼링에게 이 프로그램의 성격에 대해서 먼저 설명해주었다. 그런데 앤드루가 뒤늦게 나타나니까 칼링이 그에게 이렇게 말했다.

"럭비연맹을 까려고 나왔대. 자네도 연맹에 대해서 한마디 거들어볼래?"

그래서 두 사람이 모두 한마디씩 거들었다.

나는 리치먼드 힐 호텔에서 칼링과 인터뷰했다. 이 호텔은 국제경기를 치르기 전에 잉글랜드 선수들이 전통적으로 만나는 장소였다. 그는 위원회를 '어리석은 늙은이 집단'이라고 표현한 것 이외에도 논란의 여지가 있는 일을 많이 털어놓았다. 그 후 이 말에 대해서는 칼링과 다소 마찰이 있었다. 그는 카메라가 돌아가지 않고 있을 때 이 말을 공개하지 않는 조건으로 말했다는 것이다. 그러나 프로그램 제작 팀은 그의 말을 부인했다. 하지만 그 말이 오디오테이프에만 녹음되었을 뿐 비디오테이프에 녹화되지 않은 것은 사실이었다. 내 기억으로는 칼링이 자기 말의 의미를 잘 알고 있었고 한참 망설이다가 그 말을 꺼냈다. 칼링이 채널 4를 상대로 이의를 제기했으나 그의 대리인이 나중에 이의를 철회하였다.

'연맹의 나라'(State of the Union)라는 프로그램이 1995년 5월 4일 목요일 오후 8시에 방송되었다. 그런데 그 다음 토요일 아침에 존 브롬리가 내게 전화를 했다. 당시 그는 스포츠 컨설턴트로 일하고 있었는데 칼링의 대리인 존 홈스로부터 전화를 받았다는 것이다.

"연맹이 오늘 아침 칼링을 제명한다는군요. 위원회에게 무례한 행동을 했다는 이유로 말이에요. 존 홈스가 당신과 이야기를 나누고 싶다고 하는군요."

그 말이 사실이었다. 칼링이 쫓겨난 것이었다.

그런데 더들리 우드와 그 해에 럭비연맹 총재를 맡고 있었던 데니스 이스비는 운이 없었다. 그날 오후 트윅커넘에서 1995년도 필킹턴 컵 결승전이 와스프스 팀과 바스 팀 사이에 벌어진 것이다. 운동장은 7만 3,000명의 관중으로 꽉 차 있었다. 그런데 무례한 행동을 했다는 이유로 운영위원회가 잉글랜드 팀 주장을 제명시켰다는 소문이 관중석에 퍼져 데니스 이스비가 운동장으로 걸어 들어오자 관중이 모두 야유를 퍼부었다. 그날 럭비연맹 위원회는 오랫동안 피해 왔던 일에 정면으로 맞부딪히고 만 것이었다. 이들은 관중들과 럭비를 보기 위해서 돈을 낸 사람, 그리고 위원회의 경비와 화려한 만찬 비용을 간접적으로 지불한 사람들이 위원들보다 선수들을 훨씬 더 중요하게 여긴다는 사실을 마침내 인정할 수밖에 없었다.

그 다음날, 존 홈스는 라디오 생방송 프로그램에 럭비연맹의 데니스 이스비와 함께 출연하여 토론을 벌이게 해달라고 나에게 졸랐다. 그 토론은 〈토크스포트〉(Talksport)라는 프로그램에서 열렸고, 진행자는 ITV에서 일하던 개리 뉴본이었다. 어쨌든 우리는 생방송으로 사태를 마무리하고 칼링은 팀에 복귀하게 되었다.

여러 면에서 볼 때, '어리석은 늙은이 집단' 사건은 영국 럭비 역사의 한 시대가 사라지고 새로운 시대가 열리는 계기가 되었다. 그로부터 얼마 지나지 않아 프로팀이 창단되었다. 럭비연맹에 개혁의 바람이 불고, 전문성을 갖춘 경영진이 들어왔으며, 9년 후에는 한 영국 프로팀이 럭비 월드컵 대회(Rugby World Cup)에서 우승했다. 그해 내 생일날에는 친구 제프 라이트가 내게 'GD 57 RFU 0'라는 자동차 번호판을 선물로 주었다(GD는 그렉 다이크, RFU는 럭비연맹을 가리킨다 : 옮긴이).

〈스포츠계의 화제〉를 제작하면서 나는 영국에서 스포츠 단체를 조직하고 운영하는 사람들이 대부분 선의를 가지고 열심히 일하는 열성적인 아마추어들이라는 것을 알았다. 유감스럽게도 많은 스포츠계에서 지금도 아마추어들이 주로 활동하고 있다. 그레이엄 테일러는 잉글랜드 축구팀 감독이 되었을 때 축구협회에서 중요한 인물로 대우 받게 될 것이라고 기대했다고 한다. 그런데 노퍽 출신 축구협회 대의원만큼도 중요한 인물로 대우받지 못한다는 사실을 깨닫기까지 그리 오랜 시간이 걸리지 않았다고 한다.

비행기로 이동할 때 운영위원회 임원들은 비즈니스 클래스에 타고 선수들은 동물우리에 탄다는 이야기는 영국 스포츠계에서 지금도 흔히 듣는 이야기다. 〈스포츠계의 화제〉 프로그램을 제작할 때 데이비드 멜러는 영국 스포츠 행정의 의혹에 대해서 이렇게 단적으로 잘 표현했다.

"영국 스포츠는 블레이저를 입고 설치는 늙은이들이 자기 칼에 맞아 쓰러졌을 때 비로소 개선될 수 있을 것이다."

그런데 유감스럽게도 젊은이들 가운데에도 늙은이들의 뒤를 이어서 블레이저를 입고 설치는 사람이 많이 있다. 스포츠계를 구조적으로 개혁하지 않으면 개선하기 힘들 것이다.

나는 피어슨 텔레비전을 운영하는 새로운 직책을 맡고 있는 동안에도 〈스포츠계의 화제〉 연속물을 두 편 제작했다. 사실, 그때 나는 요크셔의 황무지에서 살을 에는 듯이 추운 날씨에 벌벌 떨며 경마에 관한 프로그램을 제작하면서 한편으로는 오스트레일리아 제작사 그런디를 3억 8,600만 파운드에 매입하려고 협상을 진행하고 있었다. 두 번째 연속물을 끝내고 나서 나는 진행자와 임원의 역할을 겸직할 수 없다고 판단하고 〈스포츠계의 화제〉에서 손을 떼려고 했다. 채널 4와 요크셔 텔레비전 측에서도 프로그램에서 다룰 만한 스포츠 기사가 그리 많지 않다는 데 동의해서 그것으로 프로그램을 끝냈다. 그래서 내가 스포츠에 개입하는 일도 다시 끝이 났다. 하지만 그만둔 것도 잠시 동안이었다.

그 다음 해, 나는 마이크 사우스게이트의 전화를 받았다. 당시 그는 ITV 네트워크에서 스포츠를 담당하고 있었다. 마이크는 함께 일하기에 아주 좋은 친구였다. 그는 근면하고 유능한 리더였으며, 탁월한 해결사였다. 어려운 문제를 마이크에게 털어놓기만 하면 그 이튿날 그는 해법을 제시해주었다. 그러고서는 이내 사라져서 그 문제를 처리해버린다. 최고경영자로 성공하려면 마이크 사우스게이트 같은 인물이 필요하다. 마이크는 내가 언제나 그에게 새로운 일만 맡겨놓고는 자기를 남겨둔 채 떠나버린다고 투덜거렸다. 유감스럽게도 이 말은 사실이다. 내가 처음 LWT를 떠날 때도 그는 그 회사에 남아 있었다. 그리고 나는 그를 TVS로 꾀어내고서는 LWT로 복귀했다가 피어슨 텔레비전을 거쳐서 BBC로 자리를 옮겼다.

마이크는 내게 전화를 걸어 맨체스터 유나이티드의 마틴 에드워즈가 나를 찾고 있다고 전해주었다. 그래서 마틴에게 전화해 랭커스터 호텔에서 한잔하자고 약속했다. 약속장소에 나가니 그가 맨체스터 유나이티드 회장 롤런드 스미스 경과 함께 나를 기다리고 있었다. 내가 자리에 앉자 그들은 텔레비전 방송국에서 일한 경력이 있는 사람을 맨체스터 유나이티드 이사진에 영입하고 싶다고 말했다. 오랜 토의 끝에 우리는 내가 적임자라는 결론을 내렸다.

내 인생에서 일어난 사건 가운데 이것이 내 성장배경이 초라하다는 사실을 가장 절실하게 느끼게 해준 사건이었다. 나는 헤이즈에서 어린 시절을 보내고 1950년대 초부터 맨체스터 유나이티드를 지지했다. 1958년 2월 뮌헨에서 비행기 추락사고가 있던 날 밤에는 울면서 잠들었다. 1968년 유럽 컵에서 벤피카 팀을 무찌르고 승리하던 날 밤에는 승리의 기쁨에 도취했었다. 리버풀이 영국 축구계를 지배하고 유나이티드가 16년 동안 타이틀을 차지하지 못하던 시절에는 기가 죽었다. 그런데 갑자기 내가 맨체스터 유나이티드 이사로 출세한 것이다. 마틴은 그 자리를 맡으면 이사 전용 관람석을 네 석 배정받게 될 것이라고 말했다. 나는 대수롭지 않은 일인 양 침착하게 행동하면서 좀 더 생각해보고 수와도 의논해보겠다고 마틴과 롤런드에게 대답했다.

그 자리를 빠져나오자마자 나는 쏜살같이 집으로 내달렸다. 집에 들어서니 막내아들 조가 있었다. 그때 그 아이는 아홉 살이었는데 유나이티드 서포터로 나와 동지였다. 나는 조에게 맨체스터 유나이티드에 이사로 가게 되었다고 말했다. 그러자 아들이 물었다.

"아빠, 그게 무슨 뜻이에요?"

"티켓을 공짜로 얻는다는 말이야. 티켓!"

반려자인 수는 생각이 달랐다. 그녀는 축구를 끔찍이 싫어해서 오늘날까지도 그녀가 어머니로서 저지른 가장 큰 실수는 우리 아이 네 명 중 셋에게 축구에 대한 사랑을 주입시키지 못하게 나를 말리지 않은 것이라고 생각하고 있다. 그런데 이제 매주 토요일은 물론 주중에도 저녁에 유나이티드 팀을 따라서 축구시합에 가게 생겼다고 말해야 한다. 이 말을 꺼내려니 등골이 오싹했다. 그런데 놀랍게도 그녀는 담담하게 받아들였다.

"나도 당신이 뭔가 당신에게 맞는 일을 해야 한다고 생각하고 있었어요."

믿어지지가 않았다. 이 여자가 내가 알고 지내며 사랑하는 여자란 말인가? 나는 잠시 그녀의 말에 복선이 깔려 있는 건 아닌지 생각해보고 이렇게 말했다.

"지금 한 말을 여기 쓰고 서명해주지 않겠소?"

이제 내가 해야 할 일은 내 고용주인 피어슨의 동의를 받아내는 것이다. 나는 회장 데니스 스티븐슨을 만나러 갔다(지금은 데니스 경이다). 나는 제안받은 내용을 설명하고 유나이티드와 피어슨 둘 중에서 하나를 택하라면 유나이티드를 택하겠다고 선언했다. 그러자 그는 웃음을 터트리며 동의했다.

맨체스터 유나이티드 회장이자 교수인 롤런드 스미스 경은 놀라운 인격자였다. 그는 매력적이고 재미있는 이야기의 원천이었다. 그는 오랫동안 큰 사업에 간여했고, 한때는 영국에서 어느 누구보다 상장회사 이사직을 많이 보유하고 있던 사람이다. 그는 맨체스터에서 두 번째로 손꼽히는 대학교인 UMIST(맨체스터공과대학교)의 명예총장이고, 영국중앙은행 이사이며 항공기 제작사인 브리티시 에어로스페이스의 회장을 겸임하고 있었다. 또한 그는 백화점 체인인 하우스 오브 프레이저의 회장으로서 해러즈 백화점을 모하메드 알 파예드에게 팔았고 그 과정에 타이니 로울런드로부터 협박을 받기도 했다. 해러즈 백화점을 매각하는 과정에 벌어진 싸움에서 롤런드는 타이니 로울런드에게 탱크를 그의 집 잔디밭에서 치우라고 말했다는 유명한 일화가 있다. 그러자 로울런드는 롤런드 스미스와 악수를 하고 나서 손가락을 세어보라고 말했다. 1991년 맨체스터 유나이티드를 주식시장에 상장하자고 맨 처음에 제안한 사람도 롤런드였다. 충성심을 보이기 위해서 나도 그때 주식을 몇 주 샀다. 내 가장 친한 친구 리처드 웹은 그 주식이 썩 좋은 물건은 아니지만 다른 투자에서 번 수익을 상계시키려면 자본 수익에 대한 세무처리상 손실이 필요하니까 손해를 보지 않을까 걱정할 필요는 없다고 조언해주었다. 그런데 그 투자에서 엄청난 이익을 보았다. 나는 1주당 28펜스에 사들여서 214펜스에 팔았다.

유나이티드 이사회는 외부에서 비상임 이사를 영입하라는 압력을 받고 있었다. 내가 속해 있던 유나이티드 본사 이사진과 축구 클럽 측 이사진 사이에는 팽팽한 긴장감이 감돌고 있었다. 축구 클럽 측 이사진은 축구 경기 실무를 담당하는 이사로 구성되어 있었다. 마이크 에덜슨은 지금까지도 축구 클럽 이사진에 남아 있는데, 그가 내게 이런 말을 한 적이 있었다.

"나는 돈이나 수익 창출에는 관심 없어요. 그저 경기에서 이길 수 있도록 최상급 선수만 사들였으면 좋겠어요."

마이크는 축구 클럽을 기업체로 운영하려는 사람이 있으면 축구 클럽이 당면하고 있는 난제를 늘어놓았다. 사실, 감독이든, 선수이든, 클럽 직원이든, 팬이든, 축구 클럽을 운영해서 돈을 벌어들이는지 그렇지 않은지 관심을 가지는 사람은 아무도 없다. 이들은 각 클럽이 선수들에게 돈을 더 쓰기 바라고 있고, 실제로 축구계에서는 이익금이 대부분 선수들에게 돌아간다. 수익금의 대부분이 출연자들에게 돌아가는 영화계와 별로 다를 것이 없다. 오래전부터 전해오는 우스갯소리가 있다.

"영화계에서 어떻게 작은 재산을 모으겠느냐? 큰 재산부터 모아라."

하지만 영국에서 맨체스터 유나이티드만큼은 예외였다. 수익을 내고 주주들에게 배당금을 지급하고 사업체의 전반적인 가치를 올리는 것이 본사 이사회의 의무였다. 그래서 각기 다른 두 가지 사고방식이 서로 충돌하는 것은 피할 수 없는 상황이었다.

맨체스터 유나이티드가 1998년 애스턴 빌라로부터 트리니다드토바고 출신 선수 드와이트 요크를 1,260만 파운드에 사들일 때 노르웨이 출신 선수 올레 군나르 솔샤르는 토트넘 클럽에 500만 파운드에 넘긴다는 엄격한 양해사항이 있었다. 나는 알렉스 퍼거슨과 축구 클럽 이사진이 그를 다른 클럽에 넘길 의향이 있었는지 지금까지도 의심이 가시지 않는다. 요크가 우리가 애초에 알고 있던 가격보다 비싼 가격에 클럽에 들어왔는데 갑자기 솔샤르가 나가지 않겠다고 했다. 그가 유럽 챔피언 리그에서 유나이티드에게 우승을 안겨준 것을 보면 축구 클럽 이사진의 판단이 옳았던 것 같다.

마틴 에드워즈는 맨체스터 유나이티드의 최고경영자이자 축구 클럽 이사회의 회장으로서 양쪽 이사직을 겸임하고 있었다. 그는 당시 클럽의 대주주였기 때문에 주식 가격에 관심이 아주 많았다. 물론 축구 클럽을 운영하는 일은 생색 안 나는 일이다. 팬들이 마지막에 가서는 항상 대들기 때문이다. 그러나 평소에는 지지 않으면 대들지 않았다. 하지만 마틴에게는 달랐다. 마틴이 운영을 맡고 있을 때 유나이티드는 9년 동안 프리미어 리그에서 7회나 우승했지만 그가 운동장에 나타나면 팬들이 야유를 퍼부었다. 그들은 마틴이 자기들만큼 클럽을 사랑하지 않는다고 생각했다. 그가 세 차례나 클럽을 현금을 받고 팔아넘기려 했기 때문이다. 마지막으로 팔려고 시도할 때 나도 이사회에 속해 있었다. 그때는 루퍼트 머독과 BSkyB가 클럽을 사려고 했다. 결국 이사 가운데 나만 줄기차게 매각에 반대 주장을 펴게 되었다. 하지만 나는 그런 상황에서 외톨이가 되는 것을 두려워한 적이 없었다. 게다가 이때에는 혼자가 아니었다. 이녁 파웰이 내게 그런 말을 했던 것으로 기억한다.

"저는 소수 반대자로 남았다고 해서 내 판단이 그릇된 것이라고는 생각해본 적이 없어요."

그 말에 나도 동의했다.

BSkyB가 맨체스터 유나이티드를 살 의사가 있다는 것을 내가 처음 알게 된 때는 1998년 7월 초였다. 그때 이사회에 나가니 롤런드 스미스와 마틴 에드워즈가 일상적인 의제를 철회하고 다른 의제를 토의하자고 말했다. 바로 회사를 매각하는 의제였다. 《선데이 텔레그래프》(Sunday Telegraph)가 이 소식을 터트린 것은 두 달 후의 일이었다. 나는 그 두 달 동안 거래를 무산시키려고 안간힘을 썼다.

그에 앞서 6월에 이사회가 열렸을 때 어떤 일이 벌어졌는지 내가 미리 알고 있어야 했다. 그때 우리는 이사회에서 장기적인 전략을 토의하는 것으로 알고 있었다. 이러한 의제는 맨체스터 유나이티드 이사회에서 별로 다루지 않았던 것이었다. 하지만 우리가 이사회에 참석하러 갔을 때, 롤런드 스미스는 갑자기 런던에 급한 일이 생겨서 회의를 중도에 끝내겠다고 발표했다. 그래서 우리는 두 시간 만에 회의실에서 나왔다. 그다음 회의에서 우리는 BSkyB가 매각 제안에 응했다는 소식을 들었다.

매각 계획은 마틴이 세운 것이었다. 우리가 들은 바로는 그가 BSkyB 최고경영자 마크 부스와 회의를 거듭한 결과 계약하기로 합의했다고 한다. BSkyB는 주식가격을 1주당 212펜스씩 계산해서 맨체스터 유나이티드를 6억 파운드에 통째로 사들이기로 했다는 것이다. 그 당시 1주당 159펜스였던 시세와 비교하면 엄청난 액수였다. 마틴은 마크 부스가 이 가격을 내놓았는데 1주당 212펜스가 BSkyB가 지불할 수 있는 최고 금액이라고 설명했다. 나는 웃으면서 이렇게 말했다.

"그 사람이야 그렇게 말하겠죠."

클럽의 대주주인 마틴은 클럽을 기꺼이 팔려고 했을 뿐만 아니라 협상 초기 단계부터 매각 협상을 원만히 진행하기 위해서 자기 주식을 담보로 내놓으려고까지 했다. 그는 현금을 원했던 것이다. 그는 롤런드도 자기편으로 끌어들였고 롤런드는 좀 더 애타적인 차원에서 그와 동조하였다. 그는 유나이티드가 재무구조가 튼튼한 대기업 그룹의 일원이 되면 유나이티드에게도 이득이 될 것이라고 생각했다. 하지만 나는 롤런드의 의견에 반대했다. 어떤 이유를 대더라도 나는 그 거래에 찬성할 수 없었다.

나는 가격이 너무 낮다고 생각했다. 미디어 제국의 일원이 된다고 해서 클럽에게 어떤 이짐이 있으리라고 생각하지도 않았다. 특히 유나이티드는 재무구조가 튼튼하기 때문에 다른 축구 클럽들과는 달리 혼자서도 너끈히 살아남을 수 있다고 생각했다. BSkyB가 맨체스터 유나이티드에 자금을 투자하리라는 전망에 대해서도 나는 회의적이었다. 정상적인 시세에다 웃돈을 얹어주고 다른 회사를 인수한 회사라면 돈을 절약하려고 하지 새로운 사업에 돈을 더 넣을 리가 없기 때문이었다.

이 거래가 성사되면 단일 텔레비전 방송사가 맨체스터 유나이티드의 텔레비전 중계권을 영원히 사들이는 결과가 발생하는데 불공정거래를 규제하는 행정당국의 승인을 받을 수 있을지도 의문스러웠다. 이사회에서는 그런 말을 하지 않았지만 내가 이 거래에 반대하는 데에는 한 가지 이유가 더 있었다. 내가 사랑하는 맨체스터 유나이티드를 루퍼트 머독에게 넘기고 싶지 않았던 것이다. 하지만 이러한 이유를 사업상의 거래를 반대하는 이유로 내세울 수는 없는 노릇이었다.

7월에 열린 회의에서 이사회는 좀 더 연구할 필요가 있다는 결론을 내렸다. 거래은행들을 이 거래에 참여시키고 자체적으로도 거래 타당성을 평가하기로 했다. 그래서 평가 작업이 7월과 8월에 계속되었다. 나는 미디어 컨설팅 회사인 스펙트럼의 재니스 휴즈에게 텔레비전 중계권이 장기적인 관점에서 얼마나 가치가 있는지 평가를 해달라고 의뢰했다. 그녀가 매우 낙관적인 전망을 내놓은 것을 보고 나는 이사회를 설득하여 그 거래를 무산시킬 수 있겠다고 생각했다.

마틴 에드워즈가 마크 부스를 만나서 유나이티드 이사회에서 거래에 반대하고 있다고 전하자, 부스는 BSkyB의 제시가격을 1주당 220펜스로 올렸다. 212펜스가 그가 지불할 수 있는 최고금액이라고 했었는데……. 우리 주거래은행은 HSBC였다. 루퍼트 포레-워커라는 대단한 이름을 가진 은행가가 경영하는 은행이었다. 은행 측은 220펜스의 제안을 받았을 때에는 이사들이 주주들에게 그 제안을 알려서 주주들에게 결정할 기회를 주어야 할 의무가 있다는 의견을 내놓았다. 그들 생각에 좋은 거래이기 때문이다. 나는 그 의견에 반대하고 거래가 성사되면 HSBC가 수백만 파운드를 벌고 그렇지 않으면 10여 만 파운드를 버는 데 그친다는 점을 감안하면 HSBC의 의견이 공정하다고 볼 수 없다는 점을 지적했다.

이사들도 한 사람씩 마틴과 롤런드 편에 가담하기 시작했다. 8월 말이 되었을 때 거래에 반대하는 사람이라고는 나 이외에 당시 재정 담당 이사를 맡고 있었고 지금 맨체스터 유나이티드의 최고경영자로 있는 데이비드 질밖에 없었다. 그런데 그 소식이 밖으로 새나갔다. 9월 5일 토요일 오후에 집에서 쉬고 있는데 피어슨 방송사 공보실에서 전화가 왔다. 《선데이 텔레그래프》의 닐 콜린스가 맨체스터 유나이티드를 BSkyB가 매입한다는 기사를 실었다는 것이다. 공보실에서는 그 기사를 황당무계한 소리라고 무시했으나 콜린스가 사실이라고 우기면서 내가 그 거래에 가장 심하게 반대한 이사로 알려져 있으니 나와 이야기하고 싶다고 했다는 것이다.

나는 그에게는 전화하지 않고, 데이비드 질과 연락하여 그에게 다른 이사들에게도 그 소식을 알리라고 말했다. 나는 BSkyB에도 전화를 해서 마크 부스와 통화했다. 우리는 인수 문제를 놓고 서로 상의한 적은 없지만 나는 그를 잘 알고 있었다. 나는 그에게 《선데이 텔레그래프》의 기사에 대해서 이야기하고 그 거래에 관해서도 의견을 나누었다. 그는 내게 반대하는 이유가 뭐냐고 물었다. 나는 이유를 조목조목 열거하고 그 거래가 독점합병감독위원회(Monopolies and Mergers Commission)의 심사를 통과하지 못할 것이라고 설명했다. 우리는 통과하느냐 못하느냐에 50파운드 내기를 걸었다. 결국 심사를 통과하지 못해서 그는 50파운드를 냈다.

그것은 구식 일요신문사로서는 대단한 특종이었다. 그래서 닐 콜린스는 여러 상을 받았다. 모든 사람이 내가 그 정보를 흘렸다고 믿고 있지만 그 정보가 공개되면 내게도 이득이 될 것이 없었다. 그 정보가 공개되지 않고 비밀이 유지되었어도 나는 그 거래를 막을 수 있는 기회가 있었다. 오늘날까지도 콜린스에게 정보를 제공한 사람이 누구였는지 나는 모른다. 하지만 그것은 저널리즘의 걸작품이었다.

그 이후에 정치적으로 매우 흥미로운 일이 벌어졌다. 일요일 아침에 스포츠 장관 토니 뱅크스가 〈프로스트 온 선데이〉(Frost on Sunday) 프로그램에 출연하여 그 거래에 반대한다고 자신의 입장을 분명하게 밝혔다. 그는 통상산업부가 그 문제를 정밀하게 조사할 것이라고 말했다. 그 이후로는 그는 물론 다른 정부 각료들도 모두 자취를 감춰버리고 인수 문제에 대해서 처음부터 끝까지 한마디도 언급하지 않았다. 노동당이 오랫동안 머독의 비위를 맞추려고 애썼지만 이 문제에 대해서는 그의 편을 들 수가 없었다. 은행원들에게도 함구령이 떨어졌다.

《선데이 텔레그래프》에 기사가 실린 후 맨체스터 유나이티드는 월요일부터 연 이틀 동안 거의 쉬지 않고 회의를 계속했다. 회의장에 아주 불쾌한 분위기가 돌 때도 많았다. 월요일 밤 늦게 마틴 에드워즈는 거래에 계속 반대하면 나를 상대로 소송을 걸겠다고 위협했다. 그래서 나는 이사회에 참석한 유일한 사외이사로서 위협에 절대로 굴복하지 않겠다고 말하며 내 주장을 굽히지 않았다. 그는 훗날 농담으로 그래본 것이라고 말했지만 당시에는 그의 말이 농담으로 느껴지지 않았다.

우리 측 주식중개사인 메릴 린치는 주위에서 엄청난 압력을 받았지만 나를 지지했다. 그들도 제안 가격이 너무 낮다고 생각했던 것이다. 런던에 주재하는 그 회사의 최고위층 인사는 뉴욕 본사에 있는 상사들로부터 나를 지지하지 말라는 지시를 받았다고 말했다. 루퍼트 머독의 뉴스 인터내셔널이 소유하고 있는 폭스사의 주식을 상장할 시기가 임박했는데 나를 지지하면 메릴 린치가 그 거래에 한 몫 낄 수가 없다는 이유였다. 하지만 메릴 린치는 신념을 굽히지 않고 꿋꿋이 버텼다. 그러자 압력이 더욱 거세졌다. 화요일 아침 일찍 루퍼트 머독이 직접 롤런드 스미스에게 전화를 걸어서 나를 경계하라고 주의를 주었다. 그는 내가 BSkyB의 적이라고 널리 알려져 있는 사람이니 투표하지 못하게 막으라고 말했다.

나는 슬로터 앤드 메이라는 법무법인에 있는 스티븐 쿠크에게 개인적으로 자문을 구했다. 스티븐은 그라나다가 LWT를 인수할 때 LWT 측 대리인 역할을 한 적이 있는데 나는 그의 업무 처리 능력에 깊은 감명을 받았다. 그때부터 우리는 친구가 되었다. 그의 조언은 명쾌했다. 주주에게 금전적으로 유리한 거래라면 그 제안을 받아들이라고 건의해야 한다는 것이었다. 그의 말에 따르면 관련법에 명확한 규정이 있다는 것이었다. 즉 주주만이 판단할 문제라는 것이었다. 법률적으로는 팬이나 선수나 임직원들은 주주 다음이었다.

이 무렵 제안 가격이 230펜스까지 올라갔다. 그러자 데이비드 질마저 이제는 그 제안을 받아들여야 한다고 했다. 이제 완전히 나 혼자 남았다. 화요일 아침 나는 가격이 240펜스가 되면 받아들이겠다고 제안하는 동시에 내가 보유하고 있는 주식에서 이 거래의 결과로 생기는 수익금은 모두 맨체스터에 있는 자선기관에 보내겠다고 선언했다. 나는 정말 개인적으로 이 거래에서 이익을 보고 싶지 않았다. 나는 가격이 230펜스인 상태에서는 매각에 반대도 하지 않겠지만 팔라고 권고하지도 않겠다고 말했다. 그리고 나서 맨체스터 유나이티드가 독립적인 회사로 유지되어서는 안 될 만한 이유를 찾아볼 수가 없다고 내 입장을 밝히는 성명서를 발표했다. 롤런드 스미스는 현명한 노인이라 이사들을 모두 자기편으로 끌어들여야 한다는 사실을 알고 있었다. 그래서 그는

240펜스가 아니면 거래를 하지 않겠다고 마크 부스에게 통보하라고 마틴 에드워즈에게 지시했다. 부스는 노발대발하면서 240펜스는 절대로 안 내겠다고 말하며 그날 오후 5시까지 결정하지 않으면 제안을 철회하겠다고 회답했다.

BSkyB는 아이워스에 있는 본사에서 오후 내내 회의를 계속했다. 루퍼트 머독도 그 자리에 참석했다. 우리는 로워 템스 스트리트에 있는 HSBC사옥에 있었다. 이 거래는 이제 자존심이 걸린 싸움으로 변했다. 내 직속상사인 피어슨 텔레비전 회장 데이스 스티븐슨도 공교롭게 그 당시 BSkyB 이사회에 참석하고 있었다. 나중에 그가 전해준 바로는 BSkyB 이사회에서 내 이름이 거론될 때마다 내 이름 앞에 모욕적인 형용사가 붙었다고 한다. 데니스는 내 입장을 대변하여 그는 비상임 이사로서 당연히 해야 할 일, 즉 주주들의 수익을 극대화하는 일을 하고 있을 뿐이라고 말했다고 한다. 내가 루퍼트 머독을 골탕 먹이는 데 큰 재미를 느끼고 있다는 말은 그가 하지 않았으리라.

문제는 어느 쪽이 먼저 꺾이느냐 하는 것이었다. 나는 BSkyB 이사회가 주장을 굽히지 않기 바랐다. 그래야 맨체스터 유나이티드가 계속 독립적으로 운영될 수 있을 테니까. 하지만 그렇게 되지 않았다. 오후 4시경 그들은 손을 들고 1주당 240펜스를 내기로 동의했다. 내가 이겼다. 하지만 한편으로는 내가 졌다.

그 이튿날 올드 트래퍼드에서 기자회견이 열렸을 때 《데일리 미러》의 어느 기자가 마크 부스에게 질문을 던졌다. 그 질문은 스포츠 저널리즘에 관련된 질문으로서는 가장 훌륭한 질문 가운데 하나였다.

"맨체스터 유나이티드에서 누가 레프트 백으로 뛰나요?"

부스는 미국인이라 축구에 대해서는 전혀 아는 것이 없었다. 그는 아주 당혹스러워하면서 질문에 대답하지 못했다. 어떤 면에서는 그 거래의 신뢰도가 그 질문 하나로 무너져버렸다는 생각이 든다. 나는 내가 가지고 있는 주식에서 생긴 이익금을 자선단체에 기부하겠다고 발표했다. 거래은행에서는 그런 발표를 하지 말라고 나를 강력하게 말렸다. 그러나 나는 그들의 충고를 무시했다.

이 회사 인수 사안이 독점합병감독위원회에 회부되자 수백 명의 개인과 단체들이 이 거래에 불리한 증거를 제출하였다. BSkyB와 맨체스터를 빼고 외부에서 이 거래에 찬성하는 사람은 아무도 없었다. 결국 감독위원회는 BSkyB가 맨체스터를 인수하는 거래는 자유 경쟁 원칙에 위배된다는 입장을 취했다. 감독위원회는 보고서에서 루퍼트 머독의 비위를 거스르지 않으려고 열심히 노력한 정권이라도 이 결정은 받아들여야 한다고 결론지었다. 그래서 맨체스터 유나이티드를 인수하려는 BSkyB의 시도는 수포로 돌아갔다.

맨체스터 유나이티드 이사직을 수행하다 보면 이 세상에서 가장 귀중한 상품을 구해달라는 청탁 전화를 각계각층에 있는 사람들로부터 받는다. 그 상품은 바로 입장권이다. 하지만 내가 이사로 재임하고 있는 동안 받은 가장 이상한 청탁은 다우닝 가에서 온 청탁이었다. 그것은 입장권을 구해달라는 청탁이 아니었다. 나는 토니 블레어의 부인 셰리 블레어와 아주 잘 아는 사이인데, 어느 해 크리스마스에 그녀가 내게 전화를 걸어서 맨체스터 유나이티드 셔츠를 할인가격에 사줄 수 있느냐고 물었다. 나는 싸게 사줄 수 있다고 대답하고 셔츠에 이름과 등번호는 뭐라고 써넣으면 좋겠느냐고 물었다. 그러자 그녀는 이렇게 대답했다. 블레어 7번. 그녀의 아들 유안이 데이비드 베컴의 번호를 셔츠에 달고 싶어 했던 것이다. 나는 돈을 받지 않고 그 셔츠를 보내주겠다고 했으니 그녀는 돈을 내겠다고 고집했다. 셰리가 셔츠 값으로 보내준 수표를 액자에 넣어 걸어두고 싶은 유혹에 잠시 빠졌으나 추억보다는 돈이 더 중요하다는 판단을 내리고 그 수표를 현금으로 바꾸었다.

내가 유나이티드 이사로 근무하던 마지막 해에는 이 클럽이 3연승을 거두어 이 클럽 역사상 가장 성공적인 시즌 가운데 하나가 되었다. 나는 가족과 헤이즈에서 온 존 릭슨을 비롯하여 친구 몇 명을 데리고 3연승을 장식하는 마지막 경기인 바이에른 뮌헨 팀과의 경기를 보기 위해서 바르셀로나로 갔다. 나는 내 일행이 모두 관람할 수 있을 만큼 입장권을 충분히 확보해두었으나 내 입장권은 유나이티드 직원이 가지고 있었다. 나는 바르셀로나에 도착하는 대로 호텔에서 직원을 만나 그 입장권을 받기로 했는데 공교롭게도 내 전세 비행기가 늦게 도착했다. 게다가 공항에 우리 일행을 데리러 나온 미니버스 운전사가 바르셀로나 출신이 아니라 호텔을 찾지 못했다. 우리 일행이 호텔에 도착했을 때에는 유나이티드 직원들이 이미 떠나버린 뒤라 나는 입장권이 없어 경기장에 들어갈 수 없는 처지가 되었다. 경기를 볼 수 있는 유일한 방법은 속임수를 쓰는 것밖에 없었다. 첫 번째 경찰 저지선을 통과할 때는 실제 가지고 있는 표보다 표를 더 많이 갖고 있는 것처럼 눈속임을 썼다. 그 다음부터는 제지를 당할 때마다 맨체스터 유나이티드 이사라고 신분을 밝히고 앞장서서 안내하라고 허세를 부렸다. 마침내 운동장 안으로 들어가고 나서야 내 입장권과 증명서를 가지고 있는 맨체스터 유나이티드의 비서 켄 메릭을 만날 수 있었다. 허튼 수작이 때로는 이렇게 놀라운 효과를 발휘한다.

내가 유나이티드 이사로 있는 동안 어느 경기보다 훨씬 뛰어난 경기가 두 번 있었다. 1999년 4월 밤 빌라 파크에서 벌어진 FA컵 쟁탈전에서 우리 팀은 아스날을 때려 눕혔다. 그때 넣은 골은 내가 평생 본 골 중에서 가장 멋진 골 중 하나였다. 정규 경기시간이 종료되기 1분 전에 피터 슈마이켈이 페널티킥을 막아내고, 로이 킨은 퇴장 당한 상황이었는데 라이언 긱스가 중앙선부터 달려들어가 골을 넣었다. 멋지게 내달리는 동안 공은 서너 번밖에 건드리지 않았다. 연이어서 우리는 두 번째 경기에 이겨 FA컵을 손에 넣었다. 두 번째로 멋진 경기는 그로부터 몇 달 뒤에 바르셀로나에서 벌어진 바로 그 경기였다. 이 경기에서 우리 팀은 88분 동안 맹렬히 뛰어 골을 상대 팀보다 두 배나 많이 넣고 이겼다. 그 이튿날 나는 피어슨 텔레비전 방송국 직원을 모두 초대해서 파티를 열었다.

BBC 사장 지명자로 선임되면서 나는 유나이티드 이사직을 더 이상 겸임할 수가 없게 되었다. 모든 사람이 스포츠 관련 권리를 파는 역할과 사는 역할을 동시에 겸할 수 없다고 이의를 제기해서 나는 이사직을 사임했다. 맨체스터 유나이티드 주식도 모두 팔아야 했다. 하지만 그 자리는 참 재미있는 경험이었다.

BBC에 부임하였을 때 내가 당면한 가장 큰 문제 가운데 하나는 바로 스포츠였다. 1980년대 말 BSkyB가 등장하기 전까지 BBC는 스포츠 분야에서 우위를 차지하고 있었고 큰 스포츠 관련 계약을 대부분 확보하고 있었다. 그러나 2000년경에는 이 계약을 많이 놓쳤다. FA컵과 포뮬러 원 자동차 경주는 ITV로 넘어갔고, 크리켓은 첼튼엄과 더비에서 열리는 경마와 함께 채널 4로 넘어갔으며, 우리에게는 다음 월드컵 축구 시합에 대한 계약도 없었고 국내 축구경기는 BSkyB가 대부분 쥐고 있었다.

BBC는 스포츠 중계에 대해서는 경쟁을 벌이지 않기로 결정을 내린 바 있었다. 존 버트의 의견은 매우 논리적이었다. BBC의 자금이 제한되어 있기 때문에 BBC가 더 나은 가치를 창출할 수 있는 드라마나 뉴스 분야에 자금을 써야 더 효율적이라는 것이었다. 이것은 이성적으로 완벽한 전략이었지만, 존 버트의 전략이 대개 그렇듯이 한 가지 요소를 무시한 전략이었다. 바로 시청자가 원하는 것을 무시한 것이다. 우리가 실시한 조사에 따르면, 영국 국민들은 광고 없이 BBC를 통해서 스포츠를 관람하기를 좋아했다. 그런데 BBC에서 더 이상 스포츠를 볼 수 없게 되자 시청자들은 몹시 분개했다. 시청료를 내는 이유가 바로 스포츠를 관람하기 위한 것이었던 사람들도 많았다.

BBC가 안고 있던 두 번째 문제는 쉽게 시정되었다. 컨설팅 회사 매킨지의 주도 아래 BBC 스포츠 부서가 이념적인 이유 때문에 두 개 부문으로 갈라져 있었다. 스포츠 방송부문에서는 중계권을 사들여서 텔레비전과 라디오에 활용하는 기능을 담당하고, 스포츠 제작부문에서는 소유하고 있는 중계권을 이용하여 프로그램을 제작하였다. 이것은 정말 정신 나간 짓이었다. 관계자들은 모두 미친 짓이라는 것을 알고 있었는데, 매킨지와 존 버트의 측근들만 미친 짓이라는 것을 몰랐다. 나는 BBC 조직 개편을 위해 'BBC 하나 되기' 계획안을 처음 작성하면서 그 제도를 철폐하고 스포츠 관련 부서를 하나로 통합하여 모든 업무를 총괄하도록 했다.

그러고 나서 나는 당시 BBC 1채널국장을 맡고 있던 피터 새먼을 설득해서 BBC 스포츠를 맡겼다. 그는 언제라도 과감한 결정을 내릴 수 있는 천부적인 리더십뿐만 아니라 다른 BBC 임원들과는 달리 직원들을 배려하는 자세도 갖추고 있었다. 그는 자신의 역할이 부하들의 의욕을 북돋우는 동시에 부하들을 잘 돌보는 것이라고 생각했다. 내가 문화 변혁 운동을 시작했을 때 그가 중요한 역할을 했다.

그런데 피터가 2000년 가을 그 자리를 맡기 전에 유감스럽게도 상황이 나빠졌다. BBC가 〈오늘의 경기〉 중계권을 다시 빼앗긴 것이다. 2000년 6월에 단 일주일 동안 FA컵, 프리미어 리그 챔피언십, 축구연맹 챔피언십에 대한 텔레비전 중계권이 모두 동시에 팔렸다. 터무니없는 가격에 중계권이 팔려나가는 것을 보니 축구 중계권을 다시 살 수 있는 여력이 생길지 의심스러웠다. BBC는 〈오늘의 경기〉 프로를 존속시키고 FA컵과 영국 국제경기를 되찾고 싶었다. ITV는 경기 하이라이트 녹화 방송에는 관심이 없고 FA컵 중계권만 계속 보유하려고 애썼다.

당시 축구협회 최고경영자이던 애덤 크로지어는 FA컵 중계권을 BBC에게 도로 주고 싶다는 의사를 분명히 밝히고 우리 측과 BSkyB가 제휴해서 입찰에 참가하라고 권유했다. 우리는 BBC를 위해서 마침내 큰 거래를 성사시켜 스카이의 최고경영자 토니 볼이 그 뒤 몇 년 동안 가슴앓이를 했다. 우리는 대금의 3분의 1만 부담하고 FA컵 쟁탈전이 벌어질 때마다 2개 경기를 중계하고 최우수 경기를 고를 수 있는 선택권은 물론 잉글랜드 팀이 국내에서 벌이는 국제경기를 모두 생방송할 수 있는 권리도 확보했다.

BBC가 중계권을 획득하게 되었다는 소식을 비공식적으로 들었을 때 우리는 무척 기뻤다. 문제는 애덤 크로지어가 ITV에게도 FA컵 중계권을 잃게 되었다고 말한 데서 발생했다. 그는 나중에 그런 말을 한 적이 없다고 부인했지만 나는 사실이라고 생각하고 있다. 그가 악의로 그런 말을 한 것은 아니었고 공정하게 처리하려고 했을 뿐이다. 그 이튿날 아침 프리미어 리그 중계권에 대한 최종 입찰서를 제출하였을 때 우리는 〈오늘의 경기〉 중계권 입찰가를 4,000만 파운드로 제시했으나 ITV가 6,000만 파운드 이상 제시하는 바람에 우리가 졌다. 4,000만 파운드도 매우 비싼 가격이었다. 크로지어가 ITV에 전화를 걸지만 않았어도 우리가 두 가지 중계권을 모두 확보했을 것이다. 어쨌든 그것은 경제학적으로 정신병자의 계산법이어서 ITV기 부담히는 비용이 크게 늘어났다. 그들은 그 계약 때문에 매 시즌마다 2,000만 내지 3,000만 파운드의 손해를 보았다. 사실 ITV로서는 그보다 더 상황이 좋지 않은 일도 있었다. 재정적으로 어려움을 겪고 있던 디지털 방송사 ITV 디지털이 향후 3년 동안 축구연맹 경기를 텔레비전 중계하기 위한 권리를 획득하기 위해서 바로 그날 3억 1,500만 파운드를 입찰가격으로 제시했던 것이다.

언론에서는 〈오늘의 경기〉 중계권을 잃었다고 BBC와 나를 맹렬히 비난하였다. 우리가 훨씬 나은 조건으로 FA컵 중계권을 따낸 것에는 아무도 관심이 없었고 ITV가 입찰가격을 지나치게 높게 제시한 사실은 모두 무시했다. 언론인들은 대부분 돈에 대해서 거의 아는 것이 없다. 더구나 스포츠 담당 기자들은 돈에 대해서 전혀 모른다. 이러한 일이 벨기에와 네덜란드에서 유럽축구선수권대회(European Nations Cup)가 개최되고 있는 동안 일어나서 그곳에 파견되어 있던 ITV 스포츠 관계자들이 우리 직원들에게 애를 먹었다.

사실 FA컵, 잉글랜드 팀 국제경기, 프리미어 리그, 축구연맹 경기 중계권에 기록적인 가격을 지불하던 그 '미친' 일주일은 스포츠 중계권의 가격이 폭등하던 시기가 종말을 맞이했음을 고하는 시발점이 되었다. 가격 폭등이 일어난 이유는 두 가지가 있었다. 첫째로 유료 텔레비전 플랫폼이 BSkyB, ITV 디지털, 그리고 케이블 방송사의 형태로 출현하여 경쟁을 벌이기 시작했고, 둘째로 광고수익이 크게 증가했던 데에 원인이 있었다. 그런데 2년 만에 이러한 요인이 사라졌다. 나는 2001년 11월 《맨체스터 이브닝 뉴스》(Manchester Evening News)가 주관하는 우수기업시상식에서 행한 연설에서 그 무렵부터 ITV 디지털과 케이블 방송사들이 파산하거나 법정관리에 들어가기 시작했고 ITV의 광고수익이 해마다 15%씩 떨어졌다고 설명하였다. 거품이 터진 것이다. 나는 연설 도중 청중에게 이렇게 물었다.

"이것이 무엇을 의미할까요? 내가 아직도 맨체스터 유나이티드 이사직을 맡고 있다면 동료 이사들에게 아주 조심하라고 경고할 것입니다. 텔레비전 방송 수익이 급증하면서 최근에는 선수들이 받는 보수도 놀라울 정도로 인상되었습니다. 하지만 이제 반짝 경기가 끝나가고 있습니다."

내 말이 맞았다. 하지만 나는 로만 아브라모비치와 그의 막대한 러시아 자본은 계산에 넣지 않았다(로만 아브라모비치는 러시아의 석유 재벌로서 2003년 영국의 첼시 축구 클럽을 인수하였다: 옮긴이).

BBC 스포츠는 〈오늘의 경기〉 중계권을 잃었지만 피터 새면의 지휘 아래 서서히 정상을 되찾았다. BBC는 2000년 시드니 올림픽에서 IOC(국제올림픽위원회)로부터 최우수 방송사에 선정되었으며, 2002년 월드컵에서는 ITV를 완전히 압도했다. 잉글랜드가 월드컵 지역 예선에서 독일을 5대 1로 무찌르고 월드컵 출전 자격을 따내던 그 멋진 밤에 우리는 뮌헨에서 그 경기를 독점 중계할 수 있는 중계권을 가지고 있었다. 나도 그날 밤 그곳에 있었는데, 그 이튿날 공항에서 존 못슨을 우연히 만났다. 그는 대단한 승리라고 말하면서 그날 밤에 재방송하는 게 좋지 않겠느냐고 물었다. 나는 그때 마침 공항에 있던 텔레비전본부장 마크 톰슨을 붙잡아 그 경기를 재방송하기로 결정했다. 그렇게 하면 우리도 그 경기를 다시 볼 수 있을 테니까. 우리는 공항에서 BBC 1채널국장 로레인 헤게시에게 전화를 걸어서 그날 밤 방송 시간표를 변경하라고 위협했다.

월드컵 본선 경기를 할당할 때 우리는 수단과 방법을 가리지 않고 손을 써서 ITV를 완전히 제압했다. 월드컵 중계권을 놓고 협상을 벌일 때 우리는 좋은 가격에 중계권을 따냈다. 중계권을 판매하던 회사인 키르시가 파산할 지경에 이르지 우리는 ITV에게 경기 할당 방식을 바꾸고 싶다고 말했다. 일단 쌍방이 계약을 체결하고 난 연후에 우리는 잉글랜드 경기를 모두 생방송으로 중계할 계획이라고 말하면서 ITV가 생방송으로 중계해도 신경 쓰지 않겠다고 덧붙였다. 그러자 ITV 측에서는 미친 듯이 펄쩍 뛰었다. 양사가 같은 경기를 동시에 중계하면 우리가 그들보다 두세 배 많은 시청자를 끌어 모을 수 있다는 것을 알고 있었기 때문이다. 결국 우리는 잉글랜드 경기를 2회 방송하고 ITV는 1회 방송했다. 결승전에 가까워지면서 우리는 시청률에서 ITV를 거의 4대 1로 꺾었다. BBC 시청자는 1,240만 명이었던 반면 ITV 시청자는 360만 명에 그쳤다.

우리는 제5라디오 라이브에서 프리미어 리그와 크리켓 경기를 방송할 수 있는 중계권을 계속 확보하고, BBC 1채널로 더비 경마와 5개국 대항 럭비 선수권대회(Five Nations Rugby)를 방송할 수 있는 중계권을 되찾고, BBC 2채널에서 육상경기를 방송할 수 있는 중계권도 획득했다. 하지만 BBC 스포츠의 재기는 2003년에 진행된 2004년 및 2005년 시즌 축구 2차 협상에서 확실하게 결정되었다. 우리는 축구협회와 좋은 조건으로 계약을 체결하여 잉글랜드 팀의 홈 국제경기 전부와 매 회전마다 FA컵 경기를 3회 중계할 수 있는 방송권을 획득했고, 3,500만 파운드에 입찰하여 〈오늘의 경기〉 방송권도 되찾았다. 이 가격은 ITV가 지불하던 가격에 거의 반 정도밖에 되지 않는 것이었다. 실제로 내가 BBC를 떠날 무렵에는 과거 그 어느 때보다도 BBC는 2004년 및 2005년 시즌에 개최될 축구 시합을 생중계와 녹화로 더 많이 중계할 수 있게 되었다.

스포츠 애호가가 사장이 되면 어떤 경기든 원하는 대로 표를 구할 수 있다는 특혜를 누리게 된다. 수와 나는 테니스 시합 관전을 좋아하기 때문에 매년 윔블던 구장에 두어 차례 갈 수 있는 기회를 만들려고 애썼다. 적어도 1년에 한 번은 전국테니스협회(All England Lawn Tennis Club)의 초청을 받아 로열박스에서 경기를 관람할 수 있는 기회가 있다. 어떤 해인가 우리가 로열박스 맨 앞줄에 앉아서 경기를 구경하고 있는데 어떤 사람이 홍차가 준비되었다고 큰 소리로 알렸다. 그러자 로열박스가 순식간에 텅 비어 버려 우리 부부만 경기가 끝날 때까지 맨 앞줄에 앉아 있었다. 그런데 선수들이 로열박스 앞으로 다가오더니 위를 올려다보면서 우리에게 고개를 숙여 인사를 하는 것이 아닌가! 겸연쩍어서 미칠 지경이었다. 그로부터 2년 후 테니스협회는 선수들이 로열박스를 향해 절을 올리는 전통을 없애버렸다.

영국 스포츠계는 내가 스포츠 방송에 관여한 15년 동안 몰라볼 정도로 바뀌었다. 유료 텔레비전이 등장하면서 일반 대중이 주중이나 주말에 텔레비전으로 경기를 보고 싶어 하는 일부 스포츠계에는 수십억 파운드가 쏟아져 들어갔는가 하면 다른 스포츠계는 그로 인해 불이익을 당하기도 했다. 이러한 추세는 스포츠 행사가 개최되는 장소와 시간대까지 바꾸어놓았다. 축구 경기가 토요일 오후에 개최되던 전통은 이제 거의 사라졌다. 방송사들이 주말 내내 경기를 중계하려고 하기 때문이다.

신문사의 스포츠 담당 기자를 비롯하여 전통주의자들은 방송사가 스포츠계를 좌지우지하는 것을 못마땅하게 생각하고 끔찍한 일이 벌어지고 있다고 우리에게 계속 불평을 늘어놓는다. 하지만 오늘날의 스포츠 세계에서는 돈이 전부다. 방송사가 스포츠계에 현금을 공급해주고 있기 때문에 마음대로 방침을 지시할 수 있게 된 것이다.

오늘날 스포츠 단체들은 유료 텔레비전과 지상파 텔레비전에 각각 경기를 얼마나 내보내야 할지 딜레마에 빠져 있다. 유료 텔레비전이 돈은 더 많이 내고 있지만, 지상파 텔레비전은 시청자가 훨씬 더 많아서 스포츠 발전에 도움이 된다. 가장 좋은 예가 럭비협회다. 2002년 스카이 방송사가 트위커넘에서 열린 잉글랜드 대 웨일스 럭비 경기를 중계했지만 시청자가 수십만 명에 지나지 않았다. 반면에 BBC 1채널이 그 다음 시즌에 카디프에서 열린 웨일스 대 잉글랜드 경기를 중계했을 때에는 시청자가 700만 명에 달했다.

이제 돌이켜보면, 1992년에 프리미어 리그 중계권을 잃은 것이 ITV에게 큰 타격이 되었다. 하지만 그것은 불가피한 일이었다. 그때 잃지 않았다 하더라도 그 다음번에 똑같은 일이 벌어졌을 것이다. 유료 텔레비전 운영업체가 프리미어 리그로부터 얻는 가치는 광고 수익에 의존하고 있는 전통적인 상업방송사가 얻게 되는 가치에 비해서 훨씬 크다. 영국에서는 수백만 명이 축구를 보기 위한 목적으로 BSkyB에게 매월 40파운드씩 내고 있다. 부수적으로 들어오는 광고수익은 그렇게 크지 않다.

스포츠계는 돈으로 만사를 해결할 수 있는 세계다. 방송사가 각종 경기를 시청자들에게 전달하기 때문에 스포츠계에 종사하는 개인이나 단체들은 방송사에게 영원히 충성하겠다고 약속한다. 하지만 돈을 더 주겠다는 사람이 나서면 그쪽으로 방송권을 팔아넘긴다. 그러나 여기에도 양면성이 있다. 각 방송사는 방송권을 획득하기 위해서 스포츠 단체들에게 온 세상을 다 줄 것처럼 감언이설로 유혹한다. 그러나 일단 방송권을 따고 난 후에는 언제 그랬냐는 듯이 스포츠 단체에게 거만하게 대한다.

그래서 스포츠 단체와 방송사는 서로 상대방에게 당해도 할 말이 없는 것이다.

GREG *INSIDE STORY*
DYKE

제 12 장

길리건과 켈리 그리고 허튼

BBC 구하기

BBC 직원들은 신문지상에 BBC에 관한 기사가 대서특필될 때마다 내가 자리를 피하는 것 같다는 농담을 즐겨 주고받는다.

소관부처 장관이 향후 6년간 BBC 자금 운용계획에 관하여 발표할 때 나는 바베이도스 해변에서 휴가를 즐기고 있었다. 로드 리들이 보수당과 농촌 살리기 동맹(Countryside Alliance)에 관하여 쓴 기사가 물의를 일으켜 〈투데이〉 프로그램 편집자에서 타의로 물러날 때에도 나는 터키에서 배를 타고 있었다. BBC 웹사이트에 여왕 모후(母后)가 서거했다는 허위 기사가 실려 BBC가 파멸의 위기에 놓였을 때에도 나는 오스트레일리아에 있었다. 크리스토퍼 블랜드 회장이 새벽 4시에 내게 전화를 걸어 그 문제에 대해서 의논하자고 고집을 피우는 바람에 그때 일을 생생하게 기억하고 있다. 그리고 여왕 모후가 실제로 서거했다는 소식을 전할 때 뉴스 진행자 피터 시슨스가 맨 넥타이 색깔이 큰 논쟁거리가 되었을 때에도 나는 프랑스에서 스키를 즐기고 있었다.

이라크의 대량살상무기에 관한 앤드루 길리건의 기사가 제4라디오의 〈투데이〉 프로그램에서 방송되던 2003년 5월 29일에도 큰 사건이 터질 때마다 늘 그랬듯이 나는 아일랜드 서부지방에서 휴가를 보내고 있었다. 이번에도 어김없이 내 휴가는 중단되고 말았다. 하지만 그 주에 논란이 되었던 것은 길리건의 기사가 아니었다. 그 문제는 나중에 불거졌다.

아일랜드에서 휴가를 보내던 그때 가장 큰 문제로 대두되었던 것은 그 다음 주 일요일에 BBC 2채널에서 〈특파원〉(Correspondent) 시리즈로 방송하기 위해서 제작한 다큐멘터리에 전사한 영국 장병들의 사진을 넣느냐 마느냐 하는 문제였다. 내가 부재시에는 텔레비전본부장이던 재너 베넷이 결정을 내리고 있었는데, 그녀의 의견은 사진을 넣어야 한다는 것이었고 뉴스 부책임자 마크 다마저도 그녀의 의견을 지지했다.

나도 동의하는 쪽으로 기울었으나 쉽지 않은 결정이었다. BBC가 그런 사진을 방영하기도 전에 《선》이 그 문제에 관한 기사를 먼저 터트리는 바람에 장병들의 가족들이 불쾌하다는 반응을 보였다. 충분히 이해할 수 있는 반응이었고, 개빈 데이비스 회장도 우려를 표시하였다. 그 사진을 방영하자고 주장하는 측의 논리는 전사한 미군 병사와 이라크 병사들의 사진도 방영하면서 신원을 알 수 없는 영국 병사의 사진을 단 2초 동안 방영하지 말아야 할 이유가 무엇이냐는 것이었다. 이러한 장면이 전쟁의 실상 아니겠는가?

결국 나는 재너와 마크를 옹호하였으나, 생각이 바뀔 수도 있으니까 만일의 경우에 대비해서 일요일에 〈특파원〉 프로그램을 방영하기에 앞서 금요일에 내가 귀국하는 대로 테이프를 일단 보겠다고 말했다. 나는 그 테이프를 보았지만 생각을 바꾸지 않았다. 두 달 후 BBC 경영위원회의 민원처리소위원회는 이 문제를 심의하고 나서 우리가 내린 결정이 그릇된 것이었으며 그 사진을 방영하지 말았어야 한다는 입장을 취했다. 그러나 그들도 판단하기 매우 어려운 결정이라는 점은 인정하였다.

이런 일로 인해서 휴가를 다시 한 번 망치고 말았나. 나는 여러 사람들과 배를 타고 바다 위에서 이 문제에 관하여 몇 시간 동안 계속 토론을 벌였다. 손에 들고 있던 휴대전화가 울리는 바람에 부두에서 엉뚱한 배의 밧줄을 풀어버렸다가 다른 사람의 배가 항구 밖으로 표류하지 못하게 막느라고 애를 먹기도 했다.

이런 상황 속에서 우리는 아무도 5월 29일 〈투데이〉 프로그램에서 보도된 길리건의 기사에 대해 그다지 신경을 쓰지 않았다. 아일랜드에서도 제4라디오의 전파가 아주 깨끗하게 잡혔지만, 나는 휴가 중이었고 6시 7분 방송을 들을 정도로 일찍 일어나지도 않았다. 그런데 8개월 후 나는 그 방송 때문에 BBC를 그만두어야 했다.

이라크 전쟁에 대한 내 사견은 BBC 회장 개빈 데이비스의 사견과 마찬가지로 사담 후세인을 제거해야 한다는 쪽으로 다소 기울고 있었다. 나는 그가 아주 비열한 인간이라 그가 없다면 이 세상이 좀 더 나아질 것이라는 생각을 가지고 있었다. 나중에 사실이 아니라는 것이 판명되었지만, 나는 블레어 정부가 이라크 대량살상무기에 관한 정보를 모두 공개할 수는 없으나 충분한 정보를 가지고 있고 대량살상무기가 실제로 심각한 위협이 되고 있는 것으로 오해하고 있었다. 나는 전쟁을 지지한다는 입장을 분명히 밝힘으로써 몇몇 친구로부터 좋지 않은 평을 받았고, 어떤 친구는 그녀의 쉰 번째 생일 파티석상에서 나를 신보수주의자라고 공개적으로 비난했다.

BBC 사장이라는 직책을 수행할 때는 전쟁에 대한 내 개인적인 느낌은 아무 소용이 없는 것이다. 내가 해야 할 일은 전쟁의 원인이 된 일련의 사태와 전쟁 그 자체를 가능한 한 공정하게 보도하는 것이다. BBC는 정부의 선전도구가 되어서도 안 되고, 전쟁을 반대하는 쪽에 기울어 그들의 주장을 부당하게 대변해서도 안 된다. 우리가 할 일은 어느 한쪽으로도 치우치지 않고 공정하고 보도하는 것이다. 일반 국민에 대한 우리의 의무는 사건을 기자들이 목격한 그대로 전달하는 것이다. 우리의 가치기준 선언문에 명시되어 있는 바와 같이 '신뢰는 BBC의 기초다'. 그러므로 신뢰를 위태롭게 하는 일은 절대로 하지 말아야 한다. 그것이 바로 우리가 어느 일방의 대변인처럼 보이지 않도록 처신해야 하는 이유이다.

BBC 텔레비전 전무이사를 역임한 후 웰던은 영국의 국론이 분열될 때마다 BBC가 시달림을 받는다고 말했다. 이번에도 우리가 시달림을 받게 되리라는 조짐이 전쟁이 발발하기 훨씬 전부터 분명하게 나타났다. 수에즈 위기 이후로는 군사행동에 관한 영국의 국론이 극심하게 분열된 적이 없었다. BBC와 정부 사이의 관계가 가장 팽팽하게 긴장되는 시기는 항상 전쟁 중이었다는 사실을 역사를 통해서 분명히 알 수 있다. 수에즈 위기 사태 당시 앤서니 이든 총리는 BBC가 야당 당수 휴 게이츠켈에게 방송시간을 제공하기로 합의하자 BBC를 국가에서 인수하는 방안까지 검토했다. 이든 총리가 방송에 출연하여 전쟁을 불사하기로 결정한 배경을 설명한 데 이어서 게이츠켈이 노동당이 전쟁에 반대하는 이유를 설명할 수 있도록 방송시간을 달라고 요구했던 것이다.

오늘날에는 그와 같이 공평하게 방송할 기회를 주는 것이 정상적인 것처럼 보이지만, 그 당시에는 BBC가 위기에 처한 국가를 배신하고 있다는 비난을 이든으로부터 들어야 했다. 그는 윈스턴 처칠에게 사적으로 이런 편지를 썼다.

"BBC는 중립을 지킨다는 구실로 이 문제에 대한 양쪽의 입장을 보도함으로써 사태를 왜곡시켜 나를 화나게 만들고 있습니다."

그는 공보비서였던 윌리엄 클라크에게 이렇게 물은 적도 있었다.

"그들은 적인가, 아니면 사회주의자들인가?"

클라크는 이든이 'BBC에 한 수 가르쳐주어야겠다는 열정과 결의'를 점점 더 굳게 하게 되었다고 그의 일기에 적어놓았다. 역사는 놀랍게도 반복된다. 1982년 포클랜드 전쟁이 일어났을 때에도 정부는 그와 같은 적개심을 보였다. BBC 고위 간부였던 딕 프랜시스가 부에노스아이레스에 사는 한 미망인의 슬픔이 어느 영국 미망인의 슬픔에 비해서 결코 덜하지 않다는 견해를 밝히자, 군사 작전에서 거둔 승리에 온 국민이 기뻐해야 한다고 국민을 부추기던 정부 측은 그를 맹렬히 공격하였다.

BBC의 세계 뉴스 편집자였던 존 심슨은 이라크 전쟁이 발발하기 몇 주 전에 논평에서 이러한 입장을 밝혔다.

수에즈 사태, 비아프라 전쟁, 베트남 전쟁, 포클랜드 전쟁, 미국의 리비아 폭격, 그리고 코소보와 세르비아에 대한 나토의 공격이 있던 때 BBC는 전쟁에 대한 반대 주장도 철저히 보도하였다. 집권당이 노동당이든 보수당이든 정부는 전쟁이 날 때마다 공식적인 입장을 지지하라고 BBC를 위협하였다. 하지만 BBC는 매번 저항하였다. 때로는 맹렬하게 저항했지만 저항의 강도가 미흡할 때도 있었다. 정부도 일반 국민처럼 BBC에게 압력을 가할 권리는 가지고 있다. 다만 BBC가 압력에 굴복하면 문제가 될 뿐이다.

앨러스테어 캠벨과 다우닝 가 공보실에 있는 그의 팀은 우리가 그들이 원하는 내용만 그들이 원하는 방식에 따라 보도하기를 거절하자 전쟁이 시작되기 전부터 우리를 공격 목표로 삼았다. 그가 왜 그렇게 걱정했는지 그 이유는 쉽게 알 수 있다. 전쟁에 반대하는 100만 명의 국민이 런던 거리에서 시위를 벌이고 하원의원에서 전례 없이 노동당이 반란을 일으키자, 총리로서의 토니 블레어의 미래가 불투명해졌다. 139명의 노동당 하원의원이 당 지도부의 결정에 반대하여 반대표를 던지던 날, 캠벨은 어느 편지에서 정부를 지지하는 노동당 하원의원들의 견해를 제대로 보도하지 않았다고 불평을 늘어놓았다. 이 사건은 현 정부에 대해 집권당 평의원들이 벌인 가장 큰 반란이었다.

전운이 감돌기 시작할 무렵에는 BBC 보도에 관하여 다우닝 가에서 쏟아져 나온 비난은 주로 리처드 샘브룩을 비롯한 BBC 뉴스팀에 대한 불만이었다. 나는 다우닝 가로부터 어떤 말도 직접 들은 적이 없었는데 전쟁이 시작되던 주에 나와 개빈 데이비스 앞으로 총리가 서신을 보냈다. 내게 보낸 총리의 편지는 2003년 3월 19일자였는데 그는 민주주의 체제에서는 '반대 목소리'도 듣는 것이 옳다고 인정하지만 BBC의 태도가 너무 지나치고 인터뷰 진행자들과 리포터들이 개인적인 견해를 보도에 삽입하는 것을 보고 충격을 받았다고 썼다.

내가 보기에는 뉴스와 논평의 경계가 무너진 것 같습니다. 나는 이라크 내부에서 전하는 보도에 대해서 앨러스테어가 미디어에 대한 제한 규정을 확실히 준수하라고 압력을 행사하고 있다는 점도 잘 알고 있습니다.

토니 블레어는 우리가 이라크의 이른바 '일반인'이라는 사람들의 불평불만만 보도하고 있는데, 이라크 현 정권을 비난하는 사람은 사형이나 고문을 당하기 때문에 바그다드에는 현재 '일반인'이라는 개념이 없다고 불평을 털어놓았다. 그는 그때까지 나에게나 내 전임자에게 이런 식으로 편지를 보낸 적이 없다는 말로 편지를 끝내면서 이렇게 덧붙였다.

나는 당신이 지지 의견과 반대 의견, 뉴스와 논평, 이라크 정권의 목소리와 이라크 반체제인사들의 목소리, 그리고 우리가 얻은 외교적 지지와 외교적 반대를 균형 있게 제대로 보노하시 않았나고 믿고 있으며, 나 혼자서만 그렇게 믿고 있는 것도 아닙니다.

개빈은 나중에 다우닝 가 10번지에서 근무하는 한 관리로부터 처음에는 총리가 그 편지를 보내지 않으려고 했다는 말을 들었다. 그는 앨러스테어 캠벨의 설득을 이기지 못하고 그 편지를 보내고 나서 후회했다고 한다. 개빈과 나는 회신을 어떻게 보내야 할지 의논하였다. 개빈은 유화적인 답장을 보내고, 나는 우리를 협박하려는 캠벨의 시도가 불쾌하여 좀 더 강경한 어조로 답장을 쓰기로 했다. 다음은 내가 3월 21일에 토니 블레어에게 보낸 편지 중에 처음 세 문단을 옮긴 것이다.

우선 저는 무례한 태도를 보이고 싶지는 않습니다. 그러나 이 나라에서 가장 큰 민중 시위가 일어나고 역사상 가장 많은 수의 집권당 평의원들이 현 정부에 반기를 드는 상황을 볼 때, BBC가 지지 의견과 반대 의견의 균형을 제대로 유지하는지 여부에 대하여 총리님의 미디어 담당 보좌관들이 조언을 할 만한 입장이 못 된다고 생각하지 않으십니까? 그들은 BBC의 공정성에 대하여 이성적인 판단을 내릴 만한 처지가 못 됩니다.

총리님은 자신의 독특한 세계관을 인정받기 위해 힘겨운 전투를 벌여왔습니다. 그 전투 상황이 보도되기를 바라는 마음도 충분히 이해합니다. 그러나 우리는 이 사회에서 다른 역할을 담당하고 있습니다. 이러한 상황에서 우리가 해야 할 역할은 현황을 균형 있게 전달하려고 노력하는 것입니다.

총리님이나 총리님의 보좌관들이 특정 기사에 대해서 불만을 표시하는 것은 정당한 행동입니다. 저널리즘은 완벽하지 못한 직업입니다. 우리도 불가피하게 실수를 저지를 때가 있으므로, 실수가 있을 경우에는 제가 앞장서서 우리가 틀렸다고 인정하고 정중하게 사과할 것입니다. 하지만 총리님의 견해에 찬동하지 않는 특정 기사에 대한 우려 때문에 라디오, 텔레비전, 그리고 온라인 서비스 등 BBC 언론 매체 전체에 대하여 의문을 제기하는 것은 옳지 못한 처사입니다.

내 생각은 확고했다. 정부가 BBC를 괴롭히려고 하면 나도 맞서 싸우겠다. 내가 좀 더 신중한 태도를 취했어야 했다고 주장하는 사람도 있었지만 나는 그렇게 생각하지 않는다. 나는 블레어에게 보낸 편지에 밝힌 내 소신이 옳았다고 굳게 믿는다. 민주주의 체제에서는 미디어와 정부가 각각 크게 다른 역할을 담당하며, 방송 미디어의 핵심적인 역할 중 하나는 당대 정부에 대하여 의문을 제기하고 정부 측의 위협에 당당하게 맞서는 것이다. BBC 방송인가를 갱신해야 할 시기가 가까워졌다는 사실도 이 일과는 관련이 없는 일이었다.

나는 1994년에 처음으로 맥타가트 추모 강연에서 방송사와 정부의 관계에 관한 내 의견을 밝힌 적이 있었다. 그 이후로 내 의견은 전혀 달라지지 않았다. 그 강연에서 나는 1956년 수에즈 위기 사태 때 이든 총리를 상대했던 BBC 뉴스 담당 임원 그레이스 윈덤 골디의 말을 인용했다. 그녀는 1977년에 출판된 저서 『텔레비전 방송계와 정치계의 갈등, 1936-1976』(Facing the Nation: Television and Politics, 1936-1976)에서 나와 똑같은 신념을 밝힌 바 있다.

텔레비전 방송만큼 자유의 대가로 영원히 경계를 늦추지 말아야 할 곳도 없다. 정치적 압력에 대해서 끊임없이 저항해야 한다. 하지만 그러한 압력이 불가피하다는 사실도 인식해야 한다. 정당의 목표와 방송사의 목표가 같지 않기 때문이다.

이라크 전쟁에 대해서는 국민의 의견이 통일되지 않았다. 100만 명이 넘는 사람들이 런던 시내에서 전쟁을 반대하는 시위를 벌였다. 이러한 행동은 그들의 말보다 더 중요한 의사 표시였으며 그들이 표현한 내용은 적절하고도 공정하게 보도되었다. 이라크 전쟁이 끝난 지 1년이 지나서야 이 책을 쓰게 되었지만, 블레어의 이라크 정책으로 말미암아 미국을 제외한 세계 각국에서 블레어 자신은 물론 노동당과 영국에 대한 신망이 실추되었다. 캠벨은 BBC가 전쟁에 반대하는 움직임을 보도하지 않기를 바랐지만, 그러한 움직임을 보도하려고 노력하지 않았다면 BBC도 잔인하기 그지없다는 평을 받았을 것이다.

내 답장이 다우닝 가 10번지에 도착한 순간부터 그들은 나와 싸울 준비를 시작했을 것이다. 캠벨은 개인적으로 퇴짜를 맞는 모욕을 당했다고 생각했을 것이다. 그를 아는 사람들은 그가 그 답장을 사사로운 일로 생각했다고 내게 말했다. 그는 외교위원회에서 출두하여 분별없는 행동을 하고 난 다음날, 내게 보낸 편지에서 내가 총리에게 보낸 답장이 오만했다고 지적했다.

그 해에 일어날 일은 모두 그 사람과 연관이 있다. 앨러스테어 캠벨은 실무자로서 재능이 뛰어났지만 강박관념에 사로잡힌 전형적인 인물이었으며 BBC를 적으로 간주하고 있었다. 그때부터나 그 훨씬 전부터 나는 그가 복수할 기회를 엿보고 있었다고 생각한다.

나는 사장으로서 전쟁 전초전부터 본격적인 전쟁에 이르기까지 공정하고 적절하게 보도할 수 있도록 이미 모든 노력을 다했다고 믿고 있었다. 나는 특별 그룹을 구성하고 매일 아침 회의를 주재하여 이라크 관련 기사에 대해서 토의하였다. BBC의 최고위 편집자들이 모두 그 그룹에 속해 있었다. 나는 특히 정부의 입장이 공정하게 보도될 수 있도록 각별히 주의를 기울였다.

이라크에 관한 보도를 할 의사가 있는 BBC 고위급 편집자는 반전 시위에 가담하지 못하게 결정을 내린 것도 이 그룹이었다. 반전 운동가들이 시청자 전화 참여 프로그램을 장악할 위험이 있으니 적절하게 균형을 유지할 수 있도록 시청자에게 더 많은 전화 회선을 개방하도록 지시한 것도 이 그룹이었다. 또한 여론 조사 결과에 따르면 국론이 정확하게 양분되어 있지만 프로그램에 출연하겠다는 전쟁 지지자를 찾기가 어려워서 〈질문시간〉 프로그램 방청객의 균형을 적절히 맞추어야 한다고 주장했던 것도 이 그룹이었다.

이 그룹에서는 총리가 그의 편지에서 지적한 바와 같이 바그다드에 있는 특파원들이 해야 할 말과 해서는 안 되는 말에 제한을 두어야 하는지 여부에 관하여 여러 차례에 걸쳐서 토론을 벌이기도 했다. 우리의 견해는 특파원이 보도하는 내용을 제한해서는 안 된다는 것이었다. 모든 특파원들에게 이라크 경호원들이 딸려 있었지만 그들이 보도를 방해하는 일은 없었다. 전쟁 중에 라기흐 오마르의 경호원은 자녀의 생일이라면서 하루 휴가를 얻을 수 없겠느냐고 물어보기도 했다. 물론 미국 방송사들은 전쟁이 발발하자마자 직원을 모두 바그다드에서 철수시켜서 전쟁 기간 동안에는 공정한 보도를 제대로 해낼 수가 없었다. 미국 방송사는 대부분 부시의 치어리더 역할밖에 하지 못했다. 그래서 무력 충돌이 계속되는 동안 미국에서 BBC 시청률이 급격하게 올라가기도 했다.

나는 총리에게 보낸 답장에서 공정성을 보장하기 위해서 우리가 취한 조치를 이렇게 지적하였다.

우리는 이러한 문제에 대해서 오랫동안 토의를 하고 최선의 판단을 내리기 위해서 모든 노력을 다 기울였다는 점을 말씀드리고 싶습니다. 우리가 내린 결론이 앨러스테어를 항상 기쁘게 하지 못한 점은 불행한 일이지만 그것은 우리의 주된 관심사가 아닙니다.

전쟁 중이나 전쟁이 끝난 후에도 토니 블레어는 더 이상 내게 항의 서한을 보내지 않았다. 하지만 캠벨의 항의는 끊일 새 없이 계속되었다. 그의 편지가 정기적으로 리처드 샘브룩에게 배달되어 리처드와 나는 여러 차례 항의 편지에 대해서 의견을 나누었다. 우리는 캠벨이 BBC에 대해서 강박관념을 느끼고 있다고 결론 내렸다. 전쟁 기간 동안 블레어를 30일 동안 수행한 《더 타임스》의 편집자 피터 스톳하드는 허튼 조사기간 동안 〈투데이〉 프로그램의 인터뷰에서 BBC에 대한 적대감이 다우닝 가에 뿌리 깊게 박혀 있었다고 말한 바 있다.

앤드루 길리건은 전쟁 전반에 관하여 이라크에서 취재 활동을 벌이고 있었는데 그가 보내는 기사는 항상 캠벨의 비위를 거스르는 것이었다. 언젠가는 길리건이 특정한 해명 요구에 대해서 "중앙사령부의 쓰레기 같은 해명 요구에 비해서는 진실성이 있다."고 보도했다가 캠벨의 항의를 받은 적도 있었다. 캠벨의 항의를 받고 우리는 "쓰레기 같다."는 말을 사용한 것은 실수였음을 인정한다는 답장을 보냈다. 캠벨과 문화 · 미디어 · 스포츠 특별위원회 위원장인 제럴드 카우프만으로부터 내용이 똑같은 항의 편지를 받은 적도 있었다. 캠벨의 부서에서 이 편지를 대신 써준 것이 틀림없었다.

하지만 가장 큰 논쟁은 전쟁이 끝난 그 다음 월요일에 벌어졌다. 전쟁 기간 내내 이라크에 주재하던 길리건이 〈투데이〉 프로그램에 기사를 보냈는데, 그는 이 기사에서 그날 아침 바그다드 시민들의 안전 상태는 전쟁 전에 비해서 훨씬 위험하다고 전했다.

이론적으로는 바그다드가 이제 해방되었으나 시민들은 과거 그 어느 때보다도 큰 두려움을 느끼면서 해방 첫날을 보내고 있습니다. 오래전부터 정권에 대해 느끼던 두려움은 습관이 되어서 비교적 낮은 편입니다. 하지만 지금 느끼는 두려움은 매우 강렬하고 즉각적인 것입니다. 집이 침입당하지 않을까, 재산을 빼앗기지 않을까, 딸이 강간당하지 않을까, 주민들은 새로운 공포에 떨고 있습니다.

캠벨과 그의 팀은 다시 항의를 했다. 우리는 항의에 대하여 장시간 토의하였으나 길리건의 보도가 다른 기자들의 보도와 다를 것이 없다는 결론을 내렸다. 우리는 그의 논평이 합당하다고 생각했고, 이라크 일부 지역은 이제 더욱 위험한 지역이 되었다고 판단했다. 물론 그로부터 몇 주 지나지 않아 군 관계자들 중에도 그와 비슷한 말을 하는 사람들이 많아졌고 그것이 이라크의 당시 실정이라는 것을 의심하는 사람은 아무도 없었다. 길리건이 영국으로 돌아왔을 때 리처드 샘브룩은 위험을 무릅쓰고 바그다드에 주재해준 점에 대하여 고마움을 표시했다. 그는 길리건에게 보도 내용이 아주 훌륭했지만 좀 더 신중하게 보도할 필요가 있고 10% 지나친 경우도 매우 잦았다는 점을 지적해주었다.

전쟁은 끝나고 우리와 다우닝 가의 관계는 비교적 조용한 소강상태에 들어갔다. 그러다가 내가 아일랜드에 있을 때 길리건의 5월 29일 방송 사건이 터진 것이다.

허튼 경이 2004년 1월 자신의 조사보고서에서 BBC에 대해서 비난한 내용 가운데 하나는 그 사건이 터진 날 BBC의 편집체계에 결함이 있었다는 것이었다. 그는 BBC가 적절한 절차에 따랐더라면 길리건의 보도가 절대로 방송되지 않았을 것이라고 암시했다. 하지만 이는 사실과 다르다. BBC의 자체 조사 결과에 따르면, 적절한 절차에 따라 방송되던 것이다. 허튼이 어떻게 이런 결론에 도달했는지 나로서는 알 수가 없다. 그는 〈투데이〉 프로그램의 편집절차를 집행하는 데 가장 무거운 책임을 지고 있는 사람인 그 프로그램의 편집지 케빈 마슈에게 증거도 요구한 적이 없었다.

우리는 먼저 증인을 지정하지 말고 조사단이 증인을 부를 때까지 기다리라는 변호인단의 조언에 따라 마슈를 증인으로 세우지 않았다. 이는 우리 측 증인이 증인석에 앉아 있는 날은 우리에게 불리하고 정부 측 증인의 차례가 되었을 때 우리에게 좋은 기회가 올 것이라는 우리 측 변호사의 믿음을 토대로 결정한 것이었다. 그의 판단이 옳았다. 실제로 그런 일이 벌어졌다. 하지만 이러한 판단으로 인해서 〈투데이〉 프로그램이 길리건의 기사에 적용했던 편집절차를 설명할 수 있는 기회가 케빈 마슈에게 주어지지 않았다. 그 결과, 허튼은 길리건의 기사가 사전에 편집자의 적절한 통제를 받지 않고 방송되었다는 허구를 마음대로 지어낸 것이다. 허튼이 제멋대로 지어낸 허구는 이밖에도 많이 있다. 나머지 허구에 대해서는 다음 장에서 설명하겠다.

길리건의 기사는 2003년 5월 22일 그가 런던에 있는 차링 크로스 호텔에서 데이비드 켈리 박사를 만나 쥬스와 코카콜라를 마시면서 이야기를 나누는 장면부터 시작되었다. 켈리 박사는 UN에서 고위급 무기검사관을 역임하고 국제적인 세균전 전문가로서 정부 고문으로 일한 사람이다.

길리건은 그런 기사를 얻을 수 있으리라고 전혀 예상하지 못했다. 그저 잡담이나 나누려고 켈리 박사를 만났던 것이다. 그는 켈리 박사가 하는 말이 무척 중요한 이야기라는 것을 깨달았으나 메모할 수첩이 없었다. 그래서 그는 켈리 박사에게 전자수첩에 메모해놓아도 괜찮겠느냐고 물었다. 길리건이 들은 이야기는 이제 아주 유명한 이야기가 되었다. 켈리 박사는 앨러스테어 캠벨을 비롯하여 다우닝 가의 관리들이 2002년 9월에 정부가 작성한 정보 문건을 그럴듯하게 윤색했다고 말하면서 정보기관 내부에서 일고 있는 깊은 우려에 관해 그에게 전했다.

길리건은 좋은 기사거리를 독점적으로 손에 쥐자 확인 작업을 시작했다. 그는 정부 고위 당국자 두 명과 접촉을 하면서 그 이야기를 흘렸다. 이들은 그 이야기의 사실 여부를 확인해주지는 못했지만 그에게 계속 캐보라고 격려해주었다. 그는 비슷한 이야기가 미국에서도 돌고 있다는 사실을 밝혀냈다.

그는 2002년 정보 문건을 철저하게 분석하여 일부 용어가 유난히 강경한 어조를 띠고 있다는 사실을 발견했다. 정보 문건은 합동정보위원회가 작성하는 평가서다. 길리건은 과거에도 합동정보위원회의 평가서를 본 적이 있지만 9월 문건은 일반적인 문건과 다른 느낌이 들었다. 하원 외교위원회에서도 나중에 지적한 바와 같이, 그 문건의 문체는 정보 평가서에 관례적으로 사용하는 문체에 비해서 훨씬 단정적이었다.

길리건은 편집한 부분을 조사하여, 2002년 9월에 그 문건이 제출될 당시에는 이라크가 45분 내에 핵무기와 세균무기를 배치할 수 있다는 주장이 제기되었으나 그로부터 6개월 후에는 그러한 주장이 정부 측 발언에서 완전히 빠졌다는 사실을 밝혀냈다. 이는 정부가 그러한 주장을 그다지 신뢰하지 않았다는 것을 암시한다.

그런데 전후 정황을 조사해보니 2003년 2월에 정부가 발간한 2차 문건이 있었다. 이 문건은 길리건이 켈리 박사와 대화를 나누기 불과 몇 달 전에 발간된 것이었다. 이 문건은 이라크에 사는 어느 학생이 쓴 논문을 토대로 다우닝 가가 이라크 측의 위협을 과장해서 꾸며낸 것이었다. 정부는 이러한 일에 익숙해 있었다.

9월 정보 문건에서 이라크가 아프리카에서 우라늄을 수입하려고 시도하고 있다는 주장을 읽자 길리건의 의심은 더욱 깊어졌다. 그 이야기는 켈리 박사를 만났을 때 그가 제기한 문제 가운데 하나였다. 국제원자력기구(IAEA)는 이 주장에 대해서 매우 비판적이었으며 그러한 주장은 허위 문서를 토대로 한 것이라고 일축하였다. 그러자 이러한 주장이 이라크 위협에 관한 장관급 연설 내용에서 빠져버렸다.

다른 요소들도 있었다. 길리건이 편집 자료를 조사한 결과, 9월 문건이 등장하기 직전에 신문에 이미 게재되었던 기사들이 발견되었다. 이러한 자료는 당시 정가에서 초안 상태로 나돌고 있었던 문건에 실린 정보 중에는 새로운 것이 거의 없다는 사실을 시사해주는 것이었다. 이는 정보 문건이 발간되기 1주일 전에 수정되었다는 켈리 박사의 주장을 뒷받침하는 것이었다. 앨러스테어 캠벨과 정보기관들 사이에 그 문건에 대한 모의가 있었다는 기사도 그 후에 보도되어 켈리 박사의 주장을 뒷받침해주었다.

로빈 쿡의 증언도 있었다. 그는 2003년 3월 정부 공직을 사임한 후 하원에서 행한 연설에서 이라크가 일반적으로 알고 있는 개념의 대량살상무기를 보유하고 있으리라고는 믿지 않는다고 증언했다. 물론 이라크를 점령한 연합군은 이라크에서 어떤 크기의 대량살상무기도 아직까지 발견하지 못했다.

이러한 것이 켈리 박사의 말을 직접 입증하는 것은 아니지만, 음모에 대한 켈리 박사의 말이 홀로 외치는 소리가 아니라는 점을 시사해주고 있다. 그는 문건에 대하여 정확한 정보를 알고 있었던 것으로 보인다. 그의 주장은 다른 정보와 일치했다. 길리건은 광범위하게 확인 작업을 벌였으나 켈리 박사의 말이 틀렸다는 증거가 될 만한 단서를 잡을 수가 없었다. 길리건은 켈리 박사가 신빙성이 높고 정통한 소식통이라는 것도 알고 있었다. 신빙성을 입증하지 못한 채 정보를 넘겨 준 것뿐이었다. 끝으로, 길리건은 켈리 박사가 미디어와 거래하는 데 초보자가 아니라는 것도 알고 있었다. 그는 자기가 넘겨준 정보로 기자가 어떤 조치를 취하리라는 것을 완벽하게 알고 있었다.

길리건은 〈투데이〉 편집자들에게 보내도 되겠다는 확신이 설 때까지

엿새 동안 그 기사의 진실 여부를 확인했다. 2003년 5월 28일 수요일, 그는 주간(晝間) 편집 당직자였던 미랜더 홀트에게 전화를 걸었다. 홀트는 경험이 풍부한 수석 부편집장이었다. 그녀는 그 기사에 흥미를 느꼈지만 편집장인 케빈 마슈에게 그 기사를 알려야겠다고 생각했다.

마슈는 BBC 라디오 뉴스에 새로 부임한 사람은 아니었지만 〈투데이〉 편집을 맡은 지는 그리 오래되지 않은 상태였다. 그는 나이가 50줄에 접어들고 있었는데, 1978년 옥스퍼드를 졸업하자마자 곧바로 BBC에 입사하여 ITN으로 잠깐 자리를 옮겼던 기간을 제외하고는 BBC에서 평생을 바친 사람이었다. 1989년 그는 제4라디오의 〈PM〉 프로그램 편집자가 되었으며 4년 후에는 〈1시의 세계〉(*The World at One*)의 편집자가 되었다. 1998년에는 제4라디오 프로그램 일부를 총괄하는 편집자로서 〈PM〉과 〈1시의 세계〉는 물론, 새로 선보인 일요일 아침 쇼 〈브로드캐스팅 하우스〉(*Broadcasting House*)도 담당하고 있었다.

마슈는 BBC에서 가장 경험이 풍부한 편집자로서 그의 방송에 대해 불편한 심기를 드러내는 정치인들을 다루는 데에도 능숙했다. 그는 관료들과도 깊은 친분을 맺고 있었지만, 〈1시의 세계〉를 편집하면서 신노동당 인물들을 신랄하게 비판했기 때문에 캠벨과 신노동당 인물들은 그를 미워하고 있었다. BBC가 신노동당의 초기 역사를 토대로 만든 드라마 〈프로젝트〉(*The Project*)를 방영할 때 그 프로그램에 등장하는 BBC 편집자는 마슈를 모델로 삼은 것이라는 소문이 널리 퍼졌다.

마슈는 길리건의 기사에 흥미를 느꼈다. 하지만 의심 많은 편집자로서 그는 기사에 대해서 연속적으로 의문을 제기했다. 특히 그는 소식통이 그의 주장대로 고위층인지 알고 싶어 했다. 그 소식통이 과연 문건 작성에 관하여 내용을 정확하게 알고 판단을 내릴 수 있는 위치에 있는 사람인지, 그가 신뢰할 만한 사람이고 과거 경력에 문제가 없는 사람인지, 그 소식통이 길리건에게 정확히 뭐라고 말했는지, 그리고 길리건은 그가 말한 내용을 정확하게 기록했는지, 그리고 그의 주장이 전체적인 그림에 들어맞는지 마슈는 정확히 알고 싶었다.

마슈는 그 익명의 소식통이 전직 국방과학연구소 소속 과학자이고, 1990년대에 UN 무기 사찰단의 고위 간부였으며, 길리건이 그를 알고 지낸 지는 2년 되었고, 이라크 조사단의 고위 간부로 이라크로 돌아갈 계획이며, 9월 문건에 언급된 생화학무기에 대한 정보를 그동안 많이 접했다는 말을 전해 들었다. 미랜더 홀트는 길리건이 그녀에게 써준 메모도 마슈에게 보여주었다. 무엇보다 우선, 그 메모에는 전쟁이 발발하기 6개월 전에 이라크가 생화학무기에 관한 계획을 가지고 있을 확률은 30%라는 소식통의 말이 적혀 있었다. 마슈는 그 내용을 보고 다소 안심했다. 그 내용은 소식통이 이라크가 어떻든 위협적인 존재라고 생각한다는 것을 보여주는 것이기 때문이다. 이 사람이 특정한 목적을 위해서 사실을 왜곡시키려고 하는 친 이라크 반전 운동가는 아니라는 것을 보여주는 것이었다.

마슈는 자신이 우려했던 점에 대해 확인했으나 여전히 100% 확신을 가질 수는 없었다. 그는 다른 요소를 좀 더 검토해보기로 했다.

2003년 2월에 '신빙성 없는 문건'이 공개된 이래 이라크에 관한 정부 문건은 전적으로 믿을 만한 것이 못 된다는 인식이 널리 퍼져 있었다. 그러한 인식은 그에 앞서 작성된 문건에 실린 우라늄 보유 주장에 대한 의심으로 최고조에 달했다.

그 무렵 영국과 미국이 사찰단에 제공한 정보가 가치가 없는 정보이거나, 틀린 정보이거나, 오해를 불러일으킬 수 있는 정보였다는 UN 사찰단 단장 한스 블릭스의 언급이 있었다.

정보 문건에 실린 첩보가 가공되었다고 정보기관들이 불만을 표시했다는 내용의 신문 기사를 믿을 만한 기자들이 보도했는데 정부가 부인하지 않은 사실도 있었다.

그밖에도 많은 자료가 있었다.

마슈 자신도 확실한 권위가 있는 소식통을 두 사람 확보하고 있었다. 이 소식통들은 그 문건에 신빙성이 없는 정보를 포함시켰다는 주장에 신뢰를 더해주는 정보를 그에게 제공했다. 한 소식통은 전직 각료인 클레어 쇼트였는데, 그녀는 그 문건이 작성될 당시에 각료로 재직하고 있었다. 마슈는 우연히 바로 그날 그녀와 점심식사를 했다. 쇼트는 이라크가 즉각적인 위협을 주는 존재라는 사실을 확실하게 입증할 수 있는 정보를 본 적이 없다고 주장했다. 그녀는 정보를 바탕으로 정책이 결정되지 않고 정보의 해석이나 설명에 따라 정책이 추진되고 있다고 마슈에게 말했다. 또한 그녀는 앨러스테어 캠벨이 정보를 좀 더 폭넓은 대상에게 공개하는 데 핵심 역할을 하고 있다고 확신한다는 말을 마슈에게 했다.

마슈의 두 번째 소식통은 정보기관에서 고위 간부로 근무하는 사람이었다. 그 무렵 마슈와 험프리스는 그 간부와 점심식사를 했다. 마슈는 그 당시 입수된 정보만 가지고서는 이라크가 가장 즉각적으로 그 지역에 위협을 주는 존재가 아니라 영국의 이해관계에는 시리아가 더 위협적인 존재라는 인상을 받았다. 이런 점을 감안하면 당시 이라크 공격 사유를 정당화하기가 어려웠다.

마슈가 볼 때 그 기사는 자신의 세운 기준에 모두 합격했다. 그 기사의 소식통이 고위급 간부고, 신뢰할 만한 사람이고, 그가 말하는 내용에 대하여 잘 알 수 있는 지위에 있었고, 그가 기록으로 남길 수 없는 이유도 분명해보였디. 그 소식통이 말한 내용 을 마슈는 다른 소식통을 통해서 확인했기 때문에 길리건의 메모만으로도 그 기사의 신빙성을 입증하는 데 충분하다고 생각했다. 마슈는 마침내 그 기사를 방송하는 것이 공공이익에 부합된다고 판단했다.

그는 그대로 진행하기로 결정했으나, 두 가지 조건을 달았다. 첫 번째 조건은 길리건이 주요 기사를 직접 쓰고, 방송을 시작하기 전에 마슈가 그 기사를 보아야 한다는 것이었다. 두 번째 조건은 형평성을 유지하기 위해서 연합군이 이라크에서 집속탄(Cluster Bomb)을 사용했다는 보도에 대해 〈투데이〉가 국방부 장관에게 회신을 요청했던 것과 같이 길리건의 기사에 대해서도 회신을 달라고 요청하여 회신 요청의 범위를 넓혀야 한다는 것이었다.

마슈는 만족스러웠다. 그는 직속상사에게 그 기사를 공식적으로 넘기지 않았다. 그래야 할 이유도 없었다. 하지만 나는 그 기사가 20세기에 BBC가 가장 높이 평가할 만한 보도가 될 것이라는 것을 마슈가 알았다면 적어도 직속상사와 의논하는 것이 마땅한 일이 아니었나 하는 생각이 든다. 하지만 그 시점에 누가 그걸 알 수 있겠는가?

〈투데이〉 팀이 결정을 내려야 할 일이 한 가지 더 있었다. 그 기사의 방송 순서를 어떻게 잡을 것인가 하는 결정이었다. 집속탄 기사가 더 긴박한 호소력이 있어서 그 기사를 첫머리기사로 내보내고, 길리건의 기사는 조금 뒤에 내보내기로 했다. 프로그램에 출연하는 장관에게 집속탄에 대한 질문을 먼저 하고 이어서 길리건의 기사를 방송하기로 결정한 것이다. 지금 판단해보면 이상한 결정이었던 것 같다.

길리건이 작성한 원고는 오전 7시와 8시 사이에 방송하기로 결정했으나, 평상시의 관행에 따라 6시와 7시 사이에도 취재기자가 현장에서 원고 없이 진행자에게 뉴스를 전달하는 투웨이(Two-way) 방식으로 보도하기로 결정했다.

이 프로그램에서는 방송 시작할 때 그 시간 방송 내용을 투웨이 방식으로 간략하게 전달한 다음에 상세한 보도는 나중에 했다. 나중에 방송될 내용은 원고를 토대로 진행되지만 투웨이 방식 보도에는 원고를 준비한 적이 없었다. 그러나 원고 내용 중심으로 방송이 진행되는 것이 관행이었다.

그 보도가 나가기 전날 저녁에 〈투데이〉 프로그램 담당자들과 길리건은 국방부에 여러 차례 전화를 걸었다(길리건은 그날 하루 종일 사무실 밖에서 일했다). 이때 전화로 어떤 대화가 오고갔는지에 대해서는 주장이 엇갈리고 있다. 길리건은 자신이 보도할 기사, 즉 정보 문건이 다우닝 가의 강요로 과장되었다고 보도하려는 계획을 국방부 공보관 케이트 윌슨에게 설명했다고 말했다. 반면에 공보관은 길리건이 그런 말을 한 적이 없고 집속탄에 대해서만 대화를 나누었다고 주장했다. 아무도 근거를 남겨 두지 않았기 때문에 누가 옳은지 단정을 내릴 수가 없다. 〈투데이〉 제작팀에서도 여러 사람이 국방부에 전화를 걸었다. 그런데 여기에도 언제 무슨 전화를 했는지, 누가 누구에게 무슨 말을 했는지 서로 주장이 엇갈리고 있다. 아무도 통화 내용을 정확하게 기록해두지 않았던 것이다.

어느 쪽 주장이 진실이든 간에, 국방부 부장관 애덤 잉그램이 그 이튿날인 5월 29일 아침에 〈투데이〉에 출연하였다. 그는 한 가지 핵심 정보에 대해서 사실 여부를 즉각적으로 확인할 수 있도록 배경 설명을 자세히 들었다. 45분 이내 대량살상무기 배치설에 관한 정보가 어느 소식통으로부터 나온 것이라는 설명도 들었다. 잉그램 부장관은 〈투데이〉에 개인적으로 항의를 할 만큼 활달하고 직선적이라는 평을 듣고 있었는데, 그는 부당한 대접을 받았다거나 기습적인 질문을 받았다고 이의를 제기하지 않았다.

마슈는 화요일 아침 일찍 〈투데이〉 사무실에 출근해서 7시 30분에 방송될 계획인 길리건의 기사 원고를 읽고 그 원고를 방송 진행자들에게 넘겼다. 무대 준비도 끝났다. 나중에 밝혀진 바와 같이, 모든 문제는 험프리스와 길리건이 원고 없이 투웨이 방식으로 진행한 보도에서 발생했다. 이 문제는 다음 장에서 자세히 설명하겠다.

이와 같이 길리건의 기사는 그냥 전파를 타고 방송된 것이 아니었다. 전혀 잘못이 없었다고 말할 수는 없지만 철저하게 편집 절차에 따라 검토를 마친 후에 방송된 것이다. 〈투데이〉 팀이 인터뷰 요청 내용을 기록해놓지 않은 것은 잘못이다. 원고 없이 투웨이 방식으로 그 이야기를 터트린 것은 현명하지 못한 처사였다. 그리고 국방부에 문의한 것과 마찬가지로 다우닝 가에도 논평을 요청했어야 했다. 하지만 완벽한 절차가 있었고, 케빈 마슈가 그 절차를 준수하였다는 것이 BBC가 나중에 실시한 내부 조사에서 확인되었다.

허튼 경은 이런 부분을 잘못 판단했다. 허튼 경이 잘못 판단한 부분은 이것뿐만 아니라 많이 있다.

나는 5월 30일 금요일 밤에 아일랜드에서 돌아왔다. 〈투데이〉 프로그램에서 앤드루 길리건의 기사가 보도된 다음날이었다. 나는 월요일 아침에 사무실에 출근했다.

그 전 주부터 〈투데이〉 프로그램에 대해서 여기저기서 시끄러운 소리가 들렸지만 특별히 이례적인 일은 없었다. 나중에 나는 그 기사가 방송된 날 다우닝 가의 공보관 앤 셰바스로부터 길리건의 주장에 대해서 다우닝 가가 부인한 사실을 제대로 보도하지 않았다는 항의를 받았다는 것을 알았다. 그 항의문에 실린 내용을 지금 다시 읽어보는 것도 유익할 것이다.

"다우닝 가로부터 압력이나 개입이 있었다는 주장은 완전히 거짓이다."

몇 달 후 허튼 조사단에 제출한 증거를 보면 그 항의문이 틀린 것이었다. 분명히 압력이 있었고, 다우닝 가 합동정보위원회의 우두머리인 존 스칼릿이 그러한 압력을 받고 문건을 수정했던 것이다. 사태를 너무 앞질러 설명하는 것 같아 차근차근 되짚어보겠다.

나는 화요일에 편집 정책 책임자 스티븐 휘틀과 정기 회의를 갖고 그 기사에 대해서 의논하였다. 그때 나는 앤드루 길리건이 《메일 온 선데이》에 기고한 글을 읽은 뒤였다. 그는 그 글에서 똑같은 내용을 요약해서 설명했으나 그 소식통에 의하면 9월 문건을 앨러스테어 캠벨이 직접 조작했다는 말을 덧붙였다. BBC 프로그램에서는 캠벨에 대한 언급이 전혀 없었다.

6월 4일 수요일 아침, 노동당 의장 존 리드가 〈투데이〉 프로그램에 출연하여 그 기사 내용을 공격하였다. 그는 특히 앤드루 길리건에게 그 이야기를 전해준 인물로 여겨지는 "안보기관에 근무하는 사기꾼"을 공격했다.

나는 스티븐 휘틀에게 길리건이 처음에 작성한 원고를 검토해서 그 원고가 방송된 내용과 경위가 적절한 것이었는지 확인해보라고 지시했다. 그는 방송 경위에 대하여 두 페이지에 달하는 이메일을 보내고 다음과 같이 결론을 맺었다.

"사장님도 보다시피 강력하고 정통한 소식통으로부터 나온 기사입니다."

방송 과정에 내가 처음부터 개입하지 않았다고 나중에 비난하는 사람들도 있었으나, 나는 캠벨로부터 첫 번째 항의를 받기도 전에 이와 같은 조치를 취했다고 그들의 비난을 반박했다. 스티븐의 회신을 받고 나는 안심할 수 있었다. 하지만 그 다음 주에 나는 이 문제를 리처드 샘브룩과 다시 의논했다. 캠벨의 항의 서신은 리처드 앞으로 보내온 것이라, 우리는 그에게 처리를 맡겼다. 그것이 BBC의 정상적인 절차였기 때문이다.

앨러스테어 캠벨이 첫 번째 항의 서신을 보낸 것은 이틀 후의 일이었다. 캠벨의 편지는 대체로 아주 긴 편이다. 그는 입에 설사병이 난 것처럼 장황하게 이야기를 늘어놓았다. 그가 과연 타블로이드판 기자 출신인지 의심스러울 정도였다. 어떤 편지에서는 그가 항의하는 내용이 무엇인지 도무지 파악하기가 어려웠다.

캠벨은 네 페이지에 달하는 6월 9일자 편지에서 길리건이 합동정보위원회의 역할을 제대로 이해하지 못했고, 우리가 신빙성이 없는 소식통만 인용함으로써 BBC 보도지침을 위반했다고 주장했다. 그는 그렇게 지속적으로 위반한다면 보도지침이 있어야 할 이유가 무엇인지 의아스럽다는 말로 끝을 맺었다. 리처드 샘브룩은 6월 11일자로 답장을 보내 보도지침을 위반한 적이 없고 9월 문건이 사용된 방식에 관하여 우려를 나타내는 소식통이 여러 곳 있었다는 점을 분명히 밝혔다.

그 다음날 캠벨이 편지를 또 보냈다. 이번에도 리처드 앞으로 보낸 것이었는데, 길리건이 합동정보위원회의 역할을 오해했다는 내용과 길리건의 기사는 BBC 보도지침을 위반한 것이라는 내용이 반복되어 있었다. 리처드는 6월 16일에 상세하게 답장을 보냈다. 이번에는 그가 BBC 보도지침을 인용했다. 하지만 보도지침에 따르면 우리가 위반한 사항이 하나도 없었다. 나는 캠벨이 보낸 편지를 복사하고, 캠벨에게 BBC의 공식 민원접수절차에 따라 이의를 제기할 수 있는 기회를 주라고 리처드에게 권하였더니 리처드가 내 권고에 따랐다. 그가 이러한 절차를 밟았더라면 경영위원회에 회부하여 최종 결정을 받을 수 있었으리라. 하지만 캠벨은 그러한 권고에 대해 아무런 답장도 하지 않았다.

캠벨의 6월 12일자 편지는 매우 재미있다. 이 편지에서 그는 자기 자신에 관하여 많은 이야기를 들려주었다. 마지막 문단에서 그는 6월 8일 일요일 BBC 뉴스시간에 두 번째 문건인 2월 문건에 나타난 결점에 대하여 비밀정보국(MI6) 책임자인 리처드 디어러브 경에게 사과 편지를 썼다는 《선데이 텔레그래프》의 기사를 보도하였다고 항의했다. 캠벨은 이 기사가 사실이 아니므로 사과를 요구한다고 말했다. 우리는 그 후에 그 기사가 본질적으로 사실이라는 것을 알았다. 그가 리처드 디어러브 경에게 사과한 일이 있었던 것이다. 그 기사에서 잘못된 내용은 캠벨이 편지로 사과한 것이 아니라 구두로 사과했다는 차이밖에 없었다.

이것이 캠벨이 상습적으로 쓰는 계략이다. 그는 아주 사소한 부분을 부인함으로써 이야기 전체의 신빙성을 떨어뜨리려고 했다. 누구나 그의 이런 계략을 알고 있었기 때문에 그가 항의하는 내용의 신빙성만 떨어질 뿐이었다.

10여 일 동안 이렇게 편지 공세를 펼치다가 갑자기 잠잠해졌다. 캠벨이 더 이상 항의 편지를 보내지 않아서 우리는 끝난 줄 알았다. 리처드 샘브룩과 나는 훗날 그 항의 편지들을 심각하게 받아들이지 않았다는 비난을 억울하게 받았다. 리처드는 캠벨로부터 이런 편지를 정기적으로 받았기 때문에 두 번째 편지를 받았을 때는 '또 다른 앨러스테어의 폭언'이 도착했다고 말하기도 했다.

이 무렵 하원 외교특별위원회는 이라크 전쟁 참전 결정에 관한 청문회를 연속적으로 열고 있었으며 앨러스테어 캠벨에게 청문회에 출두하라고 요청했다. 특히, 특별위원회에서는 그 '신빙성 없는' 문건에 대해서 알고 싶어 했다. 그 문건은 캠벨의 직원이 인터넷에서 입수한 정보를 진쟁 침전 명분을 높이려고 수정해서 지기들이 작성한 문서인 양 2003년 2월에 발표한 것이었다.

전반적인 상황을 이해하려면 몇 주 전으로 거슬러 올라가야 한다. 외교특별위원회는 2003년 6월 3일 그 문건에 대해 조사하겠다고 발표했다. 그들이 맨 처음 취한 조치는 캠벨에게 출두 요청을 한 것이었다. 하지만 그는 즉석에서 거절했다.

그러자 상황이 불리해지기 시작했다. 캠벨에게 비난의 화살이 쏟아지기 시작한 것이다. 특히 2월 문건에 대한 비난이 높아지면서 다우닝가는 '신빙성 없는' 문건과 관련해서 각 정보기관 책임자들에게 앞으로는 더 세심하게 주의하겠다는 서신을 보냈다고 마지못해 확인하기에 이르렀다.

같은 날, 보수당 당수 이언 덩컨 스미스가 처음으로 이 문제에 개입하여 참전 명분을 만들기 위해서 정보를 이용한 사건에 대하여 독자적인 조사를 벌이자고 요구하고 캠벨을 겨냥하여 이렇게 말했다.

"내가 우려하는 것은 앨리스테어 캠벨 같은 사람들이 이러한 정보를 건드려서 왜곡하는 것입니다."

한편, 갖가지 이야기가 신문에 계속 실리면서 정보를 오용했다는 의혹이 제기되었다. 《옵서버》는 6월 8일자 신문에 "블레어가 이라크의 이동 세균전 무기 생산 시설이라고 거듭 주장하던 두 대의 차량은 전혀 그런 용도가 아니다."라는 기사를 실었다. 《메일 온 선데이》는 길리건의 두 번째 기사를 실었다. 새로운 사실은 별로 없었지만, 그 기사는 논쟁을 끓어오르게 했다. 그래서 BBC에 대한 캠벨의 편집증 증상이 극에 달하게 되었다.

그런데 6월 9일 전쟁 문제를 놓고 이견을 보이다가 5월에 내각에서 사퇴한 클레어 쇼트가 방송에 출연하여 공격을 계속했다. 그녀는 《뉴스테이츠먼》(New Statesman)에 이런 글을 기고하였다.

"내 결론은 총리가 우리를 속였다는 것이다. 그는 대량살상무기의 위협이 긴박한 상태에 있다고 과장했다."

그 다음날, 정보안보특별위원회(ISC)는 연례 보고서를 발간하여 정보를 '신빙성 없는 문건'에 사용한 사례를 비난하였다. 그 보고서에는 9월 문건을 제한적으로 뒷받침하는 내용도 몇 줄 실려 있었으나, 언론에서는 '신빙성 없는' 문건에 초점을 맞추어 보도하였다. 그러자 캠벨이 화를 냈다. 그는 나중에 허튼에게 이렇게 말했다.

"BBC와 다른 미디어들이 정보안보특별위원회 보고서에서 9월 문건에 대한 부분에 초점을 맞추지 않고 2월 브리핑 자료를 놓고 정부를 비판한 부분에만 초점을 맞추어 보도했다."

1주일 후 더 나쁜 소식이 들렸다. 클레어 쇼트와 로빈 쿡이 전쟁이 발발하기 전에 이라크의 대량살상무기 위협이 긴박한 상태에 있다는 주장을 뒷받침할 만한 증거가 없다는 정보 브리핑을 받은 적이 있다고 외교특별위원회에 증거를 제출한 것이다.

그 이튿날, 이번에는 전직 합동정보위원회 의장이었던 폴린 네빌-존스가 나섰다(그녀는 BBC 경영위원을 겸직하고 있었다). 그녀는 평소와 마찬가지로 말을 돌리지 않고 단도직입적으로 이렇게 말했다.

"2월 문건은 중대한 실수였으며, 그 이전에 작성된 문건, 즉 9월 문건의 신빙성을 떨어뜨렸다. 그것은 실수다. 나는 문건을 오려 붙이기 해서는 안 된다고 생각한다."

외교위원회에 출두하라는 압력이 캠벨을 점점 압박하고 있었다. 하지만 다우닝 가의 태도는 여전히 강경했다. 6월 18일 총리에 대한 질의 시간에 토니 블레어는 그 문제에 대해 맹렬히 공격하고 헌법상의 전례를 들어 근거를 대라는 의원들의 요구를 거절했다.

"정부 관리가 특별위원회에 증기를 제출한 전례는 한 번도 없었습니다."

그 다음날, 이브라힘 알-마리시가 외교위원회에 증인으로 출석하여 그의 저작물을 부당하게 사용해서 이라크에 있는 그의 가족들의 생명이 위험해졌다고 증언했다. 그의 박사 학위 논문이 그 '신빙성 없는 문건'의 출처였으나 정부 측은 그런 사실을 인정하지 않았던 것이다.

외교위원회는 캠벨에게 출두하라는 통지를 다시 보냈다. 캠벨은 며칠이 지나서야 답장을 보냈다.

캠벨에게 절대적으로 불리한 증거들이 많이 수집되어 그에게 심각한 타격을 줄 수 있는 보고서가 곧 발표될 가능성이 보였다. 6월 22일자 일요신문들은 모두 이 문제에 대한 기사를 가득 실었다. 《메일 온 선데이》는 캠벨이 사임할 위기에 처해 있으며 "강력한 외교위원회가 캠벨의 행동에 대하여 해명하라고 압력의 강도를 높이고 있다."고 보도했다. 《인디펜던트 온 선데이》(Independent on Sunday)는 노동당 소속 외교위원회 위원 에릭 일슬리의 견해를 이렇게 보도했다.

"캠벨의 부하들이 이 문서('신빙성 없는 문건')를 짜맞추고 완전히 서투른 솜씨로 조작하여 중대한 조사보고서인 양 발표하였다는 증거에 비추어볼 때, 나는 그 보고서의 책임은 그에게 있다고 생각한다."

캠벨은 나중에 허튼에게 이렇게 말했다.

"나는 각 일요신문에서 노동당 하원의원들이 발언한 내용을 읽고 외교위원회가 정부 측에 아주 불리한 방향으로 움직이고 있다는 것을 그 주말에 눈치 챘다."

그가 말한 아주 나쁜 방향이란 물론 앨러스테어 캠벨에게 아주 나쁜 방향을 말하는 것이었다.

그러자 캠벨의 입지가 약해졌다. 언제나 충성심을 보이던 외무장관 잭 스트로마저 6월 23일 위원회에서 2월 문건은 '완전히 엉터리'라고 말했다.

캠벨은 행동을 취할 때가 왔다고 판단했다. 그는 토니 블레어와 협의했으나 블레어는 헌법상의 전례가 그렇게 확고한 것은 아니므로 외교위원회에 출석하는 것이 좋겠다고 말했다. 그러자 캠벨은 6월 25일 증인으로 출두했다.

청문회는 "캠벨이 수프에 빠졌다."는 의장의 실없는 농담으로 시작되었다('캠벨'이라는 상표의 인스턴트 수프에 빗댄 농담이다: 옮긴이). 이는 캠벨이 처해 있는 불리한 입장을 나타낸 말이기도 했다. 하지만 캠벨은 한순간도 당황하지 않았다. 그는 청문회에 출두한 기회를 이용하여 BBC를 정면으로 공격하였다. 그는 BBC가 허위 보도를 하고 반전 분위기를 조성했다고 비난했다. 정부의 정보기관을 책임지고 있는 사람, 전례 없이 막강한 권한을 쥐고 있는 공복(公僕)이 BBC의 저널리즘에 대하여 전례 없는 공격을 퍼부은 것이다.

캠벨이 그렇게 한 이유는 무엇이었을까? 왜 BBC에게 공개적으로 공격을 퍼부었을까? 그러한 공격으로 말미암아 결국 캠벨은 자리를 잃고 그가 대변하던 노동당 정부는 치유할 수 없는 상처를 입지 않았던가?

그 이튿날 아침 《스코츠먼》(*The Scotsman*)에 실린 사설이 정곡을 찔렀다.

캠벨 씨는 그가 하고 싶었던 것을 다 했다. 그는 신빙성 없는 문건에 대해서는 재빨리 항복을 함으로써 공격을 무디게 만들고 나머지 세 시간을 언론 담당자들이 잘 써먹는 낡아빠진 속임수를 쓰는 데 사용했다. 언론에 다른 이야깃거리를 제공함으로써 관심을 정부의 허물에서 다른 데로 돌리는 데 성공한 것이다.

언론, 특히 머독의 신문들이 여기 동조했다. 《선》은 그 이튿날 헤드라인을 "캠벨, BBC를 거짓말쟁이라고 비난하다."라고 달았다. 《더 타임스》도 같은 방법을 택했다. "캠벨은 BBC가 거짓말을 했다고 비난했다." 물론 캠벨이 기뻐했음은 두말할 나위도 없다. 나중에 그는 허튼에게 이렇게 말했다.

"기분이 훨씬 낫더군요. BBC의 측면을 공격하는 데 성공했지요."

BBC에 대한 캠벨의 공격은 관심을 '신빙성 없는 문건'에서 다른 데로 돌리기 위한 수단이었으며 그를 비롯한 그의 팀의 비열한 수법을 그대로 보여주는 짓이었다. 그는 공격이 최상의 방어책이라고 판단했다. 그는 외교특별위원회에서 어려운 질문을 받을 때마다 BBC를 공격했다.

이라크 전쟁 기간 동안 그의 의견에 따르라는 요구를 우리가 거부했던 것에 대한 보복으로 오래전부터 BBC를 해치우려고 작정했던 것으로 보인다. 특히 그는 길리건과 〈투데이〉 프로그램에 상처를 입히려고 했다. 캠벨은 개인적으로 내게 그 프로그램을 무척 싫어한다는 말을 한 적도 있었고, 우리는 특히 그가 그 프로그램 진행자 존 험프리스를 무척 싫어한다는 사실을 알고 있었다. 우리는 길리건에 대한 항의도 받은 적이 있었다. 그 프로그램에 출연해서 국방부와 정부를 당혹하게 만들었기 때문이다. 코소보에 가한 폭격이 전술적으로 비효율적이었다는 점, 그리고 사담 후세인과 알카에다 사이에 어떤 관계도 없다는 점을 입증하고, 영국군이 장비를 제대로 갖추고 있지 않다고 여러 차례 폭로한 사람도 길리건이었다. 물론 캠벨은 길리건이 전쟁 기간 동안 바그다드에서 보낸 기사도 싫어했다. 하지만 그에 대한 캠벨의 증오는 2000년부터 시작되었다. 그때 길리건은 유럽연합의 '법전' 초안이 유럽연합이라는 초강대국의 근거가 될 수 있다고 경고했다. 그 이후, 캠벨은 그를 '어리숙한 길리건'이라고 불렀다.

캠벨은 특별위원회에서 총리가 거짓말을 했다고 우리가 비난했다고 발언함으로써 우리가 특정 개인에게 인신공격을 한 것처럼 공격했다. 하지만 이는 사실이 아니다. 이것도 캠벨의 상투적인 계략이었다. 총리를 언급한 사람은 아무도 없었다. 캠벨로서는 다우닝 가 10번지 또는 정부를 비난하는 것은 총리가 거짓말을 했다고 직접 비난한 것이라고 주장하는 편이 유리했다. 블레어가 그 '신빙성 없는 문건'이 터무니없는 정보라는 사실을 알고 있었다고 말한 사람은 아무도 없었지만, 캠벨과 같은 논리를 적용한다면 총리도 그 문건에 대해서 개인적으로 책임을 져야 할 것이다. 캠벨은 켈리 박사가 길리건에게 말한 내용을 BBC가 총리에게 인신공격을 퍼부은 것으로 바꿔놓았다. 그런데 실망스럽게도 토니 블레어도 나중에 캠벨의 논리에 동조했다.

공격의 야비함과 광범위한 성격 때문에 BBC는 전투에 나설 수밖에 달리 도리가 없었다. 캠벨은 BBC의 방송 내용, 특히 전쟁 보도에 관해서 주로 공격했다. 카디프대학교의 포괄적인 연구에서 나중에 밝혀진 바에 의하면, BBC는 반전주의자들의 입장보다는 정부의 공식적인 입장을 다소나마 지지한 편이었다.

특별위원회에서 캠벨이 BBC를 공격하던 6월 25일, BBC 임원들은 1년에 3회 개최되는 전략회의에 참석하고 있었다. 이 회의는 서리 주에 있는 위틀리 공원에서 열렸다. 우리는 매년 6월마다 이곳에서 회의를 개최했다. 평상시와 마찬가지로 결속을 다지는 행사를 열고 좀 더 한 팀이라는 소속감을 느낄 수 있도록 임원들이 유치한 장난도 벌였다. 문자로 표현하면 이런 행사가 아주 어처구니없어 보이지만 팀원 사이의 우정을 돈독하게 다지는 데에는 매우 효과적인 방법이다.

우리는 〈녹아웃〉(It's a Knockout) 게임쇼를 흉내 낸 시합을 벌였다. 그런데 시합이 반쯤 진행될 무렵 리처드 샘브룩의 휴대전화에서 벨이 울렸다. 그는 내게 다가와서 앨러스테어가 외교위원회에서 BBC를 공격하며 분별없는 행동을 벌였다고 전했다. 하지만 자세한 내용을 몰랐기 때문에 우리는 시합을 계속했다. 아마 우리 팀이 이기고 있었기 때문에 계속했을 것이다. 마지막 라운드에서 컨트리 댄싱을 할 순서가 될 때까지는 우리 팀이 분명히 앞서고 있었다. 그런데 그때 앨런 옌톱이 멋진 솜씨를 보여서 그의 팀이 '예술적인 가치'를 인정받아 승리했다. 얼마나 재미있던지…….

1시간가량 지나자 캠벨이 위원회에서 한 발언에 대해 상세한 보고서가 들어왔다. 나는 그의 발언에 대해 대응해야 한다는 데 동의했다. 리처드가 런던으로 돌아가서 그 이튿날 아침 〈투데이〉 프로그램에서 캠벨의 공격에 대한 인터뷰를 할 수 있도록 준비하기로 했다. 나머지 임원은 회의를 계속했다. 그 이튿날 아침 리처드는 BBC를 훌륭하게 변호하고 정부 측에 불리한 주장을 한 당사자는 BBC가 아니라 9월 문건을 준비하는 데 참여했던 고위층 소식통이라는 점을 분명히 밝혔다.

회의를 마치고 집에 돌아오니 앨러스테어 캠벨이 사무실로 보낸 팩스가 있었다. 그는 내가 이룬 업적과 헌신적인 태도를 늘 존경하고 있으며 BBC를 그런 식으로 공격할 수밖에 없었던 상황이 유감스럽다고 매우 우호적으로 썼다. 캠벨은 그에게 언제나 열려 있는 공식적인 민원 접수 경로를 이용하지 않았다. 그는 민원 접수 절차를 이용할 수도 있었고, 방송기준심의위원회(Broadcasting Standards Commission)에 이의를 신청할 수도 있었고, 개빈이나 내게 비공식적으로 찾아올 수도 있었다. 우호적인 태도를 보이려면 전화를 걸어서 다우닝 가 10번지에서 길리건의 기사를 극히 심각하게 생각하고 있으니 한번 검토해달라고 요청할 수도 있었다.

캠벨의 공격은 BBC에 대한 견제 전략이자 보복행위가 분명했다. 그는 적절한 조사에도 관심이 없었다. 그는 정치적인 이유 때문에 공개적으로 파국으로 이끌어가려고 했다. 그가 내게 보낸 편지는 그가 벌여놓은 음모의 일부였기 때문에 나는 말려들어가고 싶지 않았다. 그래서 답장을 보내지 않기로 작정했다.

리처드 샘브룩도 세 페이지에 이르는 캠벨의 편지를 받았다. 캠벨은 상투적인 수법으로 일련의 질문에 대해서 답변해달라고 요구하고 그날 당장 답장을 보내달라고 썼다. 그리고 그 편지를 언론에 공개했다.

금요일 날, 나는 화이트 시티에 새로 건축 예정인 BBC 음악센터를 설계할 건축가를 선정하기 위한 심의회에 참석할 예정이었다.

BBC에 부임한 이후로 나는 신축건물의 건축 양식에 특별히 관심을 쏟았다. 한때는 BBC가 모든 이들이 자랑하는 멋진 건물을 가지고 있었는데, 최근 들어서면서 부적절하게 증축한 부분도 있고 새로 지었지만 아주 흉측한 건물도 있었다. 나는 내가 사장으로 재임하고 있는 동안에는 그런 일이 생기지 않게 세심하게 감독하겠다고 결심했다. 존 스미스가 재산 관리를 담당하고 있었는데 그도 내 방침에 동의했고, 노련한 건축가인 앨런 옌톱이 그러한 방침을 시행하는 데 주요 역할을 맡았다.

금요일 아침 출근하자마자 개빈 데이비스에게 양해를 구하고 나는 건축심의단 회의에 불참하는 대신 리처드 샘브룩과 마크 다마저와 함께 캠벨에게 보낼 BBC의 공식 답변서 초안을 작성했다.

신속하게 답변서를 보낸 것이 실수였다. 내 실수였다. 캠벨이 짜놓은 시간표에 우리가 말려들어간 것이었다. 나중에 내가 허튼 경에게 설명한 바와 같이, 그날 내가 했어야 할 일은 사태가 더 이상 진전되지 못하게 차단하고, 항의서 전문을 민원 접수 부서로 넘겨서 신속하게 판정을 내리라고 요청하는 일이었다. 그리고 나서 우리가 취한 조치에 대해서 다우닝 가에 통보하고 답변을 기다리라고 말했어야 옳았다.

그런데 우리는 캠벨에게 상세한 답변서를 보내서 그의 화만 더 돋우고 말았다. 그는 윔블던 구장에서 테니스 시합을 구경하다가 답변서를 받아 보고서는 이내 차를 몰고 ITN 스튜디오로 향했다. 그는 채널 4 뉴스시간에 생방송으로 인터뷰를 하자고 요구해서 BBC를 다시 한 번 아주 묘한 방법을 몰아붙였다. 그는 토니 블레어에게 자기가 취하고 있는 조치에 대해서 보고하였는데 블레어는 마지못해 동의했다. 캠벨도 나중에 인정한 바와 같이 그의 행동은 도를 넘은 행동이었다. 블레어도 그를 통제할 수 없었다. 우리는 그때 캠벨이 완전히 통제력을 잃었다고 생각했다. 우리 생각이 옳았다는 증거가 지금 하나씩 드러나고 있다.

《스펙테이터》(The Spectator) 정치 담당 편집자 피터 오본과 《메일 온 선데이》 정치 담당 편집자 사이먼 월터스가 공동으로 2004년에 출판한 책 『앨러스테어 캠벨』에 의하면, 며칠 후 캠벨은 언론협회 정치 담당 편집자 존 스미스에게 전화를 걸어서 캠벨이 요구하는 대로 그 문제에 대한 기사를 올려달라고 요구했으나 스미스가 거절하자 고함을 지르기 시작했다고 한다. 스미스가 그에게 그만 소리 지르라고 말하자 캠벨은 이렇게 대답했다고 한다.

"안 돼! 그럴 수 없어! 그들이 내 뒤를 쫓아오고 있단 말이야! 모든 사람이 내 뒤를 쫓아오고 있어!"

그러자 스미스는 캠벨에게 정신이 나가고 있는 것 아니냐고 말했다고 한다.

캠벨의 일기장이 허튼 조사단 웹사이트에 일부 공개되었는데, 그 일기장에는 그의 의도가 '길리건에게 엿 먹이려는 것' 이었다고 적혀 있었다. 오본과 월터스의 말에 따르면, 워싱턴 주재 영국대사로 부임하기 위해 다우닝 가 10번지를 떠나는 데이비드 매닝을 환송하려고 블레어가 송별연을 베푼 자리에서 캠벨이 '그 생쥐 같은 길리건' 에게 반드시 복수를 하고야 말겠다고 공개적으로 떠벌여서 참석자들을 당혹스럽게 만들었다고 한다.

이 기간 동안 개빈 데이비스는 토니 블레어와 여러 차례 대화를 나누었는데, 언젠가 캠벨의 행동이 도를 지나쳤다고 개빈이 말하자 블레어는 이렇게 대답했다.

"우리 모두 도를 지나치지 않았나요?"

그래서 이날 개빈은 블레어가 허튼 보고서가 발표되기도 두어 달 전에 보고서 내용을 이미 짐작하고 있었다고 확신했다. 그 이후로 블레어의 전화는 다시 걸려오지 않았다.

마크 다마저가 기억하기로는 〈투데이〉 프로그램과 거의 동시에 대량 살상무기에 관한 기사가 〈뉴스나이트〉에서도 보도된 시기가 이 무렵이었다. 그가 테이프를 꺼내 보니 〈뉴스나이트〉의 과학 담당 편집자 수전 와츠가 보도한 기사와 〈투데이〉에 보도된 길리건의 기사가 놀라울 정도로 비슷했다. 이는 매우 중요한 사실이다. 와츠도 다른 소식통으로부터 이 정보를 입수했다면 똑같은 기사를 제공한 익명의 소식통이 두 명 있다는 뜻이고, 똑같은 소식통에서 흘러나온 정보라면 길리건의 쓴 기사의 정확성을 뒷받침하는 것이기 때문이다. 어떤 경우이든 수전 와츠의 보도가 그 기사의 정확성을 입증해주는 것이기 때문에 BBC로서는 반가운 소식이었다.

리처드 샘브룩은 수전 와츠를 만나서 그녀에게 정보를 제공한 소식통이 누구냐고 물었다. 하지만 그녀는 알려주지 않았다. 그녀도 정보 제공자와 대화한 내용을 녹음했다는 말을 제공자에게 하지 않았다는 사실이 몇 주 후에 드러났다. 리처드가 괴롭혔다고 허튼 경에게 말한 것으로 보아 그녀는 당시 신성이 매우 날카로워졌던 것으로 보인다. 리처드는 남을 괴롭힐 사람이 아니다. 물론 나중에 테이프를 듣고 우리는 데이비드 켈리가 그녀에게 정보를 제공한 장본인이고, 길리건에게 그 정보를 제공하기 전에 이미 그녀에게 모든 사실을 털어놓았는데 그녀가 먼저 보도할 시기를 놓쳤다는 것을 알았다.

와츠도 그런 사실을 알고 있었던 것 같다. 켈리 박사의 인터뷰 테이프에는 그녀가 켈리 박사에게 이렇게 말한 것으로 녹음되어 있었다.

"5월 7일에 당신과 인터뷰한 내용을 기록한 메모를 다시 읽어 보니 당시에 당신이 매우 구체적으로 말했더군요. 제가 좋은 기회를 놓친 것 같아요."

그 후 〈뉴스나이트〉 편집자 조지 엔트위슬은 마크 다마저에게 〈뉴스나이트〉가 특종 기사를 놓쳤다고 생각하느냐고 묻기도 했다.

길리건은 캠벨이 BBC를 공격하기 전에 외교위원회에 증거를 제출했다. 그가 위원회에 출두했다는 사실은 거의 보도되지 않았다. 이는 캠벨이 다시 논쟁의 불씨를 다시 살리기 전까지는 이 문제에 대한 관심이 사라지고 있었다는 증거다. 우리는 외교위원회에서 〈뉴스나이트〉에서 보도된 기사도 검토할 필요가 있다고 생각했다. 그 기사는 6월 2일과 6월 4일에 2부로 나뉘어 방송되었다. 그래서 우리는 그 테이프를 급히 위원회에 보내고 그 테이프의 중요성을 알렸다.

〈뉴스나이트〉의 보도 내용을 보고 우리는 캠벨이 길리건과 〈투데이〉 프로그램에 대해서 오래전부터 가슴에 품고 있던 원한을 복수하려고 한다는 확신을 굳히게 되었다. 그렇지 않다면 〈투데이〉와 똑같은 기사를 보도한 〈뉴스나이트〉에 대해서는 왜 항의하지 않았는가?

이라크가 45분 내에 살상무기를 배치할 수 있다는 주장이 틀린 주장이라는 것을 정부 측에서도 알고 있으면서 정보 문건에 삽입시키라고 지시했다고 수전 와츠가 말한 적이 없다는 것은 사실이다. 그러나 그녀는 자기에게 정보를 제공한 소식통이 이렇게 말했다고 보도했다.

"45분이라는 숫자 때문에 걸려들었어요. 운이 나빴죠. 그래서 정보기관과 내각, 그리고 다우닝 가 10번지 사이에 입씨름이 벌여졌죠. 정보기관에서 그것을 알아챈 거예요. 이 사람들이 일단 알아채면 꼼짝달싹 못하고 당할 수밖에 없어요."

와츠는 그 문건을 작성하는 데 협력한 고위 관리 한 사람이 이런 말을 한 적이 있다고 말하기도 했다.

"그 문건을 발표하기 전까지 정부는 이라크의 위협이 긴박한 상황에 있다는 정보를 찾아내려고 혈안이 되어 있었죠. 이라크의 위협이 긴박한 상황에 있다는 정부의 주장은 정보에서 얻은 결론을 다우닝 가가 제멋대로 해석한 것이에요."

그녀는 익명의 소식통(켈리 박사)의 말을 상세하게 인용했다. 이라크의 위협이 긴박한 상황이라는 주장에 대하여 켈리는 장래에는 위협이 되겠지만 현재로서는 심각한 수준이 아니라고 분명히 말했다고 인용했다.

"하지만 유감스럽게도 전쟁의 명분을 잃게 될 우려가 있기 때문에 그런 사실은 그 문건에 강력하게 표현되지 않았지요."

달리 말하자면, 그녀는 다우닝 가가 이라크의 위협을 과장했기 때문에 정보기관이 불쾌하게 생각했다는 말을 분명히 보도한 것이다. 근본적으로 이 보도는 길리건이 보도한 주장과 똑같은 것이다. 총리는 나중에 길리건의 보도가 사실이라면 총리직에서 사임하겠다고 말했다. 그러나 와츠의 보도에 대해서는 한마디도 언급하지 않았다. 와츠의 보도가 사실이라면 총리의 말은 그 보도에도 적용되는 것이 아닐까? 다우닝 가에서는 아무도 와츠의 보도를 부인한 적이 없었다.

우리는 외교위원회에 출석하여 만일 그들이 검토한 구체적인 증거를 토대로 우리 보도가 틀린 보도라고 만장일치로 판정을 내리면 우리도 길리건의 보도가 틀린 것이라고 인정하는 동시에 그 보도를 취소하고 사과 성명을 내겠다고 말했다. 하지만 다우닝 가가 외교위원회에게 9월 문건 초안을 넘겨주지 않아서 위원회가 그 문건을 토대로 판정을 내릴 수 있는 기회가 없었다.

외교위원회가 그 문건 초안을 보고 결정을 내렸다면 다우닝 가 10번 지가 난감한 처지에 놓였을 것이다. 허튼 조사단에 제출된 문건 초안을 보면 다우닝 가의 관리들이 중요한 부분을 수정했을 뿐만 아니라 캠벨이 외교위원회를 의도적으로 현혹시켰다는 것을 알 수 있다. 캠벨은 자신이 직접 문건 수정을 제안했다고 위원회에서 말했으나 45분 내 살상 무기 배치 가능성에 대해서는 언급을 회피했다. 이 부분이야말로 위원회가 관심을 가지는 부분이었는데, 그는 합동정보위원회 의장 존 스칼릿과 바로 이 문제에 대해서 의견을 교환했다는 말도 하지 않았다. 그가 모든 이야기를 털어놓았다면 켈리 박사의 주장이 옳다는 것이 입증되었을 것이다.

허튼이나 외교위원회가 그들을 현혹시킨 캠벨의 행위에 대해서 추궁하지 않은 것은 민주주의체제가 제 기능을 잃었다는 것을 의미한다. 허튼은 그 문제를 외교위원회에게 넘겼고, 외교위원회는 그 문제를 회피해버렸다. 매사가 이런 식이라면 정부의 정보책임자는 의회에서 허위 진술을 해도 면책받게 될 것이다.

그 기사에 대한 논란이 가라앉지 않자 개빈은 경영위원들이 그 문제를 토의할 수 있는 기회를 마련하려고 했다. 캠벨이 공개적으로 격한 감정을 보여준 이후 개빈은 전반적인 상황을 개인적으로 아주 세밀하게 조사하고, BBC의 독립성을 훼손하려는 맹렬한 공격에 대하여 염려하고 있는 경영위원 몇 사람과 개인적으로 그 문제를 토의했다. 외교위원회의 조사보고서가 발표되기 전 주에 그는 긴급 경영위원회를 소집하려고 했으나 나는 반대했다. 나는 그 단계에서 경영위원 전원을 싸움에 끌어들일 필요가 없다고 판단했다. 길리건의 보도가 틀린 보도라는 판정이 나면 경영위원들이 난처한 입장에 놓이게 될 것이라고 생각했기 때문이다.

7월 4일 금요일, 나는 북아일랜드로 출장을 갔다. 그곳에 간 특별한 이유는 BBC 사옥 옥상에 정원을 새롭게 꾸며서 직원들이 점심시간이나 저녁에 휴식을 취할 수 있는 공간으로 개장하는 행사에 참석하기 위해서였다. 이 행사는 '변화를 일으키자!' 운동에서 얻은 성과였다.

벨파스트에 머물고 있을 때, BBC 사무국장 사이먼 밀너가 내게 전화를 했다. 그는 개빈이 일요일 저녁에 경영위원회를 소집했고 주말에 자세한 정보를 받게 될 것이라고 전했다. 나는 사이먼에게 회의 개최는 잘못 판단한 것이지만 회의에 참석하겠다고 말했다.

그 이튿날 아침 《가디언》은 회의 소집 뉴스를 "다이크가 BBC 비상회의에 소환되었다."는 제목으로 1면 첫머리기사로 실었다. 나중에 경영위원들이 어수룩해서 잘 속는다는 비난을 받았을 때마다 나는 그 기사 제목을 언급하면서 절대로 그렇게 보이지 않는 증거라고 말하곤 했다.

일요일 날, 나는 수와 함께 남자 테니스 결승전을 보기 위해 윔블던 구장에 갔다. 그런데 운 좋게도 셰리 블레어가 우리 앞에 앉아 있었다. 그래서 사진 기자들에게는 그날이 신나는 날이 되었다. 내가 셰리를 안 지 20년이 되었지만, 그날 셰리는 수에게만 인사를 하고 내게는 아는 체도 하지 않고 앞만 쳐다보았다. 오래된 우정은 일시적인 싸움보다 훨씬 중요한 법이라는 사실을 그녀가 깨닫지 못하는 것을 보고 무척 안타깝게 생각했다. 정치계에서 일생을 보낸 사람들에게는 그런 인생의 법칙이 적용되지 않는 것 같았다. 이너 파웰이 이런 말을 한 적이 있다.

"정치계에는 우정이란 없다. 동맹관계만 있을 뿐이다."

나는 윔블던 구장에서 크림색 옷을 입은 채 곧바로 경영위원회 회의에 참석하러 갔다. 브로드캐스팅 하우스로 들어가려니까 인터뷰에 응할 수 없다는 것을 뻔히 알면서도 기자들이 진부한 질문을 던졌다.

"이걸로 BBC는 끝난 건가요?"

나는 단 한마디만 대답했다.

"아뇨!"

나는 회의 앞부분에는 참석하지 않기로 개빈과 합의했다. 내가 회의실에 들어가자, 리처드 샘브룩과 나에게 그 기사와 편집절차에 대해서 질문이 쏟아졌다. 우리는 몇 주 동안 개빈과 답변을 준비하고 있었기 때문에 모든 상황을 상세하게 파악하고 있었다. 그는 경영위원들이 우리 입장을 지지해주길 바랐다. 흥미롭게도 그날 가장 우리를 지지하는 태도를 보인 경영위원은 세라 호그였다. 그녀는 회의에 직접 참석하지 않고 링컨셔에 있는 그녀의 집에서 전화로 회의실과 연결하고 있었다. 그녀는 우리가 약한 모습을 보여서는 안 된다고 단호한 입장을 취했다. 그날 갈피를 잡지 못하고 갈팡질팡한 사람은 부회장 리처드 라이더밖에 없었다.

물론 당시 경영위원들은 길리건에게 정보를 제공한 소식통이 누구인지 몰랐다. 나는 켈리의 직책까지 알고 있었지만, 그날 회의 때에는 리처드 샘브룩도 켈리의 이름만 알고 있었다. 그날 회의에서 리처드는 앤드루 길리건을 "원색으로 그림을 그리는 경향이 있는 기자"로 묘사했다. 정교한 면이 부족하고 이따금 기사가 너무 강렬한 느낌을 준다는 뜻이었다.

경영위원회는 BBC 임직원 중 다수에게 반전주의자 경향이 있다는 캠벨의 주장은 인정할 수 없다는 성명서를 채택하고 캠벨에게 그런 주장을 철회하라고 요구하기로 결정했다. 〈투데이〉 제작진이 BBC 제작진의 보도지침을 준수하여 길리건의 기사를 방송했고 그러한 보도는 공익에 부합되는 것이라는 입장도 명백하게 밝혔다.

그러나 경영위원회는 〈투데이〉 제작진이 그 기사를 방송하기 전에 국방부는 물론 다우닝 가 10번지에도 그 기사에 들어 있는 주장을 미리 알렸어야 했다고 지적하고, BBC 기자들과 진행자들이 기사를 작성할 때 지켜야 할 규정을 재검토하기로 결정했다. 나는 길리건이 신문에 쓴 사설에서 캠벨의 이름을 거론하지 않았다면 캠벨이 그런 식의 반응을 보이지 않았으리라고 생각했다. 경영위원회는 마침내 다음과 같은 성명서를 발표했다.

경영위원회는 BBC가 총리가 거짓말했다고 비난하거나 총리가 국민을 현혹시키거나 거짓으로 영국을 전쟁으로 몰아가려고 한다고 비난한 적이 없다는 점을 기록으로 남겨두고자 한다. BBC는 전쟁 보도와 관련하여 어떤 행동강령도 별도로 가지고 있지 않으며, 총리의 청렴성에 대하여 의문을 제기하려는 의도도 없다.

그 후, 마이클 그레이드가 〈질문시간〉에 출연하여 그날 밤 경영위원들의 결정에 대하여 이야기할 기회가 있었다(그는 곧 BBC 차기 회장이 되었다). 이때 그가 한 발언은 매우 유익했다.

나는 BBC 경영위원들에게 박수갈채를 보낸다. 내가 BBC에 있을 때에도 그들과 함께 있었다면 얼마나 좋았을까 하는 생각이 든다. 진짜 힘든 난관을 헤쳐나가야 할 때 이런 사람들이 있다면 큰 힘이 될 것이다. 이들은 처음으로 다우닝 가가 우리 쪽을 향해서 무력을 과시할 때 경영진의 입장을 적극 옹호하였다. 나는 다우닝 가에 맞서서 BBC의 독립은 타협의 대상이 아니라는 것을 모든 이에게 확실하게 보여준 개빈 데이비스와 경영위원들에게 박수를 보낸다.

경영위원회가 소집된 다음날인 7월 7일, 외교위원회 보고서가 발표되었다. 양쪽이 모두 승리했다고 주장했으나 보고서 내용은 양쪽의 기대와 다소 어긋나는 것이었다. 외무장관 잭 스트로가 나서서 캠벨의 결백이 위원회에서 입증되었으므로 BBC도 그에 대한 주장을 철회해야 한다고 발표했다. 그는 보고서 내용에 대한 찬반이 정당별로 엇갈렸으며 캠벨의 결백에 대한 찬반 투표에서도 단 한 표 차이밖에 나지 않았다는 것을 지적하지 않았다.

이에 대해 우리는 외교위원회가 만장일치로 45분 내에 살상무기를 배치할 수 있다는 주장으로 9월 문건의 중요성이 정당화되지 않는다고 결론내리고 정부 측에 무슨 이유로 그런 주장을 했는지 설명하라고 요구했다는 점을 지적했다. 외교위원회도 9월 문건이 기초가 되는 정보에 비해서 너무 독단적인 용어를 사용하였다고 비난하였다. 정보를 '윤색' 했다고 말할 수 있을 것이다. 또한 외교위원회는 정부 측이 그 문건에서 언급한 내용이 사실이라고 믿고 있는지 분명히 밝혀야 한다고 발표했다.

그 무렵 다우닝 가와 BBC가 서로 화해할 수 있도록 중재하려는 시도가 두 번 있었다. 첫 번째 시도로 피터 만델슨이 BBC 정책본부장 캐럴라인 톰슨에게 전화를 했다. 그는 양쪽과 오래전부터 친분을 맺고 있는 사람이었다. 그가 돌파구로 제시한 조건은 BBC가 길리건의 기사를 방송한 것은 정당하다고 우리의 입장을 고수하되 그 기사 내용은 사실이 아니었다고 인정하라는 것이었다. 나는 캐럴라인과 리처드 샘브룩과 함께 이 제안에 대해서 토의를 하고 타협을 모색할 필요는 있지만 그런 조건은 받아들일 수 없다는 결론을 내렸다. 그 기사가 사실이 아니라는 말은 할 수가 없었다. 개빈과 그 문제를 상의하자 그는 만델슨과 접촉하는 것 자체를 반대했다. 그는 우리가 그와 나눈 대화가 공개되지 않는다는 보장도 없을 뿐만 아니라, 공익이 결부된 문제를 그렇게 뒷골목에서 흥정할 수는 없다고 생각했다.

캐럴라인이 만델슨에게 우리 의견을 전달하자 그는 전직 노동당 언론 대책 담당자답게 BBC는 이제 정부 측 홍보조직의 전면 공격을 받게 될 것이라고 겁을 주었다. 대단한 사람들이었다.

7월 7일에 두 번째 시도가 있었다. 바로 특별위원회가 보고서를 발표하던 날이었다. 총리가 개빈 데이비스에게 전화를 걸어서 사태를 진정시켜보려고 했다. 그는 만델슨과 똑같은 제의를 했는데, 개빈은 그 기사를 철회할 의사가 없기 때문에 그 제의를 받아들일 수가 없다고 대답했다. 블레어는 더 이상 BBC를 괴롭히지 못하게 캠벨을 막을 테니 우리 측에서도 비슷한 제스처를 보여달라고 요구했다. 이튿날 나는 버밍엄에서 열린 라디오 아카데미 페스티벌에서 연설할 기회가 있었는데, BBC에 대해서 더 이상 과격한 발언을 하지 않고 물러서준 앨러스테어 캠벨에게 고맙다는 말을 덧붙였다. 나는 우리는 모두 제안을 받아들이지 않기로 의견을 모으고 계속 우리의 입장을 고수해야 한다고 주장했다. 어느 정도 희망이 있었기 때문이다.

블레어가 진정으로 모든 사태를 진정시키기 원했는지 매우 의심스러웠다. 개빈과 통화를 한 날, 그는 다우닝 가에서 정치 참모와 관료들과 함께 오전 내내 회의를 연속적으로 열었으나 아무런 기록도 남기지 않았다. 이들은 그 자리에서 데이비드 켈리라는 관리가 전면으로 모습을 드러내어 자신이 길리건에게 정보를 제공한 소식통이었다고 선언한 사실을 역이용할 수 있는 방안을 모색했다. 켈리가 길리건과 대화를 나눌 때 길리건이 주장하는 그런 발언을 한 적이 없었다고 국방부에서 말했기 때문이다. 그날 총리가 참석한 회의에서는 켈리의 이름을 정부가 어떤 식으로 일반 국민에게 알려야 할지 전략을 세웠다.

어떤 이유에서인지 캠벨과 국방장관 제프 훈을 비롯한 회의 참석자들은 길리건의 소식통이 정보 담당 공무원이 아니라는 사실이 알려지면 그의 기사가 신빙성을 잃게 될 것이라고 확신했다. 켈리가 정보 담당 공무원이라고 길리건이 잘못 말한 적이 있었기 때문일 것이다. 그날 캠벨이 일기장에 기록한 내용을 보면 그와 훈 장관은 켈리가 걸리건의 소식통이었다는 사실이 드러나면 길리건이 치명타를 입을 것이라는 데 의견이 일치했다고 한다. 물론 켈리의 이름이 거론된 후에도 BBC는 소식통의 신원을 밝히기를 거부했기 때문에 그런 일은 일어나지 않았다.

그 후 이틀 동안 국방부와 다우닝 가 공보실은 켈리의 이름을 알리려고 별의별 방법을 다 썼다. 기자들에게 이름을 하나씩 말해보라고 시키고 이름을 맞히면 국방부가 맞았다고 확인하는 우스꽝스러운 짓을 벌이기도 했다.

7월 7일 월요일, 개빈은 한 노동당 하원의원으로부터 전화를 받았다. 그 하원의원은 자신의 오랜 친구인 비밀정보국 고위관리와 그 전날 밤에 만찬을 함께했다고 말했다. 그 관리는 하원의원에게 길리건의 보도 내용이 절대적으로 옳은 것이라고 강조하고, 45분 내 대량살상무기 배치 주장에 대한 정보는 본래 믿을 만한 이라크 정보원으로부터 얻은 것이었는데, 그 정보원은 이라크 육군에 있는 어느 준장으로부터 그 정보를 입수했다고 말했다고 한다. 비밀정보국은 그 정보에 단서조항을 붙여서 보냈는데 그 단서조항은 빠지고 나머지 정보가 확실한 정보인 것처럼 사용된 것이다. 흥미롭게도 버틀러 조사단이 대량살상무기에 관한 정보 사용 실태 조사 결과를 2004년에 보고할 때에도 똑같은 이야기가 언급되었다.

나는 그 하원의원에게 연락해서 나와 그 친구가 만날 수 있는 자리를 주선해줄 수 있겠느냐고 물었다. 그런데 이 자리를 주선하는 동안 데이비드 켈리가 자살하고 말았다. 개빈은 어느 자유민주당 상원의원의 전화도 받았다. 그는 법무장관으로부터 직접 전쟁의 합법성에 대한 자신의 본래 소견서가 강력하지 못하다는 평을 받아서 보강할 수밖에 없었다고 어느 친구가 털어놓았다는 말을 개빈에게 했다. 이 두 가지 사례 이외에도 고위직에 있는 사람들로부터 받은 많은 제보가 있었다. 이들은 보도 내용이 맞다고 말하고 계속 추적해보라고 우리를 격려해주었다. 이들 가운데 일부 인사는 보안기관과 밀접한 관계를 맺고 있고 있었다. 나는 아주 고위층에 있는 군 관계자와 만찬을 함께 한 적이 있는데 그도 논란이 되고 있는 대량살상무기가 발견될 가능성은 거의 없고 개인적으로는 그런 무기가 있는지조차 의심스럽다고 말했다.

이때는 잠시도 마음 편하게 지낼 틈이 없었지만 재미있는 일이 한 번 있었다. 특별한 자동차 번호판을 주겠다는 전화를 받은 것이다. 그 번호를 250파운드에 사지 않겠느냐는 제의였다. 번호는 'MI6 WMD'였다 (MI6은 비밀정보국의 원래 명칭인 제6군사정보국[Military Intelligence Section 6]의 약칭이고 WMD는 대량살상무기[Weapons of Mass Destruction]의 약칭이다: 옮긴이). 나는 모든 상황이 진정되면 리처드 샘브룩에게 크리스마스 선물로 주려고 그 번호판을 샀다. 나는 지금도 그 번호판을 집에 있는 찬장에 몰래 감춰놓고 있다.

켈리 박사의 이름이 거론되자, 외교특별위원회는 그를 심문하기로 했다. 국방부와 다우닝 가 10번지 사람들은 켈리가 위원회에 출두해서 자신이 길리건의 소식통이었다고 밝힌 다음 길리건에게 모든 책임을 뒤집어씌우리라고 믿었을 것이다. 그런데 켈리는 7월 15일 위원회에 출두해서 자신은 길리건의 소식통이 아니었다고 부인했다. 그는 수전 와츠와 접촉했다는 말도 누군가 고의적으로 꾸며낸 거짓말이라고 부인했다. 보수당 하원의원 리처드 오타웨이가 〈뉴스나이트〉의 방송 원고를 읽어주자 켈리 박사는 눈에 띄게 불안한 모습을 보였다.

이틀 후, 앤드루 길리건은 두 번째로 위원회에 증인으로 출석했다. 이번에는 비공식적으로 출석했다. 심문은 매우 적대적인 분위기에서 진행되었다. 노동당 소속 의원 일부는 다우닝 가 정보처에서 준비해준 것으로 보이는 파일을 앞에 놓고 있었다. 입법부의 독립성도 이 지경이었다. 심문이 끝난 후, 노동당 소속 위원장 도널드 앤더슨은 길리건이 '만족스럽지 못한 증인'이라고 생각한다고 말했다. 그는 전혀 인상적인 활동을 보인 인물이 아니었는데, 선거가 끝난 후 정부 측은 그를 의장직에서 끌어내리려고 했다.

그로부터 시간이 한참 흐른 뒤에 나는 외교위원회의 어느 고위 간부와 장시간 토의를 한 적이 있었다. 그의 부탁에 따라 이름은 밝히지 않겠다. 그는 외교위원회가 큰 실수를 범한 것을 나중에야 알았다고 말했다. 그는 외교위원회 위원들이 길리건을 싫어해서 그의 말을 믿지 않은 반면, 켈리를 존경했기 때문에 그의 말만 믿은 것이라고 말했다. 길리건이 진실을 말하고 켈리가 거짓 증언을 했다는 것을 위원들이 나중에야 깨달았다고 말했다.

길리건이 외교위원회로부터 공격을 받고 있던 시간에 토니 블레어는 워싱턴 방문을 마친 후 의회에서 기립박수를 받고 있었다. 블레어는 의회에서 자신과 부시 대통령의 이라크 정책이 옳다는 것은 역사가 증명할 것이라고 연설했다. 그런데 바로 그 시간에 켈리 박사는 옥스퍼드셔 주에 있는 어느 들판에 죽은 채 쓰러져 있었다.

그런 일이 발생하기 전까지 나는 그 사건에 대한 관심이 점차 시들해진다고 생각하고 있었다. BBC든 정부든 모두 뒤로 물러서지는 않을 것이고, 켈리 박사가 우리 측 소식통이었다고 우리가 인정할 리도 없었기 때문이다. 이 사건을 직접 다루는 기자들이나, 특히 편집자나 뉴스 편집부 담당자들도 진력이 나면 결국 모든 이야기가 관심에서 멀어지게 되게 되는 법이다. 나는 이 사건도 그렇게 되어가고 있다고 생각하고 있었는데, 7월 18일 금요일 아침에 출근하는 도중 차에서 리처드 샘브룩의 전화를 받았다. 그는 켈리 박사가 집을 나가 행방불명되었다는 놀라운 소식을 전해주었다. 그 전날 산책을 나가서 돌아오지 않았다는 것이다. 나중에 그의 시체가 발견되었다는 소식이 들려왔다. 그러자 이 사건이 다시 각 신문 1면을 장식하게 되었다.

BBC로서는 이 사건을 계기로 상황이 완전히 바뀌어버렸다. 더 이상 보호해야 할 정보 제공자가 없는 것이다. 수전 와츠는 그 소식을 듣고 켈리 박사가 자신에게 정보를 제공한 장본인이었고 그와 나눈 마지막 대화를 녹음한 테이프를 가지고 있다고 리처드 샘브룩에게 말했다. 나는 리처드와 마크 다마저와 함께 더 이상 보호해야 할 정보 제공자가 없으니 켈리 박사가 정보 제공자였다고 공개하기로 의견을 모았다. 하지만 시체의 신원이 확인되고 켈리 박사의 유족에게 그 사실을 알리기 전까지는 공개할 수 없었다.

토요일 오후, 켈리 박사의 시신을 확인한 후에 우리는 성명서를 내겠다고 유족들에게 알리고 성명서에 무슨 내용을 담을지 의논했다. 하지만 유족들이 일요일까지 연기해달라고 부탁해서 우리는 기꺼이 유족의 뜻에 따랐다. 끔직한 상황에 처한 유족에게 더 큰 고통을 안겨주고 싶지 않았기 때문이다.

일요일 날, 우리 부부는 내 대학 동창인 메리앤 기어리와 그의 남편 키스의 아들 마이클 팰럿의 열여덟 번째 생일 파티에 참석했다. 수는 정원에서 점심식사를 하고 나는 집안에서 BBC 임직원들과 이야기를 나누고 있었다. 그때 마크 다마저가 내게 전화를 해서 앤드루 길리건에게 전화해보라는 것이었다.

길리건의 정신 상태에 대해서 우려하는 사람이 BBC 내부에 많이 있었다. 그가 자살을 할지도 모른다고 걱정하는 사람도 있었다. 그는 비교적 젊은 나이였지만 독신이었고 친구가 별로 없었다. 게다가 엄청난 중압감에 시달리고 있었다. 캠벨은 피터 만델슨이 약속했던 것처럼 국가 홍보 수단을 총동원해서 그를 괴롭혔다. 그는 모든 사람으로부터 공격을 받고 있었고, 심지어 정치가들과 기자들은 켈리 박사의 죽음에 대한 책임도 그에게 뒤집어씌웠다. 나는 그가 정보 제공자의 신원을 비밀에 부치기 위해서 최선을 다했는데 왜 그가 비난을 받아야 하는지 이해할 수 없었다.

내가 그에게 전화해서 메시지를 남겨놓자, 그가 몇 분 후에 전화를 걸어왔다. 우리는 한참 이야기를 나누었다. 그는 언론에 성명서를 발표하겠다고 했는데 BBC가 말리자 크게 흥분한 상태였다. 나는 성명서 내용을 미리 검토한 후에 발표해서 해로울 것이 없고 앤드루도 진정하게 될 것이라고 판단했다. 그의 요구를 들어준 것이 효과를 발휘해서 그는 한결 안심하는 것같이 보였다.

집에 돌아와보니 《선》지 기자 한 명이 우리 집 문 앞에서 서성거리고 있었다. 그래서 우리는 그대로 직진해서 차를 집에서 멀리 떨어진 곳에 주차하고 다른 골목길을 통해서 집으로 들어갔다. 기자가 사라진 것 같아서 차를 끌고 오려고 밖으로 나가니 그 기자가 나를 향해서 소리쳤다.

"다이크 씨, 그 사람 죽음에 책임이 있다고 생각하지 않으시나요?"

이렇게 외치는 것 같았다. 누가 그런 일을 하고 싶겠나?

켈리 박사가 죽은 지 1주일 후, 우리는 BBC 고문 변호사 사무실에 모였다. 개빈, 리처드, 마크 다마저, 변호사들 그리고 나는 처음으로 켈리 박사가 수전 와츠와 나눈 인터뷰 테이프를 들었다. 바깥세상은 그런 테이프가 있다는 사실을 모르고 있었지만, 앤드루 길리건이 지난 5월에 보도한 내용을 상당히 뒷받침하는 내용이었다.

켈리 박사가 앨러스테어 캠벨에 대해서 언급하고, 다우닝 가 10번지 사람들이 정보를 확보하려고 열망하던 나머지 그 정보를 문건에 포함시켰다는 이야기도 하고, 45분 내 살상무기 배치설은 전혀 타당성이 없다는 말도 하고, 불안하다는 말도 있었다. 그는 고위층 인사들이 들으려고 하지 않았기 때문에 그 문건에 대해서 의견을 제시하기가 어려웠다고 말하기도 했다. 켈리는 이라크에 대한 관심사는 사담 후세인이 현재 보유하고 있거나 향후 보유하게 될 무기가 아니라는 말도 했다. 전쟁 명분이 어느 정도 약해지기 때문에 무기 문제는 문건에서도 강력하게 거론되지 않았다는 것이다.

이 테이프는 매우 중요한 것이었다. 켈리 박사가 국방부나 특별위원회에 진실을 말하지 않았다는 것을 확실하게 보여주는 것이었다. 그날 그 방에 있던 사람들은 모두 그 테이프가 BBC와 길리건의 입지를 아주 유리하게 만들어주리라고 생각했다. 그런데 허튼 경은 와츠의 테이프 내용을 제대로 이해하지 못한 것 같았다. 그 테이프는 다이너마이트였다. 그런데 조사 과정에서 그렇게 인정받지 못했다. 그 테이프는 길리건의 보도 내용이 진실이라고 입증하는 것이었다. 켈리가 한 말을 길리건이 과장했다고 믿는 사람들은 이 테이프의 녹취록을 다시 읽어봐야 한다. 허튼이 법정에서 이 테이프를 다시 틀었을 때에는 마스터테이프를 다시 녹음했기 때문에 유죄를 입증하는 증거들이 잘 들리지 않아서 그 테이프가 지니고 있는 영향력을 일반 대중에게 충분히 전달하지 못했다. 윌리엄 리스-모그는 나중에 이렇게 말했다.

"허튼 경의 조사보고서가 결함이 있는 문서라는 걸 알았어요. 그는 데이비드 켈리가 수전 와츠와 인터뷰한 내용이나 앨러스테어 캠벨의 일기장에서 발췌한 생생한 내용과 같이 증거의 결정적인 부분을 거의 중요시하지 않았어요."

그 다음 주에 두 가지 중요한 사건이 또 터졌다. 첫째 사건은 내가 총리와 서신을 교환한 일이었다. 나는 켈리 박사가 죽은 지 며칠 후에 각료 한 사람이 기자들에게 "BBC가 안고 있는 문제는 돈이 너무 많다는 것과 그렉 다이크가 있다는 것이다."라고 말하면서 허튼 보고서가 발표된 후에 정부가 "이런 것들을 해치우겠다."고 기자들에게 브리핑한 일에 대해서 항의 서신을 보냈다. 브리핑하는 자리에 있던 기자들은 그 장관이 누군가 미리 준비한 원고를 읽고 있는 것 같은 느낌을 받았다고 말했다.

나는 토니 블레어에게 보낸 편지에서 개빈 데이비스와 나는 이러한 발언을 'BBC의 자금 조달과 편집권 독립에 대한 각료의 노골적인 위협'으로 간주한다고 말하고, 총리가 이런 브리핑을 허가하지는 않았겠지만 그 발언에 함축된 '정치적 의미와 헌법에 미치는 영향'을 충분히 인식하리라고 믿는다고 덧붙였다. 그가 보낸 답장에는 BBC의 독립성을 지지하고 시청료에 관한 결정이 이러한 것에 영향을 받아서는 안 된다고 써 있었다. 그러나 그는 '익명의 정보 제공자'로부터 흘러나온 이야기에 실망했다고 덧붙였다. 내게 그 이야기를 전해준 사람은 익명의 정보 제공자가 아니었다. 나는 어느 각료가 그런 브리핑을 했는지 정확히 알고 있다.

두 번째 사건은 물론 앨러스테어 캠벨의 사임이었다. BBC 정치 담당 편집자 앤디 마가 몇 주 전부터 캠벨이 사임하리라는 낌새를 알아챘으나, 공식적으로 사임 발표가 난 것은 8월 29일이었다. 그는 교묘하게 시간을 질질 끌면서 마치 자의로 사퇴하는 것처럼 보이려고 했으나 내막은 그렇지 않았다. 블레어는 개빈 데이비스와 대화를 나누면서 캠벨을 해임시키겠다고 말한 적이 있었다.

켈리가 자살한 때부터 BBC와 전쟁을 벌이겠다는 캠벨의 결정은 정부, 블레어, 그리고 캠벨 자신에게 엄청난 파장을 몰고왔다. 저명하고 충성심이 강한 공직자가 죽었다. 캠벨은 켈리의 신원이 공개되기를 원했다. 그러다가 켈리가 죽자 블레어는 캠벨이 다우닝 가를 떠나야 한다고 주장했다. 무엇보다도 그의 일기장에 당혹스런 내용이 있을까 두려웠고, 9월 문건에 그가 개입했는지 여부에 대해서 외교위원회에서 거짓말을 했다는 것이 드러나면 다우닝 가 전체에 미칠 파장이 두려웠을 것이다. 그리고 캠벨이 떠나면 그 사태에 대해서 책임질 사람을 다우닝 가가 자체적으로 숙청했다고 말할 수 있다고 총리는 계산했을 것이다.

켈리 박사의 죽음은 여러 모로 모든 논란을 한동안 잠재웠다. 정부는 허튼 경이 조사를 실시할 것이라고 발표했다. 조사가 시작되기를 기다리는 동안은 아무 일 없이 조용했다. 나는 여름 휴가기간에 페루에 가서 잉카 유적도 답사하고, 자전거도 타고, 급류 타기도 즐기자고 가족을 설득했다. 그런데 유감스럽게도 가족만 휴가 여행을 떠나고 나는 집에 남아 있게 되었다. 수는 떠나면서 이렇게 말했다.

"나는 당신이 가라고 하니까 가는 거예요. 내가 여름휴가를 이렇게 보내는 게 정말 좋겠다고 생각하세요?"

나도 간신히 짬을 내서 둘째 주에는 가족과 합류했으나 유감스럽게도 잉카 유적지 답사는 하지 못했다.

나는 허튼 조사단의 활동이 시작되는 첫날인 8월 1일 페루에서 돌아왔다. 우리는 조사 진행 방식을 보고 모두 감동했다. 니는 특히 조사를 맡은 변호사 제임스 딘지먼스의 태도에 깊은 감명을 받았다. 그는 진실을 밝히는 데 지대한 관심을 가진 것 같았다. 하지만 토니 블레어가 증언할 때 그와 허튼이 너무 공손한 태도를 보이는 바람에 실망이 매우 컸다. 블레어에게 물어야 할 질문이 남아 있었기 때문에 그를 다시 소환해서 반대신문을 해야 마땅한데도 이들은 그를 다시 소환하지 않았다. 특히, 켈리 박사의 신원을 공개할 때 그가 어떤 역할을 했는지 물어야 했다. 그가 그 일에 간여한 것은 틀림없는 사실이었다. 허튼은 총리가 공개적으로 몰매를 맞게 내버려둘 수가 없어서 블레어를 반대신문에 다시 소환하지 않았다고 말했다. 허튼의 역할은 진실을 밝히는 것이지 총리의 미묘한 감정을 지나치게 걱정하는 것이 아니었다. 이는 그가 조사보고서를 어떤 태도로 썼는지 단적으로 보여준 사례라고 할 수 있다.

조사기간 동안 BBC에게 특히 불리한 시기가 세 차례 있었다. 첫 번째는 케빈 마슈가 그의 상사에게 보낸 이메일이 공개되었을 때였다. 그 메일에는 길리건의 보도 내용이 "어설픈 용어를 사용하여 보기 흉하다."고 적혀 있었다. 나는 이 메일을 예전에 본 적도 없었고 그런 느낌이 들었다는 말을 들어본 적도 없었다.

두 번째는 길리건이 질의에 답변하면서 정부가 아마 그 정보가 틀린 정보라는 것을 알고 있었을 것이라는 말은 켈리 박사가 한 말을 직접 인용한 것이 아니라 켈리 박사에게 들은 말을 자기 나름대로 해석한 것이라고 말했을 때였다. 이 말도 그가 우리에게 한 말과는 전혀 달랐다.

세 번째는 길리건이 자유민주당 소속 특별위원회 위원 데이비드 치지에게 보낸 이메일이었다. 그는 이 메일에서 켈리 박사가 수전 와츠에게 정보를 제공한 장본인이라고 밝혔다. 그 당시에는 우리는 물론 길리건도 이것이 사실인지 아닌지 확인하지 못한 상태였기 때문에 길리건의 이러한 처신은 용납할 수 없는 것이었다.

이러한 증거가 모두 조사에 중대한 영향을 미치는 것이었지만, 정부와 국방부도 조사기간 동안 훨씬 더 당혹스러운 순간을 여러 차례 맞았다. 특히 켈리 박사의 신원을 공개하려고 공모한 방식에 대한 논란이 많았다.

나는 허튼 조사위원회에 출두하라고 지정된 날 어머니에게 전화를 걸어서 언론에서 한동안 떠들썩하게 보도할 테니 마음의 준비를 하고 계시라고 말했다. 어머니를 편안하게 해드리려고 나는 그날 아침 조사위원회에 출두하기 전에 웨스트민스터 사원에서 도라 허드의 장례식에 참석해서 추도사를 낭독할 예정이라는 말을 덧붙였다. 어머니는 잠시 생각에 잠기는 듯 가만히 있더니 단 두 마디를 했다. 88세 된 노인만 보여줄 수 있는 반응이었다. 허튼 조사위원회에 대해서는 이렇게 말했다.

"애야, 나도 신문에서 그 소식을 읽었단다. 회의에 참석하러 간다더구나." 도라 허드에 대해서는 잠시 침묵을 지키더니 이렇게 말했다. "그 여잔 죽었어. 너도 알잖니?"

내가 허튼 조사위원회에 출두했을 때에는 다소 조용한 편이었다. 1차로 신문할 증인들을 호명할 때에는 나를 부르지 않고 거의 맨 나중에 증인대에 세웠다. 반대신문도 하지 않았다. 나는 다소 긴장해서 고문 변호사가 조언해준 대로 미리 작성해서 제출한 증인 진술서에만 의존해서 답변했다. 내가 정말 중요하다고 생각한 문제를 지적하려고 하자, 딘지먼스 씨가 재빨리 내 말을 가로막았다.

조사는 9월 25일에 종결되고, 허튼 경은 크리스마스 전에 보고서를 발표하게 되기를 바란다고 말했다. 그런데 그의 보고서는 1월 28일에야 발표되었다. 그 보고서가 발표되었을 때 모든 사람이 경악을 금할 수 없었다.

GREG INSIDE
DYKE STORY

제 13 장

허튼 보고서의 오류

BBC
구하기

BBC는 허튼 조사 기간 내내 켈리 박사의 관심사를 앤드루 길리건이 보도한 것은 옳은 행동이었다는 입장을 견지하였으나, 개빈 데이비스와 내가 BBC를 떠난 지 몇 달 지나지 않아 BBC는 그러한 입장을 고수하기를 포기했다. 내가 떠나던 날 라이더 경이 비굴하게 사과 성명을 내기도 했다.

이러한 BBC의 태도로 인하여 허튼 보고서가 발표된 지 몇 달 지나지 않아 한 가지 허구가 점점 더 힘을 얻으며 퍼져나갔다. 그 허구는 길리건과 BBC가 매우 심각한 실수를 연속적으로 저질렀다는 것이다. 하지만 이는 전혀 사실이 아니다. 길리건이 몇 가지 잘못을 저지른 것은 사실이다. 두어 가지 실수는 심각한 실수였던 것도 사실이다. 그러나 근본적으로 오류를 범한 쪽은 허튼 경이지 BBC가 아니었다.

BBC는 이 허구에 대해서 해명할 수 있는 시간이 충분히 있었다. 그런데 회장 직무대행이 이끄는 BBC는 모든 일을 덮어버리려고만 애썼다. 라이더 경이 당혹스러운 표정을 한 사장 직무대행을 배석시키고 사과성명을 내는 순간부터 BBC 내부에서는 아무도 반대 의견을 낼 수가 없었다. 이로 인하여 BBC의 진실성이 크게 손상되었음은 물론, 영국과 전 세계 저널리즘의 명예도 크게 훼손되었다.

BBC 경영위원들은 문제가 다시 제기되어 정부와 다시 싸움을 벌이게 되지 않을까 두려워서 허구가 마치 진실처럼 굳어져가고 있는데도 아무런 조치를 취하지 않았고, 진실을 알고 있는 임원 몇 사람은 허튼 조사기간 동안 크게 상처를 입어서 공개적으로 말하기를 꺼렸다. 그 결과, 허튼 보고서의 핵심적인 오류가 방치된 채 그대로 썩어가고 있다. 이제 오류를 바로잡아야 할 때가 왔다.

토니 블레어는 2004년 2월 4일 하원에서 앤드루 길리건의 기사가 '허위의 산'(mountain of untruth)이라고 표현했으나, 우리는 그의 말이 사실이 아니라는 점을 모두 알고 있다. 2003년 6월 26일 앨러스테어 캠벨이 내게 보낸 편지에서 '100% 오류'라고 했던 말도 사실이 아니다. 대량살상무기 정보에 관한 버틀러 경의 조사에서 이러한 사실이 모두 밝혀졌다. BBC가 회장부터 사장에 이르기까지 모두 거짓말을 했다는 캠벨의 말도 부정확하고 솔직하지 못한 발언이다. 그는 켈리 사건에 대한 증언을 할 때 하원 외교특별위원회에서 고의로 허위 진술을 한 사람이고, 진실을 말하는 데 인색한 사람이라고 알려진 사람인데 그의 말을 믿을 수 있겠는가?

켈리 박사가 앤드루 길리건에게 한 말에는 BBC가 보도해야 할 공익이 분명히 있다. 이라크 전쟁에 참전하려고 하는 정부의 명분에 관한 내용이고, 정부 측이 결정을 합리화하기 위해서 정보를 사용한 방식에 안보기관 일부가 이견을 제시했고, 블레어 정부가 홍보와 정보 조작에 열을 올리고 있다는 내용이기 때문이다.

나중에 설명하는 바와 같이 허튼 경이 잘못 판단한 부분이 무척 많은데, 특히 그는 결정적인 문제에서 실수를 저질렀다. 이라크에 관한 정부 측 문건에 언급된 대량살상무기가 어떤 것이었는지 심의하는 일은 자신의 권한 밖이라고 판단한 것이 가장 큰 실수였다. 바로 이러한 판단 때문에 허튼 경의 조사보고서와 권고안에 총체적으로 구조적인 결함이 생겼다고 해도 지나친 말이 아닐 것이다.

길리건이 전혀 실수하지 않았다는 뜻은 아니다. 그도 실수를 했다. 해서는 안 될 실수였다. 하지만 그가 실수했다고 해서 그가 보도한 내용이 타당성을 잃는 것은 아니고, 모든 실수를 그가 저지른 것도 아니다. 그는 켈리 박사가 말한 내용을 정확하고 성실하게 보도했지만 나중에 켈리 박사 자신이 과장한 것으로 드러난 부분도 있었다.

허튼이 어떤 부분을 잘못 알았는지 정확히 이해하려면 2003년 5월 29일 6시 7분 이른 아침 방송에서 길리건이 정확히 무슨 말을 했는지 분석해서 그 내용이 어떻게 지금 우리가 알고 있는 내용과 서로 다른지 살펴봐야 한다.

우선, 〈투데이〉 수석 진행자 존 험프리스가 도입부에 처음 한 말을 살펴보자.

존 험프리스: 오늘 아침, 이라크의 대량살상무기 보유 주장과 관련하여 정부에 대한 의혹이 점점 커지고 있습니다. 국방부 취재기자 앤드루 길리건을 연결합니다. 앤디, 토니 블레어 총리가 이라크가 45분 내에 대량살상무기 배치를 완료할 수 있다고 말했다는데 사실인가요?

앤드루 길리건: 그렇습니다. 그것이 그가 9월에 발표한 문건에 들어 있는 핵심적인 주장입니다. 이라크에 대한 개전(開戰)의 주요 명분이자 이라크의 움직임에 대하여 영국 정부가 믿고 있는 내용을 밝힌 주요 성명서라고 할 수 있습니다. 그리고 그 문건을 작성하는 업무를 담당한 고위 관리 중 한 사람이 우리에게 한 말에 따르면, 정부는 45분 내 배치설이 틀린 정보라는 사실

을 알면서도 정보문건에 삽입하기로 결정했다고 합니다. 이 관리의 말에 따르면, 발표하기 1주일 전까지만 해도 그 문건은 특징이 없는 평범한 자료였다고 합니다. 정보기관들이 블레어 총리에게 제출하기 위해서 작성한 초안은 이미 일반인들이 알고 있는 내용과 크게 다를 것이 없었는데, 우리 소식통에 의하면 다우닝 가에서 그 문서를 윤색하라고 명령을 했다고 합니다. 좀 더 자극적으로 말이죠. 한편으로는 사실관계를 좀 더 확인해보라고 명령했다고 합니다.

존 험프리스: "사실관계를 좀 더 확인해보라."는 말은 그 주장이 사실이 아닐 수도 있다는 뜻인가요?

앤드루 길리건: 글쎄요. 우리 소식통에 의하면, 그 문건이 최종적으로 발표되었을 때 정보기관들은 불쾌한 반응을 보였다고 합니다. 그 소식통을 인용하자면, 그 문건에 정보기관들이 검토해서 제출한 소견이 반영되어 있지 않았기 때문이라고 합니다. 우리 소식통의 말을 그대로 인용한 것입니다. 게다가 근본적으로 45분 내 배치설이 추가된 내용 가운데 가장 중요한 부분이라고 봅니다. 그 주장이 원래 초안에 들어 있지 않았던 이유는 그 주장이 단 한군데 출처에서 나온 정보였기 때문입니다. 다른 주장은 대개 두 군데 출처에서 제공을 받고 있지요. 정보기관들의 말에 따르면, 그 주장을 제기한 사람이 실수를 저질렀다고 생각하고 있기 때문에 그 주장이 사실이라고 믿지 않는답니다. 착각이라는 거죠.

존 험프리스: 이런 것이 몇 달 지난 지금에 와서 중요한 문제가 될까요? 전쟁은 이미 승리로 끝났는데요.

앤드루 길리건: 45분 내 배치설은 사소한 일이 아니죠. 사담 후세인이 긴박한 위협이라는 것이 정부 측 참전 명분의 핵심이었고, 그 문건에서도 네 차례나 되풀이해서 강조되던 주장이죠. 총리 자신도 그 문건 머리말에서 그런 주장을 했죠. 그래서 저는 중요한 문제라고 생각합니다. 그것이 선의의 판단 착오였다면 선의로 받아들일 수 있습니다. 하지만 그런 주장을 하기 전에 이미 그 주장이 잘못된 것이라는 것을 알았다면 훨씬 심각한 문제가 될 것입니다.

길리건은 그의 기사에서 10여 가지 쟁점을 다루었지만 심각한 쟁점으로 제기한 것은 약 다섯 가지였다. 그 중에서도 가장 중요하고 가장 큰 논란이 된 것은 "정부는 45분 내 배치설이 틀린 정보라는 사실을 알면서도 정보문건에 삽입하기로 결정했다."고 그의 소식통이 전했다고 길리건이 말한 대목이었다. 그 문제에 대해서는 나중에 다시 설명하기로 하고, 우선 나머지 네 가지 쟁점에 대해서 분석해보기로 한다.

첫째 쟁점은 "그 문건을 작성하는 업무를 담당한 고위 관리 중 한 사람"이라고 길리건이 켈리 박사를 묘사한 대목이다. 이 부분에 대해서 잘못한 사람은 길리건이 아니라 켈리였다. 켈리 박사가 그 문건에 대한 자신의 역할을 과장했던 것으로 보인다. 길리건은 허튼 조사위원회에서 사건 경위를 이렇게 말했다.

5월 22일 회동이 끝나갈 무렵, 나는 그에게 보도할 때 당신을 뭐라고 소개하면 좋겠느냐고 물으면서 두 가지 안을 제시했다. 그 문건에 관련된 고위 관리라고 하느냐, 아니면 그 문건을 작성하는 업무를 담당한 고위 관리 중 한 사람으로 하는 것이 좋으냐고 물었다. 그러자 그는 두 가지 안에 모두 만족해했다. 그는 '좋다.' 고 말했다.

길리건의 이 말을 믿지 못할 이유가 없으나, 지금 우리가 알고 있는 사실에 비추어보면 두 가지 안 중에서 첫 번째 안, 즉 "그 문건에 관련된 고위 관리"라는 표현이 더 정확한 표현이다. 켈리 박사는 그 문건의 일부를 작성했고, 그 문서 전체의 정확성에 대한 자문에 응했다. 하지만 그는 그 문건을 작성하는 업무를 담당하고 있지는 않았다. 켈리 박사는 그 문건에 관련해서 자신이 했던 역할을 크게 강조하고 싶었던 것으로 보인다. 〈뉴스나이트〉의 수전 와츠가 테이프로 녹음한 인터뷰에서는 그가 이렇게 말했다.

"나는 전반에 관해서 검토했어요. 전반적인 과정에 간여했지요."

이러한 정황을 참작해보면, 길리건은 1999년 10월 레이놀즈 사건 판례에서 인정한 제한적 특권을 보장하는 법의 보호를 받아야 한다(레이놀즈 사건 판례에 따르면, 사실에 관하여 허위 주장을 보도한 경우에도 "정당한 공익"에 관한 일에 대하여 "책임 있는 보도"를 한 결과로 그러한 사실을 공표한 것이라면 언론기관은 완전히 책임을 면한다). 그런데 허튼 경은 이 쟁점에 대한 법률을 오해하여 "그러한 정보를 전달할 수 있는 권리는 자격을 전제조건으로 한다. 언론은 허위 사실을 들어 정치인 등 타인의 진실성을 공격해서는 안 된다."고 판시했다.

이러한 점으로 볼 때, 허튼 경은 형사 전문 변호사로 훈련을 받아 언론법에 대해서는 거의 아는 것이 없다는 것이 그대로 드러났다. 이 사건의 전반적인 조사과정은 언론법에 관련된 것이었다. 이 분야에 대한 허튼의 결정이 합법적인 판결이라면 영국 저널리즘에 관한 규정을 완전히 다시 써야 할 것이다. BBC에게 항소할 기회가 주어졌다면 우리는 허튼이 법률을 오해하였으므로 전반적인 조사과정이 공정한 법률절차에 어긋난다는 점을 입증할 수 있었으리라. 정부가 심판관을 선정하고 그 심판관이 증인을 충분히 신문할 기회를 허용하지 않은 사건이었다.

어쨌든 길리건이 켈리 박사의 신원을 정확하게 표현했는지 여부는 사소한 문제이며, 켈리가 그 문건 작성에 중요한 역할을 했다는 사실에 대해서는 의문을 제기하는 사람이 아무도 없다. 그러한 사실이 폭로되자 정부 측 공보 담당 관리들은 켈리의 중요성을 축소하려고 애썼다. 처음에는 '중간급 관리'라고 했고, 캠벨의 보좌관인 톰 켈리는 그를 "월터 미티와 같은 성격의 소유자"라고 해서 유명해졌다(월터 미티는 제임스 서버의 단편소설 『월터 미티의 비밀 생활』[The Secret Life of Walter Mitty]에 등장하는 인물로서 현실세계에서는 온건하고 유순하지만 용감하게 활약하는 공상에 빠져 사는 사람을 가리키는 말이다: 옮긴이). 톰 켈리는 그 후 다우닝가에서 승진하였다. 켈리 박사가 그 문건과 이라크 대량살상무기에 대해서 알 만한 위치에 있었는데도 허튼 조사위원회는 켈리 박사의 진실성에 대해서는 아무런 질문도 하지 않았다.

길리건의 보도에서 두 번째로 대두된 쟁점은 "사실관계를 더 확인해보라고 명령했다."는 말 중에서 "명령했다"라는 표현의 사용이었다.

길리건은 켈리 박사가 정확하게 이런 표현을 사용했는지 기록해놓은 것이 없다고 조사과정에서 인정하였다. 피상적으로 보면 이것은 기자의 중대한 잘못이다. 하지만 조사과정에 드러난 증거에 비추어보면, "명령했다."는 표현은 잘못된 것이지만 사실과 크게 다른 표현은 아니었다.

길리건의 수첩에는 켈리 박사가 "그것을 그럴듯하게 보이게 하려고 발표하기 전 주에 바꾸었다."라고 말한 것으로 기록되어 있다. 그 밑에는 '캠벨'이라고 적혀 있고, 두 줄 아래에는 "원래 초안에는 없었다—밋밋하게 보이자, 그가 다른 것을 넣을 수 있느냐고 물었다."라고 적혀 있다.

길리건은 허튼 조사위원회에서 "명령했다"라는 표현을 사용한 이유가 부분적으로는 정당했다고 그 이유를 이렇게 증언했다.

그(켈리)는 문건을 수정한 것은 캠벨의 책임이라고 분명히 말했습니다. 캠벨이 다른 것을 삽입할 수 없는지 물었다고 했지요. 그러므로 그것은 그의 말에서 합리적으로 이끌어낼 수 있는 결론이었습니다.

길리건의 이러한 논리는 완벽하지 않다. 하지만 켈리 박사가 〈뉴스나이트〉의 수전 와츠에게 한 말을 우리는 모두 알고 있다.
"그들은 정보를 열망하고 있었어요. 그들은 공개할 만한 정보를 찾으라고 강하게 압력을 가했지요."
분명한 사실은 정부가 전쟁 명분에 뒷받침이 되지 않는 증거를 찾아내라고 압력을 가한 것은 아니라는 것이다. 그 반대였다. 그러한 정보를 찾아내라는 압력을 최고위층에서 가한 것도 틀림없는 사실이다. 2002년 9월 3일 토니 블레어는 자신의 세지필드 선거구에서 열린 기자회견에서 이렇게 말했다.

우리가 대응해야 할 위협이 실제로 존재하고 있습니다. 위협이란 화학무기, 세균무기, 핵무기를 지속적으로 증강시키고 있는 이라크를 말합니다.

그러나 9월 3일 현재 그러한 입장을 뒷받침할 만한 뚜렷한 증거가 없었다. 9월 24일 정보 문건이 발표되고 나서야 그러한 증거가 느닷없이 나타났다.
켈리 박사가 길리건과 와츠에게 한 말이 사실이라는 것은 허튼 조사위원회가 조사 활동을 벌이는 과정에 공개된 '다우닝 가 10번지의 질문'이라는 제목이 붙어 있는 메모로 입증되었다. 이 메모는 그 문건을 인쇄소로 넘기기 며칠 전에 내각 사무처에서 초안을 작성한 팀원 중 어떤 사람이 쓴 것이었다. 수신처가 정보기관으로 되어 있었고, 다우닝 가에서 더 많은 정보를 찾으라고 강한 압력을 행사하던 분야가 나열되어 있었다. 이 메모는 어렴풋이 절망적인 느낌이 보이는 것 같은 호소로 끝을 맺었다.

나는 우리를 비롯한 모든 사람이 예전에도 이러한 징표를 찾아보았다는 사실을 알고 있습니다. 하지만 다우닝 가 10번지가 가능한 한 강력한 문서를 원하고 있다는 뜻을 (합동정보위원회) 의장을 통해서 전해왔습니다. 그러므로 이 메모는 각 기관이 포함시킬 수 있고 포함시켜야 한다고 생각하는 정보에 대한 마지막 요청입니다.

이는 엄밀한 의미에서 '명령'에 해당되지 않지만, '명령'과 별반 다를 것이 없다. 정보기관의 관리가 자기 이메일함을 열어보았을 때 상단에 '다우닝 가 10번지'라는 주소가 적힌 메일을 발견한 장면을 상상해 보라. 그 메일을 명령처럼 생각하지 않겠는가? 그 메일을 명령이라고 생각하고 대응하지 않겠는가? 고위층의 그런 '요청'에 아무런 대응을 하지 않는다면 어떤 결과가 발생하겠는가?

최고위층으로부터 새로운 정보를 찾아내라고 혹독한 압력을 받은 결과로 또 다른 일이 발생했다. 버틀러 조사보고서에 언급된 바와 같이, 정치인들의 요구를 만족시키기 위해서 사실 여부가 명확하지 않은 정보를 연달아 상부에 전달한 것이다.

정보를 얻을 수 있는 출처가 거의 없고 긴급한 사정도 없다 보니 경험이 없는 정보요원들을 지나치게 신뢰했다.

나중에 상세히 살펴보겠지만, 이로 인하여 심각한 결과가 발생하였다.

세 번째 쟁점은 그 문건이 '윤색'(sexed up)되었다고 켈리 박사가 말했다는 길리건의 주장이다. 허튼은 이 주장이 '근거 없는' 것이라고 판단하고 아예 조사하지도 않았다. 하지만 이 쟁점에 대해서는 논박할 여지도 없이 명백한 증거가 있다.

일반적으로 'sexier'라는 단어를 '더 그럴듯하게'라는 뜻으로 사용하지는 않지만 켈리는 분명히 그렇게 표현했다. 아마도 길리건이 대화를 나누면서 사용한 표현을 켈리가 그대로 인정한 것으로 보인다. 인터뷰를 할 때에는 그런 일이 자주 있다. 길리건의 수첩에는 켈리가 "더 그럴듯하게 보이게 하기 위해서 발표하기 1주일 전에 그 문건이 수정되었다."고 말한 것으로 적혀 있다. 따라서 켈리가 그렇게 말한 것이 틀림없다.

켈리와 대화를 나눈 적이 있는 BBC 기자 개빈 휴잇은 "다우닝 가의 일부 조작이 있었다."는 것이 켈리의 판단이었다고 말했다. 그리고 〈뉴스나이트〉의 수전 와츠가 녹음한 테이프에서도 켈리가 이렇게 말하고 있었다.

"문장 다듬기가 매우 중요하죠. 정보를 다루는 집단은 전반적으로 조심성이 많죠. 그러나 일단 일반 대중을 상대로 정보를 이용하는 사람들 손에 정보가 들어가면 다른 단어가 사용됩니다."

파급효과를 높이기 위해서 그 문건을 과장했다는 켈리의 주장은 사실이었다. 켈리의 동료 중 한 사람으로서 그 문건을 작성할 때 자문에 응했던 화학무기 전문가인 이른바 'A 씨'도 같은 말을 했다. 그 문건이 발표되었을 때 그는 켈리에게 보낸 이메일에 문건을 이렇게 묘사했다.

"당신과 내가 이 행정부의 조작꾼들보다 이 문건에 더 많이 개입되어 있다는 우리 생각을 뒷받침해주는 또 다른 본보기이지요."

허튼 조사위원회가 이 내용을 설명해보라고 하자 A 씨는 이렇게 말했다.

"특정 정치 목적을 강력하게 뒷받침해줄 표현을 찾기 위해서 그 문건이 기관 내에서 여러 차례 회람되었다는 뜻입니다."

'무엇을 윤색하다'는 뜻으로 쓰인 'sex something up'이라는 표현이 이제는 널리 사용되어 『콘사이스 옥스퍼드 사전』 최신판에 수록되었다. 이 사전에서는 "무엇을 좀 더 흥미롭게, 또는 생동감 있게 표현하다."라고 정의를 내려놓았다. 하지만 허튼은 'sexing up'을 전혀 다른 뜻으로 해석해서 정부 측의 입장을 뒷받침하는 데 이용하였다. 그는 조사보고서에서 그 뜻을 "문건을 허위이거나 신뢰할 수 없는 것으로 알고 있거나 믿어지는 정보로 꾸며놓았다."고 자기 마음대로 풀어놓았다. 이는 켈리가 'sexier'라는 용어를 사용할 때 의도했다고 길리건이 믿었던 것보다 훨씬 강도가 높은 표현이다.

하지만 허튼의 해석에 따르더라도 문건의 표현이 그 뜻을 근본적으로 바꿀 정도로 변조되었다는 증거가 압도적이다. 핵심적인 문구를 강하게 표현하고, 단서로 삽입되었던 문구는 제거하거나 강도를 약화시키고, 조건이 붙어 있던 문구는 절대적인 문구로 대체하였다.

예를 들자면, 9월 16일자 초안에는 결론 항목에 이렇게 적혀 있었다.

"이라크 군은 45분 내에 이 무기를 배치할 수 있을지도 모른다."

그런데 사흘 후에 작성된 9월 19일자 초안에서는 같은 항목이 이렇게 바뀌었다.

"이라크 군은 45분 내에 이 무기를 배치할 수 있다."

가능성이 확실성으로 바뀐 것이다.

이와 마찬가지로 앨러스테어 캠벨과 토니 블레어가 작성한 요약보고서의 첫 번째 초안에는 이렇게 적혀 있었다.

"이라크가 45분 내에 (생화학무기를) 배치할 수 있다고 암시하는 정보가 있다."

그런데 최종 초안에서는 이 문구의 강도가 훨씬 강해졌다.

"우리는 이라크가 생화학무기를 사용하려는 군사 계획을 가지고 있다고 판단하고 있으며, 그 무기는 45분 내에 배치될 수 있다."

새로운 정보를 입수했다면 이 두 가지 중대한 변경이 정당하다고 말할 수 있다. 하지만 9월 9일 이후에 45분 내 배치설에 대해서 새롭게 드러난 증거가 없었다. 그런데 이 두 개의 초안은 그 날짜 이후에 재작성된 것이었다.

문건에 있던 단서는 모두 삭제되거나 강도가 약화되고, 조건이 붙어 있던 문구는 절대적인 문구로 바뀌었다. 버틀러 조사위원회는 모든 정보를 검토하고 2004년 7월에 이 점을 확실하게 밝혔다.

이 문건의 표현은 읽는 이로 하여금 실제보다 더 충분하고 확고한 증거를 분석하고 나서 내린 판단이라는 느낌을 갖게 한다. 따라서 문건에 기재된 판단은 정보의 한계를 벗어난 것은 아니라고 하더라도 정보의 극단적인 한계까지 간 것이라고 볼 수 있다.

이를 더 간단히 표현하면 문건이 '윤색되었다'고 말할 수 있을 것이다. 버틀러 경이 분명하게 밝히지 못한 것은 누가 단서를 빼버리고 조건이 붙어 있던 문구를 다른 문구로 대체했는가 하는 점이다. 달리 말하면, 누가 문건을 '윤색' 했는가 하는 부분이다.

대량살상부기에 관한 한 영국에서 가상 노련한 정보 담당 관리인 브라이언 존스 박사는 문건이 이렇게 수정된 것을 보고 무척 화가 났다.

그는 본래의 정보를 보았기 때문에 그 문건 최종 초안에 그러한 정보가 제대로 반영되지 않았다는 것을 알았다. 그로서는 이러한 문구 수정이 단지 정보 조작에서 그치는 문제가 아니라 사실관계를 최대한 호도해서 정보를 극단적인 한계까지 광범위하게 해석한 것이라고 생각했다. 존스 박사가 볼 때에는 정보 평가서의 문구를 변경하는 행위는 평가의 기초가 되는 사실관계를 변경하는 것에 해당되는 행위였다.

존스 박사는 조사위원회에서 그의 팀원들이 그 문건의 최종 초안을 보고 나서 우려를 표명했다고 진술하였으나 허튼이 불쑥 끼어들어 그러한 우려가 단지 '용어'에 관한 것이냐고 물었다. 그러자 고결한 인품을 지닌 존스 박사는 상대방이 주눅이 들 정도로 단호하게 대답했다.

"각하, 그것은 용어에 대한 우려이지만, 용어는 우리가 평가 결과에 대하여 의사소통을 하는 수단입니다. 그러므로 그것은 평가 내용에 관한 우려인 것입니다."

이것이 국방장관 제프 훈과 같은 고위층의 견해는 아니었다. 훈 장관은 무엇에 대해서 논란이 벌어지고 있는지조차 전혀 이해하지 못했다. 그는 이렇게 횡설수설했다.

"나는 관리 두 명이 문건에 사용된 일부 용어에 대하여 우려를 표명했다는 것을 알고 있습니다. 나는 이것은 언어학적인 문제라는 점을 강조합니다."

허튼은 고위층의 의견을 받아들이고 하급 관리들의 의견은 무시했다. 하지만 문건이 확실히 '윤색'되었다는 증거가 웹사이트에 게재되어 있으므로 누구나 읽어볼 수 있다. 허튼의 판단이 어떻든 간에 알 수 없는 이유로 수정된 9월 문건의 초안에 나타나 있는 진실이 바뀌지는 않는다. 이 초안들이 바로 다우닝 가 사람들이 외교특별위원회에게 제출하기를 거부했던 초안이라는 점도 기억해야 한다. 이제 우리는 그들이 거부한 이유를 알았다.

네 번째 쟁점은 45분 배치설이 두 군데 이상의 출처에서 입수한 정보가 아니고 단일 출처로부터 입수된 것이기 때문에 문건 초안을 처음 작성했을 때에는 포함되지 않았다는 주장이다. 이것은 앤드루 길리건의 실수가 분명하다. 초안 작성 과정에서 정보가 늦게 삽입된 것은 정보가 늦게 도착했기 때문이었다. 정보 출처가 믿을 만하지 못하기 때문에 단일 출처로부터 입수된 정보를 삽입하는 것이 타당한지 여부도 중대한 문제이다. 그러나 그것이 정보를 늦게 삽입한 이유는 아니었다.

길리건의 실수는 정보가 늦게 도착했다는 사실과 단일 출처로부터 입수한 정보라는 사실을 서로 연결시켜 발생한 것이다. 그가 이 두 가지를 연결시킨 것은 잘못이지만 두 가지 쟁점을 부각시킨 것은 옳은 판단이었다.

다섯 번째 쟁점은 길리건이 첫 번째 방송에서 보도한 내용으로서 이 내용이 가장 큰 논란을 불러 일으켰다.

"정부는 45분 내 배치설이 틀린 정보라는 사실을 알면서도 정보문건에 삽입하기로 결정했다."

이 말은 조사과정에서 어느 무엇보다도 BBC에게 큰 악영향을 미쳤다. 길리건은 켈리 박사가 정확히 이렇게 표현하지 않았으며 이 말은 켈리 박사가 한 말을 자신이 해석한 내용이라고 허튼 경에게 진술했다.

피상적으로 보면 이것은 중대한 실수다. 하지만 좀 더 깊이 분석해보면 길리건의 말도 전혀 변명의 여지가 없는 것이 아니다. 길리건은 허튼 경에게 자신의 보도에 대해서 이렇게 해명했다.

그(켈리 박사)는 대량살상무기를 45분 내에 준비 완료할 수 있나는 말은 신빙성이 없는 틀린 말인데 '우리의 희망에 반(反)하여' 그 말이 삽입되었다고 말했습니다. 그러므로 이 말에서 그들의 희망을 알렸다고 추론한 것은 논리적으로 타당한 결론입니다.

길리건의 말이 정당한지 여부는 누가 45분 내 배치설에 대해서 무엇을 알았고 그들이 그 주장의 의미가 무엇이라고 생각했느냐에 달려 있다.

여기서 어떤 일이 발생했는지 이해하려면 몇 단계 뒤로 더 거슬러올라가 살펴보아야 한다. 조지 부시 대통령이 이라크와 이란, 그리고 북한을 테러리즘 지원국으로 지목하고 이들을 '악의 축'이라고 발언한 때는 2002년 1월이었다. 그 후 이들 국가 중에서 이라크가 다음 목표로 급히 선정되었다. 부시는 "우리는 정권 교체를 지원한다."고 공공연히 그의 목표를 밝혔다.

런던에서는 토니 블레어가 워싱턴의 새로운 노선을 재빨리 받아들였다. 합동정보위원회 의장 존 스칼릿은 '악의 축' 국가, 특히 이라크가 위협적인 존재라는 사실을 영국 정부가 문건으로 발표할 수 있도록 정보자료를 수집하기 시작하라는 지시를 받았다. 다른 관리들은 이라크에 대한 군사작전의 법적 근거를 검토하라는 지시를 받았다.

하지만 이러한 작업은 난관에 봉착하였다. 이라크가 수 년 동안 아무 조짐도 보이지 않았기 때문에 그들이 무슨 일을 꾸미고 있다는 정보를 새로 입수할 수가 없었다.

버틀러 조사보고서는 2002년 초 블레어가 단행한 정책 변경을 설명한 항목에서 이러한 점을 명쾌하게 밝혔다.

정부 측은 확실한 무력 지원이 있어야 이라크의 복종을 강제하기 위한 새로운 조치가 성공할 수 있을 것이라는 견해를 확고하게 가지고 있었다. 하지만 일부 다른 나라의 활동에 비해서 이라크가 더 즉각적으로 우려할 만한 존재라는 결론을 이끌어낼 수 있는 최신 정보가 없었다.

이것만이 문제가 아니었다. 작전에 대한 법적 근거를 검토하는 업무를 담당한 관리들도 완강하게 버텼다. 부시 대통령은 정권 교체를 열렬히 갈망하고 있었지만, 버틀러 경은 이렇게 표현했다.

(영국) 관리들은 정권 교체 그 자체가 국제법상 근거가 없다고 지적했다.

관리들은 군사작전을 법적으로 정당화할 수 있는 유일한 길은 이라크가 UN 결의에 따라 준수해야 할 의무를 위반한 사실을 입증하는 것이라고 말했다. 하지만 그러한 증거도 논박의 여지가 없는 대규모 활동에 관한 증거라야 할 것이라고 덧붙였다. 버틀러는 이 점을 냉정하게 지적했다.

그당시 입수된 정보는 그러한 기준에 부합할 만큼 확고한 것이 아니었다.

하지만 주사위는 이미 던져졌다. 2002년 초반에 이러한 일이 진행되고 있는 동안 부시가 블레어를 텍사스 크로퍼드에 있는 그의 목장으로 초대했다. 이들은 4월 초에 만나서 이라크에 관하여 장시간 토의했다. 관리들도 배석시키지 않고 아무런 기록도 남기지 않은 경우가 많았다. 회담이 끝난 직후 블레어는 미국 청중들에게 행한 연설에서 사담 후세인을 무력으로 제거하겠다는 부시의 정책을 공개적으로 지지했다.

우리는 행동할 준비를 해야 합니다. 필요하다면 군사적인 행동도 해야 합니다. 다시 말해, 필요하고 정당하다면 정권 교체까지 감행해야 합니다.

이때 블레어는 사담 후세인을 권좌에서 제거하기로 결심했던 것으로 보인다. 하지만 관료들은 이라크가 '대규모 활동'을 벌였다는 '논박할 수 없는' 증거가 발견되지 않는 한 국제법상 그러한 행위는 불법이라고 조언했다. 그리고 이 당시 블레어는 그러한 증거가 존재하지 않는다는 조언도 받았다. 블레어는 자신의 입장에 대하여 유엔으로부터 지지를 받아내기 원했고 지지를 받을 수 있을 것이라고 기대했다. 그러나 한편으로는 지지를 받지 못하더라도 미국과 공동으로 군사 행동에 곧 돌입할 태세를 갖추었다.

그런데 군사작전은 연기되고 이라크에게 잘못이 있다고 입증할 문건 작성은 보류되었다. 그러나 전쟁이 임박하면서 여름에 문건을 작성한다는 구상이 다시 등장했다. 이때 새롭게 가담한 사람이 있었다. 앨러스테어 캠벨이었다.

캠벨은 2002년 초에 작성된 첫 번째 문건 초안과는 아무런 관련이 없다. 그런데 문건 작성이라는 중요한 역할이 그에게 주어졌다. 설명도 그가 맡을 계획이었다. 8월 말경 모잠비크를 방문하고 귀국하는 비행기 안에서 캠벨과 블레어는 새로운 문건을 발표하기로 합의했다. 9월 3일, 블레어는 문건을 작성 중에 있다고 발표했다. 그날 캠벨은 일기장에 이렇게 썼다.

"왜 지금인가? 왜 이라크인가? 왜 이라크만?"

그리고 문건에서 대답을 제시해야 할 가장 어려운 질문은 '무슨 새로운 증거가 있느냐?'는 것이었다.

그런데 캠벨이 3월 문건 최신판을 처음 읽어보니 곤란스럽게도 이 당시 블레어가 필요한 새로운 정보가 전혀 없었다. 그는 즉시 상당히 많은 부분을 다시 쓰라고 지시했다. 그는 일기장에 이렇게 썼다.

"보여줄 만한 내용이 있어야 한다."

하지만 보여줄 것이 아무것도 없었다. 그로부터 문제의 문건이 발표되기까지 3주도 채 걸리지 않았다.

블레어와 캠벨은 아주 운이 좋았다. 고맙게도 비밀정보국이 새로운 정보를 두 개 가지고 온 것이다. 첫 번째 정보는 8월 29일에 입수해서 합동정보위원회에서 평가과정을 거쳤다. 그 정보는 이라크 인들이 생화학무기를 보유하고 있으며 45분 내에 사용할 수 있게 준비를 완료할 수 있다고 암시하는 내용이었던 것으로 보인다. 블레어와 캠벨로서는 보여줄 만한 정보를 이제 확보한 것이다.

정말 그럴까?

버틀러의 조사보고서에 따르면, 이 새로운 정보는 어느 정보보고서를 토대로 한 것으로서 내용이 애매모호한 것이었다. 버틀러가 그 정보의 중대성에 대해서 적절히 평가했다면 이렇게 평가했을 것이다.

어느 소식통은 어떤 무기를 사용하라는 명령을 받으면 45분 이내에 그 무기를 배치할 수 있다고 주장했으나, 그 무기의 정확한 성격, 관련 약제 및 사용 정황이 불확실하다.

버틀러 조사보고서에 따르면, 그러한 내용으로 문건에 삽입해야 마땅했지만 그렇게 하지 않았다. 그런 내용이 참전 근거가 될 수 있다고 믿을 사람은 아무도 없었기 때문이다. 그래서 그 문건에 이렇게 기재하였다.

"이라크 군은 이 무기들을 45분 내에 배치할 수 있다."

그리고 블레어는 머리말에 이렇게 썼다.

"우리는 이라크가 생화학무기 사용에 관한 군사 계획을 가지고 있다고 판단하였다. 이 무기 중 일부는 45분 내에 배치가 가능하다."

45분 내 배치 가능성 정보를 취급한 관리들의 의견이 모두 일치되는 부분이 한 가지 있다. 그 무기는 다른 나라를 위협할 수 있는 로켓 탄두가 아니라 단거리 야전용이라는 것이다. 하지만 그 문건에는 그렇게 표현되지 않았다. 그 문건에서는 이 무기가 영국 국민들을 향하여 대량파괴를 자행할 수 있는 무기라는 인상을 심어주고 있다.

어떻게 이런 일이 일어날 수 있었던 것일까?

허튼 조사과정과 그 이후에 공개된 정보를 통해서 9월 문건에 45분 배치설을 표현한 방식에 대하여 국방정보참모국(DIS) 소속 정보 분석 전문가들을 비롯한 행정부 관리들이 크게 우려했다는 사실이 밝혀졌다. 이들 가운데 브라이언 존스 박사는 자신이 우려하는 바를 상세하게 열거하여 상사에게 공식적으로 보고하는 전례가 드문 기록을 남겼다. 그는 2004년 2월 일간지 《인디펜던트》 기자에게 이렇게 말했다.

나는 그 문건이 발표될 때까지 입수된 정보를 토대로 이라크가 보유하고 있는 화학무기 또는 세균무기 사용 능력 평가할 때에는 세심한 주의를 기울여야 한다는 통일된 의견을 우리 직원은 물론 국방정보참모국 전문가 전원이 가지고 있었다고 믿는다.

그는 45분 배치설에 대해서 이렇게 말했다.

최초 정보 출처 또는 주된 정보 출처의 신빙성을 확인했다는 증거가 없다. 더구나 그 출처에서 받은 정보는 언급한 시점을 제외하고는 모든 면에서 애매모호하다.

버틀러 조사보고서도 45분 배치설은 그 문건에 삽입되어서는 안 되는 것이었다는 결론을 내림으로써 존스 박사의 의견을 지지했다.

참고할 만하다고 믿은 정보가 무엇이었는지에 대해 아무런 설명이 없이 문건에서 반복적으로 언급되면서 그 내용이 시선을 사로잡는 성격을 띠고 있기 때문에 그 문건에 삽입되었다는 의혹을 사게 되었다.

시선을 더욱 사로잡게 만들기 위해서 이 문제에 대한 정보를 조작하는 행위는 한 번으로 그친 것이 아니었다.

비밀정보국은 45분 배치설에 대한 증거를 제출한 이후에 두 번째 정보를 공개하였다. 9월 10일에 제출된 두 번째 정보는 큰 흥분을 불러일으켰다. 이 새로운 정보는 "이라크 정부가 이라크 전역에 추가 시설을 구축하는 등 생화학무기 생산에 박차를 가하고 있다."는 것이었다.

마침내 이라크가 유엔 결의를 위반하고 대규모 활동을 벌이고 있다는 논박할 수 없는 증거가 발견된 셈이었다. 이것이 바로 블레어에게 필요한 증거가 아니던가? 하지만 논박할 수 없는 증거가 아니었다. 이 정보는 과거 전력을 알 수 없는 새롭고 확인되지 않은 출처에서 나온 것이었다. 버틀러에 의하면, 비밀정보국 책임자 리처드 디어러브가 직접 그 뉴스를 토니 블레어에게 브리핑했다고 하면서 그 정보는 "아직 개발단계에 있는 것이고 출처가 입증되지 않았다."고 말했다고 한다. 그런데 버틀러 조사보고서에도 앨러스테어 캠벨이 그 브리핑을 할 때 동석하고 있다는 사실이 누락되었다.

비밀정보국은 정보 출처를 보호하기 위해서 그 자료를 구두로 '주장' 하는 데에는 사용할 수 있지만 문건에 삽입해서는 안 되다고 단호한 입장을 밝혔다. 캠벨과 블레어에게는 그것으로 충분했다. 블레어와 브리핑에 참석했던 캠벨은 그로부터 나흘 후에 블레어가 머리말에서 말하고자 하는 내용을 초안으로 작성하였다. 그 초안에는 블레어가 이라크에 관한 정보를 상세하게 보고받았으며, 그 정보로써 이라크가 지속적으로 생화학무기를 생산하고 있다는 사실이 '의심할 여지없이' 입증되었다고 믿는다고 적혀 있다. 하지만 블레어와 캠벨은 이 자료가 '의심할 여지없이' 입증된 것이 아니라는 것을 틀림없이 알고 있었다. 영국 최고위급 스파이이자 비밀정보국 책임자인 리처드 디어러브 경이 그 정보는 "개발단계에 있는 것이며 출처가 입증되지 않았다."고 직접 말했기 때문이다. 디어러브는 나중에 이 말을 분명히 했다고 버틀러 경에게 해명하였다.

블레어와 캠벨은 이러한 경고를 무시하고, 그러한 단서를 캠벨의 머리말 첫 번째 초안이나 추후 수정본에 삽입하지 않았고, 존 스칼릿도 그 문건 내용이 사실인 양 확인했다. 총리의 신념이 증거보다 더 강했던 것이다. 블레어는 문건 머리말에서 너무 극비에 속하는 사항이라 공개할 수 없는 정보가 있는 것처럼 암시했지만, 그 정보는 이와 같이 입증되지 않은 출처로부터 입수한 증거를 부분적으로 토대로 한 것이라는 것이 이미 드러났다. 그 정보는 이라크의 위협이 있다고 우리를 설득하는 데에도 이용되었다. 이 부분에서도 '윤색'이 있었을 것이다.

비밀정보국은 정보 출처가 극비에 속하는 사항이라 적절한 평가절차를 거치지 않았다고 했지만, 우리는 나중에 버틀러 조사보고서를 통하여 비밀정보국이 제공한 이 새로운 정보 출처가 전혀 신빙성이 없다는 것을 알았다. 비밀정보국은 2003년 7월 그 출처로부터 제공 받은 정보를 철회했다. 허튼 조사위원회가 활동을 시작하기 불과 한 달 전 일이다. 저명한 공직자 두 명, 즉 리처드 디어러브 경과 존 스칼릿은 허튼 조사위원회에 출두하였을 때 그 증거를 더 이상 신빙성이 있는 것으로 보지 않는다고 증언했다.

　새로 입수했다는 이 두 번째 정보는 첫 번째 정보인 45분 배치설을 뒷받침하는 데에도 사용되었다. 존스 박사는 생화학무기에 관하여 문건에서 지나치게 강한 용어를 사용하였다고 이의를 제기하였을 때 새로운 정보가 있다는 말을 들었다. 그 정보는 문건에 사용된 용어를 정당화하는 것이지만 극비사항에 속하는 것이기 때문에 그에게 보여줄 수 없다는 말도 들었다.

　그래서 45분 배치설은 신빙성에 대한 단서 조항이 없이 더욱 심각한 위협을 암시하는 방식으로 꾸며져 그 문건에 삽입되었던 것이다.

　다우닝 가 10번지 수석보좌관 조너선 파월은 그 문건의 심각성에 주목하고, 그 문건이 인쇄소로 넘어가기 직전에 캠벨과 스칼릿에게 이메일을 보냈다. 그는 최종 초안에 삽입된 다음과 같은 문장은 이라크와의 전쟁을 반대하는 주장이지 찬성하는 주장이 아니라고 지적했다.

　사담 후세인은 자신의 정권이 위협을 받고 있다고 믿게 되면 생화학무기를 사용할 태세를 갖추고 있다.

　이어서 그는 그 문장에 대해서 이렇게 언급했다.

　다소 문제가 있군요. 이 문구는 생화학무기의 위협이 없고, 우리가 그를 공격하는 것은 우리 스스로 그런 위협을 만들어내는 것일 뿐이라는 주장을 뒷받침하고 있어요.

　파월은 그 문장을 다시 작성하자고 제안했다. 그러자 존 스칼릿이 한 행위는 문건을 어떻게 '윤색'하는지 잘 보여준 또 하나의 본보기였다. 그는 새로운 정보가 있어서 그 문장을 바꾼 것이 아니라, 단지 참전 명분을 강화하기 위해서 그 문장을 바꾸었던 것이다. 그는 "그가 그의 정권이 위협을 받고 있다고 믿게 되면"이라는 결정적인 필요조건을 빼버림으로써 문건의 의미를 완전히 바꿔놓았다.

여기서 중요한 점은 무엇이 바뀌었는가 하는 점뿐만 아니라 그것이 바뀐 시점이다. 파월이 이메일을 보내고, 스칼릿이 초안을 다시 작성한 것은 문건을 수정할 수 있는 최종 시한이 경과된 후였다. 초안 재작성에 대해서 합동정보위원회의 다른 위원들과 상의하지도 않았다. 더구나 문건에 중요한 부분을 변경하였을 때에는 합동위원회 전원회의에 회부하여 승인을 받아야 하는데, 스칼릿은 자신이 변경한 내용이 중요한 부분이 아니라고 독단적으로 결정해버렸다.

따라서 사담 후세인이 위협을 받는 경우에 한하여 무기를 사용하겠다고 말한 결정적인 문장을 빼버린 사람은 스칼릿이었다. 그는 정치권에서 임명을 받은 총리의 수석보좌관으로부터 이메일을 받고 나서 이렇게 변경함으로써 그 문건의 핵심적인 주안점을 바꿔버린 것이다. 스칼릿이 일방적으로 다시 작성한 문건에는 사담 후세인을 공격하면 위험을 자초하는 것이라는 내용이 어느 곳에도 언급되지 않았다. 그 문건에서 언급된 대량살상무기가 실제로는 단거리용 무기라는 말도 언급되지 않았다. 그 결과, 전 세계에 그릇된 인상을 주게 되었던 것이다.

파월은 같은 이메일에서 그 문건을 발표할 때 《이브닝 스탠더드》가 헤드라인을 뭐라고 붙일 것 같으냐고 앨러스테어 캠벨에게 물었다. 그 문건에 대한 헤드라인이 다우닝 가에게는 매우 중요하다는 것을 입증하는 대목이다. 그 해답은 각 신문사가 그 문건 발표를 보도하면서 기사에 붙인 무시무시한 헤드라인을 보면 알 수 있다.

"45분 공격권에 들어 있다!" –《이브닝 스탠더드》

"영국인의 운명은 45분에 달려 있다!" –《선》

이 두 신문은 키프로스에 주둔하고 있는 영국군에 대한 위협에 대해서도 보도하였으며, 《선》은 키프로스를 여행하는 관광객들이 "이라크에서 발사된 세균전 미사일에 몰살될 가능성"까지 시사했다.

정치인, 정보원, 공무원 등 정부 관계자들 가운데 이 신문 기사가 틀렸다는 사실을 알고 있는 사람들이 많았지만 이처럼 유언비어를 퍼뜨리는 행위를 시정하려고 하지 않았다. 다우닝 가가 의도한 대로 헤드라인이 삽입되었기 때문에 시정하려고 나서지 않았다고 추측할 수밖에 없다. 사실 토니 블레어는 영국과 영국민의 이익에 대한 이라크의 위협이 긴박하다는 것을 강조함으로써 참전 명분을 쌓았다. 그는 문건에서 이렇게 말했다.

나는 심각한 위협이 현존하고 있고, 그가 대량살상무기 개발을 진행하였으므로 그를 막아야 한다는 점을 의심하지 않는다. 그 문서는 대량살상무기를 사용하라고 명령하기만 하면 45분 이내에 준비 완료할 수 있도록 그가 군사 계획을 세우고 있다는 것을 폭로하는 것이다.

그는 2002년 9월 24일 하원에서도 똑같은 주장을 되풀이했다.

그(사담)의 대량살상무기 개발계획은 적극적이고, 세밀하며, 발전하고 있습니다. 봉쇄 정책이 효과를 발휘하지 못하고 있습니다. 대량살상무기 개발계획은 철폐되지 않고 지금도 계속 추진되고 있습니다. 그는 생화학무기 사용에 관한 적극적이고도 현존하는 군사 계획을 가지고 있으며, 그 무기는 45분

이내에 사용이 가능합니다.

그리고 그는 전쟁이 발발하기 직전인 2003년 3월에 하원에서 행한 연설에서 대량살상무기의 위협을 다시 거론하면서 이렇게 떠들어댔다.

영국의 국가 안보에 진정으로 현존하는 위험이 있습니다.

우리는 지금 블레어의 이 세 가지 발언이 모두 그릇된 정보를 토대로 한 것이라는 점을 모두 알고 있다.

총리의 발언을 조너선 파월이 보낸 2002년 9월 17일자 이메일과 비교해보면 흥미로운 사실을 알 수 있다. 그는 존 스칼릿에게 보내면서 캠벨에게도 사본을 보낸 이메일에서 당시 작성된 문건 초안을 보고 느낀 점을 이렇게 말했다.

그 문서를 발표할 때 그(사담)가 즉각적으로 위협적인 존재라는 증거를 가지고 있다고 주장하지는 않는다는 점을 명확히 밝혀야 할 것입니다.

하지만 토니 블레어는 정확히 그렇게 주장했다.

분명한 사실은 45분 이내에 발사할 수 있다는 대량살상무기의 위협에 관한 정보가 영국이나 영국의 이익에 대한 위협에 해당되지 않는다는 점을 비밀정보국 책임자 리처드 디어러브 경이 알고 있었다는 것이다. 허튼 조사기간 동안 리처드 경은 45분 배치설을 "부적절하게 부각시켰다."고 인정하느냐는 조사관의 질문을 받고 놀랍게도 솔직하게 대답했다.

글쎄요. 45분 배치설에 관한 정보가 잘못 해석된 것은 사실이므로, 때늦은 감이 있지만 그런 비난이 타당하다고 말할 수 있을 것입니다.

이 시점에 허튼 경이 불쑥 끼어들어 리처드 경에게 "잘못 해석되었다"는 말은 무슨 뜻이냐고 물었다. 그러자 리처드 경은 한참 동안 묵묵히 생각하다가 이렇게 대답했다.

생화학무기가 언급된 원래 보고서는 야전 무기에 관한 것이었다고 생각합니다. 그런데 그 후 보고 과정에서 45분 배치설이 장거리 무기에 적용되었다고 생각합니다.

리처드 경만 진실을 알고 있었던 것은 아니다. 그 당시 하원 원내대표(Leader of House of Commons) 로빈 쿡도 전쟁이 발발하기 전에 그 사실을 알았다. 그는 2003년에 출판된 그의 일기장 『출발점』(*Point of Departure*)에 전쟁이 발발하기 불과 한 달 전인 2003년 2월에 합동정보위원회 의장 존 스칼릿이 행한 정보 브리핑을 이렇게 기록하였다.

한 시간이 지났을 때 내가 내린 결론은 사담 후세인이 대규모의 민간인을 목표로 사용될 수 있는 무기라는 개념의 대량살상무기는 가지고 있지 않다는 것이었다.

쿡의 회고에 따르면, 그는 전쟁이 일어나기 직전에 그러한 생각을 토니 블레어에게 전했다. 그의 일기장에는 그날 회의에서 있었던 일이 이렇게 기록되어 있다.

사담 후세인의 무기에 관한 이야기가 시작되었을 때 가장 솔직한 의견 교환이 있었다. 나는 그에게 이렇게 말했다. "비공개 브리핑에서 나는 사담 후세인이 전략적인 도시를 공격할 수 있는 무기에 해당하는 대량살상무기를 가지고 있지 않다고 확신하게 되었습니다. 그러나 그가 야전 화학무기는 수천 개 가지고 있을 수도 있겠지요. 그러한 무기를 영국군을 향해서 사용하리라고 생각하지는 않습니까?" 그러자 블레어가 이렇게 대답했다. "그렇습니다. 하지만 그가 그 무기들을 감추려고 갖은 애를 쓰고 있어서 신속하게 무기를 조립해서 사용하기는 어려울 것입니다."

쿡은 총리와 대화를 나눌 때 아주 난감했다고 토로하였다.

토니는 사담 후세인이 민간인을 향하여 전략적으로 사용할 수 있도록 설계되고 장거리를 정확하게 공격할 수 있는 대량살상무기를 가지고 있지 않다는 내 의견을 반박하려고 하지는 않았다. 내가 그러한 견해를 합동정보위원회 의장과 총리에게 말하자 두 사람은 내 견해에 동의했다. 그 당시 나는 사담 후세인이 야전에서 전술용으로 사용할 화학무기는 보유하고 있을 가능성이 있다고 믿었다. 하지만 이러한 무기는 민간인을 향하여 사용할 수 있도록 설계된 것이 아니고 개념상 이라크 포대의 사정권 안에 진주한 경우에 한하여 영국 장병을 위협할 수 있는 무기이기 때문에 '영국에 대하여 현존하는 위험'이 되지는 않는다.

만일 로빈 쿡의 일기가 총리와 나눈 대화를 정확하게 기록한 것이라면, 토니의 증언에는 두 가지 중요한 부분에 모순이 있다.

첫째로 이 기록에 의하면, 대량살상무기가 존재한다 하더라도 사용하려면 우선 조립부터 해야 하기 때문에 45분 이내에 사용될 수 없다는 사실을 총리가 알고 있었다. 그런데 총리는 9월 문건 머리말에서 45분 이내의 위협이 실제로 임박한 위협인 것처럼 적었고 문건이 발표된 날 의회에서도 똑같은 발언을 했다. 그는 이 점에 대하여 정직하게 기록하려고 하지 않았다.

둘째로 더욱 중요한 부분은 블레어가 쿡에게 한 대답이다. 이 대답에서 블레어가 이 무기들이 단거리용 무기로서 영국의 이익에 위협이 될 수 없다는 것을 알고 있었음에도 불구하고 전쟁이 끝날 때까지 그러한 사실을 알고 있다는 것을 부인했다는 것을 알 수 있다. 따라서 쿡의 기억이 잘못된 것이 아니라면 이러한 사실을 알지 못했다고 나중에 부인한 블레어를 의심해야 할 것이다. 두 사람이 말이 모두 옳을 수는 없지 않겠는가?

최근에 출판된 밥 우드워드의 저서 『공격 계획』(*Plan of Attack*)에 수록된 증거는 부시 대통령을 비롯하여 미국 주요인사들과의 인터뷰를 토대로 수집된 것인데, 이 증거를 보면 미국 중앙정보부(CIA)도 45분 배치설을 믿지 않았다는 것을 명백하게 알 수 있다. 그 당시 중앙정보부장이던 조지 테넷은 그러한 주장을 "그들이 45분 이내에 공격할 수 있다는 거짓말"이라고 표현했다. 게다가 우드워드의 말에 따르면, 테넷과 중앙정보부가 부시에게 그러한 주장을 하지 말라고 건의했다는 것이다. 문건이 발표되기 전에 그러한 건의를 했던 것으로 추정되는데, 그 정보의 출처가 의심스럽고 그 주장은 단지 야전 무기에 관한 것이라는 이유로 그런 건의를 했다고 한다.

블레어는 불리한 혐의를 받고 있다. 그는 무능력해서 착오로 영국을 전쟁상태로 몰고 갔거나, 아니면 45분 배치설의 의미를 모른다고 하원에서 거짓말을 한 것이다. 어느 경우가 됐든 총리는 그 부기가 어떤 종류인지 정확하게 알고 있었다고 말할 수 있다. 그의 거짓말은 문건 초안의 머리말, 문건 그리고 나중에는 전쟁으로 발전하였다. 그는 머리말에서 이렇게 말했다.

"나를 비롯한 각료들은 그 정보에 대하여 상세한 브리핑을 받았다."

국방장관 제프 훈은 진실을 알고 있었다고 인정한다. 비록 그 문건이 발표되기 직전까지는 몰랐다고 하지만 그 문건이 발표된 지 6개월 뒤에 전쟁이 시작되었다. 그는 2004년 2월 5일 국방특별위원회에서 이렇게 말했다.

나는 국방부 내부 인사들에게 이른바 45분 배치설에서 말하는 무기가 어떤 종류냐고 물었습니다. 그런데 대답은 그 무기는 야전용이라는 것이었습니다.

흥미롭게도 훈은 문건이 발표되기 전까지 그런 질문을 하지 않았다. 국방을 책임지고 있는 정부 인사라면 공식적인 문서로 발간되기 전에 그런 질문을 던지는 것이 마땅하리라. 허튼 조사 기간 동안 우리는 훈이 토니 블레어 내각의 다른 각료들과 마찬가지로 단역을 맡고 있을 뿐이라는 것을 알았다. 그는 이라크에 관한 중대한 토의가 있을 때도 제외되었다. 훈은 문건이 이 점을 명확하게 밝히고 있지 않고 일반인들에게 잘못된 인식을 심어주고 있다는 것을 알고 나서도 공식 문건을 정정하려고 노력하지 않았다.

존 스칼릿은 원래의 정보를 모두 보았으므로 문건이 발표되기 이전에 진실을 알고 있었음에 틀림없다. BBC는 전쟁 명분이 조작되고 있는데 대하여 그가 불안해하고 있었다는 사실을 알고 있다. 그는 국제문제에 대하여 심층적으로 토론하는 장소로 사용되고 있는 옥스퍼드셔의 회원제 클럽 디칠리 파크 운동장에 있는 한 벤치에서 어느 기자에게 그런 사실을 털어놓았다. 그는 특히 그 문건에 대한 언론의 해석 방식을 걱정하였다. 그러나 걱정은 했을지 몰라도 훈과 마찬가지로 스칼릿도 아무런 조치를 취하지 않았다.

앨러스테어 캠벨과 다른 세 명의 다우닝 가 공보실 관리 등 문건 작성을 담당한 그룹이 문건을 발간하기 전에 45분 배치설에 대한 사실관계를 몰랐다고 믿기 어렵다. 캠벨은 그런 일에 대해서 상세하게 알고 있다고 자랑을 일삼던 사람이라 그 문건이 실제로 무슨 무기에 관한 것이냐고 물었을 것이다.

그런데 이러한 점에 대해 전반적인 설명이 그 문건에 포함되지 않았다. 왜 그랬을까? 그렇게 되면 참전 명분이 약화되기 때문이었다고밖에는 추측할 수 없다.

켈리 박사와 그의 국방정보국 동료들이 이 문제에 대해서 모든 내용을 알고 있었다는 점을 허튼 경도 인식했어야 한다.

- 그들은 45분 배치설의 타당성과 출처에 대해서 심각하게 의심하고 있었다.
- 그들은 언론과 일반인들이 이라크 대량살상무기의 위력에 대하여 오해할 수 있게 문건이 작성되었다고 믿었다.
- 그들은 45분 배치설이 장거리 대량살상무기를 가리키는 것이 아니므로 영국이나 영국인의 이익에 위협이 되지 않는다는 것을 알고 있었다.
- 그들은 비밀정보국이 총리에게 직접 제출한 새로운 정보를 볼 수 없었다. 그 정보는 2003년 7월에 공식적으로 철회되었다.
- 그들은 9월 문건이 마지막 순간에 변경되었다는 것을 알고 있었다. 그들은 이러한 변경이 다우닝 가 10번지 사람들의 건의에 따라 이루어졌다고 의심했다.
- 그들은 영국이 공격하는 경우에 한하여 사담 후세인이 영국의 이익에 반

하여 대량살상무기를 사용할 수 있을 것이라고 명시한 내용을 문건에서 빼버렸다는 것을 알고 있었다. 그들은 이것도 다우닝 가 10번지 사람들의 건의에 따른 것이라고 의심했다.

다우닝 가 사람들이 문건을 윤색했다는 말을 켈리 박사가 왜 앤드루 길리건에게 했는지 우리는 이제 그 이유를 알 수 있다. 그의 관점에서 보면 매우 심각하고 비정상적인 일이 벌어지고 있었던 것이다. 크게 왜곡된 문건이 작성되자 그는 다우닝 가가 개입해서 빚어진 직접적인 결과라고 생각했다. 그러므로 다우닝 가가 그 문건이 틀린 것이라는 사실을 알고 있었다고 그가 여러 차례 앤드루 길리건에게 말한 이유도 충분히 이해할 수 있다. 길리건과 BBC는 켈리 박사가 말한 내용만 보도했을 뿐이며, 길리건과 BBC는 모두 레이놀즈 판례에 따라 그러한 기사를 보도할 수 있는 권리가 있다.

허튼 경의 임무가 켈리 박사의 죽음을 둘러싼 정황에 관한 진실을 찾아내는 것이라면, 그는 45분 배치설의 핵심이 무엇인지 반드시 파악했어야 한다. 그것이 바로 켈리 박사가 길리건과 나눈 대화의 핵심이었기 때문이다. 허튼이 이러한 사실을 확인하지 못한 것은 중대한 실수다. 버틀러 경은 이 문제에 관하여 너무 잘 이해하고 있었다. 그는 조사보고서에서 45분 배치설에 관한 정보는 어떤 무기를 말하는지 아무런 설명도 없이 삽입해서는 안 되는 내용이라고 지적했다.

그러므로 허튼 경은 어떤 근거로 문건에 언급된 대량살상무기가 어떤 종류인지 밝히는 일은 조사위원회의 소관업무가 아니라는 결론을 내렸는지 의문을 제기하지 않을 수 없다. 도대체 어떻게 그런 식으로 결정할 수 있단 말인가?

정부가 직무의 범위를 축소함으로써 허튼 경의 조사에 제한을 가했다는 주장도 있다. 하지만 이러한 주장은 정부에게 허물을 덮어씌우는 부당한 주장으로서 사실과 다르다. 이 중대한 쟁점에 대하여 직무의 범위를 결정한 사람은 허튼 경 자신이었다. 야전 배치를 전제로 한 45분 배치설과 장거리 사용을 전제로 한 45분 배치설의 차이를 검토하지 않기로 결정한 사람은 바로 허튼 경 자신이었다. 실제로, 허튼 경은 이 두 가지 각기 다른 주장 중에서 어떤 주장을 가리키는지조차 언급하지 않은 채 45분 배치설에 대하여 그의 조사보고서에서 16회나 언급하였다.

그는 이러한 결정을 내린 이유가 길리건이 방송한 기사에서도 두 가지 무기를 구분하지 않았기 때문이라고 변명하였다.

이 문제에 대한 검토는 켈리 박사의 죽음을 둘러싼 정황에 관한 내 직무의 범위에 해당되지 않는 것이다.

허튼은 2004년 5월 행정특별위원회에 출두하였을 때 조사보고서에 정보나 45분 배치설의 성격에 대해서 조사하지 않은 이유가 무엇이냐는 추궁을 받았다. 그의 답변은 그 문제를 해결할 능력이 없다고 생각했고 그 문제는 별도의 조사를 통해서 밝혀져야 한다고 생각했다는 것이었다. 그의 직무가 분명히 켈리 박사가 무엇에 대해서 이야기했는지 밝히는 것이었는데도 허튼 경은 지금까지도 왜 조사하지 않았는지 답변하지 않고 있다.

BBC 고문 변호사 앤드루 콜더컷은 허튼 경에게 제출한 BBC의 최종 답변서에서 이 문제를 주요 쟁점으로 다루었다.

이 전이 문건에 명시되지는 않았지만, 그 정보는 야진용 무기에 판한 것일 뿐이라는 것이 정부 인사들이 일반적으로 알고 있는 사실이다. 정부가 그 내용을 바로 잡지 않은 잘못은 전혀 변명의 여지가 없는 것이다. 이 나라에서 가장 훌륭한 사고방식을 가졌다는 지도층 인사들은 켈리 박사의 신원 공개에 대해서는 철저하게 검토하였지만, 근본적으로 일반국민에게 허위 사실을 발표한 이 문건에 대해서는 아무런 조치도 취하지 않았다.

이와 같이 45분 배치설이 얼마나 중요한 쟁점인지 허튼 경에게 지적하였으나, 그는 이것을 무시해버렸다. 이 쟁점이 아무런 상관이 없다고 허튼 경이 결정을 내린 데에는 또 다른 이유가 있었을까? 다우닝 가 사람들, 정부의 다른 인사들, 그리고 정보기관의 일부 인사들을 매우 난처한 입장에 놓이게 할 부분에 대해서는 조사하지 않은 것은 진정으로 실수였나, 아니면 고의적인 결정이었나? 허튼 경이 잘못 판단한 것인가, 아니면 더 사악한 이유가 있었던 것인가?

켈리 박사가 어떤 종류의 무기에 대해서 이야기한 것인지 심리하지 않은 허튼 경의 잘못이 그의 유일한 실수는 아니었다. 그 이외에도 조사 보고서 전반에 걸쳐서 수많은 실수가 있었다.

허튼 경은 사담 후세인의 위협을 방어적인 위협에서 공격적인 위협으로 바꾸기 위해서 문건 내용을 혼자서 바꿨다는 스칼릿의 증언을 그대로 받아들인 이유를 설명하지 않았다. 허튼 경은 파월의 이메일은 완전히 무시하고 스칼릿이 자발적으로 행동했다고 믿었던 것으로 보인다. 이는 합동정보위원회의 나머지 위원들이 윤색되기 이전에 작성된 문건의 해석을 승인했다는 사실과 어긋나는 것이다.

허튼 경은 캠벨이 45분 배치설에 관한 문건 초안이 변경되지 않았다고 외교위원회에서 고의로 허위 진술을 하고 그가 직접 이 부분을 바꾸라고 제안했다는 말을 하지 않았다는 증언도 고려하지 않았다. 캠벨은 자신이 제안한 변경 횟수에 대해서도 허위 진술을 했다.

허튼 경은 스칼릿이 문건의 제목을 「이라크의 대량살상무기 계획」(*Iraq's Programme for Weapons of Mass Destruction*)에서 「이라크의 대량살상무기」(*Iraq's Weapons of Mass Destruction*)로 바꾼 이유를 설명하지 않았다. 스칼릿은 합동조사위원회의 나머지 위원들과 상의하지도 않고 나중에 제목을 바꿔버렸다. 제목의 의미가 완전히 바뀌어 버렸음은 물론이다. 이것도 또 하나의 '윤색'의 사례라고 말할 수 있다.

허튼 경은 조사보고서에서 캠벨이 가한 공격이 공적인 성격을 띠고 있다고 판단하여 BBC가 취한 조치에 대해서도 감경 사유를 참작하기를 거부했다. 그는 캠벨이 공식적인 민원절차를 이용하지 않고 공개적으로 BBC 저널리즘에 대하여 다양한 방법으로 공격하기로 결정했던 점도 참작하지 않았다. 허튼 경은 캠벨의 일기가 공개되기 전에 훈에 대해서는 반대신문을 하도록 허가하고 블레어에 대해서는 반대신문을 허가하지 않음으로써 난처한 질문에 대답해야 할 처지에 놓인 그를 구해주었다. 이렇게 실수가 헤아릴 수 없이 많았다.

허튼 경이 왜 그렇게 처신했는지에 대해서 떠도는 소문이 말할 수 없이 많이 있으나 출판물에 의한 명예훼손에 관한 영국 법률 때문에 일일이 열거할 수가 없다. 나는 음모 이론에 동조한 적도 없고 일종의 사악한 동기가 있었다고 믿기도 어렵다.

허튼 경은 저널리즘에 대해서 아는 것이 거의 없고, 오랜 동안 안보 업무와 밀접한 관계를 맺고 일해왔으며, 블레어가 다우닝 가를 운영하는 방식을 고지식하게 받아들였다. 이러한 점이 바로 그가 수많은 실수를 저지른 이유가 될 것이다. 그는 공공기관에서 주요 조사를 진행한 경험도 없었다. 어느 강의 배수시설 공사와 관련하여 북아일랜드에서 조사를 벌였던 경험이 전부다. 하지만 이러한 것만으로 그가 왜 그렇게 처리했는지 설명이 될 수 있을까?

내가 알고 있는 바로는 허튼 조사보고서가 발표되기 전에 신노동당 발기인이자 토니 블레어의 최측근인 필립 굴드가 어느 노동당 출신 상원으로부터 정부가 켈리 사건으로 인하여 곤경에 빠져 있다고 생각하느냐는 질문을 받았다고 한다. 그때 굴드는 이렇게 대답했다.

"걱정하지 마세요. 심판관을 제대로 골랐으니까요."

정부 측은 허튼 경이 배를 흔들어댈 사람이 아니라는 확신을 가지고 있었기 때문에 그를 심판관에 임명한 것이었다. 그가 블레어, 보안기관, 그리고 기득권 층에게 유리한 결정을 내릴 것이라고 믿었기 때문에 정부가 그를 임명한 것이었다. 그는 바로 그렇게 처신했다.

허튼 경은 한쪽을 두둔하려는 의도가 없었지만, 그를 선정한 사람들은 그가 어떤 사람인지, 그의 세계관이 어떤지 잘 알고 있었다. 그의 실수는 그들을 지나치게 두둔한 것이었다. 그 결과, 일반 국민들은 그를 믿지도 않았고 그의 판정을 받아들이지도 않았다.

나 자신을 비롯해서 많은 사람들이 허튼 조사보고서로 인하여 고통을 받았다. 하지만 허튼 경의 명성도 훼손되었다. 특히 허튼 경의 조사보고서가 발표된 이후로 그는 여러 면에서 어리석다는 평을 듣게 되었다. 법조계에는 그가 그렇게 쓸모없고 일방적인 결정문을 작성함으로써 법조인 전체, 특히 판사들에게 누를 끼쳤다고 생각하는 사람들도 있다.

이와 같이 논란이 되고 있는 다섯 가지 쟁점을 분석해봄으로써 길리건이 처음에 방송한 기사는 결점이 있는 부분도 있지만 토니 블레어가 말한 바와 같이 '허위의 산'도 아니었고 캠벨이 말한 바와 같이 '100% 틀린 것'도 아니었다는 것을 알 수 있다. 45분 배치설에 관한 정보는 잘못 사용된 것이다. 정부는 그 문건을 윤색하기를 원했다. 그들은 참전 명분을 강화하기 위해서 좀 더 많은 사실관계를 찾아내라고 각 정부기관에 요구했다. 그리고 다우닝 가 내부 인사들은 그 문건이 지닌 인상, 언론에 보도된 인상이 틀린 것이라는 점을 알고 있었다.

존 스칼릿은 합동정보위원회 의장으로서 답변해야 할 사항이 많다. 전쟁 명분을 뒷받침하는 정보는 포함시키고 반대 의견은 제외하는 식으로 문건이 작성되었다는 사실이 아주 명확하게 드러났다. 스칼릿의 임무가 당시 정보기관이 입수한 정보를 토대로 상황을 공정하고 균형 있게 보여주는 것이라면 그는 임무를 제대로 수행하지 못했다. 스칼릿은 오히려 정보 문건을 홍보문서로 전락시켜버렸다.

허튼 조사위원회에서 증언을 들은 사람들은 대부분 존 스칼릿이 다우닝 가에서 근무하는 동안 지켜야 할 선을 넘어 블레어 편이 되었다는 사실을 확실하게 알았다. 그는 매우 순진하게 행동했다. 하지만 왕을 기쁘게 하려고 애쓰는 아첨꾼의 이야기는 이미 흘러간 옛이야기일 뿐이다. 나는 존 스칼릿과 딱 한 번 만찬을 함께한 적이 있었는데 그는 내 반려자 수 옆에 앉았다. 그가 어떻더냐고 물어보니 수는 재미있고 매력적인 사람이라고 하면서 이렇게 덧붙였다.

"토니 블레어를 무척 좋아하더군요."

허튼 경은 정부 측 인사들에 대해서 거의 비난한 적이 없었는데, 그도 스칼릿이 다우닝 가 10번지와의 친밀한 관계에 영향을 받은 것 같다고 암시하였다.

나는 가능한 한 강력한 문건을 갖고자 하는 총리의 열망이 스칼릿 씨로 하여금 추후에 문건의 표현을 실제보다 강력하게 만들도록 영향을 끼쳤으리라는 가능성을 완전히 배제할 수 없다고 생각한다.

논리적으로 허튼 경의 이 말은 그 문서가 추후에 윤색된 것이든 아니든 정치적 압력 때문에 그 문서의 표현이 강화되었으며, '윤색' 되기까지 했다고 믿었다는 것을 분명히 의미한다. 하지만 허튼 경은 더 이상 자세하게 언급하지 않았다. 이것이 허튼 조사보고서의 근본적인 자가 당착이다.

버틀러 경은 비교적 솔직한 편이었다. 그는 토니 블레어의 입장을 뒷받침할 수 있는 강력한 문건을 확보하라는 상부의 압력이 중립적이고 객관적이 정상적인 평가기준을 유지하려는 그들(비밀정보국)을 긴장시켰으리라고 믿었다.

정보기관의 일부 직원이 그 문건을 보고 실망한 것은 당연한 일이었다. 그들은 발생한 사태를 보고 당황했으며 그들의 정보가 이런 식으로 사용되기를 바라지는 않았다고 버틀러 조사위원회에서 말했다고 한다. 정보가 그렇게 많이 오용된 점을 감안할 때 그들의 반응은 당연한 것이었다.

사실, 존 스칼릿을 비롯하여 각 정보기관의 책임자들은 9월 문건 작성에 참여한 각자의 역할로 인해 좀 더 난처한 입장에 놓여야 마땅하다. 그들은 부끄러워할 줄 알아야 한다. 그들이 제공한 새로운 정보는 실제로 모두 부정확한 것이었다. 전혀 믿을 수 없는 정보도 많았다. 비밀정보국은 블레어와 캠벨이 문건 머리말의 표현을 강경하게 만들기 위한 근거로 사용했던 확인되지 않은 출처로부터 입수한 정보를 모두 취소하였다. 이러한 처사는 45분 배치설의 신빙성에 대해서도 의혹을 불러일으켰다. 미국 중앙정보부는 문건에서 주장한 바와는 달리 사담 후세인의 하수인들이 니제르에서 상당한 양의 우라늄을 매입하려고 했던 일은 없다고 말했다. 문건에는 최근 정보에 의하면 이라크에 생물학적

약제 이동 생산 시설이 있다고 했는데, 그런 시설도 이라크에서 발견되지 않았다. 그 문건에서 이라크의 핵무기 계획에 필요한 것이라고 지적했던 '특수 알루미늄 튜브'는 실제로는 재래식 무기를 위한 것임이 밝혀졌다. 게다가 그 문건의 제목이 「이라크의 대량살상무기」였는데 그런 무기는 존재하지도 않았다.

스칼릿을 비롯한 각 정보기관은 다우닝 가 집단에게 조종당하여 정보 문건이 아닌 정치적 문서, 공평무사한 평가서가 아닌 옹호 문건을 작성했던 일을 부끄럽게 생각해야 한다. 그러한 문서 발간을 담당했던 존 스칼릿이 나중에 비밀정보국 책임자로 임명된 것은 이 나라의 정보기관의 장래를 위해서는 좋은 징조라고 볼 수 없다.

정부 측의 입장을 강화하기 위해서 선별적인 정보로 문서를 만들어내는 일은 다우닝 가 10번지에서 캠벨이 이끄는 팀이 일상적으로 하던 일이었다. 그들은 7년 동안 그런 일을 해왔던 것이다. 이들은 신노동당이 집권한 이래 몇 년 동안 다른 쟁점에 대해서 하던 방식 그대로 이라크 대량살상무기에 대해서도 한 것이었다. 정보를 입수하면 그들의 입장을 뒷받침하지 않는 정보는 걸러낸 다음, 필요하면 다소 내용을 과장해서 나머지 부분만 발표했던 것이다. 그것이 그 사람들의 직업이었다.

정부 정보기관이 그런 행위를 해야 옳은지에 대해서는 논란의 여지가 있다. 하지만 국민이 전쟁에서 죽을 수 있는 가능성이 높은 상황에서 정보기관이 그런 행위를 해도 되는지에 대해서는 이론의 여지가 없다. 이 나라 국민은 이라크의 전반적인 상황에 대해서 알아야 할 권리가 있으며 캠벨과 그의 도당은 그런 일에 나설 자격이 없다.

지금까지 '신빙성 없는 문건'이라고 알려진, 2003년 2월에 발간된 두 번째 문건만큼 다우닝 가 정보 집단이 자행한 행위를 명확하게 보여주는 것도 없다. 그 문건을 만들자는 아이디어는 캠벨로부터 나온 것이었다. 그는 9월 문건만으로는 충분하지 않다고 생각했던 것이다. 그의 부서는 어느 박사과정에 있는 학생이 12년 전에 쓴 논문을 발견하고, 그 논문을 표절해서 이라크 참전 명분을 강화하기 위해서 내용을 고쳤다. 켈리와 길리건의 표현대로 한다면 이른바 '윤색'한 것이다. 그러고 나서 그들은 그 문건이 마치 독창적인 작품인 것처럼 발표하였다. 미국 국무장관 콜린 파월은 그 문서를 '영국이 배포한 훌륭한 문서'라고 치켜세웠다. 사실 그 말은 진실을 곡해한 말이었다.

캠벨이 이끄는 팀이 이른바 '신빙성 없는 문건'에 어떤 짓을 저질렀는지 가장 잘 보여주는 사례는 "적대적인 정권의 반대세력을 지원하고"라는 문구를 "적대적인 정권의 테러리스트 조직을 지원하고"라고 바꿔 완전히 다른 의미로 뜯어 고친 것이다. 이들은 문서 전체의 표현을 강력한 어조로 바꾸었다. 어느 케임브리지 학자가 인터넷에서 읽은 논문이 그 문건과 놀라울 정도로 비슷하다는 사실을 발견하지 못했다면 그 '신빙성 없는 문건'은 오늘날까지도 버젓이 유효한 문서로 취급되고 캠벨은 그것이 모두 진실이라고 말하고 있었으리라.

2월 3일 의회 보고서에서 토니 블레어는 그 문건을 '정보보고서'라고 표현했으나, 그것은 전혀 사실이 아니었다. 그 문건이 어떻게 만들어진 것인지 진실이 밝혀졌을 때 블레어는 화를 내고 캠벨을 해임시켜야 함에도 불구하고 그렇게 하지 않았다. 그것이 그가 블레어에 대해서 많은 이야기를 하지 않은 까닭일 것이다.

캠벨의 다우닝 가 10번지 정보부서는 이런 일을 자기들의 임무라고 생각했기 때문에 진실이 밝혀질 때까지 잘못된 일이라고 생각하지 않았다. 켈리 박사가 앤드루 길리건을 만나서 이야기한 것과 같이 그들이 하고 있는 짓을 지적하려고 하는 사람은 적으로 간주하고 국가의 공보

수단을 모두 동원하여 그 사람을 공격하였다.

어떻게 이런 일이 일어날 수 있었는지 이해하려면 블레어가 이끄는 다우닝 가 10번지 사람들의 정신 상태와 캠벨이 휘두르던 엄청난 권력을 이해해야 한다. 캠벨은 여러 면에서 정치계의 천재였으며, 그의 수완에 대해서는 야당인 보수당 측에서도 존경하는 사람이 많았다. 하지만 7년 동안 재직하면서 그는 다우닝 가를 닉슨 대통령의 백악관과 비슷한 곳으로 바꿔놓고 말았다. 그들을 지지하거나 반대하거나 양자택일밖에 할 수 없었다. 만일 그들의 의견에 반대하면 적으로 간주되었다. 워터게이트 사건을 연구한 나로서는 이 책을 쓰는 동안 닉슨의 백악관과 블레어의 다우닝 가가 너무 닮았다는 사실에 새삼 큰 충격을 받았다.

요즘은 어떤 정치색을 띠고 있는 정부이든 언론을 못마땅하게 생각한다. 각 정부마다 자기들이 하고 있는 일은 선거 때 공약했던 일이고 올바른 정책을 펴고 있다고 주장한다. 그런데 일반국민이 정부 측 주장을 받아들이지 않으면 정부는 국민이 정책을 제대로 이해하지 못한다느니, 언론이 제대로 보도하지 않고 있다느니 늘 화살을 돌려 언론을 비난한다. 그렇기 때문에 각 정부는 언론을 조종하려고 애쓴다. 캠벨은 언론을 극단적으로 조종하려고 기를 썼던 것이다. 그렇게 강박관념에 사로잡힌 사람이 어떻게 그렇게 강력한 권력자가 되었는지 살펴보는 것도 재미있다. 1996년 어느 재판을 맡았던 판사는 이 사람을 "별로 대범하거나 솔직하지 못한 사람"이라고 평했다. 그 판사는 이런 말도 덧붙였다.

"나는 캠벨 씨를 만족스럽거나 신뢰할 만한 증인으로 인정할 수 없다."

하지만 1년 뒤 사임할 때까지 그는 정부의 모든 정보기관을 관장하고 있었고, 많은 사람들이 그를 토니 블레어와 고든 브라운에 이어서 가장 막강한 권력자로 인정했다.

노동당이 집권하면서 법률이 개정되어 캠벨이 정계의 지명을 받아 공직을 맡고 정부의 모든 정보기관을 관장할 수 있게 되었다. 그 결과, 그는 전례 없이 막강한 권력을 휘두르고 각료들에게 자기 분부대로 시행하라고 명령할 수 있었다. 각료들이 이런 횡포를 참았기 때문에 우리나라의 민주주의 체계가 뿌리째 흔들리게 된 것이다.

내가 사장으로 재임하고 있던 2000년, 블레어 정부는 '공보 보좌관' (*Spin Doctor*)이라는 제목으로 방영한 〈파노라마〉 프로그램 때문에 BBC에 대한 적개심을 노골적으로 드러냈다. 그 프로그램은 노동당이 똑같은 경비 집행계획을 몇 번씩이고 되풀이해서 발표하고 있다고 폭로하였다. 그들은 전형적인 여론 조작 행위를 저지른 것이다. 2001년 5월 총선을 1주일 앞두고 파노라마 제작진이 '노동당 집권 기간' (*The Labor Years*)이라는 유사한 프로그램을 제작했을 때에도 똑같은 일이 벌어졌다. 캠벨이 이끄는 노동당 공보실은 그 제작팀을 원수처럼 대했다.

캠벨이 《더 타임스》의 톰 볼드윈과 같은 우호적인 언론인을 도와주었다는 이야기가 헤아릴 수 없이 많다. 반면에 그가 원하는 대로 기사를 싣지 않은 사람들은 적으로 간주해서 공격한 사례도 다수다. 나는 볼드윈이 캠벨과 친밀한 관계이기 때문에 난처한 입장에 처하지 않았는지 《더 타임스》 편집장에게 물었다. 대답은 "그가 아주 좋은 기사거리를 얻어온다."는 것이었다. 하지만 그 기사거리에 대가로 얼마를 치르고 있느냐가 문제일 것이다.

BBC가 어느 《더 타임스》 소속 팀에게 비밀리에 브리핑을 했을 때 캠벨에게 그 내용을 한마디도 빠트리지 않고 그대로 전달한 사람이 볼드윈이었다. 어떤 언론인이 국방부 직원이 자진해서 길리건의 소식통이었다고 말했다고 맨 처음 폭로했겠는가? 그것도 볼드윈이었다. 하지만 그것은 약과였다. 캠벨이 이끄는 부서는 발표되지 않기 바라는 기사거리를 죽여버리려고 언론인들을 꾸준히 오도하였다. BBC도 이런 경험을 했다.

캠벨의 부서는 지난 몇 년 동안 처음에는 부인하다가 사건 전반에 대해서 새로운 사실이 나타나면 입장을 바꾸기도 했다. 마틴 식스스미스의 사임 사건, 피터 포스터가 셰리 블레어에게 한 충고, LNM의 영국법인화(LNM은 억만장자이자 노동당에 거액을 기부한 락시미 미탈이 소유하고 있는 철강회사이다), 루퍼트 머독의 사업 이익을 토의하기 위하여 이탈리아 총리 로마노 프로디와 토니 블레어가 나눈 전화 통화의 성격 등 그가 말을 바꾼 사례가 아주 많다. 문제는 캠벨이 일상생활에서 사용하고 있는 계략, 여론 조작, 조종, 그리고 위협이 끝내 정부에 나쁜 결과를 초래하여 이라크에게 앙갚음을 하게 되었다는 것이다.

영국 국민은 허튼 조사보고서를 보고 금세 코웃음을 쳤다. 보고서가 발표된 지 이틀 후에 《데일리 텔레그래프》가 실시한 여론 조사에서는 인터뷰 응답자 중에서 56%가 "허튼은 기득권층의 일원으로서 정부 측에 동조하여 눈가림식의 조사 결과를 발표했다."는 의견에 동의했다. 《가디언》이 같은 날 실시한 여론조사에서는 BBC가 진실을 말하고 있다고 믿는 사람이 정부 측을 믿는다고 응답한 사람보다 세 배 많았다.

영국 국민들이 허튼을 그렇게 경멸하자 정부 각료들은 큰 충격을 받았다. 한 각료는 그 다음 주말에 이런 말을 했다.

"우리에게 잘못이 없다는 조사 결과를 아무도 믿지 않는다. 이제 우리는 어떻게 해야 하나?"

그러면 국민들은 왜 허튼 보고서를 '눈가림식 조사 결과'라고 고웃음 쳤을까? 그 질문에 대한 대답은 허튼이 자승자박에 빠졌다는 것이다. 그는 전례가 없는 조사 임무를 맡았다. 조사는 공개적으로 진행되었고 모든 증거가 인터넷에 공개되었으며, 허튼은 전례 없이 공정하게 공개적으로 조사를 진행했다. 문제는 허튼 경의 판단이 영국 국민들이 직접 보고 들은 증거 및 증언과 일치하지 않는다는 데에 있다.

하지만 적대적인 반응은 그보다 더 큰 곳에 원인이 있었다. 허튼이 보고서를 발표할 무렵, 총리에 대한 국민의 신임은 점점 떨어지고 있었다. 블레어의 신임도가 땅에 떨어졌던 것이다. 여론조사 전문기관 갤럽의 조사에 따르면, 토니 블레어의 1997년 현재 신임도는 플러스 37이었는데, 2004년 2월 유거브(YouGov)가 실시한 조사에서는 마이너스 39로 나타났다. 다우닝 가 정보 담당 부서가 너무 자주 여론을 조작하기 때문에 국민들은 이 부서를 전혀 신뢰하지 않았다. 외신기자협회 계단 위에서 거만한 태도로 신랄한 공격을 퍼부은 캠벨의 태도는 블레어의 목적에도 도움이 되지 않았다.

이러한 사태를 종합해볼 때, 영국 국민을 오도한 사람은 켈리 박사나 앤드루 길리건이나 BBC가 아니라 바로 정부와 다우닝 가 사람들이었다. 9월 문건은 이라크 참전 명분을 뒷받침해서 비판적인 노동당 하원의원들과 비판적인 국민들을 설득하려고 만든 홍보 자료였을 뿐이다.

사실, 5월 그날 아침 〈투데이〉 프로그램에 방송된 이야기 대부분은 정확한 보도였다. 길리건이 실수한 부분도 있지만, 이라크의 위협을 경고하는 문건 두 개를 만들면서 다우닝 가가 저지른 중대한 실수에 비하면 대수롭지 않은 실수였다. 게다가 BBC는 영국 장병을 전쟁터로 내보내지 않았다. 9월 문건을 만들고 선전하는 데 가담한 토니 블레어, 존 스칼릿, 앨러스테어, 제프 훈 등 관계자들은 허위 문서를 만들어 영국 국민을 팔아먹었다.

캠벨이 어느 시점이 되면 물러날 계획이 있었다고 하지만, 여하튼 지금까지는 캠벨만 다우닝 가에서 강제로 쫓겨남으로써 그 대가를 치렀다. 그러나 블레어와 훈도 상처를 입고 고전하고 있는 반면에 스칼릿은 자신이 원하던 대로 비밀정보국의 우두머리가 되었다. 토니 블레어가 그의 임명을 막을 수도 있었지만 그는 그렇게 하지 않았다.

왕이 아첨꾼에게 진 빚을 갚은 셈이다.

GREG INSIDE
DYKE STORY

제 14 장

마지막 몇 마디

BBC 구하기

이 책에는 주제가 세 가지 있다. 방송, 정치, 그리고 나 자신에 관한 이야기가 그것이다. 이 세 가지에 대해서 몇 마디 덧붙이고 이 책을 끝내려고 한다. 방송에 대해서 먼저 이야기하겠다.

이 책을 끝내면서 이상하게도 BBC의 미래가 길리건 사태가 발생하기 이전에 내가 재임하던 때보다 훨씬 낙관적이라는 생각이 들었다. 2003년과 2004년에 혹독한 시련을 겪은 결과 BBC는 2007년에 방송인가를 갱신할 때 현저하게 적은 압력을 받게 될 것이다.

BBC는 마이클 그레이드를 신임 회장으로 맞아들였다. 그가 사장직까지 겸직하지 않도록 누군가 나서서 말릴 수만 있다면 그는 아주 훌륭한 사람이다. 그레이드처럼 일선에서 활약하는 사람이 회장직을 맡고 있으면 항상 위험하다. 그레이드는 채널 4 최고경영자를 맡았을 때 유능하고 과감한 면모를 보여주었다. 프로그램 제작자들 편에 서서 모든 방송기관이 직면하고 있는 정치인들의 횡포를 막아주었다. 하지만 채널 4에 비하면 BBC가 받고 있는 정치적 압력은 강도가 훨씬 세다. 만일 길리건의 보도가 채널 4에서 방송되었다면 그 보도에 신경 쓰는 사람은 아무도 없었으리라.

그레이드가 맡은 바 직무를 제대로 수행하려면 현재 그를 지원하고 있는 경영위원들보다 훨씬 유능하고 지식이 풍부한 경영위원들이 있어야 한다. 나를 제거하는 데 찬성한 여섯 명의 경영위원, 더못 글리슨, 머핀 존즈, 페이비언 몬즈, 폴린 네빌–존스, 로버트 스미스, 그리고 란짓 손디는 버틀러 조사보고서와 허튼 보고서 중에서 나에 대한 부분을 읽어 보면 1월 그날 밤에 그들이 저지른 일이 앨러스테어 캠벨이라는 정치꾼에게 굴복한 짓이라는 것을 깨달을 것이다. 내게 일어난 일은 아무래도 상관없다. 사장은 왔다가 가게 마련이니까. 하지만 정치적 압력, 특히 그날과 같이 정부 측의 압력에 굴복하는 것보다 BBC의 근간이 되는 신조를 배반하는 행위는 없다. 이 경영위원들은 BBC의 신조를 심각하게 훼손했다. 이제는 이들도 잘못을 인정하고 물러나야 한다. BBC에게는 더 유능한 사람들이 있어야 한다.

BBC에서 두 번째로 훌륭한 사람은 마크 톰슨이라는 신임 사장이다. 그는 명석할 뿐만 아니라 뛰어난 리더로 발전할 잠재력을 지니고 있다. 그는 채널 4의 재정문제를 해결하였으나 그곳에서 재임한 기간이 프로그램 제작에 큰 영향력을 발휘하기에는 충분하지 못했다. 그는 BBC 2 채널국장직을 훌륭히 수행했고 짧은 기간이나마 BBC 텔레비전 본부장을 역임하는 동안 큰 영향을 끼쳤다. 그레이드와 톰슨은 모두 그들의 결정이 정치인, 언론인, BBC의 경쟁자인 상업방송사 관계자들의 환심을 사지 못하는 경우에도 변화를 주도하고 계산된 위험에 도전하는 것을 두려워 할 사람이 아니다. 하지만 내가 BBC의 미래를 낙관하는 이유는 리더십 때문이 아니라 그레이드와 톰슨이 유별난 시기에 유별난 자리에 앉게 되었기 때문이다.

BBC는 허튼 사건으로 인하여 위축되기는커녕 오히려 더욱 강해졌다. 허튼과의 싸움이 워낙 격렬해서 일반 국민들은 정치인이냐 BBC냐 둘 중 하나를 선택해야 하는 기로에 놓이게 되었다. 그런데 여론 조사에 따르면 절대 다수가 BBC를 선택하였다. 이는 캠벨이 했던 것처럼, 그리고 토니 블레어가 캠벨이 그렇게 하도록 내버려두었던 것처럼 정부가 BBC를 신경질적으로 괴롭히려면 아주 오랜 세월이 걸릴 것이라는 사실을 암시하는 것이다. 그 싸움에서는 승자도 없었다. 여론 조사 결과에 따르면 BBC에 대한 일반 국민들의 신뢰도 손상되지 않았다. 가장 큰 재앙을 맞은 것은 다름 아닌 토니 블레어와 그의 정부에 대한 국민들의 신뢰였다.

사실 길리건 사건이 없었다면 마이클 그레이드는 BBC 회장이 되지 못했을 것이다. 임직원들이 거리로 뛰쳐나가 나를 지지하는 시위를 벌이자 다우닝 가는 크게 당황했다. 그들은 상황을 크게 오판했던 것이다. BBC에 대한 정부의 간섭에 대항하기 위하여 《데일리 텔레그래프》에 실린 광고와 각 노조가 조직한 시위는 그들에게 큰 충격을 주었다. 그들은 허튼 조사보고서만 발표되면 모든 일이 원하는 대로 종결되리라고 생각했다. 그러나 상황은 그렇지 않았다. 그 결과, 다우닝 가의 일부 인사, 특히 존 버트의 모략이 있었지만 늘 그레이드를 회장 후보로 생각하던 테사 조웰이 그레이드를 밀어 그녀의 뜻을 관철시켰다.

버트와 그레이드는 1970년대에 LWT에서 함께 근무한 적이 있었던 오랜 친구 사이지만 20년 가까이 서로 증오하고 있었다. 그들이 반목하게 된 계기는 버트가 BBC 부사장직을 맡으면서 그레이드에게 텔레비전 방송 운영 방식에 대하여 사사건건 간섭한 것 때문이었다. 그러자 그레이드는 버트를 상사로 받들기를 단념하고 BBC를 떠나 채널 4로 자리를 옮겼다. 그는 맥타가트에서 연설할 기회를 얻었을 때 버트 체제하의 BBC를 맹렬히 공격하였다.

버트는 다우닝 가 내부에서 그레이드를 BBC 회장에 임명하지 못하도록 맹렬히 방해하면서 테사 조웰에게 영향력을 행사하려고 애썼다.

그의 노력이 허사로 돌아가자 그는 토니 블레어에게 편지를 보내서 그레이드를 BBC 회장으로 임명한 것은 블레어가 총리로 취임한 이래 최악의 공직자 임명이라고 불평을 늘어놓았다.

하지만 전반적인 상황은 BBC에게 유리한 파급효과를 낳았다. 그의 취임을 계기로 BBC와 보수당의 관계가 현저하게 개선되었다. 보수당은 BBC를 공산주의자와 진보주의자의 집합소로 단정하고 아예 대화상대로 인정하지 않으려던 방침을 재고하게 되었다. 물론 그들도 BBC를 지지하는 국민 여론의 강도를 인식했던 것이다.

BBC의 방송인가가 갱신된 이후에는 뭔가 변화가 일어날 것이다. 사실 뭔가 변해야 한다. 현행 지배구조는 폐기 처분해야 한다. 세계에서 가장 큰 미디어 조직을 작은 자선단체에나 어울릴 지배구조로 계속 운영해나갈 수는 없는 일이다. 현행 체제 아래에서는 웨일스 출신, 스코틀랜드 출신, 흑인, 아시아인, 사업가, 그럴싸한 직함이나 얻으려는 전직 정치인, 각료나 노조 지도자의 반려자라는 이유 이외에는 달리 명확한 이유도 없이 잘난 위인들이 경영위원에 임명되고 있다. 특히 이들은 대부분 방송이나 미디어에 대한 지식이나 이해력이 거의 없다.

경영위원들이 감독자 역할을 하는 동시에 경영에도 책임진다는 현행 체제의 논리는 더 이상 설득력이 없다. 예전에는 그런 체제가 효과적이었을지 모르지만 책임의식을 더욱 강화해야 하는 세계에서는 지성적인 분석을 감당할 수 없다.

BBC 경영위원회도 운영을 담당할 상임 임원과 박식한 비상임 임원, 그리고 임원진을 견제할 외부 감독자로 구성하여 권력을 분립시킬 필요가 있다. 내가 BBC를 떠날 무렵, 대부분의 BBC 임원들이 이러한 생각을 하고 있었다. 우리는 BBC가 현행 지배구조를 지키는 데 너무 많은 시간을 낭비하고 있다고 생각했다. 정당화할 수 없는 것을 정당화하려고 정치 능력을 너무 많이 소모한 것이다. 하지만 경영위원회는 전혀 달라지지 않았다. 내가 떠날 무렵에도 이들은 현 지위를 고수하기 위해서 기를 쓰고 투쟁하고 있었다. 마이클 그레이드는 변화가 필요하다는 점을 분명히 알고 있다.

이는 BBC 감독을 새롭게 등장한 초강력 커뮤니케이션 감독기관, 통신청에게 맡겨야 한다는 뜻이 아니다. 그렇게 되어서는 절대로 안 된다. 영국 방송계 전체를 오직 한 콘텐트 감독기관에게 맡기는 것은 너무 위험한 일이다. 우리 사회에는 방송사가 여럿 있어야 하는 것과 마찬가지로 감독기관도 여러 개가 있어야 한다. 당대 정권에게 붙들려 꼼짝 못하는 단일 감독기관은 너무 큰 위협을 초래하는 존재가 될 것이다. 마치 존 스칼릿이 합동정보위원회 의장직을 맡고 있을 때 정부에게 붙들려 꼼짝 못하던 것과 똑같은 현상이 벌어질 것이다.

하지만 이것 이외에도 또 다른 이유가 있다. 상업방송사들과 BBC를 단일 기관이 감독하면 경제적 이익에 주안점을 두게 되어 공익이 뒤로 밀려나게 될 우려가 있다. 그러면 BBC가 기술 변화에 발맞추어 공익을 위하여 지속적으로 혁신이나 확장을 하지 못하게 될 것이다. 내 해법은 정부가 BBC만 감독할 소규모 감독기관을 별도로 설립하는 것이다. 하지만 이 감독기관을 BBC 외부에 두고 조직 운영에는 간여하지 못하게 막아야 한다. 내가 처음 BBC에 부임했을 때, 캐럴린 페어베언과 전직 BBC 사무국장 마이클 스티븐슨이 그러한 체제에 대해서 BBC 집행위원회에서 정곡을 찌르는 주장을 한 바 있다. 이들의 말이 옳았고 나머지 임원들의 생각이 틀렸다.

변화하는 미디어 환경에서는 BSkyB가 점점 더 강력한 힘을 발휘하게 되므로 머독의 이권에 대항해서 균형을 유지하려면 강력한 BBC가 반드시 필요하다. 공익을 최우선 과제로 삼고 영국 내에서 가능한 한 많은 계층에게 가능한 한 최상의 서비스를 제공하는 BBC가 되어야 한다. BBC는 잉글랜드 남부의 소수 지식층을 즐겁게 해주는 역할에 만족해서는 안 된다.

ITV에서 일어난 사태를 감안할 때 BBC는 강력한 체제를 구축하고 충분한 자금을 확보해야 한다. 여러 측면에서 볼 때 그라나다가 LWT를 인수한 사태는 매우 슬픈 일이었다. 당시 우리 경영진이 그 회사 경영진에 비해서 훨씬 우수했고 방송에만 헌신하는 방송인들이었던 반면에 그들은 텔레비전에 대해서 거의 지식이 없고 원가 절감에만 관심이 있는 요식업자들이었다. 뭔가 다른 방식으로 그 사태가 해결되었어야 한다. 그들은 합병에만 관심을 쏟았을 뿐, ITV의 미래에 대하여 아무런 비전도 가지고 있지 않았다. 그런 능력만으로는 급격하게 변하는 미디어 세계에서 대처해나갈 수가 없다. 그들은 ITV 디지털을 완전히 망쳐놓고 프리뷰 방송을 후원하지 않는 중대한 실수를 저질렀다. ITV에서 일한 경험이 있는 나로서는 영국 방송계의 큰 견인차 역할을 했던 ITV의 몰락을 크게 슬퍼하지 않을 수 없으나, 획기적인 변화가 없이는 ITV가 회생할 수 있으리라고 믿기 어렵다.

나는 미국에서 발생한 사태가 이곳에서 ITV에게 발생하지 않을까 걱정하고 있다. 이라크 전쟁 기간 동안 미국 방송사들은 공정한 옵서버로서의 역할을 포기하고 미국의 전쟁 개입을 부추기는 치어리더 역할을 했다.

1994년 처음으로 맥타가트 강연을 할 때 나는 영국에서도 이런 일이 일어날 수 있다고 경고한 바 있었다. 미국에서 일어난 현상이 이 나라에서는 ITV에 일어나기 시작했다는 징후가 보이고 있다. 지난 2년 동안 계획된 프로그램이 ITV 소속 각 회사의 상업적 이익에 부합되지 않는다는 이유로 프로그램 제작에 대하여 상부 측이 간섭하려는 시도가 적어도 세 차례 있었다. 첫 번째 시도는 〈더 딜〉(*The Deal*)이라는 드라마에서 발생했다. 이 드라마는 피터 모건이 쓰고 스티븐 프리어스가 연출한 작품으로서 2004년 영국영화텔레비전예술아카데미상 시상식에서 단독 드라마 최고우수상을 수상하였다. 이 드라마는 브라운과 블레어의 협정을 소재로 한 것이었다. 이 작품은 고든 브라운에게 매우 동정적이었으나 토니 블레어에게는 별로 동정적인 내용이 아니었다. ITV의 드라마 책임자 닉 엘리엇은 ITV 방송용으로 이 프로젝트를 추진하여 ITV 네트워크를 통하여 방영할 계획이었다. 그런데 그라나다 내부에서 권력을 휘두르던 사람들이 그 사실을 알게 되자, 그 방송사는 칼턴과 그라나다의 합병을 승인해주도록 정부를 설득하기 위해서 그 프로그램을 ITV에서 방영하지 못하도록 ITV 네트워크 센터에 엄청난 압력을 가했다. 결국 그 드라마는 채널 4에서 방영되었다.

두 번째 시도는 ITV 네트워크가 제작을 의뢰한 루퍼트 머독에 대한 세 편의 실화 시리즈물과 관련해서 있었다. 모든 계획을 승인 받고 프로그램 제작에 착수하려고 할 때 고위급 임원이 개입해서 그 시리즈물을 제작하더라도 방송하지 말라고 압력을 가했다. 머독을 비판하는 내용이 담겨 있을 가능성이 있기 때문에 그런 것이다.

세 번째 시도는 마이클 그린이 ITV를 떠나는 대가로 1,500만 파운드를 받는다는 보도가 나올 때 일어났다. ITV 뉴스 제작사인 ITN은 ITV 고위급 임원으로부터 그 기사를 보도하지 말라는 요구를 받았다. 하지만 뉴스 담당자들이 용감하게 맞서서 "그것은 당신이 상관할 일이 아니다."라고 그의 요구를 거절하고 그 기사를 방송했다.

상업방송사도 사업적인 측면에만 눈이 어두워서는 성공할 수 없다. 식이요법하듯 텔레비전 방송사를 운영할 수도 없고, 재정이나 경영 측면에만 집착해서도 안 된다. 텔레비전은 가장 창조적인 비즈니스다. 그러한 특징을 인식할 때에만 비로소 성공을 거둘 수 있는 것이다. 방송사를 단순히 상업적인 존재로 취급하면, ITV와 같이 방송사로서도 실패하고 사업적인 측면에서도 실패하고 말 것이다. 나는 2000년 맥타가트 강연을 이런 말로 끝을 맺었다.

"이 어리석은 사람들아! 중요한 건 프로그램이다."

이 책은 정치에 대해서도 언급하였다.

나는 그를 배리 콕스의 집에서 열린 만찬석상에서 처음 만났다. 그는 한 사람을 사이에 두고 나와 나란히 앉아 있었다. 1980년경 내가 LWT에서 프로듀서로 일할 때 일이다. 나는 지금도 그날 저녁 일을 생생하게 기억하고 있다. 생기 넘치는 얼굴의 이 젊은 남자는 아주 고급스런 말씨를 쓰고 있어서 내가 어울려 지내던 세계와 동떨어진 특이한 존재처럼 느껴졌다. 당시 언론계에서는 상류층에서 자란 사람들도 그런 내색을 전혀 내지 않고 지내는 경향이 있었는데 이 친구는 아무런 거리낌 없이 상류층 억양을 내고 있었다.

정중한 대화가 오고가던 중에 나는 그에게 무슨 일을 하느냐고 물었다. 그는 변호사로 일하고 있지만 정말 하고 싶은 일은 나라에 '봉사' 하는 것이라고 대답했다. 그때 나는 '봉사' 라니 도대체 뭘 하겠다는 말인지 혼자 생각해보았다. 솔직히 말하건대 나는 그가 성직자가 되겠다는 말인 줄 알았다. 그는 '봉사' 하겠다는 말이 노동당 하원의원이 되어 나라에 봉사하고 싶다는 뜻이라고 설명해주었다.

그날 저녁 나는 별로 말을 많이 하지 않았지만 분위기가 무르익어 가면서 그 주제에 관해서 다시 이야기를 꺼냈다. 당시 나는 노동당 좌파라고 자처하고 있었고, 노동당이 당면하고 있는 가장 큰 문제는 법률가,

변호사, 언론인, 그리고 학자들이 너무 많은 것이라고 생각하고 있었다. 이 사람들은 실제로 어떤 일을 직접 해본 적이 없는 사람들이다. 25년이 지나는 동안 내 정치관이 많이 온건해졌지만 나는 정치계에 뛰어든 사람 중에는 그런 사람이 많다고 여전히 믿고 있다.

포도주가 배 속으로 계속 흘러들어가면서 나는 한 사람 건너 옆자리에 앉은 그 사람에게 노동당 하원이 되겠다는 생각이 그다지 좋은 생각처럼 보이지는 않는다고 말하고 노동당에 상류층 억양을 내는 변호사가 한 사람 더 필요하다는 생각은 들지 않는다고 은근히 비꼬았다. 내가 그에게 한 말을 정확히 옮기면 이렇게 말했던 것 같다.

"노동당에 머리에 구멍이 뚫린 멍청한 녀석이 하나 더 필요하다면 변호사가 한 사람 더 있어야 할 것이다."

그로부터 시간이 흘러 1997년 5월에 있었던 일이다. 화창한 날씨에 아름다운 밤을 만끽한 날이었다. 수와 나는 노동당의 저명인사들과 함께 페스티벌 홀에서 노동당의 총선 승리를 축하하고 있었다. 이른 새벽까지 엄청난 환호가 이어지는 속에 그날 밤 노동당을 승리로 이끈 남자가 드디어 모습을 나타냈다. 나도 그를 환영하기 위해 모인 많은 사람 중 한 사람이었다. 근 20년 전 그 집에서 나와 테이블에 나란히 앉아 있었던 바로 그 사람이었다. 당시 노동당에게 머리에 구멍 뚫린 멍청이가 필요하다면 당신이 필요할 것이라고 말했던 바로 그 토니 블레어였다.

노동당이 승리하던 그날 내 기분은 착잡했다. 1979년 노동당이 패배했을 때 나는 충격을 크게 받았다. 그때 내 나이 서른두 살이었다. 내가 50대에 접어들어서야 노동당이 다시 집권하게 되었으니 착잡할 수밖에 없었다. 하지만 나는 그 밤을 마음껏 즐겼다. 한편 수는 승리에 도취해 있던 그날 밤 분위기를 혐오했다. 미래에 대한 어떤 조짐을 느꼈던 것이리라.

페스티벌 홀에서 축하행사를 마치고 집에 돌아오니 새벽 5시였다. 태양이 막 솟아오르고 있었다. 그 다음날 벌어진 일이 마치 어제 일처럼 떠오른다. 두어 시간 간신히 눈을 붙이고 피어슨 방송사 이사회에 참석하기 위해서 집을 나서야 했다. 이 방송사는 노동당을 반기는 분위기는 아니었다. 날씨는 화창하고 거리에 오가는 사람들이 모두 웃고 손을 흔드는 것처럼 보였다. 우리는 새로운 시대가 시작되었다고 느꼈다. 신노동당이 집권한 것으로 그치는 것이 아니라 영국에 새로운 정치 문화를 가져다주리라고 믿었다.

지금 그때를 되돌아보면 우리는 모두 어처구니없을 정도로 낙관적이었다. 내게 이렇게 말한 친구도 있었다.

"토니 블레어는 총리로서는 처음으로 테스코 할인매장에서 만날 것만 같은 사람이야."

나는 훗날 이 말이 사실인지 셰리 블레어에게 물었다. 그 말을 듣고 그녀는 웃음을 터트렸다. 그로부터 7년 후, 낙관론은 모두 사라졌다. 처음에 가졌던 희망이 모두 사라졌다. 토니 블레어는 그저 또 하나의 정치인일 뿐이었으며 어떤 면에서는 역대 정치인들보다 더 형편없는 정치인이었다. 역대 정치인들은 새로운 정치문화를 약속하지는 않았다. 하지만 그는 그런 약속을 했었다.

내게는 환멸이 늦게 찾아왔다. BBC에서 재임하는 동안 나는 정치 활동에 전혀 참여하지 않고 정치계에 대한 내 느낌을 드러내지 않으려고 무척 조심했다. 그런데 이라크, 길리건, 그리고 허튼 사건이 터지면서 내가 얼마나 순진하게 살았는지 깨닫게 되었다.

이제 모든 일이 명명백백하게 드러났다. 참전 결정이 먼저 내려지고 그러한 결정을 뒷받침할 만한 정보가 나중에 발견되었다. 문제는 그 중거조차 맞는 정보가 아니라는 것이다.

이라크의 대량살상무기가 영국의 이익이나 영국인에게 위협을 가할 가능성은 없었다. 대량살상무기도 없었다. 니제르에서 수입되고 있다는 우라늄도 없었다. 이라크가 9·11 공격에 가담했다는 것도 사실이 아니다. 지금은 이라크에서 배출된 국제 테러리스트가 활동하고 있지만 당시에는 그런 테러리스트도 없었다. 특히 이라크는 알카에다를 지원하지 않았다. 이제 우리는 조지 부시가 9·11 사태 이전부터 이라크를 공격할 생각에 사로잡혀 있었다는 것을 알았다. 미국 고위층의 부추김 속에 미군 병사들이 이라크에서 자행하고 있는 행동을 목격하면서 사담 후세인을 제거해야 한다는 도덕적 주장도 설득력을 잃었다.

총리가 우리에게 제시했던 참전 사유가 하나씩 둘씩 거짓으로 드러났다. 하지만 그보다 더 나쁜 일이 더 있다. 그는 대량살상무기와 45분 내 위협설에 관한 정보를 근거로 우리를 전쟁으로 몰고 갔다. 그는 적어도 그런 정보를 이해하지도 못했고 그 정보를 의심해보지도 않았다.

길리건의 보도가 '허위의 산'이라고 말한 사람은 블레어 씨였다. 그건 그렇지 않다. 오히려 '거짓의 산맥'이 있었다. 그를 비롯하여 다우닝 가에 있는 그의 동료들이 이라크 참전을 합리화하기 위해서 만들어낸 문건들이 바로 '거짓의 산맥'이다. 하지만 총리는 단 한 번도 솔직하게 영국 국민들에게 '미안하다'는 말 한마디 하지 않았다. 그런 말을 할 수 있는 기회가 있었다. 만일 그가 사과했다면 우리는 모두 그를 용서했을 것이다. 그런데 그런 기회가 이미 지나가버렸다.

그러면 우리는 왜 참전했을까? 이 책을 쓰기 위해서 조사 활동을 벌이는 동안 나는 비교적 간단히 그 이유를 설명할 수 있다는 확신을 갖게 되었다. 2002년 4월, 토니 블레어는 조지 부시에게 이라크 전쟁에서 그를 지지하겠다고 말했다. 근 50년 전 수에즈에서 대실패를 경험한 이래 영국 총리가 모두 그랬듯이 그는 영국이 미국과 밀접한 관계를 유지해야 하고, 특히 미국의 외교 정책을 지지해야 한다고 믿었다. 하지만 해럴드 윌슨은 영국군을 파병하지 않고 미국의 베트남 사태 개입을 지지한 반면, 블레어는 미국과 함께 참전하기로 결정했다. 2002년 4월, 블레어는 조지 부시가 공격을 개시하면 그를 지원하기로 약속했다.

이때 블레어에게는 몇 가지 문제가 있었다. 그는 내각, 의회, 노동당, 일반 국민, 그리고 정부 측 사법공무원들이 그를 지지하고 그의 지도에 따르도록 설득해야 했다. 하지만 그는 참전하는 진정한 이유를 설명할 수 없었다. 참전할 수 있는 법적 근거도 없었으며, 참전하면 영국은 물론 세계 각국으로부터 부시의 푸들 강아지라는 평을 듣게 될 것이 걱정스러웠다. 그래서 그는 이라크가 대량살상무기를 보유하고 있고, 이 무기를 증강하고 있으며, 이 무기가 바로 영국의 이익에 현재 위협이 되고 있는 존재라고 우리에게 말한 것이다. 나는 그가 이것을 사실로 믿었다고 생각했다. 그런데 그는 이 사실을 입증하기 위해서 정보기관을 이용하기 시작했고, 부끄럽게도 각 정보기관도 그의 말에 따랐다. 그 결과, 정보가 한갓 변명과 홍보를 위한 자료로 전락하였다. 연속적인 연설과 기자회견, 그리고 두 개의 정보문건에서 그는 참전 명분을 설명했다. 그런데 유감스럽게도 사실로 밝혀진 것이 아무것도 없었다. 허나 그건 상관없다. 블레어 씨는 독재자는 이미 사라졌고, 그가 옳았다는 것은 역사가 증명해줄 것이므로 우리 모두 기뻐해야 한다고 말했다.

지금까지 한 말은 복잡한 이야기가 아니다. 간단히 말하면 우리 모두 속았다는 것이다. 역사는 블레어 씨 편이 아닐 것이다. 역사가 그를 용서하기는커녕 모든 이야기가 커다란 정치 스캔들이었다는 것을 입증할 것이다. 정말 두려운 것은 토니 블레어가 자신의 행동이 근본적으로 잘못된 것이라고 생각하지도 이해하지도 못한다는 것이다.

좀 더 깊숙이 들여다보면 블레어의 리더십 스타일로 인해서 우리 민주주의가 위기를 맞고 있다. 내가 정치 이론을 공부한 이래 근 30년 동안 영국은 대처 정부로부터 블레어 정부에 이르기까지 내각 책임제에서 각료 중심 체제, 더 나아가서는 심지어 대통령 중심 체제처럼 바뀌었다. 그런데 우리에게는 삼권분립제도도 없고 견제와 균형을 유지할 만한 제도도 없다. 그 결과, 총리가 이제 전권을 쥐게 된 것이다.

의회는 행정부를 견제해야 하지만, 노동당이 161석의 과반수를 차지하고 있어서 견제할 가망이 거의 없다. 특히 노동당 의원이 정치 생명 연장에만 관심이 있는 사람들로 구성되어 있어서 견제 기능이 거의 없다. 관직 임명을 독점하고 있는 체제에서는 의원들이 행정부를 견제하기는커녕 행정부의 환심을 얻으려고 안달을 한다.

허튼 조사보고서와 버틀러 조사보고서에서 확실히 알 수 있듯이, 정부의 주요 결정은 총리 이외에는 국민이 뽑은 정치인이 거의 배제된 채 이제 다우닝 가에서 주로 이루어지고 있다. 허튼 조사위원회에 제출된 증거는 제프 훈이 국방을 담당하고 있는 것 같은 인상을 주었다.

길리건 사건을 다룬 외교위원회에서 보았듯이 지도부나 총리가 지시하는 대로 고분고분 따르려고 하는 하원의원이 너무 많다. 게다가 국민이 뽑지도 않은 총리실 공보 담당관이 의원들에게 그런 지시를 내리고 있다.

나는 모든 정치가가 거짓말쟁이고 자기 자신의 이익만 추구하기 위해서 정치에 나서는 것이라는 주장에는 동의하지 않는다. 선거구, 나라, 그리고 자신의 신념을 위해서 최선을 다하는 아주 훌륭한 사람들이 각 정당마다 있다. 개개인이 가지고 있는 결점이 문제가 아니라, 정부의 행정부처가 전권을 장악하게 내버려두는 우리의 민주주의 제도에 문제가 있다.

10년 전 나는 아주 작은 성의였지만 토니 블레어가 당권 경쟁에 나섰을 때 5,000파운드를 기부하여 그가 노동당 당수에 당선되도록 도왔다. 물론 내 돈이 없었어도 그는 노동당 당수가 되었을 것이다. 그 점이 이제 무척 후회가 되는 부분이다. 그가 훌륭한 사람이 아니기 때문이 아니라 그가 우리 정치 체제에 발생하게 내버려둔 일을 좋아하지 않기 때문이다. 나는 정보 조작에 골몰하는 다우닝 가 10번지의 행태를 좋아하지 않는다. 또한 그가 이라크에 관한 한 온 국민을 엉뚱한 길로 인도했다고 믿고 있다.

토니 블레어는 역대 노동당 당수 중에서 선거에서 가장 큰 성공을 거두었고, 신노동당이 실질적인 업적을 이루었다고 말할 수 있는 부분도 있다. 그러나 블레어가 물려줄 것이라고는 두 가지밖에 없을 것이다. 이라크, 그리고 정보 조작. 길리건 사건은 바로 이 두 가지 때문에 일어난 것이다.

이제 나 자신에 관한 이야기를 할 차례가 되었다.

나는 서재 벽에 만화 한 장을 붙여 놓고 있다. 집무실에 앉아 있는 내 등에 총알이 명중하는 그림이 그려져 있고 '누가 그렉 다이크에게 총을 쐈나?'라는 표제가 붙어 있는 만화다. 이것은 1984년 5월 내가 TV-am을 떠날 때 신문에 게재된 것이다. 그때 마침 연속극 〈달라스〉(*Dallas*) 중에서 '누가 JR을 쏘았나?' 편이 큰 인기를 얻을 때였다. 그런데 아이러니컬하게도 그 만화가 1994년 LWT를 떠날 때, 그리고 2004년 BBC를 떠날 때에도 다시 사용될 수 있는 것이었다.

나는 이 책을 쓰면서 내 인생의 불가사의한 패턴을 발견했다. 대학을 졸업하고 실업자 신세로 지내던 때는 1974년 여름이었고, 1984년과 1994년에도 실업자가 되었고, 다시 2004년에 또 실업자가 되었다. 2014

년에는 너무 늙어서 해고당할 염려가 없으리라고 기대한다. 언젠가 내 회계사이자 가장 친한 친구인 리처드 웹이 농담 반 진담 반으로 이런 충고를 해준 적이 있었다.

"자네는 직장을 잃은 대가로 세금이 면제되는 보상금을 많이 받아서 이번에는 국세청이 다른 각도로 심사할 위험이 있네."

그는 국세청이 이렇게 말할 가능성이 있다는 것이었다.

"이번엔 안 돼요, 다이크 씨. 이건 직장을 잃은 대가로 받은 면세 대상 보상금이라고 볼 수 없어요. 당신은 그런 식으로 돈벌이를 해왔잖아요?"

내가 BBC를 떠난 지 얼마 지나지 않아 수는 늘 핵심을 찔러 말하는 사람답게 이렇게 심오한 질문을 내게 던졌다.

"왜 다른 사람들처럼 조용히 회사를 떠나지 못하는 거예요? 연극을 보듯 극적으로 떠나게 되는 이유가 뭐죠?"

나는 그 말이 전혀 사실이 아니라고 변명하려고 했지만, 텔레비전 방송계에서 걸어온 길을 되돌아보니 아무런 사고 없이 떠난 경우는 TVS에서 사직하던 때밖에는 없었다.

지난 몇 달 동안 나는 이 책을 쓰고 내 생애에 대해서 생각하면서 수의 말을 좀 더 깊이 생각해보게 되었다. 지난해에 벌어진 사건은 내 잘못 때문이었나? 내가 너무 호전적인가? 남들과 달리 내가 일부러 대결할 구실을 찾고 다니는가? 그리고 길리건 사건을 되돌아보면서 달리 처신할 길은 없었나 생각해보았다.

이 책을 쓰면서 모든 증거를 다시 검토해봐도 9월 문건은 윤색되었고 그 사실을 알고 있었던 사람들이 다우닝 가에 있었다는 내 생각에는 변함이 없었다.

나는 정부에 앨러스테어 캠벨이라는 터질 순간만 기다리고 있던 시한폭탄이 있었다고 생각한다. 그는 우연히 BBC를 향해서 폭발한 것이었다.

물론 내가 물러설 수도 있었다. 그들과 거래를 할 수도 있었고, 우리 직원을 버리고 타협할 수도 있었다. 하지만 무엇 때문에 그렇게 하겠는가? BBC가 지니고 있는 의미는 공정하고 옳다고 믿는 편에 서는 것이리라.

만일 내가 앨러스테어 캠벨이라는 형체를 갖춘 통제 불가능한 불량배, 총리 자신도 통제할 수 없는 위인에게 겁을 먹었다면 내가 믿고 있는 모든 것을 배신하는 행위가 되었으리라. 그래서 내 대답은 '아니오!' 였다. 다시 그런 일이 벌어져도 달리 행동할 수 없으리라. 나는 단지 나를 제거하려고 하는 행동이 정치적 협박에 굴복하는 것이라는 점을 이해할 줄 아는 경영위원들이 BBC에 있기를 바랐다. 하지만 그렇지 않았다.

그러면 2004년 1월 마지막 사흘은 지금 어떤 의미를 갖는가?

나는 인생을 살아가다 보면 좋은 날도 있고 나쁜 날도 있으며 정말 신이 나는 날도 있지만, 되돌아보면 하루하루가 모두 특별한 날로 보인다고 믿었다.

어떤 날은 극히 사적인 일로 가득 차서 개인적으로 큰 의미가 있는 날도 있다. 내게는 아이들이 태어나던 날이 그런 날이었다. 그 어느 날과도 바꿀 수 없는 날이다. 모든 일이 잘 풀리던 시절도 있었다. 동시에 ITV 방송권 두 개를 따내고 LWT에서 가장 멋진 파티를 열던 날이 바로 그런 날이다. 그리고 8만 명의 관중 앞에서 웸블던 구장에서 축구 시합을 하던 날, 마침내 밥 딜런을 만나던 날, 맨체스터 유나이티드가 바르셀로나에서 열린 유럽 챔피언 리그 경기에서 승리하는 광경을 지켜보던 그날 밤, 그리고 버킹엄 궁전에서 여왕 즉위 50주년 기념 음악회를 관람하던 특별한 날도 있었다.

하지만 모든 날이 행복한 날은 아니었다. 결혼생활이 파탄에 이르렀다는 사실을 알던 날, 그리고 아버지가 돌아가시던 날은 나쁜 의미에서 기억할 만한 날이다. 운이 좋게도 내 생애에는 좋은 날이 나쁜 날보다 훨씬 많았다.

인간이 처음으로 달에 발을 내디뎠을 때라든가, 잉글랜드 축구팀이 월드컵 경기에서 우승했을 때라든가, 또는 최근에 영국 럭비팀이 럭비 월드컵에서 우승했을 때처럼 우리 모두가 기억할 만한 사건이 일어난 날도 있다. 하지만 이런 시절이라고 해서 좋은 소식만 있는 시절은 아니었다. 내 나이 또래 사람들은 존 F. 케네디 대통령의 암살 소식을 듣고 큰 충격을 받았다. 물론 2001년 9월 11일에 살고 있던 사람들도 그날 일을 잊지 못할 것이다.

그러면 2004년 1월 29일 목요일은 그렇게 특별한 날들 가운데 어디쯤 해당될까? 그날은 분명히 특별한 날이었다. 내 감정의 기복이 무척 큰 날이었다. 사랑하던 일자리를 잃은 충격에서부터 내가 지난 4년 동안 이루어보려고 애쓰는 모습에 감동을 받고 함께 괴로워하는 직원들의 모습을 보고 느낀 의기양양한 기분에 이르기까지 나는 그날 복잡한 감정에 휩싸였다.

그날은 한편으로는 좋은 날이었고 다른 한편으로는 나쁜 날이었다. 하지만 내 가슴속에 오래, 그리고 크게 자리 잡을 기억은 그날 직원들이 보여준 반응일 것이다. 그날 BBC에 몸담고 있던 사람들 중에도 그날을 소중하게 기억할 사람들이 있을 것이다. 그들은 그날을 인생 중에서 중요했던 나날 가운데 하루로 기억하고, 논리적이고 이성적인 행동이 거부당하고 감정이 지배했던 날로 추억할 것이다.

BBC 각 부서와 영국 각 지역에서 수천 명이 함께 이루고자 했던 일이 진정으로 중요한 일이라고 믿고 거리로 뛰쳐나와 그들의 감정을 표현하고 나를 지지하는 모습은 정말 감동적이었다. 전체 직원 중 20%에 달하는 직원들이 내게 이메일을 보내고 수천 명이 모금을 해서 《데일리 텔레그래프》에 항의 광고를 실었던 일은 평생 잊지 못할 것이다. 일자리는 내게 왔다가 가버린 적이 많았다. 그러나 그날 그 사람들이 보여준 반응은 영원히 나와 함께 있을 것이다. 그 괴롭던 날을 용기가 살아나는 날로 바꿔준 사람들에게 충심으로 고맙다는 말을 전하고 싶다.

방송국 직원이 아닌 외부 사람들이 보여준 반응도 그날을 내게 특별한 날로 만들어주었다. 일반 시민들도 그날까지 일어난 사태를 보면서 어떤 사람인지 모르지만 직원들로부터 사랑 받고 존경 받는 사람에게 부당한 조치가 내려졌다는 것을 알았다.

하지만 모든 일은 전후 관계를 살펴야 한다. 해임되고 나서 3주가 지난 후, 나는 케이프타운 외곽에 있는 로벤 섬을 방문했다. 이제는 박물관으로 바뀌었지만, 그곳은 넬슨 만델라가 27년 수감기간 중 많은 세월을 보낸 감옥이 있던 곳이다.

그곳을 방문하는 동안 나는 믿을 수 없을 만큼 큰 감동을 받았다. 우리를 안내한 사람도 그곳에서 수감생활을 한 적이 있는 사람이었다. 그와 함께 여기저기 둘러보면서 그런 역경 속에서도 그렇게 품위를 지킨 사람들, 잔혹한 정권으로부터 야만적으로 학대받으면서 오랜 세월을 감방에서 보낸 사람들의 이야기를 듣고 있노라니 부끄러운 생각이 들었다.

로벤 섬에 갈 때까지도 모든 일이 쓰라리게만 느껴졌다. BBC에서 해임 당했다는 생각만 떠오르면 화가 나고 불쾌했다. 그런데 그날 감옥 주위를 거니는 동안 나도 모르게 눈물이 조용히 흘러내렸다. 이 잔혹한 섬에서 일어난 일을 생각하는 눈물인 동시에 1월 마지막 사흘 동안 내게 일어났던 일을 회상하며 흘리는 눈물이었다. 하지만 좀 더 거닐다보니 넓은 안목에서 생각하게 되었다. 나 자신에게 이렇게 물었다. 화를 내야할 이유가 뭐냐? 아무도 내 자유, 내 재산, 내 가족, 그리고 내 친구를 빼앗아가지 않았는데 왜 화를 내고 있는 것이냐? 로벤 섬에서 목격한 것이 진정으로 잔인한 불법행위였다. 그것에 비하면 내게 일어난 일은 대수로운 게 아니다.

이 책을 끝맺으며 오늘도 나는 슬픔을 느낀다. 뭔가 가슴 설레게 하는 일을 빼앗긴 느낌, 많은 BBC 임직원들과의 관계가 끊어졌다는 사실이 나를 여전히 슬프게 한다. 하지만 2004년 1월 29일 사건이 일어나지 않았다면 나는 지금 내가 알고 있는 것들을 평생 깨닫지 못했을 것이다. 정년퇴직 파티에서 장황하게 의례적인 연설이나 늘어놓으며 지내고, 직원들이 나를 어떻게 생각하고 있는지 알지도 못했을 것이다. 그리고 나 자신이 그들을 어떻게 생각하고 있는지조차 평생 깨닫지 못했을 것이다.

나는 BBC를 떠나던 그날부터 그동안 있었던 일에 집착하지 않겠다고 다짐했다. 이 책을 쓰는 일이 카타르시스 효과는 있었지만 모든 일을 잊어버리는 데에는 도움이 되지 않았다. 이제 때가 되었다. 뭔가 새로운 일을 찾아서 새롭게 출발할 때가 온 것이다.

어느 5월 아침 6시 7분에 BBC의 한 라디오 채널에서 방송된 특정 기사에 대하여 BBC 편집권을 올바르게 행사하지 못했다는 이유로 개빈 데이비스와 나는 허튼 경으로부터 부당하고 불공평한 비난을 받고 BBC를 떠났다. 토니 블레어가 엉터리 정보를 토대로 영국을 전쟁으로 몰고 가는 바람에 많은 영국 장병을 포함하여 수천 명이 죽었다. 그가 알고 있던 그 정보 중 일부는 입증되지도 않은 것이었다. 의문을 제기해야 할

정보도 있었지만 그는 그렇게 하지 않았다. 그런데 그는 여전히 총리직
에 머물러 있다.

역사에 '만약'이라는 가정은 불필요하다. 이미 돌이킬 수 없는 과거이니까. 하지만 만약에 그렉 다이크가 지금까지 BBC 사장직에 머물러 있다면, 만일 허튼 경이 이끈 조사위원회가 BBC에게 유리한 결정을 내렸다면, 이라크 사태는 지금 어떤 양상을 띠고 있을까? 만약에 허튼 조사위원회가 이라크 전 참전의 명분을 내세우기 위하여 블레어의 노동당 정부가 이라크의 군사 활동에 대한 정보 문건을 조작하였다는 판정을 내렸다면, 블레어 총리나 부시 대통령의 입지에는 어떤 변화가 생겼을까?

이 책은 저자 그레고리 다이크(Gregory Dyke. 그렉은 애칭이다)가 제2차 세계대전 직후인 1947년에 태어나 2004년 1월 영국 BBC 방송사 사장직에서 해임될 때까지 자신의 생애에 대하여 쓴 회고록이다. 아울러, 다이크가 30세의 나이로 런던 위크엔드 텔레비전(LWT)이라는 민영 텔레비전 방송국에 말단 조사원으로 입사한 1970년대 말부터 BBC 방송사 사장직에서 해임되던 2004년까지 영국 방송계의 역사와 정치계의 이면에 대한 이야기가 자세하게 담겨 있다. 다이크는 2004년 1월 27일 아침 평상시와 다름없이 BBC로 출근하던 자신의 모습을 묘사하는 것으로 이 책을 시작하여 그날 허튼 조사위원회의 조사 결과가 발표되고 그로부터 사흘 동안 연속적으로 자신에게 밀어닥친 예상치 못했던 파장, 자신이 BBC 사장직에서 물러날 수밖에 없었던 이면에 대하여 울분을 감추지 않고 격렬하게 털어놓고 있다.

다이크가 사장 임기를 채 마치지도 못하고 중도에 해임된 원인은 이른바 이라크 정보 문건 오보 사건이었다. BBC 국방 담당 기자 앤드루 길리건은 국방부 자문역을 맡고 있던 무기전문가 데이비드 켈리 박사로부터 영국 정부가 이라크 전 참전의 명분으로 내세웠던 이라크 대량살상무기에 관한 정보가 조작된 것이라는 정보를 입수하고 2003년 5월 29일 BBC 방송 아침 뉴스 프로그램에서 그 사실을 보도하였다. 영국 정부는 즉각적으로 BBC의 보도가 오보라고 주장하면서 허튼 경을 위원장으로 하는 허튼 조사위원회를 구성하여 방송 경위에 대한 조사에 착수하였다. 그런데 정보 문건이 조작되었다는 정보를 제공한 켈리 박사는 조사가 진행 중이던 2003년 7월 18일, 실종된 지 하루 만에 자택에서 8킬로미터 남짓 떨어진 곳에서 시체로 발견되었다. 그 후 2004년 1월 27일 허튼 조사위원회는 BBC가 BBC 내부지침을 준수하지 않고 정보문건 조작사건을 보도한 것은 잘못이라고 조사 결과를 발표하였으나, 정보문건의 조작 여부에 대한 판단은 조사위원회의 소관사항이 아니라고 발뺌을 하였다. 허튼 조사위원회의 결정은 사건 본질에 대한 판단이 없이 보도 절차상에 결함이 있었다는 것을 지적한 것에 불과한데, 총리실과 BBC 경영위원들은 조사위원회의 조사결과를 이유로 다이크에게 사임 압력을 넣었다. 하지만 다이크가 굴복하지 않자 경영위원들은 투표로 사장 해임안을 의결하였다. 다이크는 이 책에서 이른바 이라크 정보 문건의 내용, 이라크 대량살상무기 45분 내 배치설, 길리건이 문건 조작 정보를 입수하여 보도하게 된 경위 등을 상세하게 전하는 한

편, BBC 최고경영자 선임·해임권을 쥐고 있던 BBC 경영위원 개개인에 대한 개인적인 감정도 숨김없이 격렬하게 쏟아내고 있다.

다이크는 주로 노동자 계층이 사는 런던 교외에서 3형제 중 막내로 태어나, 아버지가 보험회사 영업사원으로 일한 덕분에 비교적 유복한 집안에서 성장하였다. 그는 노동자 계층 출신으로는 드물게 그래머스쿨에 진학하였으나 공부에 별로 관심이 없어서 성적이 하위권에서 맴돌아 대학 진학을 포기하였다. 그래머스쿨을 졸업하자마자 백화점에 견습 관리인으로 취직하였고, 지역신문사로 일자리를 옮겨 취재기자로 몇 년 일하다가 뒤늦게 대학 진학의 필요성을 깨달아 24세에 요크대학교에 진학하여 정치학을 공부하였다. 대학을 졸업한 후에는 한때 정치에 관심을 두고 시의원에 출마하였으나 선거에서 패배의 쓴잔을 마시고 30세가 될 때까지 자신의 진로를 결정하지 못한 채 방황하였다. 하지만 런던 위크엔드 텔레비전(LWT)이라는 민영방송국에 조사원으로 취직한 것을 계기로 TV-am, TVS, 피어슨 텔레비전 등 여러 민영방송국에서 프로그램 제작 편성 실무자를 거쳐 전문경영인으로 일하다가 BBC 출신이 아닌 사람으로서는 매우 드물게 BBC 사장으로 발탁되었다.

그는 BBC 사장으로 취임하자마자 관료주의에 젖어 있던 BBC에 혁신의 바람을 일으켜 전 세계에 퍼져 있는 직원들로부터 전폭적인 지지를 얻는 데 성공했으나, 블레어가 이끄는 노동당 정부가 이라크 전쟁에 참전하기 위해서 정보 문건을 조작하였다는 BBC 보도가 물의를 일으키는 바람에 취임 4년 만에 사장직에서 물러났다. 하지만 그는 역대 BBC 사장 중에서 직원들로부터 가장 높은 지지를 받았으며, 그가 해임되자 영국 전 지역에서 BBC 직원 수천 명이 거리로 뛰쳐나와 항의 시위를 벌였다. 심지어 시위 소식을 보도하던 아나운서가 스튜디오에서 뛰쳐나와 시위에 가담한 일도 있었다.

다이크는 이 책에서 공영 방송사의 사명과 역할을 강조하는 한편, 머독의 언론재벌이 세계 각국에서 벌이는 언론 장악 시도에 대해서도 깊은 우려를 나타내고 있다.

변화하는 미디어 환경에서는 BSkyB가 점점 더 강력한 힘을 발휘하게 되므로 머독의 이권에 대항해서 균형을 유지하려면 강력한 BBC가 반드시 필요하다. 공익을 최우선 과제로 삼고 영국 내에서 가능한 한 많은 계층에게 가능한 한 최상의 서비스를 제공하는 BBC가 되어야 한다. (본문 중에서)

한편, 다이크는 자기 자신도 한때 정계에 진출하려고 시도한 적이 있었고 노동당을 전폭적으로 지지하며 자금 지원을 하였으나, 이 책에서 정치인에 대한 혐오감과 환멸감도 솔직하게 털어놓고 있다(다이크는 BBC 사장직에서 물러난 후 노동당에서 탈당하고 2005년 총선에서 자유민주당을 지지하였다).

정치인들은 다른 계층에 비해서 텔레비전을 자주 보지 않는다. 그런데도 유감스럽게 이들은 전문가들보다도 텔레비전에 대해서 더 많이 아는 것처럼 행세한다. 대의(代議) 민주주의 체제에서 우리가 직면하고 있는 문제 가운데하나는 정치인들이 점점 더 모든 일에 끼어들려고 하고 거의 모든 일에 대해서 뭔가 아는 체하려고 한다는 것이다. 정치계로 진출하는 계층이 점차 소수집단에서 나오고 있다. 대학 시절부터 정치인이 되려고 작정해서 다른 일은 거의 해본 적이 없는 사람이 많다. 이들이 알고 있는 것, 집착하고 있는 것은 정치밖에 없다. (본문 중에서)

이 책을 번역하는 동안 고심한 부분 가운데 'sexed up'이라는 표현이 있다. 'sexy'라는 말은 성적 매력이 있다는 말이고, 'sex up'은 '성욕을 돋우다' 또는 '성적 매력을 돋보이게 하다'라는 뜻이다. 그런데 성적 매력과 관계없이 사물을 가리켜 '섹시하다'는 표현을 속어로 널리 쓰기 시작하면서 영미권 언론에서도 1970년대 초부터 이런 표현이 성적 매력과는 관계없는 사물을 표현할 때 간간이 사용되었다. 그런데 이라크 정보 문건 스캔들을 보도하면서 영국 언론기관들이 'sexed up'이라는 표현을 사용하면서 이 말은 새로운 유행어로 등장하였고, 이 사건의 상징처럼 부각되었다. 그러나 'sexy'라는 말은 '아주 매력이 있다.' 또는 '호소력이 강하다.' 등 긍정적인 뜻으로 사용되어 원래의 뜻에서 크게 벗어나지 않는 반면, 'sexed up'이라는 말은 '부풀려지다', '과장되다', '각색되다', '윤색되다' 등 부정적인 뜻으로 변질되었다. 시대에 따라 언어의 운명도 이렇게 바뀌나 보다.

이제 모든 일이 명명백백하게 드러났다. 참전 결정이 먼저 내려지고 그러한 결정을 뒷받침할 만한 정보가 나중에 발견되었다. 문제는 그 증거조차 맞는 정보가 아니라는 것이다.

이라크의 대량살상무기가 영국의 이익이나 영국인에게 위협을 가할 가능성은 없었다. 대량살상무기도 없었다. 니제르에서 수입되고 있다는 우라늄도 없었다. 이라크가 9·11 공격에 가담했다는 것도 사실이 아니다. 지금은 이라크에서 배출된 국제 테러리스트가 활동하고 있지만 당시에는 그런 테러리스트도 없었다. 특히 이라크는 알카에다를 지원하지 않았다. 이제 우리는 조지 부시가 9·11 사태 이전부터 이라크를 공격할 생각에 사로잡혀 있었다는 것을 알았다. 미국 고위층의 부추김 속에 미군 병사들이 이라크에서 자행하고 있는 행동을 목격하면서 사담 후세인을 제거해야 한다는 도덕적 주장도 설득력을 잃었다.

총리가 우리에게 제시했던 참전 사유가 하나씩 둘씩 거짓으로 드러났다. 하지만 그보다 더 나쁜 일이 더 있다. 그는 대량살상무기와 45분 내 위협설에 관한 정보를 근거로 우리를 전쟁으로 몰고 갔다. 그는 적어도 그런 정보를 이해하지도 못했고 그 정보를 의심해보지도 않았다. (본문 중에서)

이라크에 대량살상무기도 없었고, 영국 정부도 대량살상무기가 있다고 믿을 수 있을 만큼 신빙성이 있는 정보를 가지고 있지 않았다면 그 정보는 완전히 허위로 날조된 것이 아닌가? 그러나 진실이 확실하게 규명되지 않은 상태라 '날조'(fabricated)라는 직설적인 표현을 피하고 '부풀려졌다'(sexed up)라는 다소 애매모호하고 완곡한 표현을 썼던 것이다. 역자는 고심 끝에 전후 문맥에 따라 이 말을 '조작', '과장', '윤색' 등으로 번역하였다.

번역하면서 각별히 신경을 썼던 부분이 또 있다. 그것은 각 방송 프로그램의 제목이다. 〈텔레토비〉 등 우리나라에서 방영된 적이 있는 프로그램은 국내에서 방영될 당시에 소개된 제목을 붙여주었으나, 우리나라에 소개되지 않은 프로그램은 일일이 조사하여 어떤 내용인지 독자들이 알기 쉽게 설명을 첨가하거나 내용에 맞게 제목을 의역하고 원래 제목을 병기하였다.

끝으로 'content'의 외래어표기법을 놓고도 한참 고민했다. 영어로 '콘텐츠' 제공업자를 'content provider'라고 하지, 'contents provider'라고 하지 않는다. 간혹 'contents provider'라고 표기한 문서도 보이지만 그건 아시아권에서나 통하는 영어이다. 그런데 우리나라는 정보통신산업 발달과정에 'content'라는 용어를 일본에서 직수입하면서 일본식 발음을 따서 '콘텐츠'라고 부르기 시작한 것이 관행처럼 굳어버렸다. 거기에 설상가상으로 정부·언론 외래어 심의 공동위원회는 이미 오랫동안 통용되었다는 이유만으로 '콘텐츠'라고 표기하기로 결정하였다. 이 책에도 'content provider' 또는 'content'라는 말이 몇 차례 나오는데 왜 '콘텐트'를 일본식을 따라 '콘텐츠'로 해야 하는지 도무지 이해할 수 없어서 '콘텐트'로 표기하였다. '콘텐츠'라는 말이 국내에서 통용되기 시작한 지 불과 30년이 채 되지 않는다. 도입 과정에서 잘못된 것은 지금이라도 바로잡는 것이 우리말을 발전시켜 나갈 수 있는 길이라고 믿는다. '트' 발음을 제대로 말하거나 표기하지 못하는 일본을 따라서 반벙어리 노릇을 할 수는 없지 않은가.

한편, 다이크는 맨체스터 유나이티드 축구클럽 이사로 재직하는 동안 들여다본 축구계의 내막도 비교적 상세하게 전하고 있어서 축구에 관심이 있는 독자들에게는 보너스가 될 것 같다.

영국의 공영방송과 민영방송의 실태, 이라크 전쟁을 둘러싼 국제 정세, 경영자 측과 노조 측의 갈등과 충돌 등 다양한 소재를 유머러스하면서도 신랄하게, 때로는 천진스럽게 전하고 있는 책이라 방송 관계자들은 물론 일반 독자들에게도 아주 좋은 읽을거리라고 할 수 있다.

2006년 가을
김유신

BBC 구하기

2006년 10월 15일 초판 1쇄 인쇄
2006년 10월 20일 초판 1쇄 발행

지은이 | 그렉 다이크
옮긴이 | 김유신
펴낸이 | 이준원
펴낸곳 | (주) 황금부엉이

주소 | 서울시 마포구 서교동 353-4 첨단빌딩 4층
전화 | 02-338-9151 (편집부) 02-338-9128 (영업부)
팩스 | 02-338-9155 (편집부) 031-901-8177 (영업부)
인터넷 홈페이지 | www.goldenowl.co.kr
출판등록 | 2002년 10월 30일 제10-2494호

편집 | 최새미나
본문 디자인 | 성인기획
영업 | 신용천
제작 | 구본철

ISBN 89-6030-124-8 03070